義利合一説の思想的基盤

大江清一

時 潮 社

亡き母に

はしがき

本書の目的は、渋沢栄一の「義利合一説」の思想的基盤を解明することである。渋沢は第一国立銀行をどの財閥にも属さない独立系金融機関として育て上げ、銀行本来のあり方を貫いて経営しただけでなく、業界をリードして金融制度を整え、かつ500社余りの企業の創設に関与した。やがて渋沢は「日本資本主義の父」と称され、現在でも多くの企業家に尊崇される存在となった。

しかし、渋沢が遺したさらに大きな財産は、日本資本主義の精神を根底から支える「渋沢思想」である。論語をベースに確立された渋沢の精神は、本書で主として使用する「義利合一説」という表記をはじめとして、「道徳経済合一説」や「論語と算盤」として多くの経営学者や企業家に信奉され、渋沢の経済道義を高揚することを目的として設立された財団である青淵会を中心に一般にも広められている。

「義と利は合一すべし」とする教えを、「利を得るにあたって貪ることなく、義という道徳倫理の縛りをもってなすべし」という教えと単純に解釈すれば、それは謙譲や公正性を重んじる精神、貧しさを必ずしも恥としない清貧の思想、さらには日本人が海外からしばしば称賛される思いやりや優しさ等、日本人の精神的傾向との親和性から心情的に理解することが可能である。

しかし、筆者は心情的に理解しながらも、一種の物足りなさや、かすかな違和感をもって義利合一説を受け入れてきた。心情的な理解のみでは、この思想の真髄を解明したことにならないのではないかというもどかしさと、実践への応用可能性や理論的な展開可能性に限界があるのではないかという疑念を感じたのである。さらに筆者は、日本人の精神的特質のみで義利合一説を解釈したのでは、世界レベルで共有できる思想にはならないと考えた。

筆者は、合併によってみずほフィナンシャルグループとなった旧第一勧業銀行に就職し、銀行実務に携わった。旧第一勧業銀行は、渋沢栄一が創設した第一銀行と、松方正義が創設に関わった日本勧業銀行の両行の流れを汲む金融機関であり、筆者が同行を退職後に転じた自動車メーカーも渋沢が創設に深く関わった企業であった。

筆者が銀行勤務を始めた1970年代半ばには、第一銀行と日本勧業銀行それぞれの旧銀行の社風を身にまとい、それを実務で体現する上司や先輩が在籍していた。筆者はそれらの人々から少なからず影響を受けた。また筆者は、日常業務を通して発せられる上司や先輩の何気ない一言に渋沢の精神を汲み取り、旧政府系銀行に漂う残り香に松方の矜持を感じとった。

そのような環境下で勤務するにしたがい、筆者は徐々に渋沢の偉大さを実感し始めた。渋沢は思想家や漢学者でないがゆえに、自説を裏づける基本理念を論理的にかつ段階を踏んで記述することなく、論語注釈やそれに関わる昔語りによって自らの思想を語った。そこには深遠な理念が隠されており、筆者はそれを正確に読み解けないでいるのではないかと考えた。

騙し絵をあらゆる角度から観察すれば真実が見えてくる場合や、机上に散らばる片々を寄せ集めてジグソーパズルを解けば、それが意味ある絵画として眼前に現れる場合と同様、渋沢から発せられた言葉の片々を体系的に整理すれば、義利合一説の背後でそれを支える基本的な思想が明らかになり、同説を理解するにあたって筆者が感じたわだかまりが氷解するのではないかと考えた。

このジグソーパズルの片々が論語中の徳目であったとすれば、片々の詳細な色や形、つまり個々の徳目の意味を渋沢がどのように理解していたのかを正確に把握することが必要になる。

渋沢思想を身にまとった上司や先輩と実務の現場で接し、その片鱗を体感した筆者には、大変僭越ながら自らの問題認識に基づいて義利合一説を考察し、渋沢の「教説」を「思想」として体系化する役割があるのではないかと考えた。つまり、筆者の役割は渋沢の片言隻語を収集整理して分析し、管見を導き出すことではないかと考えた。これが実務に根差した原体験から本書を執筆するに至ったいきさつである。

筆者は漢籍の教養が乏しく、自分なりの結論を導き出すための道のりは険阻であった。しかし、専門分野であった金融制度史から遅まきながら方向転換し、積年の問題認識に対する解を得るべく取り組んだ以上、本書の執筆を中途で投げ出すわけにはいかなかった。

筆者の論文は論語解釈に重点が置かれているため、経済経営関連の学会報や、大学紀要の査読論文で批判を受ける機会は限定的であった。つまり本書各章の多くは、学術論文の初出段階で論語や漢籍一般を専攻される諸先生からの学術的洗礼を受けることが少なかった。したがって、本書中には筆者が気づかない論理矛盾や誤解が少なからず存在する可能性がある。

しかし、筆者が分析対象とするのは、渋沢の論語解釈の内容であり、それが本来の論語解釈と異なっていたとしても、それ自体を問題とするものではない。つまり、渋沢の論語解釈が訓詁学的に正しいか否かを問題にするのではなく、諸学統の解釈と比較して渋沢の論語解釈の特異点を見出すのが本書の目的である。

この特異点には渋沢の思い込みや誤解が含まれている可能性がある。しかし見方を変えると、それこそが渋沢思想のオリジナリティを形作るものであるともいえる。したがって、諸学統の論語解釈はこの特異点を発見するための有力な補助資料と位置づけられる。

論語を正統的な立場から研究する専門家からすると、この理屈は漢籍の教養不足を棚に上げた牽強付会な言い訳と捉えられる可能性が高い。しかし、これが本書を執筆するにあたっての筆者の偽らざるスタンスである。

学術レベルとは異なる面から筆者を支えてくれた一人が、大学の同級生であった岸川清一君である。岸川君は大学生活の4年間を通して、ともに経済学を学んだ仲の良いグループの一人で、損保会社に勤務した後、一念発起して鍼灸師となった努力家である。

仲間たちと久しぶりに会って互いに近況報告した折、筆者が健康上の問題を抱えながら本書の作成に取り組んでいることを知った岸川君は、週1回拙宅で鍼灸治療することを申し出てくれた。

岸川君の針治療はとてつもなく痛く、食事指導も管理栄養士以上に厳しい。しかし、信念に裏づけられたその説明はシンプルで分かりやすく説得力がある。岸川君の治療と指導のおかげで筆者の体重は徐々に目標数値に近づき、鍼灸治療の効果もかかりつけの医者が驚くほど顕著であった。

大学時代は計量経済学のゼミに所属していた岸川君は、当時の教科書であったサムエルソンの『経済学』を原書で読み直しており、鍼灸治療後は拙宅で食事をともにしながら時事問題等を話し合った。岸川君には、本書各章の元となった論文が完成次第、抜き刷りを渡して感想を求めた。「木を見て森を見ずになってはいけない」という岸川君の率直な感想が、忘れかけていた基本を想起させてくれたことも一再ではなかった。

大学卒業後40年以上経っているにもかかわらず、学生時代の絆を忘れず、筆者の希望に寄り添ってくれる良き友がいなければ、本書を上梓することは不可能であったといっても過言ではない。

時潮社の相良景行氏、相良智毅氏、阿部進氏の３氏からは、誠に高質かつ効率的な編集作業のみならず、種々のご配慮を頂いた。感謝申し上げたい。

最後に、亡くなった両親について触れる。私の父、神一は広島県呉市の寺の六男として生を受けた。父は大学卒業後、安田銀行に就職して間もなく応召し、現ミャンマーであるビルマを中心にインドシナを転戦した後、終戦となり富士銀行に復職した。私が30数年間在籍した第一勧業銀行が、富士銀行、日本興業銀行と合併して2003年にみずほフィナンシャルグループが発足すると、父と私は図らずも同じ銀行のOBとなった。そして父はそのことを大層喜んでいる様子であった。

調査部、審査部を中心に本部に長く勤務した後、地方支店の経営を任された父は、子供であった私から見ても銀行勤務が実に楽しそうであった。父は毎朝、私と弟の頭を交互に愛おしそうに撫で、革靴を鳴らして颯爽と出かけていった。そして、帰宅すると自分が尊敬する上司や先輩、銀行の仕事のことを楽しげに語った。

そのような父を見て育った私は、さほどの抵抗もなく銀行への就職を決めた。そして、前作の『銀行検査の史的展開』を、父の存命中に捧げて喜ばせることができた。

やがて私は制度史から大きく舵をきって新たなテーマに取り組み、本書を完成させることができた。次作はきっと母に捧げるといった生前の母との約束は今やっと果たすことができる。これだけ多くの時間を要したことも、私の頑張りに免じて母はきっとゆるしてくれるに違いない。

はしがき

大阪を中心に関西で生まれ育った私の母、愛子は5年前に88歳で亡くなるまで標準語を話すことはなかった。母は関西人の誇りを自然に身につけた女性であった。家族のために生涯を捧げ、息子への愛情が人一倍濃かった母にとって、私はいくつになっても実に頼りない無分別な子供と映ったのであろう。

「せいちゃん、からだ大事にせなあきまへんえ」。私の健康を気遣う母の優しい声が、今でも天国から聞こえてくるような気がする。

深い感謝を込めて、本書を母の墓前に捧げる。

2019年4月

大江 清一

目　次

第４章　渋沢栄一と仁の思想（４）……185
－仁の諸相とその考察－

第Ⅱ編　渋沢栄一の国臣意識

第Ⅲ編　義利合一説の基本理念

第Ⅳ編　渋沢思想の諸側面

序　章
課題と構成

第1節　問題の所在

1－1　問題認識

筆者の問題認識は、(1)「日本資本主義の父」と称される渋沢栄一が、なぜあれほどまでに膨大な業績を残しながら恬淡として長寿をまっとうし、現在に至るまで多くの企業家の尊崇の的となり続けているのかを解明すること、(2) その解明プロセスで得た知見を、現代の企業経営と健全な資本主義社会の発展に生かす道筋を探ることの2点である。

この問題認識に対する解を得るためには、渋沢の浩瀚な思想と膨大な事績を綿密に分析することが必要となる。分析を行うにあたって、渋沢のような傑出した人物と常人を比較し、その個体差だけで渋沢の事績を説明することは、渋沢を神格化することに結びつきかねず必ずしも合理的ではない。

筆者は渋沢の思想と事績を整理して理解し、渋沢をより身近な先達としてその長所を見習い実践することが、渋沢が後進に望むところではないかと考える。つまり、渋沢を理想化された偉人として祭り上げるのではなく、現代人がリアリティをもって真似ることのできる一模範生としての地位に引きずり下ろすことこそが、渋沢の本意と考えられる。

渋沢がなぜこれほどまでに多くの事績を残し得たのかという疑問を解明するにあたり、渋沢の思想と事績を分かち難いものとして研究を進めるのであれば、渋沢の全活動期間にわたって思想と事績の関わり合いを時系列的に分析することが必要となる。つまり、渋沢の思想を行動規範と捉え、その事績を実践の結果と位置づければ、この「規範と実践」を相互に照らし合わせながら分析を進めることが必要となる。この思想と事績の二元論的アプローチは、両者が正のスパイラルをもって互いに深め合う関係が渋沢に内在することを前提として、そのプロセスを探る動学的アプローチでもある。

しかし、渋沢の事績は記録を追って時系列的に分析することはできても、思想の変遷を時系列的に分析することは不可能である。なぜなら、思想は精神の深奥に潜んでいるものだからである。論語に基盤を置いた渋沢の思想は、単純な論語解釈にとどまることなく独自の展開を見せ、渋沢が言及する徳目も多岐にわたる。したがって、渋沢の思想と事績は分かち難いものであることを自明としながらも、研究プロセスの第一段階においては、思想に焦点を絞って考察する手法が合理性を有すると考えられる。

渋沢が「日本資本主義の父」と称される理由は単にその事績だけでなく、渋沢が残した日本資本主義の精神的基底を形づくるその思想のゆえと考えられる。渋沢の思想は、日本の資本主義精神の基底を構成し、それが現代に至るまで連綿と引き継がれているからこそ、渋沢が現代企業家の尊崇の的であり続けるのだと思われる。

渋沢が日本資本主義の父であるとすれば、その思想は日本資本主義の根本精神を支えるものであるといっても過言ではないであろう。しかし、渋沢の思想は余りにも漠とした形で日本人の心の深奥に刻み込まれ、それが経済活動において無意識のうちに発動し、われわれを導いているようにも思える。

渋沢の思想はいわば形のない精神的遺産ともいえるもので、日本資本主義の精神の一隅を疑いなく構成していると考えられる。この渋沢思想を可能な限り体系化して認識することは、日本における経済活動の過ぎ越し方を振り返り、それを今後に生かす意味においても重要と考える。

渋沢が晩年に講述した『論語講義』には渋沢思想が凝縮されており、章意解釈の合間の昔語りには、実践との関わりにおいて、その思想が最終形に至るまでのプロセスが垣間見える。

渋沢思想の代名詞は「義利合一説」である。しかし筆者は同説が単独で渋沢思想の全貌を説明し尽すことができるとは考えていない。渋沢が重視した論語中の多くの徳目は、義利合一説の中核をなす「義」や「利」と密接に関わっている。したがって、義利合一説の思想的基盤を解明することは、渋沢が重視した論語中の諸徳目と義利との関係性を探ることに等しい。

つまり、義と利の関係性を解明することを専らとするのではなく、それに加えて、(1) 義利を支える他の諸徳目について渋沢がいかなる認識を有していたのか、(2) 諸徳目と義利の関係性を渋沢はどのように理解していたのかの2点を探ることが、義利合一説の根底に潜む思想的基盤を解明することにつながると考えられる。

諸徳目と義利の関係性の捉え方については、さらに具体的に課題設定することが必要となる。本書において義利合一説を検討する切り口は目次編成通り、「渋沢栄一と仁の思想」、「渋沢栄一の国臣意識」、「渋沢思想の諸側面」の３つとなっている。

したがって、これら３つを「義利合一説以外の渋沢思想」、つまり「渋沢思想一般」を示すものと大きく捉えると、以下のように課題設定することができる。

(1)　義利合一説と渋沢思想一般の整合性とりわけ相補性は成立しているか。換言すると両者間に矛盾はないか。
(2)　義利合一説と渋沢思想一般の先後関係はどのようになっているか。

第一の論点は、渋沢の義利合一説や論語中の徳目に関連して述べられる教説に思想的一貫性があるか否かを検証するためのものでもある。つまり、渋沢による数多の教説や訓言は自らの経験や歴史的事実に対する認識に根差して、単にアトランダムに述べられたものではないことを確認する意義がある。

第二の論点は、義利合一説のいわゆる出自を探るためのものである。しかし、本書で用いる中心的な資料は、渋沢の晩年に講述された『論語講義』であるため、若年期以降の思想的変遷を正確に把握することは困難である。したがって、完成型としての渋沢思想を検討することにより、義利合一説を想起するきっかけとなった思想の断片を探り当てることが課題となる。

1－2　本書の目的

上述の問題認識に基づいて設定した本書の目的は、渋沢栄一の義利合一説の思想的基盤を解明することである。具体的には、渋沢の主著である『論語講義』に記載されている個々の教説を体系的に整理することである。

渋沢が晩年にまとめ上げた『論語講義』には、論語各章の内容に沿って付された渋沢の注釈を通して、その思想の片々が網羅されている。しかし、これらの注釈は論語の章立てに沿ってなされているため、基本概念ごとに体系的に整理されているとはいえない。したがって、この渋沢思想を体系的に整理することができれば、渋沢が生涯を通して準拠した道徳倫理やそれに基づく規範内容を系統立てて明らかにすることができる。

義利合一説を理解するためには、同説を構成する義利の真義を論語を体系的に支えている他の徳目との関わりから検討することが必要である。しかし、義と利の意味が個別に明らかになったとしても、渋沢が両者の関わりをいかなる文脈において語り、かついかなる事例に基づいて説いているのかが解明されなければ、「義と利」、つまり「道徳と経済」がどのような意味において「合一」であるのかを理解することは困難である。この難題への解を渋沢の論語に関する講述に求め、諸徳目との関わりから義利を解明するのが本書の目的である。

1－2－1　渋沢栄一の思想

本書では、渋沢が遺した著書や記録類に記された言葉から一貫した考え方を汲み取り、それを思想と称している。しかし、そもそも思想とは、それを構成する個々の教説が論理的に結びつき、意味ある体系を成しているものであるとすれば、思想家ではない渋沢が発した教説や言葉の数々は、渋沢自身によって体系化されているわけではない。

筆者は、思想として体系化されていない渋沢の教説や言葉の集まりを指して思想と称することが、その定義に照らして必ずしも適切ではないことを認識している。「渋沢栄一の思想」という表現をとりながら、教説を再構成し思想として体系化するという本書の趣旨がすでに思想の定義と齟齬をきたしていることを筆者は自覚している。つまり、渋沢の教説が体系化され、それが渋沢の思想と認知されるまでは、「渋沢の教説」と称するのが妥当なのかもしれない。

したがって、渋沢の教説から現実に適用可能な行動規範を抽出してそれを実践に生かすにあたって、確立した思想体系を構成する教説をもとにするのであれば確固たるものとなるが、そうでない場合は行動規範の底流を形成する思想がないまま格言や金言を並べるいわばモザイクのようなものとなる可能性がある。

渋沢は自らが発した教説や言葉の片々を、いわゆる思想家のように体系的に書き記すことはなかったとしても、おそらくはその頭脳のなかでは体系化がなされていたものと推察される。なぜなら、渋沢の個々の教説や言葉があれほど矛盾なく一貫して主張され続けていたのは、そこに何らかのコアになる思想の軸があり、それを上下左右から支える形で個々の教説が構成されていると考えられるからである。

ではその軸になる教説は何かと考えた場合、真っ先に思いつくのが「義利合一説」である。渋沢の宝石箱のような教説の集まりから義利合一説に関わる記述を探して分析し、さらにそれに関連の深い教説を、仁を中心とする徳目、渋沢の「国臣」としての立ち位置、その他の諸徳目という3つの切り口から相互の関連性を探ることにより、新たな渋沢思想の景色が見えてくる可能性がある。

これら3つの切り口を選択したのは、義利合一説が論語をもとに案出されたものであるとすれば、(1) それは明らかに仁を中核とする主要徳目およびそれ以外の諸徳目と密接に関連しているであろうこと、(2) 渋沢が義利合一説を提唱するにあたって、自らの立ち位置、つまり国臣としての立場をどのように認識していたのかが重要であることの2点がその理由である。

1－2－2　義利合一説

本書が解明を試みる義利合一説について要約する。渋沢が常人のはるかに及ばない膨大な業績を残し得た背景の一つに、「義利合一説」を中核とする経済思想の存在があった。また、渋沢が身をもってその思想を実践し得た背景には、「地の利」、「時の利」、「人の利」等の環境条件が存在した。そして、これらの条件が重畳的に作用してはじめて、稀有な業績が達成されたと考えるのが合理的である。

義利合一説が渋沢思想の中核をなすことについて、異を唱える者はほぼ皆無と思われる。一方で、これまで渋沢の思想が事業活動においてどのように生かされてきたのかについては、必ずしも十分解明されているとはいえない。渋沢の行動規範に照らして、渋沢の事績や行動がその内容にどの程度準拠していたのかを後日綿密に検討すれば、渋沢の知行合一、言行一致の真実を確認し、その思想と事績の関係性を明確化することが可能となる。つまり、最終的に筆者の問題認識に解が与えられることになる。

個別利害を超越した道徳の原理原則を、道徳やモラルとは別次元の利益追求活動に対してどのように適用するのかという点が曖昧なまま、「道徳」という言葉だけが、いわば現実離れした形で、かつ若干の違和感をもって印象づけられるというのが、これまでの「義利合一説」に対する筆者の理解であった。

しかし、資本主義の担い手が人であり、人の活動結果が企業業績や経済発展として表われるとした場合、人の内奥に潜む行動原理が資本主義全体の発展と親和的なものであることが確認できれば、この違和感は解消する。つまり、この行動原理が義利合一説の目指すところのものであるとすれば、義利合一説に従った企業行動は、資本主義ひいては国家の発展と整合的なものであることが確認できる。

資本主義の発展は国家レベルの全体最適で評価されるものであるかぎり、個々の経済主体の部分最適の総和が、達成可能な最大限の全体最適と等しくなることが必要である。

その意味で、渋沢が自らを「国臣」と位置づけ、義利合一説の趣旨に基づいて部分最適を目指す企業家として活動し、かつその視線の先に国家を見据えて国益の全体最適と調和すべく活動していたことが確認できれば、筆者の問題認識の一部は氷解することとなる。

「利」の最終還元先を国とし、「義」を全うするにあたっては、視線を国に向けるべきと主張するのが、義利合一説であると理解すれば、義は個々の利の追求を全体の利の追求と親和的ならしめるための、現代的な「Ethical code」（倫理規程）の中核にあり、それ自体が「利」に埋め込まれた存在であると考えられる。本書では、義利合一説に対するこのような基本認識に基づいて論考を進める。

1－3　渋沢思想の形成過程における環境的特質

渋沢が遺した事績の背景には、確固たる経済思想の存在と、その思想を実践するに適した環境条件があった。その確固たる経済思想に基づいた各種活動は、渋沢のなかで国家的事業レベルのスタンスで取り組まれたものであった。

渋沢がかくも膨大な業績を遺し得た理由を説得的に述べるためには、国家レベルの視点から分析を進めることが必要である。渋沢を取り囲んでいた環境条件は、日本資本主義と経済社会制度の発展過程において形成されたものである。渋沢が多くの偉人と同じく時代の子であったとすれば、その思想や事績は日本資本主義の流れのなかに位置づけて理解する必要がある。

渋沢は「日本資本主義の父」であると同時に、大きく生まれ育つ途上にあった自分の子供、すなわち発展途上の日本資本主義からも影響を受けていた。本書では義利合一説の形成過程において大きく作用したと考えられる環境的特質として、(1) 思想と実践の累積的因果関係、(2) 官と民の深淵に差しかけられた存在、(3) 三島中洲の思想的影響という3点を渋沢の重要なプロファイルと認識する。

この3点は三角測量の各点にたとえられる。広大な渋沢の思想と事績という土地を測量するためには、その土地のなかに何らかのメルクマールとして平面を形成する基準点を定めておく必要がある。3つの基準点のうち、3番目の「三島中洲の思想的影響」は思想というエリアに存在し、残りの2点は思想と事績の両エリアにまたがる地域に存在する。

本書が対象とする思想エリアをさらに正確に測量するためには、当該エリアの上空にドローンを飛ばして鳥の眼で義利合一説が存在する地域を特定し、周辺地域との位置関係を見定める必要がある。これが義利合一説の思想的基盤を探るプロセスである。

しかし、上空から見ているだけでは、地域間の境界線や地形、地質等の詳細は把握できない。それを地上において蟻の眼で調査するのが論語各章ごとに記載される渋沢の注釈を検討する作業である。三角測量によって渋沢の思想と事績の全貌を探る調査において本書が携わるのは、調査対象を思想エリアとし、そこに設定した三角点の１つを調査するとともに、鳥の眼と蟻の眼をもってわかりやすい地図を作成することである。

１－３－１　思想と実践の累積的因果関係

渋沢の思想は、その人生を通して進化を遂げ実践を経て彫琢されてきた。つまり、思想と実践との間には一種の「累積的因果関係」があり、それを環境条件がサポートすることにより、「著しい正のスパイラル」が生み出された。渋沢の思想を中心に置いて考えれば、渋沢が取り組んだ事績は、その思想を洗練させるための必要条件であった。

ここで述べる「累積的因果関係」とは、日本資本主義の発展過程において、渋沢の思想と実践が互いを高め合う関係を意味する。つまり、正のスパイラルをともなう累積的因果関係とは、(1) 内的エネルギーたる思想が、論語に基づく道徳的規範をもって経済的活動で発揮され、成果をあげるプロセス、(2) 経済的活動を通して得た経験と知識が、渋沢の論語解釈と思想を深め、それが新たな内的エネルギーに転化するプロセスの２つのプロセスが順次繰り返されるなかで、渋沢の思想は深みを増し、経済的活動が社会に付加価値を与え続けるという関係である。

渋沢に対する興味が尽きないのは、渋沢が確固とした思想を有する実践家であり、累積的因果関係を形成する思想と事績がその一身に体現される稀有な存在だからである。渋沢のなかでは、道徳と経済、つまり、義と利が一体化しており、それらが互いに高め合うという関係が成立している。

正のスパイラルを生み出す累積的因果関係の実態を解明するには、本来、渋沢の思想が彫琢されるプロセスが事績と並行して考察されなければならない。累積的因果関係の詳細を明らかにするために必要な資料は、「渋沢の事績に関わる時系列的な資料」と「渋沢の論跡に関わる時系列的な記録」である。

渋沢の事績を辿るにあたって、数値データ等に裏づけられた経済活動に関わる資料を入手することは比較的容易であるが、渋沢の思想の推移を示す論跡を時系列的に辿るための資料を入手することは必ずしも容易ではない。その意味において、渋沢の論跡の帰結点にある義利合一説の特徴を明らかにすることは、そこに至る試行錯誤のプロセスを探るためにも不可欠な作業となる。

現代人には、この正のスパイラルを伴う累積的因果関係を、日本資本主義の父たる渋沢の後を受けて発展させる責務があるといっても過言ではない。その責務を実行するためには渋沢思想に検討を加えた後、累積的因果関係のメカニズムを把握することが必要となる。

１－３－２　官と民の間に横たわる深淵に差しかけられた存在

渋沢の経歴において見過ごすことのできないのは、近代日本の黎明期に大蔵官吏として種々の制度インフラを構築した後に野に下り、銀行家、企業家として活躍したという事実である。渋沢は若年時代に幕臣、官吏という華々しいキャリアを積んだ後、長く民間に身を置いた。それゆえ渋沢は実務上の架け橋という観点からだけではなく、精神的、思想的にも官民両岸に自分の左右の脚をかけて立ち続けた存在であった。

渋沢にとって此岸であった官僚としての地位は、退官後、野にあって初期資本主義を構築する立場に身を置いた後は彼岸となり、自らの立ち位置の重心は此岸である「民」に移行した。

しかし、渋沢は「国臣」としての自分を意識し続け、その両脚は重心の置き具合は異なるといえども、此岸である「民」と、彼岸である「官」の両岸に置かれ続けた。そして、両岸の懸隔が広がれば広がるほど渋沢が登場すべき場面が増えるとともに、渋沢の苦悩も深まっていった。渋沢は両岸にかけ続けた自らの両脚を狭めることを目的とし、そのために渾身の努力を続けた。

筆者は官民両岸にまたがるこの経歴にこそ、渋沢が稀有な実績を達成し得た理由の一端があると考え、渋沢を「官と民の間に横たわる越え難き懸隔に差しかけられた存在」と認識する。つまり渋沢は、「官と民の深淵に差しかけられた存在」であるとともに、「官と民の相克に身を置いた存在」であるがゆえに、民に身を置きながら国臣としての意識をもち続け、実務においても国家を視野に置いて人脈や経験を生かすことができたのではないかと考えられる。

ここで重要なのは、渋沢が単に官と民の深淵に「差しかけられた存在」であるだけでなく、両者の「相克に身を置いた存在」であったということである。渋沢は、国におもねる「政商」ではなく、国に忠義をつくす「国臣」と自らを認識して活動し続けた。「官と民の深淵に差しかけられた存在」である渋沢が、企業家としていかなる倫理規範にしたがって「国臣」としての役割を果たしたのかを分析するためには、その倫理規範の内容を整理し明確化することが必須となる。

1－3－3　三島中洲の思想的影響

渋沢と同時期に義利合一説を唱えたもう一人の人物は三島中洲である。渋沢の義利合一説の理論的基盤は中洲に負っている部分が大きいと判断される。なぜなら、渋沢の『論語講義』各章の講義冒頭には、しばしば、「物徂徠曰く」、「亀井南溟曰く」等と並んで「三島中洲先生曰く」という断り書きが頻繁に見られるからである。同時代に生を受け、個人的接触もあった中洲の渋沢に対する影響は、荻生徂徠や亀井南溟よりも大きかったと考えられる。

渋沢に対する中洲の影響を考察するにあたって両者の相違点として留意すべきは、中洲が儒教思想家としての基礎を山田方谷から学んでいるのに対して、渋沢の思想的基盤の初期形成期において身近にあった先達は、義兄の尾高惇忠であったという点である。

尾高は教養の深い人物ではあったが、山田方谷のように儒教の蘊奥を究めた人物ではなかった。渋沢と中洲を論語理解について比較検討するにあたっては、このような両者の幼少期からの論語への関わりの深度を考慮する必要がある。

これらの相違点を渋沢と中洲それぞれが提唱する義利合一説の同工異曲を探るのは、両者の比較によって渋沢が提唱する同説の根底に存在すると考えられる哲理の部分にまで遡って、その根源に接近できるのではないかと考えるからである。

中洲と渋沢は「義利合一説」、「道徳経済合一説」の基底で強く結びついてはいたものの、その実践においては、法律行政に従事する者と企業者の違いが存在した。渋沢にとって中洲は、論語を中心とする儒教教義の蘊奥を究めた理論家であり、理論面から渋沢を輔弼してくれる存在であった。一方、中洲にとって渋沢は、日本の資本主義勃興期から企業家として実践を積み上げた存在で、義利合一論を実務で体現してくれる存在であった。

中洲は、備中松山藩の財政再建に山田方谷の下で関わった実践者としての経験を有することから、渋沢の企業者としての活動に対しても十分な理解をもっていたと考えられる。このように、ともに義利合一論に礎を置き、それぞれの分野で実践する中洲と渋沢は、互いに欠けている部分を補い合いながら、尊重し合う相互補完関係にあった。

渋沢が中洲から思想的影響を受けたであろうことは、上述からもきわめて確からしい事実と考えられる。しかし、この「確からしい事実」が「確かな事実」であることを確認するためには、渋沢が中洲からいかなる点について、どの程度の思想的影響を受けたのかを確認する必要がある。これがまさに、三角測量のために当たりをつけて設定した一点を厳密な測量によって特定し、地名を付して地図上に示す作業に相当する。

1－3－4　分析視角のまとめ

渋沢を常人の手が届かない偉人ではなく、努力次第でその域に達することも不可能ではない身近な先達として認識するため、筆者は渋沢が置かれた環境条件や時代背景を考慮して、渋沢思想の形成過程における環境的特質を上記の3点にまとめた。

渋沢は類まれな能力と意志を備えてはいたが、それだけではなく、環境条件によって醸成された人格があってこそ膨大な事績を遺すことができたのだと考えれば、渋沢を神格化することなく、より身近にかつ客観的にその思想と事績を考察できると考える。

「官と民の深淵に差しかけられた存在」というプロファイルは、渋沢の特殊な経歴から生じたものであり、必ずしも後進がその跡を辿れるものではない。しかも官にあって社会インフラの構築に携るというのは近代国家の黎明期においてのみ可能な経験である。

しかし、労働市場が発達し、業種、業態を跨いでキャリアメイキングが比較的容易にできる現代にあっては、官と民に限らず業種横断的に実務経験を積み視野を広げることも可能である。また渋沢が創立に関与した企業数には至らずとも起業によって、渋沢の企業者としての苦労の一端を追体験することも不可能ではない。

思想と実践の累積的因果関係の存在を実証するためには、その存在を仮説として設定し、それを事実に基づいて検証するというのが本来採用されるべき手法である。しかし、累積的因果関係は時間経過にともなって発生する動態的な現象であり、20歳代から90歳代までの70年余にわたる渋沢の思想と行動をリアルタイムで検証することは現実的に不可能である。

つまり、二元論的アプローチに基づいて、渋沢の浩瀚な思想と、行動の結果としての膨大な事績を同時並行的に分析するのではなく、第一段階として、まず渋沢思想の完成形を分析対象とするのが本書のスタンスである。

「累積的因果関係によって正のスパイラルを生じさせた存在」、「官と民の間に横たわる越えがたき深淵に差しかけられた存在」としての渋沢に関しては、仮説の検証という形式でアプローチするのではなく、思想や事績を解明するうえでの分析視角、つまり、常に念頭において分析の切り口とすべき人格的特徴として措定し、それに基づいて分析を進めることが合理的である。

三島中洲からの思想的影響は、中洲が渋沢と同時代を過ごした儒者であり、直接の接触があったことからきわめて大きいと考えられる。渋沢は論語を中心とする儒学全般において中洲の影響を受けただけでなく、ほぼ同時期に義利合一説を提唱している。両者が提唱する義利合一説の深奥を探り、かつ両者のプロファイルとの関係性を考察することにより、論語解釈に対していかなる要因が作用して実践思想たる義利合一説が確立されたのかに迫ることが可能になると考える。

仮説ではなく、あらかじめ渋沢の環境的特質を上述のごとく措定して分析を進めるのは、予断をもって渋沢という人格を型にはめることになる可能性がなしとはしない。しかし、渋沢が累積的因果関係によって正のスパイラルを生じさせたことは、渋沢が一日の終わりにその日の行動を振り返り、論語の趣旨に照らして反省していたという事実から、きわめて確からしい理解と考えられる。また、渋沢が官と民の間に横たわる越えがたき深淵に差しかけられた存在であったことは、その経歴からも明らかである。

このように予断ではなく、確固たる事実およびきわめて確からしい事実に基づいて渋沢の環境的特質を措定しておくことは、さまざまな表現で示される渋沢の教説を分析するための判断軸を定めるうえで有効と考える。

渋沢にはこれら以外に、若くしてフランスを中心に1867（慶応３）年から1968（明治元）年に至る欧州各国を歴訪したという経験がある。しかし、明治初期前後に海外を視察した経験を有するのは渋沢一人ではなく、かつ、海外渡航はむしろ視野の広がりに寄与した部分が大きいと考えられるので、思想形成要因としては副次的な位置づけにとどめる。

上記で措定した渋沢をめぐる環境的特質について本書で直接的に確認できるのは、三島中洲の思想的影響である。『論語講義』には渋沢が注釈を付すにあたって参考とした儒者の名前が明記されている。

つまり、渋沢の論語注釈には渋沢思想の帰結が記されており、参考とした儒者の思想と比較すれば、渋沢がいかなる思考経路をめぐらせて注釈を書いたのかを推察することができる。したがって、渋沢が提唱する義利合一説に対する三島中洲の影響について論語注釈をもとに考察することは、渋沢思想全体の中に義利合一説を位置づけて同説の淵源を探るにあたりきわめて重要である。

「思想と実践の累積的因果関係」、「官と民の深淵に差しかけられた存在」という２つの環境的特質については、渋沢思想の一応の解明がなされた後、渋沢が遺した事績を時系列的に辿り、義利合一説をはじめとする渋沢思想と比較検討することが必要となる。それは渋沢の事績に関わる実証研究の今後の課題となる。

１－４　本書のアプローチ

１－４－１　諸学統との比較検討

本書のアプローチは、渋沢の主著である『論語講義』を分析し、渋沢が主に参考にする学統を見究めたうえで、論語各章の解説に表れる渋沢の真意を整理することによって進められる。

渋沢が参考にする学統とは、『論語徴』、『論語講義』、『論語集注』、『論語語由』、『論語新釈』等の論語注釈書に見られる考え方であり、徂徠学、陽明学、朱子学、通釈の観点から、字義や章意に関する渋沢の理解が章ごとに、主としてどの学統によっているかを検討する。そのうえで、渋沢の解説内容が章意から明らかに乖離するか、あるいは章意を敷衍した解釈を行い、それを歴史的なエピソードや自身の経験で補強されている点が見られる部分があれば、それらを検討対象とする。

渋沢の著作は『論語講義』以外にも存在する。つまり、論語注釈という形式にとらわれずに発せられた渋沢の教説にも多くの思想が含まれている。それら渋沢の著作および渋沢の若年期の思想形成に大きな影響を及ぼした水戸学の主要著作については、本書各編について論考を進めるうえで適宜参考に用いる。

筆者は、一見脱線と思われる論語注釈にこそ渋沢思想の真髄が隠されており、そこに渋沢思想のオリジナリティが存すると考える。つまり、渋沢の論語解釈の基底を理解したうえで、本筋から離れ、さまざまなエピソードを交えて述べられる箇所にこそ渋沢思想を理解する鍵がある。

渋沢は思想家ではない。換言すると渋沢は自身の思想を練り上げたうえでそれを体系的にまとめあげることを業とする者ではない。したがって、渋沢の思想は『論語講義』を中心とする著作や言行録に、ある意味無秩序に散りばめられている。義利合一説が経営者の間でも一般的となり、その精神を信奉しようとする人々も多くあらわれているなかで、今一つその全貌が把握できていないと思われるのは、思想が体系化されていないことに原因があると考えられる。

つまり、渋沢は思想家でないがゆえにその考えが体系化されていない印象をうけるのは、その考えが論語の各章に分かれて述べられていることに原因がある。したがって、それを少しでも体系的に整理できれば、論語に基盤をおく渋沢独自の思想がより明確化されると思われる。

渋沢は漢学者ではない。したがって、その論語解釈には不可避的に誤解、類推、拡大解釈等が含まれている可能性がある。もし渋沢が孔子の意図と異なる論語解釈を行い、その解釈に基づいて行動した結果生み出されたものが、かの膨大な事績であったとすると、その解釈内容こそがまさに論語を基盤として編み出された渋沢固有の実践思想といえる。

渋沢の論語解釈を諸学統の注釈者と比較するのは、渋沢の論語解釈の淵源を探るとともに渋沢固有の思想の一片を抽出するためでもある。つまり、論語の趣意に忠実であろうとする渋沢の解釈に、それでもなお孔子の意図と異なる部分があるとすれば、それがすなわち渋沢思想のオリジナリティである。『論語講義』には論語解釈の体裁をとりつつ、渋沢が史実や実体験をもとに論語本章の論旨とは必ずしも合致しない道徳論を展開している部分が随所に見られる。この記述もまた渋沢固有の実践思想を表わしたものと考えられる。

1－4－2　論語中の諸徳目

義利合一説を体系的に理解するためには、同説そのものにアプローチするだけでなく、渋沢が同説を立論するうえで用いた基本概念について、渋沢の理解を明確にしておく必要がある。渋沢の理解は、儒学者一般の理解と必ずしも同じではない。渋沢が独自の観点から基本概念をどのように理解したのか、またそれは儒学者一般の理解とどのような相違があるのかを明確化することは、渋沢の思想の特徴をきわ立たせるうえで必須と考えられる。

渋沢の思想を整理して儒学者一般の理解と対比するのは、渋沢の論語理解が訓詁学的に正しいか否かを確かめるためではない。重要なのは、渋沢が論語の各章をどのように理解して自身の思想を形成したのか、そしてその内容はいかなるものなのかを明らかにすることである。

つまり、「義利合一説」という思想が、論語に刻まれた多数の徳目とどのような関係から成り立っているのかを明らかにすることによってその深奥を知り、そのうえで渋沢が日常行動レベルで口にする警句の意味を理解すれば、それがすなわち渋沢の行動規範に対する根本的な理解に近づくとことになると考える。

渋沢は実践家であるがゆえに、渋沢がその思想を語る多くの場合、史実のみならず自らの事績が語られる。しかし、渋沢がその思想を語るにあたって引き合いに出されるのは、自らの事績に対する渋沢自身の考えあるいは評価であり主観的なものである。

事績の評価はあくまでも第三者によって客観的になされるべきものであり、渋沢の追憶を通して考察されるべきものではない。渋沢の事績は後世に残された資料と、渋沢が創立に関わり、現代まで連綿と続く幾多の企業の業歴や経営理念等を分析することによって考察されるべきである。渋沢がその思想を語る際に引き合いに出す自らの事績は主観的な評価によるものであるので、事実というよりはむしろ思想の一環として語られるものと理解することが妥当と考えられる。

論語中の徳目は、各々が独立して存在するものではなく相互に関わり合っている。渋沢は個々の徳目について、自らの事績や歴史的事実に基づき、しばしば主題から離れた領域にまで発想を飛ばして自説を展開する。したがって、論語各章の主題に沿って渋沢の教説を整理することは必ずしも容易ではない。このため、本書の各章は目次に示される主題ごとに体系化されてはいるものの、渋沢の想念に誘われて本題の周辺を彷徨することがあることを予めことわっておく必要がある。

1－4－3　渋沢思想における義利合一説の位置づけ

渋沢の思想全体を海に浮かぶ氷山にたとえれば、義利合一説に相当するのは海面上に現れた一角にすぎず、それを支える渋沢の基本思想に相当する氷山の大部分は海中に隠れている。同様に、義利合一説を地上の池や小川にたとえると、渋沢思想の多くは地下水脈に相当する。この地下水脈は複雑に入り組み、場所によっては逆流して渦巻き、地下で氾濫している可能性も否定できない。

さらに踏み込んで、渋沢の思想全体を渋沢の脳にたとえれば、義利合一説は意識領域に相当し、渋沢思想の大半は無意識領域に相当すると考えられる。人間の行動が無意識によって多く影響を受けると考えれば、義利合一説を支える思想的基盤を解明することは、無意識領域を中心に渋沢の精神分析を行うことにほかならない。

逆流し、渦を巻いている可能性のある地下水脈に相当するのが、この無意識領域であるとすれば、覚醒した状態で思考の辻褄を合わせようとする意識領域とは異なり、無意識領域においては理屈で説明のつかない未解明な部分が多く存在すると考えられる。

このような基本認識に基づき、本書では渋沢の前頭前野の大部分を占めている無意識領域、つまり論語中に示される義利合一説以外の諸徳目に踏み込んでその内容を考察する。渋沢の論語注釈間に矛盾や不一致があったとしても、それをもって思想内容の不備とするのではなく、それらを明らかにし、さらに渋沢の真意を探るべく矛盾や不一致について考察を加えることが、渋沢思想の真髄を理解するうえで必要と筆者は考える。

1－4－4　渋沢栄一の事績

筆者は渋沢の思想と事績は累積的因果関係によって彫琢され正のスパイラルを生み出すという基本的な考え方の下に研究を進めているが、本書の研究対象はあくまでも渋沢の思想であり、事績の研究は本書の研究成果を踏まえて、「思想と事績の関わり」という分析視角を定めて行う。

渋沢は自著において自らの思想や教説を自身の経験、同時代人や歴史上の偉人の人物評価を交えて述べることが大半である。したがって、本書においても渋沢の論語注釈を中心とした著作を検討する場合には、渋沢の事績や明治期以前の歴史的事実に言及することとなる。

渋沢によって語られる事績やエピソードは第三者による客観的検討を経た後のものではなく、自らの主観により、時にへりくだり、不確かな事実認識によるものも含まれていると考えられる。したがって、本書では渋沢が自ら語る事績やエピソードについては、渋沢の論考の過程で多少の脚色や変質の可能性があることを前提に取り扱う。

つまり、渋沢が語る事績やエピソードは、その真偽を厳密に追究すべきものではなく、むしろ極論すると思想の一環として語られるたとえ話と位置づけることが妥当と考える。係る基本的考え方に基づき事績やエピソードの正確性の検証は行わず、本論である渋沢の教説に対してそれらを補論と位置づけて検討を加える。

第2節　構成と目的

2－1　全体構成

本書では、論語中の最重要の徳目である仁と、それに包含される諸徳目によって構成される渋沢の道徳思想を「仁の思想」として分析する。筆者は渋沢が「政商」ではなく「国臣」として行動し、財閥を成すことなく国家の利益を優先する考えを持ちえた理由を、渋沢の国臣としての意識の形成過程に求める。渋沢がいかにして政商ではなく国臣たりえたのか、つまり渋沢はいかなる論考を経て国臣意識を身につけたのかが分析対象となる。さらに、本書の主題である義利合一説の基本理念についての分析結果を、仁の思想および国臣意識との関わりから考察する。

渋沢の道徳思想は、その浩瀚さゆえにその全てを仁との関りから考察することは不可能である。したがって、「仁の思想」以外の諸徳目や、「国臣意識」以外の渋沢固有の自己認識、宗教観、世界観等によって義利合一説の基本理念を有意に説明する可能性を追求する必要がある。それらを、「渋沢思想の諸側面」として総括し、義利合一説との関りについて補完的説明を試みる。したがって、本書は4つの編によって構成される。

各編を構成する個別の章は、それぞれの主題に関わる疑問点をもとに目次を構成し、疑問点を体系化した目次にしたがって論語各章の渋沢の注釈を抽出した。さらに、渋沢の注釈を代表的な学統の見解と比較することによって、渋沢の教説を引き出すという方法を採用した。引き出された個々の教説を目次にそって体系的に整理することができれば、各章の主題に関する渋沢の思想が浮かび上がるのではないかと筆者は考えた。

各章を構成する各節や各項には論語各章に付された渋沢の注釈が対応している。渋沢の個々の注釈の真意を明らかにするため、各節の冒頭には関係する論語各章の本文を表示した。本書の全体構成は以下の通りである。

渋沢が自らの財閥を形成することなく、国臣として終生振る舞い続けられた背景には堅固な国臣意識が存在した。この国臣意識の淵源を探るためには、渋沢の君臣についての認識内容がポイントとなる。

君・臣・民の関係において、君たる者の役割が仁をもって民を安んずることであり、臣の役割が忠義をもって君を輔弼することであるとしても、渋沢の国臣意識の堅固さを臣の「資格要件」のみで説明することは困難である。

管見によると、渋沢は臣たる者が備えるべき忠義をもって君を輔弼する資質を身につけるだけでなく、自らが輔弼すべき君たる者が備えるべき仁について考究し、一段上の資格要件を理解し身につけるべく努力した結果として、堅固な国臣意識を有するに至ったのではないかと考える。

このような理解に基づき、君たる者が身につけるべき「仁」を渋沢はどのように理解していたのかを多角的に分析するとともに、仁という括りで語られる徳目のうち、渋沢が国臣たる自分にとって何が重要と考えていたのかを、「第Ⅰ編 渋沢栄一と仁の思想」において考察する。

「第Ⅱ編 渋沢栄一の国臣意識」では、君臣関係に対する渋沢の考え方を考察する。渋沢が仁について深く考究したのは、君たる者が備えるべき徳目を深く知り、臣としての役割を全うしようと考えたからである。そこには臣としての己の分を知る渋沢の堅固な国臣意識があった。第Ⅱ編では渋沢の国臣意識の淵源を君臣関係に対する認識を探ることによって明らかにする。

「第Ⅲ編 義利合一説の基本理念」では、本書の分析対象である義利合一説の基本理念を探る。ドラッカーが渋沢を評して、「経営者の本質は富でも地位でもなくその責任を果たすことである」という趣旨を述べたのは正に至言であるが、これは渋沢が「国臣たる企業家としての責務を果たすこと」を念頭に行動してきたことをドラッカーなりに解釈した言葉と考えられる[(1)]。そこには、「国臣たる渋沢」と「企業家としての渋沢」が併存している。前者の「国臣たる渋沢」を分析するのが第Ⅰ編と第Ⅱ編であり、これと「第Ⅳ編 渋沢思想の諸側面」を合わせたものが、本書の書名である『義利合一説の思想的基盤』のうちの「思想的基盤」に相当する。これに対して、「企業家としての渋沢」を支えるのが「義利合一説」である。

つまり、上部構造たる義利合一説を下部構造として支えるのが、仁の思想、国臣意識、渋沢思想の諸側面であり、本書の目的は上部および下部両構造の内容と両者の関係性を探ること言い換えることもできる。

では、ドラッカーが言うところの社会的な「責任」に相当する渋沢の「責務」とは何であろうか。企業が社会的責任を果たすためには企業倫理が不可欠であり、限定合理性を前提とした人間行動を、制度的に規制するためには企業統治という制度的手当が必要となる。

この比較制度分析における発想の前提には、人間を限定合理的でかつモラル・ハザードを犯す存在として捉えるいわば性悪説の考え方が存在する。性悪な人間の行動を正すためには人間のモラルを喚起するのではなく、性悪な人間が犯すマイナス面を制度的にカバーする仕組みが不可欠とするのが西欧的発想である。つまり、企業家が社会的責任に目覚めたとしても、その自覚を生かして責任を全うせしめるには外部からの強制が不可欠と考えるのが「社会的責任」の背後にある発想である。

渋沢は性善説に立脚している。責務を全うするためには論語の精神に則って自己研鑽に励み、限定合理性やモラル・ハザードを犯すことのない人間性と道徳性を身につけることが不可欠と渋沢は考える。換言すると、国に仕える一段高い目線で利己的な考え方を排し、義利を合一させるべく企業家としての活動を行うことにより、社会的責任つまり企業家としての責務を果たすべきというのが渋沢の考え方である。

このように、第Ⅰ編から第Ⅳ編においては論語の諸学統の見解を参考に、渋沢の注釈を字義に忠実に分析し、それらの分析結果については終章で総括的に考察する。本書における文章表現は、まず本書を構成する各章、各節の主題に関連する論語各章を引用し、渋沢の注釈内容を諸学統の注釈との比較において考察するという形式を採用する。

2－2　渋沢栄一と仁の思想

本編の目的は、渋沢が論語の中核概念である仁をどのように理解していたのかを考察することである。仁に対する渋沢の理解内容を考察するためには、仁を取り上げた論語各章に対する渋沢の注釈、および章意と関わりなく渋沢が独自に仁に触れた注釈部分をテーマ別に整理することが必要となる。

論語において最も直接的に仁に触れている部分は、仁について、弟子の問いに対する孔子の答えが記述されている章である。仁という茫漠たる徳目については、孔子の弟子にとっても明確に把握することは困難だったのであろう。顔淵、仲弓、司馬牛、樊遅等が投げかけた問いに対して、孔子は弟子の徳行レベルにあわせて解答している。第1章と第2章では、この趣旨に基づいて弟子4名の問いに対する孔子の答えに基づいた渋沢の注釈を分析した。

第3章では、仁という徳を備えた仁者についての渋沢の考え方を、論語中で取り上げられる他の有徳の士との比較において考察した。論語では仁者以外に聖人、君子、成人、恵人等、様々な呼称によって有徳の士が表現されている。論語では多くの徳目が語られる。複数の有徳の士と複数の徳目がいかなる組み合わせになっており、仁者は果たして有徳の士のなかでいかなるステータスを有するのかという点についての渋沢の認識を確認すれば、渋沢の仁の理解の本質に接近できると考える。

第4章では、第3章までの整理項目にあてはまらない部分を仁の諸相としてまとめた。渋沢の注釈が比較的まとまっている、「仁と義」および「仁と実践」は独立して考察し、仁厚の美俗をはじめとする、仁に関わる渋沢の思いが述べられている注釈については可能な限り収集し考察を加えた。

2－2－1　第1章の目的：渋沢栄一と仁の思想（1）

本章の目的は、孔子とその弟子である顔淵、仲弓、司馬牛との間で交わされた仁についての問答に対する渋沢栄一の論語注釈を通して、その仁の思想の一端を探ることである。論語に行動規範を求めた渋沢が日本資本主義の父と呼ばれるに相応しい偉大な企業家であることは論を待たない。

「仁」は、「義」、「愛」、「徳」などの徳目を表わす漢字と結びついて、「仁義」、「仁愛」、「仁徳」等の熟語を形成する。これら個々の漢字は、仁と結びつくことによって本来意味する徳目を一段と強調する効果をともなった熟語となる。つまり仁は、それと結びついた漢字の意味をプラス方向に引き上げる不可思議な力を有している。反面、単体としての仁は、その意味がいかにも茫漠として捉えどころがない。この捉えどころのない仁は論語における最も中核的な概念である。

渋沢栄一が生涯よりどころとした論語をいかに解釈して行動に結びつけたのかを探るにあたって、この難解な徳目を彼がどのように理解したのかを分析することが不可欠となる。つまり、難解かつ重要な概念であるがゆえに、渋沢が仁をどのように自分の言葉で述べているのかを分析することは、渋沢の思想的淵源を理解するうえでむしろ近道となるのではないかと筆者は考える。

渋沢による仁の理解内容を解明するためには、仁に関する論語各章への注釈において、渋沢がいかなる歴史的事実や事例を取り上げるのか、またどのような人物を俎上に載せて仁との関わりを論じるのかを分析することが重要である。本稿では渋沢の注釈の文脈と細部に注視して検討を加える。

本稿で検討対象とする論語中の章は、顔淵、仲弓、司馬牛の 3 弟子がそれぞれ孔子に仁を問う顔淵第十二第1章から第 3 章までの 3 つの章であるが、これらに加えて、仁を論じている各章および渋沢が論語注釈において仁に触れた部分をもとに渋沢の仁の思想に接近する。

本書の第 2 章では顔淵の問いに基づいて仁の構成要素を考察し、第 3 章では仲弓の問いを中心に仁との関係における敬と恕を考察する。さらに第 4 章では司馬牛の問いをもとに訒と言行一致について考察する。

2－2－2　第 2 章の目的：渋沢栄一と仁の思想（2）

本章の目的は、「仁」について記述された論語の各章に対する渋沢栄一の注釈を分析することにより、その基本認識を明らかにすることである。論語にはさまざまな切り口から仁を記述した章がある。本章ではそれらのうち、(1) 仁の本質に切り込んだ章、(2) 仁を相対化して記述した章、(3) 仁の内訳を記述した章の３つのタイプを取り上げる。

仁の本質に切り込んだ章としては、孔子に対する樊遅の問いをもとに渋沢の思想内容を考察する。仁を相対化して記述した章については、「仁と仁ならざるもの」、「仁者と仁者たらざる者」が二項対立的に並置された章を選択し、その単純化された図式において、「仁と不仁」、「仁者と佞者」、「君子と小人」を相対比較する。そのうえで渋沢の「仁なるもの」と「仁者たる者」についての認識を考察する。仁の内訳を記述した章については、渋沢の「大仁の解釈」を確認し、「大仁と小仁」を比較する。それによって「真に仁なるもの」についての渋沢の認識を考察する。

論語を一つの徳教体系と捉えた場合、論語各章はあくまでもその一部分である。つまり、複数の章において異なる角度から捉えられた特定の徳目に対する孔子の言葉は、章をまたいで整合的に解釈されてはじめて孔子の真意が明らかになると考えられる。

論語各章の簡潔な箴言は時代背景の理解も含めて多くの解釈余地を読者に与える。渋沢が論語講義を著したのは、論語編纂後二千数百年を経てからであり、その注釈も他の注釈書同様、論語各章に沿って構成されている。

そのような前提に立てば、抽象的な徳目を取り上げた章であればあるほど、注釈文言の細部において章の間で解釈の齟齬が生じる可能性がある。「仁」という徳目の括りで論語各章の渋沢の注釈を検討するにあたっては、かかる困難さが伴う。したがって、本稿では渋沢の仁の思想を考察するにあたって、注釈間の整合性にも留意する。

２－２－３　第３章の目的：渋沢栄一と仁の思想（３）

本章の目的は、論語中の、いわゆる「有徳の士」に関する渋沢の解釈と、「仁者」についての解釈を相対比較することにより、渋沢の仁者についての理解内容を明確化することである。

論語では仁者以外に聖人、君子、成人、志士等の「有徳の士」が取り上げられている。これら有徳の士は、論語中で述べられる多くの徳目のいずれかを身につけている。しかしそれらの徳は、時に仁者が備える徳と重複するとともに、仁者以外の有徳の士の間でもしばしば重複している。

仁者を含めた有徳の士の間に序列があるとすれば、身につけている徳目の数と深さ、および天命がその判断基準と考えられる。後天的な努力によって数多くの徳目を深く身につけたとしても、序列上位の有徳の士たり得ない場合があるとすれば、それは本人の努力以外の先天的要因である天命が関係していると考えるのが合理的である。

係る基本認識に基づき、仁者を含む有徳の士のいわば資格要件について、渋沢の認識をもとに整理し、仁者たる者を渋沢がどのように理解していたのかを明確化する。

2－2－4　第4章の目的：渋沢栄一と仁の思想（4）

本章の目的は、論語中の仁について述べた章に対する渋沢栄一の理解内容に基づいて、仁の諸相を考察することである。論語を通読玩味して後、はじめて仁の真意義に至ることができるのであるとすれば、少なくともさまざまな角度から仁について述べられた章を検討することは、渋沢による仁の理解を知るうえで不可欠と考える。

本稿では、仁の諸相をできるだけ体系的に考察するため、「仁と義」、「仁の実践」という2つのカテゴリーを設定し、そのいずれにもあてはまらないものを「仁の諸相」として考察する。

2－3　渋沢栄一の国臣意識

第Ⅰ編では論語の中核概念である仁に対する渋沢の認識を多面的に検討した結果、仁者、君子、聖人が概ね同義として渋沢に認識されていることが明らかとなった。これは仁および仁者を語る論語各章に対する渋沢の理解を中心に考察して得られた結論である。

論語のように長く読み継がれてきた書物については、多くの注釈者が独自の解釈を加え、論争を繰り返しながら論語の真義が探られてきた。儒者ではなく特定の学統にも属さない渋沢には、各学統に所属する注釈者のように、所属する学統が支持する学説にその主張を整合させようとする誘因は存在しない。

論語解釈学は、数学や物理学のように公理や定理に基づき、段階を踏んで証明を重ねることによって論理を組み立てていく学問分野とは異なることから、主要な徳目の解釈内容が渋沢と他の注釈者の間で異なれば、それが渋沢の論語解釈の独自性と考えられる。

係る観点から、第Ⅱ編では第Ⅰ編で取り上げられた仁および仁者との関わりから、君臣関係に関する渋沢の考え方を考察する。渋沢によって仁者とほぼ同義と認識された君子は、徳を備えかつ政を治める天命をもつ人間に求められる人格であった。

本編では君臣関係に関わる論語各章において、渋沢がどのような思考回路をたどって国臣意識にたどり着いたのかを探る。その手掛かりとして、(1) 君たる者の使命は何で、その使命を全うするために求められる資格要件は何か、(2) 臣たる者の使命は何で、その使命を全うするために求められる資格要件は何か、(3) 君臣関係のあるべき姿はいかなるものか、(4) 日本における君臣関係の特質はいかなるものかの4点に関する渋沢の理解内容を明らかにする。筆者はこの作業を通して渋沢の国臣意識の淵源を垣間見ることができるのではないかと考える。

渋沢は、企業家として真正の利益を国家社会に尽くす誠意をもって獲得し還元すること、つまり国臣としての役割を果たすことが重要であり、この姿勢こそがまさに義利合一説の基底をなすと理解していた。渋沢の視線の先には常に国家があった。渋沢は国の成り立ちそのものである天皇を君、自らを臣としたうえで、銀行家、企業家としての国臣の役割を最も正しく果たすための基本原理を義利合一説に求めた。

第Ⅱ編では第Ⅰ編での分析から得られた結論が、果たして正鵠を射ているか否かを君臣関係に関わる論語各章に対する渋沢の解釈内容を考察することによって検証する。

2－3－1　第5章の目的：渋沢栄一の君の認識

本章の目的は、渋沢栄一の国臣意識の成り立ちを明らかにするための研究の一環として、渋沢が「君」をどのように認識していたのかを探ることである。

渋沢は自らを国臣と位置づけるとともに、視線の先に常に国益を見据えていた。渋沢が国臣意識をもつに至った経緯を探るためには、「君」、「臣」、「君臣関係」についての渋沢の認識を明らかにすることが必要となる。その上で、「君たる者」と「臣たる者」がいかなる関係性によって存在し、企業者である渋沢が、君たる日本国と臣たる自分の関係をどのように構築したのかを探る。このような一連のプロセスにおいて、本章ではまず渋沢の君の認識を探る。

君および臣の成り立ちについての渋沢の認識を探るうえで重要となるのは、君たる者、臣たる者であるためのいわば資格要件を明らかにすることである。この資格要件のうちで特に重要なものが、君臣それぞれに求められる人格的特質であり、その中核にある徳性と考えられる。

徳性を身につけた者は、聖人、君子、仁者、成人などさまざまに表現される。これらのうち、有徳の士を代表して語られる頻度が高い「君子」という人格は、その他の有徳の士の特質と重複している部分が多い。したがって、本章では有徳の士を君子によって代表させ、君子の道徳的資質のうち君たる者に求められるのは何で、臣たる者に求められるのは何かという問題設定によって、まずは君の人格的な資格要件を検討する。

本章の分析は、(1) 政における君の使命、(2) 治国の安定と継続に対して君がなすべきこと、(3) 君の姿勢と資質、(4) 君の心構えという順序で行われる。

2－3－2　第6章の目的：渋沢栄一の臣の認識

本章の目的は、渋沢が「臣」をどのように認識していたのかを探ることである。本章で臣を取り上げる事情は前章と同様であるが、渋沢自身が国臣を自認していることもあって、各節の事例には渋沢のエピソードが繰り返し取り上げられる。特に、大久保利通との確執は君臣の信頼関係や臣の役割である諫言についての考察等で複数の視点から検討を加える。

渋沢の臣についての認識に対しては、「臣の道徳的基盤」、「臣の資格要件」、「臣の役割」、「臣の心構え」の4つの視角からアプローチする。臣の道徳的基盤に関しては、臣たる者が拠って立つべき徳目である「忠」の淵源としての「孝」に遡って考察する。臣の資格要件、士道に基づいて臣の資格要件を探り、信頼関係や分限に言及する。

臣の役割については、臣が仕える道について検討し、臣の諫言、補佐等について検討する。臣の心構えについては、臣が直面するいくつかの陥穽について検討する。これらの視角から見た臣のあり方について、渋沢は論語注釈で自説を展開する。

2－3－3　第7章の目的：渋沢栄一の君臣関係に対する認識

本章の目的は、君と臣に対する渋沢の認識に基づき、君臣関係のあるべき姿と国臣について渋沢がいかなる考えをもっていたのかを考察することである。君と臣について考察した第5章と第6章は、君臣それぞれについて検討する過程で一部両者の関係に触れてはいるが、本章では君臣関係の道徳的基盤と、守るべき規律について総括的に考察する。具体的には、「君臣関係における道徳的基盤」、「君臣関係の規律」、「国臣意識の淵源」の3項目にしたがって渋沢の君臣関係に対する認識を考察する。

君臣関係における道徳的基盤については礼を中心に考察し、君臣関係の規律については臣の分限を考察する。また、国臣意識の淵源については天皇制を中心とする日本の特殊な成り立ちにおいて、渋沢がいかに自身の内部に国臣意識を芽生えさせたのかを検討する。

渋沢の国臣意識は日本の統治構造を前提としたものと考えられる。したがって、渋沢の君臣関係に対する基本認識と日本の統治構造である天皇制を前提として、渋沢の国臣意識の淵源を探る。

2－4　義利合一説の基本理念

義利合一説の思想的基盤を探るにあたっては、渋沢が提唱する同説の基本理念はいかなるものかという点について検討を加える必要がある。義利合一説の基本理念を明らかにするためには、渋沢が「義」という徳目をどのように認識し、その認識を「利」とどのように関係づけたのかを探ることが必要となる。さらに、渋沢と同時期に義利合一説を提唱した三島中洲による同説の基本理念を探り、渋沢の理念との比較検討を試みる。

渋沢は儒者としての中洲に尊敬の念を抱き、論語解釈においても中洲の意見を多く取り入れている。しかし、両者の出自や漢籍との関わりは両者間で異なり、渋沢には実践家としての矜持がある。したがって、自らの思想の中核部分については互いに相譲ることはないと考えられる。渋沢と中洲それぞれが提唱する義利合一説を比較検討することによって、両者間に同工異曲があるとすれば、その異曲こそが渋沢の義利合一説の特質といえる部分に相当すると考えられる。

この同工異曲を探るにあたって、第10章では三島中洲が提唱する義利合一説を中心に置き、その主要な概念について渋沢の所説を引用し考察を加えるという方法を採用する。第11章では、中洲の義利合一説の理論的根拠をベースにして、それと対比的に渋沢の所説を検討するという方法を採用する。

渋沢による義の認識内容を探るにあたっては、義そのものについての認識に加えて、義と関係の深い他の徳目との関係を探ることにより多角的にアプローチする。

渋沢による利の認識内容を探るにあたっては、利を生むための活動である貨殖や、利の使い道としての投資や消費をめぐる渋沢の考え方を通して検討する。そして、利が累積した結果としての富に対する渋沢の考え方を探る。つまり、利の発生、費消、累積という3つの視角から利に対する渋沢の認識を探る。

三島中洲の義利合一説の特質を探るにあたっては、その成立経緯や国家観を踏まえて検討する。渋沢と中洲の義利合一説との同工異曲を探るにあたっては、中洲の理気合一論を検討し、理気合一から義利合一へどのような論考を経てたどり着いたのかを探る。そのうえで渋沢と中洲を比較し、同工異曲の詳細を明らかにする。

2－4－1　第8章の目的：渋沢栄一の義の認識

本章の目的は、渋沢栄一の義利合一説を構成する「義」に注目し、諸徳目や利との関わりを考察することである。義利合一説の思想的な根源を探るためには、義と利をそれぞれ個別に考察したうえで両者の関連性を探ることが効果的と考えられる。

渋沢の考え方によると、人間は本来の義なる性質の自然な発露として善を行うがゆえに、義と善はともに人間の内面に存在するということになる。つまり、それは性善説の考え方に外ならない。義と善の関係性についての渋沢の認識内容を探るにあたっては、両者の関係についての諸学統の見解を論理式に置き換えて比較考察する。また、性善説に基盤を置く渋沢の考え方を考察するにあたっては、カント哲学における善意志と道徳的法則についての考え方との比較によって、その特徴を明らかにする。

本章では義と善、義と剛の関係性を探り、士たる者に求められる義を明らかにする。さらに、義と富貴および政における義のあり方についての渋沢の考え方を探るとともに、会社組織における義はいかにあるべきかについての渋沢の考え方を明らかにする。

2－4－2　第9章の目的：渋沢栄一の利の認識

本章の目的は、渋沢栄一の利の認識を明らかにすべく貨殖に関する思想を探ることである。本章では貨殖を利を得ることと読み替えて解釈する。貨殖とは、通常、財産を増やすことを意味するが、本章では財産に関わる概念をさらに展開し、貨殖の才、貨殖によって得た財産の使途、富貴へと論考を広げ、渋沢の考え方について多面的に検討を加える。

渋沢の貨殖に対する考え方を分析するにあたって設定する視角は、「貨殖の才」、「投資と投機」、「浪費と倹約」、「富貴」の4つである。これらの視角から渋沢の思想を分析するための資料としては、渋沢の主著である『論語講義』を用い、渋沢の注釈内容から貨殖に関わる記述を分析することによって思想内容を理解する。

本章での論考の順序は、孔子の高弟のうち貨殖に関して両極端に位置する顔淵と子貢について、里仁第四、先進第十一を中心に渋沢の注釈を吟味し、投資、投機、消費、富貴に関する考え方が示されている論語各章の注釈内容を順次検討する。

2－4－3　第10章の目的：三島中洲の義利合一説

本章の目的は、三島中洲が提唱した「義利合一説」の特質を、その成立経緯や国家観を踏まえて明らかにすることである。中洲は江戸末期から明治、大正期にかけて活躍した漢学者、教育者であると同時に司法実務を通して近代日本における司法制度の確立に尽力した法律家であった。

渋沢栄一によっても同じく提唱された義利合一説は、「道徳経済合一説」あるいは「論語と算盤」という言葉でも要約されるように、利益を追求する商売の世界に秩序と規律を重んじる考えを取り入れたものであった。本章では、基本的にこれらの思想を「義利合一説」という言葉に統一して論考を進める。

中洲の義利合一説を考察するうえで重要なポイントとなるのが、同時代に同じ思想を唱えたこの渋沢の存在である。義利合一説をほぼ同時期に提唱した、法曹界の巨人と経済界の巨人の思想を相対比較することは、より鮮明に義利合一説の核心に迫ることを可能にすると考える。

しかしながら、本章の主題は中洲が提唱する義利合一説の内容を考察することであり、渋沢の義利合一説との並列的な比較を行うことではない。したがって、中洲の思想に見られる主要な概念ごとに渋沢の所説を引用し、都度考察を加えるという方法を採用する。本章で渋沢を頻繁に取り上げるのは係る事情によるものである。

儒学の蘊奥を究め、浩瀚なる漢籍の素養を身につけた中洲は、広く古今の経書にも通じていた。また、その学問的見識に基づく主張は「義利合一説」にとどまるものではなかった。さらに、渋沢の主著である『論語講義』の各章の講義冒頭には、「物徂徠曰く」、「亀井南溟曰く」等と並んで「三島中洲先生曰く」という記述が頻繁に見られる。同時代に生を受け、個人的な交流もあった中洲の渋沢に対する影響は、荻生徂徠や亀井南溟よりもさらに大きかったと考えられる。本章では、中洲の『論語講義』と『中洲講話』を中心に置き、渋沢の『論語講義』の内容を踏まえて義利合一説の考察を行う。

2－4－4　第11章の目的：義利合一説の特質に関する一考察

本章の目的は、渋沢栄一によって提唱された義利合一説の特質を、同説をほぼ同時期に提唱した三島中洲の所説と比較することによって明らかにすることである。

両者の相違点として留意すべきは、中洲が儒教思想家としての基礎を山田方谷から学んでいるのに対して、渋沢の思想的基盤の初期形成期において身近にあった先達は、義兄の尾高惇忠であったという点である。尾高は教養の深い人物ではあったが、山田方谷のような儒者ではなかった。渋沢と中洲を論語理解について比較検討するにあたっては、このような両者の幼少期からの論語への関わりの深度を考慮する必要がある。

中洲と渋沢は義利合一説の基底で強く結びついてはいたものの、その実践においては、法律行政に従事する者と企業者の違いが存在した。渋沢にとって中洲は、論語を中心とする儒教教義の蘊奥を究めた理論家であり、理論面から渋沢を輔弼してくれる存在であった。一方、中洲にとって渋沢は、日本の資本主義勃興期から企業家として実践を積み上げ、義利合一論を体現してくれる存在であった。このような両者の相違によって義利合一説の理解も微妙な点において異なっていると考えるのが自然である。

中洲は、備中松山藩の財政再建に山田方谷の下で関わった実践者としての経験を有することから、渋沢の企業者としての活動に対しても十分な理解をもっていたと考えられる。このように、ともに義利合一説に礎を置き、それぞれの分野で実践する中洲と渋沢は、互いに欠けている部分を補い合いながら、尊重し合う相互補完関係にあった。

このような両者の関係性は、それぞれが実業界、法曹界において、いわば頂点をきわめた成功者同士で、かつ論語の精神を修得した人格者同士の関係であることから、存命中に義利合一説に対する理解の相違を互いに指摘したり、同説の提唱者としての優先権を主張し合うことはなかった。

2－5　渋沢思想の諸側面

第Ⅳ編では、第Ⅲ編までで十分取り上げることができなかったものと、さらなる解明が必要と判断される徳目や思想内容について検討する。検討対象とするのは、「礼」、「信」の二つの徳目と、「学」、「天命」についての渋沢の考え方である。

論語や多くの漢籍で扱われる孝・悌・忠・信・礼・儀・廉・恥の8徳目から、渋沢が論語講義で触れることの多い徳目を孝・悌・忠・信・礼・儀の6つの徳目を選択する。このうち、「孝」、「悌」については第2章および第6章で検討し、「忠」については第Ⅱ編で検討した。また「信」については第14章で検討する。

「礼」については、論語中の重要な徳目の一つであることに加えて礼譲、礼楽、礼儀等のように、他の徳目との関わりから多くの部面で重視されるべき中核的な徳目であるにもかかわらず、第Ⅰ編で十分検討する機会がなかった。したがって、礼については「第Ⅰ編 渋沢栄一と仁の思想」の補完として第12章で個別に考察する。

「天命」については、合理主義者である渋沢が天命をどのように理解し、自身の思想のなかに位置づけていたのかを明らかにすることが課題となる。人間は出自や不幸を天命のせいにして、人智を超えた宗教にすがることによって心の平安を保とうとする傾向がある。数々の試練に直面し、人智では解決不能と思える局面に再三にわたって直面したであろう渋沢が、晩年に至ってもなお宗教に頼る気持ちを抱くことがなかったのは、むしろ不可思議でもある。

天命という人間の力が及ばず、かつ人智によって合理的に理解できない概念と、科学的思考で理解することが困難な宗教は、ともに合理的か非合理的かという二者択一で検討した場合、いずれも非合理的と判断される。この点に関して以下の疑問が生じる。

(1) もし天命という人智が及ばない概念を肯定するのであれば、合理主義者である渋沢はこの天命という概念とどのように折り合いをつけて受け容れていたのか。
(2) 天命を肯定するのであれば、渋沢は宗教的発想を肯定するのか。
(3) 宗教的発想を否定するのであれば、渋沢は「天命」と「宗教的発想」

の間に存するいかなる場所に一線を画していたのか。

渋沢の天命に対する認識を探るにあたっては、上記の疑問を追究するとともに、西郷隆盛の天命に対する認識と渋沢の認識を比較してその異同を考察する。

渋沢の国臣意識の基盤には日本という国の成り立ちに対する思いがあったと考えられる。また、その思いの根底には皇室の存在があった。皇室を中心に置く日本の成り立ちは連綿と打ち続く皇統によって支えられ、その皇統は継嗣すべきことが天命として定められた歴代の天皇によって引き継がれてきた。

このような国家観を抱く渋沢は、自らが日本に生を受けたことも天命として受け止めたと考えられる。このような推察が果たしてどの程度正鵠を射ているのかを、渋沢の天命の認識を探ることによって明らかにする。「第Ⅱ編　渋沢栄一の国臣意識」の補完として第13章で「渋沢栄一の天命の認識」を個別に検討する。

本書で対象とする渋沢思想の中心は義利合一説である。「第Ⅲ編　義利合一説の基本理念」では、「義」と「利」それぞれに対する渋沢の認識を探り、かつ同時期に同説を提唱した三島中洲の思想との比較によって、渋沢の義利合一説の特質を探った。渋沢が義利合一説に基づき企業者として活動するにあたって、義によって利を得るという行動を支えるうえで最も重要な徳目は何かといえば、それは「信」と考えられる。

では渋沢は企業者としての活動において、「信」という徳目をどのような形で尊重し義利合一説の思想を実務において貫いたのかという点が疑問となる。この疑問点を探るにあたっては、「信」を信義、信頼、信用等のように商売や日常生活の接際において密接不可分な徳目に分解し、渋沢がそれらをどのように確守したのかを考察することが合理的である。以上より、第14章の「渋沢栄一の信の認識」は「第Ⅲ編　義利合一説の基本理念」の補完と位置づけられる。

渋沢の思想と事績は、渋沢の学びの姿勢によって支えられていたことは事実であろうと思われる。そうであるとすれば、渋沢はその学びの姿勢についていかなる基本的な考え方をもっていたのかが重要である。

渋沢が企業者として重視していた行動規範に知行合一がある。渋沢は道徳的、技術的知識を修得することをもって終われりとはしない。渋沢にとっては学びによって知り、知ったことを行うことが不可欠であった。

渋沢が知行合一を重視する理由を明確にするためには、「学ぶこと」を「知ること」に、「習うこと」を「行うこと」にそれぞれ対比させて、知と行の関係に対する渋沢の認識をより詳細に探ることが必要となる。

「学」について渋沢は、学ぶことの大切さを強調すると同時に、(1) 学びの内容、(2) 学びと実践の2つの面について自説を展開している。渋沢にとって学ぶべき内容は大きく2つに分かれる。第一は徳を修める学である精神的道徳学であり、第二は格物致知つまり物質的科学である。

渋沢はこの2つのいずれもが不可欠であり、並行して学ぶことの重要性を説くが、明治維新後の西洋化にともなって前者である徳を修める学が等閑に付されていることを深く憂慮し、論語講義の注釈でも頻繁に警告を発している。

学びと実践について渋沢がしばしば強調するのは、知行合一の重要性である。渋沢が発する教説や訓言は実践家としての膨大な事績に裏づけられているからこそ説得力を有するのであり、渋沢は知行合一を身をもって実践してきた。そして、それは本書の分析視角として設定した通り、渋沢は思想と事績の累積的因果関係によって「日本資本主義の父」と称せられるほどの大業を成し遂げた。

換言すると、それは知行合一の繰り返しによってプラス方向に結果が累積した知と行の関係性の賜物であるともいえる。係る観点から、渋沢の学びについての考え方を明らかにしておくことは重要である。

「第Ⅳ編 渋沢思想の諸側面」を構成する4つの章は、以下のように第Ⅰ編から第Ⅲ編を補完する章と、渋沢の学びに対する基本姿勢を探る章から成り立っている。

第12章　渋沢栄一の礼の認識：「第Ⅰ編 渋沢栄一と仁の思想」の補完。
第13章　渋沢栄一の天命の認識：「第Ⅱ編 渋沢栄一の国臣意識」の補完
第14章　渋沢栄一の信の認識：「第Ⅲ編 義利合一説の基本理念」の補完。

第15章　渋沢栄一と学びの姿勢：渋沢の学びを徳の学びと格物致知の観点から探る。

2－5－1　第12章の目的：渋沢栄一の礼の認識

本章の目的は、礼と和の関係、礼楽、礼の実意等を多角的に考察し、渋沢の礼の認識を探ることである。礼と和については、人間社会における両者のあるべき関係性を渋沢がどのように認識していたのかを探る。

礼は徳目であるが和は論語において徳目として扱われてはいない。和は徳目ではないが、人と人とが互いに気脈を通じて和らぎ合うことは人間生活を円滑にするためには重要なことである。

しかし、和して互いを高め合う関係から、和らぎ合うことのみを求めて互いを高め合う関係性を逸脱した時点で、和は暗転して無節操に暴走し始める危険を含んでいる。本章では、渋沢が和がもつ二面性をどのように解釈し、かつ礼と和の関係性をどのように認識していたのかを考察する。

仁と礼楽の関係について、渋沢は仁を礼楽の基と認識する。仁から発して礼楽につながる中間に敬と和が存在し、「仁⇒敬⇒礼」、「仁⇒和⇒楽」という関係性が成立すると渋沢は認識する。このような定式化に基づいて渋沢の仁と礼楽についての認識を考察する。

礼と実意については、礼が形式的なものではなく、その基底に実意が存在しなければ礼が成立しないことを渋沢は認識していた。吉礼、凶礼、非礼、臣下の礼等を通して渋沢の認識を考察する。また、礼の伝承と実践についての渋沢の認識に関しては、古礼の伝承、恭慎勇直と礼の関係、礼の体系化、礼と武術の関係等を通して考察する。

2－5－2　第13章の目的：渋沢栄一の天命の認識

本章の目的は、渋沢の天および天命に対する認識を明らかにすることである。渋沢は、努力によって切り拓くことが可能な運命とは異なり、人の力では左右することができない宿命を、天が与えた命、つまり「天命」として受け入れた。渋沢は必然的に命を発する天の存在も受け入れることとなり、天および天命に対する認識は定まったと考えられる。

天および天命という概念はきわめて茫漠としており、捉えどころがない。しかし、この天および天命は論語や論語注釈書にしばしば登場し、「人倫の基となる天倫」、「人事に対する天命」、「天における理気に対する地における義利」等のように、道徳倫理を語る場合に考慮すべき重要概念である。

この重要概念である天および天命に対する渋沢の認識を探ることは、渋沢思想の深奥に接近するうえで不可欠と考えられる。天および天命に関する大上段の問いに対して一意的な解答が得られるわけではない。しかし、多くの論語注釈者がこれらの問いに真摯に取り組み、独自の議論を展開している。

本章では主要学統を代表する複数の注釈者の見解を幅広く取り上げる。それらの見解と渋沢の認識を比較検討することにより、客観的に渋沢の認識内容を考察することは不可欠と考えられる。

本章ではさらに、天命によって与えられる人の地位についての渋沢の認識を考察する。日本の君である神武天皇から連綿と続く二代目以降の歴代天皇は、いわば守成の君である。渋沢が生きた時代の明治天皇、大正天皇、昭和天皇は皇統の継嗣の決まりごとにしたがって天皇の地位に就くべき定めにあった。そして、その地位は皇統に属する者以外が望んでも得ることのできない天命によって与えられるものである。本章では、天命との関わりから渋沢による皇室崇拝にはいかなる思想的な背景があるのかを探る。

2－5－3　第14章の目的：渋沢栄一の信の認識

本章の目的は、渋沢栄一の「信」に対する理解内容を確認し、経済活動に対する渋沢の考え方に信を重視する思想がどのように組み込まれているのかを考察することである。本章では経済活動のさまざまな部面において発揮されるべき信を、信義、信頼、信用等のキーワードに基づいて探る。

経済活動や企業活動において求められる信頼関係は、契約や商談を誠実に履行するにとどまらず、製品品質やサービスのクオリティが顧客の期待を上回ること等、多くの要素によって築かれる。つまり、経済活動における信用は言行を一致させることと、経済活動において誠意をもって実践を積み重ねることによって築かれる。

係る基本認識に基づいて、本稿では論語各章の注釈に表れる渋沢の信に対する理解内容を整理し、信頼関係に基づいて成立する経済活動、企業活動に関わる渋沢の言葉に、信に対する渋沢の思いがどのように込められているのかを考察する。

政治家の言動、近隣居住者同士や家族同士において、言行一致や誠実な実践を欠いた場合は信頼関係の崩壊につながり、政治不信、近隣のいさかい、家族の不和等、決して望ましい状況が生じることはない。

これに対して経済活動の場合は、商品やサービスの対価として金銭授受をともなう取引が基盤となっており、信頼関係の崩壊は金銭の損失に直結する。金銭の損失をともなうトラブルは商業活動の停滞につながり、さらには経済活動全体の停滞に結びつくリスクがある。国臣としての気概をもって企業家活動を展開してきた渋沢にとって、信に悖る行動をとることは個別の商業活動にとどまらず、一国経済全体にも及ぶ問題につながるという意識があった。

係る観点から、本章では信に関わる渋沢の理解を、「言行一致」と「誠実な実践」の観点から考察する。経済活動における渋沢の信の考え方については、財政、人材活用、投資と消費等の視角から考察し、企業活動における信の考え方については、商売のあり方、競争、事業継続と再建等の視角から考察する。

2－5－4　第15章の目的：渋沢栄一と学びの姿勢

本章の目的は、渋沢の思想と事績を支えた学びの姿勢を多角的に考察することである。渋沢は生涯を通して論語を中心とする漢籍の学びを怠ることはなかった。また、大蔵官吏、企業者としての活動を通して実務に関係する知識の修得とその実践を怠ることもなかった。

その一方で、欧米先進国からもたらされる科学的知識の目新しさに眼を奪われ、道徳倫理に関する学びを疎かにする若者の姿勢を忸怩たる思いで見つめていたことも事実である。

渋沢が説く、学びのあるべき姿は、論語を講義している時点で80余年にわたる人生経験を通して得た教訓に基づくものであった。そして、その語り口は当時の若者の学びの姿勢の問題点とその行く末を見越したうえで、いわば警鐘を鳴らすかのように切迫した赴きを湛えている。

渋沢の視線は少なくとも数十年先に向けられていた。渋沢は、国を支える人的資源の精神構造の基盤を形成する道徳倫理の学びと、それを制度化すべき教育のあり方について深く憂慮していた。渋沢によって開催された論語講義は、まさにこの危機感に根差した具体的行動であった。

渋沢が考える「学び」について、「学びの目的」、「学びの種類」、「学びと行動」、「学びと教育」、「学びの諸側面」とはいかなるものかを考察することにより、渋沢の学びに対する基本姿勢を探るのが本稿の目的である。

第3節　先行研究

渋沢研究は思想と事績の両面において幅広く行われている。本書での研究対象は渋沢の思想であるので、参考とした先行研究は、主に義利合一説を中心とした渋沢思想に関する著書や論文である。

義利合一説を中核とした渋沢思想を経世済民思想と表現し、広く内外の思想や学説との比較を通して渋沢思想を体系的に研究した著作として、坂本慎一氏の『渋沢栄一の経世済民思想』（日本経済評論社、2002年）があげられる。渋沢の論語解釈を考察するにあたって同書で採用された、複数の論語注釈書との比較分析は、渋沢思想の特質を明らかにするうえで有効である。筆者は同書に啓発され、同様の手法を本書に取り入れた。

三島中洲が提唱する義利合一説に関しては、松川健二氏の「義と利　－中洲義利合一論の性格解明のために－」『陽明学』第15号（二松学舎大学陽明学研究所、平成15年3月）および「三島中洲の理気論」『陽明学』第16号（二松学舎大学陽明学研究所、平成16年3月）の2論文を参考とした。同氏は義利の関係について従来の考え方を「義利峻別」、「義先利後」、「利重視」の3つに分類整理した。渋沢が提唱する義利合一説との同工異曲を明らかにするうえで、筆者が同氏の研究成果に拠るところは大きい。

また、中洲の義利合一説について、古典解釈の問題としてではなく、歴史的・社会的変化を反映して提起されたもの、つまり歴史解釈の問題として取り上げることが妥当と結論づけた溝口貞彦氏の「中洲の『義利合一論』について」『陽明学 13』（二松学舎大学、2001年３月）は、訓詁学のレベルにとどまらず、歴史的・社会的変化という時間軸を入れて中洲の思想を解釈すべきという新たな視角を提示した。

本書の第Ｉ編で仁と渋沢思想の関係を考察するにあたって仁を深く考究した論文に、西藤雅夫氏の「仁の人間性と宗教性－論語をめぐって－」『彦根論叢』人文科学特集第24号第134・135号合併（滋賀大学経済学会、昭和44年１月）がある。同氏は、仁はみずからの内面を深く究めることに根差しており、そこに存在する真実は、発せられて言葉となることによって宗教的境涯すら見出すことができるとした。

論語の中核をなす徳目である仁は、内省的に自らの内面を究めることであるとした同氏の見解は、筆者が義利合一説の思想的基盤を探るうえで模索した論語中の徳目において、仁に焦点を絞ることの妥当性を確信させてくれた貴重な研究成果である。

筆者が参考とした研究成果は数多存在するが、論考過程で大きく影響を受けた研究成果に絞って先行研究を記載した。今後、渋沢思想に関する新たな研究成果が表れるごとに引き続き参考とする。

第４節　凡例その他

本書で頻繁に使用する人名、著書名、概念等のうち、数種の表示が存在する場合や、略して使用することが一般的な場合がある。その主なものについては以下の「読み替え一覧」に示す。それ以外のものについては本文中で個別に断り書きを付す。

論語各章の解釈内容を示す言葉として、本書では「章意」と「趣意」を用いている。両者の使い分けについては、概ね「章意」を論語注釈者間で共通して理解されている解釈に対して用い、「趣意」は渋沢および渋沢が賛同する学統による解釈に対して用いている。また、本書中の「国臣」は国に仕える臣下という意味で用いる。

本書では論語各章を頻繁に引用するため、本書を構成する各章と混同され

読み替え一覧

	読み替え前	読み替え後
1	渋沢栄一	渋沢
2	荻生徂徠	物徂徠
3	三島中洲、三島毅	中洲
4	亀井南溟	南溟
5	伊藤仁斎	仁斎
6	朱子	朱熹
7	渋沢栄一著『論語講義』	渋沢論語講義
8	三島中洲著『論語講義』	中洲論語講義
9	道徳経済合一説	義利合一説
10	義利合一論	義利合一説

る可能性がある。したがって、文脈上明らかな場合を除いて、第1章以下で基本的に「本章」と記載するのは引用する『論語』の各章を指し、「本稿」および「本節」は本書の各章とそれを構成する各節を指す。

原文にルビが振られているものについては、読み方が明らかな場合を除いて忠実に引用した。しかし、原文にルビが振られていないものについては、難読漢字についても追記でルビを振らず原文通り引用した。また、原文の旧字体は新字体に直すことなく、そのまま引用した。

【注記】

（1）Peter F. Drucker, Management Tasks Responsibilities Practices (Harper Colophon Books, 1985), p. 6.

第Ⅰ編

渋沢栄一と仁の思想

第1章

渋沢栄一と仁の思想（1）

―顔淵・仲弓・司馬牛の問いを通した仁の考察―

はじめに

本稿の目的は、孔子とその弟子である顔淵、仲弓、司馬牛との間で交わされた「仁」についての問答に対する渋沢栄一の論語注釈を通して、その仁の思想の一端を探ることである。論語に行動規範を求めた渋沢が日本資本主義の父と呼ばれるに相応しい偉大な企業家であることは論を待たない。分析対象とする資料は渋沢の主著『論語講義』である。(1)

「仁」は、「義」、「愛」、「徳」などの徳目を表わす漢字と結びついて、「仁義」、「仁愛」、「仁徳」等の熟語を形成する。これら個々の漢字は、仁と結びつくことによって本来意味する徳目を一段と強調する効果をともなった熟語となる。つまり仁は、それと結びついた漢字の意味をプラス方向に引き上げる不可思議な力を有している。反面、単体としての仁は、その意味がいかにも茫漠として捉えどころがない。この捉えどころのない仁は論語における最も中核的な概念である。

渋沢栄一が生涯よりどころとした論語をいかに解釈して行動に結びつけたのかを探るにあたって、この難解な徳目を彼がどのように理解したのかを分析することが不可欠となる。つまり、難解かつ重要な概念であるがゆえに、渋沢が仁をどのように自分の言葉で述べているのかを分析することは、渋沢の思想的淵源を理解するうえでむしろ近道となるのではないかと筆者は考える。

渋沢による仁の理解内容を解明するためには、仁に関する論語各章への注釈において、渋沢がいかなる歴史的事実や事例を取り上げるのか、またどのような人物を俎上に載せて仁との関わりを論じるのかを分析することが重要である。本稿では渋沢の注釈の文脈と細部に注視して検討を加える。

本稿で検討対象とする論語中の章は、顔淵、仲弓、司馬牛の3弟子がそれぞれ孔子に仁を問う顔淵第十二第1章から第3章までの3つの章であるが、これらに加えて、仁を論じている各章および渋沢が論語注釈において仁に触れた部分をもとに渋沢の仁の思想に接近する。

本稿の第2章では顔淵の問いに基づいて仁の構成要素を考察し、第3章では仲弓の問いを中心に仁との関係における敬と恕を考察する。さらに第3章では司馬牛の問いをもとに訒と言行一致について考察する。

論語注釈において渋沢が論じる仁についての考え方を、従来の論語解釈との関係から検証するにあたって指標となる主たる学統は、(1) 王陽明から山田方谷、三島中洲に連なる陽明学、(2) 荻生徂徠から亀井南溟、亀井昭陽に連なる徂徠学、(3) 朱熹に起源を発する朱子学、(4) 藤田東湖や会沢正志斎を中心とした水戸学の4学統と通釈書[2]である。本稿では論語各章の主題に応じて各学統の見解を引用する。

論語における仁について考察した代表的な先行研究としては、知徳一体論の視角から知および仁を考察した戸田昌幸の研究[3]、顔淵問仁章をめぐる小和田顯の研究[4]、同じく顔淵問仁章をめぐる松川健二の研究[5]、礼と仁に関する常盤井賢十の研究[6]、論語における仁の人間性と宗教性を考察した西藤雅夫の研究[7]などがあげられる。筆者は先行研究における仁に関する知見を参考にするとともに、本稿では主に「訒」について洞察した西藤の研究成果を引用する。

第1節　仁の構成要素

顔淵第十二第1章は、顔淵の問いに孔子が答えて仁を明らかにする章である。孔子はその弟子たちから仁についての質問を受けているが、高弟中の高弟である顔淵の質問に対しては、仁の蘊奥を究めさせようとするがごとくに最も深遠なレベルで答えている。

本章は、【顔淵問仁。子曰。克己復禮爲仁。一日克己復禮。天下歸仁焉。

爲仁由己。而由人乎哉。顔淵曰。請問其目。子曰。非禮勿視。非禮勿聽。非禮勿言。非禮勿動。顔淵曰。回雖不敏。請事斯語矣】（顔淵仁を問う。子曰く、己に克って礼を復むを仁となす。一日己に克って礼を復めば、天下仁に帰す。仁をなすは己に由る。而して人に由らんやと。顔淵曰く、その目を請い問う。子曰く、非礼視ること勿れ。非礼聴くこと勿れ。非礼言うこと勿れ、非礼動くこと勿れと。顔淵曰く、回不敏と雖も、請うこの語を事とせんと）というものである。[8]

渋沢は他の注釈書には見られない詳細さで本章を講義し、かつその内容は分析的である。渋沢はまず孔子が説いた「仁の体用」（「仁の本体」と「仁の効用」）を述べ、次に七情、四勿を語るが講義全体を通して最も力を込めて語るのは仁と礼の関係である。

1－1　仁の体用

渋沢が解釈する仁の体用は、「仁の体」、「仁の効」、「仁の用」から構成される。それぞれの内容は以下の通りである。ここでは仁の体が「仁の本体」を構成するものであり、仁の効と仁の用が「仁の効用」を構成するものと整理する。[9]

(1)　仁の体：よく己の嗜欲に打ち勝ち、事ごとに礼を履みて行う。これを仁という。

(2)　仁の効：人よく一日でも己の嗜欲に打ち勝ち、事ごとに礼を履みて行えば、衆人ことごとくその仁に帰依する。

(3)　仁の用：仁はもと己が心に存するがゆえに、仁をなさんと欲すれば、仁直ちに至る。何時でも何処でもこれをなし得る。

「私心嗜欲に打ち勝ち、事ごとに礼を履む」とは、私心嗜欲から生じる迷いを滅却することによって公平公正な判断ができる心をもつとともに、その心による判断が一身、一家、一国を治める法つまり礼に則ったものであるということである。そして、渋沢が理解する「仁の本体」とは、そのような心をもって物事を行うことである。

渋沢が理解する「仁の効用」とは、「私心嗜欲に打ち勝ち、事ごとに礼を履んで行えば、つまり『仁の本体』を実践すれば周りの人は皆信じてついてくる。またこの仁は心の中にあるので、その気になれば直ちに、いつでもどこでも仁をなすことができる」というものである。

仁は、まずは心の中の問題であるので、各自が一念発起して私心嗜欲に打ち勝てばそれを変えることができる。そして、変えた心をもって物事を実行すれば周りの人は皆信じてついてくる。しかし、これは決して容易なことではない。なぜなら、私心嗜欲に打ち勝つためには人間が本能として備えている七情を克服しなければならず、礼を履むためには四勿を守る必要があるからである。そのうえでさらにそれを現実の局面で実践することが求められるのである。

これが仁の難しさの本質的な部分であり、誰もが容易になし得るものではない。顔淵はこの仁の真髄を孔子から聞き出すとともに、それを自らが身につけるために具体的に努力する姿勢を示す。顔淵の凄さは、彼が姿勢を示すだけで誰もが本当にその難題に取り組み達成するのではないかと考えるところであり、それが顔淵のこれまでの言動によって裏づけられているところである。

顔淵を引き合いにして仁の本質を述べることが大きな意味をもつのは、そうでなければ孔子の語る仁が単なる絵空事になってしまうからである。孔子は自分に次いで仁の本質に近づいてくれるであろう高弟顔淵に対して問答形式でその真髄を語ることによって、仁を目指して行動することに現実味をもたせる。渋沢はこの点を理解し、本章の重要性を認識したため渋沢の講義もそのぶん詳細となった。

渋沢は次いで仁の適用範囲を述べる。渋沢は、仁は大にしては天下国家を治める道となるとともに、小にしては一家を整え、一身を処する道となると説く。大から小まで仁を適用して治める範囲はさまざまである。さらに渋沢は仁の適用先について述べる。渋沢は、不幸な人への同情から仁を向ける場合に始まり、上下関係にある人の間で仁を向ける場合、衆生を救うために仁を向ける場合をあげていかなる先にも仁を適用すべしと説く。

1－2　仁と七情

渋沢は七情（喜・怒・哀・楽・愛・憎・欲）そのものが仁を阻害するのではなく、それらはむしろ人間に備わった自然な感情の発露であると考える。

渋沢は、人が世に処し事を行うにあたっては、「理智」と「感情」の発動をともなうが、これがバランスをとって行われなければならないと説く。渋沢は、「実際その理智と感情との均衡がよくとれて、万事に処するに節度よろしきを得るという人は、誠に晨星の稀なるがごとし、これ喜・怒・哀・楽・愛・憎・欲の七情の発動によって、理智が昧却せらるるのである」と述べている。渋沢は理智と感情のバランスが崩れることが適正な処世を阻害するとし、そのようなバランスをとることができる人材もまた稀であると述べる。そして渋沢は、「七情の発動がよく理智に適うのが仁である」と結論づける[(10)]。

渋沢は、こと仁に関しては「晨星の稀なるがごとし」と表現するように、それを得ることがきわめて困難であることを強調する。そしてその困難さゆえに、その仁を得た者に対して、渋沢にしては珍しく半ば神格化して讃美する。渋沢は仁者に敵なしとして、唐の豊干禅師の仁に猛虎が馴れて毎晩禅師とともに寝たという話や、親鸞が越後に流されている間、獼猴（猿）が山果をもって親鸞を訪ねてきた話を事例として示している。

これらの話は、本来、超常現象を信ずることがなく、科学的かつ現実的に物事を分析する渋沢にとっては単なる言い伝えに過ぎない。しかし、理智と感情の比較において仁を語る部分を「正言」とし、これらの挿話を「婉辞」、つまり、正言を補完するためのたとえ話であるとすれば、超常現象を含んだ挿話は、渋沢にとって仁者となることの困難さを示すのに格好の事例となる。

1－3　礼と四勿

1－3－1　履礼の工夫

「私心嗜欲に打ち勝ち、事ごとに礼を履みて行う」ことが仁であるとすれば、「礼を履み行う手段すなわち条件は如何」というのが顔淵の次の質問となる。そして、この質問に対する孔子の答えが四勿である。四勿は以下のように整理される。要約すれば、四勿とは礼に適わないものに一切関わらないことである。

(1)　礼に合わないものは視ないこと。
(2)　礼に合わないものは聴かないこと。
(3)　礼に合わないものは言わないこと。
(4)　礼に合わないものは動かないこと。

四勿は礼を履むための工夫であり、「身よく礼を履めば、すなわち心よく己に克つことを得」と渋沢は理解し、礼を履むことと克己が相乗効果を有するとしている。孔子の時代の礼について渋沢は、「礼は法なり規律なり、坐起進止の儀式作法に止まらざるなり」と述べている[(11)]。

渋沢は、「されば紳士淑女を以て自ら任ずる人は、平和な心を以て道理に適した発情をするように、平生心掛けねばならぬ。七情の発動がよく理智に適うのが仁である」と述べている。理智は道理を悟るものであり、感情は発情することにより表れるものであると考えれば、「理智と道理」、「感情と発情」はそれぞれ一対一で対応する。平生の生活のなかで理智をもって感情を抑えていれば、その結果として道理に適う範囲での発情を自然に行うことができるというのが渋沢の理解である[(12)]。

では平生の生活で理智をもって感情を抑えるにあたり、何をメルクマールにすればよいのかという問題に突き当たる。礼の定義が、「礼は法なり規律なり、坐起進止の儀式作法に止まらざるなり」であるとすれば、法や規律を遵守するには七情の発動を抑制することが必要となる。礼は七情の発動の頃合いを示す規矩準縄であり、その規矩準縄を守ることが結果として適切に七情を発動することになる。

逆説的には、この規矩準縄なくしてどのレベルで七情の発動を統御すればよいのかという疑問が生じる。自主的に矩(のり)を決めてその範囲に七情の発動を抑えていたとしても、それが結果的に礼に適っていなければ仁者にはなれない。「私心嗜欲に打ち勝つこと」を必要条件とし、「礼を履みて行うこと」を十分条件とすれば、まず私心嗜欲に打ち勝つことが必須となり、そのうえでそれをどの程度まで満たせば十分なのかを礼が示してくれることになる。このように、克己と復礼をもって得た仁を行動に反映させれば、これすなわち渋沢のいうところの「仁の体用」を満足することになる。

１－３－２　四勿の実体

四勿が礼を履むための工夫であるとすれば、それはいかなるものであるのかを明確にすることが次の課題となる。渋沢は、心を「内なる無形のもの」とし、身を「外なる有形のもの」としたうえで、「礼は法なり規律なり、坐起進止の儀式作法に止まらざるなり、今、履礼の工夫を説くにはただ身を以て言い、心を以て言わず、すなわち有形の外身について言い、無形の内心について言わず」と述べる[13]。渋沢はこの考え方を「心外無別法」に対する「身外無別事」と称する。

「心外無別法」とは、この世のすべての現象はそれを認識する人間の心の現れであり、心と離れて現象が存在するものではないという考えである。つまり、心外無別法とは、この世の現象は客体として存在するものではないという考え方である。

それに対して「身外無別事」は、この世のすべての事象は外なる有形の身体を通して働きかけられ、身体による働きかけなしに事象が存在することはないという考えである。つまり、この世の事象は身体によって働きかけられる客体として存在するものであるということになる。

身外無別事の考え方にしたがえば、礼とは有形の身体が履むべき法・規律であり、有形の身体と具体的な規矩準縄たる礼が関わることによって、論語の教えは実用実学となる。それに対して心外無別法の考え方にしたがえば、実体のない無形の心を唯一の存在とした時点で、論語の教えは空理空論に堕してしまうことになる。つまり、渋沢にとって礼とは無形の心を処するものではなく、有形の身を処するものである。

では、有形の身を処する礼とは具体的にはいかなるものかという点が次の疑問となる。顔淵は、顔淵第十二第１章で孔子に仁を問い、衛霊公第十五第10章では孔子に邦を治める道を問うた。渋沢は同章での孔子の答えに礼の本質を見出した。

1－3－3　礼の本質

衛霊公第十五第10章は、【顔淵問爲邦。子曰。行夏之時。乘殷之輅。服周之冕。樂則韶舞。放鄭聲。遠佞人。鄭聲淫。佞人殆】（顔淵、邦を為めんことを問う。子曰く、夏の時を行い、殷の輅に乗り、周の冕を服し、楽は則ち韶舞し、鄭声を放ち、佞人を遠ざけよ。鄭声は淫、佞人は殆うし）というものである。[14]

本章における孔子の答えは、「夏の時代の暦法を行い、殷の時代の輅に乗り、周の時代の冕をかぶり、楽は舜の韶舞を用い、鄭国の音楽を禁絶し、佞人は人の邦を殆くするものである」という、いわゆる三代の礼であった。[15]この孔子の答えは渋沢のいうところの革命制作の時代、つまり、周室の衰退著しい時代にそれを立て直すための治国の教えであった。

孔子の時代に有形の身を処する礼を用いるとはいかなることであったのかというと、それは、夏、殷、周の礼および美を尽くす舜の韶舞である楽、つまり礼楽を用いることであった。つまり、礼とは法や規律であるとともに、制度、しきたり、さらには楽を含めたまさに現実的に身を処するための規範のすべてであった。

顔淵が夏暦、殷輅、周冕等の礼のごとくなるための具体的な目、いわゆる注意事項を問うたことに対する孔子の答えが四勿であった。四勿は、非礼を戒め、それから遠ざかることによって礼に身を処するための注意事項、つまり禁止事項である。

壮年にすら達しないまま夭折した顔淵がもし生き続けていたとすれば、将来いずれかの国で宰相となって渋沢のいうところの革命制作に携わらざるを得ない場面に遭遇し、夏暦、殷輅、周冕等を国に導入・定着させる任務を担うこともあり得たであろう。顔淵はその場合を想定して四勿を守り非礼から遠ざかるだけではなく、革命制作に必要なさらなる礼の目を孔子に問うたのではないかと推察される。

渋沢は実業界で革命制作を行い続け、老年に入ってから論語を講義している。現実主義の渋沢は、非礼から遠ざかり礼を身につけるための必要条件として四勿を認識してはいたが、それが十分条件であるとは考えていなかった。なぜなら、渋沢は大蔵省の官吏時代に国の基となる制度規範である日本版の夏暦、殷輅、周冕をつくり上げ、実業界に転じた後、その制度規範にしたがって実業に従事した経験を有するからである。

渋沢は矩を守ることを知り、かつ四勿をもって礼の何たるかを知ったうえで自らに与えられた使命に向き合い、さらにそれを「礼を履みて行う」ことで初めて仁に適うところの十分条件が満たされると考えたのである。

１－４　大同説

渋沢は本章の注釈で大同説について語る。渋沢は老子が提唱するところの大同説を排除する。渋沢は老子の大同説を多数がすべてを均分することを主張するものと捉え、「それ老子の説は虚無を主として恬淡を義とす。君臣を蔑みし、父子を蔑みし、財宝を認めず、所有権を認めず、今日のいわゆる共産主義者なり。無政府主義者なり」と説明する。渋沢は孔子の説を大同説とは真反対の法治主義と位置づける。[16]

渋沢は大同説が成立するのは原始時代であるとし、原始共同体に始まる人間社会の発展経路の最末端に法治主義があるとする。渋沢は人間社会の始点に大同主義がありその終点に法治主義があるとして、老子の大同説がいかに非現実的であるかを説く。そして大同説と基本的な考え方を同じくする共産主義、無政府主義を強烈に批判する。

渋沢は、人間社会の発展経路において仁を備えかつ賢明なものが君となり、法と制度および強弱同栄のために礼が設けられ、それに従わないものが制裁を受けることによって秩序が守られ、さらにその過程で君臣関係、所有権等が生じると考える。その一方で渋沢は、日本は一般的な社会発展経路に位置づけることができない特殊な国と考える。

日本の場合は同類のなかから秀でた者が君になるのではなく、当初から一君が存在し、その子孫が繁殖して君臣関係が連綿と続いていると渋沢は理解する。渋沢は日本には社会発展の雛型にはあてはまらない特殊な君臣関係が国の成り立ちに組み込まれ、万世一系の天皇家が君として存在し続けると考えたのである。

第2節　敬と恕

顔淵第十二第2章は、孔子が仲弓の問いに答えて、仁を行ううえで肝要なのは敬と恕であることを述べた章である。本章は、【仲弓問仁子曰。出門如見大賓使民如承大祭。己所不欲。勿施於人。在邦無怨。仲弓曰。雍雖不敏。請事斯語矣】（仲弓、仁を問う。子曰く、門を出でて大賓を見るがごとしくし。民を使うには大祭を承るがごとくし、己の欲せざる所は、人に施すこと勿れ。邦にあっても怨みなく、家に在っても怨みなし。仲弓曰く、雍、不敏と雖も、請うこの語を事とせん）というものである。[17]

仲弓は顔淵に次ぐ徳行の弟子であり、孔子をして【雍也可使南面】（雍也南面せしむべし）、つまり天子の位置に相応しい人物と言わしめた。[18] しかし、仲弓の仁についての孔子の答えは顔淵、司馬牛のいずれとも異なるものであった。

渋沢は本章を3節に分け、第1節を敬、第2節を恕、第3節を敬と恕を身につけた後の社会での身の振り方について孔子が答えたと考える。渋沢の理解内容を整理すると以下のようになる。

（1）　第1節：人と交際する場合は貴賓を敬するがごとく敬すること。また、人民を使役する場合は禘・郊のような重い祭典を奉承するように謹み、全て荘敬もって事に従うこと。礼を履むこと。

（2）　第2節：己の好まないことは、これを他人に施さないこと。

（3）　第3節：敬と恕によって振舞えば邦君、卿大夫に仕えるも怨まれることはない。

2－1　敬について

2－1－1　孔子の謙辞

渋沢は顔淵第十二第2章の趣旨を整理してはいるが、注釈においては必ずしも順序立てて論じてはいない。したがって、本章で取り上げられる敬についてはその概念を広く解釈し、他者との接際において自らをへりくだり、敬をもってする忠告や敬をもって自らの過ちを認める場合について渋沢が語っている、述而第七第3章の注釈を取り上げる。

述而第七第3章は、【子曰。徳之不修。學之不講。聞義不能徙。不善不能改. 是吾憂也】（子曰く、徳の修めざる、学の講ぜざる。義を聞きて徙る能わざる。不善を改たむる能わざる。これ吾が憂いなり）というものである[19]。本章の章意は、(1) 仁義礼智等の徳が完全に至らないこと、(2) 勉めるべき学が研究して明らかにならないこと、(3) 善を聞いても早くこれに遷っていくことができないこと、(4) 不善を改めることができないことの4つの点がわが憂いであると孔子が述べたというものである。

本章は孔子が自身の至らなさを述べたものであると解釈する立場と、孔子が自らの至らなさを述べるという体裁をとってこのような欠点を抱える者たちを憂いたものであるとする立場の2つがある。前者の立場をとるのは朱熹、中洲および通釈であり、後者の立場をとるのは物徂徠である。

朱熹は尹氏の見解を引用して、「尹氏曰わく、徳は必ず脩めて後に成る。学は必ず講じて後に明らかとなり。善を見ては能く徙る。過を改むるに吝ならず。此の四者は日新の要なり。苟も未だ之を能くせざれば、聖人すら猶お憂う。況や学者をや」と述べて、聖人である孔子ですら上記4点を全うすることが困難であると述べている[20]。

中洲は本章を孔子の謙辞、つまりへりくだった言葉で構成されるとしながら、「是の四つのことは、吾も常に憂ひとして、徳を修め學を講じて學徳日に崇く、義に徙り過を改めて日新の效を見んと勉むるなりとなり、然れども孔子既に顔回を不貳過と稱す、回すら且然り、孔子何ぞ不善を改むる能はざらんや、亦以て其の謙辞なるを知るべし」と述べて、孔子が著しく謙虚に自分の不善を述べてはいるが、その実、孔子がこれらの不善を改めることができないわけがないとしている。しかし、この不善はあくまでも孔子自身のことを述べたものであり、門弟の不善を述べたものであるとはしていない[21]。

渋沢は物徂徠にならって後者の立場をとる。渋沢は、本章は孔子の謙辞であるとしながら、物徂徠の言葉を引用して、「物徂徠曰く『この章は孔子が門弟子の中あるいはかくのごとき者あるを憂いたるなり。天下を憂えずして、その門人を憂う。また知命の発なり』と。それあるいは然らん」と述べて物徂徠の考えを是としている。[22]

渋沢は自身の経験をもとに、本章の趣意を広く敷衍して講義を行っている。渋沢は論語講義のように聴衆を前に講義を行う場合もあるが、企業家として活躍してきた経歴においては相対で人と話し、時には折衝することも多かった。そのような機会をとらえて渋沢が人に忠告する場合、「余などでも他人に忠告する時には、自分は薄徳だとか、菲才だとか前置きをいうて、それから今の世の中が一般に軽薄で、義性の精神に乏しく、利己的に奔りていけぬというような意を述べ、以て警告を与えるのが例である」と述べている。[23]

渋沢は人に忠告する場合には高みからするのではなく、まず自分の至らなさを晒し目線を相手と合わせて後に忠告を行うということを実践してきた。本章で示された4項目は門弟に欠けている点であると同時に、自身が必ずしも完璧ではないと認識する孔子にとっても心に戒めるべき点であったと思われる。

2－1－2　敬をもって自らの誤りを認めること

渋沢は述而第七第3章の講義において、「孔夫子に至っては『過ってはすなわち改むるに憚ることなかれ』と仰せられ、ちょっとした戯言でも、悪いと気がつけば直ちにこれを取り消されたのである」と述べて、孔子でも失言することがあり、その場合孔子は門弟に対してすらその過ちを即座に認めて反省したと述べる。[24]

これは弟子の子游が宰相となった武城という小邑を孔子が訪問した際、邑に流れる絃歌を聞いて子游が礼楽を盛んに推奨していることを知ったときのエピソードに基づいている。孔子は子游に向かって、この程度の小邑を治めるのにそれほどまで礼楽をもってするとはないであろうと半ば冗談交じりに話をした。

孔子の教えを真摯に実行していた子游にとっては、孔子から褒められることはあっても、そのような言葉を聞くとは夢想だにしなかったであろう。子游は孔子の教えを師の前で反復することによって師の考え違いを指摘し、それに気づいた孔子は即座に間違いを改めた。

孔子には、子游の力からすれば少し物足りないくらいの小邑の統治であろうという気持ちと、子游の生真面目さをからかう気持ちもあったかもしれない。子游の指摘によって自らの非を改めた孔子の心の中には、気恥ずかしさというよりは、礼楽の実践において手本となる政治を行っている子游に対して、出藍の誉れともいうべき誇らしい気持ちがあったと推察される。

渋沢は歴史上の人物と同時代人を取り上げて説明を行っている。義を悟ることなく自分の過ちに気がつかなかった事例として井伊直弼と豊臣秀吉をあげ、義を悟り自らの過ちを是正した事例として徳川家康と玉乃世履をあげている。玉乃は大審院長まで務めた人物である。

渋沢は昵懇の間柄であった玉乃との米の延取引をめぐる議論において、賛成の立場である自分と予約売買の仕組みが十分理解できずに反対する玉乃との議論のいきさつ、および最終的に玉乃が自説をおさめたうえで自身の不明を渋沢に詫びた経緯を事例としてあげている。

渋沢本人ですら忘れていたことを玉乃は律儀に覚えており、自身の不明を陳謝しにわざわざ渋沢の自宅まで訪れたその態度が、まさに孔子が子游に対して自分の非を認めた潔さに通ずると渋沢は認識したのであろう。法律家ではあっても実務家ではない玉乃が延取引の必要性を納得することは並大抵ではなかった。しかし、玉乃はフランス人法学者であるボアソナードとの数度にわたる法理上の議論を通して、最終的には渋沢の意見に合理性を見出し政府は延取引を公認することとなった。

孔子や玉乃の態度はまさに、人との接際において「貴賓を敬するがごとく敬する」ものであり、敬なくしては決して行いえないと考えられる。

２－２　恕について

渋沢は「己の欲せざる所は、人に施すこと勿れ」と、「人のこれを我に加うるを欲せざるや、我もまたこれを人に加うるなからんことを欲す」という２つの警句を意味合いの異なるものと解釈している[(25)]。前者はあくまで主体が自分にあって「恕」の道であるのに対して、後者は主体が他人にあって「仁」の道であるという解釈である。

「己の欲せざる所は」というように自分を主体とする場合は、自らが感じた禁止事項を他人に施すことを自制するということで、あくまでも自己の内部で完結する。つまり、自分で感じたことを自制する「自己完結型」の警句である。これを可能とするのは恕という徳である。

しかし、「人のこれを我に加うるを」というように他人を主体とする場合は、他人の禁止事項を自らに置き換えてその真意を悟り、その理解に基づいて自らが他人に対する禁止事項を回避することを述べた「自他融合型」の警句である。ここには、他人の思いに自分を重ね合わせる心の幅と柔軟性が必要であり、それを可能にする徳が仁であるというのである。

公冶長第五第11章の注釈を見る限り、論語徴、論語集注、中洲論語講義のいずれも渋沢のような明確な説明は行っていない。この警句の解釈自体は義利の考え方と直接の関係はないが、仁と恕の概念を、自他いずれを主体として考えるかによって区別する概念は、自利利他の考え方と相通ずるものがある。

里仁第四第15章の講義において、渋沢は忠との関わりから恕を語る。本章では、孔子が弟子の曾子に話しかけ、ただ一つ忠恕が重要であることを述べたエピソードが語られている。本章は、【子曰。參乎。吾道一以貫之。曾子曰。唯。子出。門人問曰。何謂也。曾子曰。夫子之道。忠恕而已乎】（子曰く、参や、吾が道一以てこれを貫くと。曾子曰く、唯と。子出づ。門人問うて曰く、何に謂ぞやと。曾子曰く、夫子の道は忠恕のみ）というものである。[26]

渋沢が理解する本章の章意は、「孔夫子の各方面に渉る多年の教訓も、これを縮図に凝集めて見れば、結局曾子のいわゆる忠恕の二字に帰し、論語の千言万語も、つまる所は忠恕の二字の外に出ぬのである」という表現に要約される。[27]本章は論語のエッセンスを最も凝縮した2文字で表すことができるというきわめて重要な内容を含む章である。

この重要な意味をもつ2文字を仏教の概念を用いて説明しようとする朱子をはじめとする宋儒を物徂徠は厳しく非難するが、渋沢はこれを責めるでもなく自分が仏教、キリスト教に疎いことを理由にやんわり無視している。[28]

渋沢の理解に基づく「忠」とは、「衷心よりの誠意懇情を尽くし、事に臨んで親切を第一とするをいう」というものであり、「恕」とは、「事に当りて先方の境遇になり、先方の心理状態になって考察してやることである」として、恕はいわゆる思いやりであるとしている[29]。つまり、渋沢にとって忠とは親切心をもって能動的に相手に働きかけることであり、恕とは思いやりをもって相手の心に寄り添うことである。

しかし、もし恕の解釈がそのようなものであったとしても、それが忠と一体となって「忠恕」として語られるのであれば、誠心より親切を尽くすという忠の能動的な姿勢が恕の受動性をカバーして余りあると考えられる。論語には漢字一文字で示される多くの徳目があり、その組み合わせの妙によって本質的に重要な概念を形成することができるきわめて合理的な道徳体系である。

渋沢はさらに、独自の意見として忠恕の精神を実行に移すためには智略が必要であると説く。渋沢は「智」を知恵のことであるとして、「事物を観察して理非を判断する力をいう。この判断力がなければ、いかに忠恕の精神を行わんとしても、これをいかに処理すればよろしきか見当がつかなくなる」と述べる。また、「略」について渋沢は、「善好方便もしくは臨機応変の工夫といわんがごときものである」と説明している[30]。

忠恕の精神を心に抱いているだけではなく、理非を判断する力と臨機応変の実践によって社会を動かし得るとする渋沢の考えには明らかに知行合一の精神が表れており、実践家としての渋沢の面目躍如たるものがある。

渋沢は智略を働かせて忠恕を実行するにあたって、古来の金言である、「恩威竝び施す」という言葉を引用して、恩恵と威圧を使い分ける勘所を説明する。そして、この恩威をして実効を奏させるのも忠恕の精神に則ったものであると述べる。渋沢にとって論語の根本精神を効果的に実行に移すためには、「忠恕」、「智略」、「恩威」を巧みに組み合わせることが重要である。

根本精神である忠恕を「Policy」、智略を「strategy」、恩威を「tactics」とすれば、社会において根本精神（Policy）を実行に移すために戦略（strategy）を駆使し、個別の局面において戦術（tactics）を使い分けることが重要であるというのが渋沢の解釈と考えられる。そして、個別局面で臨機に戦術を駆使するにあたっても、常に根本精神に立ち返ることが重要であることを渋沢は強調する。

2－3　接際における敬と恕

2－3－1　仁の解釈における宋学の弊害

渋沢は顔淵第十二第2章の注釈において宋学に対する批判を通して、仁の本質に接近する。渋沢は、孔子が仲弓の人物を見抜いたうえで、荘敬をもって下を率い、忠恕をもって物に接することが仲弓にとって特に重要と考えたと解釈する。

論語を生きた学問と捉える渋沢は、「人を見て法を説き、病に応じて薬を与うる」孔子の仲弓に対する教えは、人との交際、人民の使役、忠恕の発露など人との接際を中心とした実学的なものと理解した。

孔子は仁が最重要な徳目であるがゆえに論語中で多角的に論じているが、それにより功罪も生じている。渋沢は、仁の意味を理解する困難さに端を発するマイナス面として宋以来の空理虚学の弊害を指摘する。仁をめぐる論語の字句解釈の葛藤の結果生じた宋学による理を基にした論語解釈は、本来実学として実生活の規範となるべき論語を哲学的解釈学に変質させたと渋沢は理解する。

その宋学がもたらす最も大きなマイナス面は、学問と実際を別物としたことであると渋沢は考えた。そして渋沢は、宋学をして日本の儒学界を席捲せしめた原因の一つとして、仁の解釈にともなう晦渋さがあると考えた。

顔淵第十二章において孔子は顔淵、仲弓、司馬牛それぞれに相応しい仁を説いている。徳行のレベルに応じて仁を説くことは実学としての論語の特質であると同時に、それは仁という概念を一摑みにしようとした場合にはひどく厄介なことになる。そこで全ての人に受け入れられる仁の概念とは何かという疑問を解決するために、行動規範としての礼や恕を超える、世界を動かす哲理としての「理」によって仁を説明しようという動きが出てくることは、ある意味自然なことともいえる。

宋学は論語中で展開される徳目を時代を超越した普遍的なものとするため、それらの徳目のさらに上位の概念を用いてその課題を解決しようとした。それに対して渋沢は、弟子の徳行のレベルに合わせて説かれた仁、礼、恕などは、時代を超えて成立する普遍的なもので、社会がいかに近代化されようともそれらの行動規範は実際の日常生活にあてはめて解釈できると考えたのである。

渋沢の論理にしたがえば、実生活から遊離して哲理となった論語の解釈は、それを研究する学者の専有物となってしまう。渋沢は、「したがって支那日本古今の学者が種々なる解釈を下して一定せず。しかれどもたいてい文字上の言句葛藤に渉り、別して宋以来空理虚学の弊生じ、我が国の学問もこれを因襲し、学問と実際と別物となり、学問は学問、実際は実際と分離す」と述べる。[(31)]

宋学に端を発する学統は徳川時代に御用学問として正当化され、身分制度によって社会秩序が保たれていた社会構造に適合した。そして、身分制度の上位階層に属する者は生産の実践活動から離れ、年貢という名目の搾取によって生計を立てることとなった。渋沢が論難する宋学の罪過はまさにこの点にあり、身分制度とそれによる搾取の妥当性を裏づける根拠であるがごとくに論語を解釈し、その捻じ曲げられた論理をもって社会基盤の安定が図られたことである。

2－3－2　孟子による仁の解釈

渋沢は論語で扱われる仁についての全般的な感想を仁斎の言葉を引用して述べる。渋沢は、「孔門の諸子、仁の根本義においては、これを知ること熟す。しかれども仁を行うの方法においては、すなわちあるいは未だし、ゆえに弟子の問う所、夫子の答うる所、みなその仁を行う方法、しかして一つも仁の根本義を論ずる者なし。これを花を種(うう)るに譬(たと)う。仁はすなわち花なり。仁を行うの方法は、すなわちその灌漑培植なり。およそ弟子の問う所、夫子の答うる所、みなその灌漑培植の法。しかして未だかつて形状色芳(しきほう)をいう者あらざるなり」という仁斎の言葉を引用する。[(32)]

この仁斎の言葉を引用した渋沢の意図を斟酌すると、渋沢もまた論語の記述から仁の根本義を正確に読み取ることに困難を感じていたのではないかと思われる。論語の実学的側面を是とし、孔子が弟子の徳行のレベルに合わせて仁を説き、その方法を説明することについて渋沢に異存のあろうはずはないが、その根本義の説明が相対的に少ないと感じるのは、裏を返すと渋沢がより多くの説明を欲していたことにほかならない。

そして、その気持ちを渋沢は率直に述べている。道が廃れて仁の根本義もその方法も蔑ろにされていた時代に、それを補完したのが孟子だというのである。渋沢は孟子の言葉を引用して、「曰く『惻隠の心は、仁の端なり。羞悪の心は義の端なり』。また曰く、『人みな忍びざる所あり。これをその忍ぶ所に達するは仁なり。人みななさざる所あり。これをそのなす所に達するは義なり』。ゆえに仁を行うの道を求めんと欲せば、まさに論語に本づくべし。しかしてその義を明らかにせんと欲せば、これを孟子に参じて可なり」と述べている。このことから渋沢が仁の根本義の説明を補完する役割以上に孟子の言葉を重視していることは明らかである。(33)

孟子の説明は日本人が重視する「惻隠の情」や「恥を知る」心情とマッチしている。それらが仁と義の始まりであるとすれば、孟子の言葉は渋沢ならずとも全ての日本人にとって受け入れ易いと考えられる。さらに、「忍耐」、「自己研鑽」がそれぞれ仁と義に達する道であるとなれば、さらに日本人の価値観や国民性とも合致する。渋沢は理論編としての仁の根本義の理解については、日本人の心情や価値観に適合した孟子の説明が合理的と考えた。

第3節　仁と言行一致

顔淵第十二第3章は、仁を行うことの重要性を言行一致にかけて述べた章である。本章は、【司馬牛問仁。子曰。仁者其言也訒。曰。其言也訒。斯謂之仁矣乎。子曰。爲之難。言之得無訒乎】（司馬牛、仁を問う。子曰く、仁者はその言や訒すと。曰く。その言や訒すれば、ここのこれを仁と謂うのみかと。子曰く、これをなすこと難し。これを言うこと訒するなきを得んやと）というものである。

本章で孔子に仁を問うたのは司馬牛である。司馬牛の性格は「多言にして躁」、軽躁にして言を慎まぬ病があったと渋沢は解説している。つまり、司馬牛はおしゃべりでかつ軽はずみで騒々しい性格の持ち主であった。(34)

仁の意味を容易には理解しがたいであろう司馬牛のような性格の人物が仁

を問えば、孔子は言葉を尽くして仁を説明せざるを得なくなる。それは図らずも仁の基本を説明するに適した状況設定となる。司馬牛の仁に関する質問は２つに分かれる。つまり、(1) 仁を行う方法とは何か、(2)（仁者は軽々に言葉を発することはないという孔子の答えに対して）軽々に言葉を発しなければそれで仁を行ったといえるのか、という２つの問いである。

この質問に対して孔子は、「言語と実行とは一致すべきものである。実行の難いことを思えば言語を軽々に発するわけにはゆかないではないか」と答えた[35]。複数の注釈書によるここまでの解釈に大きな違いはない。注釈者間で相違がみられるのは、言行一致を裏づける「仁」の内容をどのように解釈するかである。

本章の講義において朱熹は仁の具体的な内容は説明していない。朱熹は「牛意えらく、仁道は至大」と司馬牛の考えを斟酌した形で仁は至大であると述べているにすぎない。また仁斎は、仁は無形であるがゆえにそれ自体を論ずるよりも、仁者の行いに即して言うのがわかりやすいという趣旨の言葉を述べて、これも仁の具体的内容には触れていない[36]。中洲と通釈ともに本章では仁の具体的内容には踏み込んで解説していない[37]。

これに対して物徂徠は、「叚使その心をして常に存して放たれざらしむるも、苟くも民を安んずるの徳なくんば、安ぞ之れを仁者と謂ふを得ん乎」と述べて、「民を安んずるの徳を有する者」が仁者であるという考えを述べている。また、物徂徠は朱熹と仁斎の仁者の定義の曖昧さを批判している。物徂徠は、「我れ是れを以て心と爲す民を利するに足ると謂ひて之れを爲せども、害、吾が知らざる所に生ずる者、尠なからず」と述べて、仁者が民のために思って行っても、これが通じずに害を及ぼすことがあると述べている[38]。

渋沢の仁に対する理解は物徂徠に近い。渋沢は、「民を安んずるの徳」を有する明治の元勲たちが、征韓論をめぐって展開する鬼気迫る議論を事例として取り上げる。主戦論の中心人物は西郷隆盛、非戦論の中心人物は大隈重信である。この２名について渋沢は人物評価でしばしば取り上げているが、渋沢の仁者としての評価は主戦論を展開する西郷の方が大隈よりも高い。

西郷、大隈ともに民を安んずるの徳を有していることに違いはない。しかし、自国の恥辱を雪ぐために戦うことが民を安んずることであると考える西郷と、財政状態に目を向け内政の充実を図ることが民を安んずることであると考える大隈では、同じ仁者の徳をもって出した結論であってもその結末は異なる。そして、その結論にしたがって実行することが思いに反して国民にとって害になる場合がある。

これが物徂徠のいうところの、「我れ是れを以て心と爲す民を利するに足ると謂ひて之れを爲せども、害、吾が知らざる所に生ずる者、尠なからず」の実例であり、仁に発する思いで打ち出した国の方針が民に害を及ぼすことがありうることを示すものである。

大蔵省の内情を知る渋沢は大隈の側にスタンスを置きながらも、本章の講義においてはどちらにも与していない。その証拠に渋沢は、「今よりいえば、この時に征韓したならばよかったと思う節無きにあらざれども、いろいろの支障があって、思うことが思う通りに往かぬが人事の常である」と述べて当時を振り返っている。(39)

渋沢の講義はその後の節において、征韓論から一転して言行一致の重要性を説く。渋沢は、「いかなる名論卓説も実行が伴うて始めて価値を生ずるのである。実行が伴わなければ、それは空説空論に過ぎぬ。あるいは戯論偽説となるべし、仁に至らぬ所ではない。あるいは罪辟に陥るべし」と述べている。渋沢は征韓論での西郷と大隈の議論で言及した、民を安んずるの徳としての「仁」以前の問題として、実行できもしないことを口にすることを厳しく戒めている。渋沢は軽々なる言説は仁に至るどころではなく、罪に問われるとまで述べているのである。(40)

西郷の征韓論が渋沢にとって空理空論でなかったのは、西郷が議論に敗れて後、野に下り自らの初一念を通したことがその理由と考えられる。西郷は身を賭して主戦論を主張し、それが廟議によって受け入れられなかったとき、恬淡として自らに痛みを伴う形で権力の場から立ち去った。

3－1　訒について

3－1－1　仁の「自明・不可説」性

顔淵第十二第3章では「訒（じん）」が鍵概念となって、仁が述べられている。渋沢の仁に対する考え方を検討するにあたり、西藤雅夫の所説を整理して渋沢の考え方と比較する。西藤の訓詁学的解釈と比較することにより、渋沢の実学的解釈の特徴を際立たせる。

西藤は仁について、孔子の「このような人間性は、儒教においてとくに仁と名づけられる。それは人間性の本質であり、そのはたらきであり、人の人たるゆえんである。それゆえに孔子の教説は、人それぞれに人間性を自覚することにあり、その仁を実践することにあった。儒が実践の学とされるその実践は、まことに仁についてにほかならない」と述べている。つまり、西藤によると仁は人間性の本質を構成するものであるということになる。(41)

西藤は論語においても、また歴代の儒者の所説においても「仁」の定義が明確に示されていないという事実を受けて、仁は「自明・不可説」であり、およそ人たる限り誰にもそなわったものであり、そのようなものはそなわったままに味わうほかなく、言葉によって説き得ないものであると説明している。そして、それを味わうためには人それぞれにおいて実践されなければならないとしている。

さらに西藤は「徳」の自明・不可説性を述べて、仁と徳が意味する実体は一つであるとする。そして、西藤はこの同一性を前提に、「言」、「訒」、「宗教的境涯」によって仁の本質に切り込んでいく。西藤がまず引用したのは、顔淵第十二第３章「司馬牛仁を問う。子曰く、仁者はそれ言や訒すと。曰く、その言や訒すれば、ここにこれを仁と謂うのみかと。子曰く、これをなすこと難し。これを言うこと訒するなきを得んやと」の一節である。(42)

３－１－２　仁と言

西藤は、孔子が言い悩むという意味を有する「訒」を用いて、仁を問うた司馬牛に対して答えたのは、多弁である司馬牛を戒めるためではなかったかと分析している。

その一方で、仁と言の関係については、「仁は……内にみずからを究めることに深く根ざしている。みずからの真実を別にして、仁はない。およそ真実は、発して言葉となる。真実が自らのものである限り、やがてみずからの言葉として語られる。そこに宗教的境涯が見出される」として言葉の重要性を説いている。

つまり、仁はみずからの内面を深く究めることに根差しており、そこに真実がある。この真実は、発せられて言葉となることによって、そこに宗教的境涯すら見出すことができるというのが西藤の主張である。

仁と徳が実態において同一であるとすれば、「徳ある者必ず言あり」であって、徳と言が分かちがたく結びついている(43)。西藤によれば徳があるところから発せられる言葉とそこに盛られる意味が、その人に即一しているところの実体が「境涯」であるとされる。さらに、その実体が人においてそなわることに着目すると、それが徳と名づけられる。

しかし、この説明は、仁や徳が言葉と深く結びついているということを述べてはいるが、仁と徳の実態を明確にしているわけではない。結論として、仁や徳はその人から言葉がどのように発せられるかによって窺うしかないということになる。そして、そうであればなおのこと多弁や軽薄な言葉は慎むべきであるという説明が説得力を有する。

西藤はこのように言葉の大切さを論語から読み取ると同時に、仁や徳は言葉を超えたところでしか表せない部分を有すると説いている。言葉と意味が即一するところの実体が境涯であり、意味をもつ言葉をもってしても表しえない部分を有するのが仁や徳であるとする説を西藤は、「境涯と言葉の逆説的関係」という表現で説明しようとしている。

渋沢は言行一致の重要性を説くが、必ずしも不言実行を奇貨としているわけではない。社会的に責任ある人物であればあるほどその言葉には重みがあり、発せられた言葉を行動によって裏づけるべき責任の度合いも強くなるというのが渋沢の考えである。

渋沢は実践家であるがゆえに、西藤が用いる宗教的境涯やそれに類似する概念を用いて、言葉による仁の説明の困難さを述べることはない。渋沢にとって実業の部面や平生の接際など、実生活に結びついた局面において発せられる言葉は必ず意味あるものであり、意味あるものとして発せられた言葉はその重みに応じて、とるべき行動の重要性も高まるというのが渋沢の理解である。

3－1－3　仁と恕

西藤は訒との関係から恕についての論考を展開し、仁が「自明・不可説」であり、「訒」によってその本質が示されることを、恕と忠が不可分・一体であることを説明することにより明らかにしようとする。

西藤は、忠は「己を尽くすこと」であり、恕は「己を推すこと」であると説明する。この己を推すというのは、「己を忖し物を度す」という意味であり、他に対する心配りつまり忖度を意味する。2つの漢字に共通するのは、どちらも己みずからに関することであるという点である。己を中心にして前者が内に向かう心を取り上げているのに対して、後者は外に向かう姿を問題としている(44)。

忠は他に対する己の姿勢であるが、それは己を見究めることによって生まれ、恕は己が他とかかわることによって生まれるとされる。西藤は、忠と恕は、自らの真実を取り上げるにおいて、前者は対自的、後者は対他的であるとする。そして、対自的なるものと対他的なものは不可分な一体としての忠恕という一語を形成する。そして、この忠恕という一語が形づくられるいきさつにおいて、孔子と曾子の間で生まれた言葉を超えた「ひびき」がすなわち「仁」であると説明される。

これは、衛霊公第十五第23章の【子貢問曰。有一言而可以終身行之者乎。子曰。其恕乎。己所不欲。勿施於人】（子貢問うて曰く、一言にして以て終身これを行うべき者ありやと。子曰く、それ恕か。己の欲せざる所は、人に施すことなかれ(45)）の中での孔子と子貢のやりとりと、里仁第四第15章の【子曰。參乎。吾道一以貫之。曾子曰。唯。子出。門人問曰。何謂也。曾子曰。夫子之道。忠恕而已矣】（子曰く、参や、吾が道一を以てこれを貫くと。曾子曰く、唯と。子出づ。門人問うて曰く、何の謂ぞやと。曾子曰く、夫子の道は、忠恕のみ(46)）のなかでの孔子と曾子のやり取りを比較して導き出したものである。

渋沢はもとより親切心をもって相手に働きかける忠と、思いやりをもって相手に寄り添う恕が、忠恕不可分な一体となって徳目を構成すること認識しており、その考え方が仁を問う仲弓への孔子の答えの本質を構成することも知悉している。しかし、忠恕が仁の本質を構成するその仕方についての渋沢の理解は、西藤のいう言葉を超えた「ひびき」という抽象的なものとは異なる。

渋沢は、対自的な忠と対他的な恕がそれぞれ働きかける方向が異なるがゆえに、独立した徳目であるとは考えていない。他者との接際において、慮る主体を自分に置いて主体的に働きかけるか、それとも他者に置いてその境遇や気持ちに寄り添うかの違いがあるだけで、慮る心情において忠と恕は即一するというのが渋沢の理解である。もし忠恕を発揮する過程において西藤のいう「ひびき」があるとすれば、渋沢にとっての「ひびき」は、孔子と曾子というような人と人との間で生まれるひびきではない。

渋沢は、「孔夫子の精神は恐らくは何処に住居しても構わぬから、人の仁徳を我が心の栖(す)む里と致しておらねばならぬものであると仰せられた意味であろうかと思われる」として、仁徳を人の心が棲むべき場所と理解している(47)。その考えを前提として仁と忠恕の関係を「ひびき」という言葉で表現するのであれば、それは「人を慮る忠恕という心情を持てば、その心情は人の棲むべき場所である仁徳に『ひびき』として伝わる」ということになるであろう。そして、その「ひびき」は人間の内面で発生するがゆえに言葉を超えたものとなる。

3－1－4　仁と知

西藤は朱子の注解に基づいて「仁」と「知」の関係を考察する。顔淵第十二第22章「樊遅、仁を問う。子曰く、人を愛せよと。知を問う。子曰く、人を知れと。樊遅未だ達せず。子曰く、直きを挙げこれを枉れるに錯き、能く枉れるものをして直からしむと。樊遅退きて、子夏を見て曰く、郷きに吾、夫子に見えて知を問う。子曰く、直きを挙げてこれを枉れるに錯き、能く枉れる者をして直からしむと。何の謂ぞやと。子夏曰く、富めるかな言や。舜天下を有ち、衆に選んで、皐陶挙ぐれば、不仁者遠ざかる。湯天下を保ち、衆に選んで、伊尹を挙ぐれば不仁者遠ざかると」の前段である「子曰く、人を愛せよと。知を問う。子曰く、人を知れと」いう節を引用して、仁と知がきわめて微妙に、ときに調和しがたいことを述懐したくだりであると説明する。[48]

渋沢は前述のごとく智略としての知を重視する。一方、本章の講義において渋沢は、「(孔子は) 人を知るを先務とせよといわれしなり。人の善悪を知らねば、世を渡って往かれぬからのことである」と述べ、人徳を見きわめて登用し人の上に任用すれば、その下の者も上の人間の人徳に良い意味で影響されると解釈した。

渋沢の「人を知るを先務とする」考え方は、中洲論語講義の同章の章意にある「知は人を知るを先務とす」という考え方を踏襲していると考えられる。[49]また、渋沢が「人を知る」ことを人材識別の意味に解釈した点は、「人を知るも、亦た能くその知を成せば、則ち之を用ふることを謂ふなり」とした物徂徠の解釈と同様である。[50]

３－１－５　仁と礼

西藤は、「仁」と「礼」の関係についても考察を加える。西藤は「孔子の思想は、人間そのものに価値の本源を求めた」と述べ、仁が身近なことわりとして捉えられることによって、それがやがて「条理にかなった人間行為」すなわち「礼」の側面を有することにあるという論理を展開する。

また西藤は、孔子にとって最高の人間像であった周公によって復活された周王朝の礼制を取り上げ、「それは同時に人間性としての仁が、客観的に秩序とか規範とかの形で捉えられたときの名である」と説明している。そして、西藤は訒と礼の関係を、「すなわち、秩序であるところの礼は、天下の大本である。それによって行動することが、いま仁として捉えられる。人間性というのは、もともとこのような大本に支えられ、その発現にほかならない。仁の思想は、いわば人間学的でありながら、同時にいわば形而上学的である。このような人間学と形而上学を接続するものこそ、儒学がその根本とする実践であることを、われわれは深く味わうべきである」と要約する。

つまり、身近なことわりとしての仁を実践するにあたって、それを規範化したものが礼であり、それを国家レベルで体系化した理想型が、孔子が最高の人間像とした周公による周王朝の礼制であるということになる。

渋沢は前述のごとく、顔淵第十二第１章の講義において、孔子が説く「仁の体」、「仁の効」をあげて仁と礼の関係を説明する。仁の体については、「よく己の嗜欲の打ち勝ち、事ごとに礼をふみて行うこれを仁という」という孔子の言葉を引用し、仁の効については、「人よく一日でも己の嗜欲に打ち勝ち、礼を履みて行えば、衆人ことごとくその仁に帰依す」という言葉を引用している(51)。

渋沢は自らの言葉で、「すべての人間がよく私心嗜欲に打ち勝つて、その言動が礼に適うて過ぐる所のなきをすなわち仁という」と述べて、仁と礼の関係を要約している。そして、この「私心嗜欲に打ち勝つて」という部分を、「七情の発動がよく理智に適うのが仁である」として、欲望と理性の均衡がとれた状態を自然体で達成するのが「仁」であるとしている。

渋沢は仁を実践する際の規矩準縄が礼であり、その礼を履み行う手段が「四勿（しこつ）」（礼に合わない視聴言動を行わないこと）であると理解していた。さらに、渋沢は「孔子のいわゆる礼は、今人のいわゆる礼式作法の礼ではない。周時代の礼は、もっと重い意味の礼であって、一身を治め一家を治め、将（は）た一国を治むる法を指したものである」としている(52)。

土田健次郎は論語集注の訳注補説において、顔淵第十二第１章の解釈について朱熹、伊藤仁斎と荻生徂徠を比較する。土田は「本章を朱子らが個人修養の問題とするのに対し、徂徠はあくまでも仁を天下統治の道とし、それを実現するには個人修養が必須であるという順序で解釈する」と分析している(53)。

渋沢は上述のごとく、仁の規矩準縄たる礼を「一身を治め一家を治め、将（は）た一国を治むる法」としているので、物徂徠の考え方に近いと思われる。しかし、「孔子の説かれる仁は、これを大用すれば天下国家を治むる道となり、これを小用すれば一身一家を治むる道となる」として、仁は天下国家、一身一家いずれを治めるにあたっても等しく重要であるという立場をとっている。

渋沢は為政第二第24章において特に、「見義而不爲。無勇也」（義を見てなさざるは勇なきなり）に関して、武士道が拠って立つ「義」に関して詳細に実例をあげて講義している(54)。本章については中洲論語講義、論語徴、論語集注、論語語由のいずれも比較的簡素な注釈となっている。

渋沢が引用した具体例は、信長の仇討をした羽柴秀吉の例、薩長の合体を周旋した坂本龍馬の例、水戸浪士とともに桜田門外の変に加わった有村治左衛門の例、大塩平八郎を諫めて殺された宇津木矩之丞の例等である。これらの大半は自らが信じるところのものが「義」であり、その義を貫くにあたって命をかえりみなかったところを称賛している。

渋沢の義の理解を単純化したものが「義＝国家」とすれば、渋沢が例としたいずれもが、国家の秩序を乱すものが「不義」であり、それを誅するのが「義」であるという構図になっている。義のためには自らの命もかえりみない気概が必要であると説く本章の講義内容は、いくぶん激越に過ぎるきらいはあるものの、渋沢の「義」に対する思いが強く表れたものと理解される。

3－2　言行一致

顔淵第十二第3章で取り上げられる言行一致の重要性については、憲問第十四第29章においても同様に論じられる。同章は【子曰。君子恥其言之（而）過其行】（子曰く、君子はその言のその行いに過ぐるを恥ず）という短い文で成り立っている。本章は顔淵第十二第3章で孔子が司馬牛を諭したと同じく言行一致の重要性が述べられているが、注釈者の間ではその解釈に差がある(55)。本章の解釈をめぐる言行一致の議論を分析するなかで、仁に適う言行一致とは何かを渋沢の解釈を中心に考察する。

渋沢は皇侃本に従い「而」を含まない本文を論語講義に掲載しているが、通釈、論語徴、論語集注、中洲の論語講義のいずれもが「而」を含んだ本文を用いている。

通釈は本章を、「君子はその言をはじらって引きむようにして敢えて尽くさず、その行いの餘りあらんことを勤める」として「言」と「行」を並列に解釈している。つまり、君子たるものは、言は控えめに、行はより多くという解釈である(56)。朱熹は本文中の恥を、「恥は決して言い尽くさないという意」と解釈するため、「子曰わく、君子は其の言を恥じて其の行を過ごす」として、君子たるものは、言い尽くさず、少しでも多く行おうとするというように通釈と同じく言と行を並置している(57)。

それに対して物徂徠は、朱熹の解釈を批判したうえで「けだし君子の其の行を過ごすゆゑんの者は、その已（すで）に言ふ所を恥づるがゆゑなるを謂ふなり」

として、君子は自分の言葉に恥じてそれがために行いをそれ以上にするというように、単なる並置ではなく言と行の間に因果関係があるとする[58]。中洲は物徂徠と同じ立場をとり、「言ふは易くして行ふは難し、故に君子は常に其の言を慎み、行ひの之れに伴はざるを恥ぢ、實行を勉む、此く恥の字を章末まで係け、一串して説くを是とす」として、言と行の因果関係を重視する[59]。

では渋沢は憲問第十四第29章をどのように解釈するであろうか。本章に関しては渋沢のみが「子曰。君子恥其言之過其行」と「而」を除いて本文を引用しているので、基本的には言と行を並置して章意を理解しようとしているようにも見える。渋沢は、「この章は言行よろしくあい副うべきをいう」として言行一致の重要性と説いたのが章意であると述べている。

つまり、「その行いその言の伴わざるは、君子の恥ずる所なり」として、少なくとも言に見合う行が必要と述べている[60]。簡素化の行き過ぎを恐れず他の注釈者との比較結果をまとめると以下の通りとなる。「言」を「p」、「行」を「q」として記号化する。(「・」：並列、「＞」：不等号、「＝」：等号)

このように本章のコメントを定式化すると、いずれの注釈者の見解も「言は控えめにして行はより多くすべし」という点については議論の余地がなく一致しているが、言と行両者間の関係性については考え方が異なっている。

物徂徠、中洲は言行の関係性を正しい姿、つまり、「q＞p」とするために、qすなわち行をより多くすべしとするのに対し、渋沢は「p＝q」とするために、pすなわち言を控えめにすべしと説いている。

渋沢は実業の世界で責任ある立場にある者は軽々な発言をすべきではないと考える。なぜなら、その言葉を信じて行動する者がいたとすれば、その者は間違った情報にもとづいて判断することによって損失を被るにとどまらず、社会的にも損害を及ぼすことがありうるからである。これは、実業界だけでなく政界やそれ以外のいかなる集まりにおいてもしかりである。

現実に直面し多くの利害関係者に囲まれてその言動が注視されている立場の人間は、無造作に行動するわけにはいかず、行動を起こす場合は明確な指針としての言葉、すなわち「言」が必要となる。これが、近代社会における君子、つまり責任ある立場の人間がすべきことである。それは、「余計なことは言わない、したがって余分なことはしない」という消極的な意味で言を

注釈者	言行の関係性についての考え方	記号化
朱熹、通釈	君子は「言は控えめにすべし」・君子は「行はより多くすべし」。	⇒「p・q」（pとqはそれぞれ独立して目指すべき目標）
荻生徂徠、三島中洲	君子は「行はより多くすべし」なんとなれば「行が言に及ばざることを恥とする」からである。	⇒「ｑ＞ｐ」（この不等号を成立させるためにはqを大きくすべし）
渋沢栄一	君子は「言は控えめにすべし」なんとなれば「少なくとも言に見合う行が必要」だからである。	⇒「p＝q」（この等号を成立させるためにはpを控えめにすべし）

控えめにすべしと説くものではない。

言うべきことは言わなければならないが、「言」にはそれに見合う「行」が伴わなければならない。ただし、「言」は責任ある人から出たものであればあるほど影響力が大きく、往々にして人々を惑わすことがあるので、控え目がほど良いのではないかというのが渋沢の考えである。

渋沢が論語講義において嘆くのは、巷にあふれる軽忽な発言とそれを是認する風潮である。この是認しがたい社会現象に対して渋沢は強く憂慮し、実質の伴わない浮薄な発言をまずは控えるべしとの観点から、言行一致の重要性を説き、かつそのために行うべきこととして言を控えめにするという行動指針を示したのである。

小　括

本稿の目的は、渋沢栄一の論語注釈を通してその仁の思想の一端を探ることであった。仁の修得レベルに違いがある３人の弟子それぞれに語られた孔子の言葉を渋沢は独自に整理し、注釈の形式をもって自らの仁の思想を論じた。

顔淵に対して語られた孔子の言葉を通して渋沢は、仁とその体用、七情、礼との関係を整理して理解した。徳行の最も優れた顔淵に対して孔子が語る仁は、体系的でかつ弟子の将来を慮った実際的なものでもあった。顔淵がいずれ大臣はては一国の宰相を務めるであろうことを見越して語った孔子の言葉を受けて、渋沢は礼の本質に至るまで自説を展開した。

渋沢が理解する礼との関わりにおける仁とは、「規矩準縄を守ることを知り、かつ四勿をもって礼の何たるかを知った上で自らに与えられた使命と向き合い、さらに礼を履んでその使命を全うすることで初めて仁に適う」というものであった。換言するとそれは、私心嗜欲に打ち勝つことによって見えてくる矩を守り、礼を履んで自らの分に応じた使命を全うするということである。

顔淵に対する孔子の言葉において、礼と敬恕の関係は自明のこととして特段語られてはいない。それは顔淵に次ぐ徳行の弟子である仲弓への言葉のなかで語られる。渋沢は顔淵第十二第2章を3つの節に分けて整理し、仁と敬恕の関係について自説を展開する。

渋沢は恕について忠との関わりから多くを語る。渋沢が理解する忠とは親切心をもって能動的に相手に働きかけることであり、恕とは思いやりをもって相手の心に寄り添うことである。そして、そのような気持ちで接際に努めれば、自ずと相手を敬う心情が生まれ礼の礎もできると渋沢は考えた。

顔淵第十二第2章の注釈で渋沢の仁に対する考え方が最も端的に表れるのは、宋学に対する批判を通してである。渋沢は世界を動かす哲理としての「理」によって仁を説明する宋学が、論語を学者の専有物にしたと批判した。その一方渋沢は、仁の本質はそのような空理虚学にあるのではなく、時代を超えて成立する普遍的なもので、実際の日常生活にあてはめて解釈できると考えた。つまり、仁の本質は空理虚学ではなく、実用実学を通して把握することができるというのが渋沢の理解である。

顔淵第十二第3章で語られる孔子の仁に関する言葉は、3名の弟子中で最も徳行の低い司馬牛に対するものである。軽躁にして言を慎まぬ病をもつ司馬牛に対する孔子の言葉は、言行一致の重要性を説くものである。言と行を一致させることは、忠恕を重んじ礼を履むことに先立って満たされなければならない基本的な事柄である。

言行一致が仁に適うための必要条件であることは明らかであるが、渋沢の考え方の特徴が表れるのは、いかなる観点から仁に適うべき言行一致が励行されなければならないかという点においてである。渋沢が人との接際を通して理解した言行一致とは、自分にできないことを口にしないという消極的な意味で言を控えめにすべしと説くものではない。つまり、言と行を縮小均衡させるかたちで両者が一致すればよいという考え方ではない。

渋沢は、責任ある立場の人間であればあるほど、行動を起こすに際して明確な指針としての言葉が重要になると考える。そしてその言の重さゆえに軽々な言葉は多くの人を惑わす恐れがある。ましてや言と行が一致しなければ、その言は空疎になるだけでなく社会に対して甚大なマイナス影響を及ぼす。したがって、言に見合う行が必要不可欠であることはもちろん、言の重さを考えた場合には、むしろ控え目な言が適切なのではないかというのが渋沢の考えと理解される。

本稿では、顔淵・仲弓・司馬牛の問いを中心に渋沢の仁の思想を考察した。論語中にはこれ以外にも仁に関する他の弟子の問いが存在する。それらの論語各章と渋沢が仁について語った論語注釈をもとに、今後さらに渋沢の仁の思想に接近したい。

【注記】

（１）渋沢栄一『論語講義（1～7）』（講談社学術文庫、1977年）。

（２）宇野哲人『論語新釈』（講談社、1980年）。

（３）戸田昌幸「「論語」の知・仁より見た知徳一体論の一考察」『麗澤大学紀要』第13巻（麗澤大学、1972年）。

（４）小和田顯「論語管見－顔淵問仁章をめぐって－」『専修国文』第32号（専修大学国語国文学会、1983年１月）。

（５）松川健二「『論語』顔淵問仁章について」『中国哲学』第22号（北海道中国哲学会、1993年10月）。

（６）常盤井賢十「論語における礼と仁」『東洋文化』第１号（東洋文化振興会、1956年６月）。

（7）西藤雅夫「仁の人間性と宗教性－論語をめぐって－」『彦根論叢』人文科学特集第24号第134・135号合併（滋賀大学経済学会、昭和44年1月）。
（8）渋沢栄一「顔淵第十二第1章」論語講義（五）』（講談社学術文庫、1977年）7－20頁。
（9）渋沢、前掲書（五）、「顔淵第十二第1章」7－20頁。
（10）渋沢、前掲書（五）、「顔淵第十二第1章」10－11頁。
（11）渋沢、前掲書（五）、「顔淵第十二第1章」12頁。
（12）渋沢、前掲書（五）、「顔淵第十二第1章」11頁。
（13）渋沢、前掲書（五）、「顔淵第十二第1章」12頁。
（14）渋沢栄一「衛霊公第十五第10章」『論語講義（六）』（講談社学術文庫、1977年）125－129頁。
（15）宇野哲人『論語新釈』（講談社、1980年）472頁。
（16）渋沢、前掲書（五）、「顔淵第十二第1章」16頁。
（17）渋沢栄一「顔淵第十二第2章」『論語講義（五）』（講談社学術文庫、1977年）20－25頁。
（18）渋沢栄一「雍也第六第1章」『論語講義（二）』（講談社学術文庫、1977年）146－148頁。
（19）渋沢栄一「述而第七第3章」『論語講義（三）』（講談社学術文庫、1977年）12－20頁。
（20）朱熹著、土田健次郎訳注『論語集注2』（平凡社、2014年）221頁。
（21）三島毅『論語講義』（明治出版社、大正6年）137頁。
（22）渋沢、前掲書（三）、「述而第七第3章」13頁。
（23）渋沢、前掲書（三）、「述而第七第3章」13頁。
（24）渋沢、前掲書（三）、「述而第七第3章」14頁。
（25）渋沢栄一「公冶長第五第11章」『論語講義（二）』（講談社学術文庫、1977年）97頁。
（26）渋沢栄一「里仁第四第15章」『論語講義（二）』（講談社学術文庫、1977年）47頁。
（27）渋沢、前掲書（二）、「里仁第四第15章」48頁。
（28）荻生徂徠著、小川環樹訳注『論語徴1』（平凡社、2011年）163－164頁。
（29）渋沢、前掲書（二）、「里仁第四第15章」49頁。
（30）渋沢、前掲書（二）、「里仁第四第15章」50頁。
（31）渋沢、前掲書（五）、「顔淵第十二第2章」23頁。
（32）渋沢、前掲書（五）、「顔淵第十二第2章」24－25頁。

(33) 渋沢、前掲書（五)、「顔淵第十二第２章」25頁。
(34) 渋沢栄一「顔淵第十二第３章」『論語講義（五)』(講談社学術文庫、1977年）25－29頁。
(35) 宇野哲人『論語新釈』(講談社、1980年）339頁。
(36) 朱熹著、土田健次郎訳注『論語集注３』(平凡社、2014年）316頁。
(37) 三島毅『論語講義』(明治出版社、大正６年）253頁。三島中洲が著した論語講義は、渋沢の論語講義と区別するため、本文中では「中洲論語講義」と表示する。宇野哲人『論語新釈』(講談社、1980年）339－340頁。
(38) 荻生徂徠著、小川環樹訳注『論語徴２』(平凡社、2011年）130頁。
(39) 渋沢、前掲書（五)、「顔淵第十二第３章」28頁。
(40) 渋沢、前掲書（五)、「顔淵第十二第３章」29頁。
(41) 西藤雅夫「仁の人間性と宗教性－論語をめぐって－」『彦根論叢』人文科学特集第24号第134・135号合併（滋賀大学経済学会、昭和44年１月）２頁。
(42) 渋沢、前掲書（五)、「顔淵第十二第３章」25〜29頁。
(43) 西藤雅夫「仁の人間性と宗教性－論語をめぐって－」『彦根論叢』人文科学特集第24号第134・135号合併（滋賀大学経済学会、昭和44年１月）４〜５頁。
(44) 西藤雅夫「仁の人間性と宗教性－論語をめぐって－」『彦根論叢』人文科学特集第24号第134・135号合併（滋賀大学経済学会、昭和44年１月）８〜９頁。
(45) 渋沢栄一「衛霊公第十五第23章」『論語講義（六)』(講談社学術文庫、1977年）140〜141頁。
(46) 渋沢、前掲書（二)、「里仁第四第15章」47〜48頁。
(47) 渋沢栄一「里仁第四第１章」『論語講義（二)』(講談社学術文庫、1977年）８頁。
(48) 西藤雅夫「仁の人間性と宗教性－論語をめぐって－」『彦根論叢』人文科学特集第24号第134・135号合併（滋賀大学経済学会、昭和44年１月）９頁。
(49) 三島毅『論語講義』(明治出版社、大正6年）270頁。
(50) 荻生徂徠著、小川環樹訳注『論語徴Ⅱ』(平凡社、2011年）150頁。
(51) 渋沢、前掲書（五)、「顔淵第十二第１章」10頁。
(52) 渋沢、前掲書（五)、「顔淵第十二第１章」18－19頁。
(53) 朱熹著、土田健次郎訳注『論語集注3』(平凡社、2014年）308頁。
(54) 渋沢栄一「為政第二第24章」『論語講義（一)』(講談社学術文庫、1977年）132－143頁。

(55) 渋沢栄一「憲問第十四第29章」『論語講義（六）』（講談社学術文庫、1977年）77頁。

(56) 宇野哲人『論語新釈』（講談社、1980年）440頁。

(57) 朱熹著、土田健次郎訳注『論語集注４』（平凡社、2014年）81頁。

(58) 荻生徂徠著、小川環樹訳注『論語徴２』（平凡社、2011年）204頁。

(59) 三島毅『論語講義』（明治出版社、大正６年）322頁。

(60) 渋沢、前掲書（六）、「憲問第十四第29章」77頁。

第2章

渋沢栄一と仁の思想（2）

－樊遅の問いに基づく仁の考察－

はじめに

本稿の目的は、「仁」について記述された論語の各章に対する渋沢栄一の注釈を分析することにより、その基本認識を明らかにすることである。論語にはさまざまな切り口から仁を記述した章がある。本稿ではそれらのうち、(1) 仁の本質に切り込んだ章、(2) 仁を相対化して記述した章、(3) 仁の内訳を記述した章の3つのタイプを取り上げる。分析対象とする資料は渋沢の主著『論語講義』である[(1)]。

仁の本質に切り込んだ章としては、孔子に対する樊遅の問いをもとに渋沢の思想内容を考察する。仁を相対化して記述した章については、「仁と仁ならざるもの」、「仁者と仁者たらざる者」が二項対立的に並置された章を選択し、その単純化された図式において、「仁と不仁」、「仁者と佞者」、「君子と小人」を相対比較する。そのうえで渋沢の「仁なるもの」と「仁者たる者」についての認識を考察する。仁の内訳を記述した章については、渋沢の「大仁の解釈」を確認し、「大仁と小仁」を比較する。それによって「真に仁なるもの」についての渋沢の認識を考察する。

論語を一つの徳教体系と捉えた場合、論語各章はあくまでもその一部分である。つまり、複数の章において異なる角度から捉えられた特定の徳目に対する孔子の言葉は、章をまたいで整合的に解釈されてはじめて孔子の真意が明らかになると考えられる。

論語各章の簡潔な箴言は時代背景の理解も含めて多くの解釈余地を読者に与える。渋沢が論語講義を著したのは、論語編纂後二千数百年を経てからであり、その注釈も他の注釈書同様、論語各章に沿って構成されている。

そのような前提に立てば、抽象的な徳目を取り上げた章であればあるほど、注釈文言の細部において解釈の齟齬が生じる可能性がある。「仁」という徳目の括りで論語各章の渋沢の注釈を検討するにあたっては、かかる困難さが伴う。

したがって、本稿では渋沢の仁の思想を考察するにあたって、注釈間の整合性にも留意する。

本稿は第1章の「渋沢栄一と仁の思想（1）－ 顔淵・仲弓・司馬牛の問いを通した仁の考察－」に続き、渋沢の仁の思想を探ることを目的としている。したがって、論語解釈において参考とする学統や先行研究の大半が前作と重複している。指標となる主たる学統は、(1) 王陽明から山田方谷、三島中洲に連なる陽明学、(2) 荻生徂徠から亀井南溟、亀井昭陽に連なる徂徠学、(3) 朱熹に起源を発する朱子学、(4) 藤田東湖や会沢正志斎を中心とした水戸学の4学統と通釈書である[2]。本稿では論語各章の主題に応じて各学統の見解を引用する。

本稿で参考とする代表的な先行研究としては、知徳一体論の視角から知および仁を考察した戸田昌幸の研究[3]、顔淵問仁章をめぐる小和田顯の研究[4]、同じく顔淵問仁章をめぐる松川健二の研究[5]、礼と仁に関する常盤井賢十の研究[6]、論語における仁の人間性と宗教性を考察した西藤雅夫の研究[7]などがあげられる。

第1節　樊遅仁を問う

1－1　仁の基本認識

1－1－1　子路第十三第19章における樊遅の問い

樊遅は、子路第十三第19章、顔淵第十二第22章、雍也第六第20章の3つの章において孔子に仁を問うている。樊遅の問いに対して孔子が最も直截に仁の本質について述べている子路第十三第19章は、仁徳が恭敬忠信に始まることを述べた章である。本章は、【樊遲問仁。子曰。居處恭。執事敬。與人忠雖之夷狄不可棄也】（樊遅、仁を問う。子曰く、居処恭に、事を執って敬に、人に与するに忠にせよ。夷狄にゆくと雖も、棄つべからざるなり）というものである。[8]

本章をはじめとする樊遅の数度にわたる孔子への問いかけと孔子の答えを記した各章の内容に基づいて、渋沢は仁者たる者の要件を以下のようにまとめている。

（1）　人を愛すること。
（2）　労苦を厭わず仕事をなし、得るを後にすること。
（3）　平生から恭敬忠信に基づき心を尽くし行うこと。

渋沢が理解する仁者とは、「博愛の精神を持ち、勤勉でかつ得るを後にし、恭敬忠信の精神をもって行動する人物」ということになる。また渋沢は、論語における仁者の定義を子罕第九第28章の注釈において、「人間愛をもって万民を安堵させるための政治を行うことを天命と知り、自らの分を全うする人物」と理解している。[9]

これらの記述から明らかとなった渋沢の理解に基づく仁者とは、「人間愛を持ち、勤勉、謙譲、恭敬忠信の徳目を有し、かつ、それらの道徳的資質を生かして自らの天命である万民のための政治を全うする人物」ということになる。つまり、愛情と多くの徳目を身につけていることは仁者たる者の大前提であるが、つまるところは万民のための良き政治を行うことが仁者たる者の究極の目的ということになる。仁者の定義におけるキーワードは仁愛、勤勉、謙譲、恭敬忠信、政治、天命の６つである。

渋沢が同時代に生きた人物のなかで唯一、明治天皇を知、仁、勇を備えた者として認めたのは、知者や勇者が数多いるなか、仁者たる者は万民のための政治を行うという天命を与えられている者のみであるという前提があるからであろう。その証左として、武家が政治の実権を掌握していた徳川時代において、渋沢は家康を仁者と認知するものの、明治期にあって天皇を輔弼する役割を担った元勲たちのいずれについても知、仁、勇の三徳を備えた者とは認知していない。なぜなら、万民のために政治を行うという天命を与えられたのは、徳川幕府後に政治を行う唯一の存在である明治天皇だけだったからである。

子路第十三第19章の解釈について、渋沢が中洲の理解に基づきつつ物徂徠の考え方を入れたのは、樊遅の問いの趣旨について物徂徠が、「樊遅仁を問ふは仁政を行ふを問ふなり」として、仁政のあり方を問うたものと解釈したという点にあった[10]。

つまり、通釈、朱熹、中洲のいずれもが樊遅の問いを、徳目としての仁についての問いであると解釈したのに対して、物徂徠は本章中の「事を執って敬に」の事を、「事とは天職なり。ゆゑに敬す」として、仁政を行うことは天から与えられた職、つまり天職であるがゆえに孔子はそれを敬して行うべしと述べたのだと解釈した[11]。渋沢は、「樊遅の仁を問う。蓋しこれを政治上に行わんがためなり。孔子の答、樊遅の短を補うを旨とす。仁の全徳をいいしにあらず」として物徂徠の解釈を支持している[12]。

本稿では仁に関する6つのキーワードのうち、仁愛、勤勉、謙譲、恭敬忠信の4つを主に取り上げる。政治、天命に関しては、仁者の対概念である君子や聖人との関わりから別途検討することとし、本稿ではこれらについて仁の相対化や仁の内訳を論じるうえで必要な範囲で触れるにとどめる。以下で仁愛について個別に考察する。

1－1－2　顔淵第十二第22章における樊遅の問い

顔淵第十二第22章は、孔子に対する樊遅の問いをめぐって知と仁の関係を述べた章である。本章は、【樊遅問仁。子曰。愛人。問知。子曰。知人。樊遅未達。子曰。擧直錯諸枉。能使枉者直。樊遅退。見子夏曰。郷也吾見於夫子而問知。子曰。擧直錯諸枉。能使枉者直。何謂也。子夏曰。富哉言乎。舜有天下。選於衆。擧皐陶不仁者遠矣。湯有天下。選於衆。擧伊尹不仁者遠矣】（樊遅、仁を問う。子曰く、人を愛せよと。知を問う。子曰く、人を知れと。樊遅未だ達せず。子曰く、直きを挙げこれを枉れるに錯き、能く枉れるものをして直からしむと。樊遅 退きて、子夏を見て曰く、郷きに吾、夫子に見えて知を問う。子曰く、直きを挙げてこれを枉れるに錯き、能く枉れる者をして直からしむと。何の謂ぞやと。子夏曰く、富めるかな言や。舜天下を有ち、衆に選んで、皐陶を挙ぐれば、不仁者遠ざかる。湯天下を有ち、衆に選んで、伊尹を挙ぐれば不仁者遠ざかると）というものである。[13]

樊遅は孔子による仁の説明については理解したものの、知の理解については仁との関わりから混乱をきたし、年少者で同朋の子夏に改めて問うた。仁についての孔子の説明について渋沢は、「孔子対えて曰く「人を愛せよ」と。蓋し博愛これを仁という。仁のことたる独り人を愛するに止まらず、草木国土に有情非情一切を愛恤する、これを仁の本体とす。しかれどもその内にて人を愛するが第一緊急重要のことなれば、まず人を愛せよといわれたるなり」と解説している。[14]

樊遅が十分理解できなかったのは、有機物、無機物の隔てなく全てに愛を注ぐのが「仁」であり、人には博愛を注ぐことが重要であると孔子は説いたにもかかわらず、人を知るを先務とし、人の善悪を同時に知ることが「知」であるとすれば、本来人と草木すらも隔てなく博く愛すべきであるとした仁の教えと、それに先立って人の善悪を識別すべきとした知の教えは矛盾するのではないかと考えた点である。

さらに樊遅は、仁の教えは人に対して好き嫌いや善人悪人にかかわらず無差別に博愛を注ぐべきと説かれているにもかかわらず、なぜ知をもって「正直な者」と「枉れる者」を識別するのかという点に疑問を抱いた。

孔子は仁をでき得るかぎり完璧な形で身につけることを目指して身を処することを述べてはいるが、地上に存在する有機物、無機物すべてに完全な愛を捧げるべしとは明言していない。それが可能な存在があったとすれば、それは人間存在をはるかに凌ぐ超越者つまり神である。

孔子の教えには「天」という概念は存在するが、人間の能力を超越するものを擬人化した「神」という概念は存在しない。孔子に弟子入りしたばかりの樊遅は、この基本的な論語教義を理解せず、おそらくは孔子の教えに初めて接する者が一般的に陥りやすい誤解によって仁と知の関係に疑問を抱いたものと考えられる。

孔子はあくまでも現実的なアプローチに従う。人を愛するのであれば、その愛する人を一人でも多く善に向かわせるにはどのような方策が望ましいかを孔子は考える。その最も現実的な方法が人を知り、そのなかで善良な者を識別してそれ以外の者を善良なる者に倣わせるというものである。そして、その最も卑近な例としてあげたのが、木材を積むにあたって真っ直ぐな良材を反張した木材の上に置き、すべての木材を真っ直ぐにする材木屋の手法である。

孔子はこの真っ直ぐな良材の例として舜の下で司法長官を務めた皐陶、湯王の下で宰相を務めた伊尹をとり上げ、その時代には「正直な者」の下でいわゆる「枉れる者」が一掃された事実を示している。この場合の一掃されたというのは、枉れる者がすべてどこかに雲散霧消したというのではなく、正直な者に倣って自らも正直になったという意味である。

渋沢は皐陶と伊尹に類する事例を自身の体験に基づいて説明している。渋沢があげた第一銀行の例では幹部行員に誠実懇篤の士を用いることによって、下位者がそれに同化するとともに、同行の行風になじめない者は「何処かに行ってしまい、不仁者を見んと欲するも、これなきなり」という状態になったというものである。[15]

第一銀行の誠実懇篤の幹部行員と、それらから好影響を受けた行員の間に一貫して流れるのが論語主義であり、渋沢が本章の論語講義を行っている時点で、すでに40年以上の長きにわたって同行の行風が論語主義に基づいて形成されていた。この論語主義による行風は現代でいうところの企業風土であり、おそらく渋沢は容易には劣化することがないであろう良好なる第一銀行の企業風土を構築したことに大いなる自負をもっていたと思われる。

財閥系の企業でいえば、宗家の家風が企業風土に相当し、家訓に表れる精神が第一銀行でいうところの論語主義に相当する。そして、日本の場合、その家訓の精神的基盤は仏教でもなく、キリスト教でもなく、おそらくは大半が儒教思想あるいはそれに淵源を有する道徳的基準であろう。

その意味では、企業風土という言葉こそなかったものの、現代よりも明治、大正の時代の方がより明確に組織の精神的支柱となるべき道徳的基準が、論語あるいは論語から派生した精神によって確立されており、それが組織内で連綿と継承されていく基盤が存在したと考えられる。渋沢が、「世間幾多の会社や銀行に第一銀行のごときもの、必ず多々これあるあらん」と自信をもって述べたのは、このような時代背景があったからと思われる。[16]

１－１－３　雍也第六第20章における樊遅の問い

雍也第六第20章の内容も顔淵第十二第22章と同じく、樊遅が知と仁について問うたのに対して孔子が答えたものである。本章が知と仁という重要な概念を扱っているにもかかわらず、渋沢はあまり多く私見を述べていない。渋沢の見解は概ね中洲の意見に沿っている。

本章は、【樊遅問知。子曰。務民之義。敬鬼神而遠之。可謂知矣。問仁。曰。仁者先難而後獲可謂仁矣】（樊遅、知を問う。子曰く、民の義を務め、鬼神を敬して而してこれを遠ざく、知と謂うべし。仁を問う、曰く、仁者は難きを先きにし、而して獲ることをのちにす、仁と謂うべし）というものである。[17]

渋沢は鬼神の定義を明確にしてはいないが、超人的な能力を有する存在とされる鬼神を否定するのではなく、物徂徠と同様、鬼神の存在を肯定し尊敬すべきものとして位置づけている。親には孝、兄長には悌を尽くし、鬼神に対してはこれを尊敬して一線を画することが知者であると渋沢は認識している。

物徂徠は生者である人間と、父母の神として死の世界にある鬼神の間では一線を画さざるを得ないとしているのに対して、渋沢が親、兄や年長者と並んで鬼神をあげている点を勘案すると、現世と来世の間に線を引く物徂徠の考えとは異なる論理をもって鬼神と一線を画すべきと考えていたと思われる。[18]つまり、現存すると否とにかかわらず、尊敬すべき一つのまとまりとして、鬼神を親、兄、年長者と同列に置き、これを敬うというのが渋沢の考え方である。

鬼神に対して尊敬すべきものとして接するのであれば、当然にして狎れることはあり得ない。したがって、「節度をもって鬼神に接し、しかるべくして一定の距離を置くのが知ある者の態度である」というのが、「鬼神を敬して而してこれを遠ざく」という孔子の言葉に対する渋沢の理解であろう。

渋沢は樊遅の仁についての問いに対する孔子の答えを、「仁者は私心に克ちて礼に復り、忠恕を以て人に接す。労苦まず仕事をなし、しかしてその獲得を後にす。それ仁というべし」と説明している[19]。渋沢は、仁者たる条件を、「難きを先きにし、而して獲ることをのちにす」にとどまらず、「私心に克つこと」、「礼に復ること」、「忠恕を以て人に接すること」の3条件を追加している。つまり、仁者は先憂後楽の士たるにとどまらず、「克己」、「服礼」、「忠恕」を備えるべきと渋沢は主張する。

1－2　仁愛

1－2－1　民を慈しむこと

渋沢の仁愛に対する考え方は顔淵第十二第14章の注釈に表れている。本章は政についての子張の質問に対して孔子が忠をもって倦むことなく行うことの大切さを説いた章である。本章は、【子張問政。子曰。居之無倦。行之以忠】（子張政を問う。子曰く、これに居て倦むことなく、これを行うに忠を以てす）というものである[20]。

本章は比較的短い章であるが、注釈者によって解釈内容は微妙に異なっている。相異点は、【居之無倦。行之以忠】（これに居て倦むことなく忠をもって行う）というくだりについての解釈である。物徂徠はこの部分を、「之れを身に居きて、解倦するを得ること無く、之れを民に行ふに、必ず忠信を以てす」と解釈する[21]。

物徂徠は、「之れを身に居きて」については政を家事するごとく行うことと解釈し、「忠」については心を盡して委曲詳悉すること、つまり念入りに細かいところまで心を行きわたらせることと解釈した。子張の質問に対する孔子の答えは、物徂徠によると「政治は細かいところまで心を配って家事を行うようにすべし」ということになる。

物徂徠は、居を身に居きてとして政を家事に対比させたのに対して、中洲は、「居を平居の義と爲し、平居無事の時に於て政事を忘れずと解するを妥當とす」と解釈する[22]。つまり中洲は、平時においても怠りなく政を行うことが重要と解釈する。

中洲にとって平時から怠りなく政を行うには、私心なくかつ衷心より民を愛して、そのために謀ることが不可欠であった。中洲はこれを誠と呼ぶ。中州は忠を勤に対比させてはいるが、嚙み砕いた説明は行っていない。子張の質問に対する孔子の答えは、中洲の解釈によると「政治は平時から誠と忠をもって行うようにすべし」ということになる。

朱熹は居を、「居、謂存諸心」（居は、諸を心に存するを謂う）と解釈し、心に維持することとする。朱熹はまた行を、「行、謂発於事」（行は、事を発するを謂う）と解釈し、行為に表すことをいうとする。さらに、「以忠、則表裏如一」（忠を以てすれば、則ち表裏一の如し）と解釈する。つまり朱熹は、心を維持することによって一貫して倦むことなからしめ、忠をもってすれば心と行為が一致すると解釈し(23)。このように、居をどのように解釈するかによって、物徂徠、中洲、朱熹の間で本章の解釈に相異が見られる。

渋沢は本章の解釈については朱熹に多く拠っている。朱熹は、「程子曰、子張少仁、無誠心愛民、則必倦而不尽心。故告之以此」（程子曰わく、子張仁少なく、誠心に民を愛すること無ければ、則ち必ず倦みて心を尽くさず。故に之に告ぐるに此を以てす）と述べて子張の性格的な欠点に触れているが、渋沢も朱熹と同じく子張の仁少なきことを前提に本章を解釈する(24)。

さらに渋沢は孔子の言葉を、「すなわち厭（あ）き易くてはならぬぞ。かくのごとく吾が無形の心の上で工夫したる政事を、一旦有形の事上に顕（あら）わして、行使する時には親切忠誠を旨とし、人民を傷める思い遣りを深くせよと教えられたるなり。これすなわち仁政なり」と言い換えその趣旨を解釈する(25)。

渋沢は政を、「親切忠誠をもって民を思いやり、心に思ったことをそのまま具体的に実行に移すこと」と理解した。これは、「一貫して心を維持し、忠をもって心と行為を一致させる」という、政に関する朱熹の理解と整合的である。

いずれの注釈書も、政の要諦を「民を慈しみ忠誠をもって細部にまで心配りを怠らないこと」と理解する点で概ね合致している。しかし、心と行為の一致の大切さを説いた点において朱熹の注釈が、言行一致、知行合一を重視する渋沢の思考様式と一致したのであろう。本来、朱熹の論語理解に批判的な渋沢が本章に関しては朱熹の理解を受容している。

以下では、日本の代表的な儒学者、漢学者である三島中洲、諸橋徹次の所説と渋沢の見解を比較し、渋沢の仁愛についての認識を考察する。

1－2－2　渋沢栄一による仁愛の理解

渋沢は八佾第一第3章において、「仁」と「礼」、「楽」の関係を述べており、その内容は概ね中洲の考え方を踏襲したものである。仁について渋沢は「仁は博愛の徳にて、衆善の総名なり。君に対しては忠となり、親に対しては孝となる。これ仁の露見せるなり」としている[(26)]。

物徂徠は論語徴で、「仁は民を安んずるの徳なり」としている[(27)]。つまり、仁が博愛の徳であり衆善の総名であるということは、すなわち、民を安んずるの徳であるので、表現は異なってもこの部分に関しては物徂徠と渋沢の解釈は概ね等しいと考えられる。

しかし、渋沢は、仁を「君に対しては忠となり、親に対しては孝となる」とし、博愛の対象に民だけではなく、君と親を含むという考え方を明確にしている。つまり、渋沢は仁の対象を拡大し、自らを中心に上下左右すべてを包含させている。

仁の意味について渋沢は、「仁は博愛の徳にて、衆善の総名なり、君に対しては忠となり、親に対しては孝となる。これ仁の露現せるなり」として、仁を博愛と忠孝を含めた広いカテゴリーに属する徳と位置づけている[(28)]。一般的に博愛は、自らの立ち位置をある程度高みに置いたうえで、弱者への思いやりや施しのニュアンスを含む愛情と理解されるが、仁はそれよりもさらに広いカテゴリーを有する徳目であると渋沢は理解した。

仁を語る場合の自分の立ち位置は、あくまでも自分に関係する全当事者の中心にあり、各当事者と自分の関係性によって、自分の愛情が忠孝の形となって表れるのか、あるいは哀れみや施しのニュアンスを含むものとなるのかが規定されることとなる。そして、仁に至るためには正しいこと、すなわち義を知ってそれを実践することが前提になると渋沢は考える。

関係当事者への経済的な影響に焦点を絞ると、渋沢のこの発想はステークホルダー・マネジメントの考え方と相通ずる。つまり、自己の経済的利害によって影響を受ける全ての利害関係者との関わりにおいて、倫理観をもって適切に均衡をはかるべしとする考え方は、仁愛と義、換言すると倫理観をもって自分と関係するすべての人々に配慮することに等しく、それが経済的利害に限定されるか否かにかかわらずその基本的な発想は同根である。

1－2－3　三島中洲による仁愛の理解

中洲は、仁の道徳から説き起こし、「それでその博く相親愛し相補助して衣食住を營む間には、互に交際が始まり、貸借もせねばならぬ、交易もせぬければならぬ、相救ひもせぬければならぬ、色々な事が混雑して參ります、其間に自利は固よりで、自分を利せぬければ自分の衣食住が出來ない、又他の者を世話して利益さする樣に利他もせねばならぬ、此通り自利他利即ち自愛他愛し、互に相妨げ相損はぬ樣に致すに於ては、自ら之を處置する丁度宜しい道が一々細かな處まで有るに相違ない、其宜しき道を指して之を義といふ、して見ますると仁義だの忠孝だのというふことも別なことでは無い、皆經濟中の道徳だ、衣食住を治める間の道徳、チョッとも道徳と經濟と離れるものぢあ無い」として、「自利他利」、「自愛他愛」の重要性を強調し、義の位置づけを示している(29)。

中洲の解釈によると、「義」は自己愛のように人間の本性としてごく自然に注がれる愛情だけでなく、他者愛を人間が懐くにあたっての精神的な規律である。たとえ情愛が自然に醸成されるような環境下になかったとしても、本来愛すべき相手に注がれる愛情を正しく有するための規律が「義」である。つまり、愛情をもって接すべき相手との経常的なやり取りは、経済に関係しており、それに不可避的にともなうのが義であるというのが中洲の理解と考えられる。

中洲の理解する仁愛は、キリスト教で説かれる「自己犠牲的な愛」や「義務としての愛」という概念とは異なり、敢えて言えば隣人愛に近い概念と思われる。自己の本能として自然に抱くことができるレベルを超えた愛情を、「犠牲」や「義務」と結びつけて規定し、その限界を超える領域を神の愛という概念で説明することは宗教的な教義としては合理的である。しかし、中洲による仁愛のキーワードは犠牲、義務、神のいずれでもなく「義」、つまり道理にかなった正しいことである。

中洲にとっての義とは、「自利他利即ち自愛他愛し、互に相妨げ相損はぬ樣に致すに於ては、自ら之を處置する丁度宜しい道が一々細かな處まで有るに相違ない、其宜しき道を指して之を義といふ」という中洲自身の言葉通り、「自利他利＝自愛他愛」を図ることのできる「宜しき道」のことである。

つまり、「共存を図るための宜しき道」である義に基づいて相手を慮ることが中洲にとっての仁愛であり、共存するための現実的、物質的な糧を得るために不可欠なものが「利」であるということになる。共存という目的のために義をもって利を適切に分かち合うこと、つまり義と利は密接不可分であるという点に中洲の義利合一説の淵源があり、その根底には共存すべき相手を慮るという仁愛の考え方が存在している。

1－2－4　諸橋徹次による仁愛の理解

諸橋は儒教について、「儒教は支那の上代に成立した一つの徳教である。宗教でもなければ哲学でもない。修己治人を目的とし、之が具現の方法として修養と正名と経綸の完全な實現を期する、曰はば最も堅實なる實學である。大旨孔子の教義を宗旨として之を遵奉するのであるが、此の教の徳教として社會的に確立したのは漢代以後と見て宜かろう」と要約している[(30)]。

諸橋は儒教の目的は「修己治人」であり、「仁」は自己完成と社会共済の道であると理解する。仁の自己完成の側面を説明するにあたって諸橋は、「仁者は其の言や訒す」という孔子のことばを引用する。その意味は、人間は自己の責任を感じないときに大言壮語するが、その無責任を慎むというのが「其の言や訒す」の意味である。

また、「訒す」という言葉には、「妄語せざること」の他に「誠を修むること」という意味があり、この２つができるようになれば、自己完成が成立したということになる。表現をかえると自己完成ができない者は仁者たりえないということになる。それを述べているのが、「巧言令色鮮しかな仁」、「不仁者は久しく約に處るべからず、長く楽に處るべからず」という論語の言葉に表れているというのである。

諸橋は孔子の「仁者人を愛す」という言葉をもって社会共済を説明する。つまり、「仁者人を愛す」の思想は社会共済の根本原理であり、この点に関しては仏教もキリスト教も同様だというのである。しかし、孔子の教えが他の宗教と異なるのは、「仁者は能く人を好み、能く人を悪む」という孔子の言葉が示しているとおり、正しきものは愛し、正しからざるものには制裁を与える、その公平なる社会判断がすなわち仁であるというのが孔子の説くところであると諸橋は理解する。

すなわち、孔子の教えが仏教やキリスト教に代表される宗教の教えと異なるのは、人間社会の現実を踏まえた社会規範としての側面が強いということである。しかも、宗教の場合は制裁を与える主体が神あるいは人間を超越した絶対的存在であるのに対して、孔子の教えに代表される儒教では、一般の宗教の神に相当する存在を認めていないために、制裁を加える主体はその時代の権力者、すなわち君子であるということになる。

したがって、その君子たる者は権力をもつに相応しい徳を備えることが必要であり、その具体的指針が論語をはじめとする儒教の経典であるということになる。

ではこの「修己治人」に必要なものは何かというと、修己に対しては「克己」、治人に対しては「復礼」であるというのである。克己すなわち己に打ち克つことができれば、自己完成の道は成立し、復礼すなわち社会秩序たる礼を履むことができれば社会共済は成立するというのが諸橋の理解である。

諸橋は義と利の関係について、「孔子も屢々利と義とを言ふ。『君子は義に喩り、小人は利に喩る。』といふが如きは是である。既に利と義とが、用例上公私の心の別によるものとなれば、義を重んずる孟子が極力利を排斥するに至った事は自然の事である」と述べる。諸橋は禮記、大学、樂記等を引用したうえで、義と利について「義の概念が利と相通じ、而も其の間、公私の別あるを知ることが大切な注意點である」と述べている[31]。

諸橋は漢学者らしく文字の成り立ちとして、「即ち利と義は根本に於て極めて相通ずる所がある」としながら、「義を公」、「利を私」にそれぞれ対応させ、義と利は公私の区別に基づいてそれぞれ追求されるべきものと結論づける。

仁と義の関係について諸橋は、「義が仁と配せられるに至ったのは、上來述べた所だが、此の義を最も強く主張したのは孟子である。即ち『仁は人也、義は宜なり』と言ひ、更に具體的に『仁は人心なり、義は人路なり。』と述べてゐる。孟子が斯く仁に義を配した根本の考へは、人情を本とした仁愛が、稍もすれば、『ほどよい』を失はうとするが故である是に於て義は自ら裁制割斷の意が生じて來る」と述べる(32)。

諸橋によると、仁は人の心であるため仁愛はややもすれば情に左右され、「ほど良いレベル」を逸脱することがある。そしてこれをほど良いレベルに収斂させるのが人の路としての義であるということになる。

1－2－5　渋沢・中洲・諸橋三者の比較

渋沢による仁愛の理解の特徴は、仁愛を差し向ける対象者を広く定め、かつ、対象者との関係性によって仁愛にともなうべき徳目が存在するという点である。渋沢にとって仁愛はすべての接際の基盤に位置する。自らをめぐるすべての接際の結節点に身を置いた場合、君や親にはそれぞれ忠と孝、朋友には信義、年少者には思いやりをもって接際すべきであり、その基盤には常に仁愛があるべきと渋沢は考える。

渋沢は仁の本質を、仁愛、勤勉、謙譲、恭敬忠信、政治、天命の６つのキーワードで理解した。仁者たる者の要件に仁愛を含む勤勉、謙譲、恭敬忠信の徳目が含まれているのであれば、仁愛と並置されるこれらの徳目も、仁者たる者の振る舞いにおいて相互に関連することは論を待たない。

つまり、自身をめぐる全ての接際において仁者の要件である仁愛をもってするのであれば、同じく仁者の要件としての勤勉、謙譲、恭敬忠信も接際に応じて発揮すべきとするのが渋沢の理解と考えられる。仁者の要件に明確な形では含まれていない「義」について渋沢は、仁に至るための道標と位置づける。

渋沢が仁愛をすべての接際において基盤に存在するものと理解したのに対して、中洲は共存のために不可欠なものと理解する。中洲にとって共存に必要なのは、「自利他利＝自愛他愛」の精神であり、現実の生活において、少なくとも「相損はぬ様に致す」ことである。

現実の生活を前提に仁愛を考えれば「利」を考慮することが不可避になり、自ずと義利合一が語られる。中洲は義との関係から仁愛を語るにあたって特徴的な認識を示す。それは義を宜しき道を示すものと捉える考え方であり、それは渋沢と同じく、義は仁愛を正しい方向に導く道標であるという認識である。中洲にとって義は仁愛が軌を外さないための「人の路」であり、これも義を道標とする渋沢の認識と整合的である。

諸橋は仁愛を社会共済の根本原理と認識している。そこには渋沢の接際や中洲の共存という概念とは異なる、いわば救済者の立場から仁愛を理解するニュアンスが含まれている。諸橋は義との関係から仁愛を語るにあたって特徴的な認識を示す。それは、仁愛は「人の心」であるがゆえに、時に移ろいやすく軌を外れることもあり得べしとの認識である。

諸橋は義と利の関係についても言及するが、その認識は渋沢や中洲とは異なっている。諸橋は義を公、利を私に対応させ、公私の別を明確に認識することを重視する。そこに義利合一の思想をうかがうことはできない。

上述のように、渋沢、中洲、諸橋３者の仁愛の認識を比較するにあたっては、「接際」、「共存」、「社会共済」のキーワードでそれぞれの特徴を示すことができる。渋沢の仁愛についての認識は、接際の個別局面において発揮されるべき具体的な徳目のベースであり、より日常生活に近接したレベルに位置づけられる。それに対して中洲と諸橋による仁愛の認識は、共存、社会共済といったより抽象的な概念によって説明されるものであり、渋沢と比較すると概念化が進んだ説明となっている。

仁と義の関係における義については、３者ともに仁愛を正しい方向に導くための「道標」、「宜しき道」、「人の路」という表現でその認識が示されており、その内容もほぼ一致している。仁者の要件である仁愛を語るにあたって、「義」には諸橋が語るところの「裁制割斷の意が生じて來る」という点において３者の認識は一致している。仁と義がそれぞれ独立した存在として両者が合わさり、仁義という徳目が形成された背景には仁と義の不可分な関係があると思われる。

仁愛の認識から派生した「義と利」の関係について、渋沢と中洲は義利合一という認識で一致している。しかし、諸橋は義利合一という考え方には与しない。諸橋にとって義と利はそれぞれ公的なものと私的なものとして明確に分けて認識されるべきものである。そのうえで諸橋は、「公利と私利」、「公益と私益」という比較において、どちらを優先させるべきかという議論のなかで義と利の関係を論じようとする。

第2節　仁の相対化

2－1　仁と不仁

2－1－1　過失の原因から見た仁と不仁の弁別

里仁第四第7章は、人の過ちの原因によって仁と不仁を弁別することについて語った章である。本章は、【子曰。人之過也。各於其黨。觀過斯知仁矣】（子曰く、人の過（あやま）ちや、おのおのその党においてす。過ちを観（み）てここに仁を知る）というものである。(33)

渋沢は、南溟の「人を観るの方法一端ならざるを語る」という解釈と、中洲の「人の過ちを見る方をいう」という解釈の2つを掲げたうえで自説を展開する。渋沢は、聖賢にも過ちがあるのに凡夫に過ちがなかろうはずがないとしたうえで、その人の性癖が過失に現れてくると述べ、「ゆえにその過失が仁に流るるにより来たったものなる時は、その人は仁厚の性行なるを知り得べく、もしその過失が忍に流るるより来たったものなる時は、その人は残酷の性行なるを知り得るのである」と要約している。(34)

渋沢は、過ちには仁（仁愛）から出た過ちと、忍（残忍）から出た過ちの2種類があるので、一概に過ちを咎めるのではなく、過ちの由って来たった原因を弁別することが必要であると述べる。渋沢、南溟、中洲の解釈は同様であり、朱熹、通説もこれに近いが、物徂徠は本章の趣旨について異なる解釈をしている。

物徂徠によると、本章は孔子が古語を再説したものであり、「人」は衆人、「黨」は郷党つまり地元のことであるという。つまり、個人を仁と忍で区別しているのではなく、朝廷や宗廟にある人々と郷党にある人々にわけて認識し、その上で朝廷や宗廟にある君子は良く自分を慎むので過ちが少なく、郷党にある民衆はその反対に、親戚朋友相互の親愛が深いがゆえに過ちが多いと物徂徠は説く。そうであるがゆえに、「觀過斯知仁矣」（過ちを観てここに仁を知る）、つまり国君が仁徳で国人を教化し、その仁愛が過ぎるがために郷党は過ちを犯すと解釈する。[35]

物徂徠の解釈は古語に根拠を求めているだけに説得力はあるが、渋沢が南溟、中洲等の説に賛同しているので、本章を解釈するにあたっては南溟、中洲等の説を採用する。

渋沢は明治維新期に自身が接した人物を中心に過失の原因を仁と忍に分類して事例紹介する。その過失の原因が仁に由来する人物として、渋沢は三条実美と西郷隆盛をあげ、忍に由来する人物として江藤新平をあげる。

渋沢の三条に対する基本認識は、三条が明治元年の右大臣就任に始まり、翌年の太政大臣就任以来15年間にわたって政治の中枢にあった人であるので、内に剛気があるに違いないというものである。反面、その過失は経済に関わる事柄についての定見が乏しいこととする。

渋沢は、経済問題に無定見である三条がその過失を自ら認め、大蔵省の一官吏であった渋沢の自宅に頼みごとをするためにわざわざ足を運んだことに大いに恐縮するとともに、三条の係る過失は忍に由来するものではないと判断した。

しかし、三条の過失は個々の事象を指したものというよりは、むしろ、その資質に関わるものであり、重要な地位にある者であればこそ、資質がないままにその地位にとどまること自体が過失であると判断される。この点、渋沢の三条に対する評価には若干贔屓の引き倒し的な部分がなきにしもあらずである。

その点、西郷の過失は西南の役など具体的な事象で示されており、これらは国家の秩序を乱すという意味で明らかな過失である。渋沢は西郷が係る過失を犯した原因が武士集団や郷党に対する仁愛が過ぎるところにあったと判断する。その意味で西郷は朝廷や宗廟にあってその真価を発揮する人物ではなく、むしろ郷党の人々や仲間とともにあって、求心的な立場で真価を発揮する人物であったと思われる。

渋沢の大久保利通に対する感情は実にデリケートである。論語講義全編を通して大久保は登場するが、その人物評価は良い場合、悪い場合さまざまであり、いわば愛憎あい半ばする様子と、その感情を振り払って大久保を正当に評価しようとする渋沢の葛藤が論語注釈の随所に見られる。

渋沢の江藤に対する評価は一貫して厳しい。渋沢は江藤を「江藤新平氏は、残忍に過ぐる方であった」として批判し、人との接し方においても、江藤はまずその人物の邪悪な点を見つけ出そうとする点を非難している。江藤の過失である佐賀の乱の原因は、この残忍な性格に由来するものであり、その結果として斬首の刑に処せられたことは、渋沢にはむしろ当然の結果と受け止められた。(36)

渋沢はこのような整理をしたうえで、明治の元勲を「仁者」、「不仁者」、「仁者と不仁者の中間」（仁半忍半）の3つに分類している。まず、渋沢が仁者に分類したのが西郷隆盛、木戸孝允、三条実美であった。不仁者は江藤新平、仁半忍半は大久保利通である。

渋沢による仁者の評価基準は、無謬性や人並み優れた資質等ではない。渋沢の評価軸はあくまでもその心根に仁（仁愛）、忍（残忍）のいずれが存するのか、またそのどちらにしたがって行動するのかということである。渋沢は仁・不仁の二者択一に加え、仁愛、残忍の程度を3段階に分け、独自に「仁半忍半」というカテゴリーを設定した。

数多くの人物と接し人間の複雑さを知悉する渋沢にとって、人を仁と不仁に単純分類することは現実的ではなかった。また、感性豊かな人間渋沢には当然にして好悪の感情が存することを考えれば、渋沢が理性と感情の折り合いをつける仁半忍半のカテゴリーを設定したことはむしろ自然の成り行きであった。

2－1－2　富貴貴賎に処すること

里仁第四第2章は、貧富貴賎に処するにあたって、仁者と不仁者の対応が異なることを述べた章である。本章は、【子曰。不仁者不可以久處約也。不可以長處樂也。仁者安仁。知者利仁】（子曰く、不仁者は以て久しく約(や)に処(お)るべからざるなり。以で長く楽(らく)に処(お)るべからざるなり。仁者は仁に安(やす)んじ、知者は仁を利(り)す）というものである。(37)

本章に対する渋沢の注釈は本文の解釈に徹しており、自身が経験したエピソードは含まれていない。したがって、渋沢の注釈を本文で用いられている言葉の解釈や定義の内容に基づいて分析すると、仁者に対する渋沢の認識が、不仁者との対比によって明確化される。

中洲は不仁者について、「不仁者は義を知らず、窮達共に長く處り難きを言ふ」と述べて、不仁者が抱える問題は義を知らないことにあるとし、「不仁の人は其の本心を失ひ」と述べている[38]。渋沢は中洲の注釈を引用するものの、自身の注釈においては義という言葉を使っていない。また、「不仁者はその良心を失えり」と述べて、中洲が「本心」としたものを「良心」に置き換えている。

不仁者が失ったものを中洲が本心と解釈したのは、朱熹の「不仁之人、失其本心」（不仁の人は、本来の心を失う）という解釈と同じである[39]。それに対して渋沢は、人たる者が本来備えているべき心を「良心」と解釈し、不仁者は良心を失ったがゆえに、貧賤の境遇にあると邪悪に流れ、富貴の境遇にあると驕奢に流れると解釈する。

渋沢が本心を良心と置き換えて解釈したことを言葉のあやと考えれば、それを取りたてて分析するに値しないかもしれない。しかし「本心＝良心」、つまり、「人間本来の心＝良心」のように図式化すると、渋沢の人間の本質理解は明らかに性善説に基づいていると解釈できる。

一方、朱熹や中洲が、「本心が徳を備えていること」を前提に本心を解釈したと考えれば、上記の図式は「徳を備えた本心＝良心」となる。徳を備えることは、通常、後天的な努力によってなされると考えれば、良心も後天的に涵養されることになる。したがって、朱熹や中洲と、先天的に良心を備えていると考える渋沢の人間の本質理解は大きく異なる。

朱熹の注釈を見ると、「其の本心」の心を「心に具わる善心」であると解釈している[40]。朱熹の考え方に対して物徂徠は、「仁を以て本心と爲し、富貴を以て外物と爲すは、『仁は人の心なり』（孟子、告子上）、……然れども『仁は人の心なり』とは、孟子が性善の説、その實は仁は心に根（こん）することを謂（い）ふなり」と反論している[41]。

朱熹は本心の心の部分を、「心に具わる善心」、つまり仁をもって本心となし、本心の本質は仁であると主張する。これに対して物徂徠は、そもそも論語を孟子の考え方をもって解釈することに問題があるうえ、その解釈も間違っていると批判する。つまり、孟子が「仁は人の心なり」としたのは、人の心の本質は仁であるという意味ではなく、仁は心に宿るものであるという意味であると述べている。

渋沢が本心をめぐるこれら一連の議論をどのように捉えていたのかは不明であるが、いずれの注釈書でも用いられていない、良心という言葉で仁者が備えるべき心根を表現したことをもってすれば、渋沢が良心を人間が本来備えているものと解釈したと考えるのが妥当である。

なぜなら、渋沢は「不仁者はその良心を失えり。事のよろしきに善処すること能わず」と述べているからである[42]。この言葉が意味することは、人には生来良心が備わっていたが、それを失った者が不仁者となり、物ごとに対して善処することが困難になるというものである。

つまり、人は良心をもって生まれるが、不心得、不行跡によってそれを失った者が不仁者となる。一方、生まれもった良心を正しい生き方によって涵養し、心の自然な働きによって仁を安んずることになるのが仁者であり、その途上にあるのが知者であるというのが渋沢の解釈である。

本章で渋沢が仁者、不仁者を語るにあたって用いたキーワードは、生来人間に備わっている「良心」である。渋沢は、その良心を正しく自身に定着させた者を仁者、その途上にあるのを知者、失った者を不仁者であると理解した。

2－1－3　仁君なきをいたむ

渋沢は里仁第四第6章の仁と不仁をめぐる議論において、亀井南溟の所説をもとに議論を展開している。南溟の所説は世の仁君なきを傷むというものである。

本章は、【子曰。我未見好仁者悪不仁者好仁者無以尚之。悪不仁者其爲仁矣。不使不仁者加乎其身。有能一日用其力於仁者矣乎。我未見力不足者也。蓋有之矣。我未之見也】（子曰く、我未だ仁を好む者不仁を悪む者を見ず。仁を好む者は、以てこれに尚うることなし。不仁を悪む者はそれ仁をなさん。不仁者をしてその身に加えしめず、能く一日もその力を仁に用うる者あらんか。我未だ力の足らざる者を見ず。蓋しこれあらん。我未だこれを見ざるなり）というものである[43]。

渋沢は世に仁君出ずして久しいことを、梁の恵王、斉の宣王の事例をあげて述べている。恵王、宣王ともに孟子が仁者の道を説いた。当初は仁に対する心構えを学んだものの不仁者に惑わされ、一暴十寒の弊が表れ、両君主ともに仁を身につけそれを実践する仁君たるを得なかった。

渋沢が恵王、宣王を例にあげて説明するのは論語語由によるものである。南溟は君主たる者が仁政をしくべきであることを承知する一方、その認識を実際の政で実践することの困難さを「一暴十寒」（最初は努力するが、その後は怠けること）という言葉で示しており、渋沢はそれを引用した。(44)

仁君たるの努力は途中で挫折することが多いことを受けて渋沢は、「それ世に仁を好み、不仁を悪む人君を見るべからざるは、仁を以てはなはだなし難きことと誤認するによるなり」として、仁の実践を必要以上に困難なことと認識することの誤りを指摘している。(45)

渋沢は仁をなすための潜在能力に欠ける人君を見たことがないと断言する。その理由について渋沢は、「仁は本来人々の心に備われる徳にて、惻隠の心に過ぎず、決して外より求め来るものにあらず、ゆえに人君いやしくも志を立て、その力を仁に用うることあらんか」と述べている。(46)

このくだりは渋沢の仁の本質に対する理解の一側面を示している。仁は本来人間の心の中に密やかに備わっているものであり、外部から取り入れなければならないものではない。博く人を思いやり、かつその安寧を得さしめたいという心は、人間だれしも惻隠の心として生まれつき備えているものである。したがって、それを顕在化して常に実行するだけで仁君たるに必要な仁の資質を身につけることができるというのがその理屈である。

「人は惻隠の心として仁を秘めていること＝性善説」という図式はいささか強引に過ぎるかもしれないが、渋沢の思想は明らかに性善説に立脚しており、人は自らの性向としての仁や善を実行するにあたって、あまりにも不仁や不善の誘惑が多いため、仁や善の実行を妨げられているというのが渋沢の考え方と思われる。

しかし、渋沢がいうところの、惻隠の心とそれを妨げる不仁の誘惑の戦いはまさに自分の内部における葛藤である。自分自身との戦いは何にもまして困難であることを考えると、仁の実践可能性はまさに克己心の強さに比例するといっても過言ではない。

仁と不仁の関係について中洲は仁斎の解釈に準じている。つまり、仁を愛する者は不仁を憎む者より上位にあるという解釈である。仁を愛する者は不仁者を含めてともに仁に向かおうとするが、不仁を憎む者は不仁者を峻拒し、それらとともに仁に向かおうとする気概に欠けるというのがその理由である。しかし、渋沢はこの議論にはあまり深く関わらない。渋沢は仁を愛する者と不仁を憎む者との優劣関係よりも仁の実践可能性そのものにより強い関心をもっているからである。

2－2　仁者と佞者

公冶長第五第4章は孔子の弟子で徳行をもって世に知られるが、一面寡黙な仲弓の性格をめぐって、「佞」（口才、弁才）についての孔子の考え方を述べた章である。

本章は、【或曰。雍也仁而不佞。子曰焉用佞。禦人以口給。屢憎人。不知其仁。焉用佞】（或ひと曰く、雍や仁にして佞ならずと。子曰く、焉んぞ佞を用いんや。人に禦るに口給を以てすれば、しばしば人に憎まる。その仁を知らざるも、焉んぞ佞を用いんや）というものである。[47]

孔子が生きた時代は仁と佞の両方が兼ね備わってはじめて道を行うことができる者が賢者と考えられていた。しかし、孔子は本章でこれを真っ向から否定した。孔子は仲弓に佞がないことを短所と捉えることなく、むしろ長所と捉えていた。しかし、孔子は仲弓を仁者と認識していたわけではない。

渋沢は仁が至大至正の徳であり、孔子が雍也篇でも、「博く民に施して能く衆を済うのがこれ仁である」と述べている通り、仁は仲弓の敦厚簡黙をもってしてもなお達し得られないものであるほどにその達成が困難であり、それであるがゆえに孔子は仲弓に仁を許さなかったのであろうと分析している。[48]

渋沢は佞から離れて仁の大小について自説を展開する。仁の大なるものは、(1) 博く民に施して能く衆を済うこと、(2) 博く愛することである。また、仁の小なるものは民がなし得る仁であり、交際上において、人に対して慈愛をつくし優しくすることである。

仁者と佞者を区別する困難さは、慈愛や優しさからくる穏やかさや人あたりの良さと、佞者による人あたりの良さが表面的には見分けることが難しいことに起因する。しかし、渋沢は仁者から佞者をあぶり出す方法を述べる。その具体的な見分け方は以下の通りである。

(1)　佞者にはさっぱりしたところがない。
(2)　それは胸の底に一物を蔵しているからである。
(3)　その一物とは、他人に取り入り、表面を体よく取り繕い、人の説に付和雷同して味方をつくろうとする心である。
(4)　はなはだしい場合は、自分の欲望を遂げるために邪魔になる人を陥れようとする。

渋沢の言う「さっぱりしたところがない」とはいかなる状態であるのか明確ではない。しかし、義を貫く姿勢をもち、その言行が終始一貫していれば、それは渋沢にとっての「さっぱりしたところ」に満ち溢れた状態であり、おそらく渋沢はその状態に少しでも私欲や邪心が混じれば、それを心の鏡の曇りあるいは磨き上げた玉のきずとして即刻見分けたと思われる。

渋沢は三条実美と岩倉具視をそれぞれ、「情において清かった人」、「智において清かった人」としているが、本章の章意に照らすと岩倉に対する渋沢の評価が興味深い。

岩倉は物事を進めるにあたっては智をめぐらせ、可能な手をぬかりなく打つことによって目的を達成するいわば策士であった。しかし、岩倉がその策士たる一面を発揮するのは、私欲を満たすためではなく純粋無垢な目的のためであった。つまり、義を貫き国家のために略を用いるのであれば、それは単なる方法論の問題に過ぎず、仁者であることを妨げないというのが渋沢の理解である。

その渋沢をして仁者か佞者かの判断を困難と言わしめたのが五代友厚であった。五代は渋沢と同じく官職を辞して野に下って企業家となった人物で、渋沢が東京を中心に活躍したのに対して、五代は大阪を中心として産業の発展に尽くした。渋沢が農民出身であるのに対して五代が武家の出身であるという点を除けば、2人の事績はほぼ似通っており、互いに知り合えば直ちに肝胆相照らす仲となり、互いの心底を理解し合ってもおかしくないところである。

しかし、そうではないところに五代の底の知れなさがあった。両者の類似性にもかかわらず、渋沢は自分と同じ匂いを五代に感じてはいなかった。渋沢は自らを「国臣」と自認していたが、五代は「政商」であった。渋沢からみると五代には「さっぱりしたところ」がなかったのかもしれない。

2－3　君子と小人

憲問第十四第７章は仁の能くし難いことを述べた章である。本章は、【子曰。君子而不仁者有矣夫。未有小人而仁者也】（子曰く、君子にして不仁なるものあるか。未だ小人にして仁なるものあらざるなり）というものである。本章の上句である【君子而不仁者矣夫】（君子にして不仁なる者あるか）の解釈において、渋沢は他の注釈者とは異なる見解を示している(49)。

渋沢は、「君子は常に道を学び善に志す者をいう。その人、方正端愨（たんかく）にして、行う所、時に過厳の失あるを免れず。これ君子にして不仁なり」と述べている(50)。つまり、君子が犯す不仁とは、あまりにもその行うところが厳格であるため、その行き過ぎから生じる不都合のことを指すと渋沢は主張する。渋沢は、君子はあくまでも方正端愨（品行方正かつ真面目）であるとする立場を崩さない。この解釈は中洲の解釈に沿っている。

これに対して通釈では、「君子は仁を志しているが、まだ真に体得していないから、ちょっと仁から離れて不仁に陥ることがあるかもしれない」とする(51)。つまり、渋沢は君子の不仁は君子が仁に沿うことあまりにも苛烈すぎるがゆえに不仁となると主張しているのに対して、通釈は、ちょっと仁から離れる、すなわち仁が心から離れることによって不仁が生じると主張する。

謝良佐は、「君子は仁に志す。然れども毫忽（ごうこつ）の間、心焉（ここ）に在らざれば、則ち未だ仁為（た）ることを免れざるなり」と述べて、通釈と近い解釈を行っている(52)。

物徂徠は本章について解釈を行っていないので、渋沢の解釈と通釈を比較する。なぜ君子の不仁について渋沢の考え方を検討するかといえば、この解釈内容に渋沢の君子に対する理解が表れると考えるからである。まず、君子は無謬であるか否かという点については、君子の無謬性は否定される。では、「君子」と「不仁」という互いに似つかわしくない概念をどのように結びつけるかという点が問題になる。

渋沢の解釈は、「君子は確かに無謬ではない。君子は神ではなく人間であるかぎり過ちを犯す。しかし、その過ちはひとえに仁を志す者がその純粋さゆえに、本来の道を意に反して外す場合のことをいうのであり、それは一見不仁と映る。しかし、その心は一刻たりとも仁を離れているわけではない」と言いかえられる。

これに対して謝良佐や通釈は、「君子たりとも人間である。人間である限りはうっかりミスをおかす。そのうっかりミスとは、一刻仁から心が離れることである。そして、そのことを不仁という」と言いかえられる。

この両者の考え方には、きわめて大きな開きがある。神格化されない人間としての君子が犯す誤りに対する認識が渋沢と通釈では大きく異なる。

渋沢の解釈、通釈ともに君子の無謬性を否定する点については同じである。しかし、渋沢は君子たる者の心からは一時も仁に向かう気持ちが離れることはないと主張するのに対して、通釈は君子たりとも、一刻ではあるが仁に向かう気持ちがブレることがあると主張する。

君子と小人の相違は仁に向かう気持ちの有無である。そうであるとすれば、通釈のいう一刻とはどの程度の時間を指すのであろうか。その一刻が10分であったとすれば、その間、件の君子は小人になり下がるのであろうか。通釈にしたがうと君子と小人の相違に関するこのような込み入った議論が生じてしまう。

この点、渋沢の解釈は明快である、渋沢は君子は一刻も仁から心を離すことはなく、それゆえ時に行き過ぎから過ちを犯すと考える。見方を変えると、小人であっても時にはその心に仁が舞い降りてくることがある。しかし、その場合でも小人はあくまでも小人であり、一時的に仁に目覚めたとはいえ、そのことをもって小人を君子とみなすことはできない。

渋沢は、「そもそも小人といえどもその行い時にあるいは仁なるものあり、鼠小僧が貧人を賑恤し、俠客が孱弱の危機を救助するがごときこれなり。すなわち小人といえども未だ必ずしも百行ことごとく不仁ならず。しかるを孔子の本章における言、君子を褒して小人を貶す」と述べている[53]。つまり、鼠小僧や俠客はたまには良いことをするかもしれないが、常に仁を心に携えている君子と彼等の懸隔はたとえようもなく大きく、それゆえ孔子は君子を褒め、小人を貶するというのが渋沢の解釈である。

第3節　仁の内訳

3－1　大仁の解釈

憲問第十四第2章は、克伐怨欲が行われないことと仁の関係についての原憲と孔子のやり取りをもって仁の本質を述べた章である。

本章は、【克伐怨欲不行焉。可以爲仁矣。子曰。可以爲難矣。仁則吾不知也】（克伐怨欲（こくばつえんよく）行（おこな）われざるは、以（もっ）て仁となすべしやと。子曰く、以て難（かた）しとなすべし。仁は則（すなわ）ち吾（われ）知（し）らざるなりと）というものである。渋沢は「克」を人に勝つことを好むなり、「伐」をみずからその功に矜（ほご）り満つるなり、「怨」を小怨を怨むなり、「欲」を貪欲なりと解釈した[54]。

つまり、(1) 他に勝つことを好むこと、(2) 自ら優れていると誇ること、(3) 怒り怨むこと、(4) 貪って飽き足らないことの4つが心の湧き上がってくるのを抑えて行うことがないのであれば、これは仁を身につけたといえるのではないかという原憲の問いに対して、孔子が「吾しらざるなり」と答えたことによって、果たして孔子の考える仁とは何かという点について注釈者がそれぞれの解釈を展開する。

渋沢は中洲にならい、孔子の答えを「克・伐・怨・欲の四つは、情に根源して、もっとも抑制し難きものとす。しかるをよくこれを制絶するは、人の以てなし難きをよくするものというべし」と解釈する。渋沢は人間が抑制しがたい情を抑えることを克己とするが、仁を身につけたとされるためには、克己だけではなく履礼も兼ね備えることが必要であると解釈する。

克己は困難なことではあるが、自らの心の中の問題であり、それのみをもって自己完結する。ところが履礼とは「礼を履み多衆人に及ぼす」ことであり、博愛の精神の発露である。つまり、自らを律し、かつそのうえでさらに自らが身につけたことを広く衆人に及ぼすことが「大仁」であり、これが仁の本質である。これがまさに王者、覇者の仁徳を指すものであると渋沢は解釈する。

渋沢が履礼を「礼を履み多衆人に及ぼすこと」と解釈したのに対して、朱熹は、「克去己私以復乎礼、則私欲不留、而天理之本然者得矣」(己私を克去しきて以て礼に復すれば、則ち私欲留まらずして、天理の本然なる者を得るなり)と解釈して、礼に復することはすなわち、己を制御している状態から「天理の本然」つまり、克伐怨欲を心から抜き去ってごく自然にそれを行わない心の状態に至ることが真の仁であるとする。[55]

通釈も程子の説を採用して、「己に克って礼に復れば、私欲は留まらないで天理の本然なる者が得られるのである。もしただ制して行われないようにするならば、まだ病根を抜き去る意がなくて、それが胸中に潜伏していることを容(ゆる)すのである」として、克・伐・怨・欲を制するのではなく、天理の本然によってごく自然にそれらの病根がなくなる状態が仁であると解説している。[56]

仁斎は、朱熹の解釈に対して、「徳の実現に励めば、おのずと不徳は減退する。無理矢理欲望を無くそうとする朱子など後世の無欲主静の説は、仏教等異端の寂滅の教である」として批判している。[57]つまり、人間の煩悩を修業によって滅却するがごとき考え方はいかにも仏教的であり、儒教的発想にはなじまない。むしろ、徳をもって不徳を減退すること、人間の自制を働かせて克・伐・怨・欲を制するのが本来のあり方であるとしている。通常、仁斎の解釈に対しては批判的である物徂徠はこの点については批判していない。

渋沢は「天理の本然」というような宗教的な悟りの境地に仁の淵源を求める考え方には基本的に与しない。なぜなら、実生活から遊離した論語解釈は論語の実践性と相反するものだからである。

3－2　大仁と小仁

3－2－1　管仲と子産

憲問第十四第10章で渋沢は子産、子西、管仲の3名に対する孔子の人物評価に共感している。孔子は子西に対する人物評価を留保したので、事実上、本章は子産、管仲の両名の仁のレベルをそれぞれの事績に基づいて評価したものとなっている。

本章は、【或問子産。子曰。惠人也。問子西。曰。彼哉彼哉。問管仲。曰。人也。奪伯氏騈邑三百。飯疏食。沒齒無怨言】（或るひと子産を問う。子曰く、恵人なりと。子西を問う。曰く、彼をや彼をや。管仲を問う。曰く、人なり。伯氏の騈邑三百を奪う。疏食を飯い、歯を没えて怨言なしと）というものである。[58]

渋沢は恵人を愛情に満ちた人であると同時に「小仁」を究めた人とし、仁人を「大仁」を究めた人と理解した。渋沢は子産をその事績から小仁とし、管仲を大仁として孔子の説を解説した。渋沢が一方を小仁、他方を大仁とした判断基準は、その活動範囲と活動の難易度である。子産、管仲はともに相として国の政治をつかさどった。

子産は晋、楚の大国の間にあった鄭という小国の相として30年間の長きにわたって鄭の命脈を保たせた。その政治的手腕は、晋と楚といういわば大企業が並立してしのぎを削る競争社会において、両者に配慮しつつ、バランスを保って商取引を行うことによって存在し続ける中小企業の役員の能力にたとえられる。子産は静態的均衡を重視し、極力危険な冒険を回避して生き残りを図る平和主義者であった。

これに対して、斉公をたすけて諸侯を糾合することによって天下に覇を唱えた管仲は、手ごわい競合企業を、競争を通して業界から駆逐するとともに、高度な技術を有する企業を吸収合併して巨大企業を出現させ、業界で安定した地位を築いた事業家にたとえられる。管仲は動態的均衡を目指して現状を打破し、世の中をつくり替えるイノベーターであった。

管仲はこれほどまでに政治的均衡を変化させ、それゆえに周辺の諸侯の利益を毀し、名誉を貶めることがあったにもかかわらず、諸侯から恨みを抱かれることはなかった。

本章の後段は、【奪伯氏駢邑三百飯疏食沒歯無怨言】（伯氏の駢邑三百を奪う。疏食を飯い、歯を没えて怨言なしと）と記述されている[59]。管仲が諸侯を糾合する過程で、伯氏はその土地と人民を奪われ、粗食に甘んじつつ生涯を終えることとなったが、それでも管仲に対して恨み言を発することはなかった。つまり、企業家になぞらえられた管仲は、競争に敗れて倒産し路頭に迷った元経営者から恨みを抱かれることがなかったのである。

企業家としての子産が静態的に自社の小康を保つことに専心し、細々ながら老舗企業の番頭として自社の命脈を保たせたのに対して、管仲は自社の枠にとどまらず、動態的に業界地図を塗り替え、自社をメガ企業に押し上げた。そして、おそらく現代であればその人望ゆえに競合他社からも支持されて業界団体の幹事にも選ばれた。

さらに、渋沢が管仲を大仁とした理由として、「その勢力の及ぶ範囲の広狭および人民の恵沢を被る深浅の程度、同日に論ずべからず」と述べていることから「人民の恵沢」があげられる[60]。斉を私企業になぞらえれば、その規模を拡大し、業界を再編成することをもって終れりとするのではない。その先には人民の恵沢、つまり消費者の便益を向上させることが重要な目標として存在し、それを管仲は達成したと渋沢は理解した。

動態的に業界を再編する過程では痛みをともなう処置が必要となる。「人民の恵沢」に主眼を置いて荒療治を行った張本人が、荒療治によって個人的な不利益を被った被害者から何らの恨みをかうことなくむしろ敬意をもって受け入れられるとすれば、その人には並はずれた徳が備わっているとしか説明のしようがないであろう。これがまさに大仁を備えた人物像であった。

ちなみに物徂徠はこの点に関して、「且つ伯氏をして怨言無から使むること、此れを以て仁と爲すは、仁亦小なる哉」として渋沢とは異なる解釈をしている[61]。

「問管仲。曰。人也」（管仲を問う。曰く、人なり）という論語の原文の「人なり」を「仁なり」の書きまちがいではないかという説と、そうではなく原文のままが正しいのであるとする説によって解釈が分かれる[62]。渋沢は前者の立場、物徂徠は後者の立場でそれぞれ解釈を行っている。しかし、渋沢が管仲を大仁と解釈したのであれば、その解釈にしたがって渋沢の思想を理解することが合理的である。

3－2－2　管仲に対する人物評価

八佾第三第22章は、管仲の器が小であるとする孔子の考えを問答形式で明らかにする章である。孔子は管仲が倹約家ではなく、礼を重んじる人物でもないという認識を述べている。

本章は、【子曰。管仲之器小哉。或曰。管仲儉乎。曰。管氏有三歸。官事不攝。焉得儉。然則管仲知英禮乎。曰。邦君樹塞門。管氏亦樹塞門。邦君爲兩國之好。有反坫。管氏亦有反坫。管氏而知禮。孰不知禮】（子曰く、管仲の器小なるかな。或るひと曰く、管仲は倹なるかと､。曰く。､管氏は三帰を有して、官事摂せず。焉んぞ倹なることを得ん。然らば則ち管仲は礼を知るか。曰く、邦君樹して門を塞げば、管氏もまた樹して門を塞ぎ、邦君両国の好みをなすに、反坫あれば、管氏もまた反坫あり。管氏にして礼を知らば、孰れか礼を知らざらんや）というものである。[63]

八佾第三第22章は、孔子が管仲を仁者とした憲問第十四第17章および第18章との関わりから、一見矛盾する内容を含んだ章である。これを孔子の思考の混乱や矛盾であると理解する注釈より、むしろ両者を整合的なものと理解しようとする注釈が一般的である。

管仲を仁者であるとする一方、その器が小であると断じた孔子の人物評価に対して、人間の複雑な内面に対する公平で自然な捉え方によるものであるとする注釈には渋沢の考え方が明確に表れる。本章を憲問第十四第17章および第18章との関わりから渋沢がどのように理解したのかを探ることにより、渋沢の仁に対する理解の一端が明らかになると考えられる。

渋沢は憲問第十四第18章および八佾第三第22章のいずれの注釈でも両者の一見矛盾する内容に触れている。憲問第十四第18章の注釈で渋沢は、「八佾第二十二章に、孔子管仲を評して曰く『管中の器、小なるかな』と。これ管仲を貶斥せしなり。しかして今はすなわち、管仲を以て天下の仁人となす。彼此あい矛盾するに似たり。しかれども彼は管仲が覇政を佐けて、王道を行わざる方面の批評にして、これはたとえ覇政にもせよ、その恵沢の民に及ぶこと深大なる方面を批評したるものなれば、決して矛盾にあらず、善的方面を批評するには称賛の辞を用い、不善的方面を批評するに貶斥（へんせき）の語を用う。かくのごとくにして始めて批評の公正なるを得ん。これを好（よ）みしてはその醜（しゅう）を忘れ、これを悪めばその美を蔽うがとごきは、小人の愛憎のみ。これ君子のなさざる所なり」と述べている。(64)

渋沢は、管仲が桓公に仕える過程において元の主君であった公子糾に殉じなかったという小疵があったにもかかわらず、戦争を回避し桓公をして覇業を達成せしめたことをもって仁者と評価した。しかし、斉という一国を成立させるうえでの覇業に功ありとしても、その後の国政を王道によって治める能力に欠け、桓公に晩節を全うさせることができなかったことが管仲の器の小ささを示すものであると孔子は解釈したというのが渋沢の理解である。

憲問第十四第17章、第18章および八佾第三第22章の記述から考察される管仲の人物像は、「小疵より大道を重視する思慮深い功利主義者で、器が小さく礼に欠けるが行き過ぎた倹約家でもない人物」ということである。その実績から評価すると管仲は、「先を見通す能力のゆえに主君に覇業を達成させることができたが、その器の小ささゆえに王道を歩ませることができなかった人物」というようにも評価できる。そして、このような人格と実績を備えた人物を仁者と評価した孔子に渋沢は賛同し、孔子の人物評価の公正性に心服した。

これを現代の企業間競争にたとえると、管仲に相当する人物は、経営破綻したライバル企業を見捨てて転職して新たな企業の役員となったナンバー2で新天地において存分にその実力を発揮した。その人物は過当競争を避けるべく業界をリードして吸収合併等を駆使し、企業を業界トップに押し上げた。しかし、その成功体験が逆機能となり制度疲労をきたした当該企業は、消費者に優良な製品やサービスを供給し続ける継続事業体としての役割を全うすることなく消滅したというようなことになるであろう。

もちろん、国と企業とは異なるので企業間競争と国家間の戦争とでは人命に関する影響力は根本的に異なる。したがって、過当競争によって失職する場合と戦争によって命を失うのとでは、それぞれを平和的に解決した場合とそうでない場合の功罪のレベルが異なる。

このように、政治的に巧妙に立ち回ることによって諸国の平和的共存を達成した覇業は、多くの人命を救ったという意味で仁者にしか達成できない業績であったといえる。その意味で小疵を捨てて大道についた管仲を仁者と見なすことは合理的である。渋沢は係る観点から管仲を仁者とする孔子の考え方に賛同したと考えられる。

しかし、成功体験の逆機能によって破綻した企業と、王道を歩ませることができなかったがゆえ衰微した国家を比較した場合、そのマイナス影響は後者の方が圧倒的に大きい。このように甚大なマイナス影響をもたらす原因となった器の小ささは、管仲から仁者たる資格を剝ぎ取る口実にはならないのであろうか。孔子はそれに否という答えを出し、渋沢もそれに賛同した。

3－2－3　管仲と家康

渋沢の仁者に対する認識を確認するにあたっては、渋沢が同じく仁者と認めた徳川家康と管仲を比較することが一方法と考えられる。

家康は徳川時代の基礎を築くという覇道を達成する過程において権謀術数を用い戦争もした。しかし、戦国時代を終わらせ泰平の世を実現させるという大道と比較するとそれは小疵に過ぎないと渋沢は考えた。

渋沢は家康が残したいくつかの格言を論語に由来するものと見抜き、家康の学問を愛する心と行動の慎重さから明らかに思慮深い人物と評価していた。つまり、小疵を捨て大道をとることと思慮深い性格であるという点において、管仲と家康に対する渋沢の評価は一致している。

では王道と覇道という観点からの両者に対する渋沢の評価はどうであろうか。管仲が桓公を補佐して斉王国を確固としたものにした時、周王室はすでに衰微し諸侯間の対立を抑えることはできなかった。管仲は桓公を立て実質的に斉王国を打ち立てるという覇業を達成した。衰微した周王室に代わって諸侯間の調整を平和裏に行い諸侯を糾合して楚を撃ち破った時点で覇業は完遂され、斉は周王室の業務を代行する地位にあったと考えられる。

しかし、ここから斉王桓公の慢心が始まり、周王室をないがしろにする行状が目立った。管仲はこれを諫めたがその甲斐空しく管仲の死後も桓公の慢心は続き国政は乱れ、斉は王道を全うすることができず覇権すら手放すこととなった。

翻って家康の場合は、徳川幕府という覇権を成立させた後、自ら禁中並公家諸法度の起草を命じた。つまり、家康は桓公のように自らが王室にとって代わろうとしたわけではないが、自分が制定した法に皇室を従わせるという形で実質的に皇室の上に立って覇権を行使した。

つまり、桓公の場合は、周王室という国の勢いに支えられた王室を凌駕する勢いをもった斉王国がその覇権を濫用することよって王室を蔑ろにし、管仲はそれを諌めきれなかったが、家康の場合は、皇室という権威によって支えられた王権を、武力を背景とする覇権をもって抑えつけた。

このように管仲と家康を比較すると、小疵を捨て大道をとる大局観、思慮深さ、真の意味で覇道を全うできなかったことという3点において著しい類似性が認められる。ましてや管仲の場合は自らが覇道を外れたのではなく、主君の迷走を諌めきれなかったという点に対して孔子は器の小ささを指摘したのであり、管仲自身の不行跡を非難したのではなかった。

孔子は、もし自分が管仲の立場にあったならば桓公に道を誤らせることはなかったという気持ちもあったであろう。「管仲之器小哉」（管仲の器小なるかな）という言葉には公正でありながらも多くの感情が錯綜した孔子の本音が顕れていたと考えられる。

以上より、王道を正しく補佐することができず、また王道を蔑ろにする行為があったとしても、渋沢は思慮深く大道につく大局観があり、自らの力を最大限に発揮して覇道を全うした覇者を仁者と認めることが明らかとなった。もちろんこのような渋沢の仁者に対する考え方は孔子の考え方をもとに成立したものである。では渋沢は孔子の管仲に対する人物評価のどのような点に合理性を見出したのであろうか。

3－2－4　孔子の人物評価

渋沢は孔子の人物評価の公正性について八佾第三第22章の注釈で、「今この章と憲問篇の第十八章とを対照し観察すれば、前後抵触し孔子はあたかも二枚舌を使われたのごとく見えぬでもない。しかれどもこの二章をとくと熟読すれば決してそうではない。その一面において管仲を貶斥し、他の一面において管仲を称揚したる処に、孔夫子の決して一方に偏せず、公平無私の批評をせらるることが見えるのである。蓋し凡人は感情に馳せ易く、一旦称揚したる人をばあくまでも庇護すると同時に、一旦非難したる人をばどこまでも悪人視するものであるが、孔夫子には決してかかる弊に陥らず、善を善として悪を悪とし、是を是とし非を非として公平なる批評をせられたのである」と述べている。[(65)]

つまり、渋沢は現代にも通じる人事評価の陥穽を整理したうえで、孔子はかかる陥穽にとらわれることなく管仲を評価していると述べる。今も各組織で行われている人事評価において評価者が陥りやすいエラーとしてハロー効果がある。つまり、被評価者にきわめて優れた点が一つでもあれば他の点も全て優れており、一つでも劣った点があれば他の点も全て劣っていると判断しがちなエラーである。

営業現場で著しい好成績をあげた被評価者をハロー効果によるエラーでオールマイティな人物と評価し、営業の元締めである営業企画に配置したところ、企画能力が発揮できず、結局は営業現場に戻らざるを得なくなるというようなケースがこれに該当する。渋沢は孔子が管仲を評価するにあたって、このハロー効果の陥穽に陥ることなく公正に判断し、管仲の長所短所を明確に述べたと理解した。

つまり、企業を一から立ち上げ、優れた商才によって上場するまで成長させることにおいて天才的な能力を発揮した経営者が、未上場企業である段階では圧倒的なカリスマ性と決断力を発揮したにもかかわらず、上場後のエージェントとしての経営責任者の立場を全うするにあたり、プリンシパルたる株主の利害や意向にも配慮して経営する能力に欠けていたため、結果として比較的早期に企業の衰退を招くといったケースである。

つまり、企業の勃興期、成長期において発揮できる能力は有していても、成熟期に企業を巡航速度で安定的に経営し、ステークホルダーに配慮する行き届いた経営を行う能力に欠けていたとするならば、その経営者の能力の長短は公正に評価されなければ企業の存続自体が危うくなるということである。

管仲はまさに斉の勃興期、成長期にその能力を発揮し、成熟期には残念ながら能力を発揮して桓公を補佐することができなかったという事実を孔子は公正に評価したと渋沢は判断した。

では渋沢自身は孔子を評価するにあたってハロー効果に陥ることはなかったのであろうか。この点は否であると考えられる。渋沢は孔子の公正性を自身の経験に基づいて確信していた。それは渋沢が主君であった徳川慶喜から配慮された人事上の経験によるものである。これは渋沢が慶喜を語る場合によく引き合いに出されるエピソードである。

そのエピソードとは、慶喜が異母兄弟の民部公子である徳川昭武をフランスに派遣した際、渋沢が随伴者として最後まで昭武の実質的な側近として信頼を得たという事実と、水戸の家老達の性格を知悉する慶喜が渋沢の身を案じて帰国後の水戸行きを阻止したという事実である。当初、水戸行きを禁止した慶喜の真意を知ることができなかった渋沢は、慶喜の措置を人情に欠けるものとして不満に感じたものの、後にその真意を知るに至ってその人事上の配慮に感激したのである。

渋沢が慶喜の配慮に感じた公正性は、実のところ孔子が管仲に下した評価の公正性とはその性格が異なる。孔子が管仲に下した人物評価の公正性は同一人物のなかに潜む長短を公正に判断するという意味での公正性である。それに対して渋沢が慶喜の人物評価に見出した公正性は、身分制度の厳しい時代においても、身分の隔たりにかかわりなく公正にその人物のために配慮するという意味での公正性である。つまり、前者は人事評価の公正性であり後者は人事の公正性である。

しかし、人事評価の公正性であれ、人事の公正性であれ、渋沢は孔子と慶喜に共通する公正さとその重要性を身をもって感じたことは確実であり、渋沢の孔子に対する評価にハロー効果の陥穽があったとは認められない。

3－2－5　管仲の忠義と仁徳

憲問第十四第17章は、管仲が桓公によって殺された公子糾の臣下であったにもかかわらず、殉死しなかったことをめぐる孔子と子路の問答である。子路は孔子に管仲が仁者にあらずと問うたのに対して、孔子は管仲の功をもって仁者とした。

本章は、【子路曰。桓公殺公子糾。召忽死之。管仲不死。曰未仁乎。子曰。

桓公九合諸侯。不以兵車。管仲之力也。如其仁。如其仁】(子路曰く、桓公、公子糾を殺す。召忽はこれに死し、。管仲は死せず。曰く、未だ仁ならざるかと。子曰く、桓公諸侯を九合し、兵車を以てせざるは、管仲の力なり。その仁に如んや）というものである。[66]

憲問第十四第18章は、管仲が殉死せずむしろ桓公に仕えたことをめぐる孔子と子貢の問答である。子貢は孔子に管仲が仁者にあらざるかと問うたのに対して、孔子は管仲の功をもって仁者とした。

本章は、【子貢曰。管仲非仁者與。桓公殺公子糾。不能死。又相之。子曰。管仲相桓公覇諸侯。一匡天下。民到于今受其賜。微管仲。吾其被髪左衽矣。豈若匹夫匹婦之爲諒也。自經於溝瀆而莫之知也】(子貢曰く、管仲は仁者にあらざるか。桓公、公子糾を殺す。死すること能わず。またこれを相くと。子曰く、管仲、桓公を相けて諸侯に覇たり。一たび天下を匡す。民今に到るまでその賜を受く。管仲微りせば、吾それ髪を被むり衽を左にするならん。豈に匹夫匹婦の諒をなすや、自ら溝瀆に経してこれを知るなきがごとくならんや）というものである。[67]

憲問第十四第17章と第18章は管仲が仁者であるか否かに関する子路、子貢の質問に答える形で孔子の考えが示される。子路が管仲を仁者ではないと疑った理由は管仲が公子糾の臣下であったにもかかわらず、管仲が殉死しなかったことであり、子貢が管仲を仁者ではないと疑った理由はそれに加えて管仲が生き残った後も公子糾を殺した桓公に仕えたことであった。

朱熹はこの点に関して、兄弟関係にある桓公と公子糾の長幼の序に注目する。朱熹は、「若使桓弟而糾兄、管仲所輔者正。桓奪其国而殺之、則管仲之与桓、不可同世之讐也。若計其後功、而与其事桓、聖人之言、無乃害義之甚、啓万世反復不忠之乱乎」(若し桓弟にして糾兄たらしめば、管仲の輔くる所の者正し。桓其の国を奪いて之を殺せば、則ち管仲の桓に与ける、世を同じくす可からざるの讐なり。若し其の後功を計りて、其の桓に事うるを与せば、聖人の言、乃ち義を害するの甚だしき、万世の反復不忠の乱を啓くこと無からんや）と述べる。[68]

もし公子糾が兄で桓公が弟であったとすれば、管仲が兄である公子糾を補佐したことは正しいと朱熹は考える。しかし、弟である桓公が兄の公子糾を殺した後、管仲が桓公に仕えたとすれば、それは長幼の序に反して弟が兄を殺すことを容認し、かつその不徳を働いた弟に仕えることは義を損なうと朱熹は考えた。桓公は公子糾の弟であるはずがない、もしそうであったとすれば、孔子は義に悖る行為を働いた管仲を仁者と認めたことになり、義は地に堕ちることとなるからであるというのが朱熹の理解である。

一方朱熹は、憲問第十四第18章で最も注目すべきと考えられる論点をあまり重視していない。朱熹は、「仲始与之同謀。遂与之同死可也。知輔之争為不義、将自免以図後功亦可也」（仲始め之と謀を同じくす。遂に之と死を同じくすとも可なり。之を輔けて争うことの不義為るを知れば、将に自ら免れて以て後功を図らんとするも亦た可なり）と述べる。[69]

つまり朱熹は、管仲が公子糾と共謀し、その結果死ぬこととなってもそれはそれでよいと考え、桓公と公子糾の争いを補佐することが不義であることを知って、それに巻き込まれまいと後に功を立てることがあったとしてもそれはそれで良いと考えたのである。他の論語注釈者が、当初は管仲が公子糾に加担したことと、公子糾が命を落とした後の管仲の身の振り方を問題にしているのに対して、朱熹は管仲が殉死するも生き残って功を立てるも、ともにそれで良しと片づけているのである。

物徂徠は憲問第十四第17章の注釈は残していないが、第18章には詳細な注釈を残している。物徂徠は桓公と公子糾のいずれが兄でいずれが弟かという議論が盛んに行われていることを認めたうえで、いずれでも管仲が仁者であることに変わりがないとする。また、自身は桓公が弟で公子糾が兄であるとする立場をとる。

物徂徠は孔子が桓公を仁としなかったことに触れる。物徂徠は、「孔子未だ嘗て桓公を仁とせずして、唯だ管仲をのみ仁とすれば、則ち桓公の罪知る可き已。然れども管仲をして桓公に遇はざら使めば、則ち世を濟ひ民を安んずるの功、あに能く天下後世に被らん哉。是れ管仲の尤む可からざるなり」と述べている。[70]

物徂徠によれば、「孔子が管仲のみを仁とし桓公を仁としなかったことから桓公には罪がある⇒しかし、管仲が桓公と出会わなければ世を救い、民を安んずることはできなかった⇒このことから管仲を咎めるべきではない」ということになるが、この物徂徠の説明は三段論法としては根拠が薄弱である。

もし、「桓公には罪がある⇒しかし、仁とされた管仲が桓公に出会わなかったならば管仲は世を救うことはできなかったであろう⇒管仲がこのような功をあげられたのは桓公と出会ったからである⇒したがって、桓公の罪を咎めるべきではない」というのが物徂徠の真意と考えられる。物徂徠は桓公の罪を咎めるべきではないと述べた後、「且つ管仲の前に霸無し。霸は管仲自(よ)り始まる」と続ける。(71)

物徂徠の真意は、「桓公と公子糾のいずれが兄か弟かということとは関係なく、桓公に霸業を成さしめたがゆえに管仲は仁者である。桓公は公子糾を殺した罪はあるが、管仲を受け入れ霸業を成したことをもってその罪は咎められるべきではない」というものと考えられる。

中洲は桓公と公子糾の長幼の序列に関してはあまり意に介さない。管仲を仁者とする理由として中洲は、桓公をして戦争をなさずに霸業を達成させた点を強調する。さらに中洲は、「管仲の子糾の爲に死せざるは、子糾に負くの罪を免れざるも、後日大功あるに視れば、是れ小疵のみ、論ずるに足らず、孔子小疵を捨てゝ大功を取る、其の論極めて公平」と述べる。(72)つまり中洲は、管仲は桓公をして霸業を成さしめただけでなく、戦争を回避してそれを達成させたところに仁者たる理由がある。その大功と比べると公子糾に殉じて死を選ばなかったことはとるに足らないというのである。

渋沢は憲問第十四第17章、第18章の注釈を通して中洲と同様の考えを述べている。しかし、渋沢は第17章の注釈でさらに、「桓公が天下の諸侯を会同して、これを督率(とくそつ)するに兵車を以てせず。すなわち戦争をなさずして霸業を成し、王室を尊崇し、夷狄(いてき)を攘(はら)い、以て天下万民をしてその堵(と)に安んぜしめたる大功はこれ仁なり」と述べる。(73)渋沢は管仲が戦わずして天下の諸侯を会同し霸業を達成しただけでなく、周王室を尊崇したことがさらに重要と述べているのである。

渋沢は日本の霸者として家康をあげ、その老獪な手練手管を小疵としながらも、徳川三百年の泰平の基礎を築いたことを大功として、周の武王にも引けをとらない仁者と評価する。しかし、家康の皇室への対応には難ありと判断したのであろう、「ただしその皇室に対し奉りて忠誠ならざる一点は別に

論ずべきのみ」として詳細な議論を回避している。(74)

小　括

本稿の目的は、論語中の樊遅の問いをもとに、「仁」について記述された論語各章に対する渋沢の注釈を分析し、その基本認識を明らかにすることであった。

渋沢は徳目としての仁もさることながら、仁という徳を備えた仁者についてより多く関心を抱き、仁者たる者の行動規範についての考え方を、歴史上の人物の評価を通して展開した。渋沢は仁の本質に対して、仁者たる者が備えるべき要件を整理することによって接近した。

渋沢は仁者の要件を、樊遅が仁を問うた子路第十三第19章、および子罕第九第28章の注釈によって、「人間愛を持ち、勤勉、謙譲、恭敬忠信の徳目を有し、かつ、それらの道徳的資質を生かして自らの天命である万民のための政治を全うする人物」と認識したことが明らかとなった。

渋沢にとって仁者とは、仁愛をベースに種々の徳を備えているだけでなく、自らの天命である万民のための政治を全うする人物であった。渋沢は中国においては桓公に仕えた管仲、日本では明治天皇をはじめとして徳川家康、西郷隆盛、三条実美等を仁者として認知する。

しかし、渋沢は同時代に生きた人として、仁のみならず知、勇を兼ね備えた人物として唯一認めたのが明治天皇であることから、最高位にあって万民のための政治を全うする天命を有する人物は、仁者であることに加えて、知者、勇者であることが必要と渋沢は認識していたことがうかがわれる。

仁者たる者が備えるべき仁愛について渋沢は、仁愛は全ての接際の基盤に位置するものと考える。つまり、君や親にはそれぞれ忠と孝、朋友には信義、年少者には思いやりをもって接際すべきであると渋沢は考える。つまり、自分を取り囲むすべての方面との接際において、仁愛をベースに発揮されるべき徳目は勤勉、謙譲、恭敬忠信等であり、その基盤には常に仁愛がなければならないというのが渋沢の理解と考えられる。

仁者の要件に明確な形では含まれていない「義」について、渋沢、中洲、諸橋の考え方を比較すると、3者ともに仁愛を正しい方向に導くための「道標」、「宜しき道」、「人の路」という表現でそれぞれの認識が示されており、その内容もほぼ一致していることが明らかとなった。

仁愛の認識から派生した「義と利」の関係について、渋沢と中洲は義利合一という認識で一致しているが、諸橋は義利合一という考え方には与しない。諸橋にとって義と利は、それぞれ公的なものと私的なものとして明確に分けて認識されるべきものである。渋沢と中洲は、仁と義の関係についての認識のみならず、道徳経済合一説、義利合一説という同じ思想を共有している。

渋沢の仁者と不仁者の弁別基準は、無謬性や人並み優れた資質等ではない。渋沢の評価軸はあくまでもその心根に仁（仁愛）、忍（残忍）のいずれが存するのか、またそのどちらにしたがって行動するのかということである。渋沢は仁愛、残忍の程度を3段階に分け、独自に「仁半忍半」というカテゴリーを設定したうえで、明治の元勲達に評価を下した。

渋沢は仁を良心という言葉に置きかえ、その良心を涵養するか否かによって、仁者、不仁者および両者の中間に位置する知者がどのように分岐するのかという点について見解を述べる。渋沢は、(1) 良心を正しい生き方によって涵養し、心の自然な働きによって仁を安んずることになる者が仁者、(2) 不心得、不行跡によってそれを失った者が不仁者、(3) 仁者への途上にあるのが知者であると整理する。

さらに渋沢は「君子」とのかかわりにおいて仁の本質に迫る。渋沢は、「常に学び、善に志し、方正端愨」であるという君子の定義を述べ、そのような高い資質を備えた君子が不仁を犯す原因を「過厳の失」とする。しかし渋沢によれば、「人として高い資質を有する君子ですら無謬ではなく、時にその熱心さが災いして失を犯しそれが不仁と映るのだ」ということになる。

君子と小人の相違は仁に向かう気持ちの有無であり、君子たる資質を備えていない小人がたとえ一時的に善行を施すことがあっても、その根本において常に学ばず、善に志すことなく、方正端愨ならずかつ仁に心が向いていなければ、その善行は仁に発するものとはいえないというのが渋沢の考え方である。

大仁について渋沢は、自らの心の中の問題である克己のみでなく、履礼をもって広く衆人に及ぼすことが「大仁」であり、これが仁の本質であるする。そしてこの大仁こそが王者、覇者の仁徳を指すものであると渋沢は解釈する。渋沢は恵人を愛情に満ちた人であると同時に「小仁」を究めた人とし、仁人を「大仁」を究めた人と理解するとともに、憲問第十四第10章で取り上げられた管仲を大仁とし、子産をその事績から小仁として孔子の説を解説した。渋沢が一方を大仁、他方を小仁とした判断基準は、その活動範囲と活動の難易度である。管仲、子産はともに相として国の政治をつかさどった。

管仲を大仁とした孔子は、八佾第三第22章で管仲の器を小とした。大仁たる仁人としながら、一方でその器を小とする一見矛盾するようにも思える孔子の人物評価の多面性を渋沢はむしろ適正なものとして評価した。管仲は桓公を補佐して覇道を達成せしめることにおいて大仁たる資質を発揮したが、王道を達成させることはできなかった。このことをもって孔子は管仲の器を小と評価した。つまり、大仁たることは満たしても、それが同時に大器たることを満たすものではないというのが孔子の人物評価の根拠であった。

さらに管仲には桓公の兄弟である公子糾に仕えた過去があった。桓公と公子糾が争った時点で管仲は桓公の命を狙う立場にあった。公子糾が敗死するや管仲は桓公に寝返った。管仲が桓公をして覇業を達成させたのは、公子糾から桓公に寝返った後のことである。

ここで、「大仁でありながら小器である」という特質に加えて、「大仁でありながら不忠である」という管仲の他の側面が明らかになった。この後者の側面に関して渋沢は、家康を引き合いに出し、駆け引きや手練手管が不可避な戦乱期に固有の事情を勘案すると、管仲の不忠は覇業の達成と比較においては小疵にすぎないと考えた。

このように、管仲という複雑なプロフィールを有する人物をもとに仁者を考えると、樊遅の問いに対するいわば教条主義的な答えとしての仁者の要件は、そのままの形で実際の人物にあてはめるには仔細を検討することが不可欠であることが明らかとなった。

しかし、仁の本質、仁の相対化、仁の内訳という切り口から渋沢の論語注釈を読み進め、その内容を考察するなかで、上述のごとく渋沢の仁者についての認識の一端が明らかになった。

本稿では、樊遅の問いをもとに渋沢の仁の思想を考察した。論語中にはこれ以外にも仁に関する記述した章が存在する。それらの論語各章と渋沢が仁について語った論語注釈をもとに、今後さらに渋沢の仁の思想に接近したい。

【注記】

（1）渋沢栄一『論語講義（1～7）』（講談社学術文庫、1977年）。
（2）宇野哲人『論語新釈』（講談社、1980年）。
（3）戸田昌幸「『論語』の知・仁より見た知徳一体論の一考察」『麗澤大学紀要』第13巻（麗澤大学、1972年）。
（4）小和田顯「論語管見 －顔淵問仁章をめぐって－」『専修国文』第32号（専修大学国語国文学会、1983年1月）。
（5）松川健二「『論語』顔淵問仁章について」『中国哲学』第22号（北海道中国哲学会、1993年10月）。
（6）常盤井賢十「論語における礼と仁」『東洋文化』第1号（東洋文化振興会、1956年6月）。
（7）西藤雅夫「仁の人間性と宗教性－論語をめぐって－」『彦根論叢』人文科学特集第24号第134・135号合併（滋賀大学経済学会、昭和44年1月）。
（8）渋沢栄一「子路第十三第19章」『論語講義（五）』（講談社学術文庫、1977年）158－159頁。
（9）渋沢栄一「子罕第九第28章」『論語講義（四）』（講談社学術文庫、1977年）76－81頁。
（10）荻生徂徠著、小川環樹訳注『論語徴Ⅱ』（平凡社、1994年）171頁。
（11）荻生徂徠、前掲書Ⅱ、172頁。
（12）渋沢、前掲書（五）、「子路第十三第19章」159頁。
（13）渋沢、前掲書（五）、「顔淵第十二第22章」97－101頁。
（14）渋沢、前掲書（五）、「顔淵第十二第22章」98頁。
（15）渋沢、前掲書（五）、「顔淵第十二第22章」100頁。
（16）渋沢、前掲書（五）、「顔淵第十二第22章」100頁。
（17）渋沢栄一「雍也第六第20章」『論語講義（二）』（講談社学術文庫、1977年）191－192頁。
（18）朱熹著、土田健次郎訳注『論語集注2』（平凡社、2014年）238頁。
（19）渋沢栄一「雍也第六第20章」『論語講義（二）』（講談社学術文庫、1977年）

192頁。
(20) 渋沢、前掲書（五)、「顔淵第十二第14章」78-79頁。
(21) 荻生徂徠、前掲書Ⅱ、143頁。
(22) 三島毅『論語講義』(明治出版社、大正６年）264頁。
(23) 朱熹著、土田健次郎訳注『論語集注３』(平凡社、2014年）361頁。
(24) 朱熹、前掲書３、361頁。
(25) 渋沢、前掲書（五)、「顔淵第十二第14章」78－79頁。
(26) 渋沢栄一「八佾第一第３章」『論語講義（一)』(講談社学術文庫、1977年）147－148頁。
(27) 荻生徂徠、前掲書Ⅰ、56頁。
(28) 渋沢、前掲書（一)、「八佾第三第３章講義」147頁。
(29) 三島毅『中洲講話』(文雅堂書店、明治42年）331頁。
(30) 諸橋轍次『儒教講話』(目黒書店、昭和16年）1頁。
(31) 諸橋、前掲書、216頁。
(32) 諸橋、前掲書、217頁。
(33) 渋沢栄一「里仁第四第７章」『論語講義（二)』(講談社学術文庫、1977年）28－34頁。
(34) 渋沢、前掲書（二)、「里仁第四第７章」29頁。
(35) 荻生徂徠、前掲書Ⅰ、155-156頁。
(36) 渋沢、前掲書（二)、「里仁第四第７章」29頁。
(37) 渋沢、前掲書（二)、「里仁第四第２章」12－13頁。
(38) 三島毅『論語講義』(明治出版社、大正６年）71頁。
(39) 朱熹、前掲書1、311－313頁。
(40) 朱熹、前掲書1、314頁。
(41) 荻生徂徠、前掲書Ⅰ、148頁。
(42) 渋沢、前掲書（二)、「里仁第四第２章」13頁。
(43) 渋沢、前掲書（二)、「里仁第四第６章」25－28頁。
(44) 亀井南溟他『「論語語由』(朝暘源長舗撰、文化丙寅冬10月）巻之四。
(45) 渋沢、前掲書（二)、「里仁第四第６章」26頁。
(46) 渋沢、前掲書（二)、「里仁第四第６章」27頁。
(47) 渋沢、前掲書（二)、「公冶長第五第４章」79－82頁。
(48) 渋沢、前掲書（二)、「公冶長第五第４章」80頁。
(49) 渋沢栄一「憲問第十四第７章」『論語講義（六)』(講談社学術文庫、1977年）15－16頁。

(50) 渋沢、前掲書（六)、「憲問第十四第７章」18頁。
(51) 宇野哲人『論語新釈』(講談社、1980年) 414頁。
(52) 朱熹、前掲書４、21頁。
(53) 渋沢、前掲書（六)、「憲問第十四第７章」18頁。
(54) 渋沢、前掲書（六)、「憲問第十四第２章」９頁。
(55) 朱熹著、土田健次郎訳注『論語集注４』(平凡社、2014年) 11－12頁。
(56) 宇野、前掲書、409頁。
(57) 朱熹、前掲書４、13頁。
(58) 渋沢、前掲書（六)、「憲問第十四第10章」21－23頁。
(59) 渋沢、前掲書（六)、「憲問第十四第10章」22－23頁。
(60) 渋沢、前掲書（六)、「憲問第十四第10章」22－23頁。
(61) 荻生徂徠、前掲書2、188頁。
(62) 渋沢、前掲書（六)、「憲問第十四第10章」21頁。
(63) 渋沢、前掲書（一)、「八佾第三第22章」191－198頁。
(64) 渋沢、前掲書（六)、「憲問第十四第18章」42－43頁。
(65) 渋沢、前掲書（一)、「八佾第三第22章」194－195頁。
(66) 渋沢、前掲書（六)、「憲問第十四第17章」36－40頁。
(67) 渋沢、前掲書（六)、「憲問第十四第18章」40－44頁。
(68) 朱熹、前掲書4、56頁。
(69) 朱熹、前掲書4、56頁。
(70) 荻生徂徠著、小川環樹訳注『論語徴Ⅱ』(平凡社、2011年) 195頁。
(71) 荻生徂徠、前掲書Ⅱ、195頁。
(72) 三島毅『論語講義』(明治出版社、大正６年) 312頁。
(73) 渋沢、前掲書（六)、「憲問第十四第17章」38頁。
(74) 渋沢、前掲書（六)、「憲問第十四第17章」39頁。

第3章

渋沢栄一と仁の思想（3）

－有徳の士との相対比較による仁者の考察－

はじめに

本稿の目的は、論語中の、いわゆる「有徳の士」に関する渋沢の解釈と、「仁者」についての解釈を相対比較することにより、渋沢の仁者についての理解内容を明確化することである。

論語では仁者以外に聖人、君子、成人、志士等の「有徳の士」が取り上げられている。これら有徳の士は、論語中で述べられる多くの徳目のいずれかを身につけている。しかしそれらの徳は、時に仁者が備える徳と重複するとともに、仁者以外の有徳の士の間でもしばしば重複している。

仁者を含めた有徳の士の間に序列があるとすれば、身につけている徳目の数と深さ、および天命がその判断基準と考えられる。後天的な努力によって数多くの徳目を深く身につけたとしても、序列上位の有徳の士たり得ない場合があるとすれば、それは本人の努力以外の先天的要因である天命が関係していると考えるのが合理的である。

係る基本認識に基づき、仁者を含む有徳の士のいわば資格要件について、渋沢の認識をもとに整理し、仁者たる者を渋沢がどのように理解していたのかを明確化する。分析対象とする資料は渋沢の主著『論語講義』である。[1]

本稿は渋沢の仁の思想を探ることを目的としている。したがって、論語解釈において参考とする学統や先行研究の大半が前作および前々作と重複している。指標となる主たる学統は、(1) 王陽明から山田方谷、三島中洲に連なる陽明学、(2) 荻生徂徠から亀井南溟、亀井昭陽に連なる徂徠学、(3) 朱熹に起源を発する朱子学、(4) 藤田東湖や会沢正志斎を中心とした水戸学の4

学統と通釈書である。[2]本稿では論語各章の主題に応じて各学統の見解を引用する。

本稿で参考とする代表的な先行研究としては、知徳一体論の視角から知および仁を考察した戸田昌幸の研究[3]、顔淵問仁章をめぐる小和田顯の研究[4]、同じく顔淵問仁章をめぐる松川健二の研究[5]、礼と仁に関する常盤井賢十の研究[6]、論語における仁の人間性と宗教性を考察した西藤雅夫の研究[7]などがあげられる。

第1節　仁者とは

1－1　仁の必要性

衛霊公第十五第34章は、仁が必要不可欠なものであるという点を強調した章である。本章は、【子曰。民之於仁也。甚於水火吾見蹈而死者矣。未見蹈仁而死者也】（子曰く、民の仁におけるや。水火より甚し、水火は吾、蹈みて死する者を見る。未だ仁を蹈みて死する者を見ざるなり）というものである。[8]

本章で仁の重要性を強調するにあたっては、人間生活に必須の水と火を仁と比較し、古代からのライフラインである水や火よりも仁はさらに重要であるという理屈で仁の重要性が論じられている。仁の重要性を論じるにあたって注釈者の解釈が分かれるのは、仁と水火を比較する切り口の相違と、仁をどのように解釈するかという2点に集約される。

仁と水火の比較に関して通釈書は、水火も仁と同じく必須なものであるが、前者はそれを欠くことによって身を害するのに対して、後者はそれがなければ本心を失ってしまうのだと解釈する。さらに、水火を蹈むことによって死ぬことはあっても仁を蹈むことによって死ぬことはないとされる。

つまり、水火は人間に必要なものではあるが、接し方によっては逆に人間を傷つけるものであるのに対して、仁は人間に必要なものであるとともに、いかなる接し方をしても人間に害が及ぶことはないというのが通釈による本章の理解である。しかし、水火と仁のそれぞれに人間が蹈み込む場合の「蹈む」には複数の意味が存在する。一つは文字通り「ふみつける」の意であり、もう一つは「ふみおこなう」の意である。[9]

水火を踏みつければ溺れたり火傷をしたりするであろう。しかし、仁を履み行うことによって良いことはあっても悪いことは起こらない。つまり、通釈は「蹈む」の二義性によって仁と水火の違いを際立たせて解釈した。そして、仁を履み行うべきものと解釈したとすれば、それは「義を履み行う」、「礼を履み行う」のと同様、本章における「仁」は人間が尊重すべき徳目としての仁であり、仁政の意味ではないということになる。

これに対して物徂徠は、本章の仁を仁政のことと解釈した。物徂徠は、本章の「民之於仁也」（民の仁におけるや）の民を、「民とは君に對するの辭、ゆゑに仁は仁政を謂ふなり」として自説を展開している。[10]仁を論じるにあたって孔子が民を持ち出すのは、仁政によって恩恵を蒙るのが民で、仁に基づいて民に恩恵を施すのが君だからであり、仁政を施す主体である君が民のいわば対義的概念として本章に含意されていると物徂徠は解釈する。

中洲は本章の仁を徳目の仁と解釈する。そのうえで、【未見蹈仁而死者也】（未だ仁を蹈みて死する者を見ざるなり）という一節に関して、衛霊公第十五第８章の【子曰。志士仁人。無求生以害仁。有殺身以成仁】（子曰く、志士仁人は、生を求めて以て仁を害することなく、身を殺して以て仁を成すことあり）との矛盾について論じる。[11]

衛霊公第十五第８章では、仁を志す人と仁を完成した人は、己の身を殺しても仁を成し遂げるということが述べられている。中洲は、孔子が「未だ仁を蹈みて死する者を見ざるなり」とする一方、「志士仁人は身を殺して以て仁を成すことあり」と述べるのが矛盾ではないかという一般的に起こりうる批判について言及する。[12]

中洲は、衛霊公第十五第８章は、利害よりも仁が切要であることを述べた章であるとする。志士や仁人が仁をなすこと、つまり君父や衆多のために一身を投げ打つことがあったとすれば、それは決して利害のためではなく純粋に仁を全うせんがためであり、仁とはそのようなものであるというのが中洲の解釈である。

しかし、純粋に仁を追求すべく身を投げ打つことがあったとすれば、それは仁を履み行うことによって身を殺すことになるのであるから、実のところ中洲の説明には矛盾がある。

渋沢は衛霊公第十五第34章が同第８章との間に矛盾を抱えていることや、「蹈む」の二義性に気づいていたと考えられる。渋沢は中洲の注釈を引用することなく、衛霊公第十五第34章で取り上げられる仁を仁政と解釈する。仁に則って政を履み行うことは、仁政を実行すること、つまり仁政に踏み込むことは水火に踏み込むことと同じであり、言葉の原義解釈に拘泥することなく論旨を理解することが可能である。

渋沢が本章の注釈で強調したかったこと、つまり、日本が左翼政治に傾くことを回避すべきという趣旨は、仁政をもって初めて可能であり、その観点からも渋沢にとっては本章の仁を仁政と解釈することが合理的であった。

１－２　仁者の要件

微子第十八第１章は、孔子が殷に３人の仁者がいたことを述べた章である。本章は、【微子去之。箕子爲之奴。比干諫而死。孔子曰。殷有三仁焉】（微子はこれを去り、箕子はこれが奴となり、比干は諫めて死す。孔子曰く、殷に三仁あり）というものである。[13]

孔子は殷の悪名高い紂王の庶兄である微子と伯父の箕子、叔父の比干の３名を仁者であると述べた。微子は庶兄ながらも獰猛な紂を諫めたが、紂にその言動を改めさせることかなわず、殷が滅びることを確信して周に身を投じ後の宋公となった。箕子、比干も紂を諫めた。箕子は紂に疎まれたが殷を倒した武王によって認められて朝鮮に封じられた。比干は紂に諫言し続けたため遂に殺された。

物徂徠は孔子の時代に認識された殷の三仁の詳細が不明であるため確定的なことはいえないと断ったうえで、八佾第三第22章で孔子が管仲を仁者としたことと殷の三仁を比較して一種の疑問を提示する。物徂徠は、「夫れ天下を安んずるの心ありて又た天下を安んずるの功ある。之れを仁と謂ふ。管仲是れなり。天下を安んずるの心あれども天下を安んずるの功なき、之れを仁と謂ふを得ず。天下を安んずるの功あれども天下を安んずるの心なきは、此の事あること莫し、三子の如き者は、天下を安んずるの心あれども天下を安んずるの功なし」と述べている[14]。

つまり、殷の三仁である微子、箕子、比干は天下を安んずる心はあっても実際に天下を安んずることはできなかった。それに対して管仲は桓公に覇道を歩ませることによって天下を安んずることに功績があった。管仲と殷の三仁を同列に仁者としてよいのだろうかというのが物徂徠の疑問である[15]。

物徂徠は、「愚按ずるに三子の行ひ、その詳は得て聞く可からず。孔子の時に在りては、必ずその蹟（あと）の詳を傳ふる者あらん。ゆゑに孔子その仁たるを知りて之れを斷じて云ふこと爾（しか）り」と述べて、孔子が殷の三子を仁者としたのは、当時でなければわからない詳細な事情があったのであろうとして、疑義を抱きながらも孔子の考えを受け入れざるを得ない事情について伏線を敷いている[16]。

そのうえで物徂徠は、「天下を安んずるの功なしといへども、然れども紂をしてその言に從は使（し）めば、則（すなわ）ち亦た以て天下を安んずるに足る。ゆゑに之れを仁と謂ふ。今の言ふべき者は是れに止まる」と述べている[17]。物徂徠は、「今言えることは、殷の三仁は天下を安んずるの功はないといっても、仮定の話としてもし紂をして諫言に従わせることができたとしたらそれは天下を安んずるに足ることであるので、これを仁としても良いのではないか」と述べているのである。これは、歯切れの良い物徂徠としてはきわめて苦しい注釈のように思える。

渋沢の注釈には物徂徠のような煩悶は見られない。渋沢は殷の三子について、「その行迹（ぎょうせき）は三人三色なれども、そもことみな仁道に合す。ゆえに孔子殷に三仁あると嘆称せられしなり」と述べて孔子の言葉を受け入れている。渋沢は殷の三仁と比較するにあたって、日本の三仁としていずれも勤王の側にあって戦いに殉じた楠公父子、新田兄弟、菊池一族と、維新の元勲である、西郷隆盛、大久保利通、木戸孝允等をあげている。

建武中興や明治維新という日本の歴史が大きく変わる節目に活躍したこれらの人物は、すべて生きて天下を安んじたわけではなく、多くは志半ばで戦死している。つまり、天下を安んずる心をもって政を司ることによって功があったわけではないが、天下を安んずる心をもって一命を捧げることにより、大きな節目後の政の安定に寄与した人物を渋沢は天下を安んずるに功ありと判断した。本章の注釈に見られる渋沢の論語解釈には、渋沢の仁者に対する理解の特徴が表れていると考えられる。

1－2－1　仁者の言と勇

憲問第十四第５章は、徳ある者と仁者の「言」と「勇」に関する孔子の教えを述べたものである。徳ある者と仁者を総称しようとする場合に、「有徳の仁者」というのも表現重複の嫌いがなしとはしないので、ここでは仁者で統一する。

孔子は仁者であれば必ず善言を口に出し、勇気を示すが、逆は必ずしも真ならずという。渋沢は孔子の言葉の解釈として、仁者は、「和順内に進みて、その栄華自ら外に発す」と説明している[(18)]。

渋沢は、仁者の心の内は和らかでかつ穏やかであるため、それは自然に善い言葉となって外に出ていくと説く。つまり、仁者の言葉はその心にしっかりと根づいた和順から発するので常に善言となる。しかし、善言は表面を取り繕うことによっても口の端に上らせることもできる。内なる和順から発した善言でなくても、表面を取り繕った巧言であたかも仁者の善言と区別のつかない言葉を発することはできる。したがって、仁者と善言との関係は、「逆は必ずしも真ならず」と結論づけられるのである。

仁者と勇の関係もしかりであると渋沢は解説する。渋沢は、「仁者は人の危難を傍観するに忍びず、義を見れば必ず身を殺してこれを救済す。これ仁者は必ず勇あるなり。しかれども勇もまた粉飾することを得るものなれば、あるいはためにするところあり、あるいは血気に乗じてなすことあり、ゆえに勇者は未だ必ずしも仁者となることを得ず」と述べている[(19)]。

仁者は勇者であるが、勇者は必ずしも仁者ならずとした孔子の言葉の背景にある考え方は、この渋沢の説明で明らかであるが、それをより深く理解しようとすれば、「勇とは何か」という点を整理する必要がある。

渋沢の講義によると、「勇とは義を見れば、すべてを投げ打ってでも義を貫くという姿勢」と理解される。自分の財産あるいは命すらも義を貫くためには惜しまないという姿勢である。仁者には義を貫く姿勢が身についているため、勇気ある行動を常にとることができる。つまり仁者はすべからく勇者である。

しかし、仁者のように義が根幹にあってそれに基づいて勇を発する場合だけでなく、勇気ある行動を敢えてとることによって勇者であることを示す一種の示威行為から発する勇もある。つまり、渋沢がいうところの「ためにする所」の行為である。また、若気の至りあるいは怖さ知らずによる蛮勇がふるわれる場合もある。この場合の勇も当然のことながら義を重んじて発せられたものではない。

これらの説明から、仁者は必ず勇者であるが勇者は必ずしも仁者ならず、つまり、仁者と勇者の関係は、「逆は必ずしも真ならず」と結論づけられる。

渋沢は憲問第十四第5章の趣旨を自らの言葉で完璧に説明しきっている。しかし、「仁者ならぬ善言を吐く者」および「仁者ならぬ勇者」をどのように見分けるのかという点に関して渋沢は一切述べていない。現実主義者である渋沢であれば、この点に明確に触れ、失敗を避けるための人生の指針としての後進へのアドバイスを発してくれるのではないかと期待する向きも多いと推察される。

晩年の渋沢は毎朝アポなしで自宅を訪問してくる外来者を差別なく受け入れ、その話を熱心に聞いたうえで協力できるものに対しては最大限の協力を惜しまなかった。しかし、当時のエピソードを語る口調からは、人を見分ける眼力が鋭かったであろう渋沢ですら、時に思惑がはずれたケースもなきにしもあらずとの心証をもたざるを得ない。

このように初見の人物の真価を正確に識別することは困難であり、かつ苦労して身につけたその能力は、資質と経験によって培われる、いわゆる暗黙知に属するものである。したがって、善言を吐く者や勇者から、仁者でない者を識別する暗黙知としてのノウハウを渋沢が講義で論ずることがなかったことはむしろ当然といえる。

1－3　仁と政

衛霊公第十五第9章は、子貢が仁を行う方法を孔子に問うた章である。本章は、【子貢問爲仁。子曰。工欲善其事。必先利其器。居是邦也。事其大夫之賢者。友其士之仁者】（子貢仁をなすを問う。子曰く、工その事を善くせんと欲すれば、必ずまずその器を利くす。この邦に居るや、その大夫の賢者に事え、その士の仁者を友とす）というものである。

本章をめぐる解釈においては、子貢が孔子に問いかけた、「仁をなす」の意味をめぐって、朱熹、仁斎の解釈と物徂徠の解釈が対立している。中洲はこの点については言及しておらず、通釈も「仁をなす＝仁を行う」と述べるのみでその意味内容にまでは深く踏み込んでいない。

朱熹は程子の言葉を引用して、【程子日、子貢問為仁、非問仁也。故孔子告之以為仁之資而已】（程子曰わく、子貢仁を為すを問いて、仁を問うに非ず。故に孔子之に告ぐるに仁を為すの資を以てするのみ）と述べている。程子は、「孔子は子貢の問いに対して、仁を実践する助けになることを告げた」と述べ、朱熹はこの説に賛同している[20]。

これに対して物徂徠は、「『仁を爲』は『己れを克くして禮を復むは仁を爲るなり』（顔淵篇）の如し。仁政を行ふを謂ふなり」と述べて、「仁をなす」の意味は「仁政を行うこと」であるとしている[21]。さらに物徂徠は、子貢は智多く、自ら用いるの失があるため、孔子は子貢に対して、仁政を行うためには人才をまち、それにならい、さらにはそれを用いることが重要であると説諭したとする。

渋沢はこの物徂徠の立場で本章を理解しているように思える。しかし、「仁をなす」の意味が、「仁を実践する助けになること」であろうが、あるいは「仁政を行うこと」であろうが、渋沢はあまりそのことには拘泥してはいない。むしろ、渋沢にとって重要なのは、「ゆえに到る処の邦、何処にても、賢友を選びて交わり、以て助けとなせよ」ということである[22]。

渋沢が本章の注釈で取り上げた吉田松陰はまさに秀才中の秀才である。しかしその行状はといえば、まわりの意見を聞かず自分が決めたことにしたがって一気に突っ走った。その松陰は、「聖賢を師とせざるは、すなわち鄙夫のみ、書を読み友を尚ぶは、君子のことなり」と述べて、聖賢と交わり書を読んで自己研鑽すべきことを説いている。つまり、松陰はひとりよがりを戒めているのである[23]。

松陰の死は大義に殉じたと同時に、時代を先ばしり過ぎた結果による残念な死であるように思える。そうであるとすれば、引用された松陰の言葉とは裏腹に、その実人生は本章の戒めを実証する反面教師的な意味を有するように思える。

智に長け、財力も備えた子貢のような人物は、おのれの考えや行動が最高最善であると思いがちである。独善的な考えに陥った人間は自らの成長が止まるだけでなく、一人だけの考えで物事を実行した場合は、それが間違っていても修正する機会が少ない。その意味から、「仁をなす」の意味が「仁政を行うこと」であったとすれば、子貢のような人物が政に携わった場合はまさにこの弊害が顕在化するであろう。孔子はそれを見越して子貢に答えを与えたのかもしれない。

第2節　仁者と聖人

2－1　仁者と聖人の比較

雍也第六第28章は、仁者と聖人の人品が異なる点について述べた章である。本章は、【子貢曰。如有博施於民。而能濟衆者。何如。可謂仁乎。子曰。何事於仁。必也聖乎。堯舜其猶病諸。夫仁者己欲立人。己欲達而達人。能近取譬。可謂仁之方也已】（子貢曰く、もし博く民に施し、而して能く衆を済う者あらば、何如。仁と謂うべきか。子曰く。何ぞ仁を事とせん。必ずや聖か。堯舜もそれなお諸を病めり。それ仁者は、己立たんと欲して而して人を立て、己達せんと欲して而して人を達す。能く近く譬を取る。仁の方といべきのみ）というものである。[24]

渋沢は本章を「論語の眼目と言っても不可なかるべし」として重視し、[25]「仁と聖の関係」および「仁の方法」の二節に分けて理解した。前節は聖人の大事業は仁以上であること述べ、後節は仁をなす方法について述べている。渋沢が聖、聖人との関係において、仁と仁者をどのように理解していたのかを探るため、以下で主要な論語注釈者の見解を整理する。

渋沢が聖について、「聖は功をもっていう」という功利説に与していたこ

図表３－１　主要学統による「仁」、「仁者」および「聖」、「聖人」の理解

	仁あるいは仁者についての理解	聖あるいは聖人についての理解
三島中洲	(1) 仁は徳をもっていう。 (2) 仁は徳であるので、身に修めればそれを天下に施さなくても仁者といえる。	(1) 聖は功をもっていう。 (2) 聖は俊傑よりもさらに高い所を称する。聖人は天下を平治する事功をもって称する。
荻生徂徠	(1) 仁人は学んで能くすべし。 (2) したがって、孔子は仁をもってこれを誨える。	(1) 聖人は作者でありその聡明叡智の徳は天に稟く。学んで得られるものではない。 (2) 聖人は仁人の及ぶところではない。
朱熹	(1) 仁は理であり、万人に関係する。 (2) 仁者は天地万物と一体となる。	(1) 聖は地位について言い、最も上位に位置することを指す。 (2) 堯舜のような聖人であってこそ、自らが聖であるかどうかを悩む。病むとはこの意味であり、仁にとどまっていては達し得ない心境である。
伊藤仁斎	(1) 慈愛の心が至らないところのないものが仁。 (2) 仁は聖のなかでの大徳。	(1) 至誠の徳が達しないところのないものが聖。 (2) 聖とは偉大で人を化するという意味。

【出典】
(1) 三島毅『論語講義』(明治出版社、大正６年) 133－135頁。
(2) 荻生徂徠著、小川環樹訳注『論語徴Ⅰ』(平凡社、2011年) 252頁。
(3) 朱熹著、土田健次郎訳注『論語集注２』(平凡社、2014年) 202－212頁。
(4) 伊藤仁斎著、貝塚茂樹編集「論語古義」『日本の名著13』(中央公論社、昭和47年) 157－158頁。

とは、山鹿素行に関わる史実に対する批判内容からうかがわれる。素行は朱熹の性理学を聖教要録において批判した結果、林家の怒りを買い赤穂浅野家に預けられた。

宇宙の原理としての理によって孔子の思想を説明しようとする性理学は、仁は理であると説き聖を地位の高さから説明しようとする。この朱熹の説を古学派に属する素行が是とする道理はなく、その批判は素行の率直な理屈に由来するものであった。渋沢は素行に同情を寄せるとともに、徳川幕府の祖であり、論語を究めた家康自身がむしろ事功を重んじる功利説を信奉していたと主張する。

家康が行った現実的な政策である、(1) 封建制度を確立したこと、(2) 国内の平和繁栄を図る現実的な方策として幕府の勢力を盤石なものにしたこと、(3) 幕府を中心とした政治体制を安定させるために儒官を設置し、孔子の教えを重んじたこと等によって世の安定平和を達成したことが、まさに家康が事功を重んじる功利説を支持していた証左であると渋沢は考えた。

渋沢は徳川時代における身分制度は孔子の意図に反するものであり、武断政治の常套手段であるとしながらも、身分を超えた人材登用はしばしばあったという点について徳川政治を評価している。身分制度が解消された明治期以降について渋沢は、木戸孝允、大久保利通、山県有朋等が人を引き立てた事例を示した。

しかしながら、高位にある人物が下位の人物の資質を見込んで引き上げることは、厳密には本章の【夫仁者己欲立人。己欲達而達人】の趣旨に沿うものではない。それはむしろ人材育成や教育に関する好事例である。なぜなら、本章の趣意である仁の方法は、上下関係にかかわらず「己立たんと欲して人を立て、己達せんと欲して人を達せしむる」ことを述べているのに対して、木戸、大久保、山県の事績は彼等が位人臣をきわめ、すでに己が立ちかつ達した後になされたものだからである。

渋沢は聖について、「功をもっていう」とする中洲の見解に賛同したが、孔子を「仁徳を究めることその極に達し、望めば天下を平治し得ること歴然たる者」とし、変称としての聖人と位置づける中洲の見解とは一線を画した。

2－2　仁の方法

仁に関する中洲の見解を検討する。中洲は、仁は徳でありそれを身につけることで仁者と呼ばれるが、聖人と呼ばれるには、その徳をもって天下を平治することが必要と解釈する。このような仁と聖についての理解をもちながら、中洲は堯舜禹湯文武周公のように国をつくり平治した実績のない孔子を聖人と認知した。

中洲は、【夫仁者己欲立人。己欲達而達人】（それ仁者は、己立たんと欲して而して人を立て、己達せんと欲して而して人を達す）における、「立」と「達」について、「立とは身をこゝに立つるを謂ひ、達とは身を彼こに到達するを謂ふ」と述べている(26)。中洲は、立つとは「身を立て、志を立てること」、達とは「心が事理に通じること」と理解する。

中洲は続けて、「仁者自己先づ立たんと欲し達せんと欲するの心あれば、近くこの己の欲する所を取りて、人も立たんと欲し達せんと欲するを知り、而して能く人を立て人を達せしむ、此れは先づ人を立て人を達せしめて然る後に始めて巳(ママ)を立て己を達すと謂ふにはあらず、苟も此の心さへあれば、人と我との隔てなく、常久止むことなし」と述べる(27)。

中洲は、何よりも重要なのは、まず「巳(ママ)を立て己を達す」ことであり、しかる後に「能く人を立て人を達せしむ」のが順序であると主張する。つまり、立つにも達するにも人より自分がそれをすべしというのが孔子の考えであると中洲は理解する。

次に仁斎の見解を検討する。仁斎は中洲とは異なる立場をとる。仁斎は、【夫仁者己欲立人。己欲達而達人】について、「もし自分がすでに立ちすでに達するのをまってそののち人を達しようとするならば、最後まで人を立て人を達する日は来ないであろう。なぜなら自分の願望は急にとげられず、人に施す術は、自分の力の及ぶところにしたがうものであり、自分をすてて人したがうのではない」と主張する(28)。

孔子は「自分が立ったり達したりしたいと望んだ時点で、まず人にそうさせてあげよと言ったのだ」と仁斎は解釈する。つまり、立つにも達するにも自分より人を優先させるのが孔子の考えであるというのが仁斎の見解である。

次に朱熹の見解を検討する。朱熹は中洲と仁斎の中間的な立場をとる。朱熹は、「仁に至りては言い難く、故に止だ曰わく、己立たんと欲して人を立て、己達せんと欲して人を達す。能く近く取りて譬う。仁の方と謂う可きのみ」と述べる(29)。

朱熹によれば、仁者は天地万物と一体であるがゆえにすべて自分でないものはない。つまり朱熹は、「自分は他人と一体であり、他人の望むことを自分の望むことと同様に尊重することは仁を行う方法を会得する近道である」

ということを、孔子が子貢に教え諭したのだと理解する。

物徂徠は立場を明らかにしていないので、中洲、仁斎、朱熹の見解をもとに渋沢の見解を考察する。仁の方法について渋沢は朱熹に近い解釈を行う。

渋沢は、「能く近く譬を取ることは、仁者は我が身に引き比べて考えるものだという意味である。真の仁者は自ら立たんとすればまずその前に他人を引き立てることに骨を折り、いろいろ力を尽くしてやるものである。世の中はすべて他人を立てねば、自分が立ってゆけるものではない」と述べる。(30)

渋沢は、【夫仁者己欲立人。己欲達而達人】は卑近な例えを用いて孔子が仁の方法を説明したものであり、中洲や仁斎の議論のように自分が立ち、達することが先か、それとも他人が先かという優先順位に関する問題ではないと解釈する。

仁の方法について渋沢は、自身が重視する他利の考え方と整合的に、世の中はすべて他人を立てねば自分が立ってゆけるものではないと考えるが、渋沢には自分と他人のどちらを立てることを優先するかという序列の思想は存在しない。実務家としての渋沢にとって、それは部面によって異なるのである。

渋沢にとって重要なのは、「自分を立てる場合は他人を立てることも併せ考えること」であり、一般論として自他の序列に関する議論に拘泥することは、孔子が述べようとしたことの本質から遠ざかることになると考えた。

２－３　仁者と聖人についての渋沢の考え方

渋沢にとって聖は仁の究極ではなく、仁をいくら突き詰めても仁者の域を出て聖人に行き着くことはない。渋沢の注釈内容から読み取れる渋沢にとっての聖人とは、「仁を備え、天下を平治する天稟をもち、かつ仁徳と天稟をもって天下を平治することを天によって定められた者」である。

渋沢にとっての仁者の定義を確認する。子路第十三第20章の注釈において渋沢は仁者の要件を、(1) 人を愛すること、(2) 労苦を厭わず仕事をなし、得るを後にすること、(3) 平生から恭敬忠信に基づき心を尽くし行うことの３つとした。(31)また、子罕第九第28章の注釈で渋沢は、同じく仁者の要件を「人間愛をもって万民を安堵させるための政治を行うことを天命と知り、自

らの分を全うする人物」と理解した。(32)

渋沢による複数の注釈を比較すると、仁者と聖人の定義が重複しており、子罕第九第28章の注釈における渋沢の仁者の定義は、まさに本章の聖人の理解と合致する。しかし、これは厳密な意味での矛盾ではなく、表現上の綾と考えるのが妥当であろう。

仁者の3要件を備えた者のうち、聖人の要件を併せもつものを聖人とするのであれば、その人物は同時に仁者でもある。渋沢が論語各章で述べる仁者の定義が輻輳していることを針小棒大に指摘するのではなく、渋沢がいずれの定義をもって仁者を語っているのかを注釈の文脈から読み取って解釈することが重要である。

仁者の必要条件は、(1) 仁愛、(2) 得るを後にすること、(3) 恭敬忠信に基づき心を尽くし行うことの3つであり、仁者のうち聖人となるための十分条件が、天下を平治する天稟をもち、かつ仁徳と天稟をもって天下を平治することを天によって定められていることと考えるのが妥当である。

実践家である渋沢にとって仁者とは、他者との接際においてその真価を発揮する者であり、人との接触を断ち寂寥たる山奥で修行を積む修験者や、山寺で読経三昧に浸る修行僧を指すのではない。本章で取り上げられる「立」と「達」をめぐる仁の方法の議論は、まさにこの他者との接際において仁者に求められるスタンスに関するものである。

仁の方法について渋沢は、「立」と「達」について自己と他者との優先劣後に拘泥する立場を離れ、「自分を立てる場合は他人を立てることも併せ考えること」、また「自分が達せんとする場合は他人を達せしめんことを併せ考えること」という見解を有していたと考えられる。

企業家として渋沢が直面した幾多の接際において、自利を優先すべきか他利を優先すべきかという画一的、教条主義的な切り分けは困難だったであろう。諸条件が錯綜する折衝部面において、機略を縦横に働かせ関係者全員にとって合理的な判断をするための基準は、「自分を立てる場合は他人を立てることも併せ考えること」という緩やかなものが現実的であった。渋沢の仁の方法に関する注釈は、その実体験の集積からなされたものであった。

渋沢は雍也第六第21章の解釈を物徂徠に拠っている。物徂徠の解釈は、

「『知者の樂しみは水、仁者の樂しみは山』と。此の二句は、孔子の時の辭氣にあらず。けだし古言なり、しかうして孔子之を誦す。下の四句は、乃ち孔子の之を釋するなり」というものである。[33] つまり渋沢は、「知者樂水。仁者樂山」を古言、「知者動。仁者靜。知者樂。仁者壽」を古言に基づく孔子の解釈とした物徂徠の見解を受け入れる。そのうえで渋沢は、知者の特質を動、仁者の特質を静として定型的に理解することに意義を唱え、「水も山も併せ楽しむ知仁兼備の人とならねばならぬのである」と述べる。[34]

渋沢は、公冶長第五第７章の注釈において、仁者であるために必ず身につけていなければいけない３つの必要条件と、仁者が君たる道を歩むにあたって備えていなければならない三徳である勇、知、礼について述べた。[35] 本章で渋沢は、「余がごとき菲徳の者は何ぞあえて山水併楽の知仁兼備を望まんや。しかれども志の存する所は一方に偏倚せず、山をも水をも、水をも山をも共に楽しむことにしている」と述べている。[36]

渋沢が仁とその他の徳について述べた論語の注釈を照らし合わせると、「天命を得て君の道を歩もうとする者は、仁者である上に勇、知、礼の三徳を身につけていなければならないことは理解している。自分は菲徳の者であり君たる道を歩むにはるかに及ばない者であるが、それでも三徳のうちの知については仁と併せて身につけ、仁者たるとともに知者たろうとしているのである」というのが渋沢の真意であると考えられる。もっとも本章は仁と知を取り上げた章であるので、渋沢は勇と礼については触れていない。

渋沢は注釈の後段で、自身が仁者の条件を満たすべく日頃の行動を律していることをさりげなく述べる。渋沢は雍也第六第５章の注釈で顔淵について、「蓋し顔回はその心に私慾なし。ゆえに常に仁徳あり、久しきに渉りて仁に背違することなきなり」と述べて、顔淵には私欲がないがゆえに仁徳が久しく備わっていると解釈している。つまり、仁の有無を心の持ち方から考えると、それは私欲のないことに尽きるというのが渋沢による本章の理解である。[37]

渋沢は自身の楽しみは論語を語ることや慈善、公共事業に奔走周旋することであるとしたうえで、「余は若い時より今日まで安楽に遊んで生活たということはない。いかにも老齢になったからとて、今後も遊んで日を送るよう

なことは、決して致さぬ覚悟である。余はあくまで享楽主義を排斥するものである」と述べる。(38)

享楽に耽ることは個人的な愉しみを追い求めること、つまり私欲を満たすことであるとすれば、渋沢はそのようなものには一切興味がない。また、慈善、公共事業は明らかに私欲を満たすためのものではない。渋沢は自身を「菲徳の者」として謙遜する一方、地道に仁者たる条件を満たすべく自己を律する者として密やかな矜持を表明している。

ここでは渋沢にとって私欲とはいかなるものかを検討する。マズローの欲求5段階説によれば、享楽に耽ることを生理的欲求とすれば、論語を究めて至高を目指すことは自己実現欲求である。そして、これらはいずれも人間が生来もっている欲求に発露したものである。

ではなぜ渋沢は享楽に耽ることを私欲とみなし、論語を究めて至高を目指すことを私欲とみなさなかったのであろうか。享楽に耽ることも論語研究と同様、他人に迷惑をかけないという意味では同等である。享楽を満たすことに溺れて自堕落な生活をしている人に注意した場合に返ってくる答えは、「人に迷惑をかけているわけではないので構わないではないか」というのが大半であろう。しかし、人に迷惑をかけているわけではないとしても、享楽に溺れ自堕落な生活を送っている人が仁者であり得ないことは、感覚的にも明らかである。

では感覚的にではなく、理論的に「私欲に基づく行動」と「私欲に基づかない行動」を渋沢がどのように判別していたのか、マズローの欲求5段階説をもとに考察する。マズローが示す、「生理的欲求」、「安全欲求」、「社会的欲求」、「尊厳欲求」、「自己実現欲求」は、一般的に前者の2欲求が低次欲求、後者の3欲求が高次欲求と分類される。渋沢も仁者と認める顔淵は、低次欲求には関心を示さず、高次欲求のうちでも主たる関心を示したのは自己実現欲求であった。

低次欲求であれ高次欲求であれ、人間の身体あるいは精神が欲するものが欲求であるとすれば、それを満足させることは生体を健全に保つうえで不可欠であると考えられる。心身からなる人間の生体を保つという目的のために欲望が存在するのであるとすれば、たとえ高次な欲求であったとしても、それは大きく私欲というカテゴリーに分類される。

同じく私欲を満たすための欲求でありながら、生理的欲求を貪る人間が仁に遠く、自己実現欲求を満たすことにもっぱらである人間が仁に近いとされるのには矛盾があると考えられる。低次欲求であれ高次欲求であれ、それを満たすにあたって義があるか否かで仁者であるか否かが判断されるべきであろう。

渋沢が忌み嫌う享楽主義は、人間に必要な享楽を超えて悦びを求めることを指していると考えられる。なぜなら、人間に欲望がある限り、適度な享楽は必要だからである。さらに渋沢は、述而第七第６章の注釈において、人間が感性豊かな生き物であるかぎり、その感性の発する内面に人間的な潤いを与えることが必要であるという趣旨を説いている[39]。

つまり、人の道を歩みながらも、その歩みに潤いと人間的なゆとりをもたらす芸は適度な範囲で必要と渋沢は考えていた。論語における徳目として道、徳、仁と並んで芸があり、適度な範囲で芸に触れるのであれば、それは義をもって享楽を求める人間の欲望を満足させるということになる。渋沢が享楽主義とするのは、義をもって必要と判断される以上の享楽を貪ることである。

このように考えると芸に親しむことと同様、利を求めることは何ら不道徳なことではなく、義をもって適度なレベルに欲望を統御すべきとした義利合一説もこの論理で理解できる。そしてこの場合の義は、自利のみならず他利をも重視するという義である。

人間の生体を維持するうえで欲望を不可避なものとして捉え、その欲望をマズローの分類にしたがって認識した場合、各段階の欲望が義によって適切に統御されていることをもって道徳的行動がなされると判断する考え方は、人間の欲望の存在が前提となっている。つまり、人間は生体を維持するために欲望という軛に縛られながら人生を送らなければならず、その欲望は義によって統御すべきことが求められている。

では欲望を生体維持に不可欠とするのであれば、生体維持に真摯に取り組まなかった人物は果たして仁者といえるのであろうか。雍也第六第９章にある通り、陋巷にあって一簞の食、一瓢の飲に甘んじた顔淵は、果たして生活環境を整え、適切な食物摂取によって生体を維持するという目的に真摯に取

り組んだといえるのであろうか。(40)

上記の論理にしたがって評価した場合、生体を維持するための欲望という軛に縛られながら、その欲望を統御できなかった顔淵は必ずしも仁者とはいえないことになる。一方、もし顔淵が衣食住に関する人間に宿命的な軛としての欲望をもっていなかったとすれば、顔淵は人間離れした生命体であるということになる。

顔淵という突出した人格が孔子に深く愛されていたため、生体を維持するための欲望が否定的に捉えられた。朱熹によって健全な経済活動より清貧に甘んじる生活態度が慫慂されたのは、人間の本質である欲望に対する認識の歪みが原因ではないかと考えられる。

渋沢の道徳経済合一説、中洲の義利合一説は、人間の欲望に対する否定的な捉え方を肯定的なものに修正し、かつ義との関係を明確化したという点において画期的であった。

2－4　孔子は仁者か

述而第七第33章は、孔子を聖人、仁者であると褒める人がいることに対して、孔子がそれに当たらないと謙遜し、その道をたゆまず教えているだけであると述べたことに、弟子が讃嘆したことを記述した章である。

本章は、【子曰。若聖與仁。則吾豈敢。抑爲之不厭。誨人不倦。則可謂云爾已矣。公西華曰。正唯弟子不能學也】（子曰く、聖と仁とのごときは、すなわち吾豈に敢でせんや。そもそもこれをなして厭わず。人を誨えて倦まず。即ち爾云うと謂うべきのみと。公西華曰く、正にただ弟子学ぶこと能わざるなり）というものである。(41)

渋沢は南溟の説に依拠した章意解釈を述べる。通釈や朱熹が本章を孔子が謙遜して述べたものと解釈し、物徂徠が謙遜ではなく事実を述べただけであるとしたのに対して、渋沢はいずれの解釈とも一線を画した。そして、「この章は教学自任の意を語りて、以て子華を喩すなり」とした南溟の解釈を妥当とした。(42)

60歳を迎えて耳順となった孔子が、若い公西華を通して耳にした自身に対する噂話に惑わされることはなかった。聖人や仁者の域に達することの難しさを知悉する孔子は、世間の無責任な賛辞を否定することによって、真実を探りあてる大切さを公西華に伝えた。

耳順、つまり素直に人の話に耳を傾け真実を見究めることは、噂話を安易に受け入れることではなく、むしろ人の話としては伝わってこない真実に耳を傾けることであるというのが、孔子の公西華に対する教えであった。

孔子はさらに公西華に対して、自身が励行している真実、つまり、聖人、仁者たらんと倦まず努めるとともに、人にその道を説くという行為が孔子の真実であることを伝えた。公西華は孔子が励行している真実を実際に行うことが困難であり、自らを含む弟子はその域にはるかに及ばないことに気づくとともに孔子の偉大さを学んだ。

渋沢は、南溟の「子華を喩（さと）すなり」という注釈を通して、孔子が公西華を諭す形式をもって述べたかった、(1) 真実に耳を傾けるべきこと、(2) 聖人、仁者たらんとする日頃の努力を惜しまず、かつ人々を啓蒙すること、という2つの教訓を本章に見出したと考えられる。

本章は聖人、仁者とは何かという本質に切り込んだ章ではない。そのため渋沢の注釈は比較的簡潔である。しかし、南溟説を支持した渋沢の注釈からは、渋沢自身が励行している、(1) 論語の教えに基づいた生活を送ろうとする努力、(2) 論語講義を通してその教えを広く啓蒙しようとする努力という、孔子に倣った2つのことが鮮明に浮かび上がってくる。

2－5　孔子は聖人か

孔子を聖人とするか否かという問題は、それに対していかなる立場をとるかによって、各学統を代表する注釈者による仁と聖の理解内容を考察することができる。

中洲が孔子を聖者として認知したのは、内省的かつ真摯に「立」と「達」を追求する孔子を、堯舜禹湯文武周公のような先王に準ずる者として位置づけたからである。中洲は、徳と事功をともに備えた先王について、「之れを正稱と爲す」とする。孔子については、「然れども仁徳なければ天下を平治する能はず、故に天下を平治するにたるの仁徳ある者も、聖人と稱す、孔子の如きは是れなり」とし、「之れを變稱と爲す」と述べる[43]。中洲によれば、先王は「正称」としての聖人であり、孔子は「変称」としての聖人であるということになる。

中洲は、孔子を「仁徳を究めることその極に達し、望めば天下を平治し得ること歴然たる者」と認知する。したがって、孔子はたとえ天が天下を平治するチャンスを与えられなくとも変称としての聖人と呼ばれるに相応しいと中洲は考えた。

物徂徠も中洲と同じく孔子を聖人と認識するが、その根拠は「孔子の徳と業をもってこれを作者の聖とする」というものである。つまり、孔子の徳と業は道を切り拓いた者に比すべきものであるがゆえに、孔子は聖人と認められるというのである。[(44)]

渋沢は、本章の注釈において中洲の考え方にも物徂徠の考え方にも同調しておらず、自説も明らかにしていない。渋沢は、孔子を変称としての聖人とする中洲の論理に無理筋な面を認めたであろうし、実務家として確実な実績を重んじる立場から、天下を平治した事功のない孔子を聖人と認めることは困難というのが本音だったであろう。

第3節　仁者と君子

3－1　君子たる要件

陽貨第十七第23章は義と勇の関係についての渋沢の理解が表れている章である。本章は天性勇を好む子路の質問に孔子が答えているので、孔子の答えは義に重心が置かれている。

本章は、【子路曰。君子尚勇乎。子曰。君子義以爲上。君子有勇而無義爲亂。小人有勇而無義爲盗】（子路曰く、君子、勇を尚(たっと)ぶかと。子曰く、君子義以て上となす。君子勇ありて義なければ乱をなす。小仁勇ありて義なければ盗をなす）というように、すべての主語が君子と小人であり、君子をいかなる意味で用いているかによって章意の解釈が異なる。[(45)]

渋沢は字解において本章で使われている君子の意味について朱熹と中洲の

見解を併記しているが、渋沢自身がどちらの見解を採用するかについては明言していない。朱熹は「君子小人みな位を以ていうものなり」としているのに対して、中洲は「三つの君子、初中の二つは徳を以ていい、のちの一つは位を以ていう」としている。

３度用いられる主語としての君子の意味で問題となるのは３番目の君子である。もし、「君子勇ありて義なければ乱をなす」の君子が徳をもっていうところの君子であったとすれば、徳を備えているはずの君子に勇があっても義がないという矛盾が生じる。しかし、これが君子と呼ばれる地位にある人、つまり位をもって君子と呼ばれる人のことであれば、その人物が勇を備えていても義は備えていないということはありうる。

渋沢は、「すなわち孔子の意は『……。ゆえに有徳の君子は義を尚(たっと)びて勇を尚(たっと)ばず』と仰せられ」と解釈している。しかし、孔子は「君子義以て上となす」といってはいるが、「勇を尚(たっと)ばず」とは明言していない。渋沢が孔子の義をあえて強調する姿勢を見て、「以て子路の性蔽を救うなり」としたところに渋沢の義と勇の関係に対する理解の背景がうかがわれる。(46)

渋沢は物徂徠の「問うに勇を上にするを以てし、答うるに義を上にするを以てす。蓋し義を以て勇を裁せんとするなり」という言葉を引用して、義は勇を裁くもの、つまり制するものと理解する。しかし、物徂徠の義の理解は先王の古義すなわち「義を以て事を制す」ものである。物徂徠はまた、「勇は徳なり。義は道なり」としている。物徂徠の言葉を整理すると、義は勇を制するものであり、かつ事を制するものでもあるということになる。(47)

つまり道としての義は、徳目の一つである勇を制し、かつ眼前に展開される事象に対して道理に基づき進むべき道を指し示すものであるというのが物徂徠の解釈である。

渋沢による本章の解釈は、勇をすでに身に備えている子路を対象にしているからこそ成り立つものである。なぜなら、徳目の一つである勇は誰もが有しているわけではなく、天性勇を好む子路であるからこそ勇をあえて語らずとも足りるからである。子路という勇をすでに有している者を対象に語るかぎり、渋沢の偏りのない勇と義の理解は探ることが困難であるかもしれない。

したがって、渋沢の勇と義の理解内容は、本章における渋沢の日本史上の出来事の取り上げ方と松陰の言葉を引用した真意を探ることによって把握することが合理的である。

渋沢が日本史上の在上の君子で、勇ありて義なく乱逆をなしたとして例に挙げたのは、安倍貞任、北条義時、北条高塒、足利尊氏の４人である。この４人に共通するのは、いずれも天皇家と事を構えたことである。つまり、渋沢のいう義とは皇統を尊重して政治を行うことであり、乱逆とはその道理を解せず天皇家に対して事を構えることである。

渋沢は、「士道莫大於義。義因勇行。勇因義長」（士道は義より大なるはなし。義は勇によりて行われ、勇は義により長ず）という松陰の言葉を引用する。(48)

松陰の言葉を解釈すると、「士たるの道を進むにあたって義によって示された道をそれることはない。つまり、士たるの道は義によって規定される。また、義によって規定された道を進むには勇が必要であり、勇をもって義を進めば勇はさらに強化される。つまり、義と勇は相互に補完し合う関係にある」ということになる。

渋沢にとっての義を皇統によって国が治められることであると理解すれば、士道つまり武士たるの道は皇道を凌ぐことが許されない。皇道を凌がんとした武士は義に悖り、その行為は乱逆となる。乱逆とならずに士道を歩むには、皇道を立てその下で自らが歩むべき道を歩むことである。その道を正しく歩むには勇が必要である。そして、勇をもって道を歩めば、さらにその勇は強められる。

渋沢が日本史における乱逆の君子を例にあげ、かつ松陰の言葉を引用したのは、このように義と勇のむしろ対等で相互補完的な関係を述べたかったからと考えられる。勇に優れる一方、義に心を向けることを孔子から望まれる子路を題材にして義と勇の関係を考察すれば、自ずとそれは義の大切さに重心を置いた結論になる。そして、その結論は必ずしも渋沢の真意と同じではない。

３－１－１　君子の接際

衛霊公第十五第16章は、義事徳行に及ばない小人の集まりが無意味なばかりでなく有害であることを述べた章である。本書は、【子曰。群居終日。言不及義。好行小彗。難矣哉】（子曰く、群居終日、言、義に及ばず。好んで小彗を行う。難いかな）というものである。[49]

衛霊公第十五第17章は、君子の人への接し方は「挙作言動みな義に中る」ということを述べている。本章は、【子曰。君子義以爲質。禮以行之。孫以出之。信以成之。君子哉】（子曰く、君子は義以て質となし、礼以てこれを行い、孫以てこれを出だし、信以てこれを成す。君子なるかな）というものである。[50]

それぞれが独立した意味をもつように見える2つの章を、渋沢は独自の解釈として、「人との接し方」という切り口から悪事例と好事例の対比として関連づけた。渋沢は衛霊公第十五第16章と第17章を一組として理解し、前者は「人と接するの失」、後者は「人と接するの益」を説くとする。渋沢は君子の集まりには「人と接するの益」があるとする一方、義事徳行におよばない小人の集まりは意味がないばかりがむしろ害があるとする。これがまさに「人と接するの失」である。

君子と小人の集まりを比較すると、君子の接し方をもって人が集まれば、参加者が互いに徳を高めるうえでプラスの相乗効果が生まれるのに対して、小人の集まりは、参加者同士の接し方からマイナスの相乗効果が生じ、互いの徳を高めるどころかむしろ参加者が頽落していくというのが渋沢の解釈である。

渋沢は、「人と接するの益」を生じさせる君子の接し方はいかなるものかという疑問に対して、衛霊公第十五第17章の講義で接際の根幹には義があるべきと説く。そのうえで君子たることの条件として、(1) 礼を履んで義を行うこと、(2) 事を粗略にせず、謙遜して義を出すこと、(3) 雍和の気を失わず、信実の心をもって義を成すことの3つを満たすべきとする。[51]しかし、孔子は本章でこれらを君子が義を成すための3要件として述べたのであり、人との接し方の要件として述べたのではない。

では、渋沢がどのような考え方で第17章を「人と接するの益」を述べたものと位置づけたのか、その背景を考察するためまず第16章を振り返る。同章で渋沢が「人と接するの失」としたのは義事徳行におよばない人の集まりであった。つまり、単なる気晴らしや娯楽のためだけに人と接し、そのような集まりにおいて軽薄な遊びや競技にふけることは何ら徳育上の益がないと渋沢は理解した。さらに義事徳行に及ばない人の集まりは、時間のムダであるばかりか義を涵養する機会を逸する、いわば機会損失が生じる。これはまさに「人と接するの失」である。[52] 小人の集まりには義を満たす何らの要素も見あたらない。

翻って第17章を見ると、本章では義を満たすべきことを重視し、そのための3つの切り口を、「礼」、「謙遜」、「信実」とした。これらはいずれも、人に対して礼を尽くし、謙遜であり、信実であるという、「円滑で実り多い対人関係を構築する上での必要条件」ともいえるものである。渋沢によると、同章は君子が人と接する際の義のあり方、つまり、礼、謙遜、信実を通して義をあらわすべきことを述べたもので、これら3つが満たされてはじめて「人と接するの益」が実現することになる。

礼、謙遜、信実の3つを、義を発露させるための重要要素とし、かつ義を高めるために刺激を与え合うことを、「人と接するの益」を実現させる機会ととらえる渋沢の考え方は、義を中心に礼、謙、信の実践を日常生活の接際において結びつける実践思想である。

渋沢は義、礼、謙、信の徳目を実際生活から離れたものとして語ることをしない。孔子が衛霊公第十五第17章で必ずしも明確にしなかったこれらの徳目と実生活との関係を、渋沢は人との接際において実践すべきものとして論じ、現代青年への教訓として「人と接するの失」を回避するよう呼びかける。

3－2　君道

3－2－1　君道とは

衛霊公第十五第32章は、中洲の説によると君道の内外周備すべきを論じた章である。つまり本章は、君たるものは知、仁、荘、礼を備えるべきことを述べた章である。

本章は、【子曰。知及之。仁不能守之。雖得之必失之。知及之。仁能守之。不荘以涖之。則民不敬。知及之。仁能守之。荘以涖之。動之不以禮。未善也】(子曰く、知これに及べども、仁これを守ること能わざれば、これを得と雖も必ずこれを失う。知これに及び、仁能くこれを守れども、荘以てこれに涖まざれば、則ち民、敬せず。知これに及び、仁能くこれを守り、荘以てこれに涖めども、これを動かすに礼を以てせざれば、未だ善からざるなり）というものである。[53]

渋沢は伊藤仁斎の解釈に賛同して、本章の趣意を「君たるの道」を述べたものと理解する。また渋沢は、知は智に等しいとする中洲の見解をもとに、智を治国安民の術と理解する。君道を全うするための術としての智をいくら持ち合わせていても、仁をもってその術を行うのでなければ、君としての地位を保つことはできないと渋沢は解釈する。

渋沢が仁者を、「人間愛をもち、勤勉、謙譲、恭敬忠信の徳目を有し、かつ、それらの道徳的資質を生かして自らの天命である万民のための政治を全うする人物」と理解していたとすれば、渋沢の考えは、君たる者はいくら政治的なテクニックに優れていたとしても、万民のための良き政治を天命と認識し、人間愛と道徳的資質を備えていなければ、決してその地位にとどまることができないということになる。[54]

そして渋沢は、この君主たる条件を満たしえなかったがゆえに、その地位を守れなかった歴史上の人物として、支那の始皇、フランスのナポレオン、ドイツのカイゼルおよび豊臣季次をあげる。

さらに渋沢は、君道に求められる荘と礼について、「仁はよくその術を守り行い、荘端以て下に臨むも、上たる者自ら礼譲ありて、以て下を感化するにあらざれば、なお未だ君道の善を尽くしたる者というべからず」と述べて、民に対しては威厳を保つ一方、礼譲をもって接しなければならないと説く。そして、それを全うした例として明治天皇をあげ、それを欠いたがために君主の立場を全うできなかった例として織田信長をあげる。[55]

渋沢が子路第十三第20章の注釈において、徳川家康を知、仁、勇の三徳を備えた者と認めたのは、徳川三百年の礎をつくり上げたという歴史的事実から君道を全うしたと判断したことがその理由と考えられる。

3－2－2　知・仁・勇

子罕第九第28章は、知、仁、勇の3徳を有する者の心の状態を説いた章である。本章は、【子曰。知者不惑。仁者不憂。勇者不懼】（子曰く、知者は惑わず。仁者は憂えず。勇者は懼れず）というものである。[56] 渋沢は本章の注釈で仁を中心に3徳を総括的に整理している。

朱熹は学の階梯を明確にして、「知⇒仁⇒勇」の順に重要であると主張する。[57] これに対して、物徂徠は、「朱註に以て『學の序』とするは、けだし諸を『中庸』（知・仁・勇三者は、天下の達徳なり。之を行ふゆゑんの者は德の衆人に通じてみな之れ有る者を謂ふ、知者・仁者・勇者を謂ふにあらざるなり）」として、朱熹が中庸の記述を誤って引用することにより誤解が生じたと述べる。[58]

物徂徠はまた朱熹の所説を指して、「殊に知らず德はおのおの性を以て殊なり、知者・仁者も、亦たその性に隨って以て德を成せる巳なることを、夫れ仁・知みな大德なり、ゆゑに時ありて乎知は仁の上に在り、或ひは固執すべけん乎」として、知と仁を例に徳に上下は存在しないことを強調する。[59]

中洲は、「さて此の仁者は博く愛して私心無し、故に事理に通じて惑はざれば、兼ねて知者たり、又其の心道義に合して、何人にも懼るゝ所なければ、兼ねて勇者たり、故に知仁勇の三者は、名は異なれども其の實は一なり、唯人々少しく偏するが故に、分て知者仁者勇者と爲すのみ」と述べて、知、仁、勇は別々の徳ではなく、その源を同じくするものであるがゆえに、一つであると結論づける。[60]

渋沢は、朱子学、徂徠学、陽明学を代表する注釈者のいずれにも与することなく、仁に重きをおいた解釈を披歴する。渋沢はまず論語における仁の広狭2つの定義を整理する。仁は渋沢による狭義の理解に基づくと、「人を愛する情、他人の難儀を救う行為」ということになる。一方、渋沢による広義の理解は、「天下国家を治め、万民を安堵させること」というものである。

この広狭2つの意味をもつ仁を身につけた仁者は、すべての物事に対して憂いというものがない人であると渋沢は述べる。なぜなら、仁者は自らの天命を知り、私心なくかつ己の分を尽くして人たる道を行うからであると渋沢は説明する。

渋沢が理解する仁の定義と、それを身につけた仁者たる者の心境を併せて考えると、仁と仁者の関係は以下のように解釈される。

つまり、仁者の心底には人を愛してその難儀を救う心構えが常にあり、その心をもって広く国家を治め、万民を安堵させようとする。渋沢にとって仁者とは、「人間愛をもって万民を安堵させるための政治を行うことを天命と知り、自らの分を全うする人物」である。

渋沢は仁者の条件を満たす人物として、大舜、文王、伊尹、顔淵をあげる。しかし、渋沢の仁および仁者の定義に照らすと、それは万民のための政治を全うした人物でなければならない。この点からすると、志半ばにして早世した顔淵は、厳密には仁者の定義にはあてはまらないといえる。

おそらく渋沢は、万民のために学問を治めること専一にして富貴たることに拘泥せず、すべての物事に対して憂いのなかった顔淵の人格的側面を捉えて仁者と認識したのであろう。顔淵は知者であり、人を愛してその難儀を救う心情を有してはいたが、早世という宿命ゆえに、学問の成果を万民安堵のための政治に生かすという天命を持ち合わせていなかったということになる。

渋沢は知と勇は性格上の一部分であり、それだけでは完全な人間にはなり得ないと解釈する。そして、仁を兼ね備えてこそ人間の価値が生ずると説く[(61)]。必然的に、渋沢にとっては仁が最上の徳となる。

渋沢は、仁を筆頭に知、勇を含めた3つの徳を兼ね備えた明治天皇を、三徳を備えた稀なる人物であるとする。侍従ではない渋沢が日々明治天皇の形骸に接する立場にないことは明らかである。しかし、明治天皇の知、仁、勇の三徳をその政治的な実績を通して認識することは十分可能であり、渋沢が明治天皇を三徳兼備の聖主として心底尊崇していたことは明らかである。

3－2－3　君子と政

憲問第十四第45章は、子路の問いに基づき、「君子とは何者か」というテーマについて孔子の考えを明らかにする章である。渋沢は、質問者が子路であることによって孔子の回答ニュアンスが微妙に左右されたと考える。これは渋沢が、「子路の君子の道に足らざる所は、政事にあらずして、しかして修徳にあり。ゆえに夫子告ぐるにこれを以てするなり。これまた応病与薬の教訓なり」と述べていることから推察される[(62)]。

子路は孔子の答えの真意を理解することができなかったため2度も聞き返した。しかし、孔子はこの聞き返しを厭わず丁寧に答えた。

渋沢はたとえていうならば、中洲の説に基づいて、子路の第一の問いに対する孔子の答えを「綱領」、第二、第三の問いに対する答えを「条目」であると理解した。たとえば、孔子が第一の問いに対して憲法の精神に則って答えたと仮定すると、その答えがあまりにも抽象的すぎて子路の理解を超えたため、下位法規である民法で回答を具体化し、さらに施行令で明確化したと考えればわかりやすい。この憲法が綱領に相当し、民法と施行令が条目に相当する。(63)

本章における綱領とは、「恭敬己を脩め、以て君子の徳を充たさんか」、つまり恭敬の心をもって自らを修めることによって君子に相応しい徳を身につけることである。そして、そのようにして得た徳をもってその効果を広く人々に及ぼすことが君子の道であると渋沢は理解する。(64)

本章の章意がわかりにくいのは、「恭敬をもって自らを修めて徳を身につけること⇒徳をもって政事を行うこと」という流れが速やかに頭に入ってこないことが原因と考えられる。この流れのわかりにくさは、子路の性格に配慮した孔子の回答ニュアンスの微妙さに起因する。

子路は天資剛勇であり政事には詳しい。渋沢が、「子路の君子の道に足らざる所は、政事にあらずして」と述べた通りである。つまり、子路は放っておいても政事に積極的に携わるのである。放っておいても政事に携わるであろう子路が恭敬をもって徳を身につければ、その政事は徳政になると考えるのが自然である。

孔子に対する質問者が子路であるというシチュエーションを前提とすれば、「徳を身につける⇒徳をもって政事を行う⇒徳政を万民のためにする」という綱領から条目への流れが理解できる。

通釈をはじめとして論語徴、論語集注、論語語由等の注釈書が本章の章意を深掘りしない中、渋沢は中洲が、綱領、条目を引き合いにして定式化した孔子の答えをさらに敷衍し、詳細な解釈を示す。

孔子は徳政を敷くことの難しさを堯舜を例にして述べる。渋沢はこれをさらに明治天皇の御製をもって検証する。渋沢は、先聖後聖ともに徳政を敷く困難に対して時代を超えて悩んだ聖君の心のうちに分け入って考察する。

渋沢は国政も家政も等しく政であるという。その政とは、国君は百姓(ひゃくせい)、家長は人を安んずることであり、それを正しく実践するための根本義が身を修めて事を敬するにあるとする。それは、心を公平にして、己がなす所の事務を敬重し、誠意を尽くすことであると渋沢は説く。そして、最終的には誠意を尽くすこと、つまり至誠をもって事務にあたることが百姓（ひゃくせい）や人を安んずることであるというのが渋沢の考えである(65)。渋沢のこの精神は、大蔵省勤務時代以前から亡くなるまで渋沢の行動の基本であったと考えられる。

3－3　君子儒と小人儒

雍也第六第11章は論語中に唯一「儒」という文字が表れる章であり、孔子が子夏に向かって「君子の儒」となることを諭す内容となっている。君子の儒の対概念となるのが「小人の儒」であり、孔子は子夏に対してこの小人の儒とならないように諭している。本章は、【子謂子夏曰。女爲君子儒無爲小人儒】（子、子夏に謂（い）うて曰（いわ）く、女（なんじ）君子の儒となれ。小人の儒となることなかれ）というものである(66)。

本章において対概念として扱われている、「君子儒」と「小人儒」の解釈について渋沢は、君子儒を「道徳を以て人を治むる者」と解釈し、小人儒を「文芸を以て有司の役に供する者」と解釈する。この解釈は基本的に中洲の解釈にしたがっている。通釈をはじめとする注釈書に表れる解釈は以下の通りである。

図表3－2の通り、表現は異なるものの、君主儒の解釈は通釈と仁斎を除いて、国と民を治める者と解釈される。通釈は君主儒を人格の完成を目指す者とし、仁斎は、「天下への貢献」、「他者の救済」という抽象的な表現で君主儒を説明している。これに対して渋沢は、君主儒を「経世済民を天職とする儒者」と置き換えて、日本史上の人物を例にあげて説明する。

渋沢が本章で事例として紹介するのは、新井白石、藤森弘庵、帆足万里、塩谷世弘、山田方谷の5人である。これら5人はいずれも儒学に造詣が深く、かつその知識を現状を克服するために用いた、アイデアと実行力を備えた人々である。

渋沢の定義による君主儒を、「経世済民を天職とし、道徳をもって人を治める儒者」とし、経世済民の定義を経済分野にとどまらず、広く政治・統治・

図表３－２　君子儒と小人儒の比較

注釈書	君子儒	小人儒
通釈	自身の人格の完成を求める君子のような学者。	他人に知られることを求める小人のような学者。
物徂徠	国の統治と民の安定を目指す者。	礼の末梢的な規定などに拘泥し、役人の職務に役立つ者。
中洲	道徳をもって人を治むる者。	文芸をもって人に仕える者。
仁斎	天下への貢献を自分の任務とし、他者の救済まで考える者。	自分自身の向上のみに努力し、他者へは及ばない者。
南溟	国を治め、民を安んずる者。	末梢的なものに関わり有司の役に供する者。

【出典】
(1) 宇野哲人『論語新釈』(講談社、1980年) 158頁。
(2) 荻生徂徠著、小川環樹訳注『論語徴１』(平凡社、2011年) 229－230頁。
(3) 三島毅『論語講義』(明治出版社、大正６年) 122頁。
(4) 朱熹著、土田健次郎訳注『論語集注』(平凡社、2014年) 157頁。
(5) 亀井南冥(魯)著、亀井昱校 『論語語由 三、四』(華井聚文堂、1880年) 33/50－34/50頁。

行政全般にわたって民を済(すく)う者と解釈すれば、事例で掲げられた５人はすべて君主儒に相当する。これらの人物に共通するのは、現状に対する危機感と先見性であり、自らの命運に頓着しない点である。義を重んじ識見をもって現状を憂い、かつ己を顧みずに経世済民に邁進する姿こそ渋沢が理想とする人間像である。

３－３－１　君子儒と小人儒の解釈

雍也第六第11章は孔子が弟子の子夏に対して君子儒となれ、小人儒となるなかれと戒めたエピソードを述べた章である。そもそも論語中で「儒」という文字を用いているのは本章のみであり、儒という文字を用いて、堯、舜、禹、湯、文王、武王を大儒と称したのが荀子であるとすれば、本章自体が孔子の時代に書かれたものであるのかどうかについては議論が分かれるところである[67]。物徂徠によると、君子儒と小人儒の解釈についても注釈者間で以下

のように意見が分かれている。(68)

(1)　孔安國：君子の儒は道を明らかにし、小人の儒は名に矜る。
(2)　程子：小人の儒は人のためにし、君子の儒は己が爲にす。
(3)　謝氏：君子と小人の分は義と利の分のみ。
(4)　物徂徠：君子の事とは、「謀を出だし慮ばかりを發し」、その國治まり民安んぜしむるを謂ふなり。小人の事とは、徒らに籩豆の末を務めて、以て有司の役に供するを謂ふなり。」

中洲は、「道徳を以て人を治むる者は、之れを君子儒と謂ひ、文藝を以て人に事うる者は之れを小人儒と謂ふ」と述べている。また、中洲は自説と同様の主意をより簡明に述べた伊藤東涯の言葉を引用して、「曰く、今、學を爲して経世濟民を以て務めと爲す者は、是れ大人の事を學ぶなり、此れを君子の儒と謂ふ、夫の徒に一身の修まるや否やのみを問うて、肯へて康濟の務めを講ぜざるが若きは、是れ猶小人の事なり、此を小人の儒と謂ふ」としている。(69)

渋沢は君子儒、小人儒を理解するにあたり、中洲の説および中洲が引用した東涯の説を採用しているが、基本的には道徳と文芸をキーワードとして君子儒と小人儒を区別している。つまり、孔子の説く道徳は知行合一を中核概念としており、学んだ内容を経世濟民に生かすという能動的な働きかけを伴うものである。そして、その働きかけの対象が国家レベルであれば、それは君子儒を身につけた人物と見なされると渋沢は理解した。

しかし、同じような学びをしても道徳を学ぶことの真意を捉えず、文芸の域にとどまった場合、つまり、教養の一環としての学びにとどまり、そこから能動的な働きかけがなされなかった場合は小人の儒であると渋沢は理解した。また君子の儒を学んだとしても、能動的な働きかけの対象が、物徂徠が言うように、「籩豆の末を務めて、以て有司の役に供する」程度の矮小なレベルであったとすれば、それは小人の儒の域にとどまると渋沢は理解した。

渋沢は日本人で君子儒と称すべき人物を数多く列挙している。それらは、新井白石、藤森弘庵、帆足万里、塩谷世弘、山田方谷等である。これらの人物の多くは儒者、学者であり、まさに学んだことを実行に移すにあたって、わが身を顧みず無私の精神で国づくり、世直しにあたった偉人である。[70]

渋沢が理解する君子儒、小人儒の意味と、その理解に基づいて列挙した君子儒と称される人物の事績をみると、渋沢が最も重視したのは、学んだことを国家レベルで実行すること、つまり大規模な「知行合一」にほかならない。そして、渋沢が君子儒と称した人物に共通するのは、いずれも時の権力におもねることなく、自らが修得した学びの内容、つまり、論語が教える道にしたがって専心突き進んでいるということである。

第4節　成人と志士

4－1　仁者と成人

憲問第十四第13章の前段は孔子の言葉であり、後段は子路の言葉であるとする説とそれを否定する説がある。渋沢は前者の立場をとる。後者の立場の代表は朱熹である。

本章は、【子路問成人。子曰。若臧武仲之知。公綽之不欲。卞莊子之勇。冉求之藝。文之以禮樂。亦可以爲成人矣。曰。今之成人者何必然。見利思義。見危授命。久要不忘平生之言。亦可以爲成人矣】（子路成人を問う。子曰く、臧武仲の知、公綽の不欲、卞莊子の勇、冉求の芸のごとき、これを文るに礼楽を以てす。また以て成人となすべしと。曰く、今の成人なるもの、何ぞ必ずしも然らん。利を見て義を思い、危うきを見て命を授く。久要平生の言を忘れざる。また以て成人となすべし）というものである。[71]

本章の特徴は「成人」という概念をもち出していることであり、その解釈によって章意の理解も異なる。渋沢は字解で朱熹の解釈を採用し、「成人はなお全人というがごとし」としている。[72]成人の定義は、聖人、君子、仁人等論語で理想とする人物像との比較において理解する必要がある。

本章では、臧武仲、孟公綽、卞莊子、冉求の4人をそれぞれ智、不欲、勇気、才芸に優れた者の例として掲げ、これに礼楽をもって文ればもって成人となるとしている。渋沢は皇侃以降の旧説がこれら４人の長所すべてを備えた者に礼楽をもって文った者を成人であると解釈している点を衝いてこれを誤りとしている。

つまり、旧説を唱える人々は全人を「全能の人」と解釈したのに対して、渋沢は人格的に「全き人」と解釈し、この解釈の差が旧説と渋沢の相違になっている。この点に関して、通釈と中洲は旧説の立場で議論し、仁斎、物徂徠は後者すなわち渋沢と同じ立場で議論している。

渋沢は、４人の長所を兼ね備えた人物がいたとすれば、それは聖人すらもよくしないと述べて、聖人が必ずしも全能かつ完全無欠の人物ではないという解釈を暗に示している。

憲問第十四第７章への注釈で、渋沢は君子ですら不仁を犯すという点について、「君子は確かに無謬ではない。君子は神ではなく人間であるかぎり過ちを犯す。しかし、その過ちはひとえに仁を志す者がその純粋さゆえに、本来の道を意に反して外す場合のことをいうのであり、その心は一刻たりとも仁を離れているわけではない」という解釈をしている。

聖人や君子ですら完全無欠ではないのに、成人を全能で完全無欠とすれば、それが最高の理想型となり、君子を理想として仁徳の道を説いてきた渋沢論語講義の根本が揺らぐことになる。成人を全能の人とする旧説の解釈を正とすれば、聖人、君子すらもそれに及ばなくなる。そうなれば、成人は聖人や君子のさらに上にある理想の人物像として追求すべき対象となる。旧説の解釈にはこの点に矛盾が存する。

渋沢は、成人は智、不欲、勇気、才芸等すべてを兼ね備えた人物でなくても良いとしながらも、各人が固有に備えている天性の長所については、何もせずに打ち任かせておくのではなく、礼をもってそれを節し、楽をもって和らげることによって成人となすと述べている。この解釈は物徂徠と同じである。

物徂徠は「『之を文す』と云ふ者は、丹青を以てその樸に塗るの謂ひにあらざるなり。之を養ひて器を成し、而る後煥然として観る可きなり。是れ豈に翅だ偏を救ひ闕を補ふの謂ならん乎」と述べて、まさに渋沢のいう「礼をもって節し、楽をもって和らげること」を物徂徠の言葉で説明している。

渋沢や物徂徠によると、天性の長所を身体そのものとした場合、礼楽とは身体に外側から塗る化粧品や塗布薬のことではなく、身体を内側から体質改善する内服漢方薬のようなものである。

本章の後段は子路の言葉として語られる。子路は成人の定義を別角度から設定する。別角度からあえて設定する理由を子路は、「夫子のいわれし所は古えの成人なれども、今日においての成人は、何ぞ必ずしもかくのごとく完備なるを要せんや」と述べている[73]。

これは、孔子が理想とする先王の時代の成人は完璧を求められたが、子路の生きる現代の成人はそれほどに完璧なものではありえないということを言わんとしている。つまり、子路は現実を正視して成人の定義を考えることを重視した。

では、子路のいうところの成人とはいかなる人物像かといえば、それは「いやしくも利を見ては、義を思うてその取捨を決し、君父の危難を見ては、身命を棄ててこれを救護し、一旦人と約束したることは久しく日月を経、かつ尋常の瑣事といえども、必ずこれを履践してあえて忘れざれば、また以て成人となすべし」という記述で示される[74]。

いにしえの定義による成人が、才能や長所が礼楽によって文（かざ）られた人物を指したのに対して、子路のいう現実を正視した成人は、「義利の関係を正しく理解し、忠孝を重んじてかつ日常の瑣事を約束を違えず履践する人物」と定義される。つまり、子路の定義による成人は、特に人に優れた長所を備えている必要はなく、礼楽によってさらに磨きをかける必要もない。

しかし、世事に関わることを正しく理解して実践し、忠義と孝道に篤い人物でなければならない。つまり、いにしえの成人は才能に恵まれかつそれに磨きをかけた「特別の人」であるのに対して、子路のいう成人は意識して努力すれば誰でも手の届く「一般の人」である。

現代の成人の定義にしたがえば、いにしえの定義によって発生する論語が理想とする人物との位置関係の混乱が整理され、「成人＜聖人・君子・仁人」という不等号が自然に成立する。つまり、成人や君子や仁人が属する一段高いステージは、成人がさらに仁徳に磨きをかけ、実践を通して目指すべき目標ということになる。

このように考えると、渋沢や中洲の義利合一説が人々に求める振る舞いは、まさに子路の成人の定義に沿った振る舞いそのものである。係る観点から、義利合一説を理解するうえで、子路の成人の定義は最重要概念である。学問のすゝめならぬ「義利合一説のすゝめ」は、「諸君、成人たれ」という言葉で表現することができるのではないだろうか。義利合一説は、われわれに何ら特別なことを求める学説ではない。

4－2　仁者と志士

衛霊公第十五第8章において、渋沢は中洲の所説に則り仁を語る。【子曰。志士仁人。無求生以害仁。有殺身以成仁】（子曰く、志士仁人（ししじんじん）は、生を求めて以て仁を害することなく、身を殺して以て仁を成すことあり）という本文について中洲は、「生を求めて以て仁を害することなく」と「身を殺して以て仁を成すことあり」という2つの句について、これらは一つの意味を異なる方向から述べたものであるとしている[(75)]。

中洲は、「ただ生きんがために本来守るべき仁を守らないということがあってはならない」といういわば禁止句と、「必要ならば身を殺してでも仁を守るべし」という命令句をもって、仁の深甚さを説いている。渋沢はこの2句に1句を加え、「この章三句一意、反説してその意を尽くすなり」として、本章を構成する3つの句すべてがそれぞれ異なる方向から仁の深甚さを述べていると解釈する。その3つ目の句が「志士仁人」である。渋沢は本章の字解で、中洲の説を引用し、「志士は仁に志す者をいう。仁人は仁徳ある人をいう」と述べている[(76)]。

仁に志す者、仁徳を得た者ともに、仁の深甚さを知ったうえでそれを求め、あるいはそれを得た人である。渋沢はそのような人々が存在すること自体が仁の深甚さを示すことにほかならないと考えたのであろう。「この章三句一意、反説してその意を尽くすなり」と述べた渋沢の真意は、「仁は道理上必要な場合は、命すらも棄てて守るべき崇高なものである」というものである。

しかし、仁に対するこの考え方は、危険思想に利用されかねない危うさを感じさせる。義のために命をも投げ打つという思想は、キリスト教布教における殉教、イスラム教におけるジハードによる死を恐れない行動を想起させる。

渋沢がこの章であらたにもち出したのは武士道である。渋沢は、「しかして仁人志士を奮起せしめ、また武士道を修養せしむる、この章の教訓与(あずか)って大いに力ありしなり」と述べて、深甚なる仁の根本義を知ることは武士道の修養にも資するものと述べている。[(77)]

その武士道をまっとうした日本史上の例として渋沢が取り上げたのが、建武中興、明治維新、元寇の役と日清・日露戦争の戦死者である。渋沢のいう義は宗教的熱情にもとづくものではない。国を安んずるために戦いに赴くことが必要であり、そこで戦うことが求められるならば、それを全うすることこそが義であり、そこで志士仁人の本領を発揮すべしというのが渋沢の考えである。

本章においても渋沢は明治天皇の御製、「国の為いのちをすてしものゝふの　たまやかがみにいまうつるらむ」を引用し、志士仁人として戦場に散ったものゝふに対する明治天皇の思いを紹介している。明治天皇は三種の神器のうちの玉や鏡に戦死者が浮かび上がると詠んでおり、国を守るために命を捧げた戦死者に対して最高の敬意を表している。[(78)]

小　括

本稿の目的は、論語中で扱われる、聖人、君子、成人、志士等の「有徳の士」と、仁者についての解釈を相対比較することにより、渋沢の仁者についての理解内容を明確化することであった。この目的に近づくためには、仁者たる者が備えるべき徳について整理し、その他の有徳の士が備えるべき徳と比較することにより、その錯綜した「資格要件」を整理することが必要であった。

仁者と聖人の人品が異なる点について述べた、雍也第六第28章をめぐる複数の注釈者の見解と渋沢の考え方を比較した結果明らかになったことは、渋沢の考え方は三島中洲に近いということであった。

中洲の仁と聖に関する見解は、「仁は徳をもっていう」のに対して、「聖は功をもっていう」というものであった。また、仁者と聖人に関する見解は、

「仁は徳であるので、身に修めればそれを天下に施さなくても仁者といえる」のに対して、「聖は俊傑よりもさらに高い所を称する。聖人は天下を平治する事功をもって称する」というものであった。中洲の考え方は明解である。中洲は、仁者と聖人をそれぞれ、「徳」を身につけた者、「功」を達成した者とし、聖人を仁者の上位にある者として序列をつけた。

渋沢の考え方が中洲と異なるのは、仁者の要件を、徳を身につけていることにとどまらず、それらの道徳的資質を生かして自らの天命である万民のための政治を全うする人物としたことである。身につけた徳を具体的に政に生かすことは、現実世界において良き政治を行うことが条件となり、それはまさに「功」を求められることと等しい。つまり、渋沢の仁者と聖人の定義は実質的に重複しているということになる。

仁者に功を求めるか否かという点に関する中洲と渋沢の考え方の相違は、「孔子は聖人か」という問いにおいて端的に表れる。中洲が孔子を聖人と認める立場をとろうとするとき、そこには著しい矛盾が生じる。なぜなら孔子は多くの徳を修めてはいるが、政については十分な功がなかったからである。

その矛盾を解決するために中洲は、先王を「正称」としての聖人とし、孔子を「望めば天下を平治し得ること歴然たる者」である「変称」としての聖人と理解した。半ば牽強付会ながら、中洲は儒学者としての論語解釈に整合性をもたせて仁者と聖人の定義を明確に切り分けた。

それに対して渋沢は、「変称としての仁者」、あるは「変称としての聖人」という一種の詭弁を用いてこの矛盾を説明しようとはしない。実践を重視する渋沢にとって、仁者は聖人であると同時に聖人は仁者であった。つまり、徳を身につけただけでは現実社会にとって有用性が乏しく、それを実践することが必須であるという点において、渋沢にとって「仁者たるべき者」と「聖人たるべき者」は実質的に無差別だったのである。

渋沢が君子たる者をどのように理解していたのかという点に関しては、「君子儒」、つまり君子たる者の道徳的資質をその対義的概念である「小人儒」と比較することによって明らかにした。渋沢の定義による君子儒とは、「経世済民を天職とし、道徳をもって人を治める儒者」であり、経世済民の定義を経済分野にとどまらず、広く政治・統治・行政全般にわたって民を済（すく）う者と解釈すれば、渋沢の君子儒の定義は実質的に仁者、聖人と同義である。つまり、細かい表現の違いはあるにせよ、徳を備えかつ万民のための良き政治を行うという点において渋沢は概ね、「仁者＝聖人＝君子」と理解していた。

渋沢は、成人を「全能の人」ではなく、人格的に「全き人」であると解釈した。渋沢は、成人は智、不欲、勇気、才芸等すべてを兼ね備えた人物でなくてもよいが、固有に備えている天性の長所については、礼をもってそれを節し、楽をもって和らげることによって成人となすと述べている。

渋沢が考える人格的に全き人、つまり成人とは、「天性の長所について礼をもってそれを節し、楽をもって和らげる」努力を継続する人である。それは換言すると、「天与の才を自らの分とわきまえ、礼楽をもってそれらを慈しみ育てる人」ということになる。

このような定義に従えば、渋沢にとって仁者、聖人、君子は成人のなかの１カテゴリーとして位置づけられる。つまり、仁者、聖人、君子も成人と同じく何らかの天与の才を与えられた者たちである。成人の括りのなかで認識される仁者、聖人、君子の三者は、とりわけ道徳的資質が高く、礼楽をもってそれらを慈しみ育てるという点に関しては成人と何ら変わりはない。

しかし三者にとっては、慈しみ育てた道徳的資質を政治に反映させるというミッションがあり、それが一般の成人と差別化されるポイントとなる。そして、そのミッションが三者に与えられた天命であるというのが渋沢の理解と考えられる。

つまり、渋沢にとってほぼ同義である仁者、聖人、君子の三者は、成人のなかにあって際立った道徳的資質をもち、礼楽をもってそれらを慈しみ育てることにより、天命である万民のための政を治める者であるということになる。したがって、カテゴリーの大小を不等号で表すとすれば、むしろ「成人＞仁者、聖人、君子」という定式化が妥当と考えられる。

志士は仁を志す人であり、仁の深甚さを知ったうえでそれを求め、あるいはそれを得た人と渋沢は理解する。仁の深甚さゆえに渋沢は、「仁は道理上必要な場合は、命すらも棄てて守るべき崇高なもの」とし、その実践思想として武士道を取り上げる。そして、武士道に基づき義のために志士仁人の道を全うした歴史上の人物が、建武中興、明治維新、元寇の役と日清・日露戦争の戦死者であるとする。

渋沢の説明は、「志士＝仁の深甚さを知りそれを求め、あるいはそれを得た人」という理解から、「志士仁人＝武士道に基づき義を貫く人」というように趣旨が微妙に変化して、志士を二義的に捉えている。

以上のように、仁者と有徳の士を相対比較することにより、渋沢は仁者を教学的な視角から厳密に定義しているというよりは、修得した徳とそれを実践に生かすことを重視する観点から理解していることが明らかとなった。

本稿では、有徳の士との比較において仁者に対する渋沢の理解内容を考察した。論語中にはこれ以外にも仁および仁者に関する記述した章が存在する。それらの論語各章と渋沢が仁および仁者について語った論語注釈をもとに、今後さらに渋沢の仁の思想に接近したい。

【注記】

（１）渋沢栄一『論語講義（１〜７）』（講談社学術文庫、1977年）。
（２）宇野哲人『論語新釈』（講談社、1980年）。
（３）戸田昌幸「『論語』の知・仁より見た知徳一体論の一考察」『麗澤大学紀要』第13巻（麗澤大学、1972年）。
（４）小和田顯「論語管見　−顔淵問仁章をめぐって−」『専修国文』第32号（専修大学国語国文学会、1983年１月）。
（５）松川健二「『論語』顔淵問仁章について」『中国哲学』第22号（北海道中国哲学会、1993年10月）。
（６）常盤井賢十「論語における礼と仁」『東洋文化』第１号（東洋文化振興会、1956年６月）。
（７）西藤雅夫「仁の人間性と宗教性−論語をめぐって−」『彦根論叢』人文科学特集第24号第134・135号合併（滋賀大学経済学会、昭和44年１月）。
（８）渋沢栄一「衛霊公第十五第34章」『論語講義（六）』（講談社学術文庫、1977年）156頁。
（９）赤塚忠、阿部吉雄編『旺文社漢和中辞典』（旺文社、1977年）1090頁。
(10) 荻生徂徠著、小川環樹訳注『論語徴Ⅱ』（平凡社、2011年）251頁。
(11) 渋沢、前掲書（六）、「衛霊公第十五第８章」123頁。
(12) 三島毅『論語講義』（明治出版社、大正６年）354−355頁。
(13) 渋沢栄一「微子第十八第１章」『論語講義（七）』（講談社学術文庫、1977

年）55－57頁。

（14）荻生徂徠、前掲書Ⅱ、313頁。

（15）管仲は桓公を補佐して覇権を得さしめ斉王国を確固としたものにした人物。

（16）荻生徂徠、前掲書Ⅱ、312頁。

（17）荻生徂徠、前掲書Ⅱ、313頁。

（18）渋沢、前掲書（六)、「憲問第十四第５章」14頁。

（19）渋沢、前掲書（六)、「憲問第十四第５章」15頁。

（20）朱熹著、土田健次郎訳注『論語集注４』(平凡社、2015年）154－155頁。

（21）荻生徂徠、前掲書Ⅱ、230－231頁。

（22）渋沢栄一「衛霊公第十五第９章」『論語講義（六)』(講談社学術文庫、1977年）125頁。

（23）渋沢、前掲書（六)、「衛霊公第十五第９章」125頁。

（24）渋沢栄一「雍也第六第28章」『論語講義（二)』(講談社学術文庫、1977年）206－211頁。

（25）渋沢、前掲書（二)、「雍也第六第28章」207頁。

（26）三島毅『論語講義』(明治出版社、大正６年）134頁。

（27）三島、前掲書、134頁。

（28）伊藤仁斎著、貝塚茂樹編集「論語古義」『日本の名著13』(中央公論社、昭和47年）158頁。

（29）朱熹著、土田健次郎訳注『論語集注２』(平凡社、2014年）208頁。

（30）渋沢、前掲書（二)、「雍也第六第28章」210頁。

（31）渋沢栄一「子路第十三第20章」『論語講義（五)』(講談社学術文庫、1977年）158－159頁。

（32）渋沢栄一「子罕第九第28章」『論語講義（四)』(講談社学術文庫、1977年）76－81頁。

（33）荻生徂徠著、小川環樹訳注『論語徴Ⅰ』(平凡社、1994年）241頁。

（34）渋沢、前掲書（二)、「雍也第六第21章」193－194頁。

（35）渋沢、前掲書（二)、「公冶長第五第７章」86－88頁。

（36）渋沢、前掲書（二)、「雍也第六第21章」194頁。

（37）渋沢、前掲書（二)、「雍也第六第５章」155－157頁。

（38）渋沢、前掲書（二)、「雍也第六第21章」194頁。

（39）渋沢栄一「述而第七第６章」『論語講義（三)』(講談社学術文庫、1977年）20－27頁。

（40）渋沢、前掲書（二)、「雍也第六第９章」163－166頁。

(41) 渋沢、前掲書（三)、「述而第七第33章」116－117頁。
(42) 渋沢、前掲書（三)、「述而第七第33章」116頁。
(43) 三島、前掲書、135頁。
(44) 荻生徂徠、前掲書Ⅰ、252頁。
(45) 渋沢栄一「陽貨第十七第23章」『論語講義（七)』（講談社学術文庫、1977年）47頁。
(46) 渋沢、前掲書（七)、「陽貨第十七第23章」48頁。
(47) 荻生徂徠著、小川環樹訳注『論語徴Ⅱ』（平凡社、1994年）307頁。
(48) 渋沢、前掲書（七)、「陽貨第十七第23章」48頁。
(49) 渋沢、前掲書（六)、「衛霊公第十五第16章」134－135頁。
(50) 渋沢、前掲書（六)、「衛霊公第十五第17章」135－136頁。
(51) 渋沢、前掲書（六)、「衛霊公第十五第17章」135－136頁。
(52) 渋沢、前掲書（六)、「衛霊公第十五第16章」134－135頁。
(53) 渋沢、前掲書（六)、「衛霊公第十五第32章」153－154頁。
(54) 渋沢栄一「子罕第九第28章」『論語講義（四)』（講談社学術文庫、1977年）77－81頁。
渋沢栄一「子路第十三第20章」『論語講義（五)』（講談社学術文庫、1977年）159－161頁。
(55) 渋沢、前掲書（六)、「衛霊公第十五第32章」154頁。
(56) 渋沢、前掲書（四)、「子罕第九第28章」76－81頁。
(57) 朱熹著、土田健次郎訳注『論語集注３』（平凡社、2014年）92－94頁。
(58) 荻生徂徠、前掲書Ⅱ、41頁。
(59) 荻生徂徠、前掲書Ⅱ、41－42頁。
(60) 三島、前掲書、199頁。
(61) 渋沢、前掲書（四)、「子罕第九第28章」79頁。
(62) 渋沢、前掲書（六)、「憲問第十四第45章」104頁。
(63) 三島、前掲書、331-332頁。
(64) 渋沢、前掲書（六)、「憲問第十四第45章」104頁。
(65) 渋沢、前掲書（六)、「憲問第十四第45章」105－106頁。
(66) 渋沢、前掲書（二)、「雍也第六第11章」167－168頁。
(67) 朱熹、前掲書2、157頁。
(68) 荻生徂徠、前掲書Ⅰ、229－230頁。
(69) 三島、前掲書、１22頁。
(70) 渋沢、前掲書（二)、「雍也第六第11章」168－169頁。

（71）渋沢、前掲書（六）、「憲問第十四第13章」27－30頁。
（72）渋沢、前掲書（六）、「憲問第十四第13章」28頁。
（73）渋沢、前掲書（六）、「憲問第十四第13章」30頁。
（74）渋沢、前掲書（六）、「憲問第十四第13章」30頁。
（75）渋沢、前掲書（六）、「衛霊公第十五第8章」123頁。
（76）渋沢、前掲書（六）、「衛霊公第十五第8章」123頁。
（77）渋沢、前掲書（六）、「衛霊公第十五第8章」124頁。
（78）渋沢、前掲書（六）、「衛霊公第十五第8章」124頁。

第4章

渋沢栄一と仁の思想（4）

－仁の諸相とその考察－

はじめに

本稿の目的は、論語中の仁について述べた章に対する渋沢栄一の理解内容に基づいて、仁の諸相を考察することである。論語を通読玩味して後、はじめて仁の真意義に至ることができるのであるとすれば、少なくともさまざまな角度から仁について述べられた章を検討することは、渋沢による仁の理解を知るうえで不可欠と考える。

本稿では、仁の諸相をできるだけ体系的に考察するため、「仁と義」、「仁の実践」という2つのカテゴリーを設定し、そのいずれにもあてはまらないものを「仁の諸相」として考察する。分析対象とする資料は渋沢の主著『論語講義』である。[1]

本稿は渋沢の仁の思想を探ることを目的としている。したがって、論語解釈において参考とする学統や先行研究の大半が、従来同じテーマで検討してきた他の拙稿の参考資料と重複している。指標となる主たる学統は、(1) 王陽明から山田方谷、三島中洲に連なる陽明学、(2) 荻生徂徠から亀井南溟、亀井昭陽に連なる徂徠学、(3) 朱熹に起源を発する朱子学、(4) 藤田東湖や会沢正志斎を中心とした水戸学の4学統と通釈書である。[2] 本稿では論語各章の主題に応じて各学統の見解を引用する。

本稿で参考とする代表的な先行研究としては、知徳一体論の視角から知および仁を考察した戸田昌幸の研究[3]、顔淵問仁章をめぐる小和田顯の研究[4]、同じく顔淵問仁章をめぐる松川健二の研究[5]、礼と仁に関する常盤井賢十の研究[6]、論語における仁の人間性と宗教性を考察した西藤雅夫の研究[7]などがあげられる。

第1節　仁と義

1－1　仁と義の関係

為政第二第24章は、人道上当然なすべきことに力を用いて、人の力では計り知れないものに迷ってはいけないということを述べた章である。本章は、【子曰。非其鬼而祭之。諂也。見義而不爲。無勇也】（子曰く、その鬼にあらずしてこれを祭るは、諂うなり。義を見てなさざるは、勇なきなり）というものである。[8]

渋沢はまず、三島中洲の「人のなすべからざるところをなす。しかしてなすべきことをなさざるは、共に中道にあらざるを戒む」という解釈を引用する。[9] 渋沢は、人は義を知らず、たとえ眼の前に義があってもそれを実践することを逡巡していると指摘した後、武士道を引き合いにして義についての自説を展開する。

渋沢は、武士道の精神は義によって成り立っているが、それを実践するには勇気が必要であると説く。そして勇気の有無を、羽柴秀吉が明智光秀を誅して主君の仇を討った例と、斉の相晏子が荘公の仇を討てなかった例を史実に求めて、「彼我勇怯の別、雲泥の差ありというべし」と述べる。[10]

しかし渋沢は、忠誠無二の人でありながら勇気が乏しいとされる、宋末の文天祥という人物の下帯に記された辞世の言葉である賛を引用して、「義」の解釈を「仁」との関係において述べている。渋沢はその賛の骨子を、「孔子は仁を説き孟子は義を説いたが、人もし義を尽くせば自らにして、仁に達すべし。仁義は決して二つの個々別々のものではない。すなわち二にして一なるものである。聖賢の書を読んで学ぶ所も畢竟この外に出ること能わざるものなるがゆえに、義を尽くして世に立ちさえすれば、仁をも成し、世間の人々より笑わるるような愧を掻かずに済むというにある」とまとめている。[11]

渋沢は仁と義の関係を、「蓋し義は仁の本体で、義が動いて人の行事となったものがこれすなわち仁である。義に勇みさえすれば、人は必ず仁を行い得るものである」としている。さらに渋沢の説明は、この解釈に基づいて、維新三傑の人物評価におよぶ。つまり、智謀の優れた大久保利通や木戸孝允は、義に勇むことが少なかったが、智略に乏しいが蛮勇のある高杉晋作のような人物は義に勇むことが多いとしている。また、いかなるものを義と見るかについて渋沢は、その人とその時によって異なるとしている。

渋沢は、「義を見てなさざるは勇なきなり」という孔子の言葉を援用し、「不義を見てなすのもまた勇なきなりである」として、不義と認識したものは、いかなる人から圧力を受けてもこれを絶対になしてはならないと戒めている。この不義を説明するにあたって渋沢は、大塩平八郎が起した乱の不義を戒めて大塩に殺された、宇津木矩之丞の事例を引用しているが、この考え方は現代のコンプライアンスの精神にも通じるものと考えられる。

渋沢は「勇」について、「本章の勇というは知仁勇三徳の勇にて、猪流の勇や蛮的の勇にあらず」としている。

つまり渋沢は、「孟子のいわゆる浩然の気と同じく、その根柢が深く道義に胚胎し、人生の行路に問題の起った時、迷わず躊躇せず、即時に断案を下して邁進するの謂なり」[12]とし、勇とは蛮勇ではなく、理性と熟慮に裏づけられた毅然たる決断力であると述べているのである。

１－２　仁と悪

１－２－１　悪の解釈

里仁第四第４章は、通釈によると、その心が誠に向かえば、悪をすることはないという趣旨を述べた章である。本章は、【子曰。苟志於仁矣。無惡也】（子曰く、苟（いやし）くも仁に志す。悪（あし）きことなきなり）というものである。[13]

本章に対する渋沢の注釈で特徴的であるのは、「悪」の解釈である。朱熹は、「悪、如字」（悪は、字の如し）として、悪の内容を特定せず、通常の意味であるとしている。[14]物徂徠も「唯だ心、善に在（あ）れば、則（すなわ）ち自然に悪なし」として、悪をごく単純に善との対義語として捉えている。[15]

渋沢は、中洲の解釈に倣って悪の定義を、「心ありて義に悖（もと）るを悪といい、心なくして理に違（たが）うを過（あやま）ちという」として、正義に反することを知りながら行うことを悪とし、正義に反することを知らずに、結果として理に違うことをすることを過ちと解釈する。悪が生じる原因について、同じく中洲の解釈に倣って、「およそ人の悪事をなすは、他人と接する際、自己を愛するよりして生ず。すなわち利己主義の致す所なり」としている。(16)

渋沢によれば、「悪とは人との接際において故意に行われる正義に悖る行為であり、その原因は利己主義的な考えによるものである」ということになる。このように、従来の注釈者は悪を善に対置されるものとして抽象的に捉えるのに対して、渋沢は故意と過失を区別することによって悪の定義を明確化し、かつ、悪の淵源を接際における利己主義的な考えに特定して自説を展開する。

渋沢はこのように、悪の定義とその淵源を明らかにしたうえで、仁との関わりに言及する。渋沢は、人ありてその心の行き向かうところが仁であれば、つまり仁に志す人は、過失を犯すことはあり得ても故意に正義に悖る行為をすることはないと考えた。すなわち、渋沢が定義するところの悪に向かうことはないと考えたのである。そしてこれが、孔子が青年に対して仁に志すことを勧めた理由であると渋沢は解釈した。

渋沢は本題に進み、悪の行為をする人、つまり利己主義的な考え方で接際を行う人が増えた場合は、その人たちを含めた社会の栄達はあり得ないと説く。人は自分の利益幸福のためにのみ働くのではなく、他人の利益幸福のためにも働かなければならないと渋沢は結論づける。

渋沢は日常の接際のレベルから目線を上げ、大学を引用して為政者の立場から本章を解釈する。渋沢は、大学の「民の好む所これを好み、民の悪(にく)む所これを悪(にく)む。これこれを民の父母という」という下りを引用し、これを本章の趣意であると述べる。(17) 日常の接際は言うに及ばず、為政者は常に民に心を向け、民に寄り添うことが重要であると渋沢は解釈する。

1－2－2　仁者による好悪の判断

里仁第四第3章は、仁者の好悪の判断が正しいことを述べた章である。本章は、【子曰。惟仁者。能好人。能悪人】（子曰く、ただ仁者のみ、能(よ)く人を好(よみ)し、能(よ)く人を悪(にく)む）というものである。(18)

渋沢は講義の冒頭で、本章の解釈は物徂徠に依拠することを述べている。物徂徠は、朱熹の解釈を批判したうえで、自身の解釈を示している。

朱熹は、仁者の好悪が正しいとする根拠として、「蓋無私心、然後好悪当於理」（蓋し私心無くして、然る後に好悪理に当たる）として、理をもち出し、その理が仁者の公正無私の淵源であると主張する。(19)

これに対して物徂徠は、「然れども公正無私を以て之を求むるは、之を求めて愈（いよい）よ遠ざかるゆゑんなり」と述べて、理や公正無私を強調しすぎると、民から益々遠ざかってしまうと主張する。(20)なぜなら物徂徠は、好む者を登用し憎む者を斥けるのは、それが民のためになるからだと理解するからである。

渋沢は、「仁者は義に明らかなり。ゆえに好悪共に公正なるをいう」として、仁者はその義の正しさによって公正に好悪を判断すると述べる。その公正な判断が政務をはじめとするさまざまな要職にあたるべき人物の評価に正しく反映されれば、それが民の安寧な生活に資するものとなるというのが渋沢の理解である。(21)

渋沢にとって私心をもたないことは、善悪の判断に際して好悪を棲み分けるのに不可欠である。渋沢はその具体例を大化の改新や徳川時代の基礎を形づくった政策等によって説明する。そして、私心をもたずに進退賞罰を正しく行うには個人の利害を離れることが必要と結論づける。

常人は利害を離れられないが、仁者は利害を離れ好悪を正確に峻別するので道を誤ることはない。道を誤ることを避けるのはひとえに民のためであり、要職に就く人材の好悪を正確に判別することが重要であるというのが渋沢による本章の解釈である。

つまり、正しい好悪の判断をするため私心を捨てるということを、理をもって説明する必要はないと渋沢は考える。仁者たるべき条件として理をもち出して議論を複雑化すると、民のために純粋かつシンプルに構成されている本章の趣意を正しく理解することができなくなるというのが渋沢および渋沢が依拠した物徂徠の考え方である。

第2節　仁の諸相

2－1　仁厚の美俗

里仁第四第1章は、通釈によると、町村は仁厚の風俗があるのを美しいとする趣旨を述べた章である。本章は、【子曰。里仁爲美。擇不處仁。焉得知】(子曰く、里は仁を美(よし)となす。択(えら)んで仁の処(お)らざれば、焉(いずく)んぞ知(ち)を得(え)んや)というものである。[22]

本章の解釈については、通釈、朱熹、中洲と物徂徠、南溟で大きく2つに分かれる。前者は里を文字通り25家が1つの単位となる村とし、それを前提に章意を解釈する。それに対して後者は、仁に依っていれば諸々の美がやってくるとストレートに解釈する。[23]

渋沢は故郷を愛する気持ちと実体験に基づき、物徂徠や南溟の解釈を是としながらも、村に仁厚の風習があることを重視して通釈や朱熹、中洲の説も受け入れる。渋沢は村々に宿る仁厚の風習について一家言を披歴する。

渋沢は、「それ邑里(ゆうり)は都会と違い仁厚の風習あるなり。かかる土地に居れば、朝夕あい接する人みな仁厚にして、見る所聞く所ことごとく美俗ならざるはなし。すなわち自然感染して徳器(とくき)を成就し、兼ねて一家の長幼をして仁厚習うて軽薄に至らざらしむるを得ん。人もし居処を択ぶに当り、仁厚の美俗存する邑里を措(お)きて、風俗のよろしからざる地に居を定めんか。いずくんぞ知恵のある人となすことを得んや」と述べる。[24]

渋沢は、都会とは異なり純朴で仁に厚い人々が住む村に身を置けば、それに感化されて自ずと仁厚な人になっていくという趣旨を述べる。しかし、仁厚な村で徳器が醸成された人々が都会に集まってくるのに、なぜ都会の一角に仁厚な人々が住む地域があらわれないのかという疑問が生じる。これについて渋沢は、「地の霊(たま)」ともいうべき、いわく説明しがたいものの存在を感じていた。渋沢は物徂徠らの解釈を正とする一方、中洲らの解釈も併せて受け入れた。

渋沢は自身の故郷である血洗島村がそっくり都会の一隅に越してきたとし

ても、仁厚の風習がそのままの形で生きながらえるとは考えていなかった。なぜなら、神社を中心とする祭礼を正しくし、土地に根差した古来の風習を重んじる形で故郷を支援した渋沢の行動を見る限り、血洗島村というまさにその土地を中心に人々が集い、その地ならではの産業を興してこそ人々が定着し、仁厚なる村が存続しうると渋沢は考えていたからである。

地の利、人の利、時の利を言い換えて、地の霊（たま）、人の霊（たま）、時の霊（たま）なるものがあるとすれば、本来霊的な存在である人間と、霊的存在としての土地が互いに霊を通して正の方向で結びついたときに、仁厚なる村が出現すると理解するのが自然である。このように、渋沢が物徂徠の所説を是としながらも、中洲らの説を受け入れて狭義の解釈をした背景には、このような土地に対する渋沢の思いがあったと考えられる。

渋沢が広義の解釈とする本章の理解は、「孔夫子の精神は恐らくは何処に住居しても構わぬから、人の仁徳を我が心の栖（す）む里と致しておらねばならぬものである仰せられた意味だろうかと思わる」というものである。さらに渋沢は、「およそ仁徳に安住してこれを我が心の栖（す）む里と心得ておる人は、これによって立派なる人格を作り上げられ、心広く体胖（ゆた）かなり」とも述べている(25)。

この渋沢の言葉を文字通り解釈すると、人の内面にある仁徳という場所に人が本来もっている心を住まわせることによって、人の心は安住の地を得て精神的に豊かに過ごすことができるということになる。さらに、人の内面には仁徳だけではなく、悪徳という場所もある。本来無垢な人の心を仁徳に住まわせるか悪徳に住まわせるかは、その人次第である。しかし、仁徳に住まわせている人は、人格高潔にして心が広く体軀も立派である。

つまり渋沢は、狭義、広義に分けてはいるものの、そのいずれも、「人々が住む場所としての土地」、「人の内面にあって人の心が棲む場所として仁徳」という形で、土地と仁徳を対置させ、かつ人と心を対置させることによって本章を広狭両面から並行して解釈している。

渋沢は、良き「地の霊（たま）」をもった土地に純真無垢な人という有機体が住み、人の内面にあって良き「人の霊（たま）」である仁徳という場所に純真無垢な心という霊体を棲まわせることによって、その土地や人々にはごく自然に諸々の良いことがやってくると解釈した。

さらに渋沢は智者について自説を展開する。渋沢は智ある人はその心を仁徳に置き、心を火宅、つまり現世の享楽に置く人は智者ではないと述べる。渋沢にとって智とは仁徳の大切さを知る能力であり、その能力を有する人が智者である。そして、渋沢にとって愚者とは、仁徳の大切さに気づかず心の赴くままに享楽に耽る人である。

渋沢の解釈は現実味を帯びる。渋沢は、「郷党を仁風に化するは先覚者の任務ならん」と述べる[(26)]。良き「地の霊（たま）」をもった土地に純真無垢な人という有機体が住んだとしても、それだけでは仁厚の風習を継続発展させることはできない。その土地に住む先覚者がなすべきことは、醇風美俗を保つだけでなく、世界の新知識を入れてその土地の職業に応用することであると渋沢は述べる。

人の仁徳は、仁厚高き村に身を置くことによって涵養される。しかし、その村が仁厚高くあり続けるためには、村人の生活を支えるための機能が円滑に働くことが必須であり、それを担うのが村人の従事する職業の生産性である。つまり、経済力の基盤が確立され、それが日々進化しているのでなければ、醇風美俗を保ち続けることはできない。

村人に心を向ければ、その家族に心が行き、そうすれば必然的に家族が住まう村全体に心が及ぶ。このような個から集団への心の移り行きのなかで、国を思う心が大きく育つと渋沢は述べる。そして、村や国を思う心の中には常に現実を見据えた経済的発想がなければならないというのが本章の注釈を通してうかがわれる渋沢の考え方である。

2－2　仁と才

憲問第十四第35章は、駿馬にたとえて才と徳を論じ、徳の重要性を述べた章である。本章は、【子曰。驥不稱其力。稱其德也】（子曰く、驥（き）はその力（ちから）を称（しょう）せず。その徳を称するなり）というものである[(27)]。

渋沢の字解によると驥（き）は古の善馬であり、千里を走りかつ力が強いのが特徴で、馬としての能力つまり才はきわめて高い[(28)]。しかし、その駿馬が調良の徳をもって人間の役に立たなければそれは真に善馬とはいえない。

人の役に立つことが駿馬の徳であるとすれば、人の徳は博く人民を愛しその生活を安んずる仁を身につけ、かつ実行することである。また、駿馬の才が千里を走りかつ力が強いことであるとすれば、人の才は仁を発揮するためのさまざまな能力を指す。渋沢はこれを「それ人の功を建て業を成すは才にあり」と表現している。[(29)]

渋沢は家語の「……不瞉にして能多きは、これを豺狼に譬う、邇くべからず」という部分を引用して、「徳なきの才人はなはだ危険なり」としている。

渋沢は人が良い仕事をして仁人としての役割を全うするにあたって、才は必要条件で、徳は十分条件であると解釈している。そして、この十分条件が欠けている場合、馬は豺狼となり、人間は小人となって、ともに近づくべからざる存在となる。

格物致知とは本来、物ごとの道理や本質を深く追求することであるが、渋沢は才を身につけるための学問が格物致知、徳を身につけるための学問が論語を学び実践することと理解していたと考えられる。才に偏重した当時の学問の実態を渋沢は大いに憂慮し、論語による道徳教育を推奨する一方、自身が格物致知を身につけるチャンスを逸したことを残念に思っていた。

渋沢の心中には格物致知を十分修得できなかったという一種の劣等感があると思われる。渋沢は格物致知と論語をともに修得したうえで才と徳を論じているのではなく、格物致知を自身が納得するレベルまで修得せずに、道徳教育の重要性を説いているという懸念を心中に抱えていたのではないかと思われる。この推察は渋沢自身が十分に学びえなかった格物致知を研究する施設として、後に理化学研究所を設立することによって、格物致知を学ぶ機会を後進に与えたことからも裏づけられる。

渋沢は自らが修得し実践した論語の教えを、論語講義を通じて後進に説き、自らが修得できなかった格物致知を学ぶ機会を、理化学研究所をはじめとする各種研究施設や大学、専門学校を設立することによって後進に提供した。

２－３　仁と逸詩

子罕第九第30章は、詩経にも載せられていない男女間の情の機微をうたった逸詩を孔子が独自の解釈で儒学を志す者の教訓として解説したものである。

本章は、【唐棣之華。偏其反而。豈不爾思。室是遠而。子曰。未之思也。夫何遠之有】（唐棣の華、偏としてそれ反せり。豈に爾を思わざらんや。室これ遠ければなりと。子曰く、未だこれを思わざるなり。それ何の遠きことこれあらん）というものである。[30]

この逸詩は、互いに離れて過ごしている男女に遠いという感情が湧いてきたとすれば、それは互いの思いの強さが足りないからだということを謳ったものである。愛情の欠如が互いの距離をつくり出しているというのがこの詩の趣旨であるとすれば、仁を得ようとする思いがあっても、そこに至るまでの道は遥かに遠いと感じたとすれば、それは仁に対する思いが足りないからであるというのが孔子の言わんとすることである。

しかし、渋沢は仁に近づきこれに至るためにさらにその先を求める。渋沢は『論語語由』を引用して、「思わばすなわちまさに往くべし。いやしくも往かず、未だかつて思わざると何ぞ異らん。仁遠からんや、我仁を欲すれば仁ここに至る。仁を求めて至らず。徒らに以て遠しとなす。未だこれを思わざるなり。それを思いてまた思い、思うて惜かざれば、ここに仁（すなわち道）に何の遠きことあらんや」と述べている。[31]

つまり、思うだけではなく往くこと、つまり、一歩踏み出して仁を実践しようと試みることが必要であることが説かれている。これは、渋沢が中洲の言葉を参考にしていうところの、「道すなわち仁は人々日常行履すべきものであって近く眼前にあり。真にこれを思えば直ちに学ぶことができる」という言葉に要約される。

詩経にすら載せられていない逸詩で、しかも男女の情の機微をうたった詩の一フレーズにすら論語を学ぶ者への教訓を見出す孔子の姿勢には感嘆を禁じ得ないが、思いが足りないことを単に思いを強めることによって解決するのではなく、その思いに基づいて即刻それを実行にうつすことが思いを強め、さらには思いを現実化することに勉めるべきであるという渋沢の解釈には彼の実践家としての側面が強く表れている。

2－4　仁と求道

2－4－1　仁と学問修行

述而第七第6章は、学問修行の順序を説いた章である。本章は、【子曰。志於道。據於德。依於仁。游於藝】（子曰く、道に志し、徳に拠り、仁に依り、芸に游ぶ）というものである。[32]

渋沢は本章の注釈において南溟の説を引用して章意を解釈する。渋沢は本章を学問の項目を述べたものであるとする南溟の説に賛同し、道、徳、仁、芸のそれぞれについて解釈を加えている。渋沢は道を「先王の道」であるとして、君、臣に始まり父子、夫妻、朋友、郷党に至るまで、それぞれに定められた道に背かず行うことが、道に志すことであると述べる。

渋沢は徳について、「仁親義譲・忠順恭敬・孝悌信睦みなこれなり。およそ彝倫の叙して乱れざるは、徳を以てなり。ゆえに人いやしくも道を行わんと欲すれば、必ず徳を以て拠となす。ゆえに徳に拠るという」という南溟の説を引用して自説を展開する。

つまり、徳とは道徳倫理の徳目12項目すべてを含むものであり、上述の道を行ううえでの根拠となるものと渋沢は説く。

仁についても渋沢は南溟の説である、「仁もまた徳中の一。しかれども仁は人なり。人の人たるを成す。その仁を以てなり。ゆえに人能く久しく仁に違わざればすなわち衆徳来たり集まる。ゆえに仁に拠るという」という下りを引用する。芸についても同じく南溟の説である、「詩書六芸これなり。それ士君子道徳を成す所以の者は、よく久しく六芸に游息し、群を楽しみ饜飫し、務めて時に敏なれば、その修すなわち来る。ゆえに芸に遊ぶという」を引用する。[33]

渋沢は注釈のなかで引用した南溟の説をもとに、道、徳、仁、芸について自説を展開する。渋沢によれば、人が完全なる人物になろうと志せば、まず人道を履むことが前提であり、人道を履むにあたっては、徳によって世に処することが必要だということになる。

渋沢は徳の意義を南溟に倣って、仁親義譲・忠順恭敬・孝悌信睦のすべてを包摂するものとしたが、これを渋沢自身の言葉で解釈すると、「己に足って外に待つなきこと」、つまり、「自ら足るを知り、他人から利を得ようとしないこと」となる。

渋沢は仁を博愛であると説く。徳が他から利を得ようとしないという内省的な徳目であるのに対して、仁は、他へ幸福を頒ち与えようとする外向きの心情であると渋沢は説明する[(34)]。仁とは人、つまり、人の内面的なものであり、徳とともにその根底を人の心情に置くものであって、心情の根底にあるがゆえに、仁と徳は人の行為となって顕れることになる。

2－4－2　道に志すこと

渋沢の解釈によれば、道に志し、徳に拠りかつ仁に依ることによって、道徳倫理に則り博愛に満ちた人格が完成する。渋沢はさらに、人間が感性豊かな生き物であるかぎり、その感性の発する内面の心情に人間的な潤いを与えることが必要であると説く。つまり、人間は道を志す仁徳マシーンではなく、人の道を歩みながらも、その歩みに潤いと人間的なゆとりをもたらす芸が必須であると述べる。以上を踏まえて、渋沢が理解した道、徳、仁、芸の関係を大胆なレトリックを用いて再説すると以下のように表現される。

完成した人格につながる「道」を志した求道者は、「徳」に基づいて誠実に設計された仕様にしたがって製造された車に乗って走り始める。その車は、同じく徳に基づいて丁寧に精製されたガソリンで走るため、排気ガスで走行中に道路周辺の空気を汚染することは少ない。また、その車は徳に則って運転されるため交通法規に違反することもない。

しかし、それだけでは道路周辺に迷惑をかけないというにとどまり、他の運転者や走行地区に積極的にプラスとなる行動をとっているとはいえない。そこで求道者は「仁」に基づき、他の運転者に積極的に道を譲り、道端に倒れている急病人を病院に搬送するなどして博愛に満ちた行動を心掛けた。

そのようななか、求道者は運転に適度な安らぎを求める気持ちが湧いたため、「芸」によりカーステレオを購入し、運転中に音曲を流して精神的な潤いをもたせようと試みた。

つまり、完成した人格に到達するうえでのメインは、道を志し、徳に拠りかつ仁に依ることであり、芸は重要ではあるが、あくまでもサブとしての役割にとどまるということになる。

このような理解に基づいて、渋沢は同時代および歴史上の人物を評価する。渋沢は伊藤博文を、欽定憲法を制定し、立憲君主国としての日本の基礎をつくるうえで、徳や仁を発揮した人物とする一方、芸にも造詣の深い人物として最高度に評価する。渋沢は、徳と仁をメインにし、芸をサブとして国家の建設に全力を尽くした人物として伊藤を評価する。

西園寺公望に対して渋沢は、余裕綽綽として人生を歩むが、芸に身をやつしその力量を徳や仁に則って最大限に発揮することのなかった人物として低い評価を与える。

豊臣秀吉に対して渋沢は、西園寺に対する評価とは異なる理由で低い評価を与える。秀吉は、才知、技倆、余裕ともに備えた豪傑であるとするが、その晩年に至ってその本分を閑却したと渋沢は考える。その結果、徳と仁をメインにした国家への貢献度は低く評価されざるを得ないとする。

徳川家康に対して渋沢は、秀吉とは異なり晩年まで国家安泰に対して努力を継続したことをもって高評価を与えるが、その心中は複雑であったと考えられる。渋沢は、日本にとっては天皇を中心とする統治形態があるべき姿と考えていた。しかし、家康は渋沢の理想とは異なる武家政治の基礎を築いた人物である。つまり家康は、徳川三百年の政治的な安定基盤を築いた人物であるとはいえ、渋沢の理想とする政治体制とは異なる形態で安定を築いた人物であった。

渋沢にとって徳川時代は、いわばボタンの掛け違いのままで成立した政治体制の下で得られた安定期であった。さらに、天皇家から委託されて政治を代理権者として司るという形態をとっていたのならともかく、徳川時代の歴史において公家諸法度を制定し、天皇家を名実ともに統治する政治体制の基礎を打ち立てた家康に対して、渋沢が原理論的に尊敬の念を抱く道理は本来ないはずである。

しかし、渋沢はこの点に関する一種のわだかまりをもちながらも、家康の立場に身を置いて、彼がその時代において全うせざるを得なかった仕事を、誠心誠意実行したことに対して高い評価を与えたものと理解される。

2－5　利・天命・仁

2－5－1　利について

子罕第九第1章は通釈によると、孔子が人に教える時に常に言わないでまれに言うものを記したことを述べているという説と、孔子は利のことはめったに言わないが言うときには、命や仁とともに言って、単に利だけを言うことはないという説がある[(35)]。渋沢は後者の解釈に準じる。

本章は、【子罕言利與命與仁】（子罕れに利と命と仁とを言う）というものである[(36)]。

渋沢が主張する義利についてのポイントは、「利は義の和なり」と「利は元亨利貞の利なり」という2つである。これは、利は義を積み重ねていけば自ずと得られるものであり、その場合の利は決して不義の利ではないということを示している。

このようにして得られた利の使い道について渋沢は言及する。渋沢は、人間として必要な衣食住の経費は義によって得られた利によって賄われなければならないし、一村から一国に至る公的な営みに係る経費についても同様に義によって得られた利が充てられなければならないと主張する。

私欲に基づき不義によって得られた利益は、直接・間接に人を悲しませ不幸に追いやって得たものであるので、それを人間生活や国の営みに費やしてはならないというのが渋沢の論旨である。しかし、「利は均しく利なれども」という渋沢の言葉の通り、金に色がないのと同様、金銭や動産、不動産等さまざまな形に変わった利のいわゆる出自が判別しえないところに、利を御する困難さがある[(37)]。

出自の判別が困難な利を御するには、利を得る当事者である個々人の心構えこそが重要である。渋沢は得られた利の獲得プロセスを問題にしているのであって、そのプロセスに不備があれば得られた利得は結果として身につかず利得としての役割を全うすることができないというのが渋沢の考え方である。

工場で製造される洗濯機を例にとれば、洗濯機の設計・製造プロセスにおける不備は製品品質の問題点となり洗濯機を使用した家庭では多くの問題が発生する。その場合、製品リコールによって利益は削られ信用は地に落ちて企業活動にも多大なマイナス影響が生じる。

製造プロセスでの手抜きや不備が端的に製品品質に反映される洗濯機を例にとれば、獲得プロセスに問題がある利得は身につかないことがわかる。「悪銭身につかず」の悪銭は「リコール費用」であり、企業の信用が低下することによる「得べかりし利益」の喪失である。このような場合は経済論理に基づく因果応報によって渋沢の主張が裏づけられる。

手抜きや不備などの不義が製品品質に端的に表れる場合、つまり因果関係が目に見える場合とは異なり競争相手を陰に陽に排斥したり、不当に出し抜いたりするような不義によって得られた利得は、そのプロセスとの因果関係が不可視である。利得の出自が判別不可能な場合、つまり、経済論理によって必ずしも不義への報いがなされることが明白ではない場合でも渋沢の教えを受け入れ、義利の因果関係を信じるか否かが問題となる。

渋沢は青年淑女に対して可視、不可視とかかわりなく真正の利益を得る方法を説く。そしてそれは、国家社会に尽くす誠意をもって利益を獲得することであり、義利合一説が主張することと同内容であるとする。(38)

2－5－2　天命について

次に渋沢は天命について述べる。渋沢は天命を尊重すべきものとしながら、「要は『人事を尽くして天命を待つ』の心掛けを以て、平生刻苦勉励し、自ら己の天地を開拓すべきものである」と述べて、天命を尊重しながらもむしろ自助努力の重要性を強調している。(39)

渋沢は、天命を知らずに行動し、失敗した事例としてドイツのウィルヘルム二世によるドイツ帝国建設の試みをあげたうえで、「それ天命なるものは、人の努力才能を以て制すべからざる霊妙不可思議な威力を備えている」と述べている。(40)この言葉は、科学的、現実的思考が強い渋沢の言葉としては奇異な感を抱かざるを得ないが、渋沢が理解する霊妙不可思議な威力とは、その人に元々備わっている運命であるとともに、過ぎ越し方において身につけた人徳のようなものではないかと考えられる。

「人事を尽くして天命を待つ」という言葉のなかの「人事」には、人間としてできる実務上の現実的な努力という意味に加えて、自らの人徳を高めることによって、霊妙不可思議な力で結果が左右される部分を極小化すべしという意味合いが込められているのではないかと考える。

そのように考えれば、渋沢が一般的にいうところの運命論者ではなく、人間のすること、つまり人事にともなう不確定要因である「霊妙不可思議」な部分を認めながらも、それを極力なくす方向で努力すべしという現実主義者としての渋沢の側面が浮かび上がってくる。

次に渋沢は仁について語る。渋沢は、「しかも仁は孔子教の核心をなすもの」と述べて、仁を論語における最上位概念に置いている。その一方、論語において仁に直接ふれた章は40余章であるとして、その少なさについても語っている。論語の中核概念でかつ最上位の道徳的価値である仁は論語全体を通読玩味して体得すべきもので、仁を取り巻く下位概念のように単純に定義できるものではない。

論語では大仁と小仁を区別してその意味が示されてはいるものの、孔子が稀にしか仁を語らなかった背景には、論語を学ぶことと、その学びにしたがって実践することにより体得できる仁の真の意味あいは、いわゆる形式知ではなく暗黙知として身につけるべしとの思いが孔子にあったからではないかと思われる。

「利」、「天命」、「仁」の３つの概念に対する渋沢の言葉を吟味すると、そこには渋沢の論語理解のエッセンスが凝縮されているように思われる。この３つの概念はきわめて重要であるがゆえに本来は幾度となく繰り返して玩味すべき内容を含んでいる。しかし、形式知としてその表面のみを撫でるように理解する危険は大きく、それが原因で論語の誤解が負のスパイラルを生む可能性があることを孔子は懸念しており、渋沢もその懸念を共有している。

この負のスパイラルの典型が、利を穢れたものとして忌み嫌うことや、天命の霊妙不可思議さに宗教的神秘性を見いだすことである。また、朱子のように論語を倫理哲学と位置づけて論語を曲解する学統もあらわれてくる。

「利」、「天命」、「仁」の３つは論語を形成する中核概念であるが、反面それらを理解するにあたっては、十分注意しなければ取り返しのつかない誤解を生むリスクが包蔵されていることに留意すべきである。

第3節　仁の実践

3－1　仁者となること

3－1－1　忠と清

公冶長第五第18章は、仁者と呼ばれることの難しさを述べているが、渋沢はそれを日本人と中国人の考え方の違いに由来するものとして分析している。

本章は【子張問曰。令尹子文三仕爲令尹。無喜色。三已之無慍色。舊令尹之政。必以告新令尹。何如。子曰。忠矣。曰。仁矣乎。曰未知。焉得仁。崔子弑齊君。陳文子有馬十乘。棄而違之。至於他邦。則曰。猶吾大夫崔子也。違之。之一邦。則又曰。猶吾大夫崔子也。違之。何如。子曰。清矣。曰。仁矣乎。曰。未知。焉得仁】（子張問うて曰く、令尹子文三たび仕えて令尹となり、喜べる色なく、三たびこれを已められて慍れる色なし。旧令尹の政は、必ず以て新令尹に告ぐ。如何と、子曰く、忠なりと。曰く、仁なるかと。曰く、未だ知らず、焉んぞ仁を得ん。崔子斉の君を弑す。陳文子馬十乗あり。棄ててこれを違る。他邦に至る。則ち曰く、なお吾が大夫崔子のごときなりと。これを違る。一邦に之く。則ちまた曰く、なお吾が大夫崔子のごときなりと。これを違る、如何と。子曰く、清しと。曰く、仁なるかと。曰く、未だ知らず、焉んぞ仁を得ん）というものである。[41]

章中で取り上げられている子文は楚国の執政であり、高い官位を与えられ任官と罷免を三度繰り返した。しかし、官位には拘泥せず、整斉と任務を果たし、かつ後任にも手厚い引継ぎを行った。これをもって、子文は「忠」であるとされた。

また、別事例として取り上げられた文子は、自らが仕える斉国の大夫崔杼が君荘公を弑したとき、自らの富を放棄してでも崔杼と同列することを恥じて他国に移った。同様のことを他国でも繰り返した。このことから文子は「清」であるとされた。子文、文子両名は忠、清において徳が高いとされたが、その行動は個人の一善行に留まることから、いまだに「仁」には至らずと孔子は判断した。

子文、文子の徳のレベルを考えるにあたり、仏教において真理を究めた「羅漢」と、衆生済度を行う「菩薩」を例とする。後者の菩薩を、仁を有する人物に相当する者と考えれば、子文は「忠」という徳に悟りを開いた羅漢であり、文子は「清」という徳に悟りを開いた羅漢ということになる。

しかし、いまだ両名ともに悟りを開いたのみで広く衆生を済度する菩薩の境地に至らないことから、両名は菩薩の境地を目指して修行中の僧ということになる。ではこの2人の僧が到達しようとしている菩薩の境地に至る修行の道筋、つまり仁に至る道筋とは何であろうか。

子文は日常の所作を謹厳に繰り返し遂行する永平寺の修行僧に相当し、座禅、無言の行を経てさらに高位の境地に達しようとしているかに見える。一方、文子は諸国を行脚し、自らが師と仰ぐべき高僧を求め、その謦咳に触れることによってより高い境地に達しようとしている修行僧に相当するように思える。

渋沢は、「仁の本体は済世救民の道を行うにあり」と述べている(42)。渋沢は論語講義全編において高僧の事績にふれることが少なく、したがって、空海弘法大師の事績を正面からとり上げることもなかったが、密教の奥義を修め、まさに済世救民の志をもって日本中を行脚した弘法大師空海は、宗旨こそ違え、渋沢にとっては仁の本体を仏教教義に基づいて実現しようとした人物であった。

渋沢がいうところの済世救民、つまり民を安んずることが仁の本体であるとすれば、文子がとるべきであった行動は、秩序を乱した崔杼を討伐し、もって秩序の回復と安寧を得さしめることであった。渋沢は文子の行動の問題点を指摘するにあたって、秀吉が光秀を討ち、信長の仇をとった例になぞらえている。そして、文子と秀吉の行動の差を日本人と中国人の気質の違いによるものと説明している。

渋沢はしばしば、戦国、江戸時代の武将の例をもち出し、中国の史実と比較して持論を展開するが、安寧が保たれた江戸時代であればともかく、社会秩序の形成過程にある群雄割拠の戦国時代において、群雄中の一集団内での忠義のあり方を理想型として議論することは困難である。つまり、社会全体の安寧が確立されていない状況において、勢力拡大過程にある一集団内の安寧秩序を保つことは、社会の安寧を保つことを目的とする集団ではなく、武力を行使しようとする集団内の安寧を保つに過ぎないからである。

３－１－２　勇・知・礼

公冶長第五第７章は、孔子の弟子はそれぞれ才能を有するものの、孔子が仁者と認めるものは少ないことを述べた章である。

本章は、【孟武伯問。子路仁乎。子曰。不知也。又問。子曰。由也。千乗之國。可使治其賦也。不知其仁也。求也何如。子曰。求也。千室之邑。百乗之家。可使爲之宰也。不知其仁也。赤也何如。子曰。束帶立於朝可使與賓客言也。不知其仁也。】（孟武伯問う、子路仁なりやと。子曰く、知らざるなりと、また問う。子曰く、由や、千乗の国、その賦を治めしむべきなり。其の仁を知らざるなりと。求や何如と。子曰く、求や、千室の邑、百乗の家、これが宰とならしむべきなり。その仁を知らざるなりと。赤や何如と。子曰く、束帯して朝に立ち賓客といわしむべきなり。その仁を知らざるなりと）[43]というものである。

本章について渋沢は、基本的に中洲の解釈に拠っている。本章を先進第十一第25章と対で理解すべきであるという点に関しては物徂徠の考え方とも重なっている。先進第十一第25章は、それぞれに特徴を有する孔子の弟子４名に志を遠慮なく語らせ、それに対する孔子の反応やコメントをもって孔子の考えを明確にしている。孔子が志を語らせた弟子は、子路（名は由）、曾晳（名は点）、冉有（名は求）、公西華（名は赤）である[44]。

公冶長第五第７章において、孟武伯が孔子に対する人物評価の対象としてあげた弟子は、子路（名は由）、冉有（名は求）、公西華（名は赤）の３名である。子路の長所は「勇」、冉有の長所は「知」、公西華の長所は「礼」であると孔子は認めているが、孔子は３名のいずれも【不知其仁也】（その仁を知らざるなり）として仁者とは認めていない。

この「知らざるなり」という表現について渋沢は、「実は『なお未だし』というべきを『知らず』と婉曲に対えられたるなり」としたものであると理解している。[45]

孔子の弟子３名の長所である、勇、知、礼は仁とともに、衛霊公第十五第32章で君たる者が備えるべき徳目としてとり上げられている。衛霊公第十五第32章の章意は、君としての道を究めようとすれば、知、仁、勇の三徳を備えるべきであるというものである。つまりそこでは、君たるべき条件として備えるべき徳目である仁は、知、勇と並列に置かれているのである。そして礼は、勇をコントロールするものとして位置づけられる。

衛霊公第十五第32章で述べられる、仁者たる条件は、(1) 人を愛すること、(2) 労苦を厭わず仕事をなし、得るを後にすること、(3) 平生から恭敬忠信に基づき心を尽くし行うことの３つである。孟武伯が孔子の教えを正しく理解していれば、仁者たる必要条件は、勇、知、礼ではなく、人間愛をもち、勤勉、謙譲、恭敬忠信の徳目を有し、かつ、それらの道徳的資質を生かして自らの天命である万民のための政治を全うすることである。[46] そして、勇、知、礼は仁者が君たる道を全うするための十分条件ということになる。

つまり、仁者であるための人間愛をはじめとする３条件は、仁者であるために必ず身につけていなければいけない必要条件であるが、仁者のすべてが君たる道を歩むとは限らない。したがって、ある仁者が君たる道を歩んだとすれば、その君たる者が当然備えているべき十分条件が勇、知、礼の三徳であると理解するのが妥当であろう。

おそらく孔子は、否定されることが自明な孟武伯の問いを聞いて空虚な気持ちにおそわれたことであろう。【不知其仁也】（その仁を知らざるなり）とした孔子の回答には婉曲のニュアンスもあったであろうが、むしろ、突き放したニュアンスが多分に含まれていたのではないかと推察される。渋沢が本章から同様のニュアンスを感じたか否かは定かではないが、その注釈には渋沢固有のコメントは多く含まれていない。

３－１－３　子路の評価

公冶長第五第７章では孔子が孟武伯からの問いを受けて、子路、冉求、公西ら３名の弟子の評価を通してそれぞれの長所を述べるとともに、仁に至ることの難しさを述べている。[47] また、孔子は仁に至ること「猶未だし」と答えるのではなく「知らず」と答えて、今後の成長に期待する含みをもたせている。本章は、先進第十一第25章において、３人の弟子がそれぞれ自らの志を述べさせていることと対応しており、その内容も平仄がとれている。

渋沢は本章の講義で仁に至る困難さを説くより、むしろ師弟が相知ることを美事としており、現代の師弟関係の希薄さを問題としている。この章は、孔子の弟子が自らを評した内容を含む先進第十一第25章と併せて見るべきである。

先進第十一第25章は、それぞれに特徴を有する孔子の弟子４人に志を遠慮なく語らせ、それに対する孔子の反応やコメントをもって孔子の考えを明確にしている。孔子が志を語らせた弟子は、子路（名は由）、曾皙（名は点）、冉有（名は求）、公西華（名は赤）である。

孔子の問いかけは、「もし才能を認めて自分を挙用してくれる者がいたならば、自分は何をもってそれに応えようとするのか」というものであった。

最も年長であった子路はもともと剛勇であるものの謙譲の風に欠ける人物である。孔子の問いかけに対して子路は、大国に挟まれ、かつ自然災害で困窮している国を３年で立て直し、かつ国民の忠誠心も高めることができると答えた。孔子は対峙する相手の謙譲の度をその態度だけでなく、話す内容も含めて判断するため、子路の応答を聞いた孔子は微笑した。原文では微笑を表す文字として「哂」という文字が使われている。子路の答えを聞いて哂った理由を問うた曾皙に対して孔子は、【爲國以禮。其言不讓。是故哂之】（国を為(おさ)むるは礼を以てす。その言譲らず。この故にこれを哂うと）と答えている[(48)]。

ここで述べられる理由もさることながら、孔子の反応が、「嗤う」でもなく、「呵う」でもなく、「哂う」であるところにこそ孔子の真意と弟子に対する愛情が表れていると考えられる。つまり、あざけり笑うでもなく、呵々大笑するでもなく、失笑に近い微笑をもってする孔子の反応こそが、いまだ礼と謙譲に欠ける愛弟子に対する師の真情を示していると思われる。

渋沢によると、この問答は孔子が68歳か71歳、子路は59歳ないしは62歳のときになされたものと推察される。その年齢を考慮すればなおのこと、70歳前後の孔子が60歳前後の子路に対して、その礼と謙譲の徳を欠く様を、失笑を含んだ微笑をもって接する優しさと包容力が強く印象づけられる。

渋沢はこの孔子の反応について多くを語ってはいない。しかし、渋沢は子路が自らの抱負を披歴するにあたって措定したのは晋楚両大国にはさまれた鄭であろうと推察し、さらにその状況を仏独両大国にはさまれたベルギーになぞらえて子路の発言を堯典を引用したうえで解釈している。

子路の態度に対する孔子の反応を含めて渋沢は、「余は思う、勇は沈勇もしくは知勇にあらざれば、真勇にあらざるなり。真勇にあらざれば、一国も一家も一会社も治め得らるるものではない。子路が麁猛の武見、その志であるからというてこれを許すべけんや。またもし子路の答うる所が笑うべからざるものならば、態度の不遜のみを哂うべけんや。子路の齢すでに六十、麁猛の意見、これを哂うておくより外に致し方がないではないか」と述べている。

子路は真勇を備えている人物ではないので治者として不適であると渋沢は断定し、しかるがゆえに、その荒ぶる志を許すべきではないとしている。六十歳に至った子路に対してはその不遜な態度だけではなくその意見もあわせて笑うしかないではないかというのが渋沢の考えである。

つまり渋沢は、「六十づらを下げた初老の未熟者が、いまだに師である孔子が伝えたい徳を悟らず、態度だけでなくその話す内容も稚拙であるならば、いっそのことすべてをひっくるめて哂い飛ばしてやるしかないではないか」と言いたいのであろう。そしてこの場合の「哂う」には明らかに失笑のニュアンスが含まれている。

3－1－4　善言・慙じざる言・放論

憲問第十四第21章は憲問第十四第５章の「徳ある者の言」と真反対のケース、つまり、正実なく大言して恥じない者について孔子が述べた章である。

第21章は【子曰。其言之。不怍。則爲之也難】（子曰く、そのこれを言うて。怍じざるは、則ちこれをなすや難し）というものである。渋沢はこの「怍じざる」輩を「無責任の放論家」と呼ぶ。[49]

両章で取り上げる「言」の相違は、第21章で取り上げる「徳ある者」が発する言葉は「善言」であるのに対して、第５章で取り上げる「正実ある人」

が発する言葉は「外に出して慙じざる言」であるという点である。「正しく真実ある人」が「徳ある人」であるとは限らないとすれば、「慙じざる言」が「善言」であるとは限らない。しかし、徳ある人はすべからく正しく真実ある人であるとすれば、善言はすべて慙じざる言である。つまり、「徳ある者＞正実ある人」⇒「善言＞慙じざる言」という関係が成り立つ。

渋沢が憲問第十四第21章で徳ある人として引用したのは神功皇后、明治天皇であり、第５章で正実ある人として引用したのは西郷隆盛、大久保利通、大山巌、山県有朋である。神功皇后、明治天皇が話す言葉は「善言」であり、西郷、大久保等が話す言葉は「慙じざる言」ということになる。

渋沢は暗に「無責任の放論家」として大隈重信を例に出す。渋沢は大隈を評して、「これに反して大隈公に至っては、饒舌多弁にして必ずしもこれを実行するにあらず。むしろ無責任の言論あるに似たり。言うは易く、行なうは難し」と述べ、さらに「身を立て世に出でんとする青年諸士。豈に慎しまざるべけんや」と述べている[50]。つまり、渋沢は大隈を悪事例とし、青年に対しては反面教師として取り上げている。

これらを整理すると、「神功皇后、明治天皇＞西郷、大久保＞大隈」⇒「善言を吐く者＞慙じざる言を吐く者＞無責任の放論家」という図式が成立し、渋沢の人物評価基準の一端もこれによって明確になる。

３－２　仁の影響

３－２－１　上位者の影響

泰伯第八第２章は２つのパートから構成されていることから、これを２つの章に分ける考え方もあるが、渋沢は各部分に対して個別にコメントを付している。前半のパートは、礼の節を重視したものであり、礼による中庸がなければ、美徳が一転価値のないものどころか悪徳ともいえる状態になってしまうことを述べている。

本章は、【子曰。恭而無禮則勞。愼而無禮則葸。勇而無禮則亂。直而無禮則絞】（子曰く、恭しくして礼なければ則ち労す。慎しんで礼なければ則ち葸す。勇にして礼なければ則ち乱す。直にして礼なければ則ち絞す）というものである[51]。

泰伯第八第２章の後半は、【君子篤於親。則民興於仁。故舊不遺。則民不偸】（君子親に篤ければ、則ち民仁に興る。故旧遺れざれば、則ち民偸からず）というものである。(52)

泰伯第八第２章の後半が前半とひとかたまりとするのか、別章とするのかという点に関しては注釈者間で考え方がわかれるが、渋沢は別章であるとする呉棫、南溟、中洲の説を紹介していることから、もともとは別章であったと認識しているものと考えられる。

渋沢は本章を、「上位にありて政をなすの君子が、その父母を始めその他の親族を篤く愛敬すれば、下の人民はこれに感化し、自然に仁に起りて互にあい愛敬するに至らん。在上の君子が旧き縁故者や朋友に対して、旧好を忘れず、懇ろにこれを親しめば、下の人民またこれに倣い、仁厚にして偸薄ならざるに至らん」と解釈している。(53)

渋沢は大学に記述のある堯舜を取り上げて、国、会社、家族等、その大小にかかわらず最上位者による率先垂範の重要性を説いている。つまり、堯舜が仁をもって国を率いて成功したように、上位者が下位者の規範となる考え方や行動をとることが重要であり、それが、最大単位である国家とそれを構成するところのヒエラルキーを伴う、あらゆる人の集まりにおいてあてはまることを渋沢は強調する。

さらに、このような上位の影響度の大きさは、上位者次第でいかようにも下位者を善導できることを意味すると渋沢は考える。これを渋沢は、良き「行風」、「社風」の形成という形で実現されるものと理解する。つまり、企業行動の基盤を構成する企業風土は、最上位者の考え方や姿勢に加えて、何に基づいた価値観を重視するかによって決定すると渋沢は考える。

三菱のイギリス風、三井のアメリカ風と並んで、第一銀行は最重要の価値を論語に置いていた。渋沢の経営理念に心底共鳴し後任として第一銀行頭取を務めた佐々木勇之助は、渋沢の論語講義の講読を行員に勧めることによって、創業者である渋沢の意を体した行風つくりに邁進した。

英米の合理主義に基づいて社風を形成する三井、三菱に対して、第一銀行に論語の精神が徹底されたとすれば、経済合理主義のみの追求に拘泥しない第一銀行が他に突出して成長することは理論的には考えられない。しかし、財閥系銀行がその優位性を活かして拡大を続けるなかで連綿として業務を営み続けた第一銀行が、日本経済のなかで一定の存在感を示し、第一線で銀行本来の機能を果たし続けてきたことは注目に値する。

一面、渋沢の信念は理想論に走りすぎるきらいがあることも事実である。渋沢は、自身の理想が実社会で実現したならば、小作争議や労働問題も起こりようがないとする。渋沢の理想が目指すところは否定しようもないが、実際には小作争議や労働問題が先鋭化した事実は日本でも存在した。

しかし、渋沢の理想が実現されやすい、終身雇用制、年功序列賃金制、企業別労働組合等からなる労働慣行が定着していなかった戦後の一時期を除いて、日本の労働問題は比較的安定した経緯を辿った。その労使慣行とはまさに戦後に定着した企業別組合であり、規模の大小を問わず日本には企業一家という概念が定着し、個々の組織の成員がそれぞれの立場で自分が属する組織の行く末を考えて行動する制度的基盤が定着した。

企業別労働組合をはじめ、終身雇用制、年功序列制等の慣行が日本に定着した当初の歴史的経緯、つまり、当初の契機が外発的要因によるものか内発的要因によるものかという点については、その専門研究者の見解を尊重することが必要である。しかし、制度を受容するための経営者、労働者のマインドである内発的要因が整っていなければ、世界的に見ても特殊な労働慣行が日本に長く定着し続けることは困難であったと考えられる。

労働問題に関しては、渋沢の理想が不十分ながらもある程度実現していると判断されるのは、「労使慣行の受容⇒慣行にしたがって活動し続けることによる企業一家的発想の涵養と助長⇒慣行の制度化⇒労使双方の発想定着化⇒制度の定着化」という循環をもって日本の労使関係が保たれてきたからと考えられるからである。

日本人の精神的基底を構成する「協働の精神」ともいうべきものがあるとすれば、協働を実のあるものとする基本条件としての「協働者へのおもんばかり」の存在の有無が渋沢の懸念を杞憂にしているのではないかと思われる。

経営者と労働者の関係が、「命令者と命令される者」、「指示者と指示される者」という関係のみではなく、各々の立場はあるものの、全員が協働者であるという括りで認識されれば、組織の目的を共有しやすく、かつ、目的を達成するために必要な合理的範囲での譲歩や妥協がなされやすい。

そしてそれを可能にしているのが、日本の労使関係の基盤にある「協働の精神」ともいうべきものである。そして、この「協働の精神」こそ、まさにサン＝シモンが理想としたものであり、言葉を変えると、堯舜をはじめとする「賢王が民をおもんぱかり民はそれに応える」という、それぞれの立場から協働者全体に配慮する精神であると思われる。

3－3　顔淵の仁

雍也第六第５章は、顔淵の徳が他の孔子の弟子と比較して抜きん出ていることを述べた章である。本章は、【子曰。回也其心三月不違仁。其餘則日月至焉而已矣】（子曰く、回やその心三月仁に違わず、その余は則ち日に月に至るのみ）というものである[54]。

渋沢は、「蓋し顔回はその心に私慾なし。ゆえに常に仁徳あり、久しきに渉りて仁に背違することなきなり」と述べて[55]、顔淵には私欲がないがゆえに仁徳が久しく備わっていると解釈している。これは渋沢の解釈にしたがうと、仁の有無を心の持ち方から考えると、それは「私欲のないこと」に尽きるということになる。

渋沢が子路第十三第19章の注釈で展開した、「人間愛を持ち、勤勉、謙譲、恭敬忠信の徳目を有し、かつ、それらの道徳的資質を生かして自らの天命である万民のための政治を全うする人物」という仁者の条件を認識していたとすれば、顔淵を仁徳が久しく備わっている者と見做す根拠である「私欲のないこと」というのは、いかにも緩やかな条件と感じられる[56]。

物徂徠による本章の解釈は、通釈、朱熹、中洲の解釈とは全く異なっているがその趣旨は明確である。物徂徠は本章の章意を、他の孔子の弟子との比較において顔淵の徳が優れていることを説いたものではなく、孔子が顔淵に対して、徳を身につけるうえでの一種の極意を伝授したと理解する。

物徂徠は、「仁何を以てか徳を盡さん。然れども先王の道は、民を安んずるの道なり。安民の徳之を仁と謂ふ。它徳は衆しといへども、みな仁を輔けて之を成すゆゑんなり。ゆゑに孔子は『仁に依る』を以て之を敎ふ。その心いやしくも能く仁に依らば、則ちその它の衆徳はみな自然に來り集るを謂ふ」と述べている。[57] 物徂徠は、本章では「民を安んずるの道である仁に長く依っていれば、自ずと月日が経つうちに他の徳も身についてくるものだ」ということを、孔子が顔淵に説いていると解釈する。物徂徠によると、孔子が顔淵に説いた衆徳を身につける極意とは、心を仁に依らしめることであり、心から私欲をなくすことではない。

渋沢は述而第七第6章の注釈において、徂徠学の流れを汲む亀井南溟が、「仁もまた徳中の一。しかれども仁は人なり。人の人たるを成す。その仁を以てなり。ゆえに人能く久しく仁に違わざればすなわち衆徳来たり集まる。ゆえに仁に拠るという」と述べていることを引用して仁を説いている。[58] 物徂徠や南溟による仁と衆徳との関係、つまり、長く仁に依ることにより衆徳に至るという関係を理解しているにもかかわらず、渋沢は本章の趣意については物徂徠の説に賛同することはなかった。

渋沢の本章の注釈に関しては一種のボタンのかけ違いがあり、そのかけ違いゆえに、注釈も先天的な性格上の資質や宗教、教育等へと本筋からそれていく。本章以外の論語各章で取り上げられた仁に関する理解の多くは、仁そのものよりもむしろ仁者たるものが備えるべき資質としての仁が論じられてきた。それに対して、【回也其心】（回やその心）という記述から、本章は顔淵の心の内奥を取り上げた稀な章であると渋沢は認識した。その証左として、渋沢は上掲のごとく注釈の冒頭で顔淵の心に私欲がないことを述べている。

渋沢の仁に関する基本認識は、里仁第四第1章の注釈において明確に示されている。渋沢は町村と仁厚の風俗の関係を述べた同章を、良き「地の霊（たま）」をもった土地に純真無垢な人という有機体が住み、人の内面にあって良き「人の霊（たま）」である仁徳という場所に純真無垢な心という霊体を棲まわせることによって、その土地や人々にはごく自然に諸々の良いことがやってくると説いたものと解釈した。[59] つまり渋沢は、仁は心の中にあるのではなく、仁徳という場所に心という霊体を棲まわせること、すなわち、仁に心を依らすことによって、衆徳や慶事などの良いことがやってくると認識していた。

渋沢が本章に限ってなぜ仁を心の中の問題と捉えたのかは定かでない。しかし渋沢は、そのことによって生じる一種のリスクをおぼろげながら認識していた。それは、物徂徠が、「後儒は此の義を識（し）らず、しかうして『仁は心の德』と曰ふ。その老・佛に流れざる者幾くも希し」と指摘したように、仁は心の中にある徳と解釈すると、仁をめぐる議論が道教や仏教のような宗教的色彩が濃いものに変化していく可能性があるというリスクである。(60)

渋沢は独自の表現でその考えを披歴する。渋沢は、人を殺したのちに改心して耶馬渓に青の洞門を完成させた禅海を取り上げる。渋沢は禅海の例によって良き慣習を続けることにより、長く善を通してゆけると説く反面、生まれながらに備わっている道徳的資質、つまり天賦の性情を変化させることは困難であると述べる。そのうえで渋沢は、「ただ天賦の性情すなわち先天的傾向が、その宗教・教育・職業等によりて、外部に顕われる時の形式を異にするようになるまでのことである」とする。(61)

渋沢の言葉を解釈すると、天賦の性情を後天的に改善させることが困難ななかで、仁が心の中にあったとすれば、あらかじめグレードが定まっている仁を根本的に改善することは困難であるということになる。つまり、それは渋沢の説の通り、せいぜい改善されたとしても、「その宗教・教育・職業等によりて、外部に顕われる時の形式を異にするようになるまでのことである」ということになる。(62)

そうであるとすれば、物徂徠が懸念した通り、仁を心の中の問題と捉えることにより、仁をめぐる議論がその本質に迫ることなく宗教という切り口から堂々巡りの議論が展開されることになる。渋沢と物徂徠では表現方法は異なっていても、仁をめぐる議論において宗教という概念を排除するという点では合致していた。

3－4　家康の仁

3－4－1　家康の遺訓

泰伯第八第７章は、曾子の言葉から学を治める者は心を広くもち、かつ強くあるべきことを説いた章であり、渋沢は事例をもって多くをさいて解説している。

本章は、【曾子曰。士不可以不弘毅。任重而道遠。仁以爲己任。不亦重乎。死而後巳。不亦遠乎】（曾子曰く、士は以て弘毅ならざるべからず。任重くして道遠し。仁以て己が任となす。また重からずや。死してしかしてのち巳

む。また遠からずや）というものである。(63)

渋沢は、家康の言葉と事績をもって本章の章意を詳細に説明しているが、そのきっかけとなったのは、おそらく中洲の論語講義にある、「士たる者、其の士たるの道を全くせんとするには、能く物を容るゝ寛廣の度量と、堅忍不抜の勇氣と無かるべからず、之れを譬ふれば、重き荷物を負うて遠き路を行くが如し」という言葉であろう。(64)

渋沢は戦国武将のなかでは、徳川三百年の泰平の基礎を築いた家康を尊重している。秀吉に対する裏切りも、家康に志あってのことであろうとして認めている。渋沢は家康の有名な遺訓である、「人の一生は重荷を負いて遠き道を行くがごとし、急ぐべからず。不自由を常と思えば不足なし。心の望み起こらば困窮したる時を思い出すべし。堪忍は無事長久の基、怒りを敵とおもえ。勝つことばかり知りて、負くることを知らざれば、害その身にいたる。己を責めて人を責むるな。及ばざるは過ぎたるより勝れり」の内容を本章の趣意を反映するものとしている。(65)

渋沢はこの家康の遺訓を本章の趣意を書き下し文で訳したように思えるが、実は家康の艱難辛苦の生涯から導き出した生きた訓言であると説明している。渋沢は、「人の一生は重荷を負いて遠き道を行くがごとし」の一節が、「任重くして道遠し」の書き下し版ではないかという説を否定しない。「任」を通釈にしたがって「負い荷（にな）うもの」と解釈すれば、家康の訓言の一節が本章の一部の焼き直しであるという説にも納得がいく。(66)

しかし、渋沢は、「七十五年の実験上から得来たりたる事実を肺肝より写し出したるものなり」として、体裁上、家康の訓言の一節が曾子の言葉の和訳ではあるが、その言葉には家康の生涯を通した経験が裏打ちされていると断じている。(67)

渋沢の、家康の遺訓に関する説明は、本章の章意とは関わらない部分にまで広がっていく。そして、「不自由を常と思えば不足なし」以降の各節の説明は一層熱を帯びる。つまり、渋沢は本章の趣意と家康の遺訓の一部が重なっていることを契機として、むしろ、家康の事績と遺訓の整合性を検証した結果をもって、重要な人生訓を伝えようとしたのではないかと思われる。

3－4－2　渋沢の考察

泰伯第八第7章の章意からは離れるが、家康の遺訓の非重複部分に渋沢の思想がより濃く表れていると考えられるので、その点について考察を加える。

「不自由を常と思えば不足なし」という家康の遺訓が意味するところについて、渋沢は清貧に甘んじることを推奨しているわけではなく、人間の欲望は限りがないがゆえに、分を知り相応のレベルに欲を抑えることが重要であると理解する。裏を返せば、相応の分と度量を備えた人間であれば、それに見合う欲を満たそうとしても構わないということになる。なぜなら、それは分相応だからである。

家康が天下をとったことを渋沢が肯定的に認めるのは、当時の武将で天下泰平を実現できる度量をもっていたのが家康であったからで、家康がその域にまで達するにあたって艱難辛苦を経てきたからである。さらに、その艱難辛苦の過程において、身体に沁みた深謀遠慮の大切さを家康は遺訓に残したと渋沢は理解した。

天下をとろうという野心を抱いたのなら、それが野心ではなく、当然な思い、あるいは志となるまで自らの分を上げ、その過程において冷静にときを待つことが重要であり、それができたのが家康であると渋沢は考えた。

「堪忍は無事長久の基」という遺訓も同様に、本章には直接的な表現としては表れていない。この遺訓を通して、渋沢は怒りがいかに身を亡ぼすかという点について、家康の好事例と、大内義弘、島津義久、柴田勝家、明智光秀等の悪事例をもとに述べている。

渋沢は家康の堪忍が発揮された事例として、秀吉の命により父祖伝来の三河から関八州に転封されたことや、北条進撃の先鋒を命じられたことなどをあげている。おそらく渋沢は、これらの事例以外に家康が幼少期から味わってきたつらい経験も念頭にあったであろう。家康の生涯は、冷静な情勢判断と隠忍自重、分を知り、その分を少しでも上げる努力によって支えらえてきたと、渋沢は考えている。

「勝つことばかりを知りて、負けることを知らざれば、害その身に至る」という遺訓も、本章には直接的な表現としては表れていない。渋沢によらずとも、家康が天下をとるまでの人生は勝ち負け相半ばか、むしろ苦難の時代をいれれば負けの割合の方が大きい人生であったと思われる。

勝ち続けた者の末路を語るにあたって、渋沢はフランスのナポレオンやドイツのカイゼルまで引き合いに出す。家康の負けは真正面からぶつかって完膚なきまでに叩きのめされる負けではなく、「和すべきは和し、譲るべきは譲る」ことであると渋沢は考えた(68)。自分の意のままにならないことをゆるせないという心理は、勝ち続けた者に固有なもので、世の中には意のままにならないことだらけであるというのが負け続けた者の発想である。渋沢はこのように理解していたと考えられる。

我を通して完膚なきまでの負けを喫し、そこですべてが終了してしまうのは、負けた経験のない者が陥る欠陥であり、負けを多く経験してきた者は、完膚なきまでの負けを喫するまでに、和と譲をうまく使い分けるというのが渋沢の理解と考えられる。

「己を責めて人を責むるな」という遺訓も同様、本章には直接的な表現としては表れていない。この言葉をもって、渋沢は人使いの巧拙とその裏づけとなる寛容の精神の重要性を述べている。家康には四天王があり、旗下八万騎があるのは家康の謙譲の美徳が周囲に認められたからであると渋沢は説く。

家康のように重責を担う者は周知を集めざるを得ない。そして、多くの人の知恵を借りてより間違いの少ない道を行くとともに、その過程で困難に遭遇した場合にも周囲の人々に助けられるという徳は、謙譲の精神から出るものであると渋沢は言う。

渋沢によれば、己を責めるのは謙譲であり、人を責めるのは驕慢であるということになる。謙譲であれば人は助け、驕慢であれば人は憎むというのが、家康の事績も考慮したうえでの「己を責めて人を責むるな」という言葉に対する渋沢の解釈である。

謙譲と驕慢を対置する考え方も説得力をもつが、「人を責むる」場合は人が失敗を犯した場合であり、それを考慮すると、むしろ、寛容と不寛容を対置させた方が説明しやすいようにも思える。しかし、家康の生きた時代は油断のならない生き馬の目を抜く時代であり、寛容が行き過ぎるとそれが仇となってわが身を亡ぼす結果にもなりかねない。しかも、寛容という言葉には、人の上にあって、いわば上から目線で人を赦すという意味が含まれている。つまり、寛容は謙譲とは反対のニュアンスを含意しているということもできる。

渋沢が「人を責むるな」という家康の徳を評するにあたって、家康の目線や立ち位置を考慮して謙譲という言葉を当てはめたとすれば、それはまさに当時の時代背景も理解したうえでの慧眼というべきであろう。「人を責むる」事態を未然に防止する手段が、人を使うにあたっての適材適所の考え方である。人を適所で用いれば失敗も少なく、したがって、人を責めることも少なくなるというのが家康の人材活用に対する認識と渋沢は理解した。

人の上に立って事を成し遂げるには、周囲にある人をよく理解したうえ、適所で活躍させることが必要であり、それでもなお、適所で用いた人材が失敗を犯した場合は、人を責めることなく、人の使い方を見誤った自分を謙譲の心をもって反省するというのが家康の人材活用であるというのが渋沢の理解である。

さらに、「及ばざるは過ぎたるより勝れり」という遺訓について渋沢は、中庸の大切さを説く。このことを渋沢は、「満つれば欠くる習い、物は十分ならんよりは八九合の控えめにするこそよけれ」と表現している[(69)]。人の欲望は限りがなく、一旦満足してもそれですむはずはなく、完全に満足させることは不可能であるがゆえに、満足する前の八分から九分でとめておけというのが渋沢の解釈である。

「過ぎたる」というのは完全主義に基づいて細部に拘泥し、力の入れどころを誤るなという意味もあろうが、渋沢はむしろ過度な欲望に駆られて道を誤るなという意味に捉えていると考えられる。

渋沢は、家康の遺訓を分析し、それを、「学問あり、思慮あり、見識あり、忍耐あり、節制あり、自己の力を以て自己の運命を開拓したる成功者の、実験中より得たる、知恵の結晶というべきものなり」として絶賛している[(70)]。

3－4－3　皇室と家康

渋沢は、「そもそも遺訓は、実に即して理に悖(もと)らず、世俗に適し、人倫に違わず、誠に一字の賛すべきなし。しかれどもその言う所ことごとく一家維持のためにして、一言半句の皇室尊崇に及びたるものなし」として、家康の皇室に対する姿勢を厳しく批判している[71]。

渋沢にとって、日本という国の成り立ちの基本は皇室にあり、その基本を無視した家康の遺訓は、いくら内容が正しく充実しているものであっても、その目的相違のゆえに価値が半減するものであった。

たとえば、人間の欲望は限りがないがゆえに、分を知り、限りのない慾を相応のレベルに抑えることが重要であると主張する遺訓の趣旨も、徳川家を維持するという目的を前提に判断すると合目的的であるが、「一天万乗の大君を尊崇せざるは日本人にあらず」とする渋沢の立場からすると、皇室を蔑ろにした時点で家康はすでに道を大きく踏み外していることになる。換言すると、家康は真の意味で、皇室に対する自らの分をわきまえていないということである[72]。

渋沢の家康に対する思いは複雑である。戦国の世にあって天皇家に代わって世の中を治めることが実質的な秩序維持に必要であったとすれば、皇室を維持しながら、あえてその権威に縛りをかけ、皇室に代わって政を行うことが日本全体のためには正しいことであると家康が考えたとすれば、それは深謀遠慮の最たるものであったであろう。

承久の乱にみる皇室と武家の確執や、足利幕府の不甲斐なさを知る家康が、徳川家の安心立命がそのまま日本の平和に資すると考えたとすれば、徳川三百年の天下泰平は近代日本につながる家康の大きな功績である。立憲君主制に戻った明治期以降の時代に身を置いて振り返った場合、渋沢としても一方的に家康の天皇家に対する不忠を責めるわけにはいかなかった。

小　括

本稿の目的は、渋沢の理解内容に基づいて論語中の仁の諸相を考察することであった。本稿では、「仁と義」、「仁の実践」という２つのカテゴリーを設定し、そのいずれにもあてはまらないものを「仁の諸相」として考察した。

仁と義の関係について渋沢は、為政第二第24章に基づき、義を尽くせばおのずから仁に達するがゆえに、「仁」と「義」は一体であると説いた。しかし、義を尽くすにあたって必要となるのが「勇」であり、義を見てなすも、不義を見てなさざるも、そこには勇が深く関わっており、勇を正しく働かせることにより義が動き、それが仁に達するということになるというのが渋沢の理解である。

この「勇⇒義⇒仁」の連鎖的な関係において重要であるのは、起点となる勇が蛮勇ではなく理性と熟慮に裏づけられた毅然たる決断力を意味するということである。

渋沢は仁の対義語である「悪」について語る。渋沢は、「悪とは人との接際において故意に行われる正義に悖る行為」であるとし、その淵源には利己主義的な考えがあるとする。渋沢は、故意ではなく結果として正義に悖る行為となるのは「過失」であるとし、悪と過失を行為者の意図にしたがって明確に区分する。

悪と過失を区別し、悪の淵源を示したうえで、渋沢はそれらと仁の関係を明らかにする。行為者の意図に利己主義による悪があれば、それは仁と相容れないことはいうまでもない。しかし渋沢は、仁に志す人は、過失を犯すことはあり得ても故意に正義に悖る行為をすることはないと考えた。

したがって、仁者たる要件を備えた人物が故意ではなく、仁を志すあまりに過失を犯し、それによって結果的に仁に悖る行為を働くことになったとしても、その人物が仁者であることを妨げないというのが渋沢の理解である。しかし渋沢は、その過失の甚大さはどの程度まで許されるのか、また、その行動が仁に発露したものであることをどのように判断するのかについては述べていない。

また、この過失につながる行為が単に仁に発露していただけで許されるのか、それとも格物致知を駆使することなく、つまり物ごとの道理や本質を深く追求することなく行為し、その結果、過失を招いた場合でもその人物は仁者と認められるのか等、渋沢の考え方に対しては多くの疑問が生じることも確かである。しかし、渋沢はその行為が善意か悪意かだけを問題にしているのであり、それ以外の詳細は個別事案により判断すべきというのが基本的な考え方と思われる。

仁の諸相の括りで考察した論語各章のなかで、渋沢は仁厚の美俗について多くを語る。渋沢は世界を視野に物事を語る一方、郷土愛が人一倍強い人物であった。渋沢が仁と地方の美俗との関係を語る場合、自身の故郷である血洗島村が念頭にあったことは明らかである。

そのうえで渋沢は、純朴で仁に厚い人々が住む村に身を置けば、それに感化されて自ずと仁厚な人になっていくという考え方を明らかにする。渋沢は、良き「地の霊」をもった土地に純真無垢な人という有機体が住み、人の内面にあって良き「人の霊」である仁徳という場所に純真無垢な心という霊体を棲まわせることによって、その土地や人々にはごく自然に諸々のよいことがやってくると解釈した。

しかし、その村が仁厚高くあり続けるためには、村人の従事する職業の生産性を上げることが必要であり、経済力の基盤が確立され、それが日々進化しているのでなければ、醇風美俗を保ち続けることはできないと渋沢は結論づけた。つまり、良き地の霊と良き人の霊からなる村の醇風美俗は、経済的な裏づけがあってはじめて保ち続けられるというのが渋沢の考え方である。

仁と才の関係を語るにあたって、渋沢は学問を、徳を修める学問と物事の真理や本質を追求する学問の2つに分類して認識していると考えられる。渋沢は、前者は論語を中心とする儒学を学ぶことにより徳器を磨くものであり、後者はいわゆるサイエンス、つまり格物致知をあてはめて認識していたと考えられる。渋沢はかかる認識をもとに、「徳なきの才人はなはだ危険なり」とし、仁と才の両条件が整ってはじめて功を建て業を成すことができると考えた。

渋沢は、亀井南溟の説にしたがって学問修行のあり方を理解していた。渋沢は学問の項目を道、徳、仁、芸の4つであるとして仁は学問修行の一項目であると理解した。渋沢は仁を除く3項目のうち、道を「先王の道」であるとし、徳は「仁親義譲・忠順恭敬・孝悌信睦」のすべてとした。また渋沢は、人の道を歩みながらも、その歩みに潤いと人間的なゆとりをもたらすためには芸が必須であると述べる。

学問の項目を道、徳、仁、芸の4つに分けながら、徳は仁親義譲を含むとすることには、カテゴリー分けの矛盾が感じられなくもないが、徳には仁が含まれるがその仁は際立って重要であることから、項目立てとして外出ししたのだと考えれば納得がいくと考える。つまり、仁者を目指して学問修行するのであれば、先王の道を理想とする道を歩み、すべての徳、とりわけ仁を身につけ、芸によって潤いを満たすことが要諦であるというのが渋沢の理解である。

渋沢は、【子罕言利與命與仁】（子罕れに利と命と仁とを言う）という子罕第九第1章の趣旨を、「孔子は命や仁とともに語り、単に利だけを語ることはない」と解釈し、義との関わりから利についての考えを展開する。

渋沢の利についての考え方は、「利は義を積み重ねていけば自ずと得られるものであり、その場合の利は決して不義の利ではない」ということである。渋沢は、私欲に基づき不義によって得られた利益は、直接・間接に人を悲しませ、人の不幸によって得たものであるので、それを人間生活や国の営みに費やしてはならないとも述べる。

渋沢は青年に対し、私利私益を超越して真正の利益を得る方法は、国家社会に尽くす誠意をもって利益を獲得することであると説く。それはまさに渋沢が主張する義利合一説の基底を成す考え方であった。

「利」、「天命」、「仁」の3つの概念に対する渋沢の言葉を吟味すると、そこには渋沢の論語理解のエッセンスが凝縮されているように思われる。渋沢は天命について、「人の努力才能を以て制すべからざる霊妙不可思議な威力」としてその存在を認める一方、現実的にはこの霊妙不可思議な力で結果が左右される部分を極小化すべしと考えた。

仁の実践について渋沢が強調するのは、下位者に対する上位者の影響である。渋沢は堯舜を例に、国、会社、家族等、その大小にかかわらず最上位者による率先垂範の重要性を説く。つまり、堯舜が仁をもって国を率いて成功したように、上位者が下位者の規範となる考え方や行動をとることが重要であり、それがあらゆる人の集まりにおいてあてはまることを渋沢は強調する。

顔淵の仁を述べた雍也第六第5章について渋沢は、仁の有無を「心の持ち方」から考えると、それは私欲のないことに尽きると解釈する。渋沢が本章に限ってなぜ仁を心のもち方の問題と捉えたのかは定かでないが、渋沢は、のことによって生じる一種のリスクをおぼろげながら認識していた。それは、仁を心の中の問題と捉えることにより、仁をめぐる議論がその本質に迫ることなく宗教という切り口から堂々めぐりの議論が展開されることになるということであった。渋沢は仁をめぐる議論において宗教という概念を排除するという考え方を抱いていた。

渋沢は戦国武将のなかでは、徳川三百年の泰平の基礎を築いた家康を尊重している。家康が天下をとったことを渋沢が肯定的に認めるのは、当時の武将で天下泰平を実現できる度量をもっていたのが家康であったからである。また、家康がその域にまで達するにあたって艱難辛苦を経てきており、その艱難辛苦の過程において身体に沁みた深謀遠慮の大切さを家康は遺訓に残したと渋沢は理解した。係る点について渋沢は家康の仁を認める。

しかし、渋沢の家康に対するわだかまりは、その皇統との関わり方にあった。戦国の世にあって天皇家に代わって世の中を治めることが実質的な秩序維持に必要であり、家康が皇室を維持しながら、あえてその権威に縛りをかけ、皇室に代わって政を行うことが日本全体のためには正しいことであると考えたとすれば、それは深謀遠慮の最たるものであったであろう。

徳川三百年の天下泰平は近代日本につながる家康の大きな功績である。立憲君主制に戻った明治期以降の時代に身を置いて振り返った場合、渋沢としても一方的に家康の天皇家に対する不忠を責めるわけにはいかなかった。

本稿を含む４稿では、「渋沢栄一と仁の思想」をテーマとして論語解釈に見られる渋沢栄一の仁の思想について、可能な限り多角的に考察してきた。仁の思想をテーマにしたのは、渋沢栄一が生涯よりどころとした論語をいかに解釈して行動に結びつけたのかを探るにあたって、この難解な徳目を彼がどのように理解したのかを分析することが不可欠となると考えたからであった。今後は仁以外の徳目についての渋沢の思想を検討対象とし、引き続き渋沢栄一の思想的淵源に接近する。

【注記】

（１）渋沢栄一『論語講義（１～７）』（講談社学術文庫、1977年）。

（２）宇野哲人『論語新釈』（講談社、1980年）。

（３）戸田昌幸「『論語』の知・仁より見た知徳一体論の一考察」『麗澤大学紀要』第13巻（麗澤大学、1972年）。
（４）小和田顯「論語管見　－顔淵問仁章をめぐって－」『専修国文』第32号（専修大学国語国文学会、1983年１月）。
（５）松川健二「『論語』顔淵問仁章について」『中国哲学』第22号（北海道中国哲学会、1993年10月）。
（６）常盤井賢十「論語における礼と仁」『東洋文化』第１号（東洋文化振興会、1956年６月）。
（７）西藤雅夫「仁の人間性と宗教性－論語をめぐって－」『彦根論叢』人文科学特集第24号第134・135号合併（滋賀大学経済学会、昭和44年１月）。
（８）渋沢栄一「為政第二第24章」『論語講義（一）』（講談社学術文庫、1977年）132－143頁。
（９）渋沢、前掲書（一）、「為政第二第24章」132頁。
（10）渋沢、前掲書（一）、「為政第二第24章」133頁。
（11）渋沢、前掲書（一）、「為政第二第24章」134頁。
（12）渋沢、前掲書（一）、「為政第二第24章」143頁。
（13）渋沢栄一「里仁第四第４章」『論語講義（二）』（講談社学術文庫、1977年）15－16頁。
（14）朱熹著、土田健次郎訳注『論語集注１』（平凡社、2014年）318頁。
（15）荻生徂徠著、小川環樹訳注『論語徴Ⅰ』（平凡社、1994年）151頁。
（16）渋沢栄一「里仁第四第４章」『論語講義（二）』（講談社学術文庫、1977年）15頁。
（17）渋沢、前掲書（二）、「里仁第四第４章」『16頁。
（18）渋沢、前掲書（二）、「里仁第四第３章」14－15頁。
（19）朱熹、前掲書１、316－317頁。
（20）荻生徂徠、前掲書Ⅰ、149頁。
（21）渋沢、前掲書（二）、「里仁第四第３章」15頁。
（22）渋沢、前掲書（二）、「里仁第四第１章」７－12頁。
（23）朱熹、前掲書1、309-311頁。
（24）渋沢、前掲書（二）、「里仁第四第１章」８頁。
（25）渋沢、前掲書（二）、「里仁第四第１章」８頁。
（26）渋沢栄一「里仁第四第１章」『論語講義（二）』（講談社学術文庫、1977年）９頁。
（27）渋沢栄一「憲問第十四第35章」『論語講義（六）』（講談社学術文庫、1977

年）84－85頁。
(28) 渋沢、前掲書（六)、「憲問第十四第35章」84頁。
(29) 渋沢、前掲書（六)、「憲問第十四第35章」85頁。
(30) 渋沢栄一「子罕第九第30章」『論語講義（四)』(講談社学術文庫、1977年）83－85頁。
(31) 渋沢、前掲書（四)、「子罕第九第30章」84－85頁。
(32) 渋沢栄一「述而第七第６章」『論語講義（三)』(講談社学術文庫、1977年）20－27頁。
(33) 渋沢、前掲書（三)、「述而第七第６章」23頁。
(34) 渋沢、前掲書（三)、「述而第七第６章」24頁。
(35) 宇野哲人『論語新釈』(講談社、1980年）242－243頁。
(36) 渋沢、前掲書（四)、「子罕第九第１章」７－10頁。
(37) 渋沢、前掲書（四)、「子罕第九第１章」８頁。
(38) 渋沢、前掲書（四)、「子罕第九第１章」９頁。
(39) 渋沢、前掲書（四)、「子罕第九第１章」９頁。
(40) 渋沢栄一「子罕第九第１章」論語講義（四)』(講談社学術文庫、1977年）９頁。
(41) 渋沢、前掲書（二)、「公冶長第五第18章」112－117頁。
(42) 渋沢、前掲書（二)、「公冶長第五第18章」115頁。
(43) 渋沢、前掲書（二)、「公冶長第五第７章」86－88頁。
(44) 渋沢、前掲書（四)、「先進第十一第25章」205－206頁。
(45) 渋沢、前掲書（二)、「公冶長第五第７章」87頁。
(46) 渋沢、前掲書（四)、「子罕第九第28章」76－81頁。
(47) 渋沢、前掲書（二)、「公冶長第五第７章」86－88頁。
(48) 渋沢、前掲書（四)、「先進第十一第25章」205－206頁。
(49) 渋沢、前掲書（六)、「憲問第十四第21章」48－49頁。
(50) 渋沢、前掲書（六)、「憲問第十四第21章」49頁。
(51) 渋沢、前掲書（三)、「泰伯第八第２章」45頁。
(52) 渋沢、前掲書（三)、「泰伯第八第２章」147頁。
(53) 渋沢、前掲書（三)、「泰伯第八第２章」148頁。
(54) 渋沢、前掲書（二)、「雍也第六第５章」155－157頁。
(55) 渋沢、前掲書（二)、「雍也第六第５章」155頁。
(56) 渋沢栄一「子路第十三第20章」『論語講義（五)』(講談社学術文庫、1977年）158－159頁。

（57）荻生徂徠著、小川環樹訳注『論語徴Ⅰ』（平凡社、1994年）223頁。
（58）渋沢栄一「述而第七第６章」『論語講義（三）』（講談社学術文庫、1977年）23頁。
（59）渋沢栄一「里仁第四第１章」『論語講義（二）』（講談社学術文庫、1977年）７－12頁。
（60）荻生徂徠、前掲書Ⅰ、224頁。
（61）渋沢、前掲書（二）、「雍也第六第５章」157頁。
（62）渋沢、前掲書（二）、「雍也第六第５章」157頁。
（63）渋沢、前掲書（三）、「泰伯第八第７章」164－173頁。
（64）三島毅『中洲講話』（文雅堂書店、明治42年）167頁。
（65）渋沢、前掲書（三）、「泰伯第八第７章」166頁。
（66）宇野、前掲書、226頁。
（67）渋沢、前掲書（三）、「泰伯第八第７章」168頁。
（68）渋沢、前掲書（三）、「泰伯第八第７章」171頁。
（69）渋沢、前掲書（三）、「泰伯第八第７章」172頁。
（70）渋沢、前掲書（三）、「泰伯第八第７章」172頁。
（71）渋沢、前掲書（三）、「泰伯第八第７章」173頁。
（72）渋沢、前掲書（三）、「泰伯第八第７章」173頁。

第Ⅱ編

渋沢栄一の国臣意識

第5章

渋沢栄一による君の認識

―君道と君に求められる資質―

はじめに

本稿の目的は、渋沢栄一の国臣意識の成り立ちを明らかにするための研究の一環として、渋沢が「君」をどのように認識していたのかを探ることである。

渋沢は自らを「国臣」と位置づけるとともに、視線の先に常に国益を見据えていた。渋沢が国臣意識をもつに至った経緯を探るためには、「君」、「臣」、「君臣関係」についての渋沢の認識を明らかにすることが必要となる。そのうえで、「君たる者」と「臣たる者」がいかなる関係性によって存在し、企業者である渋沢が、君たる日本国と臣たる自分の関係をどのように構築したのかを探る。このような一連のプロセスにおいて、本稿ではまず渋沢の君の認識を探る。

君および臣の成り立ちについての渋沢の認識を探るうえで重要となるのは、君たる者、臣たる者であるためのいわば資格要件を明らかにすることである。この資格要件のうちで特に重要なものが、君臣それぞれに求められる人格的特質であり、その中核にある徳性と考えられる。

徳性を身につけた者は、聖人、君子、仁者、成人などさまざまに表現される。これらのうち、有徳の士を代表して語られる頻度が高い「君子」という人格は、その他の有徳の士の特質と重複している部分が多い。したがって、本稿では有徳の士を君子によって代表させ、君子の道徳的資質のうち君たる者に求められるのは何で、臣たる者に求められるのは何かという問題設定によって、まずは君の人格的な資格要件を検討する。

本稿の分析は、(1) 政における君の使命、(2) 治国の安定と継続に対して君がなすべきこと、(3) 君の姿勢と資質、(4) 君の心構えという順序で行われる。

渋沢は、君たる者の使命や資質、心構えなどについて、論語各章の趣意に従って自説を構築するとともに、歴史上のリーダーを事例として取り上げ、それぞれの姿勢、資質、心構えなどについて批判的に分析する。これら渋沢の人物評価に表れる君たる者の認識も併せて分析する。

論語解釈において指標とする主たる学統は、(1) 王陽明から山田方谷、三島中洲に連なる陽明学、(2) 荻生徂徠から亀井南溟、亀井昭陽に連なる徂徠学、(3) 朱熹に起源を発する朱子学、(4) 藤田東湖や会沢正志斎を中心とした水戸学の 4 学統と通釈書である[1]。本稿では論語各章の主題に応じて各学統の見解を引用する。

第 1 節　君の使命

本節では渋沢が君の使命を果たすうえで重要と考えていた徳礼について考察する。徳礼を政刑に優先させる考えにおいて、その中核となる徳目が礼譲であるとする渋沢の論考は、治国、国際関係、個人間の関係さらには個人の内部に及ぶ。そして、君による治国の最重要の目的である民とどのように向い合うべきかという点に渋沢の論考は発展する。治国をはじめとするさまざまな部面において渋沢が重視する礼譲と君の使命との関係を考察する。

1－1　徳礼と政刑による治国

為政第二第 3 章は、渋沢が要約しているように、「治国の要は徳礼政刑の四つに在りて偏廃すべからず。しかも徳礼は本にして、政刑は末なるをいう」という趣旨と理解される[2]。

本章は、【子曰。道之以政齊之以刑民免而無恥。道之以德。齊之以禮。有恥且格】(子曰く、これを道(みち)びくに政(まつりごと)を以(もっ)てし、これを斉(ひとし)うするに刑(けい)を以てすれば、民(たみ)免(まぬが)れて恥(は)ずることなし。これを道(みち)びくに徳(とく)を以(もっ)てし、これを斉(ひとし)

うするに礼を以てすれば、恥ありかつ格る）というものである。(3)

徳礼を第一とし、政刑を第二とする考え方は、人民の内側、つまり心情に対して働きかけることを第一とし、人民の外側、つまり法律や制度によって律することを第二とするという考え方と理解される。これは、感化を第一として自主性を期待し、それがかなわない場合に縛りを第二として他律によって治国を全うするという考え方である。

感化すべきものの内訳は徳と礼である。徳は礼の根本であるとともに、渋沢が「これを教うるに徳を以てし、これを斉うするに礼を以てすれば、すなわち民遜心あり」という礼記緇衣の一節を引用したように、徳義を教え、礼をもってそれを広めることが必要となる。(4)

ただし、徳礼をもって人民を治めるには、君子が率先垂範して徳を修め、道徳をもって人民を治める必要がある。つまり、政刑をもって人民を治めるのは、決まり事を定めて人民を律し、それに違背した場合は刑罰をもって正すといういわば機械的な統治方法であるのに対して、徳礼をもって人民を治めるためには、統治者自らが身を正し、人民の模範となる振る舞いを示すことが必要である。

つまり、徳礼をもって人民を治めるほうがはるかに統治者にとって負担は大きいが、その反面、人民は納得して統治者につき従う。統治者自ら徳を実践し、礼をもってそれを等しく広め、それでも十分な統治がかなわなかった場合に、副次的な手段として政刑をもって人民を統御するというのが本章でいうところのあるべき治国の方法である。

これを言い換えると、「徳礼をもって統治し、政刑をもって統御する」というのが正しい治国のあり方であり、徳礼は「統べて治める」のに対して、政刑は「統べて御する」のであり、後者は治国の本筋ではないということになる。

渋沢は悪事例として、秦の始皇帝、秀吉、江藤新平、星亨、原首相等をあげている。江藤、星、原は力に恃むことによって本章の推奨する徳礼による治国に違背した行動をとった者の例とされている。それに対して、始皇帝、秀吉は力に恃んだうえに理不尽な行動をとった者の事例とされている。

そして、これらの人物のいずれもが力によって人民を「統御」することを治国と誤解し、さらに力の使い方を誤り、人民を不当に統御することによって不徳を積み重ねるという悪行を繰り返した。本来の治国のあり方に違背し、さらに副次的手段である統御を全面に出し、かつそれを誤用した政治家は、渋沢の考え方からすると治者としての使命を全うすることは不可能ということになる。

このように、渋沢にとって君たる者の施政はあくまでも徳礼を主とし、政刑を従とすることを理想とするものであった。

1－2　治国における礼譲

1－2－1　礼譲と功利

里仁第四第13章は礼譲をもって国を治めるべきことを述べた章である。本章は、【子曰。能以禮讓爲國乎。何有。不能以禮讓爲國。如禮何】(子曰く、能く礼譲を以て国を為めんか。何かあらん。礼譲を以て国を為むる能わざれば、礼を如何せんや）というものである。

渋沢は、「本章は虚礼は国を治むるに足らざるをいう」という中洲の解釈を受け入れ、さらに自身の言葉で、「本章は礼譲を以て国を治むべきをいう」と述べている[5]。つまり、国は虚礼ではなく、真の礼譲をもって治めることが必要であるというのが、中洲の考えを取り入れた渋沢の解釈である。

さらに、渋沢の礼譲の解釈のユニークさは、里仁第四第12章の章意との関係から述べる点にある。渋沢は、【子曰。放於利而行。多怨】(子曰く、利に放りて行えば、怨み多し）という里仁第四第12章の記述を取り上げ、それと里仁第四第13章でうたわれる礼譲を対比させる。渋沢は礼譲を尊重することは木の幹に相当し、功利を追い求めることは枝葉末節に相当すると述べる[6]。

目先の利益にとらわれて功利によって政をなせば人々は利慾をほしいままにしてあい奪い国家は滅亡する。これに対して礼譲をもって政をなせば、人々の放縦を防ぎ、人々があい譲って争うことがなく、自ずから治まって国家が乱れることがないというのが渋沢の解釈である。中洲も「利欲によってあい奪うこと」と「礼譲によってあい譲ること」を対比して自説を展開した。

１－２－２　礼譲と権利

さらに渋沢は、礼譲の大切さについての見解を、時代の風潮との関わりにおいて展開する。渋沢は、「今日世界を通観するに、国も人もあい率いて、権利を主張し、礼譲を迂なりとする傾きがあるがごとし。しかれどもこれ謬見(あやまり)なり」と述べる(7)。

法的な権利が認められているかぎりそれが優先され、倫理的な縛りである礼譲を軽視するのが時代の風潮であると渋沢は指摘する。つまり、封建時代には存在しなかった権利という概念が倫理的縛りである礼譲を凌駕し、権利を正当に行使してさえいれば、放縦という誹りは免れるという考えを渋沢は謬見として非難する。

このようにして渋沢の考察は、「礼譲と放縦」の比較から「権利と放縦」の比較に移行する。渋沢は正当な権利は主張すべきことを認めるが、その権利の主張は、正義の域を脱しない範囲におさめるべきであり、これを超えるとすなわち放縦となると述べる。この放縦となった典型例として渋沢は帝政ドイツをあげる。そして国家も個人も同様であるとする。

渋沢の主張を要約すると、「権利は行使するためにある。しかし、権利は礼譲をもってかつ正義に悖らぬ範囲で行使すべきである」ということになる。渋沢にとって法的正義は必ずしも究極的な正義ではないのである。

法律上の権利があるかぎり、それを行使すること自体には何ら法的問題は存しない。しかし、法的な権利の有無とは別に、周辺状況が権利行使を許さない状況にあったとすれば、道義的に権利行使の可否を判断し、場合によってはその行使を控えることが、真の正義に基づいた行動であるというのが渋沢の考え方である。そして、渋沢は権力を有する君たる者はこの考え方を理解して行動すべきと主張する。

渋沢の解釈を現代のコンプライアンスの理解と比較すると、コンプライアンスを法令遵守という狭義に解釈するのではなく、倫理的な観点を優先してコンプライアンスを解釈する考え方につながる。つまり、正義と礼譲という道義的な判断基準を重視すべしというのが渋沢の考え方である。

1－3　国家間および個人間の争いと礼譲

八佾第三第７章の章意について、渋沢は「君子たるものは礼譲を貴んでむやみに争うことはしないが、礼譲を重んじてなされる射においては正々堂々の戦いを辞するものではない」と解釈する。本章は、【子曰。君子無所争。必也射乎。揖譲而升下。而飲。其争也君子】（子曰く、君子は争う所なし。必ずや射か。揖譲（ゆうじょう）してしかして升（のぼ）り下り。而して飲ましむ。その争や君子）というものである。[8]

渋沢は中洲の解釈を引用して、「この章は君子は礼譲を貴びて争気なきをいう」としている。また、南溟の解釈を引用し、「この章は君子はただ射において争うことあるを語る」としており、中洲、南溟の解釈によっている。[9]渋沢は争いを「生存競争」という概念から捉え、君子と小人の争いにおける相違は、正道にとどまって争うか、正道から外れて争うかの違いであると解釈する。この正道に悖る争いが、礼譲を忘れた戦いであり、孔子は本章でこれを戒めていると渋沢は解釈する。

1－3－1　国家間の争いと礼譲

渋沢は争いと国家間の交際について述べる。渋沢は、「国と国との交際に至っては、あい争うこと多く、時宜によりては戦争も必要ならん」として、国家間の利害をめぐる争いが本章の章意を最も先鋭的に示すという理解を示している。[10]国家間の争いには、正道に悖らない礼譲をもってなされる争いはないとする立場もあろうが、渋沢は「時宜によりては戦争も必要ならん」としており、国家間の争いにも正道に悖らず礼譲をもってなされる争いはあるという立場をとっている。

正道に従い礼譲をもってなされる争いとは何かといえば、その答えは本章の「射において争う」をどのように解釈するかにかかっている。渋沢があげている「生存競争」、「必要」というキーワードをもとに考察すると、国家間の利害の対立が先鋭化しやすいのは、その利害対立が国家の存亡に関わるからであり、その極端な場合は戦争によって国が亡びるという事態となる。

つまり、国家が生存し続けるためには、必要によっては戦争も辞さないという心構えを要する。戦争に至るまでに国家間の摩擦を回避するためには、正道により礼譲に則った事前交渉が必要であり、それなくして戦争は容認されるものではあり得ない。射を引き合いにした正道によって礼譲に則ることとは、国家間の処世の機微に関わることも含まれていると渋沢は考える。つまり、国家間の接際において最善を尽くしたうえでも、なおやむを得ざる事情がある場合に限り、戦争は辞すべきでないというのが渋沢の理解と考えられる。

したがって、渋沢は、「独帝が他国侵略のための兵を起こしたるがごときは、固(もと)より君子の争いにあらざるなり」として、侵略戦争のような武力をもって一方的に問答無用で他国に攻め入る戦争は、正道に悖りかつ礼譲にも外れる戦いであると断定する[(11)]。

1－3－2　個人間の争いと礼譲

渋沢は個人間の争いに言及する。渋沢は、「余の意見としては、争いは決して絶対に排斥すべきものでなきのみならず、処世上はなはだ必要のものであると信ず」と述べている[(12)]。

一見ラディカルなこの意見を正確に理解するためには、個人間の「争い」の意味を明確化することが必要である。渋沢は、いわゆる喧嘩の類を個人間の争いと理解しているのではなく、むしろ、青年を指導する立場にある上司や先輩による、青年への接し方を念頭に置いている。

つまり、渋沢にとって争いとは一種の緊張関係である。渋沢は、青年の指導者像を大きく2つに分類する。一つは、青年を善導するにあたり、どこまでも親切で、落度があってもこれを責めず庇護するタイプであり、もう一つは、後進を厳正に責めつけて、いささかも仮借せず怒鳴りつけるタイプである。渋沢は後者のタイプの指導者を良しとし、その典型例として井上馨をあげる。

井上のような上司をもつことを渋沢は、「後進青年を寸歩も容赦せず怒鳴り散らかして輔導する先輩を頭上に置くことは、国家でいえば敵国外患あるに等しく、後進を裨益する所多からん。これまた一種の争いである」と述べて、国家間の緊張関係と上司と部下間の緊張関係を対比させている[(13)]。

さらに渋沢は、「克己復礼」という言葉をあげて、己に克って礼に復(かえ)ることも一種の争いであるとする。つまり、上司との関係において、常に自身の問題点や弱さを認識して是正に努めることや、自身の内部でも己の怠け心や悪の誘惑に打ち克って改めて礼に復(かえ)ることが争いであり、それによって人間の品性は磨かれると渋沢は主張する。渋沢は、「ゆえに品性の向上、社会の進歩、国家発展の上にも、争いは決して避け得らるるものでない」と結論づけている(14)。

渋沢は、「蓋し人には老いたると若きとの別なく、平生恪守する処の主張がなければならぬ。さもなければ人の一生も、全く無意味なものになってしまう」と述べ、さらに「絶対に争いを避けて世の中を渡ろうとすれば、善が悪に負けるようになる」とも述べている(15)。

渋沢は、人が「平生恪守する処の主張」は熟考を重ねたその人の正義であり、その正義を信じて人生を送らないのであれば浮草のような根無し草になってしまい、その人生には意味がなくなる。さらに円満を確保するために、対立する意見に唯々諾々として従うようなことがあれば、まさに正義は貫かれず、反対に悪がはびこると述べているのである。

しかし、平生恪守するところの主張が正義を体現しているとは限らず、それと相反する意見が悪を体現しているとも限らない。渋沢のこの意見は論理を重んじたものというよりは、むしろ主張すべきものを正々堂々と主張すべきという訓戒を善悪というわかりやすいレトリックで表現したものと理解することが妥当である。

さらに、渋沢の言葉のなかでは、「老いたると若きとの別なく」という表現がポイントとなる。義のためには長幼の序は二の次であるというのが真意であろうと思われる。その実、渋沢には大蔵省勤務時代に当時の大蔵卿であった大久保利通と国家予算をめぐり堂々とわたり合った過去がある。

1－3－3　恪守すべき個人の主張

国家の支出は予算の範囲内で行うべしとする主張が、大蔵官僚としての渋沢が平生恪守するところの主張であったとしても、義を通すべき戦争を予算よりも優先すべきとする考え方が必ずしも悪であるとは限らない。しかし、予算優先の考え方は渋沢にとっての義であり、この義を通すため、渋沢は大蔵省に辞表を提出することとなる。このような義を通すことによって人の一生が意味あるものになるというのが渋沢の主張である。

本章の講義を進めるにつれて、次第に争いについての渋沢の解釈が微妙に変化する。渋沢は、まず本章の章意に沿って争いを「生存競争」という概念で捉え、君子と小人の争いにおける相違を論ずる。次に渋沢は争いを国家間の交際において論じ、それを上司と部下の関係に敷衍し、争いとは一種の緊張関係であると論ずる。さらに渋沢は、争いは自分の平生恪守するところの主張を貫くことであると論ずる。

しかし、渋沢が本章の講義で事例としてあげるのは戦国武将間の争いであり、そこでは争いに勝つための策や争うべき時期についての戦略が存在する。そして、渋沢は講義の締めとして、「これを要するに、我が正しきを他より曲げんとするもの、我が信ずる所を外より屈せんとする者あらば、断々乎としてこれと争うと同時に、一面気永く時期の到来を待つ忍耐もなければならぬ」と述べている(16)。

つまり、自分の正義を貫くために争うことは人生を意味あるものとするうえで必要ではあるが、争うかぎりは勝つことが重要である。そのためには、戦国武将の戦略や勝つことに徹した姿勢を見習うことが必要であるということになる。

1－4　民への向かい合い方

泰伯第八第9章は、為政者が民衆にどのように向かい合うべきかを説いた章である。本章は、【子曰。民可使由之、不可使知之】(子曰く、民はこれに由らしむべし。これを知らしむべからず)というものである(17)。渋沢は本章について、聖人の心を説くのではなく、施政の実際を説くものと解釈する。

渋沢は自説と同趣旨の中洲の講義要旨を、わが意を得たりとばかりに引用し、それをさらに敷衍している。中洲は、「君子の政を爲し、命令を發し、法度を立つる、皆其の然らざるを得ざる所以の理有らざるはなし、下民若し其の理を知れば則ち之に従ひ易く、聖人固より之れを欲すれども下民は愚昧なれば、たゞ上の政に遵ひ由らしめ得るのみにして、其の理を知らしむる能はず、按ずるに、此の章は聖人の心を謂ふに非ずして、施政の實効を謂ふのみ、聖人は固より人々の其の理を知らんことを欲すれども、其の實効は之れに由らしむるに過ぎざるのみ」と述べている。(18)

渋沢は、君子を頂点とし、その政治理念や重要事項の裁下によって国の行く末が決まる独裁政治を、「蒙昧時代より開明時代に至る過渡の一便法のみ」としている。(19)つまり、一般民衆が未分化で蒙昧な時代は、君子の徳を身につけた君たる者が一人で政を行っていかなければならず、それゆえに君には徳が高く無謬の超人的人格が求められる。

しかし、それは民が蒙昧であるがゆえの不可避な政治体制であり、民が開明的になれば、指導者が手続きを踏んで民衆の知恵や要望を取り入れることが最も望ましいと渋沢は考える。なぜなら渋沢は、「元来君主が政をなすは万民を安堵(あんど)せしむるためである。万民をその堵(と)に安んぜしむるは、民に政治の必然かくあらざるべからざる理由を知悉せしむるより善きはなし。渋沢はその理由を知悉すれば、民その命に感服し、政治は誠に円滑に運行せらるべし。何を苦しんでかこれを秘して民と仇をなすべけんや」として、政治の目的が民の安堵にあるかぎり、その民に政治の現状や施策の背景を知らせることが最も目的達成に近づくことになると述べている。(20)

渋沢は、民の愚昧なることを前提に、本章の趣意が常に変わらないものであると断定した太宰春台や亀井南溟を批判する。つまり、選挙という民主的な政治制度が導入される以前の、朱子、物徂徠、南溟、春台が生きた時代の政治形態は、為政者と一般民衆という二項対立的構造を有していたという点で一致していた。その時代には確かに政に関して、為政者が一考するに値する見識を有する民衆は存在しなかった。

しかし、渋沢は孔子がいかなる状況変化の下でも絶対不変な政のあり方を述べているわけではないと解釈する。つまり孔子は、開明的な民衆が存在しなかった時代であるからこそ、その時代背景を前提に「子曰く、民はこれに由らしむべし。これを知らしむべからず」と述べたのだと渋沢は考える。

第2節　治国の安定と継続

2－1　国家安泰と家庭円満

為政第二第2章は詩経に対する孔子の考え方を述べた章であり、その章意は「思ひ邪なし」の一語に集約される。渋沢は中洲に倣い、字解においてこれを、「詩を作れる人に邪念なきをいう」として、詩人の純粋な心を表現したものと解釈するが、注釈者の間では意見が分かれる。

荻生徂徠（以下「物徂徠」と表記）は、「殊に知らず、孔子は詩に取るゆゑんの方を語りし耳なるを。詩の義は端多く、典要を爲すべからず。古への義を詩に取る者は、亦た唯だ心の欲する所のままにす。祇だ其れ『思ふこと邪なき』、是れ孔子の心なり」と述べている[21]。

物徂徠は、「思ひ邪なし」とは詩をつくる人のことではなく、詩を味わう人の心を述べたものであり、詩から意味を汲み取る者は、心のおもむくままにしてあれこれ奇抜で不自然な解釈をしないという意味に解釈した。また、「邪」とは「奇衺」の衺であり、無理ないつわりの意味であると解釈する[22]。

渋沢は詩経に載せられた詩人は邪心がなく、したがって、その作品は素直な性情の流露であり、いささかも矯飾はないと解釈する。自然な性情がほとばしり出た三百十篇にのぼる詩のなかには家庭の和楽を詠ったものがあり、家庭が円満で和気藹々とすることが、国家が平らかに治まる基であると渋沢は解釈する[23]。

家庭円満と国家安泰の関係について渋沢は、「一家和合の要訣は、家族の者に邪念がないことである。家族に邪念がなければ、自然と家が斉い、家が斉えば国も治まり、天下も平らかになって、広義における仁が行われることになる」として、家庭円満は国家安泰の基であるという説を述べている[24]。

渋沢が言わんとしていることは、「詩経は作者の自然な心情が流露したものであり、純粋無垢な心が詩の形式をとって後世に残された書物である。喜怒哀楽さまざまな心情が詠い込まれている詩経の作者の基本的な心根が純粋無垢であるかぎり、後世の人間がそれを参考にするところが大いにあるであろう。そのなかでも家庭の和楽を詠ったものは治世において重要な示唆を提供してくれており、それを敷衍したのが、家庭円満は国家安泰の基であるという考えである」と要約される。

家庭の和楽と国家の安泰を相似形のものと解釈する渋沢の考え方は、為政者である君が大所から政を行うと同時に、一家を構成する民の安寧を重視すべきという精神に基づいている。渋沢は、君たる者の視線は国家のみならず和楽の基盤である民にも向けられるべきと考えていた。

2－2　国家の興廃と君の姿勢

子路第十三第15章は、国が興るか滅びるかは君が心を慎むか驕るかにあることを述べた章である。[25]

本章は【定公問。一言而可以興邦。有諸。孔子對曰。言不可以若是其幾也。人之言曰。爲君難。爲臣不易。如知爲君之難也。不幾乎一言而興邦乎。曰。一言而可以喪邦。有諸。孔子對曰。言不可以若是其幾也。人之言曰。予無樂乎爲君。唯其言而莫予違也。如其善而莫之違也。不亦善乎。如不善而莫之違也。不幾乎一言而喪邦乎】（定公問う、一言にして以て邦を興すべしと。これあるかと。孔子対えて曰く、言以てかくのごとくそれ幾うすべからざるなり。人の言に曰く、君たること難く、臣たること易からずと。もし君たることの難きを知るや、一言にして邦を興すに幾からずやと。曰く、一言にして以て邦を喪すべしと。これあるかと。孔子対えて曰く、言をもってかくのごとくそれ幾うすべからざるなり。人の言に曰く、予、君たることを楽しむことなし。ただその言にして予に違うことなきなりと。もしそれ善にしてこれに違うことなきなり。また善からずや。もし不善にしてこれに違うことなきなり。一言にして邦を喪すに幾からずやと）というものである。[26]

2－2－1　定公が抱えていた問題

本章は魯に長く滞在し、定公の資質や性格を知悉していたであろう孔子が説いた政の要諦を記述したものである。しかし、歴史的事実は定公が魯国を興すことができなかったことを示している。孔子の説いた政の要諦は結果として定公の政治に生かされることはなかったということが、本章の「落ち」

になってしまっているのである。歴史的事実によって十分サポートされていない本章の趣意をできるかぎり合理的に解釈するための理由として以下が考えられる。

（1）　孔子の政治指導が定公に十分行き届かなかったこと。
（2）　定公の君としての資質が劣っていたこと。
（3）　本章で説かれたことは政の要諦の一つではあるが、それのみで政を全うするには十分ではなかったこと。

論語注釈者はいずれもこの問題について独自の解釈を展開する。物徂徠は、本章の「定公問う、一言にして以て邦を興すべしと」の「一言」について、「後人は則ち或ひは性善、或ひは性悪、或ひは格物、或ひは良知を致す、或ひは中庸、皆な一説を執りて以て聖人の道を盡さんと欲す。難い哉。けだし亦た一貫の義を知らざる耳。夫れ一は言を以て盡くす可くんば、則ち孔子あに之れを一と謂はん乎。思はざるの甚だしきなり」と述べる。(27)

２－２－２　物徂徠と仁斎の解釈

物徂徠による解釈の趣旨は、「人は性善や性悪、格物、致良知、中庸などの短い言葉で重要なことを示そうとする。しかしそれが困難であることを知らないのは、里仁第四第15章で述べられる『一貫』の意味、つまり『一』は仁を示し、それによって世に処し物に応ずるという意味を知らないからだ」というものである。物徂徠は本章と歴史的事実の不整合を上記（3)、つまり本章で説かれたことは政の要諦の一つではあるが、それのみで政を全うするには十分ではなかったという理由をもって説明する。

一方、仁斎は「君たることはまことにむつかしいというこの戒めは、王朝を保ってゆく、いわゆる守成の君主のばあいにとくに切実な戒めとなる。創業の君主は、貧しく低い身分から身をおこすのだから、その間につぶさに艱難辛苦を嘗めており、戒められるまでもなく君たることのむつかしさをよく知っている。ところが守成の君主は、生まれたときから祖先のお陰をこうむり、安定と富裕のうちに成長し、のんびりと遊んでいて、自から戒めるということを知らない。だからこの章の言葉は、もっぱら守成の君を戒めるものなのだ」と述べる。[28]

仁斎は、定公が守成の君主であり創業の君主ではなかったがゆえに、艱難を通して君としての功業を成し遂げることができず、臣下の直言にも耳を貸すことがなかったと述べる。つまり、仁斎は上記（2）の定公の出自に由来する資質によって本章の趣意と歴史的事実の矛盾を説明しようとするのである。

しかし、大半の君主は守成の君主であり、そのなかにも優れた君主は存在した。また、創業の君主のみが艱難を通して功業を成し遂げることができるのであるとすれば、一代ごとに国が滅び、新たな君主の下に国が創設されなければならないことになる。

2－2－3　渋沢の解釈

渋沢は本章の趣意と歴史的事実の不整合を上記（2）と（3）、つまり、定公の君としての資質と政の要諦から説明しようと試みる。渋沢は定公が魯国を興すことができなかった理由として、「しかれども定公の徳足らざるためか、将（は）た三桓ことに季孫氏の跋扈（ばっこ）抑制すべからざるがためか、魯国を興隆すること能わざるのみならず、漸次敗亡の深淵に沈落（ちんらく）せしむるに至りぬ」と述べる。[29]

「定公の徳足らざるため」という渋沢の表現はいかにも漠然としており、定公が魯国を衰亡させた理由としては具体性に欠ける。しかし、渋沢は明治天皇の御製を掲げることにより、明治天皇に備わっているが、定公には欠けている君の資質と政の要諦を明らかにする。そのうちの一首は、「國民（くにたみ）の業（わざ）にいそしむ世の中を見るにまされる樂はなし」というものである。

この御製について木村大四郎は、「さて萬民が各自其の精神を作興し、一所懸命になって、各（おの）がじし其の職業にいそしみはげんで居る眞剣な世の中のさまを御覧になると、どんなに御喜びになるであろう。されば大帝は、かゝる世の中のさまを見るに優れる樂は外にないと御仰せになつた」と解説する。[30]

御製といえども形式にあてはめて短い言葉で表現される文学作品である。したがって、詠み手の考え方や感情は鑑賞者によって理解が異なることに留意する必要がある。木村の解説を参考に鑑賞者である渋沢の理解を推察すると、渋沢は明治天皇が君としての楽を国民が各々に与えられた業務にいそしんでいることに求めていると理解したと考えられる。つまり、国民が業にいそしむことができるのは、多少の内憂外患はあるとしても君の政を信頼しているからである。渋沢は、この御製を通して民が安んじて業にいそしんでいることが明治天皇の楽しみであると確信した。

一方、孔子に対する定公の問いは、「人の言に曰く、予、君たることを楽しむことなし。ただその言にして予に違うことなきなりと」というものである。つまり定公の質問は、君たる者の楽しみは民が君に逆らわずに従うことであるという考え方についてであり、御製に示される明治天皇の楽しみとは次元の異なるレベルで、定公は「君の楽」について迷いかつ考えていた。

このことから明らかとなるのは、君たる者が何を楽しみとして政を行うべきかという基本的事項についてすら定公は十分な認識をもっていなかったということである。定公は君としての自覚において資質に欠けていたということになる。また同時に、政の要諦は権力を有する側の満足ではなく、権力によって支配される民の満足を重視すべきであることを定公は認識していなかった。係る理解に基づき、渋沢は君としての資質に欠ける定公を君たる者の反面教師と位置づけた。

２－３　状況に応じた君の姿勢

２－３－１　緊急時における君の姿勢

郷党第十第16章は、礼に則り、時と場所を選んで容貌を変えるべきことを述べている。

本章は、【寢不尸居不容。見齊衰者。雖狎必變。見冕者與瞽者。雖褻必以貌。凶服者式之。式負版者。有盛饌。必變而作。迅雷風烈必變】（寝ぬるに尸せず。居る容らず。斉衰者を見れば、狎たりと雖も必ず変ず。冕者と瞽者とを見れば、褻なりしと雖も、必ず貌を以てす。凶服者にはこれに式す。負版者には式す。盛饌あれば、必ず色を変じて作つ。迅雷風烈には必ず変ず）[31]というものである。

本章の注釈に関しては、朱熹の論語集注と物徂徠の論語徴の間で異なる部分が多いが、渋沢は両者の良いとこ取りをしている。「負版者には式す」という負版者のくだりについては、論語が伝わる過程で、凶服者を説明するために挿まれた負版者という語句が誤って本文中に混じったのだという物徂徠の説を支持している。そして、負版者のくだりが元から本文にあったことを前提として注釈を加える中洲の意見とは異なる見解を示している。

一方、「迅雷風烈には必ず変ず」というくだりについての渋沢の解釈は、雷を天の怒りとする朱熹の説[32]に対して渋沢は迅雷風烈について、「昨年（大正十二年）、九月一日の東京大震災の時のごとき、手脚のつけ所なく何としても孔子の迅雷風烈には必ず変ずの句を想起せずにはいられなかった」としている。さらに、この大災害に対して大正天皇が一千万円を出して罹災者救出に心を砕いたことをもって、「天を敬し民を矜（あわ）れむ聖意ならずんばあらず」とし、さらに御製を引用して、明治天皇が「迅雷風烈には必ず変ず」を地でいっていることを強調している[34]。

渋沢は、細部において注釈者の間で解釈が分かれる本章の章意を、君たる者は礼に則り、時と場所を選んで容貌を変えるべきであると解釈するとともに、その好例を国民の災禍にあたって大正天皇がとった行動と、明治天皇の御製に表れる真意をもとに解釈する。

2－3－2　平常時における君の姿勢

学而第一第８章は人の上に立つ者の心得を述べたものであり、渋沢は中洲の論語講義に沿って字解を記述している。

本章は、【子曰。君主不重則不威。學則不固。主忠信。無友不如己者。過則勿憚改】（子曰（しいわ）く、君主（くんしゅ）重（おも）からざれば則（すなわ）ち威（い）あらず。学（がく）も則（すなわ）ち固（かた）からず。忠信（ちゅうしん）を主（しゅ）とし、己（おのれ）に如（し）かざる者を友（とも）とすることなかれ。過（あやま）ちては則（すなわ）ち改（あらた）むるに憚（はばか）ること勿（なか）れ）というものである[35]。

この章の【君子不重則不威】（君子重からざれば則ち威あらず）についての渋沢の解釈は、物徂徠の論語徴と大きく異なっている[36]。渋沢は、中洲論語講義や論語集注と同様、この節の意味を「在位の君子にして内に堅く守る所あり、外貌もまた沈着に落着きて重厚ならざれば、威厳なくして人民をして畏敬せしむるに足らず」と解釈している。

つまり、君子たる者はその態度が重厚でなければ威厳をもって人民を統治することができないと解釈している。

これに対して物徂徠は、「重からずとは重事にあらざるを謂ふなり。君子は愷悌を以て徳と爲す。ゆゑに凡そ重事に非ざれば、威厳を設けず」として、緊急事態でないかぎり君子たる者は和らぎ楽しむ風情で悠然と構えているのが徳であると述べている。これに連なる次節の「學則不固」(学も則ち固からず）について物徂徠は、いくつかの注釈書を引用し、「常に広く学ぶこと」が重要であるという意味に解釈している[(37)]。

ところが、【君子不重則不威】を渋沢流に解釈すると、必然的に、【學則不固】は重厚なる君子が威厳を維持するため、「その学びし所も堅固に守持すること」と解釈されることになる。つまり、【君子不重則不威。學則不固】を「君子重からざれば則ち威あらず。学も則ち固からず」と訓読した渋沢に対して、物徂徠は、「君子重からざれば則ち威せず。学も則ち固にせず」として、その解釈はまったく異なっている。

一国の政を一家の団欒に基礎を置くものと考えた渋沢が、一国あるいは一家の長たる者は平時には温和で、広く学ぶ姿勢をもつことが望ましいと考えたとしても不自然ではない。しかし本章の注釈を見るかぎり、渋沢にとって平時における君のあるべき理想の姿は、威厳を保ちかつ帝王学を堅実に学ぶことであると理解される。

２－４　王位の継承

２－４－１　泰伯の事績

泰伯第八第１章は、周の大王の長子でありながら、父が末弟の長子に後を継がせる意のあることを知って、密かに次弟と国を去り、それが世間に知られることのないようにふるまったことを称賛する内容となっている。

本章は、【子曰。泰伯其可謂至徳也已矣。三以天下譲。民無得而稱焉】(子曰く、泰伯はそれ至徳と謂うべきのみ。三たび天下を以て譲る。民得て称することなし）というものである[(38)]。

渋沢は孔子が泰伯を至徳の人であると評価する理由を、泰伯が当然継ぐべき王位を譲ったうえで、それを誰にも知られないように巧妙に行ったことにあるとしている。そして、これを「大功は無名」あるいは、「大道は称せられず」という言葉で表現している。

本章のエピソードが生まれた時期にはまだ周は諸侯の一つにすぎず、父の古公亶父(たんぽ)は統一された国家の大王ではなかった。この点をめぐって、泰伯が跡目を譲ったことに対する注釈者間の見解も諸々に分かれている。しかし、渋沢は佐藤一斎の「泰伯の譲はその詳(つまびら)かなることを得ざるを以て貴しとなすのみ。何ぞや、泰伯その迹(あと)を滅し、ただ夫子これを識(し)る。至徳たる所以なり。もしよくこれを伝述せばすなわち民これを称するなり。至徳となすことを得ず」とする意見に賛同する。

つまり、泰伯の事績は当時の人々にも不明瞭なものであったので、後世の者がそれを明瞭な形で認識できるわけがない。もし明瞭に認識できて注釈者間の意見も一致したとなれば、泰伯はその意に反して自身の徳を認知できる形で後世に残してしまったことになる。これは泰伯の至徳を否定することにほかならない。

したがって、必ずしも合理的ではないが、泰伯の事績は不明瞭ながらも理にかなっていると解釈することが適当と考えられる(39)。さらに南溟は、書を読んで知るべきは知るが、知ることのできないことを臆断することを厳に戒めており、渋沢もこれに賛同している(40)。

2－4－2　渋沢による泰伯の評価

渋沢は、泰伯が跡目を譲った形跡を残さなかったことを至徳としながらも、東洋独特の奥ゆかしさと西洋の前向きな姿勢を比較して後者の優位性を説く。渋沢は自説を、東洋道徳の「己の欲せざる所は人に施す勿れ」という教えと、西洋道徳の「人は自分で善事をすると共に、善いことはなるべく他人に勧めて行わせるのが人の務めである」とする教えを比較することによって展開する。

泰伯は奥ゆかしさのみで自分が跡目を譲ったことを隠したのではなく、政治的な混乱や後々の周の安定等を多面的に考慮して、その信念を実行に移したものと考えられる。したがって、渋沢が泰伯の事績になぞらえて西洋道徳に優位性を強調することには若干の違和感がある。

渋沢は泰伯の顰にならった日本の有徳者として水戸光圀卿をあげる。光圀は泰伯の事例でいえば、泰伯から跡目を譲られた末弟の季歴の立場に相当する。つまり、光圀の父は家督を長兄の頼重（よりしげ）に譲らず、弟の光圀に譲った。光圀がもし泰伯の立場にあったならば、泰伯と同じく日本のどこかに身を隠すという行動に走ったと思われるが、光圀は跡目を譲られた立場であるので、父の意向を尊重してこれを受け、自らの跡目を兄頼重の長子に譲ったのである。

光圀が黄門様と尊称されて多くの人に慕われ、日本人の良心を代表する人物として後世に伝わっているのは、大衆受けする勧善懲悪のパフォーマンスだけでなく、自ら身を処して筋を通す剛直な一面があったからと思われる。

渋沢が泰伯の事績に最も近いとするのが白河楽翁と称される松平越中守定信である。渋沢は楽翁の性格を質素、勤倹、謙譲を好むと評し、田沼意次によって乱れた政治秩序を立て直したとして評価する。しかし、渋沢は楽翁をして、「消極的であり受身的であることを主義とする東洋道徳家の真骨頂である」とする一方、「その行動の形迹を晦（くら）ましたるは、これまた呉泰伯に学びたる所なるか」と評価している。(41)

泰伯の事績をめぐる渋沢の思索は、千日手のように永久運動を繰り返し、それが頭のなかを駆け巡っているかの感がある。つまり、東洋道徳特有の奥ゆかしさは至徳と呼ばれるほど至高この上ないもので、これには西洋道徳の特徴からは窺い知れない良さがある。その一方、西洋道徳の良さは、道徳的に優れたものを公にし、それを人々に展開することによって多くの人の徳が引き上げられる点である。

西洋道徳は道徳レベルの平均値を引き上げるうえではきわめて効率的であり、かつ大乗的である。それと比較すると東洋道徳の至徳は非効率でかつ小乗的である。東洋道徳で至高のものと位置づけられた泰伯の徳は、それを秘匿するがゆえに至高とされるので、それは後世に至って美化された推察を通してしか人々に展開することはできない。そして、そこには秘匿された事実に基づく推察であるがゆえにいささかなりとも臆断が混じり込まざるを得ない。

渋沢はこの矛盾を頭のなかで十分整理するに至らず、他人の芝生のごとくに眼に入った西洋道徳を、東洋道徳との比較において「その末は千里の差を生ずべし」と過大評価するに至ったものと考えられる。[42]

2－4－3　親子間の継承

述而第七第14章は、孔子が古の人物を論ずるのをもって、衛の父子が相争う事態にどのように処すれば良いかを語る章である。

本章は、【冉有曰。夫子爲衛君乎。子貢曰。諾。吾將問之。入曰。伯夷叔齊何人也。子曰。古之賢人也。曰。怨乎。曰。求仁而得仁。又何怨出曰。夫子不爲也】（冉有曰く、夫子衛の君を為けんか。子貢曰く、諾、吾将さにこれを問わんとす。入りて曰く、伯夷・叔齊は何人ぞや。子曰く、古の賢人なりと。曰く、怨みたるか。曰く、仁を求めて仁を得たり、また何ぞ怨みんと、出でて曰く、夫子は為けざるなりと）というものである。[43]

本章は、当時衛に仕えていた孔子の弟子である冉有が、衛の父子間の内紛に対して、果たして現君主である子を助けるべきか否かについて悩んだ挙句、同じく孔子の弟子である子貢を通して間接的に孔子の考え方を確認するという、少し複雑な建て付けとなっている。しかも、子貢の孔子に対する問いも伯夷、叔齊という古の賢人について質問し、その答えから冉有が欲する答えを引き出そうとするものであるので、冉有の思惑が正しく孔子に伝わったのかという点に一般的には不安が残る。

伯夷、叔齊は孤竹君の息子であり、父は弟の叔齊に家督を譲ろうとしたことに対して、叔齊は長子である兄が家督を譲り受けるべしとしてこれを受けず、兄伯夷は叔齊が家督を譲り受けることは父の意向であるとしてこれも家督を継がなかったという故事である。

この故事から、兄伯夷は父の遺徳を重んずる孝に優れ、弟叔齊は長子を重んずる悌に優れた有徳の士であるといわれている。さらに、兄弟それぞれがその徳を全うすることによって、孔子は「仁を求めて仁を得たり、また何ぞ怨みんと」と述べており、兄弟は心底から満足し徳を全うしたのだと解釈した。

その故事に対する孔子の答えから、恋々として衛の君主の座を欲して争う衛の蒯聵、出公輒に対してはいかなる助けも必要がないと子貢は解釈し、その旨を冉有に伝えた。

渋沢は伯夷、叔齊について史記列伝に基づいて殷を滅ぼした武王を諌めたという故事や、武王が治める周の栗を食べることを恥として餓死したという故事などを紹介している。この故事のうち伯夷、叔齊が武王を諌めたという故事については物徂徠が懐疑的な見解を出しており、注釈者によってこの故事の受け取り方には差異が見られるが、伯夷、叔齊が有徳者であるという点についての認識は注釈者間で変わりがない(44)。

渋沢は、荊聵、出公輒の事績に相当するものを悪事例とし、伯夷、叔齊の事績に相当するものを好事例として日本の例を紹介する。渋沢は骨肉相争って人倫を傷つけるのみならず、実際の利益をも失った例として、源頼朝と範頼、義経兄弟との関係、足利尊氏と弟直義の関係をあげる。

これとは反対に、骨肉相親睦して人倫を厚くし、かつ一国を興隆した例として、毛利元就の二男吉川元春、三男小早川隆景が甥の毛利輝元を助けて中国地方の重鎮となったことや、島津義久、家久、義弘の三兄弟が協力して九州を征服したことをあげている(45)。さらに渋沢は、自身が生きた時代の成功例として、岩崎弥太郎（三菱財閥の創立者）、藤田伝三郎（藤田財閥の創立者）、大川平三郎（日本の製紙王と呼ばれた実業家）、佐々木勇之助（第一銀行第二代頭取）、内田信也（船舶事業で財を成した後政治家に転身した人物）等の事例を紹介する。

渋沢があげた日本史上の事例は領地や権力をめぐって武力を行使する武家社会の事例であるのに対して、自身の生きた時代の事例は財産をめぐる法律上の規定と、親の遺産を引き継ぐ当事者の心情をめぐる問題である。

親の遺産は法的には家督相続人のものであり、多くの場合それは長子である。渋沢は自身が長子であるにもかかわらず、この法律の矛盾を指摘する。渋沢の論理は、「親の子たる兄弟姉妹は、一様にその恩恵に均霑するのが当然である」というものである(46)。

さらに渋沢は教育勅語を引用して自説の正当性を主張する。渋沢は、「兄弟姉妹が仲よく暮そうとするには、教育勅語にある『兄弟（けいてい）に友（ゆう）』という精神に違わず、互に友情を厚うしてあい対せねばならぬものである、兄弟間に友情を重んずるがこれ兄弟和合の秘訣である」と述べている(47)。さらに渋沢は四海同胞の思想に基づいて海外各国との関係を融和しようとしている昨今において、最も身近な存在である兄弟との親和を図れないことがあってはならないという趣旨を述べて青年への言葉としている。

渋沢の言葉は自らが長子であり、そのまま法律に従っておけば、家督相続人となれる立場にありながら、法律の矛盾を指摘し、兄弟融和を説いているところに強い説得力がある。渋沢は法を無視する立場をとっているわけではない。しかし、社会の実態や人間の心情に沿っていない法律には鋭い批判を加える姿勢を有している。

渋沢は人の気持ちに寄り添い、実生活から看取される真実を重視し、それに論語の精神をあてはめて自説を展開する。そして、時に自身が信頼をおく、五箇条の御誓文や教育勅語等の内容を引用し自説を補完する。

しかし、渋沢は本章の事例をそのものが完全に自身の考え方を示しているとは理解していない。なぜなら、衛の蒯聵（かいがい）、出公輒（しゅっこうちょう）は論外としても、父の遺徳を重んずる孝に優れた伯夷、長子を重んずる悌に優れた叔齊はともに譲り合ったまま十分な話合いをせず、ついにどちらも父である孤竹君の領地を引き継ぐことをしなかった。つまり、伯夷、叔齊をめぐるエピソードは美談としては優れているが、十分な調整過程を経て実利を享受すべきと考える渋沢の思想を満足する逸話ではない。

渋沢が本章の注釈として古今の逸話を豊富に引用して自説を補完しようとした背景には、このような事情があったのではないかと推察される。

第3節　君の姿勢と資質

3－1　君と大局観

泰伯第八第4章は、死の床にある曾子が孟敬子に語った、「道において最も重んじるべき3つのこと」、「些末なことに拘泥するべきではないということ」に関する章である。

本章は、【曾子有疾。孟敬子問之。曾子言曰。鳥之將死。其鳴也哀。人之將死。其言也善。君子所貴乎道者三。動容貌。斯遠暴慢矣。正顔色。斯近主

信矣。出辭氣。斯遠鄙倍矣。籩豆之事。則有司存】（曾子疾あり。孟敬子これを問う。曾子言うて曰く、鳥の将に死せんとする。その鳴くや哀し。人の将に死せんとする。その言うや善し。君子の道に貴ぶ所の者三つ。容貌を動かしてここに暴慢を遠ざく。顔色を正しうしてここに信に近づく、辞気を出だしてここに鄙倍を遠ざく。籩豆のことは、則ち有司存す）というものである。[48]

渋沢は、道において重んじるべき3つのことと、些末なことに拘泥するべきではないということを、「身体の動作は勉めて温恭慎重にして、粗笨放肆に遠ざかり、顔色を正しくして信実に近づき、言語声気を発するには雅順和平にして、卑陋卑俗を遠ざくべし。この三事は身を修むるの要、政をなすの本なれば、君子はよろしくここに注意して違うことなかれ。もしそれ籩豆のことに至っては、これを掌る官吏存するを以てこれに任せておくがよい」と解釈している。[49]

君子の道は、「立ち居振る舞いは物腰柔らかくかつ恭しくあるべきで、表情はおごそかで内面の信実がにじみ出すものとするべきで、言葉を発するときには野卑や不合理から遠ざかるべきであり、さらに些末なことには君子自らが関わることは避けるべき」というのが渋沢の解釈である。

君子は些末事に煩わされることなく、政のあるべき姿の本質を考えて実践すべきであり、立ち居振る舞い、表情、発言等外面に表れるものはすべて本質的な問題に真摯に取り組む姿勢が反映されたものとすべきであると渋沢は解釈した。つまり、本質的な問題に真摯に取り組むことから生じる、内面のおごそかさ、和らぎ敬う姿勢、合理的な思考等が立ち居振る舞い、表情、発言等にじみ出るのが君子の道であり、君たる者もそのようにあるべきというのが渋沢の解釈と考えられる。

また渋沢は、死の床にある曾子がこのように重要なことを話すことになったいきさつは、孟敬子の性格が、いわゆる軽佻浮薄で些末事に拘泥して本質的な問題に真摯に取り組む姿勢に欠けていたことによると考えていた。これは南溟が、「仲孫捷必有行巳輕佻而務煩節之疾」（仲孫捷（孟敬子）必ず己を行う軽佻にして煩節を務むるの疾ありしならん）と述べていることに賛同したものと考えられる。[50]

渋沢は自身が体験した事例として、死の床にある森村市左衛門と接したときのことを述べている。禅学を志す者からキリスト者となった森村の言葉は、「世の中のことはすべて、神の命に従って行いさえすれば差し支えはない。今世の中がはなだ憂うべき状態に陥っているとき死するのははなはだ残念であるが、私はやがて神の側に往かねばならぬので、残る君は大いに世のために力を尽くして貰いたい」というものであった。[51]

キリスト者と儒教を信奉する者という違いがあり、かつ渋沢にとっては、死後神のそばに赴くという考え方には違和感があったであろうと思われる。しかし、渋沢は「神の命に従って行う」ということと、「論語で語られる真実を咀嚼して考え方や行動を律する」という2つの立場の間に何らかの共通点を見出したのではないかと考えられる。

死後の世界を信じて従容と死を迎え、後事を渋沢に託した森村の姿勢に渋沢は君子の佇まいを見出し、信仰の違いを超えて感銘を受けた。渋沢は森村の死に向かい合う姿勢を君たる者の姿勢と重ね合わせたと考えられる。

3－2　政における着眼点

子路第十三第17章は、政を行うには遠大を期すべきことを述べた章である。[52]本章は、【子夏爲莒父宰問政。子曰。無欲速。無見小利。欲速則不達。見小利則大事不成】（子夏、莒父の宰となり、政を問う。子曰く、速かならんことを欲するなかれ。小利を見ることなかれ。速かならんと欲すれば則ち達せず。小利を見れば則ち大事成らず）というものである。[53]

3－2－1　遠大を期すべきこと

渋沢は子路第十三第17章の解釈の多くを中洲に負っている。孔子が子夏に語った政の要諦は遠大を期すべきことである。それは子夏の弱点が常に近小にあることを孔子が知悉していたからである。また渋沢は、程子曰く、子張、政を問う。子曰く「これにいて倦むことなく、これを行うに忠を以てせよ」という程子の言葉を引用する。[54]

孔子は政の要諦を子夏に対しては「遠大を期すべきこと」、子張に対しては「忠を以てすべきこと」という具合に説き分けた。しかし、本章には遠大を期すべき政の目的が記されていない。中洲は政の目的を、「政の極處は、民を富まして之れを教へ、義方を知らしむるに在り」と解釈し、渋沢も中洲の注釈とほぼ同じ表現でこの趣旨を述べている。(55)

政の目的についての渋沢や中洲の解釈は民を安んずることであり、その具体的な内容は「民を富ましかつ義方に導くこと」であった。そして、その目的をつつがなく達成するために必要な事柄は、為政者の資質によって異なるということである。したがって、孔子にとって自らの弟子である子夏や子張が政に携わるにあたって、第一に必要なことは政の目的を再認識することであり、次に各人の資質に応じてそれぞれが留意すべき点を自覚させることであった。

このように、本章が含意する政の要諦を、「政の目的」と「執政上の留意点」の2つに分けて整理すると、渋沢が家康を為政者として評価した理由が明確になる。渋沢は本章の章意を受けて、「政は遠大を期して行うべきこと」の好例として、「人の一生は重荷を負うて遠き路を往くがごとし」という言葉で示される家康の深謀遠慮を取り上げる。

しかし、渋沢が家康を為政者として評価する最も重要なポイントは、「足利氏以来二百年戦乱あい継ぎ、生民塗炭(せいみんとたん)の苦境に淪落(りんらく)す。これを救うには武を偃(ふ)せ文を敷かざるべからざることを看取し、外には藤原惺窩(せいか)や林羅山を招致して文教を興し、内には天海僧都(そうず)や崇伝(すうでん)和尚を顧問として遠大の制度を定め、以て三百年泰平の基を開けり」という言葉に示される。(56)

渋沢が認識する政の目的が民を富ましかつ義方に導くことであったとすれば、足利氏以来の二百年の戦乱によって民が「生民塗炭(せいみんとたん)の苦境に淪落(りんらく)」させる事態を改変し、徳川幕府による安寧の基をつくった家康は、民を富ますまではいかないまでも彼等を淪落から救い出したことは疑いがない。

3－2－2　義方に導くべきこと

さらに執政上の留意点である「義方に導くこと」について家康は、武を偃(ふ)せ文を敷くために儒者を採用して文教を興すことにより、民にまで広く儒学を普及させ、物の道理が理解できるような仕組みづくりを試みた。もっとも、徳川幕府が重用した学統は修身論に重きを置く朱子学であり、それを経済的な付加価値を生む農工商を士の下に位置づける根拠とした点については、渋沢が重視する経世論の立場とは異なる。しかし、権力者に都合の良い学統であろうとなかろうと、義方に導くための修身論はいずれにせよ必要であり、家康がそれを行ったことを渋沢は評価した。

渋沢は本章の注釈で大倉喜八郎を取り上げる。家康を政の目的を正確に認識し、遠大を期してそれを成就したことについて評価したのに対して、大倉について渋沢は商人の本分である利益の追求を離れて価値ある美術品を蒐集し、それを公衆の縦覧に供したことに対して評価した。

個人資産を増やすことや自社の経営的安定を目的に美術品を蒐集するのであれば、個人資産あるいは会社資産としてそれらを計上し、経営危機に際してはその売却代金を危機回避のための原資に充当するであろう。しかし、大倉はそれをせず、財団法人として別人格の機関によりそれらを管理する方法を採用した。

渋沢は自分と同じ企業家である大倉が集古館を一般に公開したことを、文王が自らの御苑である囿を民衆に公開し、狩りや草刈りを許可していた事績に比肩しうるほどのものと高く評価した。これは、渋沢が晩年、社会福祉事業や公益事業に精力的に従事したことと考え合わせると、大倉の行動に渋沢自身の考えと肝胆相照らすものを感じ取ったからと推察される。

家康が民を義方に導くために文教を興したのに対して、大倉は自らの資産を最も効果的に生かすべく、一般民衆が稀にしか眼にすることがかなわない貴重な美術品を鑑賞者に広く開放することによって、一般民衆を義方に導いたと渋沢は理解した。

3－3　治国の根本義と人情

述而第七第17章は、詩経、書経、執礼の重要性を説いた章である。本章は、【子所雅言詩書。執禮皆雅言也】（子の雅言する所は詩書なり。執礼もみな雅言す）というものである。[57]

本章の解釈は、朱家や古義に則って論語を解釈する古学派とは異なっている。渋沢は物徂徠、太宰春台、猪飼敬所、中洲等の見解を是としこれに従っている。渋沢によるとその解釈は、「孔夫子は詩経・書経・礼記を読まるる時、その章句の中に君や父の名と同じ文字があっても、これを避くることなさず、すべて忌諱する所なく、これを正読して、形式に囚われ学問の根本義を曲ぐるこがごときことをなさずという意に解説せり」ということになる。(58)

古学派の解釈は、孔子が常に詩経・書経・礼記について談話し、人情、政治の根本義、実務の道を説いたとする朱熹の解釈と比較すると大きく異なっている。それは、雅言を「正読すること」とする古学派の解釈と、「雅に言う」とする朱熹の解釈の違いに由来する。しかし、孔子が詩経・書経・礼記を尊重していたことに関しては注釈者による解釈の相異はみられない。

3－3－1　詩経と書経による渋沢の解釈

渋沢は詩経、書経の順に自説を展開する。渋沢は、人が物事を考えて実行するうえで第一の動機となるのが人情であるとし、情の発動を正しくすることがまず重要であると主張する。渋沢は、男女間の機微をあつかった詩経の一節には人情の趣が顕れ、かつ猥褻さが一切ないことを述べたうえで、これらの優れた詩に接することは、いわゆる詩を通した優れた情操教育になると主張する。

まず情に訴えかけ、健全な情緒と高尚な心情を得たうえで、書経により政治の根本義を身につけることが有効であるというのが渋沢の考えである。渋沢は政治の要諦はすべて書経に記されているとし、いかなる国や時代においても書経の説く内容が適用されないものはないと述べる。

渋沢は書経に記された一節を引用して政治の要諦を、「禹は尚書の中に『徳はこれ政を善くす。政は民を養うにあり、水火金木土穀これ修まり、徳を正しくし、用を利し、生を厚くして、惟れ和ぐにあり』といわれているが、古今東西、孰れの邦と孰れの時とを問わず、いやしくも善政と名づけらるるものは、正徳・利用・厚生・惟和の外に出るものなし」と述べている。(59)

渋沢はインドの詩人タゴールとの面談で語られた阿片戦争の不条理さや、ドイツの横暴、アメリカの排日法の成立等を例にあげて、万古不変の書経の教えに反することを行う国に対して激しく憤る。

本章は詩経、書経、執礼の重要性を説いた章であるが、渋沢の注釈の多くは書経に関する解説に割かれている。渋沢は古学派に倣ってか、舜が禹に位を譲る時に述べた話を引用する。その話は、「人心これ危うく、道心これ微なり。これ精これ一。充にその中を執れ」というものである。渋沢はこれを、「蓋し人情はとかく得手勝手なもので、道義の念はとかく昧み易いものゆえ、専心一意よく人情道徳の中庸を得るように致せというなり」と解説している。(60)

渋沢が古代から連綿として書経が真理を語り続けると判断するのは、建前論に終始することなく人情の機微や政治の裏側を含めた本質について言及してやまないところであろう。「道義の念はとかく昧み易い」事例として、渋沢はイギリス、ドイツ、アメリカの振る舞いをあげ容赦なく批判する。

イギリスの植民地として多くの弊害を受けたインドの出身であるタゴール氏と渋沢は、まさにこの点において肝胆相照らしたと考えられる。

3－4　君と多能

子罕第九第6章は、多能は必ずしも聖人たるの要件ではないことを述べた章である。

本章は、【太宰問於子貢曰。夫子聖者與。何其多能也。子貢曰固天縱之將聖。又多能也。子聞之曰。太宰知我乎。吾少也賤。故多能鄙事。君子多乎哉。不多也。牢曰子云。吾不試故藝】（太宰、子貢に問うて曰く、夫子は聖者か、何ぞそれ多能なるやと。子貢曰く、固より天これを縦して将に聖ならんとす。また多能なり。子これを聞きて曰く、太宰は我を知らんや。吾、少きや賤し、故に鄙事に多能なり。君子多ならんや、多ならざるなりと。牢曰く、子云う、吾試られず、故に芸なり）というものである。(61)

本章は、太宰が孔子の多能であることを見て、多能であることが聖人の要件であると誤解したことに対し、それを否定する考えを述べたものである。つまり、幼少期の孔子が置かれた環境が、必ずしも裕福ではなかったことや、必ずしも常に要職に用いられたわけではないことが、孔子をして多能にした。つまり、多能であることは余事であり、聖人であるための必要条件ではないというのが本章の章意である。

これに対して渋沢は、「聖というはもと盛徳至極の称にして、多能は夫子の余事に過ぎざることを明らかに対えたるなり」として章意の理解を示している。(62)その一方で、「そもそも多能は聖人の本色ではないとしても、多能なるくらいの種々の経験ある人にあらざれば、真正の聖人となり得ざるべし」として、下情に通じていた唐堯・虞舜・大禹が万事自ら処理する能力を有していたことを例としてあげるとともに、豊臣秀吉、徳川家康、毛利元就、伊達政宗、前田利家、黒田孝高のいずれもが卑賤もしくは小名から功業を成就したことを述べている[(63)]。

孔子は、多能であることは聖人と呼ばれるにあたって、条件にはならないとしていた。しかし渋沢は、「多能であること」は「聖人であること」の必要条件であると考えていた。つまり、「多能でありさえすれば、聖人と呼ばれるに十分であるとはいえない」が、「多能であることは、少なくとも聖人と呼ばれるには必要である」というのが渋沢の理解と考えられる。

日常鄙事の実践を通して下情に通じれば不可避的に多能となる。したがって多能であることは、実践を通して倫理道徳を履み行うにあたって不可欠と渋沢は考えたのである。つまり、多能であることは聖人たる者の必要条件というのが渋沢の結論である。

しかし、孔子の立場から逆に渋沢の考え方を批判すると、多能であることはあくまでも結果であり、日常の鄙事を実践することを通して下情に通じることが重要である。したがって、結果として多能となることは聖人たる必要条件にはなり得ないということになる。

もし渋沢が孔子と同じ時代に同じ立場で遠慮なく議論すれば、このような理屈の応酬となるであろう。渋沢は、多能であることは日常鄙事に関わった結果であっても、その鄙事を下情に通じるまで心を込めて実践したならば、間違いなく多能になるはずであり、多能となれないレベルの実践しか行ってこなかった人物は、聖人たる必要条件を満たしてはいないというであろう。

渋沢は秀吉をはじめとする諸将を事例としてあげているが、心底にあったのは自身の生い立ちであろう。渋沢にとっての多能は農業者、商売人としての能力であり、多芸であることとは異なる。むしろ、生きていくための術を身につけ、それに秀でるとともに、下情の苦しみも理解できる能力こそが、渋沢にとっての聖人ひいては君たる者の必要条件であった。

第4節　君の心構え

4－1　身を正すべきこと

子路第十三第6章は、政を行うにはまずその身を正すべきことを述べた章である。本章は【子曰。其身正。不令而行。其身不正。雖令不從】（子曰く、その身正しければ、令せずして行われ、その身正しからざれば、令すと雖も従わず）というものである。[64]

本章の趣意は、政を行う君がまずその身を正すべきとした、理論的にも感覚的にも自明な内容であるため、注釈書の多くがその内容を肯定し、その正しさをなぞる程度におさめている。渋沢は本章の趣意を時代変遷にともなって社会的環境が変化してもなお正しいことを事例によって述べるとともに、明治天皇による政が本章の趣意に則って行われていることを論証する。

4－1－1　君の心構えに関する渋沢の見解

渋沢の見解は、「民は由らしむべく、知らしむべからずという時代は、為政者の率先躬行を以て政治の根本義とするが適当ならん。しかれども人智開けて、政治は多数の意見によってこれを行う時代となれば、為政者の率先躬行のみを以て、政治の根本となしがたし。政治上の根本原則は、国民多数の意見を集計するに公明正大の方法を用い、これをほどよく按排して法案を作成し、国民代表者の議定を経て、統治者の裁可を得、法律なして頒布し、その法律を根本として施行するより外に致し方なし。さればとて為政者一身の行状は、わがまま勝手だというわけでは決してない。為政者は法律に恪循すると同時に道義を尊重し、躬を以て範を示さざるべからず」という一文に集約される。[65]

渋沢の見解を要約すると、君・臣・民の三層からなる古代において、為政者である君の意を体して政を輔弼する臣が少なかった時代では、君自らが率先垂範して政にあたることが必要であった。この時代において民は君の一挙手一投足を見てその身の正しさを判断していたので、君は本章に記されているように、「その身正しければ、令せずして行われ」が身近なものとして体現される。しかし、近代になると社会構造は以下の特徴をもったものに変化する。

(1)　古代においては君・臣・民の三層構造の比率が君臣の割合が少なく民が大半であったが、近代になると臣および臣の意識を有する者の比率が大きくなった。

(2)　古代では政治の仕組みや経済構造は簡素なものであったが、近代に至って産業構造が複雑化し、権利義務関係も錯綜してきたため、個別事案を君が都度裁くことが困難となった。このため君の意向を反映させた法体系を整備し、その趣旨に照らして個別案件を裁くことが必要となった。

(3)　法をもって裁くにあたり公明正大さが必要になるとともに、そのプロセスにおいては十分な議論が行われなければならなくなった。

渋沢は、本章の趣意を時代を超えて遵守すべきものであるという見解を示すために、近代の例として明治期を取り上げ、君たる明治天皇の政を評価する。近代の特徴を明治期に置き換えて考察すると、日本の近代化が始まった明治期において、君たる明治天皇の意向を反映して制定されたのが大日本帝国憲法を頂点とする法体系であった。また、渋沢が「政治は多数の意見によってこれを行う時代」と認識したことと整合的に、明治天皇が打ち出したのは、五箇条の御誓文に示された「万機公論に決すべし」という方針であった。

渋沢にとって明治天皇の治世における基本方針は、「その身正しければ、令せずして行われ」るために、君たるものが時代趨勢にあわせて実施すべき施策をきわめて的確に反映するものであった。渋沢は明治天皇の意思を反映させた明治憲法を頂点とする法体系が、法の趣旨と乖離して形式的に運用解釈される事態を批判し、道徳を重んじて物事を判断すべきことを主張する。しかし、これは法を軽視して物の道理を道徳的規範のみで判断する徳治主義を慫慂するものではない。

渋沢はあくまでも君の意向が反映された法体系を尊重し、法を君による統治を補完するためのツールと認識する。渋沢が批判するのは法の根本精神を忘れ、拡大解釈、縮小解釈、詭弁等によって法を自らに都合の良いように変解することである。そして、そのような事態が発生しないように法の運用解釈のステージで道徳的精神を働かせるべきことを主張するのである。

渋沢は、「政治上のことのみならず、民間各種の団体・銀行・会社にも、その団体・銀行・会社の依拠してゆくべき根本規則は、おのおの存立すること論を待たずといえども、これを執行するに当っては、在上の重役がまず以て誠意篤実に行動して儀範を示さざるべからず。在上者自ら奸曲（かんきょく）私をなし、その下を正しうせんとするも得べからず。各種の会社に種々の破綻生ずるは、みなその源濁りて、その流れ清かざるによるのみ」と述べている(66)。

渋沢は「依拠してゆくべき根本規則」を法に対置させ、実業界においても誠意篤実に行動して儀範を示すべきこと、つまり道徳規範に則って組織で定められた規範を遵守すべきことを強調する。

若き渋沢が水戸学の影響を受けて攘夷思想を抱き、迫りくる西欧列強の脅威を感じて討幕運動に走ったのは、幕末の日本が上述の理想と著しく反する状態にあったからと考えられる。君たる地位に代替して実権を掌握していた幕府は、自らが属する「士」と「農工商」を分離し、民に相当する後者を臣たる地位に引き上げることなく、少数の為政者のために民を働かせていた。つまり、渋沢が言うところの「民は由らしむべく、知らしむべからず」に徹していた。

つまり、この状態は武士が実質的に君たる地位にあるという矛盾のみでなく、君・臣・民の構成比率に関し、近代化された西欧列強との比較において、幕府政治は著しく日本の近代化を阻害するものであった。しかし、西欧列強の事情をつぶさに知る機会がなかった青年渋沢にとって、西欧列強は排斥すべき外敵ではあっても、近代化の手本とする相手ではなかった。このような事情が青年渋沢をして極端な尊皇攘夷思想の信奉者たらしめ、高崎城乗っ取りや横浜焼き討ちを計画させたと考えられる。

4－1－2　身を正しくすることに関する渋沢の見解

子路第十三第13章は、【子曰。苟正其身矣。於従政乎何有。不能正其身。

如正人何】（子曰く、苟にその身を正しくせば、政に従うにおいて何かあらん。その身を正しくすること能わざれば、人を正しくすることを如何せんやと）というものであり、章意は同第6章とほぼ同じである。[67]

渋沢は第一次世界大戦による日本の好景気とその反動としての大戦後の不景気について、本章の趣意との関係から分析する。渋沢は好景気時における官民の姿勢について、「官民ともに黄金の波に酔えるがごとき想いをなし、奢侈贅沢の風を馴致し、官紀は紊れて大小官吏の犯罪続出し、奢侈品の輸入いよいよ増加し……」と述べている。[68]渋沢の分析によれば好景気に浮かれた官民がその身を正しくすること能わず、奢侈にはしり経済観念を喪失することによって秩序が紊乱したことが大戦後の不景気を助長したのだということになる。

景気循環論に基づいて判断すれば、好景気の後はその揺り戻しとして不景気が訪れ、その繰り返しが絶え間なく続いていくと判断され、不景気の原因を「官民がその身を正しくすること能わざること」に求めることはない。しかし渋沢は、マクロ経済レベルで説明する景気循環の問題、特に不況期に至る原因について人心の問題にまで踏み込んで理解し、論語にその根拠を求めている。

渋沢は、「国家について上に述べたる所は、一会社もしくは一家についていうもその理はあい同じ。一家の長もしくは主婦、または一会社もしくはその一部の長、身を正しうして、子弟もしくは社員を率いるにあらざれば、一家もしくは一社の粛清を保つ能わざるは勿論なり」と述べる。[69]

渋沢は常に社会の最小の構成単位である人に眼を向ける。国も会社も家もその最小単位である人によって成り立っている限り、これら三者のあるべき姿はサイズの違いこそあれ相似形のものとして理解しうるのである。一会社を例にとれば、渋沢がいうところの「一会社もしくはその一部の長、身を正しうして社員を率いる」という考え方は経営学的に理解することができる。

「身を正しうして社員を率いる」は、現代に引き直すとステークホルダーに配慮した企業倫理に則って組織を経営、管理することと理解される。より具体的には、企業の社会的責任に配慮した企業市民たる組織は、その精神を体現した経営理念を確立し、それを具体化したコーポレート・ミッションを設定する。このようにして設定されたコーポレート・ミッションは組織を構成する部署の職能別にさらに具体化され、最終的には社員ごとに割り振られる。

コーポレート・ミッションは、まさに身を正しくして社員を率いるための使命であり、それを実務で効果的に遂行するために全社レベル、部署レベル、個人レベルの目的が設置され戦略的に実行される。つまり、渋沢が国家、会社、個人を相似形として認識し、組織や個人として遵守すべき「身を正しうすること」の含意は、現代の経営学が教えるところの企業が遵守すべき規範に則った使命と何ら変わりがない。

4－2　道を謀るべきこと

衛霊公第十五第31章は、君子と小人の違いを述べた章である。本章は、【子曰。君子謀道不謀食。耕也餒在其中矣。學也祿在其中矣。君子憂道不憂貧】（子曰く、君子は道を謀って食を謀らず。耕すや餒えその中にあり。学ぶや禄その中にあり、君子は道を憂えて貧を憂えず）というものである。[70]

本章について物徂徠、朱熹、中洲、通釈ともにあまり多くの注釈を加えていないが、渋沢は浅野内匠頭の臣下の事例を引用して自説を展開する。渋沢は本章の章意を、「君子と小人と異なる所は、君子は孜々として道を求め、あえて禄を求めず。小人は営々として食を求め、あえて道を求めず」と述べたうえで、「古えの君子はかくのごとしといえども、今の君子は必ずしもしからず」と述べ、本章の趣意は現代の状況を鑑みると、必ずしも普遍的に適用されるべきものではないとして批判する。[71]

4－2－1　道に関する渋沢の理解

渋沢による批判の根拠は、(1) 道は今や天下の大道であること、(2) 今や文化が大いに開けて人の知識レベルは高いレベルで平均していることの２点である。以下で管見に基づいて渋沢の言わんとするところを整理する。

身分階層における上下の差が明確であった孔子の時代の「道」には、君道はあっても民道は存在しなかった。身分階層の上位に位置していたであろう君は支配階層の特権として下位階層からの年貢等によって生計を立てており、そのような社会構造から生じる一種のゆとりによって道を追求することも可能であった。つまり、君たるものの道である君道を追求することは、ある意味上位階層に属する者たちの特権であった。

しかし、明治期以降の日本においては、身分制度が廃止されかつ国民の民度が高度化してきたため、もはや道を追求することは上位階層に属する者たちの特権たる君道ではなく、全国民が対等な立場で追求すべき大道となった。したがって、時代背景を反映させた孔子の教えは当時としては正しかったが、社会制度、身分制度などが大きく変化した現代には必ずしも全面的な適用は可能ではない。

士農工商という身分制度がなくなり、国民皆兵制が敷かれた時点で、士たることは一部の特権ではなくなったうえ、国民すべてが憲法の制約下に置かれる立憲君主制においては、基本的には職業による貴賤なく対等な分業に基づき、それぞれの立場から大道を追求できる社会制度の基盤が確立された。

渋沢は係る社会的背景を前提に、「今日は文化大いに開け、往古と異り衣食住は費少からず。衣食足って礼節を知る。まず以て衣食住の安定を得ざれば、道に志さんと欲するも、得べからず。されば何の学問を修むるも、まず以て食禄を得る途を講ぜざるべからず。小人が耕耘（こううん）に従事して食を穫んと欲するのと、何の異なる所もあらず」と述べる[72]。

明治期以降は納税をはじめとする国民の義務を果たした後は、衣食住を自ら獲得し大道を追求する自由が与えられているという点については平等であり、それゆえに道を求めることについての各人の責任はかえって重大になる。

4－2－2　「食と道」および「義と利」

渋沢は、「衣食足りて礼節を知る」という言葉を引用して衛霊公第十五第31章を説明する。衣食を本章で述べられる物質的要素である「食」、礼節を精神的要素である「道」に置き換えて考えると、形式的には精神的側面である道は「義」、物質的側面である食は「利」それぞれに、外形的に対応すると考えられる。そうであるとすれば、食を道と同等に重視する渋沢の解釈に基づいて、なぜ本章の注釈において渋沢が義利合一説に触れなかったのかが疑問となる。

「食と道」、「義と利」の関係をマズローの欲求5段階説にあてはめて考えてみる。食に意を多く用いずともすんだ孔子の時代の上流階級とは異なり、明治期において食を求めることは、マズローが主張するところの生理的欲求、すなわち人間の生存に関わる本能的な欲求を満たすことに相当する。

翻って義と利の関係について考えると、自らの生存を図ることを広く利と考えれば、利を重んじることは生存欲求を満たすことと等しいと解釈される。しかし、渋沢や中洲が義利合一説を語ってきた文脈から判断すると、利を追求することは生か死かという差し迫った場面での解釈とは異なる。つまり、利を追求することは生存のための基礎的条件がある程度整ったところで議論される欲求である。

このように考えると、義と利の関係はマズローの生理的欲求によって説明することは困難であるとともに、生理的欲求の上位にある安全欲求、つまり不安や危険を回避したいという欲求や、何らかの集団に所属し、他人と愛情を交換し合いたいという所属と愛の欲求である社会的欲求によって説明することも困難である。

したがって、義利合一説における利はマズローによって分類された個別の欲求レベルにあてはめて解釈することは困難と考えられる。あえてマズローの理論に沿って利を説明すれば、それは、「生理的欲求、安全欲求、社会的欲求、自尊欲求、自己実現欲求の5段階で構成される人間の欲求すべてを実現するために各人の身の丈に沿って求められるべき、基本要件」といえる。

つまり、義にかなう範囲でかつ自分の器量によって得る利は正当な報酬であり、それは道に反しない限り自身の欲望を満たすために用いることは許されるべきである。自分の器量によって得られた利を生理的欲求のために用いるも、自己実現欲求のために用いるも、それは各自の才覚に依存すると考えるのが合理的である。その才覚や器量によって生涯のうちに自己実現欲求を満たすことができる人物もいれば、生理的欲求を満たすのみで人生を終える人物も存在するであろう。

このように、義利合一説における義と利の関係は、一見「食と道」との相似性から説明できるようにみえて、実は説明が困難な異質の概念であると考えられる。

４－３　民を教育すべきこと

子路第十三第９章は、冉有を従えて衛を訪れた孔子が、衛の人民の多いのに感じて王道を行う次第を述べた章である。孔子は冉有の質問に答えて、人民が多くなるとこれを富まし、富めばこれを教えるべしと説いた。

本章は、【子適衛。冉有僕。子曰。庶矣哉。冉有曰。既庶矣。又何加。曰。富之。曰。既富矣。又何加焉。曰。教之】（子、衛に適く。冉有僕たり。子曰く、庶なるかなと。冉有曰く、既に庶なり、また何をか加えんと。曰く、これを富まさんと。曰く、既に富む。また何をか加えんと。曰く、これを教えんと）というものである。[73]

本章の【教之】（これを教えんと）という部分に関して、朱熹と物徂徠の解釈は異なっている。朱熹は、「富而不教、則近於禽獣。故必立学校、明礼義、以教之」（富みて教えざれば、則ち禽獣に近し。故に必ず学校を立て、礼儀を明らかにし。以て之を教う）と述べている。つまり、富んでも教化を受けなければ、禽獣に近い。それゆえ必ず学校を建立し、礼儀を明らかにし、それで教化するという意味である。[74]

これに対して物徂徠は、「朱子曰く、『必ず學校を立て禮義を明らかにして以て之れを教ふ』と。あに非ならん哉。亦た生員を餼稟して義理を講解することを謂ふ巳。殊に知らず學校は禮を行ふの所、禮義を明らかにするも亦た禮樂を以て之れを明らかにすることを」と述べている。[75]物徂徠は、朱熹が学校を建てる目的は義理を教えることであるというのに対して、学校は礼を履み行うところであり、その礼も礼楽をもって身につけるものであると主張しているのである。

中洲はこの点に関して、「子曰く、之れを教へんと、蓋し人富みて教無ければ禽獣に近し、故に必ず學校を立て禮義を明かにし、之れを教へて道を知らしむべきなり」と述べている。[76]中洲の注釈をみるかぎり、学校の役割に関する認識は、朱熹、物徂徠のいずれに近いのか明確ではない。

４－３－１　学校教育について

渋沢は、「これまたその民を教ゆる方法を説明せずといえども、蓋し学校を立って礼を明らかにするにあるや論なし。冉有のこれを問う。蓋し直接には政事の仕方を知らんとするにあれども、間接には孔子が衛に至り、もし用いられなば、いかなる政治をなすやを知らんと欲したるがごとし。孔子の答また直接には、一般政事の仕方を説けども、間接には自己の衛における抱負経綸を説けりとみて可ならん」と述べる。(77)

渋沢は、「蓋し学校を立って礼を明らかにするにあるや論なし」として、学校が礼を明らかにする場所であることを明確に述べる。渋沢の理解は、学校を礼を履み行う場所であるとした物徂徠の理解に近いと判断される。さらに、冉有の質問に対する孔子の答えには、衛という人が多く集まる国での孔子自身の活躍を想定した抱負が込められていると渋沢は読み解く。これは、言行一致を常に心がけてきた渋沢が自らのモノサシにあてはめて孔子の心情を推し測った結果としての注釈ではないかと考えられる。

学校教育の主たる目的は礼を明らかにすることであるとした渋沢は、当時の日本の状態についての注釈に及ぶ。渋沢の懸念は、「智育に偏重して徳育に偏軽することこれなり」という点に存する。渋沢の論点は、富めばこれを教えるべしと説いた本章の章意からさらに発展し、日本の教育の現状を憂えるものとなっている。

その憂いの内容は、物の道理を上部、道義を下部とした場合に下部構造としての「道義」を教える徳育と、上部構造としての「物の道理」を教える智育を比較し、基盤を形成する徳育が軽視され、智育を専らにすることで頭でっかちになり、人間として不安定な状態に仕上がるということである。

さらに渋沢は下部構造を軽んじることを憂えるのみならず、害のある思想が入り込むことを心配する。それは知恵あるがゆえにもつ人間の危うさに関わるものである。渋沢は禽獣をたとえに持ち出す。渋沢は孔子の言葉を解釈し、「すでに衣食住足りて物質に不自由なきに至れば、これに教を施し、以て人も禽獣に異なる所以の道を知らしめるべからず」と述べている。(78)

渋沢の懸念を順を追って整理すると、まず、富を得た人間に対して禽獣にはない礼儀をもたせるために徳育があり、その徳育を十分に行うために腐心する必要がある。しかし、孔子の時代から時を経て渋沢が論語を講義する時代に移ると、社会の仕組みやそこで必要とされる技術や専門知識が増大し、智育偏重となり徳育がないがしろにされることによって、頭でっかちの人間が増える。

さらに、徳育がないがしろにされることに乗じて害のある思想教育がなされると、本来禽獣以上の尊厳をもたらすはずの徳育が害のある思想教育にとって代わられ、果ては人間が禽獣以下になってしまう。つまり、「烏に反哺の孝あり、鳩に三枝の礼あり」とした禽獣より人間の徳が劣るという事態に陥る。このように整理すると、渋沢の憂いと嘆きはこのような事態を想定したものであり、その深刻さは想像を絶するものがある。

渋沢の批判の矛先は共産主義思想と無政府主義者へと向かう。渋沢にとって、所有権を否定し、階級を打破した結果としてのロシアの窮乏は、徳育が紊乱した当時の日本にとって他人事ではなかった。渋沢はこれらの思想を悪魔とすら呼び、それを退治するのが教育の本意であるとした。つまり、君たる者によって確立されるべき教育制度は徳育を重視し、智育とのバランスをとったものとすべきというのが渋沢の理解である。

4－4　古礼を重んずべきこと

八佾第三第17章の章意について渋沢は、「蓋し孔子の意は小費を惜しみて大礼を廃するの非なるをいうにあり」としている。本章は、【子貢欲去告朔之餼羊。子曰。賜也爾愛其羊。我愛其禮】（子貢、告朔(こくさく)の餼羊(きよう)を去らんと欲す。子曰く、賜(し)や爾(なんじ)はその羊を愛す、我はその礼を愛す）というものである。(79)

子貢が魯の官吏であったことは文献で知られている。しかし、古来の大礼である告朔(こくさく)の餼羊(きよう)を廃止しようとしたのが、子貢が官吏であったときか、辞して後かは明らかでない。孔子が生きた時代では、魯の大礼であった告朔の餼羊はすでに形骸化しており、それを廃止するか少しでも大礼の残滓を存続させるのかを判断すべき瀬戸際にあったと思われる。

孔子の弟子である子貢は孔子が古礼を重んずることを熟知していたに違いないが、一方、官吏という立場からはおそらく魯の台所状態も熟知していたであろう。このような立場におかれた子貢は、告朔の餼羊を廃止するか存続させるかで板挟みになり、大いに迷ったであろうことは想像に難くない。渋沢は自身が大蔵省の官吏で予算管理の責任者であったことから、子貢の煩悶を理解したうえで本章を講義したと思われる。

渋沢は日本の事例をもとに孔子の考えを支持し、大礼の重要さを説明する。渋沢は日本において天皇が臣下に暦を頒布する「頒暦」が古来伊勢神宮に存し、その起源がおそらくは中国の古法に倣ったものであることを事例として掲げる。

中国の古法は時と国を隔てて頒暦として日本に息づいている。その頒暦は、鎌倉幕府開設から江戸末期の大政奉還までの約七百年間にわたる武家政治を乗り越えて、皇室直属の民となった日本国民にとって再び重要な意味をもつこととなった。実質的な政治権力を武家に奪われた天皇家が、七百年の間に頒暦を不要なものとして廃止していても不思議はないが、日本の場合はこれを連綿と受け継いでいたために、王政復古後は頒暦が重要な古礼として復活することとなった。

結果的に、儀式としての「告朔の餼羊」は日本には伝わらなかった。本章で取り上げられる告朔の餼羊はむしろ古礼の残滓としての象徴的な意味合いをもつに過ぎない。渋沢が古礼を容易には廃すべきではないと主張するのは、古礼の形式的な残滓ではなく、君や天皇が担う古礼の本質的な部分を指してのことである。

告朔の餼羊の有無にかかわらず、頒暦の重要性は国の政を主催する君や天皇が、頒暦を臣下に配布することによって国事日程をコントロールすることに存する。そして、儀式をもって行われる頒暦の作法が、魯の場合は「告朔の餼羊」であり、日本の場合は「御暦奏の儀式」である。

古礼の本質的な部分と、それを儀式化するための形式的な部分を分類すると、本章で取り上げられている告朔の餼羊はあくまでも形式的な部分にすぎない。しかし、孔子が主張するのは形式的な部分にのみ拘泥してのことではない。

孔子は、いくばくかの費用を出し続けても、儀式に不可欠な形式を残滓として引き続きキープすることによって、それをきっかけに、将来現れるであろう英君が古礼の本質を見出してくれることを期待したのである。そして、それを渋沢流に表現すると、「蓋し孔子の意は小費を惜しみて大礼を廃するの非なるをいうにあり」ということになる。

小　括

本稿の目的は、渋沢栄一の国臣意識の成り立ちを明らかにするための研究の一環として、渋沢が「君」をどのように認識していたのかを探ることであった。渋沢の君に対する認識を探るにあたって検討した論語各章に対する渋沢の注釈は、章意に沿って君に対する渋沢の認識が語られる場合もあるが、君の認識とは離れた徳目や概念について語られる場合もある。

渋沢にとっても君たる者は必ずしも身近な存在として語られるテーマではない。したがって、関連する他の徳目や個人が守るべき規律等に論考が及ぶのは自然の流れと考えられる。また、君に直接触れていない章に基づいて、渋沢が君の認識を語る場合もある。本稿では、君に関わる章意から派生したそれら渋沢の注釈を、渋沢の君に関する論考のバリエーションと位置づけて包括的に検討した。

渋沢の君の認識の中核には、同時代にあって君として最もその事績を身近で感じられる明治天皇の存在があった。渋沢による君一般についての認識を理解するためには、渋沢の明治天皇に対する思いを明確にすることが必要である。以上を念頭に置いたうえで、本稿の目次に沿って渋沢の君の認識内容を整理する。

君の使命

君の使命について渋沢は、治国における徳礼と政刑のあり方を通して語る。正しい治国のあり方についての渋沢の認識は、「徳礼をもって統治し、政刑をもって統御する」というものである。徳礼は「統べて治める」のに対して、政刑や「統べて御する」のであり、後者は治国の本筋ではないというのが渋沢の認識である。

渋沢は論語注釈において、しばしば法律の形式的な適用、拡大解釈や縮小解釈による徳礼の欠如を論難する。君たる者に求められる治国のあり方は、権力行使による政刑の濫用を厳しく戒め、徳礼に基づいて民を安んずることであり、それは古今で何ら変わりがないことを、悪事例としての秦の始皇帝や、好事例としての明治の元勲を取り上げて強調する。

渋沢は君たる者には君子の資質を備えていることが求められるとし、とりわけ礼譲の重要性を強調する。礼譲が重要であるのは国家間のみならず個人間の争いにおいてもしかりである。渋沢は国家間の争いと個人間の争いには本質的な違いがあると述べる。国際間の交際には相争うことが多く、戦争は場合によって不可避であるが、個人間の接際における争いとは上下関係における一種の緊張状態であると述べる。

つまり、渋沢は国家間の争いは極端な場合、一方を犠牲にした生き残りの手段であるが、個人間の争いは教育的観点からの指導がその本質であるというのが渋沢の考えである。しかし、対等な立場で自説をぶつけ合って議論する場合は、「平生恪守する処の主張」を遠慮なく述べ合うべきで、安易な迎合はその人間の存在価値をもなくすことになると渋沢は警鐘をならす。さらに個人の内面における争いは、己の怠け心や悪の誘惑に打ち克って改めて礼に復(かえ)る「克己復礼」であると渋沢は理解する。

このように、渋沢の論考は君たる者による治国の心得から国家間の争い、さらには個人間、個人の内面での争いへと発展する。

君たる者の民への向い方について渋沢は、未分化社会と近代社会および過渡期に場合分けして考えを整理する。渋沢にとって独裁政治は決して望ましい政治形態ではないが、未分化な蒙昧社会から近代社会への過渡期においては、一時的な便法として不可避であるという認識を示す。

未分化な社会においては君と民が固定的かつ二項対立的に存在するため、その事実を前提に近代以前の儒者は民の政への不参加を前提とした君のあり方を述べる。それに対して渋沢は朱子、物徂徠、南溟、春台らの主張を批判する。しかし、開明的な民衆が存在しなかった時代に生きたこれらの儒者には、渋沢と同様の認識を期待すること自体が不可能であったといえる。

治国の安定と継続

国家安泰に対する君の使命について渋沢は、国家の構成要素の最小単位である家庭の円満との比較において述べる。渋沢は「思ひ邪(よこしま)なし」という詩経の言葉を家族の心の問題として理解し、それが国家安泰に通ずるものであると解釈する。渋沢は、為政者である君は大所から政を行うと同時に、一家を構成する民の安寧を重視すべきとし、君たる者の視線は国家のみならず和楽の基盤である民にも向けられるべきと考えた。

国家の興廃と君の姿勢や心構えとの関係について渋沢は、魯の定公を君の資質に欠ける人物とし、明治天皇との比較において君たる者の資質に言及する。渋沢は定公を君の資質に欠ける人物と判断した理由として、定公が君たる者の楽しみを「民が君に逆らわずに従うこと」とする。その一方、明治天皇について渋沢は、その御製から明治天皇の君たる者の楽しみを「国民が各々に与えられた業務にいそしんでいること」であると読み解いた。

君たる者の楽しみをいかなる点に置くかという根本的な君の心構えについて、定公が「自らの権力に民が平伏して従うこと」に求めたのに対して、明治天皇は「国民が安んじて各々の役割にいそしんでいること」に求めた。つまり、定公の視線には民の安寧は含まれておらず、自らの権力の実効性のみにこだわるのに対して、明治天皇は国民が各々の役割を果たし、定常的に安寧を得ていることに君の楽しみを見出している。

渋沢は君たる者が最も基本的に携えておくべき心構えは、現代風に表現すると「国民ファースト」であり、その条件を満たさずに君の座にいる者に対して孔子が見切りをつけたように、渋沢もそのような人物は君たる者としての資質に欠けると判断した。

君たる者に求められる状況対応力について、渋沢は緊急時と平常時に分けて理解する。緊急時における君のあるべき対応の理想型を、天変地異における大正天皇の救済金の下付を含む迅速な対応と行動に見出す。平常時における君の姿勢については、学而第一第8章の章意解釈が大きく2つに分かれる。

渋沢は同章の「君子重からざれば則ち威あらず」の意味を、君子たる者はその態度が重厚でなければ威厳をもって人民を統治することができないと解釈した中洲に賛同する。一方、物徂徠はこの一節を、「緊急事態でないかぎり君子たる者は和らぎ楽しむ風情で悠然と構えているのが徳である」と正反対の意味と解釈する。

つまり、平生君たる者は重厚な態度を崩すべきではないとする解釈と、緊急時でないかぎり君は和らぎ楽しむ風情で悠然と構えるべきであるというように、「威厳をともなう重厚な風情」と「悠然とした温和な風情」のどちらが君たる者の平生の佇まいであるべきかというように２つの解釈が分かれる。渋沢は前者を是とする。

君たる者の地位の継承について渋沢は、周の大王の長子であり王位継承すべき地位にあった泰伯の事例に基づいて解釈する。泰伯第八第１章は、王位を継承される側にある泰伯の振る舞いについて記載されている章であるので、厳密には王位にある者による継承のあるべき姿を述べたものではない。

したがって、渋沢による泰伯の評価は君の認識とは若干異なるレベルで展開される。泰伯の事例を本稿の趣旨に従って分析しようとすれば、「君たる者としての地位を継ぐべき長子が、父の意を体して暗々裏に事前に退き、しかもその形跡を残さない配慮をするという行動が君に相応しい者の取るべき行動か」という命題を設定し、それを検討するという複雑なことになる。

つまり、「王位継承権を有する者がそのような問題を大過なく回避する行動をとった場合、その人物は君たるに相応しいか」という検証困難な課題設定となる。渋沢はおそらくこの矛盾を避ける意図からか、渋沢は継承権から遠い位置にあるにもかかわらず跡目を継承した人物として水戸光圀を取り上げた。光圀の父は家督を長兄の頼重に譲らず弟の光圀に譲った。泰伯第八第１章の泰伯が長兄の頼重にあたり、王位を継承した末弟の季歴の立場に相当するのが光圀である。

渋沢による光圀の評価は、水戸家において君たる地位が継承されるべき筋道を通したことに対してなされる。つまり渋沢は、光圀が自らの跡目を兄頼重の長子に譲ったことを評価したのである。連綿と続くべき水戸家の家督は、本来あるべき姿を長期で考えた場合、父が光圀を跡目に指定したことは、いわば列車が本線から一時的に支線を走行しているようなものであり、長子相続の原則に立ち戻れば、支線を走行中の列車は次のポイントで本線に戻すべきと光圀は考えた。そして渋沢は光圀のこのような行動を君たる者が地位を継承するにあたってとるべき行動として評価した。

君の姿勢と資質

君が備えるべき大局観について渋沢は、些末事にとらわれず本質的な問題に真摯に取り組むことから生じる、内面のおごそかさ、和らぎ敬う姿勢、合理的な思考等が立ち居振る舞い、表情、発言等にじみ出るのが君子の道であり、君たる者もそのようにあるべきとした。政を行うにあたっても、遠大を期すべきことが君たる者の道であると考えた。

政の要諦について渋沢は、「政の目的」と「執政上の留意点」の2つに分けて整理し、前者を「民を安んずること」、後者の一つとして「民を義方に導くこと」が重要と主張する。民を義方に導く手段の一つとして渋沢は家康が広く儒学を普及させ、物の道理が理解できるような仕組みをつくったことを事例として示した。

治国の根本義について渋沢は、詩経と書経に基づいて自説を展開する。渋沢は物事を考えて実行するうえで重要となるのは、詩経により情の発動を正しくすることであり、そのうえで書経により政治の根本義を身につけることと主張する。この原則に背いた事例が、イギリスが中国に仕掛けた阿片戦争や、ドイツの横暴、アメリカの排日法の成立等としている。

君と多能の関係について渋沢は独自の見解を示す。渋沢は多能であることは聖人の条件であるという立場をとるが、これは自身の経歴から形成されたものである。多能であることは日常の些事に関わった結果であっても、それを心を込めて実践したならば、間違いなく多能になるはずであり、それは聖人の条件、つまり名君の条件を欠くものであるというのが渋沢の見解である。

渋沢の展開する論理は聖人と多能の関係であり、「君＝聖人」という等号が成立しないかぎり、君たる者の条件が多能とはいえない。しかし、少なくとも君による政の目的が民を安んずることであるとすれば、下情に通ずることは名君であるための要件であり、それが出自や経験によって醸成されたものでなくとも、極力民の目線で日常些事に通じることは重要と考えられる。

君の心構え

君の心構えについての渋沢の見解は、本書第1章で取り上げた徳礼と政刑の関係と重なる部分がある。渋沢は君の心構えの手本として明治天皇を取り上げる。五箇条の御誓文に代表される明治時代の基本方針は、渋沢にとって「その身正しければ、令せずして行われ」るために、君たるものが時代趨勢にあわせて実施すべき施策をきわめて的確に反映するものであった。

その意味では渋沢にとって国家経営も企業経営もトップが身を正しくして組織を率いるという点では同じであった。つまり、企業のトップはステークホルダーに配慮した企業倫理に則って組織を経営管理し、五箇条の御誓文に相当する各社の経営理念を具体化したコーポレート・ミッションを部署や社員ごとに割り振ることによって企業は円滑に機能する。

明治期の五箇条の御誓文を現代企業の経営理念に対置させると、明治天皇が御製において「國民の業にいそしむ世の中を見るにまされる樂はなし」と詠われたとのと同様、各企業においても社員がそれぞれにあてがわれた業務にいそしみ、その結果が企業のみならずステークホルダーの利害と親和的であることが経営トップの喜びとなることが理想といえる。

君が道を謀ることについて渋沢は、孔子の時代と現代を分けて考える。身分階層における上下の差が明確であった孔子の時代の「道」には、君道はあっても民道は存在しなかった。しかし、明治期以降の日本においては、道を追求することは上位階層に属する者たちの特権たる君道ではなく、全国民が対等な立場で追求すべき大道となったと渋沢は考える。

まとめ

渋沢は君の使命を治国と認識し礼譲をもってそれを行うべしと考えた。治国によって目指すべきは民を安んずることであり、方法論としては現実的に対処すべきと渋沢は考えた。つまり、民を安んずる目的をもって国家の安寧を維持するためには時として争いも不可避であり、国や民が未分化である場合には、独裁的な手法による治国もやむを得ないと渋沢は考えた。

君たる者の使命を認識し資質を備えた君として、渋沢は歴史上数多の君から明治天皇を理想として掲げた。渋沢が明治天皇を君の理想を体現した人物と認識した理由は、資質や能力等の基本条件を満たしていたことに加えて、日本の政治体制のあり方が大きく変換する過渡期において、明治天皇の名君としての資質が顕現化したことである。また、臣下である明治の元勲たちの能力を最大限に引き出し、日本を近代国家に生まれ変わらせた功績はつまるところ国家元首たる明治天皇にあると渋沢は考えた。

渋沢は施政の実績からだけでなく、明治天皇の資質や徳性を御製に表われる天皇の真情から読み取った。しかし、明治天皇を理想の君主とする渋沢の認識は、決して個人崇拝の域にとどまることはなかった。渋沢は、明治天皇の施政の結果として成立した近代国家の体制を、明治憲法下で天皇を国家元首とする立憲君主制として受け入れ、天皇を含めた国家全体を君たる者として認識するに至った。

つまり渋沢は明治近代国家を、その作者である天皇とともに仕えるべき相手として認識し、自らを「国の臣」つまり国臣として位置づけるに至ったのである。

【注記】

（1）宇野哲人『論語新釈』（講談社、1980年）。
（2）渋沢栄一「為政第二第3章」『論語講義（一）』（講談社学術文庫、1977年）77頁。
（3）渋沢、前掲書（一）、「為政第二第3章」76－79頁。
（4）渋沢、前掲書（一）、「為政第二第3章」77頁。
（5）渋沢栄一「里仁第四第13章」『論語講義（二）』（講談社学術文庫、1977年）43－44頁。
（6）渋沢、前掲書（二）、「里仁第四第12章」41頁
（7）渋沢、前掲書（二）、「里仁第四第12章」44－45頁。
（8）渋沢、前掲書（一）、「八佾第三第7章」154－161頁。
（9）渋沢、前掲書（一）、「八佾第三第7章」55頁。
（10）渋沢、前掲書（一）、「八佾第三第7章」155頁。
（11）渋沢、前掲書（一）、「八佾第三第7章」155頁。
（12）渋沢、前掲書（一）、「八佾第三第7章」156頁。
（13）渋沢、前掲書（一）、「八佾第三第7章」157頁。
（14）渋沢、前掲書（一）、「八佾第三第7章」157頁。
（15）渋沢、前掲書（一）、「八佾第三第7章」157－158頁。
（16）渋沢、前掲書（一）、「八佾第三第7章」161頁。
（17）渋沢栄一「泰伯第八第9章」『論語講義（三）』（講談社学術文庫、1977年）

177－179頁。
(18) 三島毅『論語講義』(明治出版社、大正６年) 168頁。
(19) 渋沢、前掲書 (三)、「泰伯第八第９章」178頁。
(20) 渋沢、前掲書 (一)、「泰伯第八第９章」179頁。
(21) 荻生徂徠著、小川環樹訳注『論語徵１』(平凡社、2011年) 74頁。
(22) 朱熹著、土田健次郎訳注『論語集注』(平凡社、2014年) 132頁。
(23) 渋沢、前掲書 (一)、「為政第二第２章」75頁。
(24) 渋沢、前掲書 (一)、「為政第二第２章」75頁。
(25) 宇野哲人『論語新釈』(講談社、1980年) 389頁。
(26) 渋沢栄一「子路第十三第15章」『論語講義 (五)』(講談社学術文庫、1977年) 147－151頁。
(27) 荻生徂徠著、小川環樹訳注『論語徵Ⅰ』(平凡社、2011年) 169頁。
(28) 伊藤仁斎著、貝塚茂樹編集「論語古義」『日本の名著13』(中央公論社、昭和47年) 294－295頁。
(29) 渋沢栄一「子路第十三第15章」『論語講義 (五)』(講談社学術文庫、1977年) 150頁。
(30) 木村大四郎編輯兼発行『明治天皇御製讀本』(内外出版印刷、昭和５年) 41－42頁。
(31) 渋沢栄一「郷党第十第16章」『論語講義 (四)』(講談社学術文庫、1977年) 110－113頁。
(32) 朱熹著、土田健次郎訳注『論語集注３』(平凡社、2014年) 183頁。
(33) 荻生徂徠著、小川環樹訳注『論語徵Ⅱ』(平凡社、2011年) 92－93頁。
(34) 渋沢、前掲書 (四)、「郷党第十第16章」113頁。
(35) 渋沢、前掲書 (一)、「学而第一第８章」48－51頁。
(36) 荻生徂徠著、小川環樹訳注『論語徵Ⅰ』(平凡社、2011年) 38頁。
(37) 渋沢、前掲書 (一)、「学而第一第８章」49頁。
(38) 渋沢、前掲書 (三)、「泰伯第八第１章」136－137頁。
(39) 渋沢、前掲書 (三)、「泰伯第八第１章」138頁。
(40) 亀井南溟他『論語語由』(朝暘源長舗撰、文化丙寅冬10月) 巻之八泰伯第八24/40頁。
(41) 渋沢、前掲書 (三)、「泰伯第八第１章」145頁。
(42) 渋沢、前掲書 (三)、「泰伯第八第１章」140頁。
(43) 渋沢、前掲書 (三)、「述而第七第14章」49頁。
(44) 朱熹著、土田健次郎訳注『論語集注２』(平凡社、2014年) 259頁。

(45) 渋沢、前掲書（三)、「述而第七第14章」52頁。
(46) 渋沢、前掲書（三)、「述而第七第14章」53頁。
(47) 渋沢、前掲書（三)、「述而第七第14章」53頁。
(48) 渋沢、前掲書（三)、「泰伯第八第４章」153頁。
(49) 渋沢、前掲書（三)、「泰伯第八第４章」154頁。
(50) 亀井南溟他『論語語由』(朝暘源長舗撰、文化丙寅冬10月）巻之八泰伯第八28/40頁。
(51) 渋沢、前掲書（三)、「泰伯第八第４章」154－155頁。
(52) 宇野哲人『論語新釈』(講談社、1980年）390頁。
(53) 渋沢栄一「子路第十三第17章」『論語講義（五)』(講談社学術文庫、1977年）152－156頁。
(54) 渋沢、前掲書（五)、「子路第十三第17章」153頁。
(55) 三島毅『論語講義』(明治出版社、大正６年）288頁。
(56) 渋沢、前掲書（三)、「子路第十三第17章」154頁。
(57) 渋沢、前掲書（三)、「述而第七第17章」58－59頁。
(58) 渋沢、前掲書（三)、「述而第七第17章」59頁。
(59) 渋沢、前掲書（三)、「述而第七第17章」『60頁。
(60) 渋沢、前掲書（三)、「述而第七第17章」61頁。
(61) 渋沢栄一「子罕第九第６章」『論語講義（四)』(講談社学術文庫、1977年）18－21頁。
(62) 渋沢、前掲書（四)、「子罕第九第６章」19頁。
(63) 渋沢栄一「子罕第九第６章」『論語講義（四)』(講談社学術文庫、1977年）20頁。
(64) 渋沢、前掲書（五)、「子路第十三第６章」28－131頁。
(65) 渋沢、前掲書（五)、「子路第十三第６章」129頁。
(66) 渋沢、前掲書（五)、「子路第十三第６章」『130頁。
(67) 渋沢、前掲書（五)、「子路第十三第13章」143－145頁。
(68) 渋沢、前掲書（五)、「子路第十三第13章」144頁。
(69) 渋沢、前掲書（五)、「子路第十三第13章」145頁。
(70) 渋沢栄一「衛霊公第十五第31章」『論語講義（六)』(講談社学術文庫、1977年）151－153頁。
(71) 渋沢栄一、前掲書（六)、「衛霊公第十五第31章」152頁。
(72) 渋沢、前掲書（六)、「衛霊公第十五第31章」152頁。
(73) 渋沢、前掲書（五)、「子路第十三第９章」133－137頁。

(74) 朱熹著、土田健次郎訳注『論語集注 3 』（平凡社、2014年）427－428頁（土田健次郎の訳注）。
(75) 荻生徂徠、前掲書Ⅱ、164－165頁。
(76) 三島毅『論語講義』（明治出版社、大正 6 年）282頁。
(77) 渋沢、前掲書（五）、「子路第十三第 9 章」134頁。
(78) 渋沢、前掲書（五）、「子路第十三第 9 章」134頁。
(79) 渋沢、前掲書（一）、「八佾第三第17章」182頁。

第6章

渋沢栄一の臣の認識

－臣道と臣の資格要件－

はじめに

本稿の目的は、渋沢が「臣」をどのように認識していたのかを探ることである。本稿で臣を取り上げる事情は前章と同様であるが、渋沢自身が国臣（こくしん）を自認していることもあって、各節の事例には渋沢のエピソードが繰り返し取り上げられる。特に、大久保利通との確執については、君臣の信頼関係や臣の役割である諫言についての考察等で複数の視点から検討を加える。

渋沢の臣についての認識に対しては、「臣の道徳的基盤」、「臣の資格要件」、「臣の役割」、「臣の心構え」の4つの視角からアプローチする。

臣の道徳的基盤に関しては、臣たる者が拠って立つべき徳目である「忠」の淵源としての「孝」に遡って考察する。臣の資格要件については、士道に基づいて探り、君と臣の信頼関係や臣の分限に言及する。臣の役割については、臣が仕える道について検討し、臣の諫言、補佐等について検討する。臣の心構えについては、臣が直面するいくつかの陥穽について検討する。これらの視角から見た臣のあり方について、渋沢は論語注釈で自説を展開する。

論語解釈において指標とする主たる学統は、(1) 王陽明から山田方谷、三島中洲に連なる陽明学、(2) 荻生徂徠から亀井南溟、亀井昭陽に連なる徂徠学、(3) 朱熹に起源を発する朱子学、(4) 藤田東湖や会沢正志斎を中心とした水戸学の4学統と通釈書[1]である。本稿では論語各章の主題に応じて各学統の見解を引用する。

第1節　臣の道徳的基盤

1－1　孝

1－1－1　忠の淵源としての孝

臣の道徳的基盤を考察するにあたって重視すべき徳目の一つは「忠」である。しかし、自らの君と思い定めた相手に対して、果たして忠という言葉で表される思いを自然発生的に抱くことができるのかという点に素朴な疑問が生じる。渋沢は論語各章から忠の淵源としての孝に着目する。

為政第二第5章は、魯の三大夫の一人である孟懿子に対して孔子が孝道を説いたエピソードを通して、孝の本質を示した章である。渋沢は本章の趣旨を、「本章は孝道を語るによりて礼を教うるなり」としている[2]。

本章は、【孟懿子問孝。子曰無違。樊遅御。子告之曰。孟孫問孝於我。我對曰。無違。樊遅曰。何謂也。子曰。生事之以禮。死葬之以禮。祭之以禮】(孟懿子、孝を問う。子曰く、違うことなかれと。樊遅、御たり。子これに告げて曰く、孟孫、孝を我に問う。我対えて曰く、違うことなかれと。樊遅曰く、何の謂ぞやと。子曰く、生くるにはこれを事うるに礼を以てし、死すればこれを葬るに礼を以てし、これを祭るに礼を以てす）というものである[3]。

渋沢は孔子の説を、「父母存生の間はこれに事うるに礼を以てし、父母死去したる時はこれを葬るに礼を以てし、その後の祭にもこれを祭るに礼を以てし、終始礼に違わざるを以て孝を尽くすとなすなり」と説明して礼の大切さを示すとともに、孝道を全うするには親に対して生前、死後を通して礼をもって接するべきと主張する[4]。

孔子は孟懿子の孝についての問いに対して「違うことなかれ」と短く印象的な言葉で答えた。これは当時魯の政をほしいままにし、君をないがしろにすることで礼に違うことが多かった三大夫の一つである孟懿子に反省を求める気持ちから出た言葉であり、まさに物徂徠が解説するように、「親の心に違うこと無きなり」という意味であった[5]。

しかし、親の心に違うことがないようにすることは、決して親の意向を無批判に実行に移すことではなく、孝道を全うするために礼を尽くすにあたっては分限を知り、自分の力が及ぶ範囲で最善の礼を尽くすということである。渋沢は、「およそ人には分限あり。いかに親を愛する情深しといえども、分限を超えて不相応のことをなすは礼に違うものにして、真の孝を尽くすものというべからず」と述べる。[6]

孔子はこの真意が正しく孟懿子に伝わったかどうかが不安になったため、その解説を弟子の樊遅に伝えたうえでさらにそれを孟懿子に伝わるよう細心の配慮を行った。

魯の政をほしいままにし、君をないがしろにしていた孟懿子に対して、これほどまで懇切に孝道を説いた孔子の真意を渋沢は、「孝は百行の基にて忠臣は孝子の門より出づ。明治大帝の教育勅語にも『汝臣民克く忠に克く孝に』と仰せられ、我が国風民俗の淳美なる、畢竟忠孝の二道に胚胎す」と述べている。[7]

渋沢は、礼に違うことで君を蔑ろにし、忠義を疎かにする孟懿子を取り上げて礼の重要性を説く。そして、その礼は親への孝養を尽くすことによって涵養されると説く。礼の淵源は孝であり、孝によって礼を身につけた人物が忠義を知り、良き忠臣になるというのが、渋沢が本章から導き出した「孝」、「礼」、「忠」の関係性である。

つまり、君に仕える忠臣であるためには、まず孝養を尽くすことで両親に仕え、そこで礼の何たるかを学ぶことが必要であり、しかる後に君に対して礼を以て忠義を尽くすのが忠臣であるというのが渋沢の理解である。

孟懿子から孝に関する質問がなされたことを奇貨として、孔子は孝道を礼によって全うすべしと説いた。そして、そこには忠義を思い起こさせることによって現在の君子に対する不徳を反省せしめようという意図があった。そして、渋沢はこの孔子の真意を正確に理解していた。

渋沢は自説をさらに展開して国体を永遠に維持する道について言及する。渋沢は、「そもそも一国結合の鞏固なるは一郷の団欒による。一家の団欒は子弟の孝道により生ず。文明社会に欠くべからざるは孝道なり。ことに金甌無欠の我が国体を永遠に維持するには、忠孝の両道をますます闡明せざるべからず。青年諸君よ決して他の左傾節に耳を貸すこと勿れ」と述べている。[8]

つまり、一国は一郷、一郷は一家から成り立っており、最小単位である一家の団欒は、その主である両親に対する孝道によって成立する。一家から一国に眼を向ければ、一家の団欒は一国の平穏無事の前提であり、一家の主に対して家人がとるべき道が孝であるとすれば、一国の主である君主に対して国民がとるべき道は忠であるということになる。

一国が平穏無事であるためには、その最小単位である一家の団欒を保つための孝に相当する規律が、国レベルで存在することが必要となる。その規律が忠である。一家で孝が確立し、一国で忠が成り立って忠孝の両道が並立するということになる。渋沢はこの基本原理を根本から否定する共産主義を、国家を亡ぼす思想と考え、青年に対して左傾化を強く戒めた。

1－1－2　忠孝の涵養

渋沢は、忠孝は一国の最小構成単位である一家において涵養されると考えた。為政第二第7章は、子游が孝を問うたのに対して孔子が答え、孝と養の違いを通して孝の本質を説いたものである。

本章は、【子游問孝。子曰。今之孝者。謂能養。至於犬馬。皆能有養。不敬何以別乎】(子游、孝を問う。子曰く、今の孝なる者は、能く養うことを謂う。犬馬に至るまで、皆能く養うことあり。敬せざれば何を以てか別たんや）というものである。[9]

本章に記されている「養」の意味については、物徂徠の解釈と、中洲、渋沢、朱熹、通釈等の解釈は異なっている。注釈書一般は、「犬馬に至るまで、皆能く養う」の意味を、人間が犬馬を飼って養うという意味で「養」を理解しているのに対して、物徂徠は、「犬は以て守禦し、馬は以て勞に代はる」として、犬は家を守ることによって、また馬は労力を提供することによって主人に仕えるのであり、これによって犬馬は人を養うと解釈した。親との関係において子と家畜を同列に置いたうえで、子は親に対して衣食住を提供してこれを養い、家畜は守禦や労を提供してこれを養うという意味と理解した。[10]

もしこのように解釈せず、犬や馬に餌を与えることを養うと解釈すると、子が衣食住の便を与える親を犬馬と同列に置くことになるというのが物徂徠の見解である。犬馬は守禦や労力を提供するが、犬馬には相手に対する尊敬の念は存在しない。しかし、子である自分は親に衣食住を提供するにあたっては尊敬の念をもってすることが必要であるというのが物徂徠の考え方である。

極論すると、物徂徠の考え方は、親との関係からは子を犬馬と同列に置いたうえで、子と犬馬の違いを尊敬の念のあるなしで分類する。そのうえで、親に対する尊敬の念をもって仕えるのが孝であると説く。その一方、一般的な解釈のように、孝道を説きながら親と子の関係を犬馬と同列に置いて論を進めることに違和感があることも確かである。

渋沢は本章に関しては、一般的な解釈に従っており、上述の論点に関してはさほど意に介しなかった模様である。渋沢が本章で孝行の例として取り上げたのは、豊前の若宮八幡宮の神職であった神崎右京という人物が、母の希望を容れて苦難を乗り越えて善光寺参りを果たしたエピソードである。

母を養うだけでなく、困苦を厭わずその希望を容れて行動するというのは、尊敬の念がなければできないことであり、この点を強調するために、渋沢はこの事例を取り上げたものと思われる。渋沢が大時代的で有名な事例ではなく小市民的な事例を取り上げたのは、「そもそも一国結合の鞏固なるは一郷（きょう）の団欒による。一家の団欒は子弟の孝道により生ず。文明社会に欠くべからざるは孝道なり。ことに金甌無欠（きんおうむけつ）の我が国体を永遠に維持するには、忠孝の両道をますます闡明せざるべからず」という忠孝の関係についての自説を強調するためであったと思われる[11]。

渋沢は最後に、「かかる孝子の出づるも畢竟我が邦家族制度の美なるによる。しかしてその根源は皇室を中心とする大家族的組織の結晶といわざるべからず、記して以て世の人の参考に備う」と述べて、皇室に対する忠義と、それを構成する最小単位である家族において孝道が実践された事例を示したのである[12]。

1－1－3　孝道について

渋沢は、礼の淵源は孝であり、孝によって礼を身につけた人物が忠義を知り、良き忠臣になると理解していたことが明らかとなった。では、渋沢が忠義を語り自らを「良き忠臣」たる国臣と自認するにあたって、「孝」という徳目をどのように理解し、孝道を実践してきたのかを探ることが不可欠となる。

この課題を厳密に検討するためには、本来は渋沢の思想のみならず事績の詳細な分析が必要となる。本稿では孝道に関する渋沢の論語注釈や渋沢の言辞、あるいは一般的に知られている事績やエピソードをもとに、渋沢が忠の淵源である孝についていかに理解し、国臣たるに相応しい資格要件を備えていたか否かを「両親の疾病」、「家道と出奔」、「健康の維持」の切り口から検討する。

両親の疾病

為政第二第6章は、孟武伯が孝を問うたのに対して孔子が疾病を取り上げて答え、孝道の何たるかを示した章である。しかし、本章で孔子が取り上げた疾病が両親の疾病をめぐるものなのか、それとも子の疾病に関するものであるのかで解釈が大きく分かれている。

本章の検討に用いた注釈書に関するかぎりでも、両親の疾病に関するものであるとしたのは渋沢論語講義と中洲論語講義であり、子の疾病に関するものであるという立場をとっているのは、『論語集注』、『論語徴』、『論語新釈』である。渋沢は中洲のスタンスに合わせて解釈している[13]。

中洲や渋沢がポイントとするのは、両親が疾病に罹ることのないように心を配るのが子としての務めであり、それを全うすることが孝道であるという考え方である。一方、論語集注、論語徴等が主張するのは両親の子に対する慈愛の情に関わるもので、子たるものは親から授かった身体を健全に維持することが孝の道であり、疾病に罹ることは親の慈愛に反し、心労をかけることになる。したがって、自らの身体を疾病から守ることは孝道に沿うことになるという考え方である。

両者のスタンスは、前者が「親の健康管理」を孝道のポイントであるとしたのに対して、後者は「親に心配をかけないこと」を孝道のポイントとしたのであり、孝の内容がまったく異なっている。つまり、本章ほど章意の解釈が根本的に異なっている章は稀であるといえる。

中洲は、両親が疾病に罹ることのないように心を配ることを孝道であると理解した理由として、「一衣給らざれば、以て病を致すに足り、一食調せざれば、以て疾を致すに足る、但此れのみならず、子たる者、操行を慎まず、累ひを父母に貽し、其れをして勞念して已まざらしむる、亦以て疾を致すに足る、故に人の子たる者、常に父母の疾を致すを以て深憂と爲せば、則ち其の温凊奉養に於ける、必ず皆其の宜きを得、而して其の平日其の身を守る所以の者も、自ら慎まざること無きに至らん」と述べている(14)。

そして、中洲は本章の【孟武伯問孝。子曰。父母。唯其疾之憂】（孟武伯問孝を問う。子曰く、父母は、ただその疾をこれ憂う）における【其疾】の其について、「按ずるに、其疾の其の字、父母を緊承す」と結論づけている。そして父母の疾病を心配するのであれは、子たる者は平生自身の健康について慎重に配慮すべきであるとしている(15)。

さらに中洲は佐藤一齋の説を引用して自説の妥当性を強調する。中洲は、「一齋又曰く、朱註に從へば、父母の子を憂ふるは則ち是れ慈にして、是れ孝ならず、乃ち反觀して之を體せよと謂ふ、是れ歇後の謎語に似たり」として、朱熹の説を批判している(16)。

一齋の説を解釈すると、「朱熹は子が疾病に罹ることを親に心配させないようにすることが、孝道に叶うことであるとしているが、親が子を心配して憂えることは慈愛の発露であり孝ではない。しかし、朱熹はその慈愛に対して子の側から応えることが孝であると説いている。この説はほぼ支離滅裂である」ということになる。

中洲や渋沢と異なる立場をとる物徂徠も、「言ふところは孝子は妄りに非を爲さず。唯だ疾病ありて然る後に父母をして憂えしむ」という古註を引用している(17)。孝子であるためには、妄りに悪行に手を染めないことが第一に必要であり、親には自分の健康のみを心配させるくらいが適当であるというのが古註の意味するところであり、一齋の考え方でもある。

いかに品行方正な子であっても、親が子の健康を心配するのは親の慈愛の発露であるという点については物徂徠と中洲は一致している。しかし、親の慈愛に適切に応えることが孝道であるとする物徂徠等の考え方と、親の慈愛はそれとして、孝道とは親の健康に心を配ることであるとする中洲、渋沢の考え方が本章の理解を二分している。

中洲と同じ立場をとる渋沢は、本章で取り上げた事例で、父の危篤に際して自身がとった行動を振り返っており、本章に対する自身の解釈根拠を自らの経験によって裏づけている。さらに、父の死後もその供養を念入りに行っていることを述べて、生前、死後ともに礼を尽くしていることを述べている。

激動の時代を生き、基本的には父の意に反する行動をとらざるを得なかった渋沢の孝道は、平穏無事の時代での孝道とは大いに異なる。したがって、簡単な説明ではその実情をあからさまにすることは困難と思われるが、少なくとも渋沢とその父との間では丁寧な意思疎通がなされ、最終的には父の理解と慈愛が渋沢を包み込み、その恩恵によって渋沢が大望を果たせた。

若き渋沢が計画した高崎城乗っ取りや横浜焼き討ちは、たとえ、すんでのところで思いとどまったとしても、決して孝道に則った振る舞いとはいえない。孝道に則った行為が諸学統の主張のいずれに該当するにせよ、渋沢は親の近くにあって親の健康管理をしたわけでもなければ、世話をしたわけでもなく、むしろ親に心配をかける行動をとっていたといえる。本来の孝道のあり方に照らすと渋沢は忠の淵源である孝を全うしてはいなかったがゆえに、国臣たる資格要件を欠いていたということになる。

しかし、渋沢の両親は記録に残っているかぎり、渋沢を不肖の息子と呼ぶことはなく、その不孝となじったこともない。つまり、渋沢自身の孝道は、両親に対する尊敬が基盤となっており、そのうえで緊密なコミュニケーションによる父親サイドの大いなる諦観をともなう理解が渋沢を助け、それがさらに渋沢の父親に対する感謝に結びついていたと考えられる。渋沢親子には外部からは窺い知ることのできない密接な信頼関係があり、それが父を因襲的な考え方の呪縛から解き放ち、解き放たれた父は信頼と諦観をともなった境地で渋沢を見守っていたと考えられる。

渋沢は高崎城乗っ取りをはじめとする激越な計画を立てた。しかし渋沢は、孝道の基準からは明らかに不適格な自らの行為を、信頼をベースに立て直し、渋沢なりの孝道を全うしたのではないかと考えられる。したがって、国臣の資格要件としての渋沢の孝道は渋沢父子の関係性において全うされていたと考えられる。

家業と出奔

孝の道を説く学而第一第11章は、長子でありながら家業を継ぐことなく国政や事業の道に進んだ渋沢にとって、自分の経歴との関係から説得力を備えた講義がしにくい章であろうと思われる。渋沢は「今日は教育普及し、日進月歩の世なり。ことに人おのおの独立独行を貴ぶ。いたずらに父の家道のみを墨守し難し。余が一身上の経歴よりいえば、余は十有五にして学に志し、文久三年十一月、二十四歳の時に郷里を出でて、京都に参ったのは、余が今日までにあい成った下地を作ったのである」と述べている。(18)

この実体験は、渋沢が同章の講義で述べている、「本章は子たる者の父に対する孝道についていう。父この世にある中は、父の意志の存する所を察し、父の言明せざる前に奉承してこれを提供し、もし父この世を去りし後は、その生前に行いし形跡を観察し、その行為を相続し、また父の没後久しきに及びても、父の行いたる家道を変改せず、死に事(つか)うるに生に事(つか)うるがごとくするは、孝子というべきである」という説明と矛盾している。

しかし、渋沢は父親である晩香の配慮によって家を顧みることから解放され、今日に至る大業を成しつづけることができたことを述べ、親の理解の深さ故に自らの孝の道が辛うじて全うできたことを説明している。さらに渋沢は安田善次郎とその子孫の例をあげ、慈善喜捨に無頓着であった善次郎に対してその子孫はその家風を改めたことをもって、その行為が本章の趣旨に沿うものであるとして評価している。

つまり、父に対する孝道はその趣旨を見誤らないかぎり、世代をまたがる長い時間軸のなかで、自分を取り囲む環境条件や社会における自らの役割を勘案し、比較的融通無碍に解釈することができるということを渋沢は強調したかったのではないかと考える。渋沢の合理的思考からすれば、激動の明治維新期において孝道に対する守旧的な考えのみにとらわれ、身動きのできない状態に自らをおくことはあり得ないことであった。

健康の維持

泰伯第八第3章では、曾子が臨終にあたって弟子に自分の身体がどこも毀傷していないことを示し、父母からもらった身体を死ぬまで大事に保つことが孝であることを示したエピソードが語られている。

本章は、【曾子有疾。召門弟子曰。啓予足。啓予手。詩云。戦戦競競。如臨深淵。如履薄氷。而今而後吾知免夫。小子】（曾子疾あり。門弟子を召して曰く、予が足を啓け、予が手を啓け、詩に云う。戦戦競競として、深淵に臨むがごとく、薄氷を履むがごとし、而して今にして而る後吾免るることを知るかな。小子）というものである。[19]

渋沢は本章を解釈するにあたって、為政第二第6章の「父母はただその疾をこれ憂う」という一節を引用して、子の健康を気遣う両親の心に応えて、親からもらった身体を大事にすることこそが孝の道であるとする。

渋沢は物徂徠の解釈にはふれていないが、孝経を引用した物徂徠の説明には説得力がある。物徂徠は、身体を傷つけないで完全に保つことを、刑戮を免れることであると解釈する。物徂徠は、「身體髪膚、之を父母に受く。敢へて毀傷せざるは、孝の始めなり」という孝経の一節を自説の根拠とする。[20]

物徂徠は身體髪膚を解釈して、「身とは劓と宮を謂ひ、體とは刖を謂ひ、髪とは髠を謂ひ、膚とは墨を謂ふ。ゆえに身體髪膚の四字は、五刑を指してこれを言ふ」と述べている。つまり、「鼻そぎ」、「去勢」、「足きり」、「剃髪」、「入れ墨」がこの時代の刑罰であり、孝道の始まりはまず五刑を受けるようなことをしでかさず、したがって身体を毀傷することがないような生活を送るという意味であると物徂徠は解釈した。[21]

刑罰との関わりから身体の毀傷を論ずるか、そうでないかは別として、少なくとも、孝行の始まりはまず親から受けた身体を大事にすることであるという点では渋沢と物徂徠の考え方は一致している。

渋沢は孝を阻害する要因は西欧から流れてきた権利意識であるとする。つまり、教育を受けられることを当たり前と思わなかった時代から、教育を受ける権利を子が親に対して主張する時代の風潮を渋沢は嘆いている。

渋沢は子か親に対して権利を主張するのであれば、まず、子が親に対して義務を果たすべきであるとする。つまり、義務を果たすことの反対給付として権利を主張すべきとしている。しかし、この論理展開は渋沢の本意ではないと思われる。なぜなら、渋沢は権利を主張しすぎること自体を慨嘆しているのであって、「権利の主張」と「義務の履行」のバランスをとることを主張しているのではないからである。

子が親に教育を求めるのであれば、権利としてそれを求めるのではなく、孝を果たすことで子たる者の本分を全うし、親はこれに応えて子の望みをかなえるという関係が渋沢の理想としての親子関係と考えられる。

１－２　忠

前節では忠の淵源としての孝に対する渋沢の認識を考察した。本節では君臣関係において臣が果たすべき最重要の徳目である忠についての渋沢の認識を考察する。

１－２－１　忠義を尽くすこと

泰伯第八第６章の注釈において渋沢は、曾子の言葉から忠義の僕の事例を示し、忠節の重要性語った。本章は、【曾子曰。可以託六尺之孤。可以寄百里之命。臨大節而不可奪也。君子人與。君子人也】（曾子曰く、以て六尺(せき)の孤を託すべく、以て百里の命(めい)を寄すべし、大節に臨みて奪うべからざるなり。君子人か、君子人なり）というものである。(22)

曾子は忠義を尽くすことが君子の道であることを述べており、この趣旨を解釈した渋沢は、中洲の遠縁である野崎武四郎の忠僕であった西井多吉翁の事績を紹介している。渋沢は中洲の西井翁に関する漢文を読み下し文に直し、熱情をもって記述している。

五猿と号した西井翁は山陽山陰随一の資産家であった野崎家に15歳から85歳で亡くなるまで仕え、両親を幼くして失った野崎武吉郎をわが子のように育てた。武四郎は国会創設の際には貴族院議員にまで登りつめた人物であった。

西井翁は生涯独身を貫いて自宅を持たず、薄給に甘んじた。そのうえ、綿袍草履で過ごし一切の金穀報酬を辞退した人物と表現されている。西井翁が野崎家の家産を管理し、備前の塩田開発とその隆盛に寄与したのは幕末から明治にかけてのことであり、群雄が割拠し下剋上が当たり前の時代に、一身をなげうって主君に仕えた場合とは事情が異なる。

西井翁の生涯が忠義の好事例として取り上げられるのは、その無私無欲の生活態度のゆえであり、恬淡として己に与えられた家僕としての使命を全うしたからである。西井翁は分を知り、その分を全うするにあたって邪念なく一意専心した。

渋沢は、西井翁に第一銀行の第二代頭取である佐々木勇之助を重ね合わせていたのではないだろうか。「当作歩方制」という塩田経営に適用される特殊な地主小作制の枠組みにおいて、巧妙に家産を守り繁栄させた事務方トップとしての西井翁と第一国立銀行時代から渋沢に仕え、ナンバー２としてよく銀行内部を切り盛りした佐々木勇之助は、ともに所属する組織の繁栄をすべてに優先させ、トップを完璧に補佐したという点において相似している。

将来、自らの上に立つべき野崎武吉郎をその両親亡きあと育て上げた西井翁の事績は、例えれば、部屋住みの家老が主君の忘れ形見を育て、家督を継いだ若き主君に引き続き家老として支え続けるということに等しい。

一方、戦国時代の武将の忠義は生き残りという目的があってのことであり、忠義を果たして戦功をあげた暁には、領土を分け与えられるという反対給付が当然のこととして期待されていた。

渋沢が忠義を語るにあたって引い合いに出すのは、武家同士の忠義よりも天皇家に対する忠義が主たるものである。泰伯第八第６章で取り上げられた、応神天皇に対する武内宿禰、後醍醐天皇に対する新田義貞や楠木正成等を渋沢が好んで取り上げるのは、武家社会における忠義とは異なり、彼等が反対給付を求めないからである。西井翁の忠義は反対給付を求めないという点において、まさに和気清麻呂等の忠義と本質的には同じである。

１－２－２　至徳としての忠義

本節では、和気清麻呂等に見られる至徳としての忠義についてより詳細に検討する。泰伯第八第20章は、堯舜および周三代の政においても人材の得難いことを述べるとともに、周家の徳が高いことを述べた章であると渋沢は解釈する。

本章の渋沢の解釈は概ね中洲によっているが、中洲が章意を、「孔子周の才臣多くして其至徳なるを賛す」として周の人材の優秀さをシンプルに述べているのに対して、渋沢は忠義の発揮の仕方にまで踏み込んで、至徳としての忠義に言及する。(23)

本章は、【舜臣五人。而天下治。武王曰。予有亂臣十人。孔子曰。才難。不其然乎。唐虞之際。於斯爲盛。有婦人焉。九人而已。三分天下有其二。以服事殷。周之徳。其可謂至徳也已矣】（舜、臣五人あり。而（しか）して天下治まる。武王曰く、予に乱臣十人ありと。孔子曰く、才難（さいかた）しと。それ然らずや。唐虞の際、ここにおいて盛んなりとす。婦人あり、九人のみ。天下を三分してその二を有（たも）ち、以て殷の服事（ふくじ）す。周の徳は、それ至徳というべきのみ）というものである。(24)

渋沢は、「唐堯、虞舜及び周三代の政事を、孔子は先王の政」と称し、これを王道と名づけておられる」として周三代の政を渋沢自身も基本的には高く評価している(25)。しかし、文王が殷の紂を撃たず臣節を失わなかったことをもって至徳と評価するのは至当ではないとしている。

渋沢が、日本において忠義の観点から至徳と評価するのは、和気清麻呂が宇佐八幡の神勅を復奏した精神と、楠木、新田、菊池の各一族が、その滅亡に至るまで足利氏に抗したことである。これに対比することができる中国の故事は、伯夷、叔斉が馬を叩いて武王を諫めた精神である。

このことから明らかなように、渋沢が文王の故事を至徳と評価しないのは、殷の紂王を撃つことなく臣節を全うしたこと、つまり、不作為により忠節を全うしたことをもって至徳とは評価しなかったからと考えられる。これに対して、和気清麻呂や楠木、新田、菊池の各一族はともに、身の危険を顧みず能動的に天皇に対する忠義を果たした。

忠義を果たすにあたっての作為と不作為、能動と受動、積極と消極の違いは渋沢にとって限りなく大きく、その差は歴然としていたものと考えられる。その証左として、渋沢は上述の武王に関わる故事で伯夷、叔斉の行為を称賛する一方、殷の出身である伯夷、叔斉が周の粟を食べるのを恥として首陽山に餓死したという故事については評価していない。これは、敵国の粟を食べることを拒否するという不作為によって国への忠節を果たしたにすぎないからと思われる。

渋沢の思想でいささか危険な香りがするのが、伯夷、叔斉の消極性に対して、日本の忠臣義士の玉砕主義を称賛している点である(26)。渋沢は極端な右翼主義者ではなく、むしろ偏向した考え方を嫌悪するが、忠義に対する強い思いが表層的な解釈で歪んで捉えられることは渋沢の本意ではなかろうと考える。

1－2－3　忠と節義

渋沢は忠臣の節義を常盤木にたとえて理解した。子罕第九第27章は、松や柏が常盤木として常に緑をたたえていることを譬えとして、節儀を守り続けることの重要性を説いた章である。本章は、【子曰。歳寒然後知松柏之後凋也】（子曰く、歳寒く然るのちに松柏の凋むに後るるを知るなり）というものである。[27]

渋沢は、時節の移り変わりを植物の生存条件の深刻な変化と考え、荀卿の「歳寒而後知松柏。事難而後知智者」（歳寒いしててのち松柏を知り、事難うしてのち智者を知る）という文を引用する。そして、時節の変化に動じない者と、それにたやすく動じる者の対比によって、前者である松柏の節儀を際立たせる。つまり、本章の章意を明確に示すために、時節が変わるたびに落葉して姿を変える他の草木を引き合いにする。この点については、南溟も論語語由で同じ個所を引用している。[28]

渋沢は、足利尊氏に与する小人や、徳川幕府を助ける東北諸藩を、時節の変化によって姿を変える草木にたとえる。その一方、松柏を足利時代の楠木、新田、名和、菊池の諸氏や、徳川幕末の薩長雄藩の勤王派にたとえる。つまり、本章の章意を君子の節義の目的をに対して忠義を果たすことと捉えている。

朱熹は謝良佐の言葉を引いて、「謝氏曰、士窮見節儀、世乱識忠臣。欲学者必周于徳」（謝氏曰わく、士窮すれば節儀を見わし、世乱れて忠臣を識る。学者の必ず徳に周きことを欲す）として、松柏を忠臣にたとえている。[29]

通釈は、「この章は松柏を借りて君子の節操を述べたのである」として、松柏を君子の節操にたとえているが、君に対する忠義には言及していない。[30]また、物徂徠、中洲、南溟ともに君子が備えるべき節儀の目的を君に対して忠義を果たすことであるとは捉えていない。

渋沢の解釈は、「世乱れて忠臣を識る」という謝良佐の解釈に近く、これまで渋沢が多く引用してきた主たる注釈書とは異なる一歩踏み込んだユニークな解説を行っている。そして、この点に渋沢の皇室への忠節の強さが表れていると考えらえる。

第２節　臣の資格要件

２－１　臣の資格

本節では、渋沢が臣の資格要件をいかなるものと捉えていたのかを、士道のあるべき姿を通して考察する。子路第十三第20章は、士たる道を述べた章である。

本章は【子貢問曰。何如斯可謂之士矣。子曰。行己有恥。使於四方不辱君命可謂士矣。曰。敢問其次。曰。宗族稱孝焉。郷黨稱弟焉。曰敢問其次。曰。言必信。行必果。硜硜然小人哉。抑亦可以爲次矣。曰。今之從政者何如。子曰。噫。斗筲之人。何足算也】（子貢問うて曰く、何如なるここにこれ士と謂うべきやと。子曰く、己を行うに恥あり。四方に使いして、君命を辱かしめざれば、士と謂うべしと。曰く、敢てその次ぎを問うと。曰く、宗族孝を称し、郷党弟を称すと。曰く、敢てその次を問うと。曰く、言必ず信、行い必ず果たす、硜硜然として小人なるかな。そもそもまた以て次となすべしと。曰く、今の政に従う者は何如と。子曰く、噫、斗筲の人、何ぞ算うるに足らんやと）というものである。[31]本章の注釈からは「士」を渋沢がどのように理解していたのかを伺い知ることができる。

子貢は士と呼ぶに相応しい人物像を上位から下位に分けて３段階で質問を投げかけている。子貢が提示した人物像は以下の３種類である。[32]

(1)　その心を立つること堅く、自ら行いを制して、いやしくも義にあわざることは、恥じてこれをなさず。かつ君命を受けて、四隣の諸侯に使いする時は、固より命を受けて辞を受けず。事権宜あり、すなわち時と消息し、患いを排し、難を釈き、紛を解き鋭を挫き、君の使命を全うし、その任を辱かしむることなし。徳量材器兼ね全きことかくのごとき人。

(2)　親族はみなその孝を称め、郷党の人はみなその悌を称むる人。
(3)　必ず信にしてこれを履行し、徒らに小石の堅固なるがごとくにして、変通を知らず、識量浅狭にして大用に足らざれども篤く自ら守る人。

子貢が提示した3段階の最上位にあるのは、まず義を重んじてそれに反することは行わず君命を完遂する徳と器量を備えた人格である。また第2段階にあるのは、孝と悌の2つの徳目を身に備え、それを親族および郷党が認めている人格である。さらに第3段階にあるのは、融通がきかず知識や器量は狭小であるため重要なことを任せることはできないが、信義を重んじて行動する人格である。

最上位にあるのは、君に誠心をもって仕えるが義に反することを行うことのない、まさに臣たる者が備えるべき人格的資質である。第2段階にあるのは、孝行と長幼の序を重んじる善良で温厚な人物が備える人格であるが、義を重んずる揺るぎない精神を兼ね備えてはいない。つまり、臣たるに必要な資質を有する人格ではない。第3段階にあるのは、知識に乏しく機転はきかないが命じられたことを確実に履行しようとする善良な人物が備える人格であり、未分化ではあるが善良な小市民に相当する。

このように、子貢が提示した3種の人格を君・臣・民のいわば人格的な資格要件にあてはめて考えると、最上位は臣、第2および第3段階は民の資格要件に相当すると考えられる。

本章の趣意に戻ると、ここではあくまでも士たるに相応しい人格とはいかなるものかというのが、孔子に対する子貢の質問である。朱熹は「小人、言其識量之浅狭也。此其本末皆無足観。然亦不害其為自守也。故聖人猶有取焉。下此、則市井之人、不復可為士矣」(小人は、其の識量の浅狭を言うなり。此れ其の本末皆な観るに足る無し。然れども亦た其の自ら守ると為すを害せざるなり。故に聖人猶を取ること有り。此より下は、則ち市井の人、復た士と為す可からず)と述べる[(33)]。朱熹は第3段階に属する人格は士と呼ぶに相応しくなく、市井の人つまり民に属する人物に相当すると考えた。

物徂徠は3種の人格と士の関係について明確に述べてはいないが、中洲と渋沢は3種の人格ともに士の要件を備えた人格であると主張する。渋沢は第

３段階の人格について、「変通を知らず、識量浅狭にして大用に足らざれども、篤く自ら守る人なれば、また以て次次等の士となるを得べし」と述べて、次次等つまり最上位からは２段階下がるものの、辛うじて士と呼ぶに値する人格であると認識する。

図表６－１の通り、渋沢の士についての認識は、３種の人格間で序列はあるものの、いずれも広く士に属するというものである。本章において士たる者の資格要件として議論されるのは、「第１段階の人格は義と君臣の関係」、「第２段階の人格は孝悌」、「第３段階の人格は信義と知識および器量」である。しかし、渋沢にとってこれら３種の人格すべてが臣たることの資格要件ではない。

渋沢の認識を職位制度と資格制度から構成される現代の能力主義人事制度に置き換えて考察する。この場合、君・臣・民の社会階層と士との関係は、職位制度と資格制度の関係に対比させて捉える。具体的には「士」、「次等の士」、「次次等の士」を、それぞれ資格制度における「理事」、「参与」、「参事」とし、「臣」を役員である「取締役」、「民」を部長以下の職員とする。

職位制度において取締役に昇進するためには、資格制度で定める理事の能力要件を備える必要があるという具合に、両制度で定める各階層が対応しているのが通常である。これと同様、「臣」たる職位に就任して君の身近で活躍するためには「士」の最上位の資格要件、つまり義を重んじ君臣関係につ

図表６－１　人格３種と「士」の関係

	三島中洲	渋沢栄一	朱熹	無徂徠
第１段階の人格	士	士	士	言及なし
第２段階の人格	次等の士	次等の士	次等の士	言及なし
第３段階の人格	次次等の士	次次等の士	市井の人（民）	言及なし

【出典】
(1) 三島毅『論語講義』（明治出版社、大正６年）290－292頁。
(2) 渋沢栄一「子路第十三第20章」『論語講義（五）』（講談社学術文庫、1977年）159－161頁。
(3) 朱熹著、土田健次郎訳注『論語集注３』（平凡社、2014年）462頁。
(4) 荻生徂徠著、小川環樹訳注『論語徵ⅱ』（平凡社、2011年）459－466頁。

いての正しい認識を身につけていることが必要となる。このように考えると、本章の注釈を通して考察される渋沢の士に関する認識から臣たる者の資格要件が明らかになる。

2－2　信頼関係

憲問第十四第23章は、君に仕える道を明らかにすることを述べた章である。本章は、【子路問事君子曰。勿欺也。而犯之】（子路君に事得んことを問う。子曰く、欺くこと勿れ。而してこれを犯せ）というものである。[34]

渋沢は礼記檀弓に基づいて本章を解釈する。渋沢は、「蓋し君に事うるまず忠を尽くして、欺かざるべきなり。君もし過ちあれば、すなわち必ず顔を犯してこれを諫むべし。しかしてこれを諫むるには、正直の話を用い、いやしくも虚偽に渉るべからず」と述べる。[35]さらに渋沢は、「欺くこと勿れは、信なり。これを犯すは忠なり。信にしてかつ忠、臣たるの能事畢る。しかれども必ず信ぜらるるを見、しかるのち以てその顔色を犯すべきのみ」と述べる。[36]

渋沢は臣として君に正しく使える道は、まず欺くことなく正直に仕えることによって「信」を得た後、「忠」を発揮して君に諫言することであると理解する。渋沢は本章の趣意に従って臣下としての道を踏み行った例を戦国時代に求める。臣下として絶大な信があってその意図が君に理解される例を除き、戦国時代において臣が君の「顔を犯す」ことは、君の一存で即刻弑されるリスクが伴う命がけの忠義の発現である。

渋沢が本章の注釈において明治時代や自身の経験を事例として採用しなかったのは、その厳しさが命がけで臣の道を全うする戦国時代とは比較が困難であったからと考えられる。

本章の章意に基づいて渋沢の事績を振り返る。大蔵大丞として大蔵省で日本の基礎インフラを構築していた渋沢はその主要業務として予算管理を任されていた。当時大蔵卿の地位にあった大久保利通は、大蔵大輔であった井上薫をはさんで位階制でいえば渋沢より３、４階層も上位にあって権限を行使していた。明治天皇は渋沢にとって君であるが、臣に政治や行政の権限を委譲し、万機公論に決すべしとして大蔵行政の最高権限を有する大久保の顔を犯すことは、間接的にではあっても渋沢にとって君たる明治天皇の顔を犯すことでもあった。

国家予算の使途をめぐってあくまでも均衡財政を主張する渋沢は、予算を超える出費を求める大久保と会議において鋭く対立し、独断専行をもって知られる大久保の顔色を犯すこととなった。この後、渋沢は初一念を通し大蔵省を去って野に下ったのである。

戦国時代のように君に弑されることはなくても、渋沢は自らの信念にもとづき臣たる道に従って行動した。しかし、本事案における渋沢の失敗は、位階があまりにも離れていた大久保との間に信頼関係が確立していなかったことである。渋沢は大久保の実績や国臣としての姿勢を尊敬しながらも、その腹の内を測りかねる人物として苦手意識を有していた。臣としての渋沢には、大久保の測りがたい底意を少しでも理解する努力が求められていたのかもしれない。

2－3　臣の分限

泰伯第八第14章は、君子たる者は分限を守ることが必要と説かれた内容を渋沢が近代の政治、社会情勢に合わせて解釈した章である。本章は、【子曰。不在其位。不謀其政也】（子曰く、その位にあらざれば、その政を謀らざるなり）といものである(37)。

国、地方、村や里がそれぞれ大臣、知県、村正里正によって整斉と統治されていた孔子の時代は、大臣、知県、村正里正がその分限に合わせて政治を行うことが秩序を守ることであった。そして、それぞれの統治規模によって各統治者の能力や度量が決まっていたと考えられる。なぜなら、家柄や出自によって統治者の教育レベルに自ずと段階があったと考えられるからである。

したがって、村や里を統治する者が、四囲の隣接国の情勢や国家レベルの制度組織の特性を踏まえて正しい政治的判断ができるはずもなく、その意味では本章の趣意は当時の現実にマッチしていた。

渋沢は本章の章意を正確に理解していた。官吏が権限内で公務を遂行することや担当セクションから逸脱することは近代の官僚組織においても許されることではない。なぜなら官僚組織という制度的な縛りのなかで与えられた権限を踰越することは制度自体の否定になるからである。

もし官僚間の権限関係を変えるのであれば、制度整備を行ったうえでなすべきであり、それをせずして制度的な秩序を乱すことは、国政の乱れにつながりかねないという懸念は古今東西で変わりがない。渋沢がこのように考えたであろうことは、渋沢自身が大蔵官僚であったことと、大蔵省で最上位にいた大久保利通との予算をめぐる論争で折り合いがつかなかった時に、潔く大蔵省を辞したことからも明らかである。

渋沢の本章での主張は章意とは若干離れている。渋沢が主張するのは官僚制度を前提とした行政レベルの話ではなく、民度が向上した一般市民の政治への参画度のことである。つまり、行政実務における権限踰越云々の話ではなく、法治国家を前提とした民衆の参画度の話である。

現代のように明確な法治国家の体裁をとらなかった古代国家においては、国、地方、村里の階層構造において最下位に位置づけられる一般大衆は、選挙という手段を通してその主張や要求を表明することができなかった。その場合、主張や要求を貫徹するためには、力をもって為政者に強訴するか、一般大衆の分限を超えて強引に要求を通すしかなかった。そして、このような行為は政治の安定という観点からは当然ゆるされず、本章の趣意のごとく、分限を守れという教戒が現実性をもつ。

渋沢の主張は、法治国家の下で選挙という民主的制度が整いつつあるなかで、民度が向上した一般民衆がその主張や要求を正当なる手段を用いて表明することは、大いに振興されるべきというものである。渋沢がこのような見解を当然のように述べるのは、幕末期にかつて渋沢自身が地方代官の下で理不尽な経験をしたことに裏づけられていると考えらえる。

渋沢は大蔵官僚という為政者サイドと、一般民衆という被統治者サイドの両方に身をおき、それぞれの立場で鮮烈な問題意識を有していた。自分の商才に早くから目覚めた渋沢が、大蔵官僚の地位に未練を残さず恬淡として去ることとなったのは、大久保利通との確執がきっかけであることは確かであるが、官僚組織という制度的な桎梏に嫌気がさしていたことも事実であろう。

本章の章意のごとく、官僚組織における権限踰越は厳に慎むべきであるとすれば、その枠に収まらないであろう渋沢が数年間、大蔵官僚にとどまり得たのは、大蔵省発足時の混乱時に各種制度を確立するなかで、人材不足も手伝ってやりがいのあるクリエイティブな仕事に従事することができたことが大きかったのではないかと考えられる。

渋沢にとっての正論が省内で通らず、権限の壁が大きく渋沢の前に立ちはだかり始めた時期から、渋沢はすでに大蔵省内に自分の居場所を見失っていたのではないかと考えられる。

第3節　臣の役割

3－1　臣が仕える道

3－1－1　民の安寧と平等

季子第十六第1章は長文であり、論語中でも群を抜く雄篇である。章意を簡単に要約すると臣が君に仕える道を文徳と干戈の比較において説いたものといえる。

文徳について渋沢は、「文徳にて国家を治むるの道は、貨財を平均し、人心を和睦し、国土を安寧にするにあるをいう」と字解で述べている(38)。干戈とは文字通り武力をもって弱小国を圧倒し、国を治めることである。

本章は孔子と冉有、季路との間で取り交わされた問答形式で表現される。冉有は季路より若輩であるので、孔子とあいまみえる場合は季路、冉有の順に記載されるべきであるが、本章における問答の中心は冉有であり、孔子は専ら冉有に対して訓戒を垂れる体裁がとられているため、記載の順序が通常とは異なっている。

渋沢は中洲の解釈に倣って、冉有が抱えていたジレンマを「文徳」と「干戈」の対比によって理解する。つまり、冉有の君である季子が討とうとしている顓臾(せんゆ)は先王の時代からの友邦であり、本来であれば文徳、つまり善政を敷くことによって顓臾の方から魯によらしむべきである。季子が武力をもって顓臾を従わせるという理不尽をめぐって展開される孔子と冉有の問答が本

章の中心であり、渋沢はこれに独自の解釈を加える。(39)

この文徳を解釈するうえで問題となるのは、本章の一部に欠落があるという見解が存することである。この見解は、物徂徠、中洲等の複数の注釈者によって指摘されており、渋沢もその見解に従う。

渋沢は本章の原文である、【不患貧而患不安。蓋均無貧和無寡。安無傾】（貧しきことを患（うれ）えずして安からざることを患う。蓋し均しければ貧しきことなく、和げば寡（すくな）きことなく、安ければ傾くことなし）には欠落部分があると考える。そして欠落部分を補った後の、【不患貧而患不均。不患不患而患不和。不患傾而患不安】（貧しきを患（うれ）えずして均しからざるを患え、寡（すくな）きを患えずして和（やわ）らがざるを患え、傾くを患えずして安からざるを患う）という猪飼敬所の原文解釈を採用する。(40)

このように文意は修正前と修正後では異なる。修正前の原文を要約すると、「貧しいことを心配するのではなく、心の安寧が保てないことを心配すべきである。平等であれば貧しさはなく、皆が和らげば物の不足も気にならない。安寧が得られれば国が傾くことはない」という趣旨になる。

しかし、修正後の文を要約すると、「貧しいことを心配するのではなく、平等でないことを心配すべきである。物の不足を心配するのではなく、心が和らぐことのないことを心配すべきである。国が傾くことを心配するのではなく安寧が得られないことを心配すべきである」となる。

両解釈ともに「安寧」を最も重要なものとしているが、修正後の解釈のほうがより一層、心の安寧を重視している。そして、物の不足に加えて富の分配の不平等感が人をして和することを妨げ、その結果として安寧が得られないことになるという点では解釈がほぼ一致している。しかし、修正後の方が、富の均等分配をより一層重視している。

修正後の文をさらに踏み込んで解釈すると、「たとえ貧しくても皆がそれぞれの分に応じて貧しいのであれば、心に不満はさほどつのることはない。たとえ貧乏の結果、物が不足していても、不満が少なければ心を豊かに保つことが可能である。心を豊かに保つことによって心の安寧が得られれば、自ずと国は平穏に保たれる」ということになる。

貧困のなかでの、「適正な平等感⇒不満の極小化⇒心を豊かに保つこと⇒

心の安寧」という心の良循環の始まりは、適正な平等感であるが、渋沢はこの「適正な平等感」に対して誤解が生じやすいことを大いに心配する。つまり、渋沢が本章の章意を正確に講義するうえで最も意を用いるのは、この「富の均等分配」という概念に対して生じうる誤解に対してである。そして、その誤解が原因となって有為な青年が共産主義者に陥る危険を渋沢は懸念する。

渋沢が他所でも再三強調するのは、共産主義者が主張する平等は悪平等であるという点である。渋沢によると、共産主義が個人所有を一切認めないなかで、勤勉な者と怠惰な者がその努力の差にもかかわらず、均等な富の分配を享受するという点である。

勤勉さや努力が正当に認められ、その程度に応じて富が適正に傾斜配分される社会が真の平等社会なのであり、共産主義の平等感は勤勉でかつ努力しようとするモチベーションを不当に阻害するというのが渋沢の持論である。

渋沢は本章で取り上げられる「均等」の意味を当時の社会制度に遡って説明する。農業が主たる産業であった時代の耕作地は最重要な生産手段であるが、土地がすべて王土であった時代では、「班田の法」によって耕作地を民に均等に貸し付けるという制度となっていた。土地の貸付は均等であるべきであるが、均等が保たれるのか否かという点にすでに心配や不満の萌芽があり、「適正な平等感」は危ういものとなる。

土地の私有制が認められていれば、耕作者の能力に応じて土地を増やすことが可能となり、注ぎ込む努力に比例して農産物が富として還元される。しかし、私有制を否定する共産主義は、古代中国の例をもってしても明らかなように、決して適正な平等感を得られるものではないと渋沢は主張する。

渋沢の平等観は一種の応能主義によるものであり、能力に応じて報いを受けることは是認されなければならないという考えに基づいている。ただし、その能力は一定の節度の下で正当に発揮されたものでなければならず、個々人が自由に能力を発揮することにより正当に報いを受け、それと比例して国家も繁栄する社会制度が望ましいと渋沢は考えていた。

渋沢が考える民の安寧と平等の達成は、それを受け入れる国家を築いてこそ可能になるものであった。したがって、人は無条件に平等であってしかるべしというドグマに基づく共産主義の平等観は、渋沢にとって決して受け入れられるものではなかった。

3－1－2　君の暴走

季子第十六第１章のもう一つの論点は、君臣の関係において君に改めるべき点があった場合、臣がいかに真剣に君に対して諫言するかという点である。古代中国において絶対的な権力を有する君に諫言するのはまさに命がけであり、現代社会ではクビか左遷を覚悟する必要がある。

本章で孔子に詰問、説諭された冉有は、身を賭して君である季子に諫言する覚悟がなく、かつ、その覚悟がないために季子の暴走を諫めることのできない無為無策な自分を正当化するため、君の異常性を強調するという行動に走った。つまり、冉有は何もできない自分の無能さを棚にあげ、いかなる臣であろうともその暴走を止めることはできないのであるという客観的なアリバイを師である孔子に訴えることによって得ようとする一種卑劣な行動をとった。

冉有は季子の前では実際上、季子の判断に迎合する態度をとりながら、孔子との会談ではその事実を隠し、「致し方なく暴君の命に従わなければならない気の毒な臣下」を自ら演出した。問題となるのは、事実を隠して孔子を同調させ、自らの正当性を演出するために師である孔子を利用しようとたくらんだ点である。

このような浅薄な目論見で孔子を騙しおおせるわけもなく、冉有は孔子からきつい叱責をうけた。そして、君臣のあるべき関係、つまり、君が道を見失っている場合、臣は身を賭してそれを正すべきことを冉有は孔子から説諭されたのである。

このような事例は大なり小なり現代でも頻繁に見られる。たとえば、銀行の融資担当者が信念をもって有望な新興企業に対する設備投資資金の貸出稟議を行ったが、自分の非力さゆえに審査部の承認を得られなかったケースを想定する。この場合、もし冉有のような担当者であれば、審査部との協議では権威ある審査権限者の意見に同調しながら、顧客への融資謝絶においてはいかに審査部が無理解であるかを滔々と説明するであろう。

しかし、もし渋沢が担当者であれば、自説の正当性を審査部に認めさせるあらゆる努力を行い、その挙句に審査部の了解が得られなかった場合は、融資案件の重要性にもよるであろうが、銀行とたもとを分かつこともありうると思われる。

渋沢による君臣のあるべき関係に関する講義は重厚な説得力をもつ。渋沢は大蔵省において国家財政管理の事実上の責任者であった明治の初め、軍事費の捻出を強く要求する大久保利通と鋭く対立した。渋沢は国家財政を真に憂える立場から一歩も引かずに論戦し、最終的には節を曲げずに辞任した。

これはまさに、渋沢が道を誤らんとする大久保に対して進退をかけて諫言した実際例であり、渋沢自身が身をもって孔子の説く君臣の理想を体現したものである。次に臣がなすべき諫言について考察する。

3－2　臣の諫言

3－2－1　諫言と非礼

八佾第三第6章では、魯の大夫に過ぎない季氏が魯の君をさしおいて、泰山の祭りを主催しようとしたのに対して、孔子の弟子である冉有がこれを諫めることができなかったことを孔子が嘆く様が記述されている。

本章は、【季氏旅於泰山。子謂冉有曰。女弗能救與。對曰。不能。子曰。嗚呼曾謂泰山不如林放乎】(季氏泰山に旅(りょ)す。子冉有に謂うて曰く、女(なんじ)救(すく)うこと能(あた)わざるかと。対(こた)えて曰く、能(あた)わずと。子曰く、嗚呼(ああ)曾(すなわ)ち泰山は林放(りんぽう)に如(し)かずと謂うか) というものである。[41]

本章についての渋沢の理解内容は、「今汝の主人季氏は泰山に旅の祭りを行わんとす。その非礼なることは、汝の知る所なるべし。汝主人を諫止して、その僭妄を救い正すことはできぬか」という孔子の言葉を論語講義中に引用したことで明らかである。

孔子は、一大夫に過ぎない季子が魯の君をさしおいて泰山の重要な祭りを主催することができると思い込んでいる状態、つまり僭妄から季子を救い正すことができないかと悩み、弟子である冉有に諫言させようとした。しかし、それがかなわなかったことに孔子は大いに意気消沈した。この理解は物徂徠を除く多くの注釈者が共有している。

物徂徠の理解はこれとは異なる。つまり。孔子は季子が魯の君をさしおいて祭りを主催するという僭妄を嘆いているのではなく、君の指示により、君に代わって季子が主催した祭りが豪奢に過ぎることを心配し、冉有を通して諫めようとしたのだと物徂徠は説く[42]。物徂徠の解釈に合理性が認められるか否かの判断のポイントは、本章に記述される林放の存在である。

林放は孔子に礼の本を問うた人物で、孔子はこの問いが本質を衝いていることに感心した。林放の問いに対する孔子の答えは、「礼に関していえば、奢侈であるよりは寧ろ質朴を良しとする」というものであった[43]。

物徂徠の解釈に従えば、孔子は魯の君に代わって季子が主催した祭りが豪奢に過ぎることを心配し、冉有を通して季子を諫めようとしたのだということになる。そのように理解すれば、本章で林放が唐突に引用される理由も納得できる。そして、孔子の「嗚呼」という感情のこもった嘆きも、綱紀が頽廃し、繁文縟礼が横行していた周末の様子を考えれば理解できる。

しかしながら、渋沢は物徂徠の解釈を採用せず、多くの注釈者同様、季子の僭妄を救い正すことはできなかったことを嘆いていると理解した。そのうえで、季子の僭妄を諫止しがたいことを暴君の諫止しがたいことと対比させ、日本史上の出来事を事例として紹介した。

具体的な事例としては、信長が光秀の強諫を聴かず、恵林寺の快川国師とその弟子を焚殺したことや、大友宗麟が老臣の諫言を聴かずに神社仏閣を破却したことなどである。さらに渋沢は、明治時代に至って、我見を通す人物の例として、黒田清隆や江藤新平をあげている[44]。

渋沢は本章から得られる教訓として、「蓋し人は公平を貴ぶ。我見に偏執してその非を遂(と)ぐるは紳士の恥ずべき所なり。人情に厚くして礼譲ある人なれば我執は決してなきものなり。かかる人にあらざれば文明社会の紳士とはいわれぬ。神は非礼を享(う)けぬが人もまた非礼を享(う)けざるなり」と結論づけている[45]。

もし渋沢が本章の章意について物徂徠と同様の解釈をしていたとすれば、渋沢の教訓は、「礼は質朴たるべし」というものとなっていたであろう。つまり、本章における渋沢の教訓である「礼譲あれば我執なく、逆に我執を通せば非礼となる。かかる非礼な人物は文明社会では紳士と見なされない」という趣旨とは大きく異なるものになっていたと考えられる。

3－2－2　死諌について

衛霊公第十五第6章は、衛の二大夫である史魚と蘧伯玉を評した章である。本章は、【子曰。直哉史魚。邦有道如矢。邦無道如矢。君子哉蘧伯玉。邦有道則仕。邦無道則可巻而懐之】（子曰く、直なるかな、史魚。邦、道あるも矢のごとく、邦、道なきも矢のことし。君子なるかな、蘧伯玉。邦、道あれば則ち仕え、邦、道なければ則ち巻きてこれを懐にすべし）というものである。[46]

衛の大夫である史魚は賢である蘧伯玉を用い、不肖である弥子瑕を用いないよう霊公に進言したが、聞き入れられなかったため死をもって訴えた、まるで矢のような直の人である。蘧伯玉は邦に道が行われている時は仕えてその道を行い、邦に道が行われていないときはこれを巻いて懐に隠すことができる君子である。つまり、蘧伯玉は適切にタイミングを計ることができる人物であった。

渋沢は史記を用いて蘧伯玉の人物評価を行う。渋沢が引用する史記の叙述は、「蘧瑗、字は伯玉。孔子賢としてこれに兄事す。その衛にある、必ずその家を主とす。巻いてこれを懐にするは、邦に道なき時は、斂めて出でず、身を修めて禍に遠ざかること、巻きてこれを懐にすべきがごとくに、善く斂蔵す」というものである。[47]

渋沢は死をもって君主を諌める死諌の事例として、本章の注釈では織田信長に対する平手政秀の例を取り上げるが、蘧伯玉の事例を日本の歴史上の出来事から取り上げてはいない。つまり、君主に諌言するにあたり、矢のように剛直に死をもってするのではなく、邦に道なければ諌言を斂蔵し柔軟に機を見てそれをなした事例を取り上げてはいない。

管見によると、邦に道なき時こそ一国の一大事であり、その大事に際して君主が必要とするのは臣下が身を挺して発する諌言である。つまり、一国の一大事において諌言を「善く斂蔵」することは、邦が危機に瀕しているにもかかわらず、それに関与せず手をこまねいて放置することに等しい。それでは臣下としての役割を果たしているとは言えない。

渋沢は後醍醐天皇と楠木正成の事例を引用する。正成は足利尊氏と戦うにあたって天皇に戦略を奏上したが容れられず、その結果湊川の戦いで自害することとなる。正成は武士であるため戦わなければならず、策が容れられなかったといって死諫することはできなかった。この事態は史魚の場合と同じ結果となるどころか、後醍醐天皇の意に反して室町幕府が成立し、南朝と北朝が対立するという国の乱れを招来する結果となった。

このように本章の注釈を見るかぎり、渋沢は「邦に道なき時は、斂めて出でず、身を修めて禍に遠ざかること、巻きてこれを懐にすべきがごとくに、善く斂蔵」する蘧伯玉を評価しているとは考えられない。むしろ心情的には、邦の危機に際して、身命を賭して立ち向かう史魚に惹かれていると考えられる。

渋沢は事例として取り上げてはいないが、歴史上の人物評価に関する渋沢の論跡を見るかぎり、蘧伯玉に最も類似する人物として認識しているのは徳川慶喜と考えられる。慶喜は三百年近く続いた徳川幕府最後の将軍である。討幕の機運が高まり、内乱がいつ勃発してもおかしくない、まさに「邦に道なき時」に際して、君たる天皇家に対して大政奉還を申し出るタイミングを、慶喜は「身を修めて禍に遠ざかること、巻きてこれを懐にすべきがごとくに、善く斂蔵」していたと解釈できる。

慶喜は大政を奉還するまでは、日本の実質的な最高権力者であり、文字通りの朝廷に仕える武士ではなかったので、渋沢は蘧伯玉との近似性を認識してはいなかったと考えられる。しかし、渋沢の慶喜に対する評価内容を見るかぎり、本章の趣意に基づき渋沢が取り上げるであろう歴史上の人物を選ぶとすれば、それは慶喜をおいてほかにないと思われる。

3－3　臣の補佐

3－3－1　王佐の要諦

衛霊公第十五第10章は、顔淵が邦を治めることを問うたのに対して、孔子が答えた内容について述べた章である。本章は、【顔淵問爲邦。子曰。行夏之時。乘殷之輅。服周之冕。樂則韶舞。放鄭聲。遠佞人。鄭聲淫。佞人殆】（顔淵、邦を為めんことを問う、子曰く、夏の時を行い、殷の輅に乗り、周の冕を服し、楽は則ち韶舞し、鄭声を放ち、佞人を遠ざけよ、鄭声は淫、佞人は殆うし）というものである。[48]

本章は、顔淵が邦を治めることを問うたのに対して、孔子が懇切丁寧に王を補佐する者にとって重要な政の具体的方法を説いたものである。それは暦法、王が乗るべき車、祭服の冠、舞楽、音曲、佞人を遠ざけるべきこと等、政の基本である暦から、乗るべき車や身に着けるもの、臣下を選ぶ際に気をつけるべきことまで詳細に及んでいる。

政について質問した弟子は顔淵だけではないが、孔子は弟子の性格や徳行のレベルに応じて政の基本を説き分けてきた。孔子はその弟子中で最も徳行が高く、将来を嘱望していた顔淵に対して応用編ともいえる政の具体的な注意を授けた。

渋沢は本章の字解で中井履軒の「邦は国と天下とに通じていう」を引用している。[49]渋沢による本章の理解内容を正確に把握するためには、渋沢が「邦」を数ある覇者が治める国の一つと理解していたのか、それとも天下を指すと理解していたのかが重要となる。渋沢は、「しかしてただ顔子の才、王佐となり、以て制作の任に当るに堪う。ゆえに孔子これに告ぐるにこれを以てするなり」と述べる。[50]

渋沢は顔淵の才覚を王佐、つまり王を補佐し王権を守るに足る天下に通じるものであり、覇者つまり覇権をもって群雄割拠しているうちの一人である覇者を補佐する能力を凌駕するものと考えていた。孔子自身も晋・斉・楚といった周辺の強国に翻弄される魯国に生まれ、長期間の亡命生活を余儀なくされる等、常に王佐としての役割を全うしてきたとはいえなかった。それだけに、「王佐となり、以て制作の任に当るに堪う」顔淵には、孔子自らが果たすことが叶わなかった夢を託し政の実際を伝授したとしても不思議ではない。

渋沢は孔子の教えに見合う事例として明治天皇の事績を引用する。正確を期するとすれば、本章は王佐として守るべき重要事項を述べた章であるので、王に相当する明治天皇を引き合いに出すのは実のところあまり適切ではない。しかし、信頼を得た王佐の役割にある者が天下を治める王に進言すべき要諦が本章の内容であるとすれば、それはすなわち、王その人が守るべき要諦でもある。そのように考えれば、明治天皇の事績を本章の趣意と比較することは必ずしも不合理ではないと考えられる。

孔子による顔淵の指導の特徴はすぐれて実務的であることと、一見無節操とも思えるほど時代や国に関係なく良いところ取りをしていることである。孔子の指導には自身の過去の失敗の反省も含まれているであろう。しかし、特徴的であるのは孔子が理想としていた周ですら、その時代に用いられていた王が乗るべき輅は奢侈にして棄損しやすいとして退けていることである。孔子は過去の因襲に拘泥することなく、時代にマッチした制度やインフラを合理的に取り入れ、佞臣を退けるべきことを淡々と述べているのである。

翻って渋沢が引用する明治天皇の事績を見ると、万機公論に決すべしとした政治の基本について渋沢は、「これ八百万(やおよろず)の神が天(あま)の安(やす)の河原に、神集(かみつど)いに集い、神謀(はか)りに謀り給いし祖訓(そくん)の適用なり」と述べる[(51)]。明治天皇は、日本古来の物事の決め方は日本の始祖である神々の合議制に由来するものであり、それを近代にマッチさせるうえで合理的と考えられる議会制度、内閣制度、選挙制度等の各種制度インフラを西欧から導入したのだと渋沢は考える。

さらに、明治天皇をしてこの善政を可能ならしめたのは、天皇を支えた元勲たちであり、言い換えるとそこには忠臣はいても佞臣は存在しなかった。このように、あえて民主政治を標榜しなくても衆議によって物事を決する基盤は古来日本に根づいており、それを政治において実現するため、身辺には忠臣を置き、国を超えて合理的な制度を導入する点は、まさに孔子が本章で顔淵を指導した内容そのものであった。

3－3－2　古礼を重んずること

渋沢は衛霊公第十五第10章の注釈で明治天皇の御製を引用する。その御製は、「(折にふれて) 石(いそ)のかみ古きためしをたづねつゝあたらしき世のこともさだめむ」(明治三十七年) というものである[(52)]。

この御製を構成する、「古きためしをたづねること」と、「あたらしき世のこともさだめむこと」の均衡をどのように解釈するのかについては鑑賞者の捉え方によるであろう。管見によるとその均衡度合いは以下の3通りと考えられる。

(1)　目新しいことに無節操に飛びつくのではなく、常に日本古来の考え方に戻って慎重に検討すべきである。(新＜旧)
(2)　新たなものを取り入れるにあたっては、日本古来の考え方を考慮すべきである。(新＝旧)
(3)　新たなものを取り入れるにあたっては、日本古来の考え方を忘れるべきではない。(新≧旧)

渋沢は、「聖人時中の道、実に御製の通りなり。もしそれ後世の儒者が本章孔子の取る所を観て、万世常行の道、百王不易の大法というがごときは、時務を知らざる迂腐の見というべし」と述べる[53]。つまり、聖人がその役割を果たすべく今を正しく生きるとすれば、御製の通りにすべきであり、後世の儒者が本章の孔子の教えを時代を通して常に不変の常道であると考えるのは間違いであると渋沢は断言するのである。

渋沢から見れば、その考えは政を行ううえでは実務的には正しいが、そこで述べられていないのは、顔淵が王佐の役割につくであろうその国古来の考え方を尊重するという点である。明治天皇は、他国に学びそれを合理的に取り入れるべしとする本章の趣意を実践したうえ、それを実践するにあたってさらに重要なことである「古きためしをたづねること」を簡潔な御製に詠い、日本国民に知らしめたというのが渋沢の理解である。

孔子の言葉は王佐の役割を嘱望される顔淵に対する実務的な教えとしては正しい。しかし、そこに顔淵が仕えるべき国に古来から流れる考え方を尊重すべきという教訓が含まれていないかぎり、孔子の教えは「万世常行の道」や「百王不易の大法」であるとは決して言えないというのが渋沢の主張と理解される。

雍也第六第23章は、本来觚すなわち稜があるべき酒器に稜がなくなっていることを取り上げて、時俗古制を軽んずる当時の風潮を嘆く孔子の言葉を述べた章である。本章は、【子曰。觚不觚。觚哉觚哉】(子曰く、觚、觚ならず。觚ならんや、觚ならんや)というものである[54]。

渋沢は本章の解釈を基本的に中洲に従っている。古の礼制がおろそかにされており、それが孔子が生きた時代の君道や臣道の乱れに顕著に表れている事態が存在した。この事態を孔子は一微物である杯の形が古制を無視して変更されていることになぞらえて嘆いていると渋沢は解釈する。

物徂徠は時俗古制についての浩瀚な知識をもとに本章の注釈で蘊蓄を披歴するが、「凡百の器物、みな古制を遵用す」と述べて酒器に至るまですべての形には古の礼制に基づく根拠があるとしている[55]。

渋沢は礼の乱れに対する孔子の嘆きを、自分の生きた時代と歴史上の人物や同時代人の行動と重ね合わせて共感するが、本章のように物や制度に関する乱れを述べた孔子の言葉については、自身の解釈を示しはするものの、自分の生きている時代と重ね合わせて事例紹介することは少ないように思われる。

これは、それまで長く続いた武家時代が終焉を遂げ、渋沢が理想とする天皇家による立憲君主制が復活し、日本における多くの古制が復活した明治という時代から考えると、孔子の時代との相似性は観察しにくいことが、その原因と思われる。渋沢は明治期における日本の古制復活を歓迎する立場で注釈する。

第4節　臣の心構え

4－1　臣の留意点

4－1－1　自説を述べること

季子第十六第6章は、君子に侍して物を言うときの心得を述べたものである[56]。本章は、【孔子曰。侍於君子有三愆。言未及之而言。謂之躁。言及之而不言。謂之隱。未見顔色而言。謂之瞽】（孔子曰く、君子に侍するに、三つの愆ちあり。言未だこれに及ばずして言う、これを躁と謂う。言これに及んで言わざる、これを隠すと謂う。未だ顔色を見ずして言う。これを瞽と謂う）というものである[57]。

本章の解釈において、渋沢は物徂徠の見解に反論している。物徂徠はものを言う場合に礼を尽くすべき対象について、「『君子に侍するに三愆有り』は、弟子の禮なり。師に事へ父兄に事ふるには此れを以てす。君に事ふるには則ち否ず」と述べる。[58] つまり、物徂徠は本章の趣意を師弟関係に限定して解釈した。

これに対して渋沢は、「この章は位ある君及び徳ある師に侍するには、よろしく三過を慎むべきをいう。蓋し尊貴に侍坐して言語するの礼なり。これを広義に解して、君に事え師に事え父兄に事うる。みなこの三過を慎しまざるべからず、というを穏当とす。物徂徠がこの章を狭義に解して、これ師に事うるの礼を以ていうのみ、君に事うるはすなわち否ずとなすは、非なり」と述べる。[59] つまり、渋沢は物徂徠の説は間違いであるとし、本章の趣意を君臣関係、師弟関係、父子関係にまで広げて解釈した。

渋沢は本章で述べられている「三過」を以下のように解釈し、男女を問わず青年が学ぶべきこととして注意を喚起している。尊貴は、君、師、父等の自分より目上で尊敬すべき人物を意味すると考えられる。

(1)　尊貴が発言を求めていないにもかかわらず自説を軽々に論ずること。
(2)　尊貴が発言を求めているにもかかわらず発言しないこと。
(3)　尊貴の顔色に顕れる意を汲まず、発言を適切なタイミングで打ち切らることなく続けること。

渋沢は本章の趣意を君臣関係に重点を置きながら、師弟関係、父子関係等、すべての上下関係において守るべき言葉のやり取りの礼儀作法を述べたものと理解する。渋沢は君臣関係において、言葉を交わす部面で臣下が守るべき心得が重要と理解した。

本章の趣意に対する渋沢の解釈をこのように理解すると、渋沢のこれまでの言説と矛盾するのではないかという疑問が生じる。その疑問点は以下の通りである。

(1)　三過を慎しんで議論することは、目上の人間の発言を常に尊重し、その意図する範囲でしか目下の人間の発言が許されないこととなるのではないか。そうなれば、若い人間の自由な発想が物事を決断するうえで適切に反映されなくなるのではないか。

(2)　渋沢は「万機公論に決すべし」とした明治天皇の方針を高く評価している。それは自由な発言を前提にした議論を重んじる姿勢を評価したものと考えられる。もしそうであるとすれば、本章の「三過を慎しむ」という趣旨は、明治天皇の政治姿勢と矛盾するのではないか。

まず尊敬を以て接するべき目上の人に対して礼儀と節度をもって接するべきことは論を待たない。その礼儀と節度は、議論を伴わない日常の接際において形式的に遵守することは容易である。しかし、真剣に議論すべき議題について知力を尽くして得た各自の結論をぶつけ合う場においては、プライドや感情の高まりを伴うであろうことから、より多くの節度が求められる。

係る認識を前提とすれば、渋沢が生きた時代においては長幼の序を尊重する社会的風潮が強く、長幼入り混じった場における議論の作法はより重視されるべきであったと考えられる。つまり、渋沢による三過の解釈は、目下の者の意見を無条件に抑え込むものではなく、むしろ自由に議論する場において目下の者が自戒すべき心得を述べたものであると理解される。

「万機公論に決すべし」とした明治天皇の意向は、君が臣下に与えた範囲で物事を決するにあたり、議論を通してなすべきことを述べたものである。公論によって決すべき範囲や事柄は、憲法や法律で定められた範囲で制度化されており、政治実務においてはそれを淡々を実行されることが君たる天皇の意図である。したがって、「万機公論に決すべし」とした君の意図と、議論の作法を論ずる本章の章意とは、渋沢の解釈において何ら矛盾するものではない。

では翻って、本章で示される目下の者が自戒すべき心得が守られなかった事態を想定すると、どのようなことになるであろうか。本章で想定する議論は真剣に物事の方向性を決める場においてなされるものである。君臣関係においては国の行方を左右し、師弟関係では学問的真理の探究を左右し、父子関係では一家眷属の重要事項を左右する判断がなされる。

もし君臣関係において臣下がその分限をわきまえず無秩序に自説を貫き通した場合、その行き着くところは季子第十六第2章で述べられている「天子に代わって諸侯、大夫、陪臣が分限を超えて礼楽征伐を行う」事態と考えられる。[60]

重要な議論の場において分限を守ることは、その組織の意思決定権限を正しく保つこと、つまり実権を地位ある者に適正にとどめ置くための基本的前提であると考えられる。さらにそれは組織内秩序を保つことによる組織防衛の基盤でもあるといえる。係る観点から、渋沢はいささか時代錯誤とも捉えられかねない本章の趣意を現代にも通じる貴重な教訓として認識し、その趣旨を青年層に伝えようとした。

4－1－2　君との距離感

里仁第四第26章は、君主に仕えるにしても朋友と交わるにしても、その頻度が過ぎるとうるさがられ、阻害されるという趣旨を述べた章である。本章は、【子游曰。事君數斯辱矣。朋友數斯疏矣】（子游曰く、君に事(つか)えてしばしすればここに辱(はず)かしめられ、朋友にしばしばすればここに疏(うと)んぜらる）というものである。[61]

渋沢は中洲にならって、「君子の交わりは、淡きこと水のごとし」という荘子の言葉を引用し、それが本章の趣旨を簡潔に言い表していると説明する。

物徂徠は、「臣の君に於ける、職守の在る有り、あに屢ば相ひ往來するを以て之を言はん哉」と述べて、臣下が職務上君主を頻繁に訪れるのはむしろ当然であると述べている。[62]物徂徠によれば、君主にしても朋友にしても、頻繁に交わることを孔子は諫めているのではないとする。

ではなぜ疎んぜられるかという点について渋沢は、「朋友に交際するにも余りに頻数(ひんさく)往来すれば、己は親交して仁を輔(たす)くるつもりなるも、これまたうるさがられて阻害せらるるに至らん」と述べている。[63]実は、本人にとって良かれと思って諫言苦言を呈しても、それがかえって疎ましく感じられて遠ざけられるという点を注意すべきであると解釈する。

渋沢はこのような解釈に基づいて人との交わりについて自身の経験からその極意を述べる。つまり、自分と処世の流儀を異にする人物に対しては、いかに自分の意見を述べても聞き入れられるものではなく、無益の徒労に帰するが、かと言って絶交すれば関係が途切れてしまうので、主従朋友の関係を絶やさぬことを心がけて、短気を起こさず長い目で付き合うことであるというのが渋沢の処世のコツである。

そして渋沢は、「永い歳月の中には、好き機会がありて多少なりとも、その主人や朋友を善い方に導きてゆけることがあるものである」と述べている[64]。この言葉はいわゆる「上から目線」の発言であり、主人や朋友を自分と同じレベルに置いたものではない。しかし、たとえ上から目線であろうとも、渋沢は常に論語の精神に基づいて正しいことを述べ、主人、朋友であろうとも、「仁を輔(たす)くるつもり」で接しているのであり、論語の精神を誰よりも深く身につけているという渋沢の強い矜持の表れがこのような表現になったものと解釈される。

高度な処世のコツは一朝一夕に身につけられるものではなく、渋沢も若かりし頃を振り返り、自説に固執した過去があることを認めている。渋沢は本章で自身の若い頃の経験として大久保利通との国家予算の配分をめぐって対立したことを述べている。しかし管見によれば、渋沢は大蔵省において自説に固執したことについては決して後悔してはおらず、むしろ誇らしく思っているのではないかと考えられる。このエピソードで渋沢が後悔しているとすれば、自説が通らないことに立腹して井上とともに感情的に大蔵省を辞したことであろう。

元来、野にあって企業者として活躍することが自身の本分であると考えていた渋沢にとって、大蔵省にさほどの未練はなかったと推察されるが、それを喧嘩別れのような形で辞するのは、いわばその組織と絶交することに等しく、それを渋沢は悔やんでいたのではないかと考えられる。

渋沢は自身の若かりし頃の失敗が念頭にあって、内心忸怩たる思いを抱きながら、「青年諸君に直ちに老熟を望むわけではない。長上に事え朋友に交わる心得方は本章に子游の説きたる主意を体得するが処世の秘訣である」として、いささか遠慮気味に青年に対する教訓を述べている[65]。

4－2　臣の官僚化

先進第十一第１章は、礼楽が人心の忠信にあることを喚起する意味から、形式に流れていた当時の風潮を戒め、質を重んじるべきことを説いた章である。本章は、【子曰。先進於禮樂。野人也。後進於禮樂。君子也。如用之。

之則吾従先進】（子曰く、先進の礼楽における、野人なり。後進の礼楽における、君子なり。もしこれを用うるときは、則ち吾は先進に従わん）というものである。(66)

孔子は、君子、野人ともに得失を有するにもかかわらず、野人の得と君子の失をあえて比較し、礼楽に関しては野人の得を重視している。礼楽に関しては、後進たる君子ではなく、先進たる野人でありたいとする一見理解しがたい本章の真意を明確にするためには、君子と野人の定義を確認し、かつ、両者を比較する論理が飛躍している部分を補完する必要がある。

渋沢は、本章の字解については主に中洲の見解を採用している。渋沢は中洲の解釈にならって、君子を朝廷の士大夫、野人を郊外の民、すなわち田舎者としている。君子は朝廷に仕える徳を備えた者であるはずであるが、その反面、形式に流れ初心に帰って礼楽の本質を見ることをおろそかにするという失がある。その一方、野人は立ち居振る舞いこそ無骨ではあるが、その精神は質実で本質をつく鋭さをもっている。

田舎者は頑固で融通はきかないが、本質を重んじる気風に満ち溢れている。したがって、形は整っているが本質を見失いかけている士大夫より野人の方が礼楽の真髄を把握しているというのが、渋沢が理解した孔子の言葉の意味である。

渋沢は、本質をつく鋭さの根源である質実を、倹という言葉を用いて解釈する。そして、その根拠を論語中の他章である子罕第九第3章と八佾第三第4章に求める。八佾第三第4章では、倹約の志には固、つまり頑なであるというマイナス面があるが、それでもなお、奢りによる不遜よりは遥かに倹が望ましいとしている。

渋沢は子罕第九第3章、八佾第三第4章に加えて述而第七第35章を引用して先進の野人と後進の君子の特性を、それぞれ倹と奢になぞらえ、さらに、倹の失を固、奢の失を不遜とした。このように渋沢は、野人の得と君子の失をダイレクトに比較するという本章の不自然な論理を、論語の他の3章を引用することによって、野人、君子それぞれの得失をともに示し、そのうえで野人の失を認めながらもなお野人の属性に優位を認めるという論法で解釈し直した。

渋沢は他の注釈書が本章のみの字句で解釈するのに対して、多少牽強付会ではあっても、本章の趣意に沿った論語中の数章を引用して論点を明確にするという作業を行っている。つまりこれは、細かく分断された論語の各章を横断的、有機的につなげて解釈する姿勢の表れであり、論語の各章は個別に独立してはいても、論語五百章全体の主張は見事に整合的な一大論理体系であると渋沢が認識していたことの証左であると考えられる。

渋沢が数種の注釈書から自説に近い見解を採用するにあたって、同時代に生きた中洲への配慮を行いながらも、偏りなくそれを行い得るのは、論語解釈の最重要の基準を論理的整合性に置いていたからではないかと考えられる。そして、自説を述べる場合は、各章の解釈を明確にしたうえで、それを発展させる形で歴史的事実や自身の経験を論語各章の趣旨に照らして振り返っている。

渋沢自身の故事の引用が違和感や傲慢さを感じさせないのは、表現の率直さによるところもあるが、むしろ、謙虚に自身の事績と行動を振り返り、倫理コードたる論語の趣意に沿っていた否かを確認する姿勢が底流にあるからと考えられる。

渋沢はこのような姿勢で日本の政治経済の制度づくりを振り返る。渋沢は明治初期の日本の制度づくりを行った人々を先進たる野人、その後の制度整備が完了した大正期に制度を運用する人々を後進たる君子になぞらえた。渋沢は、自身が大きく関わった租税制度のみならず、廃藩置県、法制度、徴兵制度、教育制度、官僚制度等の整備が短時日のうちに成し遂げられ、各制度整備の責任者を中心に百家争鳴のうちに議論が進んだ様を野人としている。

そこには、自分の責任範囲を狭く捉え、専門分化された官僚組織とは真反対の生き生きとした活気があふれていた。そこには、バーンズ＝ストーカーが提唱した「有機的システム」に匹敵する柔軟性と融通性があった。明清律をもとに刑法を策定したことをもって司法官に漢学者を登用し、渋沢が敬愛する三島中洲をはじめとする漢学者たちが、それに応えて使命感をもって職責を全うした。

つまり、(1) 職場の融通化、(2) 相互作用による調整、(3) ネットワーク型の構造、(4) 環境対応のためのスキル、(5) 組織の成長に対する貢献等を特徴とする有機的システムが、国家レベルで機能していたのが明治初期にお

ける制度づくりの特徴であった。(67)

それに対して、国家の各種制度が整い、官僚による職務の専門分化が進んだ大正期は、同じくバーンズ＝ストーカーがいうところの「機械的システム」の特徴を有するものであり、それがすなわち後進たる君子が制度を担う時代であった。

この点に関して渋沢は、大正時代を指して、「これに反して今日は形式の文飾は整然として備わってきたが、精神的方面が銷耗（しょうこう）して、蟬の脱け殻のような感なきにあらず。君子的よりも野人的が優れりといわれたる孔子の言、深く味わうべきではあるまいか」と述べている。文飾つまり官僚による業務処理の形式要件の詳細に拘泥するあまり、各種制度運営の本質を見失っているのが大正期であり、それを渋沢は「蟬の脱け殻のような感なきにあらず」と表現したのである。(68)

渋沢は本章の解釈を、「それ質を重んずれば国歩健全となり、文を重んずれば人心尫弱（おうじゃく）となる。尫弱（おうじゃく）の帰は哀亡に陥り、健全の趨（すう）は興隆となること論を待たず。文弱武（野）愚は古えの金言、文弱にして上滑りの智者たらんよりは、むしろ武野にして質実の愚者たらんこそたのもしけれ」とまとめている。(69)

しかし、注意すべきはこの「文弱」と「武愚」の意味が小心・消極的に対する粗野・積極的という対立構造ではなく、上述の通り、形式主義に対する実質主義の意味で用いられているという点である。

渋沢の解説は十分な読み込みを行わずに、その表現の上面をなでるだけではその真意を誤解するリスクがあり、本章の解釈もその例にもれないものと考えられる。

小　括

本稿の目的は、渋沢が「臣」をどのように認識していたのかを探ることであった。君たる者については渋沢自身の客観的な認識を得ることが比較的容易であるが、臣については渋沢の主観が多く入り込む余地がある。なぜなら、君の立場に渋沢が身を置くことはないが、臣の場合は渋沢が自らを国臣と位置づけているからである。

本稿で考察した結果を、目次の構成要素である「臣の道徳的基盤」、「臣の資格要件」、「臣の役割」、「臣の心構え」の4項目ごとにまとめる。

臣の道徳的基盤

臣の道徳的基盤を考察するにあたって重視すべき徳目の一つは「忠」であるが、渋沢は論語各章から忠の淵源としての孝に着目して自身の考えを構築する。渋沢が孝を重視する背景には、一国の団結が強固であるのは、一家の団欒が基盤となっているからだという考えがある。家長を頂点とする家内の結束は、子の親に対する「孝」が元となっており、それを国に置き換えると君に対する「忠」が重要な徳目となるというのが渋沢の理解である。

では、それほどまでに孝を重視する渋沢自身が歩んできた孝道はどうであったかという点が問題となる。渋沢は24歳で出奔して以降は、常に親のそばにあって日常些事にわたって親に孝を尽くすというタイプの孝行は行っていない。むしろ、客観的には攘夷思想に基づく過激な行動にはしる不孝な息子であったといえる。

しかし、渋沢親子には密接な信頼関係があり、それが父を因襲的な考え方の呪縛から解き放ち、解き放たれた父は信頼と諦観をともなった境地で渋沢を見守っていた。これにより、渋沢の孝道はかろうじて全うされ、忠の根源たる孝を語るためのいわば資格要件を渋沢は備えていたと考えられる。

渋沢は至徳としての忠義の典型を和気清麻呂、武内宿禰、新田義貞、楠木正成等に求めた。渋沢が認識する真の忠義とは、見返りを求めず能動的に君に仕えることであり、戦国武将のように戦功への報償を求め、下克上を当然のごとく行うことは渋沢にとっては真の忠義ではない。

臣の資格要件

渋沢は臣の資格要件を探るために、「士」が備えるべき道徳的資質を段階的に捉え、それに基づいて認識する。士たる者の三種の人格の最上位に属するのは、「義を重んじてそれに反することは行わず君命を完遂する徳と器量を備えた人格」であり、渋沢は臣の資格要件を有するのはこの最上位の士に相当する人物と考える。

さらに、渋沢は臣が備えるべき資格要件として君からの信頼をあげる。その信頼は臣として君に欺くことなく正直に仕えることによって得られると渋沢は考える。しかし、渋沢は遺憾ながら自らの考えを身をもって示すことはできなかった。大蔵省官吏として宮仕えの身であった渋沢は、当時の省内の位階制の厳格さもあったであろうが、最高権限を有する大久保利通と信頼関係を構築できたとはいえなかった。

最重要の予算管理実務を任されていた渋沢は均衡予算主義を信念として抱いており、それを拠り所に主計官としての自ら使命を全うしていた。しかし、国是である富国強兵を最重視する大久保にとってはあくまでも「均衡予算＜富国強兵」であった。

均衡予算主義を墨守すべきか、それとも財政赤字による経済へのマイナスを差し引いても喫緊の課題である富国強兵を進めるべきかという議論のどちらが正しいか誰にも判断できなかったと思われる。なぜなら、未発達であった金融制度を基盤として金融政策を駆使したポリシー・ミックスによって経済政策を議論する基盤や知識が当時は不足していたからである。

大久保と渋沢の確執が互いの信念のぶつかり合いであったとすれば、たとえ渋沢がある程度の信頼関係を大久保との間に築き上げていたとしても、自らの信念を棄てて信頼する相手の信念に迎合するとは考えられない。つまり、渋沢が真摯に省務を遂行するうえでは、ある意味宿命的に両雄は並び立ち得なかったというのが実態であったと考えられる。

大蔵省退職後の渋沢は、直接的な政治との関わりを断ち、組織のトップとして経済界を牽引する役回りを担当してきたため、仕える側の立場からトップの信頼を得るために努力する立場からは免れることとなった。

臣の役割

道徳的基盤を満たし、資格要件を整えた臣の役割は何かというのが次の検討課題であった。君の最重要の役割が治国を通して民の安寧を謀ることであったとすれば、君に仕える臣の役割はそれを補佐することである。渋沢が考える民の安寧は、量的な富を民のために確保し生活を安定させることに加えて、応能主義に基づく適正な平等観が民の間で広く共有されることである。

「適正な平等観に基づいて一国の富が民に均霑されること」が民の安寧にとって最重要なことであり、それは「適正な平等感⇒不満の極小化⇒心を豊かに保つこと⇒心の安寧」という連鎖関係において達成されると渋沢は考えた。均霑される富は多くあるに越したことはない。自らを国臣と位置づけた渋沢の視線の先には常に国益があった。

企業者として個別企業の経済活動の振興に注力した渋沢の脳裏には、企業活動を中心とする国民の経済活動から生み出される付加価値の総計、つまりGDPを増やし、それを適正な平等観に基づいて国民に均霑させることが理想として存在したと考えられる。

適正な平等観に基づいて均霑される富は、適正な企業活動によって稼得されたものでなければならない。つまり、企業活動によって生み出される「利」は「義」に則ったものでなければならない。「国臣」たる渋沢にとっての民の安寧は、義に則って得られた利の集積である富が、適正な平等観、つまり一定の規律を伴う応能主義によって民に均霑される社会の構築を通して達成される。

この渋沢にとっての理想社会を崩壊させる考え方が共産主義思想であった。渋沢は共産主義が、自らが理想とする社会にすべて逆行する思想で成り立っていると考えた。つまり、各自の裁量を生かして経済活動を行う自由がなく、その活動から得られた利の集積である富は、費やされた努力や活かされた能力とは関わりなく均等分割される社会からは決して民の安寧は得られないばかりか、政府自体を否定する無政府主義者が信奉する極左思想は渋沢にとってまさに悪魔以外の何者でもなかった。

臣の役割として渋沢が重要視するのが君に対する諫言であった。臣による補佐は君の意向に沿って行われるが、諫言は君の耳に痛いことを言うことであり、君の意向に沿うものではないため、臣にとって必ずしも全うし易いことではない。

君に権限が集中する近代以前の政治形態においては、君の判断一つで国を滅亡に導いてしまうことがあることから、臣の諫言は著しい重みをもっていた。しかし、近代国家において合議制で重要事項が決定される仕組みが成立して以降は、合議による決定の行方が一国の命運を左右することとなった。

つまり、近代以前の政治体制における君の判断の誤りに相当するのが、近代国家における不十分な合議による誤った結論である。そして、君の判断の誤りを正すのが臣による諫言であり、合議を正しく導くのが議論を尽くすことである。維新後、「万機公論に決すべし」として合議を重視する方針が打ち出されてから、一定のルール下での合議のプロセスを経て関係者の総意で重要事項が決められるべきことが明治政府の基本方針となった。

では臣の「諫言」に対応する、「一定のルール下での合議のプロセス」を経るためには、いかなる合議が必要かという問題になる。大蔵省勤務時代の渋沢は大蔵大丞という地位にあり、実務の中核で予算管理や新たな制度を構築する重要業務に従事していた。

特に予算管理業務は一国の財政に関わる重要事項であり、予算配分を決定するための合議が十分になされず、誤った結論を導き出した場合は、国の命運を危うくする深刻な事態につながりかねない。渋沢の国臣としての本領は、この予算をめぐる合議において、自らが信ずる均衡予算主義を主張したことである。

富国強兵を推進するために収入以上の支出をすべきと主張する大蔵卿の大久保利通に対して、渋沢は自説を最後まで撤回しなかった。これは現代でいえば財務大臣に対して、主計課長が自説を展開して一歩も譲らないという事態に相当する。

さらに渋沢が国臣としての矜持を保ち続けたといえるのは、勝ち目のない議論ながら自らの信念に基づいた主張が合議で認められなかったことを受けて大蔵省を辞していることである。これは、孔子が自説が容れられない事態が続いた結果、魯の定公のもとを辞したことを彷彿とさせるエピソードである。

もっとも、渋沢が合議において果たして礼譲をもって自説を述べたのか、また大久保との間に信頼関係が成立していたか否かという点については、今となっては確認しようがない。

しかし、渋沢の著作に記されている大久保の人物評価を見るかぎり、渋沢にとって大久保は底意が計り知れない人物として表現されていることから、両者間に信頼関係が確立されていたとは考えられない。また、渋沢が感情の赴くままに辞表を提出したことを考えると、合議の現場で礼譲を果たしたか否かという点についても疑念が残る。

渋沢の堂々たる態度は保身を第一に考える大蔵官僚には決して真似することのできないものである。「万機公論に決すべし」とした明治政府の方針を正確に理解し、合議において信念を曲げずに自説を主張し続けることで、渋沢は臣たる者の使命を全うしようと考えた。

ただし、渋沢が大久保に対して自説を主張し、恐れず諫言したことは事実として認められるが、その諫言が実際に功を奏したかといえば必ずしもそうとはいえない。結果的に渋沢の諫言は退けられ、渋沢は虚無感を抱いて大蔵省を辞したのである。このこともあって、渋沢は自らが国臣たる役割を果たすことのできる場所を求めて野に下った。

合議を重視する渋沢の姿勢は、国事に携わる大蔵省勤務時代に限らず野に下ってからも継続していた。合本法を日本に導入し、日本で初めて株式会社組織の銀行を設立し、かつ合本法に則り数多の企業を設立した事績を支えた基本的な考え方は、「資金を出し合いかつ合議で知恵を出し合う」ことによって、民主的かつ合理的に組織を運営しようとすることである。

専横を嫌い合議によって組織を運営すべしという渋沢の精神は、独占か合本法を重視するかについての岩崎弥太郎との激越な議論にも表れている。資金も意見も合本や合議で十分に出し合い、かつ、国家全体を視野に経済活動を行い、利益はそれぞれが応分に獲得するというのが渋沢の国臣としての考え方である。国事を独断専行で遂行しようする大久保や、利益を独占することを第一義とする岩崎とは、いかにしても渋沢は接点を見出すことができなかった。

臣の心構え

臣の役割を全うするためには、臣たる者の心得があると考えた渋沢は、関連する論語各章の注釈において自説を展開する。まず、君に対して自分の考えを述べる場合の礼儀作法について、渋沢は君臣関係のみならず師弟関係、父子関係等すべての上下関係に広げ、そこで守るべき言葉のやり取りの作法を述べる。

「万機公論に決すべし」とした五箇条の御誓文の趣旨は、政治の舞台における議論のみではなく、地域内、組織内等、複数人が関係する部面での議論を慫慂するものであるとすれば、万機、すなわちあらゆる機会においてなされる議論の作法を身につけて実践することが議論を効果的かつ円滑に進める鍵となる。

議論に参加する者の間に否応なく存在する「長幼の序」や「権限の大小」を所与として、西洋的にドライに割り切れない日本的風土のなかで、作法に則り淡々と自説を開陳することは、明治期の日本人にはきわめて難しい注文であったと考えられる。しかし、渋沢はそれを実行することが前近代における臣の諫言に相当するものとして重視した。

複数人が集う議論の場において、権限者や年長者の独断専行を許すことは、前近代において君の暴走を許すことによって政道を誤ることに等しい。加えて、民主的な外形を装いつつ議事を決定しながらも内実はそれに反し、かつ議論参加者が背後にある人々の利害を代弁している場合は、正当に議論を尽くさなかったことによるマイナスの余波はさらに大きいものとなる。渋沢は係る危機感を心底に抱きながらも、時代背景を踏まえて、青年たちにはまず分限を守って議論に参加するよう指導した。

渋沢は臣の心得として、君との距離感を適切に保つことと、臣の官僚化に警鐘を鳴らしている。君との距離を適正に保つことは臣が心がけることであり、比較的自らを律し易い課題と考えられる。しかし、臣が心がけるべき官僚化の回避は必ずしも容易ではない。

なぜなら、古今東西を問わず権力者の周りを固める官房にある臣たちは、君の傘の下で相応の権限を有することから、いきおい既得権限を保持し続けるための保守本能が作動し、守旧的になる傾向があるからである。渋沢は官にある「文弱」と野にある「武愚」を対比させ、前者の形式主義より後者の実質主義を勧奨することによって、臣の官僚化を批判する。

まとめ

「臣の道徳的基盤」、「臣の資格要件」、「臣の役割」、「臣の心構え」の4項目に沿って検討した結果浮かび上がった渋沢の臣の認識は広範囲に及ぶため、簡潔にまとめることは容易ではない。しかし、渋沢が考える真の道徳的基盤に関する特徴点は、忠の淵源を孝に求め、一国の安寧の基礎を一家の団欒に求めることである。

渋沢は究極の忠義を、見返りを求めず能動的に君に仕えることと認識し、武功に対して報償を求め、下克上を常とする武家社会の忠義を至徳としての忠義の概念から排除する。また、渋沢は臣の資格要件を「士」の人格的特質に照らして認識し、「義を重んじてそれに反することは行わず君命を完遂する徳と器量を備えた人格」を満たす者を臣たる資格要件を満足する人材と認識する。

渋沢は、臣の役割で重要なことは君の使命である「民の安寧」を補佐することであり、重大事に際して身体を張って「諫言」することであると認識する。民の安寧を実現するうえで重要な具体的方策は、適正な平等観に基づいて一国の富が民に均霑されることであり、それを可能にする国の体制を整備することであると渋沢は考える。また、前近代における君への諫言は命をかけたものであるが、近代社会において前近代の諫言に相当するところの重篤な誤判断を回避するための方策は、適正に議論を尽くすことであると渋沢は認識する。

適正な議論を実現するためのさらなる方策が、自分の考えを述べる場合の礼儀作法を遵守することと渋沢は考える。さらに、渋沢は臣の心得として、君との距離感を適切に保つべきことを強調するとともに臣の官僚化に警鐘を鳴らす。

【注記】

（1）宇野哲人『論語新釈』（講談社、1980年）。

（2）渋沢栄一「為政第二第5章」『論語講義（一）』（講談社学術文庫、1977年）84頁。

（3）渋沢、前掲書（一）、「為政第二第5章」83－86頁。

（４）渋沢、前掲書（一)、「為政第二第５章」84頁。
（５）荻生徂徠著、小川環樹訳注『論語徴１』(平凡社、2011年）63頁。
（６）渋沢、前掲書（一)、「為政第二第５章」85頁。
（７）渋沢、前掲書（一)、「為政第二第５章」85頁。
（８）渋沢、前掲書（一)、「為政第二第５章」85頁。
（９）渋沢、前掲書（一)、「為政第二第７章」90頁。
(10）荻生徂徠著、小川環樹訳注『論語徴１』(平凡社、2011年）66頁。
(11）渋沢、前掲書（一)、「為政第二第５章」85頁。
(12）渋沢、前掲書（一)、「為政第二第５章」92頁。
(13）渋沢、前掲書（一)、「為政第二第６章」86頁。
(14）三島毅『論語講義』(明治出版社、大正６年）29頁。
(15）三島、前掲書、29頁。
(16）三島、前掲書、30頁。
(17）荻生徂徠著、小川環樹訳注『論語徴１』(平凡社、2011年）65頁。
(18）渋沢、前掲書（一)、「学而第一第11章」55－56頁。
(19）渋沢栄一「泰伯第八第３章」『論語講義（三)』(講談社学術文庫、1977年）149－150頁。
(20）荻生徂徠、前掲書Ⅰ、310頁。
(21）荻生徂徠、前掲書Ⅰ、310頁。
(22）渋沢栄一「泰伯第八第６章」『論語講義（三)』(講談社学術文庫、1977年）158－164頁。
(23）三島毅『論語講義』(明治出版社、大正６年）175頁。
(24）渋沢、前掲書（三)、「泰伯第八第20章」201－203頁。
(25）渋沢、前掲書（三)、「泰伯第八第20章」202頁。
(26）渋沢、前掲書（三)、「泰伯第八第20章」203頁。
(27）渋沢栄一「子罕第九第27章」『論語講義（四)』(講談社学術文庫、1977年）76－77頁。
(28）亀井南冥（魯）著、亀井昱校　『論語語由　五、六』(華井聚文堂、1880年）19/50。
(29）朱熹著、土田健次郎訳注『論語集注３』(平凡社、2014年）91頁。
(30）宇野哲人『論語新釈』(講談社、1980年）270頁。
(31）渋沢栄一「子路第十三第20章」『論語講義（五)』(講談社学術文庫、1977年）159－161頁。
(32）渋沢、前掲書（五)、「子路第十三第20章」160－161頁。

(33) 朱熹著、土田健次郎訳注『論語集注 3 』(平凡社、2014年) 462頁。
(34) 渋沢栄一「憲問第十四第23章」『論語講義 (六)』(講談社学術文庫、1977年) 54－57頁。
(35) 渋沢、前掲書 (六)、「憲問第十四第23章」54頁。
(36) 渋沢、前掲書 (六)、「憲問第十四第23章」55頁。
(37) 渋沢、前掲書 (三)、「泰伯第八第14章」191－192頁。
(38) 渋沢、前掲書 (六)、「季子第十六第 1 章」168頁。
(39) 渋沢、前掲書 (六)、「季子第十六第 1 章」168頁。
(40) 渋沢、前掲書 (六)、「季子第十六第 1 章」165－168頁。
(41) 渋沢、前掲書 (一)、「八佾第三第 6 章」152頁。
(42) 荻生徂徠著、小川環樹訳注『論語徴 1 』(平凡社、2011年) 103頁。
(43) 渋沢、前掲書 (一)、「八佾第三第 4 章」149頁。
(44) 渋沢、前掲書 (一)、「八佾第三第 6 章」153－154頁。
(45) 渋沢、前掲書 (一)、「八佾第三第 6 章」153－154頁。
(46) 渋沢、前掲書 (六)、「衛霊公第十五第 6 章」118－120頁。
(47) 渋沢、前掲書 (六)、「衛霊公第十五第 6 章」120頁。
(48) 渋沢、前掲書 (六)、「衛霊公第十五第10章」125－129頁。
(49) 渋沢、前掲書 (六)、「衛霊公第十五第10章」126頁。
(50) 渋沢、前掲書 (六)、「衛霊公第十五第10章」127頁。
(51) 渋沢、前掲書 (六)、「衛霊公第十五第10章」128頁。
(52) 渋沢、前掲書 (六)、「衛霊公第十五第10章」129頁。
(53) 渋沢、前掲書 (六)、「衛霊公第十五第10章」129頁。
(54) 渋沢栄一「雍也第六第23章」『論語講義 (二)』(講談社学術文庫、1977年) 197－198頁。
(55) 荻生徂徠、前掲書Ⅰ、242－243頁。
(56) 宇野哲人『論語新釈』(講談社、1980年) 509頁。
(57) 渋沢、前掲書 (五)、「季子第十六第 6 章」182－184頁。
(58) 荻生徂徠著、小川環樹訳注『論語徴Ⅱ』(平凡社、2011年) 261頁。
(59) 渋沢、前掲書 (五)、「季子第十六第 6 章」183頁。
(60) 渋沢、前掲書 (六)、「季子第十六第 2 章」174－177頁。
(61) 渋沢、前掲書 (二)、「里仁第四第26章」72頁。
(62) 荻生徂徠、前掲書Ⅰ、173頁。
(63) 渋沢、前掲書 (二)、「里仁第四第26章」73頁。
(64) 渋沢、前掲書 (二)、「里仁第四第26章」73－74頁。

(65) 渋沢、前掲書（二)、「里仁第四第26章」74頁。

(66) 渋沢栄一「先進第十一第1章」『論語講義（四)』（講談社学術文庫、1977年）119－123頁。

(67) Tom Burns and G. M. Stalker, The Management of Innovation (Oxford Univesity Press, 1961), p77－95.

(68) 渋沢、前掲書（四)、「先進第十一第1章」122頁。

(69) 渋沢、前掲書（四)、「先進第十一第1章」123頁。

第7章

渋沢栄一の君臣関係に対する認識

－君臣関係と国臣意識の成立－

はじめに

本稿の目的は、君と臣に対する渋沢の認識に基づき、君臣関係のあるべき姿と国臣について渋沢がいかなる考えをもっていたのかを考察することである。

君と臣について考察した第5章と第6章は、君臣それぞれについて検討する過程で一部両者の関係に触れてはいるが、本章では君臣関係の道徳的基盤と、守るべき規律について総括的に考察する。具体的には、「君臣関係における道徳的基盤」、「君臣関係の規律」、「国臣意識の淵源」の3項目に従って渋沢の君臣関係に対する認識を考察する。

君臣関係における道徳的基盤については礼を中心に考察し、君臣関係の規律については臣の分限を考察する。また、国臣意識の淵源については天皇制を中心とする日本の特殊な成り立ちにおいて、渋沢がいかに自身の内部に国臣意識を芽生えさせたのかを検討する。

渋沢の国臣意識は日本の統治構造を前提としたものと考えられる。したがって、渋沢の君臣関係に対する基本認識と日本の統治構造である天皇制を前提として、渋沢の国臣意識の淵源を探る。

第1節　君臣関係における道徳的基盤

1－1　君臣の礼

八佾第三第18章は、魯の君臣の礼が廃れていることを孔子が嘆く様子を記した章である。本章は、【子曰。事君盡禮。人以爲諂也】（子曰く、君に事うるに礼を尽くせば、人以て諂うとなすなり）というものである[1]。

孔子が生きた時代の魯では、魯の第十五代桓公の末裔である季孫氏、叔孫氏、孟孫氏の３氏で形成される三桓が権勢をふるい、時の君子をないがしろにする状態が続いていたため、君臣の礼が著しく乱れていた。人民は君に礼を尽くすことのない状態が定常的に続き、礼に対する考え方が麻痺していたこともあって、孔子が本来の君臣の礼を尽くすのを見咎めてこれを諂うものと揶揄した。

このように、孔子は魯の君臣の礼の乱脈の実態を自らの実体験をもって語っていることから、本章の記述からは他の章にはない一種の迫力が感じられる。一方、渋沢は当時の魯の状態の相似形として、日本における武家政治を取り上げる。渋沢は、徳川幕府倒壊のきっかけとなったのは、頼山陽をはじめとする学者や識者が尊皇の説を広め、それが人民に君臣の礼を再認識させることにつながったことであると主張する。

1－1－1　礼の本質

渋沢はさらに、本章の講義で礼と文化の関係について自説を展開する。渋沢は、「礼儀は独り君臣の間において尊重せざるべからざるのみならず、父子の間にも、夫婦の間にも、兄弟の間にも、将た朋友の間にも、必ず人間の尽くさざるべからざる礼儀存するを以て、これを尽くすことを怠るべからず」と述べて、礼の行われるべき範囲の広さを強調する[2]。

そのうえで渋沢は、「その礼儀の行わるると否とによりて文野の別立つなり。人の向上というも、文明というも畢竟礼の行われて、善良の人間となりたるを称するのみ。倨傲不遜は人の悪徳なり。人に接するに親切を旨とし、

誠意を以て事を行えば、必ず礼に叶い、しかしてより信用せらるべし」として礼の本質論を展開する。(3)

渋沢によれば、礼は独り君臣の間においてなされるものではなく、自らを取り巻くすべての人間関係において実践されるべき徳の一つであり、これによって文化人か否かが分かれる。さらに言えば、礼に則って人間関係を円滑に営める者は善良の人間であり、そうでない人間がもつ傲岸さは悪徳である。しかし、礼は表面的なものではなく、親切心と誠意をもって人と接すれば、自ずとそれは礼に適うことになるというというのが渋沢の説である。

渋沢が展開する論理の特徴は、「親切心と誠意による接遇⇒礼に叶った善良な行動⇒文化人」、「親切心と誠意を無視した接遇⇒礼に叶わない悪徳による行動⇒野卑な人間」という２つが対立する図式で成り立っている点である。渋沢にとって野卑な人間とは、親切心と誠意に欠ける自分勝手な人間のことであり、このような人間にならないためにも青年には道徳教育が必要であるというのが渋沢の真意である。

親切心と誠意をもった行動を「本質」とし、礼をその「形式」として、本質を得ることがかなえば、必然的に形式である礼にもかなうことになる。一方、礼という形式の重要さを説き、それを実践させることによって、まずは形から入って後に本質を究めるという教育方法も考えられる。

「親切心と誠意」という日常行動の指針としては抽象的な概念を青年に理解させることが困難な場合は、むしろ形式である礼から入って後に、その形式を実あるものとするには何を満たしていなければならないかを追求するという教育方法も十分有効であろう。渋沢自身も、「礼儀を欠かぬようにと心掛け以て今日に至れり」とその生涯を振り返っている。(4)

１－１－２　君の礼

八佾第三第19章は、君臣の関係における礼と忠について述べた章である。本章は、【定公問。君使臣。臣事君之何。孔子對曰君使臣以禮。臣事君以忠】(定公問う。君臣(きみしん)を使い、臣君(しんきみ)に事(つか)うること、これを如何せんと。孔子対(こた)えて曰く、君臣(きみしん)を使うに礼を以てすれば、臣君(しんきみ)に事(つか)うるに忠を以(もっ)てす）というものである。(5)

本章はそのまま読めば、君は礼をもって臣に接し、臣は忠をもって君に接するという比較的わかりやすい内容であるが、渋沢は本章の解釈について、「因問諷其以禮抑損三桓也」（問によってその礼を以て三桓を抑損するを諷するなり）とする南溟説を採用する[6]。

南溟は、定公が君臣の関係についての問いを発することにより、かつて孔子が大司寇として魯に仕えた当時のことと重ねあわせて、孔子を遠回しに批判していると解釈する。孔子は定公と謀って、当時君に対して傲岸な態度をとりつづけていた三桓の取り潰しを行ったが、不十分なままに終わった経緯がある。

もし南溟説の通り、定公が孔子を遠回しに批判したとすれば、「君臣を使うに礼を以てすれば」という孔子の言葉と、かつて武力によって三桓の取り潰しを図った孔子の行動の矛盾を衝くものであろう。

南溟説は、孔子の歴史上の行動経緯と家語を分析するとともに、定公と孔子の関係、三桓と定公の関係等を重ねあわせて導き出したもので、まさに論語の行間を読み取るものといえよう。渋沢はこれらの点を評価したうえで南溟説を支持したと考えられるが、渋沢は孔子の言動の矛盾をそれ以上追及することなく、日本での事例を紹介する。

渋沢は、仁徳天皇と明治天皇の御製にみられる民への思いやりを、大御心から出たものとして評価する。さらに関東大震災に際して皇后が被災民を慰問したことを、慈母が赤子に対して接する様子にたとえて最大限の賛辞をおくっている。そのうえで、「君上の下民に礼を尽くし給うことかくのごとし。臣民たるもの誰か皇室を慕いて忠義を竭くさざる者あらんや」と述べている[7]。

民の窮状に際して、その回復を図るべく君自らが行動を起こすことは、君が民に対して礼を尽くすことを意味すると渋沢は考える。君による治国の目的である民の安寧が著しく阻害されている状況は、君が礼を発揮すべき最も重要な部面であり、そこで君が民のための具体的行動をとることは君たる証であると渋沢は考える。

孔子を神格化せず人間孔子として捉える渋沢の論語の深読みもさることながら、その解釈を常に日本の歴史や現実に重ね合わせて青年へのメッセージとして仕立て上げる渋沢の面目は、本章においても大いに発揮されている。

１－２　礼と忠信

八佾第三第８章は、眉目秀麗なる婦人と絵画にたとえた子夏の質問に対して、孔子が忠信と礼の関係について答えた章である。

この章は、【子夏曰。巧笑倩兮。美目盼兮。素以爲絢兮。何謂也。子曰。繪事後素。曰。禮後乎。子曰。起予者。商也始可與言詩已矣】（子夏問うて曰く、巧笑倩たり、美目盼たり、素以て絢をなすとは、何の謂ぞやと。子曰く、絵の事は素きを後にすと。曰く、礼は後かと。子曰く、予を起す者。商や始めて与に詩をいうべきのみ）というものである。[8]

渋沢は講義の冒頭で南溟の言葉を引用する。渋沢の本章の解釈は南溟によるところが大きいと思われる。南溟は忠信を、「巧笑倩たり、美目盼たり」（笑顔が魅力的で眉目が美しい）として素顔の美しい婦人にたとえ、礼を、「素をもって絢をなすこと」（婦人に白粉をほどこすこと）として化粧にたとえる。[9]

忠信をしっかりと身につけ、礼をもって身を飾ることの大切さを説明するにあたって、元々美人である婦人に白粉をほどこすことによって、その美しさが一層際立つというレトリックを用いた詩から、その意味するところのエッセンスを子夏が理解したことに孔子は感激した。そして、この詩が意味する深奥を見抜き、その深奥を味わうことのできる子夏を、孔子はともに詩を語り合える者として認知したのである。

１－２－１　文行忠信

渋沢は本章の章意を解説した後、忠信と礼に関してさらに深い洞察を加える。本章では忠信を先行、礼を後行として順序をつけたが、それは両者の関係をより理解しやすい形で述べたにすぎず、実際には先後関係はなく、互いが互いを補完する対等な関係、つまり「本をあいなす」関係であるというのが渋沢の理解である。

渋沢は「文行忠信」という言葉でこの相互補完関係を説明する。渋沢は、「文行は礼の作なり。忠信は徳の実なり。徳は礼を行う所以なり。礼は徳を昭らかにする所以なり。徳にあらざれば、礼行われず、礼にあらざれば、徳昭らかならず。これを以て文行忠信、かえって本をあいなす」と述べている[10]。徳の実である忠信は礼を実践する基であり、その実践は文行によって示される。一方、礼は徳を明らかにする基であり、それがなければ徳が文飾や行為をもって実践されることはないという両者の対等な関係を渋沢は述べている。

渋沢は、「孔子の礼をいう、粲然簡に満つ。また微も礼を以て後となすの意を見る者あるか。ゆえに論語を読みしかして微言を知らざる者は、往々みな臆見を以て蛇足を添うるを免れず」と述べて、論語を表層的にしか理解せず、その深奥を見抜けない者は、自らの臆測でどうでもよいことを注釈してしまうと、かなり辛辣な意見を述べている[11]。

1－2－2　礼と詩

渋沢はまた、「微言を知らざる者」の対極にあるものとして、「新意を発する者」という概念を中洲の講義に見出し、これを多としている。中洲は、「詩を學ぶは、此の如くに言語外の意を発明してこそ、大いに益ありと爲す」と表現し、論語の章意を深く理解し、それに「臆見を以て蛇足を添うる」のではなく、「新意を発する」ことが重要としている[12]。

この中洲の考え方を渋沢は、「孔子の学は知新の学にしていたずらに古(いにしえ)を尚(とうと)ぶの守旧派にあらざることを証明せられたるは、一段進歩の見方といわざるべからず。余の大いに敬服する所なり。人は忠信の美質を備えざれば、固(もと)よりいうに足らず。しかれどもこの美質を備えたるのみにて、文学を以て修飾せざる時は、野卑賤陋(せんろう)に陥(おち)いりて文明社会の紳士というべからず」と述べている[13]。

しかし実際のところ中洲は、子夏に代わって本章の文意から知新を見出したのではなく、詩を新たな視点から解釈する子夏の姿勢について、「言語外の意を発明すること」と位置づけたのみである。つまり渋沢は、中洲が、孔子をも感心させた子夏の解釈の斬新さを、詩を守旧的に解釈するのではなく、そこから新たな含意を発見する姿勢にあるとの洞察を加えたことに敬服しているのである。

詩経に収録された詩に限らず、人情の機微を捉えた詩の名作は古今東西を問わず人間の本質を衝いたものである。しかし、詩の作者が時代の子であるかぎり、詩の言い回しにはその時代の背景や風俗習慣を前提にした表現が示される。重要なのは、その詩を味わう人が生きている時代にそぐわない風俗習慣を詩から適切に捨象し、古今に共通するコアの部分を正確に理解することによって、そこから知新を析出する能力である。そして、このことを明らかにしたことが注釈者としての中洲の際立った功績であると渋沢は考えた。

1－3　君臣の礼葬

子罕第九第11章は、孔子の病床にあった子路が君臣の礼葬のあり方を過ち、それを孔子に咎められたことを述べた章である。

本章は、【子疾病。子路使門人爲臣。病閒曰。久矣哉。由之行詐也。無臣而爲有臣。吾誰欺。欺天乎。且予與其死於臣之手也。無寧死於二三子之手乎。且予縦不得大葬。予死於道路乎】（子、疾む病なり。子路門人をして臣とならしむ。病いの間に曰く、久しいかな、由の詐りを行うや。臣なくして臣ありとす。吾誰を欺かん。天を欺かんか。かつ予その臣の手に死せんよりは、無寧二三子の手に死せんか。かつ予縦え大葬を得ざるも、予は道路に死せんか）というものである。[14]

弟子のなかでも年長者の子路は、孔子が大病を患い、死をも覚悟しなければならないと判断したとき、自分なりに孔子を思いやり、魯の司寇を辞して後、臣下のない孔子を君臣の礼葬をもって弔おうとした。子路は元々軽挙妄動の向きがなきにしもあらずと認識していた孔子は、病状が一段落したときにこの事実を知り、【久矣哉。由之行詐也】（久しいかな、由の詐りを行うや）と述べた。

本章の章意は、「君臣の礼葬は神聖にして過つべからざるものである」という、きわめて厳格な教えを説いているにもかかわらず、その過ちを犯したのが情に流されやすく、かつ軽率のそしりを免れない子路であったということで、孔子が発する言葉のトーンが幾分和らいでいる。

渋沢は本章の章意を、子路の孔子に対する忠愛と、葬儀にあたって厳守すべき礼を比較したうえで、後者の重要性を述べたものと理解した。つまり、忠義の心に師を慕う気持ちがあれば、それは自然と忠愛の心をともなう。そうなれば、本来は礼に反することなく忠義を果たすべきところが、礼を遵守すべき事柄を忠愛が押しのけることによって、情にはしり礼節を欠くこととなる。渋沢はここまで踏み込んで本章を理解していると考えられる。

渋沢は本章中の子路を一方的に非難するのではなく、礼節を忘れて忠愛を形にしようとして軽率に行動した子路を、むしろ温かい心をもって見ているように思われる。なぜなら、本章の解説の後半では師弟間の情愛の薄さをしきりに嘆く渋沢の気持ちが記述されているからである。当時の日本における師弟関係の薄さを、人情吉野紙のごとしと嘆く渋沢の言葉には、熱い忠愛をもって孔子に接した子路の心情に共鳴する気持ちがにじんでいる。

第2節　君臣関係の規律

2－1　上下の分際

季子第十六第2章は、天下には道があり上下の分際を正しくすべきことを述べた章である。

本章は、【孔子曰。天下有道。則禮樂征伐。自天子出。天下無道。則禮樂征伐。自諸侯出。自諸侯出。蓋十世希不失矣。自大夫出。五世希不失矣。陪臣執國命三世希不失矣。天下有道。則政不在大夫。天下有道。則庶人不議】(孔子曰く、天下道あれば、則ち礼楽征伐、天子より出づ。天下道なければ、則ち礼楽征伐、諸侯より出づ。諸侯より出づれば、蓋し十世にして失わざること希し。大夫より出づれば、五世にして失わざること希し。陪臣、国命を執れば、三世にして失わざること希し。天下道あれば、則ち政、大夫にあらず。天下道あれば、則ち庶人議せず）というものである。[15]

天下道あれば礼楽征伐は天子が行うものであり、天子に代わって諸侯、大夫、陪臣が分限を超えて礼楽征伐を行えば、その国の命運も短命に終わる。また、天子が天下道に基づいて正しく礼楽征伐を行えば、民は密かに政の得失を議論することはなくなる、つまり横議することはなくなるというのが本章の解釈であり、渋沢も同様に解釈している。

2－1－1　臣の分限

季子第十六第2章について、渋沢は明治期の政治との比較に基づき、以下の諸点が誤解を生みやすい点と認識したうえで注釈を加えたと考えられる。

(1)　天子に代わり諸侯、大夫、陪臣が分限を超えて政治を司ることと、明治天皇に代わって元勲たちが責任を分担して政治を補佐することはいかなる点が異なるのか。
(2)　民が政治の得失を横義するのと、万機公論に決すべしとして民が政治に関与するのとではいかなる点が異なるのか。

第1の論点、つまり本章でいうところの諸侯、大夫、陪臣が礼楽征伐を実践するという意味は、天子を蔑ろにして、本来天子のみに許される礼楽征伐を壟断することと解釈される。日本の歴史においては、天皇と姻戚関係を結ぶことによって実権を握ろうとした藤原氏の例や、孝謙上皇の寵愛を受けて親政に容喙しようとした弓削道鏡のような例もあり、これらが本章で述べられる、陪臣の専横による礼楽征伐の実践に相当すると思われる。

それに対して明治天皇の下で行われる日本の政治は、欽定憲法に基づいて政治の仕組みや制度が制定され、法に定められた範疇で朝臣が個々の役割を全うするというものである。日本の場合は、天皇大権や天皇が執り行うべき祭事は常に天皇とともにあり、整然とした規律に基づいて朝臣が臣下としての役割を全うするのが明治時代の日本の政治である。

第2の論点について渋沢は、「処士横義の言たる、封建階級政治の民は由らしむべき主義に出発せり、立憲政治は、万機公論に決するを本義とす。ゆえに庶民の政治を論ずる、決して横議にあらざるなり。しかしてその公論は民の声として、帝国議会を通じて至尊の嘉納する所となり、やがて法律として国中に行われん。これ権力の下移というべからず。天下は天下の天下なり。国民の公論を第一の基礎として庶政を布くを、君主の美徳とす。その間に私智を挟まざるを貴ぶ」と述べる(16)。

渋沢は、本章で述べられる民による横議とは、為政者による一方的な由らしむべき政治が行われている部面で発生するところの、不安に駆られた民による密議であると理解する。由らしむべき政治が不調に終わった場合、横議を繰り返す民が暴発するリスクが存在するであろうし、政治スタンスを変えないまま民の意を汲んで一定の政治権限を下付した場合は、衆愚政治に陥る可能性もなしとはしない。

2－1－2　権限の委譲

これに対して、明治天皇による「万機公論に決すべし」とした政治スタンスは、由らしむべき政治ではなく、立憲政治の本義に基づき、主体性をもって一定の範囲において議論により物事を決することを民に求めたものである。

渋沢がこれほどまでに明治期の政治を評価した背景には、渋沢が実際に接した人物を含め、国政の中核にある朝臣たちの忠義と、一般庶民の民度の高さに信頼を置いていたことがあると思われる。

渋沢が維新の直前まで、いわば「由らしむべき政治」に一方的に従うことを余儀なくされていた、一般庶民の民度の高さを理解できたのは、渋沢自身が幕臣、朝臣、一般庶民のすべてに身を置いた経験があり、その実体験を通して現実を判断する素地を持ち合わせていたからと考えられる。

渋沢は子路第十三第3章の注釈において、「爾来世の進歩に従い、大正八年衆議院議員の選挙権を拡張せしが、今また普通選挙の必要を見るまでに世間が進歩し、国家その議案論議中である。この次にくるべきは婦女参政権問題であろう。かくのごとく人智の発達と世間の開明とに伴随して、制度を改善してゆくのが真正の政である」と述べている。(17)

大正期に至って、渋沢は女性の民度の高さに信頼を置き、選挙制度を通して政治への参画を促している。選挙制度の発足当初は納税額に応じた参政権を合理的として賛同していた渋沢が、まだ家庭を守ることが中心で経済力の弱かった女性に参政権を与えることを提唱した背景には、さらに考察を加えるべき渋沢の政治思想が存在すると思われる。

具体的には、「万機公論に決すべし」とした五箇条の御誓文に対する渋沢の理解内容に関する考察の必要性である。管見によれば、官僚の経験はあっても政治家としての経験がなく、企業家として長く社会と関わってきた渋沢の発想の基底には、企業活動を中心に置いた事象の捉え方が存在したと考えられる。以下で明治政府と企業を対比させ、渋沢の理想についてレトリックを用いた表現を試みる。

由らしむべき政治によって統治される国家は、企業にたとえると社長に権限が集中した旧態依然たるオーナー企業に相当する。その一方、明治政府にたとえられる近代経営による企業は、経営トップを企業忠誠心に満ちた重役が補佐し、国の各種法律に相当する社内規程に基づき、かつ企業倫理を遵守して業務に励む社風が横溢した組織である。

しかし、由らしむべき政を行う君に擬せられる全株所有の経営トップは、やがて考えを改めて近代経営を目指す。その経営トップは、「万機公論に決すべし」として社員が組織内で議論し、適正に物事を決定する社風をつくり、企業規模拡大とともにその持株を公開する。

明治期に至って生まれ変わった当該企業は、民主的に運営されているとはいえ、まだステークホルダーに対する適切なマネジメントには不慣れであった。なぜなら、あくまでも企業が主体でステークホルダーが客体という考えに囚われていたからである。つまり自社とステークホルダーの関係を、「主体・客体関係」として認識していたからである。ステークホルダーのなかでも、株主、社員、債権者等、営利活動にとって関係の深い利害関係者に対する配慮に偏重していた。

やがて当該企業はステークホルダーを広く捉え、かつ企業との関係性の濃淡に応じて臨機に配慮するステークホルダー・マネジメントの重要性に気がついた。そして、広く捉え直したステークホルダーのなかに、家庭を中心に活躍する女性が含まれていることに注目した。

経営トップは「主体・客体関係」ではなく、家庭内の女性を企業が生み出す製品・サービスの消費者として重視し、企業と同等な主体として認識した。つまり、企業と対等に主婦を主体として捉える、「主体間関係」をもとにステークホルダーとの関係を見直さなければならないと考えた。

企業と主体間関係によって同等な立場にある者として認識される女性は、自らが享受してしかるべき行政サービスに対して注文する権利を有する者である。そしてこれらの女性をしかるべく処遇すべき具体的対応が参政権の付与である。このように、いささか例えが冗長ではあるが、政治思想における渋沢の開明性を理解するには、日本を一企業に擬して分析することが効果的である。

2－2　君子と小人

2－2－1　小人としての徳川綱吉

子路第十三第25章は、君子は仕えやすく喜ばせにくいのに対して、小人は仕えにくく喜ばせやすいという点で異なるということを述べた章である。

本章は、【子曰。君子易事而難説也。説之不以道不説也。及其使人也。器之。小人難事而易説也。説之雖不以道。説也。及使人也。求備焉】（子曰く、君子は事え易くしかも説ばしめ難し。これを説ばしむるに道を以てせざれば、説ばざるなり。その人を使うに及んでや、これを器にす。小人は事え難くしかも説ばしめ易し。これを説ばしむるに道を以てせずと雖も、説ぶなり。その人を使うに及んでや、備わらんことを求む）というものである。(18)

本章の趣意は子路第十三第15章における定公の質問と重なる部分がある。定公は孔子に【人之言曰。予無樂乎爲君。唯其言而莫予違也】（人の言に曰く、予、君たることを楽しむことなし。ただその言にして予に違うことなきなりと）と問いかけた。定公の質問の基底には、君たる者の楽しみは民が君に逆らわずに従うことであるという考え方があり、孔子はこの考え方を否定した。(19)

定公がその考えのままに君の楽しみを追求すると、その周りで佞臣のみが幅を利かせることとなる。それは結果として本章で述べるところの小人、つまり「説ばしむるに道を以てせずと雖も説ぶ者」として定公は君の座に居座ることとなる。

渋沢は小人として徳川綱吉、佞臣として柳沢吉保を例にあげる。しかし、渋沢が取り上げた綱吉と吉保の関係は、単に「事え難くしかも説ばしめ易し」というレベルにとどまらない。吉保は「ただその言にして予に違うことなきなり」、つまり君の意向に逆らわない従順な臣下にとどまることなく、綱吉を「声色を以てその心を動かし」深く取り入ることによって一人で政を壟断するに至ったのである。

渋沢によると、綱吉は臣下の従順さによって君の楽しみとする定公よりさらに劣等な小人、つまり、従順さを装った佞臣が政に容喙するに任せ、失政を諫める臣下がないまま生類憐みの令のような不合理な法度を乱発した失格者ということになる。渋沢は本章の小人の定義よりさらに劣る小人の例を綱吉に見出した。

２－２－２　君子としての徳川慶喜

渋沢は本章の君子の定義よりさらに優れた事例として徳川慶喜を取り上げる。もし慶喜が本章で定義される小人であったとすれば、大局を慮って大政奉還することなく、国内を混乱させたまま多くの犠牲者を出し、欧米列強の内政介入を許すことになったであろう。

渋沢は、「山内容堂の家臣後藤象二郎・福岡孝悌が、慶喜公に対し大政奉還を面説せしより、公はこれを天下の大諸侯に諮詢した。時の政事総裁、越前の松平春嶽を始め各藩ことごとく、朝廷の力親政に勝えず、奉還不可の意見であったにかかわらず、公は断然決心して慶応三年十月十四日、大政を奉還せり」と述べる[20]。

慶喜は大政奉還の適否を政事総裁の松平春嶽のみならず天下の大諸侯に諮詢し、自らの責任において大政奉還に踏み切ったと渋沢は述べる。慶喜は幕府の臣下だけでなく諸侯に諮詢したのである。薩長をはじめとする討幕派を除いて、幕藩体制の護持を望む各藩は大政奉還を潔しとしないであろうし、慶喜も内心では最後の将軍になりたくなかったであろう。

慶喜が本章の定義による小人であったなら、幕臣にのみ大政奉還の可否を謀り、自らの思惑に沿った意見を採用し結果として政道を誤っていたと考えられる。渋沢は慶喜について、「光圀卿の血を承けて、夙に大義名分を明かにし、将軍職に就きし始めより奉還の内心ありしとはいえ、天下大諸侯の衆議を喜ばず、ひたすら臣道に合するを求めてこの挙に出づ。真正の君子人にあらざれば能わず」と述べる[21]。

慶喜は日本の将来を見据えて、将軍職に就いた当初から君道ではなく臣道に合することを求め、臣下や諸侯の諮詢を受けながらも大政奉還に踏み切ったというのが渋沢の分析である。そして、渋沢はその思いを行動に移すべく大政奉還後は慶喜の名誉回復に奔走した。一方、慶喜は大政奉還を自らの一世一代の大事業と認識し、その後の人生を余禄とでも考えているかのごとく、権力から遠ざかり趣味人に徹した。

徳川幕府最後の将軍の使命は、混乱なく大政を朝廷に奉還することであり、それを成し遂げた後、慶喜は自らに降りかかる処遇に関知することなく恬淡として天命に従った。渋沢はその姿を見て慶喜を真の君子として尊崇し続けた。

本章の趣意に基づいて考察すると、渋沢にとって慶喜は真に「説(よろこ)ばしめ難(がた)い」君子であった。もし慶喜が小人であったならば、徳川幕府の存続を建言する臣下が好ましい臣下であったであろうし、大政奉還ではなく武力によって朝廷に政権が移った後は、自らのために命乞いをしてくれる臣下を喜ばしく思ったであろう。

しかし、佞臣は権力を失った君主のために命乞いをすることはない。つまり、慶喜が君子でなかったとすれば、国は乱れ自らも命を失っていた可能性が高い。渋沢は慶喜を、「諂諛佞好(てんゆねいこう)を斥(しりぞ)け、声色貨賄(せいしょくかわい)を喜ばず。事々物々道に合わざれば喜ばず」という君子たる必要条件を備え、さらに自らの信じるところを実践するという十分条件をも備えた君子中の君子、つまり真君子と認識していた。(22)

2－3　君子と国臣

顔淵第十二第4章は、孔子が君子たる者はどうあるべきかを説くことにより、司馬牛の憂懼の心を解いたことを述べた章である。

本章は、【司馬牛問君子。子曰。君子不憂不懼斯謂之君子已矣乎。子曰。内省不疚夫何憂何懼】（司馬牛(しばぎゅう)、君子を問う。子曰く、君子は憂(うれ)えず懼(おそ)れずと。曰(いわ)く、憂(うれ)えず懼(おそ)れざるここにこれを君子と謂(い)うのみかと。子曰く、内(うち)に省(かえり)みて疚(やま)しからざれば、それ何(なに)をか憂(うれ)い何をか懼(おそ)れんやと）というものである。(23)

司馬牛は孔子に君子の何たるかを問うたが、その内心には兄の向魋(しょうたい)が乱を起こす暴虐な人物であることを憂いかつ懼れる気持ちがあったと渋沢は解釈する。本章の文面からは司馬牛の憂懼の原因を特定することはできないが、物徂徠を除き、通説、朱熹、中洲ともに渋沢の理解と同じである。

孔子が司馬牛の憂懼の原因を知ったうえで君子の資質について語ったのだとすれば、(1) 身内の無軌道がわが身に災厄として降りかかってくることを憂懼することはないと説諭したのか、(2) 兄弟といえども別人格の無軌道であるならば、それはわが身の不徳の致すところと思い悩むことはないと説諭したのかのいずれかが孔子の真意であるということになる。つまり本章の趣意は、肉親との関係性において君子の資質を語るという複雑な設定で理解すべきことになる。

渋沢は孔子が述べた趣旨を、「平生行う所、道に違うことなく、自己のなすべきことを尽くし、自ら省みて心に疚しきことなくば、俯仰天地に恥じざるべし。また何の憂懼することかこれあらん。ゆえに不憂不懼を君子というなり」と解釈している[24]。つまり、身内の不行跡等とはかかわりなく、唯一自らが平生なすべきことを尽くし、疚しいことがなければ不憂不懼の境地に至り、君子と呼ばれるに相応しい者となるというのが孔子の説くところであると渋沢は解釈する。

渋沢による本章の理解に従うと、君子たる者は身内に暴虐の徒があろうが、自分の考えに対して万人の反対があろうが、国家にとって正しいと信ずることを推し進めて実践する者のことである。そして、その事例として群議を排して大政奉還を断行した徳川慶喜と、誹謗百出するも顧みずデフレ政策を実行した松方正義を挙げている。渋沢に言わせれば、これら2人は自らに疚しいことがなかったがゆえに、自らの信念を貫き通すことができたのだということになる。

つまり、君子たる者が自らの使命を全うするためには、自身に由来する疚しさを一切なからしめると同時に、身内であろうと近しいものでろうと、それらの周辺人物との関係性を切断し、自分と国家を一対一で対峙させたうえで命をかけて信念に従って実行することが必要であり、そのような人物であってこそ国家に身命を賭して仕える国臣とみなされるというのが渋沢の理解である。そして、渋沢自身は野にあって国臣たる道を歩もうと考えた。

本章の趣意に基づいて渋沢が理解する君子とは、自らを清く保ち、身命を賭して信ずるところを実践する者、つまり国臣のことと考えられる。

本章で孔子に君子を問うた司馬牛は、兄の無軌道が我が身に災厄として降りかかってくることを憂懼するあまり憤死した。渋沢は自らの跡を継ぐはずの長男を不行跡を理由に廃嫡している。見方によれば、兄の不行跡よりむしろ嫡男の不行跡のほうが一族の将来性や希望に照らした場合、より深刻であるともいえる。係る状況下で渋沢が国臣意識をもって500社余りの企業の創立に関与し、かつ自らの財閥形成を行わなかったのだとすれば、渋沢こそが孔子の定義にあてはまる君子であり国臣に徹した者であったといえる。

第3節　国臣意識の淵源

3－1　天皇の君道

八佾第三第5章は、周末の中国に存する各国の君道が夷狄の君道よりも、さらに劣ることを孔子が嘆いている様子を述べた章である。本章は、【子曰。夷狄之有君。不如諸夏之亡也】（子曰く、夷狄の君ある、諸夏の亡きがごとくならざるなり）というものである。

本章の解釈は基本的な部分で2つに分かれる。中洲論語講義、渋沢論語講義、論語集注、論語新釈ともに周末の諸侯の君道は夷狄よりも劣っていると解釈する[(25)]。これは本文中の【不如諸夏】を「諸夏の亡きがごとくならざるなり」とするもので、意訳すると、夷狄には君道があり、それは諸夏が君道を亡くしたのと比べるとまだ優っているということになる。

これに対して物徂徠は、論語徴において、【不如諸夏】を「諸夏の亡きに如かず」と意訳すると、夷狄には君道があるとはいえ、それは諸夏には到底至らないということになる。つまり、諸侯が乱立し君主が有名無実であっても、先王の余沢のおかげで礼儀が残存している分だけ、まだ諸侯のほうが夷狄よりも優っているのだと理解される[(26)]。

渋沢は中洲の意見に従っているため、前者の立場をとる理由も中洲と同様であろう。中洲は、「然れども前後の章と對観して編次の意を按ずるに、強臣僭亂の時弊を患ふるに在れば、此の章のみ夷を卑み中國を尊むの語としては、孤立して縁故なし」として、前後の文脈から論理的に類推すると、物徂徠の解釈は不合理であるとしている[(27)]。

当時の中国からみた日本はまさに夷狄であるため、日本史上の出来事を中国周末の状況と対置することは、章意からすると一種の矛盾となる。しかし、渋沢は日本の戦国時代の下剋上を、周末において盛んに発生した「強臣僭亂の時弊」と類似の社会事象と見なして、日本史上の事実を振り返っている。

本章で渋沢は、足利尊氏から徳川幕府成立までのまさに強臣僭乱の歴史を概観したうえで、現代中国が中華民国として共和政体によって統治されている現状を述べている。そのうえで、「共和の実なく混沌迷乱の状態にあり、民衆のため気の毒千万なれどもいつか定まるところに定まらん」として、中國に対して少し突き放した見方を示している[(28)]。

これを多少穿った見方で渋沢の考えを推察すると、「中国からみて夷狄と位置づけられる日本は、今や天皇という君主を仰いで立憲君主制を敷き政体は比較的安定している。一方、天皇に相当する一国全体を統治する君主を持たない中国は中華民国となってはいるものの、この先、君道に従って一国が平安に統治される保障はない。しかし結局は、中国は最終的には落ち着くべきところに落ち着くのではないか」というものではないかと思われる。

渋沢には、夷狄と見なされる日本の君道が中国の君道よりも優れているという確固たる自信があるように思われる。足利尊氏に始まる日本史上の強臣僭乱の歴史は徳川時代をもって終了し、さらに大政奉還によって主権を天皇に返すことによって、日本古来の君道を復活させているのが、渋沢が生きた時代の日本である。

中国から夷狄と蔑まれながらも、天皇を中心とした君道は消長を繰り返し長く日本に根づいている。西欧に急速に追いつき肩を並べつつある日本の政体は、誰あろう天皇を頂点とした立憲君主制によって効率的に運営されている。このような自負が渋沢には満ちていたように思われる。係る観点からも、渋沢にとって【不如諸夏】の解釈は、「諸夏の亡きがごとくならざるなり」でなければならない。

3－2　天皇と重臣

子路第十三第23章は、君子と小人とが人に接するのに和と同の別があることを述べた章である。本章は【子曰。君子和而不⼟同。小人同而不和】（子曰く、君子は和して同せず。小人は同して和せず）というものである。(29)

朱熹は和と同について、「和者、無乖戻之心。同者、有阿比之意。尹氏尚義。故有不同。小人尚利。安得而和」（和は、乖戻の心無し。同は、阿比の意有り。尹氏曰く、君子は義を尚ぶ。故に同ぜざる有り。小人は利を尚ぶ。安んぞ得て和せん）と述べ(30)、和は乖き戻ることのないことを意味するが、同はおもねり付和雷同することを意味すると理解する。

また朱熹は尹氏を引用し、和を身につけた君子は義を尊ぶがゆえに付和雷同することがなく、小人は利を尊ぶがゆえに和すことはできないとする。中洲は概ね朱熹と同様に解釈する。この朱熹の解釈には経世論を排した修身論重視の特徴が明確に表れている。以下に朱熹と中洲の理解に基づいて和と同を整理する。

（1）　君子は「義」を重んじる。したがって、付和雷同しようにもできない。
（2）　小人は「利」を重んじる。したがって、和らぎ親しむことはできない。

朱熹の論法によれば、義は君子に固有の徳目であり、利は小人にとって特徴的な資質である。つまり、君子と小人の差を際立たせているのは、二項対立的に存在する「義」と「利」であり、両者は相反するものであって互いに相容れない概念である。

君子は義を身につけ、かつ義を貫くことが君子の君子たる淵源であるがゆえに、付和雷同することはできない。また、小人は利を求めること専らであり、同じく利を求める他者は己の利を阻害する者であるがゆえに、和らぎ親しむことはできないと朱熹は解釈する。

渋沢は義と利の関係について朱熹にならって述べるのみで、持論である義利合一の考え方を本章注釈で展開してはいない。しかし、渋沢は義に関しては物徂徠の注釈にならって、君子の振る舞いを君臣関係、臣下同士の関係に広げて注釈を加える。つまり、君子は「いかなる場合に」和するのかという点にまで論考を広げて本章を解釈する。

君臣関係について渋沢は、「君臣もまた然り。君の可という所にして否あれば、臣その否を献じて以てその可を成す。君の否という所にして可あれば、臣その可を献じて以てその否を去る。これを以て政、平らかにして干さず。民争う心なし」と述べる。(31)

臣下であっても君子の資質を備えている人物であれば、義に照らして、君が可とするところに異論あれば否を主張し、君が否とするところに異論あれば可を主張する。このようなバランスの下で平穏に政が営まれ、民は争うことがなくなると渋沢は理解する。

臣下同士の事例として渋沢は、明治天皇の下での重臣同士の関係について述べる。渋沢は、「我が邦維新の鴻業、固より明治大帝の聖徳によるといえども、輔弼（ほひつ）の重臣内に和して、意見を闘わせ、美を聚（あつ）め善を摭（と）り、以て聖徳を翼賛（よくさん）したる功もまた与（あずか）って力ありといわざるべからず。しかして三条・岩倉両公朝に立ち、木戸・大久保・西郷等、長薩その他の忠良野（や）にあって一体となり、以て頼朝以来七百年因襲の武断政治を倒壊す。これみな君子あい和したる賜にして、この間些（いささ）かの私見私利を挟まざるなり」と述べる。(32)

君として明治維新を成し遂げた明治天皇の下には、君の役割を輔弼する君子たる資質をもった重臣がおり、それらが義をもってあい和した。つまり、明治天皇と重臣の君臣関係や重臣同士の関係において、七百年因襲の武断政治を倒壊し大政奉還するという義を共有することによって、明治維新という鴻業を成し遂げることが可能となったというのが渋沢の解釈である。渋沢は君子と小人の相違を説いた本章の章意を敷衍し、君子たる者の資質を義を重視して論考を展開した。

３－３　天皇と国臣

為政第二第１章は、徳治主義の重要性を述べた章である。本章は、【子曰。爲政以德。譬如北辰居其所。而衆星共之】（子曰く、政（まつりごと）をなすに徳（とく）を以（もっ）てすれば、譬（たと）えば北辰（ほくしん）のその所（ところ）に居（お）り、しかして衆星（しゅうせい）のこれに共（むか）うがごとし）というものである。(33)

従来の論語注釈者が、本章の趣旨について徳をもって政を行うことの重要性を述べたものと解釈する点においては一致している。しかし、(1) 徳をもって政を行うのは誰か、(2) 政を行うとは政を主催することを指すのか、それとも政を補佐することを指すのかという点について、物徂徠と渋沢を含む他の注釈者とでは解釈が異なっている。

物徂徠は、「『以徳』とは有徳（ゆうとく）の人を用ふるを謂ふなり。政を秉りて有徳の人を用ふれば、勞せずして治まる。ゆゑに北辰の喩（たと）へ有り。舊註の如くんば、有徳の人（人君）國を治むるなり。その義は通ずと雖（いへど）も、辭に得ず。從ふべからず」と述べて、徳をもってする有徳の人とは、人君によって用いられる臣のことであると述べる。(34)

一方、渋沢は概ね中洲の注釈に則って解釈する。渋沢は、「人君（じんくん）上位に立ちて政治をなすに道徳を以て根本とする時は、人民悦服して万国の帰向（きこう）すること、譬えば、天の北極星が常に一定の場所に居りて動かず、しかして満天の衆星これを中枢としてこれに向って、環繞旋転（かんじょうせんてん）するがごとし」と述べ、徳をもって政をなすのは人君自身であるとする。(35)

渋沢が物徂徠の説をとらず中洲等の説に基づいて本章を解釈したことが意味するところは大きい。渋沢の本章注釈の要点は以下の通りである。

(1)　人君が上位に立って政治を行うにあたって道徳をその根本におけば人民悦服する。
(2)　その様は北極星が天の一点にあって動かず、満天の星はそれを中心に巡るがごときである。
(3)　孔子が生きた時代は道徳を基礎とせず、法をもって万事を制裁する傾向があったが、現代の政治家もしかりである。
(4)　現代において為政者となるには権謀術数を弄し、立身の根本は既に道徳を離れている。
(5)　一旦権力を手にすると、自己のために政権、利益を壟断し、詭弁を弄して恥としない。
(6)　法治国となっても、立憲政治国になっても道徳の観念は必須である。
(7)　会社経営、学校経営、一家の維持も等しく政事であり、道徳を基礎に置かなければ信用を失う。

(8)　現代は知育に偏向し物質文明に走り過ぎており、徳育がなおざりにされている。特に初等教育で徳育が必要である。

(9)　思想の悪化や左傾はこの知育と徳育に関する本末転倒が原因である。

物徂徠が、「以徳」とは政治を行うにあたって有徳の人物を選ぶべきことを述べているのだと解釈した根拠として、舜の5名の臣下によって天下が治まったことをあげている。つまり、人君である舜が有徳の士であり、それゆえごく自然に有徳の士を臣下に選び政が治まるというのが、物徂徠の解釈である。

しかし、渋沢が生きた時代の立憲君主制下において政治の実務を担うのは、天皇ではなく明治憲法下で実質的に政治権力の行使を任された内閣総理大臣である。そして、本章注釈で渋沢は政治の実質的権限を有する為政者に対して痛烈な批判を浴びせる。

渋沢は、朝廷が幕府と政治権限をめぐって争っていた時代には、楠木正成や新田義貞を有徳の士として評価し、後醍醐天皇について触れることは多くない。また、徳川時代の歴代の将軍に対しては人物評価を多く下すが、同時代の天皇に触れることは少ない。また、渋沢は自らが生きた時代の明治天皇については人徳や人格的な高潔さと並んで政治的な能力についても言及する。

渋沢にとって、本来天皇家はどの時代においても人君としての評価の対象外にあり、人君たる者は各時代における実質的な政治権力者であった。つまり、為政第二第1章において、「政をなすに徳を以て」すべきは、天皇家に代わって政治権力を行使する各時代の政治体制における実質的な権力者であった。

渋沢は、本章の章意に照らし人君たる政治権力者の実態を振り返った結果、理想と現実のあまりにも大きなギャップに慨嘆している。人君たる者が権謀術数を弄し、立身の根本が既に道徳を離れている現状において、徳をもって政治を行うことを期待するのは困難であり、ましてや舜の五臣が権力者を支えて政を治める状態を日本において再現することは不可能と渋沢は考えていた。

渋沢にとって北辰であるべきは、為政者ではなく天皇家であった。日本には社会発展の雛型にはあてはまらない特殊な君臣関係が国の成り立ちに組み込まれ、万世一系の天皇家が君として存在し続けると考えていた渋沢にとって、天皇家はあくまでも国の礎であり、礎たる天皇家以外に北辰となるべきものはありえなかった。

そして、渋沢も北辰たる天皇家をめぐる衆星の一つとして自らを位置づけた。天皇家を中心に求心力をもって成り立っている日本の維持発展に尽くすべき「国臣」として、自らを位置づける渋沢の「国臣意識」の淵源も、この特殊な日本の成り立ちを前提とすることではじめて理解が可能となる。

渋沢にとって、北辰たる天皇家は国の中核にある。万世一系の天皇家はその存在自体が重要な意味をもつ絶対的な精神的拠り所であり、渋沢にとっては日本の成り立ちそのものであった。したがって、渋沢は衆星たる自分と同レベルの為政者に対しては遠慮なく評価を加える。そしてその考え方が表現されたものが、本章注釈に表れる遠慮のない政権批判であり教育のあり方に対する意見である。

小　括

本稿の目的は、君と臣に対する渋沢の認識に基づき、君臣関係のあるべき姿と、国臣について渋沢がいかなる考え方をもっていたのかを考察することであった。本稿で考察した結果を、目次構成に従って「君臣関係における道徳的基盤」、「君臣関係の規律」、「国臣意識の淵源」の 3 項目ごとにまとめる。

君臣関係における道徳的基盤

礼は君臣関係のみに存在するものではなく、人の接際すべてにおいて存在するものというのが礼の本質についての渋沢の理解である。渋沢の礼に対する理解の特徴は、「本質」である親切心と誠意をもった行動と、「形式」である礼を対比させ、礼を相対的に認識するという点である。

さらに渋沢は礼に適う行動をとる人間を文化人、それに反する人間を野卑な人間としたうえで、「親切心と誠意による接遇⇒礼に叶った善良な行動⇒文化人」、「親切心と誠意を無視した接遇⇒礼に叶わない悪徳による行動⇒野卑な人間」という2つの図式によって、行動基準を礼への適否で切り分けてその因果律を明らかにする。

渋沢は礼の本質をこのように捉えたうえで君の礼に言及する。渋沢は、「君は礼をもって臣に接し、臣は忠をもって君に接すべし」とする基本的な論語解釈に加えて、民の窮状に際してその回復を図るべく君自らが行動を起こすことは、君が民に対して礼を尽くすことを意味すると理解した。

つまり、民の安寧を使命とする君は、普段は民との間接的な接触により礼を発揮して政を行うが、民に一朝事ある場合は、一歩踏み込んで民に対して近接した部面で礼を発揮すべしというのが、君の礼についての渋沢の理解である。

臣の礼について渋沢は、忠信と礼の関係において理解する。渋沢は文行忠信という考え方を持ち出して忠信と礼の関係を論じる。忠信は礼の基であり、それを欠いていては文飾や行為つまり文行は中身のない空疎なものとなるというのが渋沢の理解である。つまり、「忠信⇒礼⇒文行」という因果関係において、君臣関係における礼が果たされるというのが渋沢の考えである。

君の礼について渋沢は、「親切心と誠意」と「礼」をそれぞれ本質と形式という形で対比させたのに対して、君臣関係における臣の礼については、「忠義と信頼」が「礼」の基であるという具合に、忠信を川上に置き、礼を川下に置く一方向の因果関係で両者をとらえた。

君臣関係の規律

君臣関係における臣の分限について渋沢は、「陪臣の専横」と「君による権限委譲」を対比させて自説を展開する。治国における政策の成果が、「臣の横議によるもの」と「正当な権限委譲によるもの」とで結果が同じであったとしても、前者は決して許されるものではないというのが渋沢の理解である。

君による臣への権限委譲の好例として渋沢は、明治新政府による政治制度をあげる。徳川幕府による由らしむべき政治から、立憲民主制下で明治天皇から委譲された権限に基づいて、臣たる元勲が近代日本の基礎をつくり上げたことを渋沢は最大限に評価したのである。

渋沢は徳川時代に遡り、君臣関係の規律について「君子と小人」の対比によって自説を展開する。渋沢は、臣下の柳沢吉保に横議を許すどころか、政に容喙するに任せた徳川綱吉を小人に相当する将軍として取り上げる。一方渋沢は、朝廷に対して臣たる者として振る舞った徳川慶喜を君子として評価する。その評価根拠として渋沢は、複雑な政治的事情はあったにせよ最後の徳川将軍として大政奉還に踏み切ったことをあげる。

徳川時代を含む武家政治七百年の伝統を自らの治世において切断し、政を朝廷に返すという行為は、臣の分限を正しく理解した者でなければ成し得ないことと渋沢は評価したのである。

国臣意識の淵源

渋沢は日本の歴史において君の理想を明治天皇に見出し、忠義の至徳を体現する臣の理想を和気清麻呂、楠木正成、新田義貞等に求めた。つまり、渋沢は君臣関係の理想型を君たる天皇とその忠臣の関係に見出した。しかし維新後、渋沢が臣たる者のあるべき姿として自らに課したのは「国臣」としての位置づけであった。国臣、つまり天皇だけではなく国全体を君と位置づけて、渋沢は臣としての役割を全うしようと行動した。

渋沢が自らを国臣と位置づける意識、つまり「国臣意識」はいかにして成立したのかが問題となる。維新後においても天皇はその姿や実態を頻繁に国民の前に表すことはなかったが、代が変わるごとに元号が新たになり、固有名詞によって認識が可能な人物である。つまり、君として仰ぐ天皇はいわば有形で実態のある具象的な存在である。

これに対して、国臣たる者が君と仰ぐ日本という国は、四囲を海に囲まれた4つの島を中心に成り立つという地勢的な認識は可能であっても、君としての認識対象としては抽象的かつ概念的である。渋沢が国という抽象的な対象をいかにして君と認識するに至ったのかを探るためには、渋沢が生きた徳川時代から明治時代への過渡期に注目する必要がある。

徳川時代においては幕府が政権を掌握し各藩を統治していたといっても、

日本国全体を視野におく発想は乏しく、実態的な行政単位は全国に散らばる各藩であった。しかし、維新後の版籍奉還や廃藩置県を経て、明治政府から派遣される知藩事や県令による統一的な行政が施行されることとなり、大日本帝国憲法により天皇を元首とする立憲君主制が成立した後は、明確に日本という国の概念が成立した。

この日本国の君主である天皇はあくまでも立憲君主であり、基本的には明治憲法下で君主としての実権を行使するという統治形態となった。また、五箇条の御誓文により「万機公論に決すべし」との天皇の意向で行政実務は実質的に明治政府に委ねられることとなった。

君たる者が文字通り一個人であった前近代においては、それに仕える臣たる者の数も限られるとともに、その役割も政治の分野に限定される。つまり、君の役割は政（まつりごと）をいかに円滑に運営するかという課題を全うすることであり、臣の概念もその範囲に限定されていた。

しかし、維新後に近代国家として生まれ変わった日本という国を君と認識すると、君たる者としての国の役割は政治、司法、行政というように広がりをもつとともに、その守備範囲には経済や商業等も包含されることとなる。つまり、臣たる者としての役割を果たす機会が広がることにより、渋沢は野にあって一企業者として国臣の役割を果たすことが可能になった。

そのような環境下で渋沢がとるべき行動は自ずと定まってくる。それは企業者として国臣たる使命を全うすることであり、換言すると、常に国家全体を視線におき、国益を優先して企業者としての本分を誠実に実践することである。自己の利益ではなく、国益を優先する姿勢を貫けば、義に反して利を追求することはあり得ない。渋沢が提唱する義利合一説はこの点においても国臣意識と密接に関係している。

渋沢が君を論じる場合には常に天皇が念頭にあった。創成の君である神武天皇から決まり事に従って連綿と続いた皇統の最先端には守成の君である今上天皇がある。綏靖天皇以降、守成の君は皇統を継嗣するという天命の下で君たる者としての地位に就きその使命を果たしてきた。

渋沢にとって君と臣の決定的な違いは、この皇統を継嗣するという天命の有無であった。したがって、君の正統性をこのように理解する渋沢にとって、人智の及ばない天命の存在を否定することはできなかった。天命の存在を肯定する渋沢にとって、共産主義思想は悪平等を流布するという理由に限らず、断じて容認できるものではなかった。

なぜなら、共産主義思想は宗教を否定するだけでなく、天や天命という科学ではその存在が証明できない概念を否定するからである。守成の君の正統性の淵源である天命を否定されれば、渋沢にとっての君である天皇が否定されることになるのである。

君たる者に求められる道徳的資質、役割、資格要件等は、臣より高いレベルのものであることは疑いがない。しかし、君に求められるすべての要件を満足しているのは名君と称される者のみであり、歴代の守成の君がすべて名君であったとはかぎらない。それゆえ臣の役割として重要となるのが君の補佐、とりわけ諫言である。

そして、この臣たる者の役割に献身没頭できるのが忠臣と呼ばれる者である。渋沢は一企業者の立場で国を君とし、その忠臣たる者としての使命を全うすべく活動を続けた。

まとめ

「君臣関係における道徳的基盤」、「君臣関係の規律」、「国臣意識の淵源」の3項目にわたって検討した結果、浮かび上がってきた渋沢の君臣関係に対する考え方は、あくまでも維新後の政治体制を前提として構築されたものである。

守るべき礼は人の接際のすべての部面において存在することはもちろん、渋沢は君の礼について「親切心と誠意」と「礼」をそれぞれ本質と形式という形で対比させ、臣の礼については「忠義と信頼」が「礼」の基であると認識した。渋沢は、自らを君から臣にあえて位置づける勇と節義を備えた君子として、徳川慶喜を取り上げる。渋沢は慶喜を臣の分限を正しく理解した者の好例とした。

渋沢は天皇の重臣たる明治の元勲達を君子として位置づけ、「義を重んじるがゆえに付和雷同しない人物」と理解する。その明治の元勲たちは付和雷同することなく明治維新を成し遂げ、国臣として新政府を運営したというのが渋沢の理解である。

渋沢自身も北辰たる天皇家をめぐる衆星の一つとして自らを位置づけた。そして明治政府の重臣たちとは異なる立場、つまり一企業者として日本の維持発展に尽くすべき「国臣」として自らを位置づけた。このように、渋沢の「国臣意識」の淵源は、天皇家を中心とする特殊な日本の成り立ちを前提とすることではじめて理解が可能となるのである。

【注記】

（１）渋沢栄一「八佾第三第18章」『論語講義（一）』（講談社学術文庫、1977年）184頁。
（２）渋沢、前掲書（一）、「八佾第三第18章」185頁。
（３）渋沢、前掲書（一）、「八佾第三第18章」185頁。
（４）渋沢、前掲書（一）、「八佾第三第18章」185頁。
（５）渋沢、前掲書（一）、「八佾第三第19章」185－186頁。
（６）亀井南溟他『論語語由』（朝暘源長舗撰、文化丙寅冬10月）巻之三八佾第三13/36頁。
（７）渋沢、前掲書（一）、「八佾第三第19章」187頁。
（８）渋沢、前掲書（一）、「八佾第三第８章」161－162頁。
（９）渋沢、前掲書（一）、「八佾第三第８章」163頁。
（10）渋沢、前掲書（一）、「八佾第三第８章」163頁。
（11）渋沢、前掲書（一）、「八佾第三第８章」164頁。
（12）三島毅『論語講義』（明治出版社、大正６年）52頁。
（13）渋沢、前掲書（一）、「八佾第三第８章」165頁。
（14）渋沢栄一「子罕第九第11章」『論語講義（四）』（講談社学術文庫、1977年）32－38頁。
（15）渋沢栄一「季子第十六第２章」『論語講義（六）』（講談社学術文庫、1977年）174－177頁。
（16）渋沢、前掲書（六）、「季子第十六第２章」177頁。
（17）渋沢栄一「子路第十三第３章」『論語講義（五）』（講談社学術文庫、1977年）123頁。
（18）渋沢、前掲書（五）、「子路第十三第25章」171－174頁。
（19）渋沢、前掲書（五）、「子路第十三第15章」147－151頁。
（20）渋沢、前掲書（五）、「子路第十三第25章」174頁。

(21) 渋沢、前掲書（五)、「子路第十三第25章」174頁。
(22) 渋沢、前掲書（五)、「子路第十三第25章」172頁。
(23) 渋沢、前掲書（五)、「顔淵第十二第４章」29－32頁。
(24) 渋沢、前掲書（五)、「顔淵第十二第４章」30頁。
(25) 渋沢、前掲書（一)、「八佾第三第５章」150頁。
(26) 荻生徂徠著、小川環樹訳注『論語徴Ⅰ』(平凡社、2011年）102－103頁。
(27) 三島毅『論語講義』(明治出版社、大正６年）48頁。
(28) 渋沢、前掲書（一)、「八佾第三第５章」151－152頁。
(29) 渋沢、前掲書（五)、「子路第十三第23章」165－168頁。
(30) 朱熹著、土田健次郎訳注『論語集注３』(平凡社、2014年）474頁。(6
(31) 渋沢、前掲書（五)、「子路第十三第23章」166頁。
(32) 渋沢、前掲書（五)、「子路第十三第23章」167－168頁。
(33) 渋沢、前掲書（一)、「為政第一第１章」71－74頁。
(34) 荻生徂徠著、小川環樹訳注『論語徴１』(平凡社、2011年）55頁。
(35) 渋沢、前掲書（一)、「為政第一第１章」72頁。

第Ⅲ編

義利合一説の基本理念

第8章

渋沢栄一の義の認識

−義利合一説を構成する諸徳目−

はじめに

本稿の目的は、渋沢栄一の義利合一説を構成する「義」に注目し、諸徳目や利との関わりを考察することである。義利合一説の思想的な根源を探るためには、義と利をそれぞれ個別に考察したうえで両者の関連性を探ることが効果的と考えられる。

本稿では義と善、義と剛の関係性を探り、士たる者に求められる義を明らかにする。さらに、義と富貴および政における義のあり方について渋沢の考え方を探るとともに、会社組織における義はいかにあるべきかについての渋沢の考え方を明らかにする。

義と善の関係性についての渋沢の認識内容を探るにあたっては、両者の関係についての諸学統の見解を論理式に置き換えて比較考察する。また、性善説に基盤を置く渋沢の考え方を考察するにあたっては、カント哲学における善意志と道徳的法則についての考え方との比較によって、その特徴を明らかにする。

第1節　義と善

述而第七第3章は、孔子が自ら謙遜して仁義礼智等の徳を完全に修めるに至らないことを述べた章である。本章は、【子曰。德之不修學之不講。聞義不能徙。不善不能改。是吾憂也】（子曰く、徳の修めざる、学の講ぜざる、義を聞きて徙る能わざる、不善を改たむる能わざる、これ吾が憂いなり）というものである。[1]

1－1　義と善の関係性に対する諸見解

孔子が完全に修めるに至らないと謙遜した徳目のうち義について宇野哲人は、本書で通釈と位置づけている『論語新釈』の語釈において「義＝善の意味に解する」としている。[2] また、朱熹は論語本章の「義を聞きて徙る能わざる」を肯定形で「見善能徙」（善を見ては能く徙る）と注釈し、義と善を同義としている。[3]

一方、仁斎は、「義つまり道義をきいてそれにむかい、不善は改める、これらはみな徳を修める方法である」と述べる。[4] つまり、徳を修める方法の一環として、「義を聞いてそれに向かい不善を改める」という一連の流れを重視する解釈を示している。物徂徠は、「則ち義に徙り不善を改むるは、『徳を崇ぶ』の目なり」として、徳を尊崇するということの具体的内容が、「義に動き不善を改めること」であるとする。[5] 中洲は、「義に徙り過を改めて日新の效を見んと力むるなりとなり」としている。[6]

各注釈者の義と善の関係についての見解を整理すると以下の通りとなる。便宜上、「義＝a」、「善＝b」と置き、論理記号を用いて文章構造を検討する。

図表８－１の考察結果を見ると、渋沢以外の論語注釈者５名のうち、宇野哲人と朱熹は義と善を「実質等値」と解釈している。また、仁斎、物徂徠、中洲の３名は義が善を実質的に含意する「実質含意」と解釈する。しかし、仁斎は善を実質含意する義の働きを「義を聞くこと」としたのに対して、物徂徠は「義に動くこと」とした。

義を聞くことにより善に至るのと、義に動くことによって善に至るのとでは相違がある。仁斎は義を聞くことにより、何が義しいのかを知り、それを知ったうえで善意志に基づいて義しいことを実践するべしとするのに対して、物徂徠は義を知りそれに従って動くことによって自ずと善に至ると考える。

つまり、仁斎は善に向かう行動に駆り立てるモチベーションを善意志と考えたのに対して、物徂徠は義を知れば同時に義しい方向に動かなければならず、そのようにすれば自ずと善に至ると考えたので、そこには善意志という

図表8－1　義と善の関係についての注釈者見解

注釈者	解　　釈	考　　察
宇野哲人	義＝善の意味に解する	a≡b（実質等値）
朱熹	善を見ては能く徙る	a≡b（実質等値） 「義を聞きて徙る」を「善を見ては能く徙る」と言い換えて解釈しているので、aとbは実質等値と解釈する。
伊藤仁斎	義を聞いてそれに向かい不善を改める	a⊃～（～b）⇒ a⊃b（実質含意） 義を聞いて、不善を不善でなくするので善にすることに等しい。「義を聞き善を行う」という実質含意。「もし……ならば……になる」という形で義と善の関係が理解される。
荻生徂徠	義に動き不善を改める	a⊃～（～b）⇒ a⊃b（実質含意） 仁斎と基本的な解釈は同じであるが、「もし……ならば」の部分が、仁斎は「もし義を聞けば」であるのに対して、物徂徠は「もし義に動けば」としている。
三島中洲	義に徙り過を改めて日新の效を見んと力むるなりとなり	a⊃～（～b）⇒ a⊃b（実質含意） 義と善の関係性についての理解は仁斎、物徂徠と同じ。ただし、不善を「過ち」と表現している。

【出典】
(1) 宇野哲人『論語新釈』（講談社、1980年）180頁。
(2) 朱熹著、土田健次郎訳注『論語集注2』（平凡社、2014年）221頁。
(3) 伊藤仁斎著、貝塚茂樹編集「論語古義」『日本の名著13』（中央公論社、昭和47年）161頁。
(4) 荻生徂徠著、小川環樹訳注『論語徴1』（平凡社、2011年）259頁。
(5) 三島毅『論語講義』（明治出版社、大正6年）137頁。

概念は存在しない。義と善の関係性に関する記述を見るかぎり、仁斎は人間を善意志を備えた性善説で理解していると考えられる。

1－2　義と善の関係性に対する渋沢の考え方

渋沢は義と善の関係について、「蓋し人間本来の面目は善である。悪は何人も好まぬ所である。果してしからば、義を聞けば直ちに徙り、不善と知ったならば、直ちに改め、徳を修め学を講じそうなものであるが、実際はなかなかそうはゆかず、孔夫子さえも『これ我が憂いなり』と仰せられた所以で、とかく人は徳も修めず学も講ぜず、義を聞きて徙らず、不善も改めたくないものである。何故に然るか、これ人に私心があって、七情にうごかされるからである」と述べる[7]。

渋沢は義と善の関係性に言及するにあたり、まず性善説という善に関する自身の基本的な考え方を示す。そのうえで、たとえ謙辞ではあっても孔子でさえ仁義礼智等の徳を完全に修めることができない理由を人間の七情に求める。

性善説に立脚して、「義を聞けば直ちに徙り、不善と知ったならば、直ちに改め」と述べる渋沢の義と利の関係性についての基本的な考え方は、仁斎に近いと考えられる。なぜなら、仁斎は上述のごとく、「義を聞くことにより、何が義しいのかを知り、それを知ったうえで善意志によって義しいことを実践するべし」と考えていることから、義を知り善意志によって善を行うことは、渋沢が性善説に立脚していることと実質的に同じだからである。

渋沢が考えるように、人間の義なる性質の自然な発露として「善」を行うのであるとすれば、同じく「利」を求める人間の自然な性向も人間の内面に存在する。つまり、自然な発露としての義に基づく善意志が人間の内面にあるとすれば、同じく自然な性向である利も人間の内面にあることになる。

このように、人間の本性の内に義と利が共存しているとすれば、正しく利を求めるにあたって阻害要因となる七情を退ける義が、利と同じく人間の内面にあるほうが、より容易に七情を打破できると考えるのが自然である。義が善を実質含意するという立場でかつ性善説に立脚すれば、義と利ともに人間の内面にあるという結論となり、義と利が合一すると考える義利合一説の理論的根拠の一つが明らかになる。

現に渋沢は、ともに自身の内面に存在する義と利を合一させることによって七情を打破し、財閥を形成することなく500社余りの企業創立に関与したのである。

もし渋沢が性善説ではなく性悪説に立脚していたとすれば、果たして渋沢の主唱する義利合一説の根拠を説明し得るであろうか。性悪説に立脚すると、人間本来の性向は善を好まず不善を好むということになるので、人間の自然な発露として不善を好む意志、つまり「不善意志」が人間の内面に存在することとなる。したがって、善および善を実質包含する義は、ともに人間の内面には存在し得ないことになる。

利が人間の内面に存在する一方、義は人間の外部にしか存在し得ないとすれば、義と利は人間の内面において合一することは不可能である。これにより、義利合一説の理論的根拠はきわめて薄弱なものとならざるを得なくなる。さらに、義と利が個々別々に存在することにより、利を求める性情を惑わす七情を阻止する義の力も半減することとなる。換言すると、義を知っても善に基づいて行動する心的エネルギーが著しく減少することになる。

このように、渋沢の主唱する義利合一説は、渋沢が性善説に立脚していることが前提となってはじめてその論理的整合性が確保される。さらにそれによって渋沢が義や善の阻害要因とする七情から逃れる根拠が示されることとなる。

しかし、渋沢の注釈を注意深く見ると、「義を聞けば直ちに徙り、不善と知ったならば、直ちに改め」となっており、実質含意の関係（$a \supset \sim(\sim b) \Rightarrow a \supset b$）とも受け取れるが、両者の関係を論理積、つまりaとbがともに真であるときのみ真であるという関係とも受け取ることができる。義と善が両立すべき関係にあると考えた場合、渋沢の注釈は「$a \wedge \sim(\sim b) \Rightarrow a \wedge b$」というように記号化される。

この場合、義しいことの規準である「義」を知ることによって「善」を行うことが可能となり、「善」を行おうとすれば「義」によって義しいことの規準を知ることが必要になるということになる。このような理解を前提として、渋沢の性善説に沿って論考を進めると、人間の本性として善を行うための規準が義なのであるから、義は人間の自然の本性の赴くままに求められる徳性であるということになる。

企業者としての活動において、「利」を求めることが人間の本性に従うものであり、「義」もしかりであるとすれば、善行為として利を求めること、あるいは利を求めるにあたって不善があればそれを改めることのいずれもが、人間の本性である義によってなされることになる。つまり、義と利はともに人間の本性によって成り立つということになる。

このように考えると自ずと実質含意の場合と同じ結論となる。つまり、性善説に立脚することではじめて義利合一説が成立し、義と利がともに人間の内面に共存することで、阻害要因である七情から逃れることを容易にするという結論に到達するのである。

1－3　善意志に対する渋沢の認識とカント哲学の類似点

イマニュエル・カント（Immanuel Kant）は著書『実践理性批判』の結論で、「それを考えること屢々にしてかつ長ければ長いほど益々増大してくる感歎と崇敬とをもって心を充たすものが二つある。それはわが上なる星の輝く空とわが内なる道徳的法則とである」と述べた。(8)

これは自然法則と道徳法則を対比させたうえで、道徳法則が自らの内にあることを発見したカントが、感慨をもって語った言葉である。カントが語る道徳的法則をすべての人が従うべき究極の規範であると理解すると、それは渋沢が理解する自らの内にある義が示す矩に対応すると考えられる。

またカントは人間の善意志について、「善意志は、意欲そのものによってのみ、換言すればそれ自体として、善なのである。善意志はただそれだけとしてみても、意志が或る一つの傾向を、それどころか場合によっては一切の傾向を挙げて満足させるために成就する一切のものよりも比較を絶して高く評価さるべきものである」と述べる。(9)

この記述を見るかぎり、カントは善意志が人間の内にあると認識していることは明らかである。また、善意志が「意欲そのものによってのみ善である」と述べていることから、カントは結果より動機を重視する動機論者である。また、善意志を「一切の傾向を挙げて満足させるために成就する一切のものよりも比較を絶して高く評価さるべきもの」と述べていることから、カントは善意志自体が絶対的内的価値を有すると理解していると考えられる。

いささか強引との誹りを免れ得ないかもしれないが、渋沢の理解する「義」はカントの「道徳的法則」に対応し、渋沢が考える「性善説」がカントの主張する「絶対的内的価値を有する善意志」に対応すると考えれば、渋沢にとっての「義」と「人間の本性としての善なるもの」と、カントにとっての「道徳的法則」と「善意志」はいずれも人間の内にあるということになる。

カントは定言的命法により、道徳的法則の第一定式で「君の行為の格率が君の意思によってあたかも普遍的法則となるかのように行為せよ」と述べる。つまり、自分がもつ行為準則たる格率が、誰もが従うべき普遍的法則に合致するよう行為すべきことを述べている。[10]

このカントの第一定式こそ、まさに述而第七第 3 章において、孔子が義を知り不善を改めることの難しさを「義を聞きて徙る能わざる、不善を改たむる能わざる」と述べたことと整合的である。カントの定言的命法は無条件に従うべき絶対的な命法である。つまり、カントは絶対的な命法で示さなければならないほどに、第一定式は人間にとって実践が困難なものと考えていた。そしてこのカントの認識は、義を知り不善を改めることの難しさについての孔子の認識と同じ基盤に立つと考えられる。

1－4　善意志に対する渋沢の認識とカント哲学の相違点

カント哲学と、渋沢の義と善に対する考え方は上述の通り類似している。しかし、カントは哲学者であり、渋沢は企業者である。哲学者としてのカントの役割は真理を探究し、その結果を定言的命法によって示すことで完結する。つまり、「～すべし」として進むべき方向を指し示すことで哲学者の役割は全うされる。

しかし、実践家である渋沢は、本質的にカントと同内容の認識を抱いたからには、それを企業者としての活動で困難を排して実践しなければならない。これをカントの土俵で表現すると、定言的命法の第一定式で示される内容をどのようにすれば実践できるのかを考え、かつ現実に実践しなければならないのである。

渋沢にとって定言的命法で語られる内容は、条件つきで提示される命令の形式である仮言的命法で再構成することが必要となる。「～の条件下であれば定言的命法で求められることを実践できる」という仮言的命法の形式に再構成し、「〜」の部分を探り当てるべく、現実に向かい合わなければならないのである。

渋沢にとっての「〜」の部分は、まさに子罕第九第４章の注釈で展開した自己の鍛錬である。それは「心の欲する所に従うて矩を踰えず」とする孔子の言葉を実践すること、つまり、「心の欲するままに従って言動し、七情の発動が矩を超えない真正の人間を目指すこと」をなし得れば道徳的法則の第一定式は満足されるのである。これはきわめて漠然とした処方箋ではあるものの、実践活動を通して人間が打ち破るべき限界を明確化し、それに向かって努力することが、まさにカントが主張するところの定言的命法の第一定式を具現化するための必須条件となるのである。

第２節　義と剛

公冶長第五第10章は剛という徳を体得することの難しさを述べた章である。本章は【子曰。吾未見剛者。或對曰。申棖。子曰。棖也慾。焉得剛】（子曰く、吾、未だ剛者を見ずと。或ひと対えて曰く、申棖かと。子曰く、棖や慾あり、焉んぞ剛を得んやと）というものである。(11) 渋沢は章意解釈を主に中洲に拠っている。中洲は本章の章意を「剛と慾とは似て非なるを言ふ」と述べており、渋沢も注釈中でこの趣旨に言及している。(12)

２－１　義と利を介した剛と慾の解釈

渋沢は剛と慾を対立するものと捉えるとともに、剛たる者が拠って立つべき徳目を義と認識する。渋沢は、「そもそも慾が深いと、名利声色を以て誘わるれば、直ちに誘惑せられてしまい、正義の上に立って強剛にふんばることのできぬものである。慾の深い人は孳々として勉めて利に与し、寒暑を避けず、身を殺すをも顧みぬ者である」と述べている。(13)

渋沢は、慾によって利を求めるのは不義に陥りやすい。つまり慾にかられた人は慾を満たすために義を犠牲にすると考える。義を犠牲にするとは、正義に悖る行いをすることであり、そのような行いをする人は正義のうえに立って強剛にふんばる剛の人たりえない。したがって、慾によって利を求める人は剛の人とはなりえないというのが、慾と剛の相容れない関係を利と義を介して解釈する渋沢の本章の捉え方である。

この渋沢の解釈を字義通りに追うと、「慾の人＝利を求める人」対「剛の人＝正義の上に立って強剛にふんばる人」となり、義と利が真っ向から対立することとなって、義利は合一であるべしとする渋沢の所説と相反するように思える。この点に関して考察を加える。

渋沢は本章の字解において慾を「情慾多きをいう。おおよそ嗜好のはなはだしき者これなり」と定義する[14]。嗜好のはなはだしき者の反対は渋沢が注釈で述べる「恬淡無欲の人」であり、渋沢は剛の人であるための要件を恬淡無欲であることとする。しかし、すべての行動において慾を去り義に基づくことが果たしてできるのかという点に疑問が生じる。

正常に発揮すべき慾とは、義に統御された範囲での慾であり、人それぞれに備わっている嗜好そのものを渋沢は否定しているわけではない。渋沢は「はなはだしき嗜好」を慾得にかられたものとして問題としているのであり、生存に必要な慾を含めて慾そのものを全否定しているわけではない。なぜなら慾を全否定すれば必然的に生存が危うくなるからである。つまり、義に悖らない慾によって得る利は得られてしかるべしというのが渋沢の理解である。

剛の人であっても慾はもっている。しかし、義によって統御され、慾得にかられない慾であれば、その慾は正義の上に立って強剛にふんばる剛の人の足を引っ張ることはない。なぜなら、その慾は義の許す範囲内にあるからである。しかし、義の許す範囲を超えて慾をもつ人は、その慾を叶えるために義に反することを受け入れざるを得ない弱さをもつことになる。弱さをもつ人は当然にして剛の人ではありえない。

この一連の回りくどいトートロジーのような言い回しで渋沢の考え方を表現せざるをえないのは、「剛」、「慾」、「義」、「利」の4つの概念を組み合わせて本章を注釈する渋沢の脳裏に義利合一説があり、本章の章意があたかも義と利が離反しているかのように捉えられるからである。

孔子は本章で剛の人たることがきわめて困難であるという認識を示した。

孔子のこの認識を、義と利を介在させた渋沢の思考回路に即して再検討すると、相反する義と利を合一させることは困難であるということになる。しかし渋沢は、孔子が困難と認めた義と利を合一させる義利合一説を自身の思想の中核に置いている。このように考えると、渋沢が主唱する義利合一説は、果たして孔子の思想と整合的に成立しうるのかというさらなる疑問が生じる。

2－2　慾と利の解釈と義利合一説

管見によると、孔子と渋沢の慾に対する認識には微妙な違いがある。孔子は慾そのものを否定しているわけではない。しかし、論語解釈において修身論と経世論が分かれ、前者の修身論において身を正しく修めるうえで慾そのものを否定的に捉える考え方が広まった。しかし、後者である経世論においては、より現実的に人間の傾向性を認め、慾の存在そのものを否定することはしなかった。このように学統が大きく2つに分かれるなかで、修身論のように慾そのものを否定的に捉える考え方を解釈上容認する素地が、論語には存在したということになる。

孔子と渋沢が生きた時代を比較するにあたり、産業発達の状態を考えると、義に基づいて慾を統御し、統御された慾によって高度化された産業社会における企業活動を支えるニーズは、孔子の時代には存在しなかった。孔子の生きた時代においては、義によって統御される以前に、慾が限りなく無に近かったとしても、それは実態的に個人生活に関わる部分が大半であった。つまり、産業が未発達な社会において慾が支配する範囲は、政と個人生活に関わる部分にほぼ限定されていた。

しかし、渋沢が企業者として活躍した維新後は、産業の発展を支える企業活動が活発になり、まさに渋沢が日本に導入した合本法によって国民の多くが営利組織に所属して、利益をあげることが必須となった。つまり、渋沢が導入した株式会社制度は文字通り日本資本主義を支えるとともに、社会全体を支える企業活動からは適切な利益が生み出されなければならなくなった。

道徳倫理体系を構成する徳目は基本的に古今で普遍的ではあるものの、社会的環境が著しく変化した場合には、社会生活の現実にあわせて合理的な範囲で徳目の解釈も変化させることが必要となる。慾を抑え、利に無関心でいることが許された時代には、慾と利、剛と義それぞれの対応関係は個人の自制レベルで語られ、突出した徳性を有する顔淵のような人物が礼賛された。しかし、修身論者のヒーローである顔淵に対しては、維新後の日本においてはある意味浮世離れした仙人と揶揄する人がいても不思議ではない。

一方、資本主義を支える営利組織が簇立し始め、利をあげることが生き残ることにおいて必須になると、そこに耳目が集中する。合本法の趣旨を正しく理解できていない時期には、利に目が眩み義が閑却される事態が起こり得る。このような産業社会的な背景を前提とすれば、孔子と渋沢の利に対する想念には相違があることはむしろ当然と考えられる。孔子が生きた時代の慾得と、企業者でありかつ日本資本主義の父と称された渋沢が生きた時代の慾得とでは、その意味するところが異なるのである。

孔子と渋沢の慾に対する想念を比較することは大胆な試みではあるが、渋沢の論語解釈から生まれた義利合一説を理解するためには、産業発展に焦点を当てた時代背景に留意することが不可欠となる。その意味において明治期にそれぞれ企業家、法曹家として実務において活躍した渋沢と中洲が、論語解釈においてほぼ同時期に義利合一説を唱えたという事実の背景には、産業発展による環境変化が大きく関係していると思われる。

第 3 節　士と義

子張第十九第 1 章は、士たる者が身を立てるにあたって大いなる節義があることを述べた章である。本章は、【子張曰。士見危致命。見得思義。祭思敬。喪思哀。其可已矣】(子張曰く、士は危うきを見ては命を致し、得るを見ては義を思い、祭には敬を思い、喪には哀を思う。それ可なるのみ) というものである[15]。渋沢は士たる者の 4 つの大節を以下のように解釈する[16]。

(1)　君父が危難に遭遇した時は、我が身を殺して逃避しないこと。
(2)　利を得ることあれば、それが正義に合うか否かを考え受否を決すること。

(3)　祭には敬を思い追遠の誠を尽くすこと。（祖先の徳を追慕し心を込めて供養すること）

(4)　喪には哀しみを思い、慎終（しんじゅう）の戚（いたみ）を致すこと。（喪には心から哀しみ、喪礼を慎重に執り行うこと）

3－1　士たる者の節義

渋沢は、憲問第十四第13章の章意で述べられる成人たる者の要件である上記（1）と（2）を述べたものであるとして、「それ利を見ては義を思い、義に叶わざれば、あえて取らず。君父の危難を見ては、一身を犠牲に供してその急に赴き、また人と契約したることは、必ずその義務を履行して忘却せざる如き人は、立派な紳士淑女也。これを称して一人前の成人という」と注釈する(17)。つまり、渋沢は士たる者の要件を上記（1）～（4）とし、成人たる者の要件と武士道の精華を（1）および（2）と認識する。

ここで渋沢が士たる者が備えるべき4つの要件を整理する。(1）の「君父が危難に遭遇した時は、我が身を殺して逃避しないこと」は、君父に対する忠孝を果たすべきことである。(2）の「利を得ることあれば、それが正義に合うか否かを考え受否を決すること」は、義利を合一させることであり、まさに義利合一説の本旨である。

「君父に対する忠孝を果たすべきこと」と「義利を合一させること」というこれら2要件は、現世において発生する出来事に対する規範である。

一方、(3）の「祖先の徳を追慕し心を込めて供養すること」と、(4）の「喪には心から哀しみ、喪礼を慎重に執り行うこと」は祖先や身近な人々の喪に際して礼節を尽くすべきことを述べた来世に関する事柄である。

以上を整理すると、現世における規範を遵守することは武士道の精神に沿うとともに、成人たる者に求められる要件である。それに加えて、亡くなった祖先や死者を尊重する死生観を身に備えれば、それば士たる者の要件を満たすということになる。

3－2　武士道に発する国臣意識と義利合一説

このように考えると、義利合一説は武士道の精華を身につけた者が備える

2要件の一つであるということになる。もう一方の、君父のために命をも惜しまず忠孝を果たすべしという要件は、文字通り武士階層が政治の実権を握っている封建時代においては現実的な規範であったであろうが、渋沢が企業者として活躍した維新後の時代においては現世の規範としては有用性を備えているとは言い難い。

次に、この忠孝を果たすための究極の規範である、「君父のために命をも惜しまず忠孝を果たすべし」という要件を渋沢はどのように解釈して自身の規範に取り入れたのかが問題となる。武家社会の世ならぬ明治近代国家において、渋沢が忠義を果たすべき相手は明治天皇であり、天皇を頂点として立憲君主国として生まれ変わった日本であった。つまり、渋沢は一家にあっては家長である父や母への孝を説き、一国においては自らを国臣として位置づけ、国臣意識をもって企業者の立場で忠義を全うしようと考えた。

武士道の精華のうち、「君父のために命をも惜しまず忠孝を果たすべし」という最初の規範は、渋沢の国臣意識に反映され、「利を得ることあれば、それが正義に合うか否かを考え受否を決すること」という2番目の規範は、義利合一説として提唱されることとなった。

武士道の一端をなす義利合一説と、国臣意識をもって企業者としての活動を実践することは、商人道において武士道を体現することに等しい。つまり、渋沢は企業者として武士道を貫いたといえる。

3－3　武士から真士へ

武士道を全うするために守るべき規範は現世に関わるものである。しかし、士たる者となるためには、それに加えて亡くなった祖先や死者を尊重する死生観を身に備えることが必要となる。つまり、現世だけでなく来世にも心を及ぼす死生観を身につければ、武士の武がとれて真の士、つまり真士となることができるというのが渋沢の認識と考えられる。

しかし、渋沢は神仏を大切に思う精神は有しているが、論語注釈や他の著作において来世についてはあまり多くを語っていない。渋沢にはキリスト教をはじめとする他宗教の教義から、現世的な合理性を有するものを自身の道徳観に取り入れようとする姿勢はあるものの、聖典や経典で語られる奇跡や不合理な禁忌について取り上げる姿勢は見られない。

したがって、渋沢の来世に対する認識を宗教的な視角から考察するためには、渋沢がしばしば言及する天命に対する認識からアプローチすることが現実的と考えられる。合理主義者である渋沢が、人間の力の及ばない天命に対していかなる考えをもっているかを探ることによって、同じく現世からは人間の力の及ばない来世に対していかなる思いをもっているのかを垣間見る鍵が得られると考えられる。

祖先から引き継いだ形質に、天から与えられた命が合わさってその人物の天命が定まるとすれば、天命は祖先からの生物学的な連鎖と、人智を超えた宿命あるいは運命が合成されたものであると考えることができる。そのように考えをめぐらせると、生物学的な事象だけでは説明できない、ある種独特の死生観を渋沢がもっていたとしても不思議ではない。したがって、渋沢の天命に対する認識を解明することは渋沢思想の淵源を探るうえで必須と考えられる。

第4節　義と富貴

述而第七第15章は、困窮のなかにも真の楽しみがあることを述べた章である。本章は、【子曰。飯疏食飲水。曲肱而枕之、樂亦在其中矣。不義而富且貴、於我如浮雲】（子曰く、疏食を飯い水を飲み、肱を曲げてこれを枕とす。楽しみまたその中に在り、不義にして富みかつ貴きは我において浮雲のごとし）というものである。[18]

渋沢は本章の解釈を基本的に中洲に拠っている。中洲は、「孔子も食賤を好むに非ず、義に合ふたる富貴なれば、固より之れを欲するなり、蓋し義を以て得たる富貴は其の樂み永けれども、不義の富貴は失ふ易きこと天上の浮雲の忽ち散ずるが如し、故に之れを願はざるなり」と述べる。[19]

中洲は、孔子は進んで不自由な生活を好んでいるわけではなく、富んでいるのであればそれに越したことはないと考え、不自由から抜け出すために不義によって富貴を得ても、それは長続きしないのでそれを願うべきではないと解釈している。まさにこれは、互いに義利合一説を主張する渋沢と同じ理解である。中洲と渋沢の本章の理解が同一であることに基づいて渋沢の本章の解釈を整理する。

４－１　食賤と富貴

渋沢が孔子の意図を、「食賤を自ら好むにあらずとも係る状態に陥った時は、その中に楽しみを見出し、決して不義によって富を得てその状態から抜け出そうと考えるべきではない」と解釈したとすると、以下の疑問が生じる。

(1)　食賤が著しくなり耐えられなくなった時はいかにすべきか。
(2)　義をもって富貴を得るにはいかにすべきか。

渋沢は注釈で上記（1）の状態について、「世上の人はこれに安んずること能わず」と述べる[20]。食賤、つまり食べることや寝ることにも難儀をする状態は、一般の人には耐えがたく、それに楽しみを見出して安んずることはできない。ましてやその状態が酷くなればなお耐え難いと渋沢は考える。渋沢は、慾に負けて不義を行わず義に徹することの困難さを、剛者という徳性を備えた人物像を通して認知しているのである。

公冶長第五第10章の「未だ剛者を見ず」という表現について渋沢は、「以て剛者の得易からざるを嘆かれたり」として、慾を遠ざけ、いかなることがあっても義にしたがって行動する剛者たることの困難さについて述べた孔子の言葉に理解を示している[21]。

そうであるとすれば、述而第七第15章の章意に従って身を処するためには、顔淵のように粗衣粗食に甘んじて清貧の生活に徹し、それに安んずる剛者を目指すのか、それとも義に悖らぬ範囲で富貴を得て食賤から脱出するのかという二者択一を迫られることとなる。剛者を目指すべきとするのが修身論者の立場であるとすれば、義に悖らぬ範囲で富貴を得ることを目指すべきとするのが経世論者の立場であると考えられる。

注釈内容を見るかぎり、渋沢は修身論者の主張を非現実的と考えていることは明らかであり、経世論の考え方に立脚して、後者、つまり義に悖らぬ範囲で富貴を得ることを目指すべきという立場にあると考えられる。そうであるとすれば、上記(2)の「義をもって富貴を得るにはいかにすべきか」という疑問に渋沢が明確な答えをもっていなければならないことになる。

4－2　義をもって富貴を得ること

渋沢は義をもって富貴を得ることについて、「真の富貴を得んとする方法は、知識を学得しまたは技術を修得すると同じである。あるいは調査をなしあるいは研究をなしまたあるいは頭を十分に働かせなければ、とても真の富貴は得られぬものだ」と述べる[(22)]。

渋沢は富貴を得るためには、それを可能にするための知識を学ぶことが重要であり、それは技術、調査、研究という言葉で表される実用知識であると述べる。さらに、知識を身につけるだけではなく「頭を十分に働かせること」、つまり知識を知識で終わらせることなく、その使い道や応用を工夫することが重要と述べる。

渋沢はこれらの知識が「格物致知」であるとし、自身が行ってきた事績に基づいて、「余が理化学研究所の設立に骨を折ったのは個人を富ますにも、国家を富ますにも、格物致知がその根柢にならねばならぬが、この設立によって知を致し物に格(いた)れば、これによって富を増進する道が自然に発明せられ、博く民に施してよく衆を済(すく)い得らるるようになると考えたからである」と述べる[(23)]。

渋沢は人間の肉体や精神の耐性に限度があることを認めたうえで、義に悖らぬために清貧に甘んじる精神論に基づいた考え方をせず、食賤から脱却するためには格物致知を身につけ、かつ頭を働かせることによって富貴を得るべきことを主張しそれを実践した。前者の修身論的な対応を現状打破に対する消極論とすれば、後者の経世論的な解決方法は積極論と位置づけることができる。

そして、この経世論に基づいた積極的対応こそが義利合一説の根幹にあり、その際に最も重要なことが義に悖らず利を得ること、つまり義と利を合一させることと渋沢は認識した。では、義と利を合一させるにあたり、義の働きを妨げるものについて渋沢はどのように認識していたのであろうか。

子罕第九第4章は、孔子の心には常人が陥りやすい4つのわずらいが絶無であることを述べた章である。本章は【子絶四。毋意。毋必。毋固。毋我】（子四を絶つ。意毋く、必毋く、固毋く、我毋しと）というものである。[24]

渋沢は4つのわずらいである「意」、「必」、「固」、「我」の字義を朱熹と中洲の解釈に拠っている。意の字義について渋沢は、朱熹の解釈に従い「私意」とする。必については同じく朱熹に拠り「必を期すること」と解釈するとともに、中洲の解釈である「理の是非を問わず、必ずかくせん、かくせじと期慾するをいう」を引用する。固についても渋沢は朱熹と中洲の解釈を併記する。朱熹は「固は執滞なり」とするのに対して、中洲は「事の是非得失にかかわらず、我意を執って動かざる意」とする。また我について渋沢は朱熹の解釈を採用し「利己」のことと理解する。[25]

4－3　我執と利己

字解を見るかぎり、渋沢は常人が陥りやすい4つのわずらいとは、「我意のままに理屈を抜きにして物事に固執し、利己的に行動すること」と解釈していたと考えられる。つまり、我執のままに利己的に行動してやまない状態が、常人の陥りやすいわずらいであると渋沢は理解した。

渋沢が、我執のままに利己的に行動する原因となる4つのわずらいを根絶すべきと考えていたかというと、そうではない。渋沢が回避すべきと考えたのは、4つのわずらいが「私に根拠して不道理に働く場合」を絶つべきと考えていたのである。このことを渋沢は表現を変えて、「私字を補って見るを適当の解とす」としている。[26]

つまり、我意のまま、あるいは私意の赴くままでなければ、「意思をもつこと」、「必達を期すこと」、「目的に固執すること」、「我を確かにもつこと」は何らわずらいではないと渋沢は考える。このことを渋沢は、「すなわち何事を行うにも道理に適い、徳義に悖らず、大公無私であれと訓えたに外ならぬなり」と表現する。[27]

4－4　義と七情

次いで渋沢は七情について語る。渋沢は、「人には喜・怒・哀・楽・愛・

悪・慾の七情がある。この七情の発動がすべて義に適うようにしなければならぬ。かくするには克己して自ら己の蔽性を矯むるを要す」と述べる[28]。ここで渋沢は七情と義の関係に言及する。

渋沢の主張は、「人間には七情があり、これは人間に固有のものであるがゆえに、その存在を隠すことは誤りである」というものである。しかし、渋沢は七情の発動を手放しで良しとするのではなく、そのマイナス面を統御することが必要と主張する。そして統御の結果が義に悖ることのないようになっていなければならず、そのように七情を発動するためには克己が必要であるということになる。

義に悖らぬよう七情を発揮するための克己とは己を克すること、つまり己の弱さに打ち克つことであり、自分の内面をコントロールすることである。義に悖らぬためには、規矩準縄たる義が求めるものが何かが明確でなければ、どの方向に克己すべきかが不明となる。この規矩準縄たる義が自らの外にあったならば克己は不可能となる。なぜなら克己すべき方向が不明となるからである。

しかし、渋沢の主張する性善説に従って、義が己の内にあったとすれば義は自らの内にあり、その指し示す方向を知り得ることとなる。このように考えると克己とは、「自らの内にある規矩準縄を守ろうとする心の働き」と「七情の暴走」との闘いであるということになる。

渋沢は真正の人間が至る境地を、「心の欲する所に従うて矩を踰えず」とする孔子の言葉を解釈し、「心の欲するままにそれに従って言動し、しかも少しも道理に背かず、自然に法度に適しておりという意味に外ならず、人間の七情の発動がこの境界に到らねば真正の人間といえない」と述べる[29]。

渋沢が語る「自然に法度に適する」という場合の法度とは、内なる義が自らに語りかける規矩準縄であり、それを自然体で遵守することが「矩を踰えず」の意味であると考えられる。

述而第七第3章で、孔子は自ら謙遜して仁義礼智等の徳を完全に修めるに至らないことを述べた。しかし、自然体で振る舞って七情を発露させたとしても、義が示す矩を超えない境地に孔子は達していたと渋沢は解釈し、「本章は記者が孔子の盛徳渾淪としてこの境界に到入しておることを記したのである」と注釈した。[30]

人間の本性である七情は発揮しても構わないのであるが、それは内なる義が示す規矩準縄に悖ることがあってはならない。つまり矩を越えてはならない。そして、このことを自然体で行うことができるとき、人は真正の人間になれると渋沢は解釈する。

第5節　政における義

顔淵第十二第17章の趣意は、政を行うにはまず己を正すべきということである。本章は【季康子問政孔子。孔子對曰。政者正也。子帥以正。孰敢不正】(季康子、政を孔子に問う。孔子対えて曰く、政は正なり、子帥いるに正を以てせば、孰か敢て正しからざらんやと）というものである。[31]

渋沢は孔子に政を問うた季康子のバックグラウンドを明らかにする。季康子は渋沢のたとえによると、室町幕府の大名であった細川晴元に相当する人物である。季康子が属する季氏は大夫の立場でありながら魯の君である哀公を蔑ろにし、君主の家である公室を分割したうえ、その一部を自分のものとする等、臣として正しい道を歩んできたとはいえなかった。

5－1　政と義

その季康子の問いに対して答えた孔子の意図を渋沢は、「政の義は正なり。国民すべて正路を踏み、邪曲の行為なきに至れば、これすなわち政の成功なり。しかしてかくならしむるには、まず以て上より始めねばならぬ。上たる者正しからずして、よく下を正しくする者あらず。康子足下は魯の上卿なり。子いやしくも衆に率先してその行いを正しくせば、すなわち下は群臣より庶民に至るまで、誰か正しからざる者あらんや」と表現する。[32]

孔子が季康子に語った政の要諦は、政の義が正であるべきことである。義には正しい道理にかなったことという意味があるので、「義が正であるべきこと」というのはトートロジーにも思えるが、この文脈においては義を「道」あるいは「法」と解釈し、「政の義が正であるべきこと」とは、「政を行うにあたって則るべき矩は正しくあるべきこと」と解釈するのが妥当と考えられる。[33]

政の義たる規矩準縄が正しくあるべきことであるとすれば、その義を治国において徹底する方法を孔子は説いていると渋沢は解釈した。

そもそも魯の上卿であり、政を任された国のトップの振る舞いにおいて義が成立していない季康子のような場合は、孔子が説く「上たる者正しからずして、よく下を正しくする者あらず」という状態にあるわけであるから、下である臣下や民が正しい振る舞いをするわけがないという理屈になる。このような行き詰った状態において、孔子に対して季康子はさらに政刑について問いかける。

5－2　善と政刑

顔淵第十二第19章は、季康子が刑を用いて民に善を行わせるのに対して、孔子が善をもって民を率いるべきことを説いた章である。

本章は、【季康子問政於孔子曰。如殺無道以就有道何如。孔子對曰。子爲政。焉用殺。子欲善而民善矣。君子之徳風也。小人子之徳草也。草上之風必偃】（季康子、政を孔子に問うて曰く、もし無道を殺し、以て有道に就かば如何と。孔子対えて曰く、子、政をなすに、焉んぞ殺すことを用いんや。子善を欲して民善ならん。君子の徳は風なり。小人の徳は草なり。草これに風を上うれば必ず偃す）というものである。[34]

孔子が季康子に語った意図を渋沢は、「足下魯の上卿として政治を行うに、何ぞ殺戮をこととせんや。左様な荒々しき方法を用いずとも、子にして真心より善を欲し、民に率先して善をなすならば、挙国の民衆必ず善に徙らん。しかるを足下躬ら上、公室を蔑視し、自家に便ならざればすなわち廃立は愚か弑逆をもなしかねぬ勢いを示しながら、自分の悪道は棚に上げておいて、下民の悪道をのみ咎めこれを刑戮に処せんとす。下民何とてその処分に服せんや。それ君子の徳は風なり。小人の徳は草なり。在下小人の草に在上君子の徳風を尚うれば、草は必ず偃してその徳風に靡くなり。何ぞ悪戮を須いんや」と解釈する。[35]

顔淵第十二第19章における季康子の問いを見るかぎり、季康子は同第17章で孔子が述べた内容をまったく理解していないことがわかる。季康子は政の義の本質を理解していないのである。顔淵第十二第19章で季康子が孔子に問うた治国の方法、つまり民をして善行をなさしめる方法は、不善を働く者を刑戮によって殺し、恐怖心を煽ることによって善行に駆り立てるというものである。

これは、治国の本質から外れた弥縫策にすぎない。孔子は季康子に本質を理解させるため、君は風であり民は草であるという新たな譬えをもち出して説明する。つまり、草は風になびくのが自然の摂理であり、君たる風が徳風であれば、草たる民もその徳風になびき自ずと国全体に善が満ちるというのがその内容である。

このように、顔淵第十二第17章と同第19章を通して見ると、章中で用いられている政の本質を示す言葉に変化がみられる。第17章では「政の義は正である」というのが要点であるが、第19章では季康子の質問内容が善に関することに変化している。

5－3　組織における義

孔子は季康子の質問に答えて、政において遵守すべき義つまり規矩準縄は正なることであるとし、同じく季康子の質問に対して、不善を行う民に対する治政の要諦は、君が善を行いその影響を民に及ぼすことであると答えた。この点について渋沢は、顔淵第十二第19章の注釈の冒頭で「この章もまた前々章以下その意を同じうす」と述べている。つまり、渋沢の解釈に従えば、政において正なることは、君が善を行うのと同義であるということになる。

季氏は、君である哀公を蔑ろにし、公室の一部を自分のものにしたというという点において正ではなかった。つまり、臣の分限を逸脱するという不善を行った。君が風で民が草であるとすれば、そのような不善の薫る風に吹かれた草が善をなすわけがないというのが孔子の教えであり渋沢の理解であった。

政において義と善が国の内にあり、一個の人間において義と善がともにその内面に存在するとすれば、国家と人間はともにその内面に義と善が存在するという認識が可能となる。そうであれば、国家と人間の間に存在する各種組織にも同様に義と善が内在することになる。

企業という組織に義を有らしめようとすれば、企業のトップに義が確立していなければならない。孔子は国家の義は正であることを示した。しかし、さまざまな目的をもって存在する企業組織の義は正であることは言うに及ばず、経営トップによって固有の義が確立され、それが経営方針あるいは経営理念として組織構成員に示される。国家において君が義を率先して実行すべきであるのと同様、企業組織の義は経営トップによって守られ、かつ実践されることではじめて組織構成員がそれに準ずることとなる。

企業組織において、まずは正しくあるべきことが義であり、それに連なる経営者固有の義が組織内で確立されるとすれば、その義は利と合一でなければならない。

正しく利を得ることは当然のこととして、たとえば、経営トップが設定した当該企業にとっての義が、「生活向上に資する新製品を安価で普及させること」であったとすれば、製品製造にかかる原価計算を偽りなく正確に行うことに加えて、損益分岐点と企業存続に必要な利幅との関係から、可能なかぎりコスト減を図って「利」を計算し製品価格を設定することが、その企業にとっての「義」ということになる。

渋沢の義利合一説は、「企業にとっての義を固定的に認識するのではなく、企業固有の義を広く認めて義と利の関係を互いに折り合いをつけ得るところまで収斂させていくこと」と理解するのが合理的と考えられる。

5－4　「先之勞之」についての諸見解

子路第十三第１章は、子路が政の要諦を問うたのに対して、孔子が政を行うには身をもって民を率いることを要する旨を答えたことを述べたものである。本章は、【子路問政。子曰。先之勞之。請益。曰。毋倦】（子路政を問う。子曰く、これに先んじこれに労すと。益を請う。曰く、倦むこと毋れと）というものである[36]。本章の章意解釈は注釈者によって異なるが、「先之勞之」（これに先んじこれに労す）の之は二つとも民を意味するという点については解釈が共通している。

義に篤い反面、義を得るにあたり短兵急に結果を求めすぎる失のある子路に対して、孔子がどのような治政上の教え授け、それを渋沢がいかに解釈するのかを、諸学統の注釈内容との比較によって考察する。

中洲は本章の章意を、「上に在る者、身を以て民に先だち、自ら正しくして下を率ゆれば、令せずと雖も、下正しからざることなく、身を以て民の事に勤勞すれば、民も自ら勤勞して業に勉め、又上の爲めに力を出して倦むことなし」と解釈する[37]。つまり、中洲の解釈によると、まず先に労するのは下にある民ではなく、上にある者が民のために労すれば、それに倣って民も労すると中洲は解釈する。朱熹もこれと同様に解釈する[38]。

物徂徠は、「先之勞之」の之は民を指すことに異議は挟まないが、四文字からなるこの文の解釈は中洲や朱熹とは大きく異なる。物徂徠は孔子が本章で問答する相手が義に篤く勇猛でかつ短気な子路であることに注目して、孔子は子路の性格に則した解答をしたと解釈し、「けだし子路は義に勇なり。身を以て之れを勞するが如(ごと)きは、皆なその素(もと)より能くする所なれば、則ち孔子未だ必ずしも此れを以て之れに告げざるなり。大氐(たいてい)義に勇なるの人は、己れを以て民を視(み)、必ず政を發するに漸(ぜん)を以てせずして、遽かにその己に従はんことを責むる者有り。ゆゑに『之れを先にす』と曰ふ。又た必ず義を以て民を責めて其の勞苦を恤(あはれ)まざる者あり。ゆゑに『之れを勞(ねぎら)ふ』と曰ふ」と述べる[39]。

孔子は、義に対して勇猛な子路は、とかく自分を基準に民を見て性急に従わせようとすると考え、政策を打ち出すに先立って民に心の準備をさせるべきと考えたのだと物徂徠は解釈する。さらに、義に対して勇猛な子路が、義によって民を責め、民の労苦に同情しないことがあることを孔子は見破り、民を労(ねぎら)うことを進言したのだと物徂徠は解釈した。

「先之勞之」（これに先(さき)んじこれに労(ろう)す）に対する解釈は、中洲、朱熹と物徂徠では大きく異なる。中洲と朱熹は、為政者が率先垂範し民に先立って勤労することによって、民がそれに倣い勤労するであろうから、為政者は「これに先(さき)んじて勤労」し、民は「これに倣って勤労」すると解釈する。

一方、物徂徠は、孔子が義に勇猛な子路の短所を知悉したうえで、その短所が政を行うにあたってマイナスとならないように、「先之勞之」と述べたのだと解釈する。つまり、義に勇猛な子路であれば、自らが率先垂範して勤労することは自明であり、子路を良く知る孔子がわざわざそれをアドバイスすることはありえないと考えた。むしろ、子路自身が垂範しているのを目の当たりにしている民が、子路自身が想定しているテンポで自分に追従しないことに短気をおこす可能性が高いと物徂徠は考える。

したがって孔子は、民の実情を理解することを先にして政策の実行を急がず、民に心の準備をさせることを先行させるべきと考え、「先之」は、「之れに先(さき)んじ」ではなく「之れを先にす」、つまり、民に心のゆとりを与えることを先にすべきと考えたのだと物徂徠は解釈する。さらに、「勞之」は、「之れに労(ろう)す」ではなく「之れを勞(ねぎら)ふ」、つまり、民に勤労を求めるのではなく、労に勤(いそし)しむ民を労(ねぎら)うことであると物徂徠は解釈する。

「先之勞之」の解釈に関する中洲、朱熹と物徂徠の両説を比較するかぎり、孔子が子路の性格を踏まえて説いたという前提で展開される物徂徠の解釈には説得性があると思われる。

5－5　「先之勞之」についての渋沢の見解

「先之勞之」に関する渋沢の解釈は、中洲、朱熹に準じている。渋沢は、「子路いかなるかこれ、政をなすの道なるやを問う。孔子対えて曰く『為政者身を以て民に先だち、自ら正しくして下を率いれば、令せずといえども、被治者正しからざるはなし。身を以て民のことに勤労すれば、民も自ら勤労して業に勉め、かつ上のために力を致して怨むことなし』と。これ簡なりと雖も尽きておる。これを拡張して施行すれば、凡百の仁政みな行わるべし」と述べる。(40)

この解釈には渋沢の性善説に立脚した基本姿勢が明確に表れている。渋沢は孔子が子路に対して、為政者が率先垂範して民のために労すれば、民はそれに感じ入り自ら勤労し、為政者に対して怨みをもつことはないと説いたと解釈した。しかし、もし子路が政を施す民が暗愚であったとすれば、為政者の政治姿勢に速やかに感じ入り、その真情に同期して自らを正すことができるのかという点に疑問が残る。

ましてや、義に勇猛で豪胆な反面、短気の失があった子路が民の反応のテンポに対して自制し、気長く結果を待つことができると考えるのはほぼ非現実的である。渋沢は子路の性格を評して、「子路は義に勇む人なり。進むこと疾きは、退くこともまた疾し。熱し易きは冷め易きを常とす」述べているのである。[41]渋沢は子路の性格からして、為政者たる自らの振る舞いを民が認識し、さらにその真意を理解して、たゆまず勤労するまで気長く待つことができないことを承知していたと考えられる。

しかし、子路の性格が豪胆な反面、短気であるがゆえに為政者となった今こそ、その性格を矯正し民の立場に身を置いてその政の思想を時間をかけて実現すべしと考えて孔子が教えを授けたとも考えられる。

渋沢はまた、「独り為政者のみならず、あるいは会社銀行の重役、一学校の首位、一団体の幹部、一家の長たる者はみな同じ。これらの人々真心より親切に行動するにおいては、その下位に立つ者誰かその風に化せざらんや」とも語る。[42]

一国から一家に至るまでその規模の大小にかかわらず、人が集うことによってリーダーが定まり、その統率下で組織を円滑に機能させるために最も大切なことは、組織構成員の善意を信じ、その信頼に基づいて為政者なり家長なりが、自らに従う者たちのために献身労を惜しむことなく勤めることであると渋沢は理解する。この考え方がすなわち、論語から啓示を受けかつ性善説に立脚して成立した、渋沢独自のリーダーシップ論であるといえる。

顔淵第十二第17章ので示された、義は正であるという孔子の考え方に渋沢は同調した。そして義に篤い子路が求めるべき政の正とは、為政者が自らを正しく保つことに加えて、率先垂範して民のために労を尽くすことであると孔子は説いたと渋沢は理解した。しかしその根底には、性善説に基づいた為政者と被治者の間の信頼関係の存在が前提とされていた。

物徂徠の理解はこれとは異なっていた。物徂徠は被治者の立場で章意を理解した。物徂徠は被治者の善意志よりもその能力に思いを寄せ、為政者たる者は時間をかけ被治者の意識が一定のレベルに達することに為政者は意を用いるべきであり、その地盤が整えられたうえで労いをもって被治者の勤労に報いるべきと解釈した。

物徂徠の章意解釈に関するかぎり、被治者の善意志に関する価値前提は存在しない。物徂徠は被治者の能力と情意の自然な働きを前提として本章を理解する。つまり、被治者が為政者の意を理解できる能力を問題にするとともに、労(ねぎら)いによる人間一般の情動を前提とする。それは性善説とも性悪説とも無関係な、素の人間を前提とした解釈である。

本章の解釈における価値前提である渋沢の性善説の特質は、物徂徠の章意解釈と比較することにより、一層明確になると考えられる。

小　括

本稿の目的は、渋沢栄一の義利合一説を構成する「義」に注目し、諸徳目や利との関わりを考察することであった。義と善の関係については、諸学統の考え方を論理式にあてはめて考察した結果、義と善を同義と認識する「実質等値」とする考え方と、善は義に含まれるとする「実質含意」が大勢を占めていた。渋沢は義と善を実質含意あるいは、両者がともに成り立つときに真であるとする「論理積」でその関係性を捉えていた。

渋沢の考え方によると、人間は本来の義なる性質の自然な発露として善を行うがゆえに、義と善はともに人間の内面に存在するということになる。つまり、それは性善説の考え方に外ならない。また、人間が利を追い求める性情も同じく人間の内面から発するものであるとすれば、義と利はともに人間の内面にあるということになる。

つまり、渋沢は性善説に立脚するがゆえに、善と義が人間の内面にあり、人間の性情の自然な働きである利を追い求める心情も同じく人間の内面にあると考えた。つまり、義と利が合一すべしという考え方は、両者がともに人間の内面に存在すると考えるからこそ説得力を有し、その思想を基盤で支えているのが性善説であるということになる。

渋沢のこれら一連の考え方の合理性を検証するためには、性善説に対応する「絶対的内的価値を有する善意志」や、義に対応する「道徳的法則」という概念を用いて独自の哲学体系を構築したカントの所説と比較することが有効と考えられる。

「君の行為の格率が君の意思によってあたかも普遍的法則となるかのように行為せよ」という定言的命法で述べられたカントの道徳的法則第一定式は、

人間にとって実践が困難なものであり、孔子が述べた「義を聞きて徙る能わざる、不善を改たむる能わざる」という箴言と整合的である。

しかし、企業者である渋沢にとって義利合一説の趣旨に沿って、「義を聞きて徙り、義の命ずるところに従って利を得る」ためには何としてもこの困難を打ち破って結果を残さなければならない。そして、その場合に則るべき規準が、「心の欲する所に従うて矩を踰えず」という孔子の言葉であった。

義よって利を求めるうえで障害となるのは、喜・怒・哀・楽・愛・悪・慾からなる七情のうちの慾である。渋沢は実践規範として、「心の欲するところに従って利を求めてもなお義によって示される矩を踰えない心境」に達すべく人格を錬磨することが必要と考えていた。

換言すると、これがすなわち、カントが定言的命法で示した道徳的法則の第一定式を遵守するための解決策と考えられる。つまり、渋沢が考える「内なる義」と、カントの「わが内なる道徳的法則」を同義と考えれば、渋沢の考え方には説得力が認められる。

ともに人間の内面にあって相反する、「義 v.s 慾」の関係は、自身の心のもちようによって解決できると渋沢は考えた。つまり、心の中にある天秤の両端に乗せられた義と慾を、少なくとも平衡か義にウエイトを置いた状態に自然に保つことができるようにすることが渋沢にとっての解決策である。

このように、渋沢の義利合一説を構成する基本的な考え方は単なる理想論ではなく、人間の本性、つまり心の内部構造に根差した合理的な考え方であることが理解できる。

渋沢は、正義のうえに立って強剛に踏ん張る剛たる者が拠って立つべき徳目が義であると認識する。つまり、慾に負けて利に走る人は剛たる者ではあり得ないというのが渋沢の結論である。

公冶長第五第10章では、剛と慾が対立的に表現されているため、剛が拠って立つ「義」と、慾が追い求める「利」が合一すべきものと解釈することは困難である。しかし上述の通り、義と利ともに人間の内面にあるとする渋沢の考え方からすれば、慾を義の統御された範囲に収めることによって剛たる者となることは、渋沢にとってさほど無理難題ではないと考えられる。

渋沢の義利合一説と国臣意識の淵源は、士たる者の資格要件についての考え方を通して垣間見ることができる。子張第十九第１章は、４項目を士たる者が備えるべき要件として提示し、憲問第十四第13章は、このうち２項目を成人たる者の要件とし、かつ武士道の精華を表す行動規範とする。

武士道の精華のうち、「君父のために命をも惜しまず忠孝を果たすべし」という最初の規範は、渋沢の国臣意識に反映され、「利を得ることあれば、それが正義に合うか否かを考え受否を決すること」という２番目の規範は、義利合一説として提唱されることとなった。

渋沢は真の富貴を得る方法を、知識を学得し技術を修得すること、つまり調査、研究して頭を十分に働かせることと述べる。そして、これらの秘訣を格物致知を修得することであるとする。この経世論に基づいた積極的対応こそが義利合一説の根幹にあり、その際に最も重要なことが義に悖らず利を得ること、つまり義と利を合一させることと渋沢は認識した。また渋沢は、義と利を合一させるにあたり、義の働きを妨げるものは、我執のままに利己的に行動してやまないわずらいであると理解した。

政と義の関係について渋沢は、政の義は為政者が率先垂範して正しい行いをすることにより、自ずと民はそれに倣うという、いわば性善説に基づいて解釈する。そして渋沢は、国家と同様に企業組織にも義があるとすれば、経営者固有の義があって当然であり、企業固有の義を広く認めて義と利の関係を互いに折り合いをつけ得るところまで収斂させていくことが重要と考えた。

【注記】

（１）渋沢栄一「述而第七第15章」『論語講義（三）』（講談社学術文庫、1977年）12－20頁。

（２）宇野哲人『論語新釈』（講談社、1980年）180頁。

（３）朱熹著、土田健次郎訳注『論語集注２』（平凡社、2014年）221頁。

（４）伊藤仁斎著、貝塚茂樹編集「論語古義」『日本の名著13』（中央公論社、昭和47年）161頁。

（５）荻生徂徠著、小川環樹訳注『論語徴１』（平凡社、2011年）259頁。

（６）三島毅『論語講義』（明治出版社、大正６年）137頁。

（７）渋沢栄一「述而第七第15章」『論語講義（三）』（講談社学術文庫、1977年）13－14頁。

（8）イマニュエル・カント著、波多野精一、宮本和吉訳『実践理性批判』（岩波書店、昭和2年）225頁。
（9）イマニュエル・カント著、篠田英雄訳『道徳形而上学原論』（岩波書店、昭和35年）18頁。
（10）イマニュエル・カント著、波多野精一、宮本和吉訳『実践理性批判』（岩波書店、昭和2年）50頁。
（11）渋沢栄一「公冶長第五第10章」『論語講義（二）』（講談社学術文庫、1977年）94－96頁。
（12）三島毅『論語講義』（明治出版社、大正6年）96頁。
（13）渋沢、前掲書（二）、「公冶長第五第10章」95頁。
（14）渋沢、前掲書（二）、「公冶長第五第10章」94頁。
（15）渋沢栄一「子張第十九第1章」『論語講義（七）』（講談社学術文庫、1977年）85－87頁。
（16）渋沢、前掲書（七）、「子張第十九第1章」86頁。
（17）渋沢栄一「憲問第十四第13章」『論語講義（六）』（講談社学術文庫、1977年）30頁。
（18）渋沢栄一「述而第七第15章」『論語講義（三）』（講談社学術文庫、1977年）53－55頁。
（19）三島毅『論語講義』（明治出版社、大正6年）145－146頁。
（20）渋沢、前掲書（三）、「述而第七第15章」54頁。
（21）渋沢、前掲書（二）、「公冶長第五第10章」94－95頁。
（22）渋沢、前掲書（三）、「述而第七第15章」55頁。
（23）渋沢、前掲書（三）、「述而第七第15章」55頁。
（24）渋沢栄一「子罕第九第4章」『論語講義（四）』（講談社学術文庫、1977年）13－15頁。
（25）渋沢、前掲書（四）、「子罕第九第4章」13頁。
（26）渋沢、前掲書（四）、「子罕第九第4章」14頁。
（27）渋沢、前掲書（四）、「子罕第九第4章」14頁。
（28）渋沢、前掲書（四）、「子罕第九第4章」14頁。
（29）渋沢、前掲書（四）、「子罕第九第4章」14－15頁。
（30）渋沢、前掲書（四）、「子罕第九第4章」14－15頁。
（31）渋沢栄一「顔淵第十二第17章」『論語講義（五）』（講談社学術文庫、1977年）81－83頁。
（32）渋沢、前掲書（五）、「顔淵第十二第17章」82頁。

(33) 赤塚忠、阿部吉雄編『旺文社漢和中辞典』(旺文社、1977年) 894頁。
(34) 渋沢、前掲書 (五)、「顔淵第十二第19章」84－90頁。
(35) 渋沢、前掲書 (五)、「顔淵第十二第19章」85－86頁。
(36) 渋沢、前掲書 (五)、「子路第十三第１章」105－109頁。
(37) 三島毅『論語講義』(明治出版社、大正６年) 273頁。
(38) 朱熹著、土田健次郎訳注『論語集注３』(平凡社、2014年) 395－396頁。
(39) 荻生徂徠著、小川環樹訳注『論語徴２』(平凡社、2011年) 154頁。
(40) 渋沢、前掲書 (五)、「子路第十三第１章」107頁。
(41) 渋沢、前掲書 (五)、「子路第十三第１章」108－109頁。
(42) 渋沢、前掲書 (五)、「子路第十三第１章」108頁。

第9章

渋沢栄一の利の認識

―貨殖と富貴に対する考え方―

はじめに

本稿の目的は、渋沢栄一の利の認識を明らかにすべく貨殖に関する思想を探ることである。本稿では貨殖を、利を得ることと読み替えて解釈する。貨殖とは、通常、財産を増やすことを意味するが、本稿では財産に関わる概念をさらに展開し、貨殖の才、貨殖によって得た財産の使途、富貴へと論考を広げ、渋沢の考え方について多面的に検討を加える。

渋沢の貨殖に対する考え方を分析するにあたって設定する視角は、「貨殖の才」、「投資と投機」、「浪費と倹約」、「富貴」の4つである。これらの視角から渋沢の思想を分析するための資料としては、渋沢の主著である『論語講義』を用い、渋沢の注釈内容から貨殖に関わる記述を分析することによって思想内容を理解する。(1)

本稿での論考の順序は、孔子の高弟のうち貨殖に関して両極端に位置する顔淵と子貢について、里仁第四、先進第十一を中心に渋沢の注釈を吟味し、投資、投機、消費、富貴に関する考え方が示されている論語各章の注釈内容を順次検討する。

第1節　貨殖の才について

1－1　朱熹への反論

本稿では、諸学統の見解との比較に基づいて、顔淵と子貢に対する渋沢の評価を明らかにし、貨殖の才についての渋沢の考え方を考察する。検討対象とする論語の先進第十一第17章と第18章は、孔子の弟子6名の人物評価を述べた章である。

本章で取り上げられた孔子の弟子は、柴（子羔）、參（曾子）、師（子張）、由（子路）、回（顔淵）、賜（子貢）である。[2]第17章は「柴也愚。參也魯。師也辟。由也喭」（柴や愚。參や魯。師や辟。由也喭）。つまり、柴（子羔）は愚直である。參（曾子）は鈍である。師（子張）は誠実少なし。由（子路）は剛猛なりという意味である。

第18章は【子曰。回也其庶乎。屢空。賜不受命而貨殖焉。億則屢中】（子曰く。回やそれ庶からんか。しばしば空し。賜は命を受けずして貨殖す。億れば則ちしばしば中る）。つまり、回（顔淵）は衣食は足らないが道を楽しみ、賜（子貢）は天命を受けずに貨財を生殖させるが、良く思い計らうので理に適うという意味である。

朱子はこの6人のうち、回（顔淵）と賜（子貢）の2人を取り上げ、顔淵を褒める一方子貢を貶める。これに対して渋沢は強く反論する。渋沢は、先進第十一第18章の本文、【子曰。回也其庶乎。屢空。賜不受命而貨殖焉。億則屢中】（子曰く、回やそれ庶からんか。しばしば空し。賜は命を受けずして貨殖す。億れば則ちしばしば中る）について、「回やそれ庶からんか」という一節に対する朱子の解釈を取り上げて批判する。[3]

渋沢は、「朱子は『其庶乎（それ庶からんか）』を『道に近きをいうなり』と解すれども、顔淵の道に近きは言わずもがな、子貢の富栄と顔淵の清貧との対象中において何ぞ道に近きと否とを言うを須いんや」と述べている。[4]

渋沢は、顔淵は清貧であるがゆえに道に近いのではない。清貧と富栄の違いが「道に近き」と「道に遠き」を決めるものではなく、富栄であってもそれを義によって得たならば、それは道に近きと呼ばれるに相応しい仁徳を備えているのだと主張する。

朱熹への反論に端を発したこの主張は、貨殖に関する渋沢の基本的な考え方を構成している。その主旨は渋沢の論語注釈において順次表現を変えながら展開される。渋沢の主張内容を明らかにするため、朱子学を含む諸学統の注釈と比較検討する。

1－2　諸学統の見解

通釈書はこの部分について、「人の貧富貴賤は天命であるが、賜は安んじて天命に従うことができないので、常に財産を殖(ふや)す」と述べて、あたかも子貢が本来従うべき清貧にして高潔なる天命に逆らって貨殖をしているかのごとく解釈する。また、貴賤貧富は天命であるがゆえに富貴を得ようと努力しても無駄であり、最終的には天命がそれを定めるという趣旨を述べている(5)。

一方、物徂徠による天命の解釈は通釈のそれとは異なる。物徂徠は、顔淵と子貢を比較した場合、顔淵は天命を受けて活動すべき人材であるがゆえに、その天命を果たすべく清貧に甘んじて道を追求しているが、子貢は顔淵のような天命を受けてはいないがゆえに、自由に貨殖を追い求めていると考える。その結果、顔淵は貧富を超越して泰然として天命に安んじたのに対して、子貢はその才智を末梢的なものに用いる結果となったと物徂徠は考える(6)。

中洲は顔淵、子貢ともに道を求めることを天命として与えられていると考える。中洲の解釈は、「顔淵はその天命を安んじて受け、道を楽しんで貧に甘んじたが、子貢は天命を安んじて受けて道を楽しむには至らなかったので、心を貨財の増加に用いた。この点が、子貢が顔淵に及ばなかったところであり、孔子の評価は子貢を励まして道に進ませるためのものである」というものである(7)。

子貢に対する通釈書、物徂徠、中洲の解釈に対して、渋沢は子貢の貨殖を求める姿勢を解釈するにあたって天命という概念をもち出さない。

渋沢は、「子貢の貨殖何を以て道に遠しというや。衣食住は人生必要の第一なり。衣食住を確実に安定する貨殖何ぞ道に遠からんか。宋儒空理空論を説き、貨殖富裕を賤視する、以ての外のことにして、しかして孔聖立教の本旨に違うの罪を免るること能わざるべし。功利すなわち治国安民の事業は孔聖終身の目的なり。何ぞ富利を軽賤せんや。かつそれ子貢守銭奴たることを甘んずる者ならんや。またこれを以て達を求むるのみ」と明言する(8)。

渋沢は、「衣食住を確実に安定させ、治国安民の事業を行うことは孔子の教えが究極の目的とするところである。そのために必要な貨殖を軽んじ賤(いやし)むことはもってのほかである。子貢は守銭奴ではなく、この目的を達することを真剣に考え実行する者である」と主張する。

1－3　貨殖と天命についての渋沢の考え方

ここでは、朱熹、通釈書、物徂徠、中洲の4者との比較によって浮かび上がってきた、渋沢の貨殖に対する考え方を整理する。

朱子は顔淵を褒(ほ)める一方、子貢を貶(おとし)める。通釈書、物徂徠、中洲は孔子の弟子中の俊秀2人の違いをそれぞれに与えられた天命から説明しようと試みる。つまり、「天命の有無」、「天命に従う能力の有無」、「天命を楽しむか否かの違い」等の切り口から両者の違いが説明される。

顔淵は俊秀中の俊秀であるがゆえに、貨殖を追求する子貢と比較するまでもなく別格の人格を有するという観点から両者の違いが説明される。したがって、通釈書、物徂徠、中洲にとって顔淵と子貢の貨殖の才の相違を説明するには、それぞれに与えられた天命が決定的に重要となる。

通釈書、物徂徠、中洲の3者と異なり、渋沢は天命の相違と関わりなく顔淵と子貢の違いを説明する。渋沢は、顔淵は子貢よりも優れているという固定観念にとらわれてはいない。

渋沢にとって子貢は、孔子の教えが究極の目的とするところの治国安民を達成するための貨殖を真剣に得ようとする実際家であり、義に基づいて得た利を社会に均霑しようとする篤志家である。これに対して顔淵は、貨殖には興味がなく一途に論語の教える道を追究しようとする求道家であり篤学家である。

仁義道徳の頂点を富士山頂に例えると、子貢は最も人気のある吉田ルートを辿り、顔淵は上級者向けの御殿場ルートを辿る。頂点を目指すことには変わりがなくても、そのルートは両者間で異なる。

子貢は、孔子が「億(おもんぱか)ればば則ちしばしば中(あた)る」と記述したように、天性の勘と判断力で吉田ルートを着実に辿るが、山小屋はルート上に多数あって誘惑も多い。つまり、貨殖にあたって欲が義を凌ぐリスクも大きい。これに対して、山小屋が少なく、道草を食う誘惑が少ない御殿場ルートを選択した顔淵にはそのような心配は存在しない。顔淵は誘惑とは無縁な環境で黙々と頂点を目指していた。渋沢の理解をイメージ化すると概ねこのようなことになるであろう。

１－４　孔子の弟子に対する渋沢の評価

渋沢は自分の理想とする人物像と子貢を二重写しにし、曾子については彼を手本とする。そして、顔淵に対しては若干距離を置きながらも憧れをもって尊崇し、子路に対しては稚気を感じ、苦笑しながらも身近な存在として親密感を抱く。子羔に対しては不器用な子供を微笑ましく見つめるような愛情を抱く。そして、子張は外面のみを飾り、誠意と能力に乏しい悪例として戒めの対象とする。

渋沢は表面だけを取り繕う人間を嫌い、不器用であっても真摯に論語の教えるところを追究する人物に対して、その追究方法や資質のいかんにかかわらず親密感を抱く。

このように、先進第十一の第17章と第18章で孔子が取り上げた、柴（子羔)、参（曾子)、師（子張)、由（子路)、回（顔淵)、賜（子貢）の６人に対する渋沢の評価を総括すると、渋沢が彼等を自らと重ね合わせた結果、類似性、親和性が高い人物が評価されるという実態が浮き彫りになる。

人間的魅力を備えた弟子のなかでも一頭地を抜いているのが、顔淵と子貢の２人である。顔淵は孔子が最も愛した優秀な人物であり、貨殖の才をあまり前面に出さなかった孔子に似た篤学家である。つまり、孔子にとっては自分の後を必死に辿ってくる自分似の可愛い弟子である。これに対して子貢は、孔子を凌ぐ貨殖の才をもちながらも孔子の教えを守り、貨殖で得た財を正しく用いる優秀な弟子である。

渋沢にとって子貢は時代を隔てた大先輩である。貨殖の才も財を用いる姿勢も自分と似通っている。子貢は論語を学ぶ先達のなかで自分に最も近い存在であり、渋沢の辿っている道の正しさを、身をもって立証してくれる得難い存在である。

一方、顔淵は渋沢にとって理想とすべき存在ではあるが、その生き方は渋沢の実生活上の手本とはなりえない。渋沢にとって顔淵はあくまでも求道者としての理想型であり、貨殖の才をもちそれを正しく用いようとしている企業家としての渋沢にとって、直接的な模範とはなりえない。顔淵は渋沢にとって尊崇の対象ではあっても安心感を与えてくれる存在ではないのである。

このように孔子の弟子のプロファイルを明らかにしたうえで、渋沢の孔子の弟子に対する思いを孔子のそれと比較すると、人間孔子との比較における人間渋沢の価値観が浮かび上がってくる。結局は、孔子も渋沢も人間であるかぎり、自分に近い存在に親密感を抱きその人物を尊重する。

渋沢の義利合一説の由来を簡単に論じることはできない。しかし、渋沢が論語に自分の経済活動の理論的根拠を求め、かつ理論と実践を整合させるにあたって、すでに論語の精神にそって貨殖を得ている子貢という先達が存在することは、渋沢が義利合一説に従って経済活動を推進するうえで限りなく大きな精神的支えになったと考えられる。

第2節　財産の使途

2－1　投資と義利

ここでは投資と投機に関する渋沢の考え方を考察する。検討対象とする里仁第四第16章は、君子と小人の喩る所の異なることを述べた章である[9]。本章は【子曰。君子喩於義。小人喩於利】（子曰く。君子は義に喩り、小人は利に喩る）というものである。君子は正しい道理に従うから、心の喩るところはただ義にある。小人は慾に従うから、心の喩るところはただ利にあるという意味である。

章中の【君子喩於義。小人喩於利】（君子は義に喩り、小人は利に喩る）という記述について中洲は、「義は利中宜き所の條理なり、故に義と利は畢竟合一の者なれども、小人は浅慮にして、徒らに私利に喩りて利中の義に喩らず、蓋し君子小人の別は良知を致すと致さざるとに在るのみ」と述べ、君子と小人の別は良知の有無で決まるとしている(10)。

これは、本来合一すべき義と利に関して、君子が良知をもって利中の義を悟ることができるのに対して、良知を十分身に備えていない小人は利中の義を悟ることができず、目前の利のみに心を奪われてしまうという趣旨である。中洲の注釈を要約すると、「義と利は合一であるが、それを理解し自らを律するためには良知が必要である。この良知を備えた者が君子であり、そうでない者が小人である」ということになる。

これに対して物徂徠は「義」の定義を、「義とは『詩』・『書』に載するところの先王の古義なり。古への人は先王の古義に據りて以て事の宜を裁決す」と述べて義を古典に基づいて定義する。

そのうえで物徂徠は、「けだし民は生を營むを以て心とする者なり。其れ孰か利を欲せざらん。君子は天職を奉ずる者なり。その財を理め、民をしてその生に安んぜしむ。是れ先王の道の義なり。ゆゑに凡そ義と言ふ者は、利と對して言はずといへども、然も民を安んずるの仁に歸せざること莫きは、是れが爲のゆゑなり。ゆゑに義は士君子の務むる所、利は民の務むるところなり」と述べている(11)。

このように、物徂徠は義の定義を先王の古義に求めるとともに、義は士君子の務めであり、利は民の務めであるとして、義と利をその担い手によって区分している。つまり、義と利は合一であるという考え方は物徂徠によって明確にされてはいない。

義と利の関係についての渋沢の考え方は、中洲の義利合一説と概ね同じであるが、発想の原点は異なる。渋沢は、義によって投資が行われ、利によって投機が行われると説明する。対して中洲は、「人の経済」を「天の経済」が投影されたものと捉え、天の存在を義利合一説の論拠とした。そして、天の被造物である不完全な人間が経済を営むがゆえに離反する、義と利は一体化すべきと説いた(12)。この考え方は渋沢にも大きな影響を与え、両者は義利が合一すべきという点で一致していた。

2－2　渋沢と投機

国家にとって不可欠な産業を担う企業に対して必要資金を供すること、つまり、目先の利益のみを追わない投資を行うのであれば、これは君子による義に基づいた行動であると渋沢は理解した(13)。しかし、将来値上りするであろう債券に関する情報を得ていたことを利用して抜けがけ的に投機を行うことは、渋沢にとっては小人による利を求める行動にほかならない。

渋沢は投資と投機の区分を明確に認識しながら、実務において両者を画然と区別するのは、「簡単には解決しがたい問題」であるとした。渋沢個人としては君子たる行動をとることにより、自己の利益を不当に追求することはなかったものの、小人の利を求める行動を、自らが経営に深く関与する第一銀行や愛国婦人会、慈恵会に勧めたという、一種の後ろめたさを抱えていた(14)。

渋沢が君子たる義を重んじる行動を自他ともに求める強い姿勢をもっていたとすれば、第一銀行等に値上りが期待される鉄道公債の購入を勧めるべきではなかったであろう。渋沢がその点に忸怩たる思いを抱いていたとすれば、まさにその思いが「解決しがたい問題」という表現に反映されたものと理解される。

2－3　倹約の精神的側面

里仁第四第23章は、【子曰。以約失之者鮮矣】（子曰く、約を以てこれを失する者は鮮し）という短いもので、注釈書のコメントも一様に短い。しかし、渋沢は本章について事例を用いて詳細に注釈する。これは、放漫と行き過ぎた節約を戒めるにあたって、本章の趣旨を、倹約一筋が望ましいのだと読者が誤解することのないよう気遣ってのことと理解される。

渋沢は本章の章意を、「おおよそ事をなすにはその大小にかかわらず、検束あるを貴ぶ。すなわち万事に着手するに当り、心を引き締めて控え目にするを要す。かくすれば過失する所あること少なし。必ず物に成功すべしとなり。すなわち本章は約の功を説いて今人の放漫を戒められたるなり。一家でも一団体でも一国でも、その経営すべき事業は検束がなくてはとても成功するものにあらず」としている。

渋沢は伊藤仁斎の説をいれて約の意味を放漫に対する「検束」という言葉で理解している(15)。通釈書では、約を「心をひきしめることで放肆(ほうし)に対していう」としている(16)。

このように見ると、本章で用いられる約は節約という行為というよりは、むしろ消費行動や投資行動における放縦の戒めとしての一種の「精神的な縛り」であり、渋沢もそのように理解していたと考えられる。

渋沢が事例としてあげたのは、工業倶楽部での加藤友三郎内閣総理大臣の招待会でふるまわれた料理である。料理が過度に豪勢にならずむしろ質素であることを総理がほめたのに対して、渋沢はこれを「頂門の一針」であるとし、身を引き締めて倹約を心掛けるべきことを述べ、さらに表面的な倹約に終わることを戒める趣旨を述べた。

渋沢はこの節約が時の権力者が居並ぶ宴席での表面的なパフォーマンスに終わることなく、普段の生活や企業活動においても倹約の精神を忘れるべきでないことを強調したのである。つまり、放漫を戒める検束の精神を深く理解して身につけておかなければ、倹約といってもそれは形ばかりのものになってしまうということを渋沢は内閣総理大臣が臨席する会合で警告したのである。

さらに、渋沢の論語注釈には、後に日本を国難に陥れるバブル期の誤った考え方を戒める記述が含まれている。渋沢は、「あるいは一箇の煙草盆の火入を数万円を以てこれを購(あがな)い、あるいは一双の屏風に数万円を投じて、悦んでいる人もある。もし真にこれを愛する心からすることなればなお恕すべき点もありますが、単にその価格の高貴なるのみを以て豪奢を誇る人もあるようである。かようなことは大いに慎まねばならぬと思う」と述べて、真に物の価値を評価して消費することなく、価格のみに眼をやり一種のマネーゲームとして消費することを戒めている(17)。

2－4　過度な倹約の戒め

バブル期のマインドをもって消費する人が存在することは、古今共通の人間の性(さが)によるものである。その性(さが)を戒めるのがまさに里仁第四第23章の章意であると理解したがゆえに、渋沢は検束を精神の問題として捉えた。しかし、渋沢は、倹約が行き過ぎて行動が消極的になることを戒める。

渋沢は、「近く例をとれば、我が国は農をもって大本とす、ゆえに開墾その他農業の助成保護に関しては、経費を惜しんではならぬ。工業にしても欧米に比較すれば、進歩の程度がすこぶる遅れて、何事もその模倣であり追随であって、一も彼に優ったところがない。さらに理化学的方面について見るも、我が国は進歩が痛く遅れており、一として独創的にして誇るに足るべき物がない。近時理化学研究所が設けられたけれども、その設備規模、彼の九牛の一毛にすぎない」と述べている(18)。

渋沢が金をつぎ込むべきところとして事例にあげたのは、産業と技術の振興である。当時の主要産業であった農業には、得手に帆をかける形で開墾、保護助成を行い、技術的に劣る不得手な工業、理化学に対してはそれを克服するために金をかけるべきと渋沢は主張する。

渋沢は富を効率的に増やし国力を増強する目的をもって富を効率配分すべきと説いているのであり、効率配分すべき富を確保するためには、放漫な消費は控えるべきであると主張する。

渋沢が考える富の効率配分の目的である産業振興は、あくまでも生産から生じる付加価値を増やすことであり、付加価値を増やすことがすなわち国力増強につながるというリニアーな波及効果が述べられている。産業振興による雇用増加と有効需要の創出というケインズ的な経済効果はまだ渋沢の発言には見られない。

しかし、渋沢はケインズ的な経済用語を使わないまでも、その頭の中には富の効率配分から生じる、「何らかのすこぶる好ましいこと」として、雇用増加、有効需要、投資の乗数効果等の概念の萌芽を抱えていたと推察される。そうでなければ、欧米との比較において「九牛の一毛」にすぎない理化学分野の設備を増やすために投資することは、「焼け石に水」として躊躇するのが通常であろうからである。

第３節　富　貴

３－１　富貴とは

述而第七第11章は、富を得るのは天命によるものであり、自分にとってそれが天命でなければ別途自らが好む道を求め、それに向かって進むという孔子の考えを示した章である。(19)

本章は、【子曰。富而可求也。雖執鞭之士。吾亦爲之。如不可求。従吾所好】（子曰く、富にして求むべけんば、執鞭の士と雖も、吾またこれをなさん。もし求むべからずんば、吾が好む所に従わん）というものである。

通釈は、「人として富を欲しない者はない。富が人力をもって求めることのできるものならば、わしも王公の出入りに鞭を執って、人を避けさせるような賤しい役の人にでもなんでもなって、富を求めようが、もし富を得るのは天命によるので、人力をもって求めることのできるものならば、吾が好むところの道に安んじているばかりである」と解釈する。(20)

渋沢の本章の理解は、「しかれども、孔子が富と貴とを賤（いや）しみたるにあらざることは申すまでもなきことなり。求むべき正当の富貴ならば、これを得んがためにいかなる労苦をなすもあえて厭わぬけれども、富貴を求むるがために道を枉（ま）げ自尊を傷つくるがごときは、とうてい忍ぶ能わざる所なるがゆえに、それよりはむしろ吾が好む所の古人の道に循（したが）って歩み、富貴を眼中に置かぬという気慨を示されたのである。富貴の賤（いや）しむべきにあらず、これを求むる精神と手段とに往往賤（いや）しむべきものあるを慨嘆（なげ）かれたのが、この章の趣意である」というもので、渋沢の富貴に対する考え方が端的に示されている。(21)

渋沢は正当な富貴を求めることはまったく賤（いや）しむべきことではないが、これを求めるあまり、道を誤ることは許されないと考えた。この場合の道を誤るとは富貴を得るにあたって、その「精神」と「手段」に賤しむべき点が見られるということである。精神と手段に賤しむべき点が見られるとは、富貴を求める動機が正当ではなく、富貴を求める過程において不誠実な方法を用いるということである。

渋沢は富貴を求める動機が正当と認められる事例を、明治維新を達成した志士たちの志に求め、不当であると認められる事例を、袁世凱が中華民国の大総統を経て、中華帝国の皇帝になろうと画策した分不相応な野心に求めた。

つまり、渋沢は純粋な志に根差して得られた富貴は正当な動機によるものであり、不純な野心に根差して得られた富貴は不当な動機によるものであるとしている。

渋沢にとって富貴とは、一般に魅力的であり、誰もが欲する宝石のようなものであるが、同時にそれは取り扱いに際して著しく注意が必要であり、一旦それを誤れば本来の輝きを失って価値のないものになると同時に、宝石の不思議な力によって呪われ不幸に陥る危険なものであった。つまり、富貴を手に入れることによってかえって身を亡ぼすことがあるのが富貴の恐ろしさであると渋沢は認識していた。

しかし、渋沢の富貴をめぐる発言には一種の不思議さが残る。渋沢は富貴を正当に求める行為を是とし、求めてかつそれを得るためには大いなる才能を必要とするとして、大倉喜八郎、森村市左衛門、安田善次郎、浅野総一郎等の経済界の成功者に対して尊敬の念を示す。

その一方、渋沢は富を求めてそれを手に入れた成功者とは根本的に一線を画する。すなわち、渋沢は富を求めて世に出たのではないから、自分は富んではいないというのである。

3－2　富者と貴者

渋沢は富貴と富とを使い分ける。渋沢は自分が富者であることは認めなかったが、自分は貴者でないとも言っていない。500社以上の企業の設立に関わった渋沢がその気になれば、岩崎を向うにまわす渋沢財閥を設立することも可能であったであろう。しかし、渋沢はそれをしなかった。これこそまさに、渋沢が富者であることに執着しなかった証左である。

渋沢は国政への参画の誘いを幾度か受けている。渋沢が貴者であろうと欲したのであれば、この誘いを固辞する理由は見あたらない。しかしその一方、渋沢は授爵の申し出を受けている。

これは、渋沢が世俗の地位として貴者であることは望まなかったが、天皇との君臣の関係において貴者たることについては、大いに光栄と感じていたからと考えられる。市井の商人を自認する渋沢が爵位を得ることは商人の地位を押し上げ、それが後進の励みにもなると考えたのである。

渋沢の富をめぐる発言はさらに複雑さを増していく。巨万の富を築いた富豪が一見吝嗇とも思えるほどに少額の金銭を惜しむ行為に対して、渋沢は、学者が些細な知識の積み重ねを重視し、仁者が仁を求めて日々余念がないことと重ね合わせてこの心情に理解を示している。

渋沢は明治維新に大いに功績のあった伊藤博文が富を積み重ねることに興味を示さず、国事に邁進し続けたことを日本にとって幸福なことと述べている。渋沢にとっては富を積み重ねることは至高の目的ではない。しかし、それは論語の精神に反することではなく、かつそれを正当に達成するには才能と目的に向かうあくなき精神が必要と渋沢は考えた。

渋沢にとっての至高の目的は、あくまでも国家の利益に貢献することであり、その目的に向けて才能を用いる人物を最大限に尊崇する。伊藤博文ほどの才能あふれる人物が、蓄財ではなく国事に邁進することを目標としたことが、日本にとって幸運であったと渋沢は考える理由がこの点に存する。渋沢にとって伊藤博文は富者ではなく、まさに理想的な貴者であった。

3－3　富貴と正道の道

里仁第四第5章に対する渋沢の注釈は、富貴に関する基本的な考え方を詳細に述べたものである。本章は、【子曰。富與貴。是人之所欲也。不以其道得之。不處也。貧與賤。是人之所惡也。不以其道得之不去也】（子曰く、富と貴きとは、これ人の欲する所なり。その道を以てこれを得ざれば、処らざるなり。貧しきと賤しきとは、これ人の悪む所なり。その道を以てこれを得ざれば、去らざるなり）というものである。[22]

渋沢は富貴を「富」と「貴き」に分けて述べており、前者は文字通り財産を多く得ることであり、後者はより高い身分や肩書きを得ることと解釈する。

一般に君子の君子たる所以は、人間の自然な性向自体から自由であることで、それらの栄光に興味がないことであると解釈されてきた。しかし、渋沢はこれを「僻見（へきけん）」として否定する。[23]

渋沢は、富貴を求めることを人間の性（さが）として認める。しかし、それを万人が認める自然で抵抗のない方法で得ることが重要であり、それを可能にするのが「学を修め功を立て、身を修め徳を備うる」ことであると渋沢は述べる。

儒学、実学等を広く学んで力をつけ、それによって功績を立てることは重要であるが、それによって慢心することなく、さらに身を正し、徳を備えることで富貴を得るべしというのが渋沢の考え方である。そしてこれが「正道の道」によって富貴を得ることであると渋沢は主張する。

この正道の道において渋沢が重視するのは、富貴を得るまでのプロセスもさることながら、富貴を得た後の身の処し方である。渋沢は、「富貴になれば、道徳より離れ遠ざかるごとくに古人の考えたのは誠に間違っている。人はいかに富貴になりても、その人の心掛けさえ正当であれば、道徳の上に立って世を渡らるるものである」と述べて、古人の考え方を否定するとともに、考え方の違いが生じた原因を究明しようとしている。[24]

3－4　富貴と政教一致

この場合の古人とは、堯・舜・禹・文・武から後の先人のことであると理解される。渋沢は、富貴になれば道徳より遠ざかるように思う原因を分析し、時代が変遷するにしたがって発生する「政教の分業」をポイントにあげている。

渋沢は、「余が考うる所では、仁義道徳を教うる人とこれを行う人とが同一人である時代は、決して右様の考えを持つ人はなかったのである。堯・舜・禹・文・武の頃は、政教が分業にならず、教える人はこれを行う人で自ら教えて自らその教旨を実行しておった。……すなわち仁と富とあい和合し、義と利とあい一致して互に離れ遠ざかるような場合生ぜざりき」と述べている。[25]

渋沢はその一方、「しかるに年代の経過につれて、事情変遷し、教える人と行う人との間に截然として分業の傾きを生ず。すなわち実行の人必ずしも仁義道徳の教師ならず、仁義道徳の教師必ずしも実行の人ならず。ついに実行の人は仁義道徳を念頭に置かず、仁義道徳の教師は実生活を顧慮せず、互いにあい背馳して後には仁義道徳と金儲けすなわち富を作る術との間には、

深き溝壑を生ずるに至れり」と述べている。(26)

渋沢は孔子と自分が理想とする先王の時代と、孔子が生きた時代を含めたそれ以降の時代を比較して自説を展開する。孔子の生きた春秋時代ですら、すでに政教は分業となっていた。渋沢は孔子が理想として憧れていた時代、つまり、徳の高い君子がその超人的人格をもって国を治めた政教一致の状態と現代を比較するという一種の荒わざをもって自説を展開しているのである。したがって、その論理は現実的な説明力を有してはいない。

渋沢の追求はこれにとどまらない。渋沢は宋朝に現れた、周濂渓、張横渠をはじめとする学者が政教を別物として扱ったことを批判し、道徳論が一転して倫理哲学のようになってしまったと論難する。しかし、日本の徳川時代における儒教の伝統が朱子学中心となった事情について渋沢は、里仁第四第5章において朱子学を批判してはいない。むしろ、その批判の矛先は物徂徠となり論点も若干ずれはじめている。

3－5　国民への道徳の啓蒙

物徂徠に対する渋沢の批判内容は、物徂徠が仁義道徳の学を国家の政治に参与する士大夫以上が修めるべきものとしたことについてである。渋沢の論旨は、政教の分業の非を咎めるものから、教の対象者を限定したことを咎めるものに変質している。

これは、仁と富、義と利を背離させることに対する批判としては的を射ている。士大夫のみならず農民をはじめとする民が道徳を学ぶことにより、民のレベルでの知行合一を推し進めることを物徂徠が否定したことは、渋沢にとって容認しがたいことであった。

渋沢が多くを語った里仁第四第5章における論理の変遷は、政教分業が抱える問題点の分析に始まり、最終的には義利合一の重要性に及んでいる。渋沢が主張したかったことは、国家レベルで政治に携わる者、農業やその他産業で実業に従事する者、日常生活での振る舞い等のすべてにおいて徳を身につけ、義にはかって恥じない行動をとることである。

ただし、政治、実業、生活はそれぞれに異なる目的をもっている。たとえば、政治に携わる者は結果として富貴を得ることができるかもしれないが、その行動目的はあくまでも国を治め民の安寧を図ることである。実業に携わるものは、利潤動機に従って行動し、同時に顧客に製品・サービスを提供することを目的とする。また、すべての人は生活者であり、その目的は家内平和と近隣との友好な関係の下での快適な生活である。

このように考えると、渋沢が展開する論理は、決して本旨がずれていく形で変遷しているのではなく、一貫した考え方、すなわち、等しくすべての国民が正しく学び、それを誠実に実行する重要性を主張しているのである。

小　括

本稿の目的は、渋沢栄一の利の認識を明らかにすべく貨殖に関する思想を探ることであった。顔淵と子貢の貨殖の才に関わる複数の注釈を、渋沢の論語解釈と比較検討した結果、渋沢の貨殖に関する考え方は、子貢の貨殖の才に対する評価を通して明らかになってきた。

多くの論語解釈と異なり、渋沢は子貢の貨殖の才のみならず財を用いる姿勢も論語の本旨に沿うものであると評価した。論語を企業家人生の規範とする渋沢にとっては、清貧のなかでストイックに論語の頂点を極めようとする顔淵のみが評価される論語解釈は受け入れがたいものであった。

一心に学問を追究する才能が尊重されるのであれば、商機を見つけそれを正当な手段で貨殖に結びつける才能も等しく尊重されるべきであるというのが渋沢の考え方であり、それを体現していた先達が子貢であった。

学才、貨殖の才ともに、その用い方を誤れば社会にとってマイナスとなる両刃の剣であることに変わりはない。渡仏時に接した欧州の軍事産業が工学や理学によって支えられているという事実を目の当たりにしたとき、渋沢は学問や技術の誤用が商才の誤用にも増して深刻な問題を引き起こすことを悟ったであろう。

学問を身につける才能は誰にも迷惑をかけずに発揮することができるが、貨殖の才は公正な競争の下で経済活動を行い、それが付加価値を生まない限りゼロサムゲームによるパイの取り合いになる。つまり、正当な手段によって適切に貨殖の才を発揮して財産を増やすためには、経済活動によって付加価値を生み出し、かつその付加価値のなかから自分の貢献分に相当する取り分を適切に手に入れることが必要となる。

貨殖の才は学才とは別種の才能であるが、その才能を正当かつ適切に用いることはまさに論語の本旨に沿うものであり、渋沢にとって子貢はそれを身をもって実践している大先達であった。

幕末から明治期に至る激動期に青年期までを過ごした渋沢は、農民出身であるがゆえに早くから付加価値を生み出す生産活動を行っていた。武家が支配していた徳川時代においては、武士階級に生まれた者には、いくら貨殖の才をもっていようともそれを発揮する機会は与えられなかった。付加価値はすべて農、工、商によって生み出されていたのである。

そのような時代において、付加価値を生み出す階級が尊重される論語解釈が幕府によって採用される道理はなく、清貧に甘んじることを是とし、貨殖の才を軽視する朱子学を御用学問とすることは為政者としてきわめて合理的な判断であった。

農民から身を起こし、種々のいきさつを経て幕臣となり、明治に至って銀行家、企業家となった渋沢には、付加価値の創出を担ってきたという自負があった。したがって、渋沢が朱子学の子貢評価に異論を唱えるのはむしろ当然であった。

貨殖の才を発揮して得た財産の使い道について渋沢は、投資を勧め投機を戒めるとともに、浪費と行き過ぎた倹約を戒めている。長く日本の産業経済の中核にあって、大企業の要職を兼任してきた渋沢にとって、当時の債券の値動きを予想することはさほど困難なことではなかったであろう。渋沢は決して自らのために浮利を追うことはなかったものの、自分が関係する企業や組織に値上りが確実な債券の保有を推奨したことは、渋沢の心に汚点として残ったと考えられる。

渋沢のコンプライアンスに関するリテラシーは、現代のレベルに匹敵するほど高度なものであった。なぜなら、渋沢の論跡にはすでにバブル期に日本人が犯した失敗を戒める言葉が多くみられるからである。そのようなコンプライアンス・マインドをもった渋沢が親密企業や組織に浮利を追わしめたことに忸怩たる思いを抱かないはずはなかった。

浪費と倹約に関する渋沢の考え方の特徴として、浪費だけでなく行き過ぎた倹約を戒めるという点があげられる。過度の倹約を戒める渋沢の考え方の特徴は、倹約を消費行動や投資行動における放縦の戒めとしての、「精神的な縛り」と捉えていたことである。つまり、「倹約を旨として支出を我慢すべし」という教条主義的な倹約の考え方ではなく、前向きな支出はすべきであるが、目的のない気まぐれな支出は戒めるという考え方である。

富貴に関して渋沢は、富者たらずとも貴者たることを目指していた。渋沢栄一と岩崎弥太郎の企業の本質をめぐる議論において、渋沢が独占に反対し株式会社組織の重要性を主張したことや、渋沢財閥が存在しないという事実をもってすれば、渋沢が富者たることに価値を見出さなかったことは明らかである。

その一方、渋沢は貴者たることに強い思いを抱いていた。渋沢にとって貴者とは、富を正当な動機と適切な手段によって求めるのみでなく、常に視線の先に国益を置き、そのために合理的に富を用いる者のことであった。

渋沢が尊崇した伊藤博文は、その地位を利用して不正蓄財をしようとすれば可能な立場にあったが、それをせず政治家としての本分を全うした。一方、企業家である渋沢にとって貴者であることとは、会社組織を通して正当に得た利益を産業発展のために適切かつ合理的に再投資することであった。

そのような再投資の繰り返しが、渋沢をして500社余りの企業設立に関与させることとなった。そして、その過程で渋沢が私利を追わなかった証左が渋沢財閥の不存在であった。渋沢は論語の本旨に照らし、企業家として貴者たるに相応しい行動をその生涯を通してとり続けた。

【注記】

（1）渋沢栄一『論語講義（１～７）』（講談社学術文庫、1977年）。
（2）渋沢栄一「先進第十一第17章」『論語講義（四）』（講談社学術文庫、1977年）174～181頁。
（3）朱熹著、土田健次郎訳注『論語集注３』（平凡社、2014年）249頁。
（4）渋沢、前掲書（四)、「先進第十一第18章」178頁。
（5）宇野哲人『論語新釈』（講談社、1980年）317頁。

（６）荻生徂徠著、小川環樹訳注『論語徴Ⅱ』（平凡社、1994年）113－114頁。朱熹著、土田健次郎訳注『論語集注３』（平凡社、2014年）253頁。
（７）三島毅『論語講義』（明治出版社、大正６年）236頁。
（８）渋沢、前掲書（四）、「先進第十一第18章」179頁。
（９）渋沢栄一「里仁第四 第16章」『論語講義（二）』（講談社学術文庫、1977年）52～55頁。
（10）三島毅『論語講義』（明治出版社、大正６年）82－83頁。
（11）荻生徂徠著、小川環樹訳注『論語徴Ⅰ』（平凡社、2011年）167－168頁。
（12）大江清一「義利合一説の思想的基盤 －三島中洲の義利合一説の考察－」『埼玉学園大学紀要経済経営学部篇』（第16号、2016年12月）。
（13）渋沢、前掲書（二）、「里仁第四第16章」54－55頁。
（14）渋沢、前掲書（二）、「里仁第四第16章」54頁。
（15）渋沢、前掲書（二）、「里仁第四第23章」65頁。
（16）宇野哲人『論語新釈』（講談社、1980年）110頁。
（17）渋沢、前掲書（二）、「里仁第四第23章」66頁。
（18）渋沢、前掲書（二）、「里仁第四第23章」67頁。
（19）渋沢栄一「述而第七第11章」『論語講義（三）』（講談社学術文庫、1977年）40～46頁。
（20）宇野、前掲書、188頁。
（21）渋沢栄一「述而第七第11章」『論語講義（三）』（講談社学術文庫、1977年）42頁。
（22）渋沢、前掲書（二）、「里仁第四第５章」16－25頁。
（23）渋沢、前掲書（二）、「里仁第四第５章」17頁。
（24）渋沢、前掲書（二）、「里仁第四第５章」20頁。
（25）渋沢、前掲書（二）、「里仁第四第５章」20頁。
（26）渋沢、前掲書（二）、「里仁第四第５章」20頁。

第10章

三島中洲の義利合一説

―成立経緯と国家観―

はじめに

本稿の目的は、三島中洲が提唱した「義利合一説」の特質を、その成立経緯や国家観を踏まえて明らかにすることである。三島中洲は、江戸末期から明治、大正期にかけて活躍した漢学者、教育者であると同時に司法実務を通して近代日本における司法制度の確立に尽力した法律家であった。

義利合一説は、中洲より９歳下でほぼ同時代に生きた渋沢栄一によっても同じく提唱された。渋沢の思想は、「道徳経済合一説」、「義利合一説」あるいは「論語と算盤」という言葉で要約されるように、利益を追求する商売の世界に秩序と規律を重んじる考えを取り入れたものであった。本稿では、基本的にこれらの思想を「義利合一説」という言葉に統一して論考を進める。

中洲の義利合一説を考察するうえで重要なポイントとなるのが、同時代に同じ思想を唱えたこの渋沢の存在である。義利合一説をほぼ同時期に提唱した、法曹界の巨人と経済界の巨人の思想を相対比較することは、より鮮明に義利合一説の核心に迫ることを可能にすると考える。

しかしながら、本稿の主題は中洲が提唱する義利合一説の内容を考察することであり、渋沢の義利合一説との並列的な比較を行うことではない。したがって、中洲の思想に見られる主要な概念ごとに渋沢の所説を引用し、都度考察を加えるという方法を採用する。本稿で渋沢を頻繁に取り上げるのは係る事情によるものである。

儒学の蘊奥を究め、浩瀚なる漢籍の素養を身につけた中洲は、広く古今の経書にも通じていた。また、その学問的見識に基づく主張は「義利合一説」

にとどまるものではなかった。さらに、渋沢の主著である『論語講義』の各章の講義冒頭には、「物徂徠曰く」、「亀井南溟曰く」と並んで「三島中洲先生曰く」という記述が頻繁に見られる。同時代に生を受け、個人的な交流もあった中洲の渋沢に対する影響は、荻生徂徠や亀井南溟よりもさらに大きかったと考えられる。

本稿では、中洲の『論語講義』と『中洲講話』を中心に置き、渋沢の『論語講義』の内容を踏まえて義利合一説の考察を行う。

第1節　義利合一説の成立

本章では、(1) 中洲が義利合一説を想起した経緯、(2) 陽明学者としての中洲の義利合一に対する基本的な考え方、(3)「利」に対する中洲の理解、の3つに焦点を当てて義利合一説を考察する。

中洲が義利合一説を想起した経緯については、親交のあった渋沢とのやり取りの記録に基づいて、両名がそれぞれ独自の経路を辿って義利合一という同一のアイデアにたどり着いたという、いわゆる「同工異曲」の実態にアプローチする。

1－1　義利合一説の生成経緯

中洲は義利合一説を想起したいきさつについて、「凡学問は知行の二字を出ない、先づ學問をする始りは物の道理を研究し知るが始まりでございますけれ共、詰り知るのは行の爲です、其の知る方では成る丈け分析をして知らぬければなりませぬ、併し行ふになると、分析したものを一緒にして行はぬければ役に立たぬ、それで此合一説といふ事を思付きましたのですが、……」と述べている(1)。つまり、中洲は知行合一から発して、「知」を道徳、「行」を経済と置き換えて、知行合一から義利合一を導き出したとしている。

また中洲は、義利合一説の根源について、「……研究する時分には、道徳は道徳、經濟は經濟と別けて研究せぬければなりませぬが、行ふ時にはモウ一つになつて仕舞ふことであります、此説の出る根源は、私が平生尊奉する陽明學の理氣合一、知行合一の工夫を實行することと御承知願ひたい」と述べている。[2] つまり、中洲にとって義利合一説とは、陽明学に淵源を有する思想であり、その中核をなす考え方は、「理気合一」と「知行合一」に集約されるということになる。

「義利合一論」と「道徳経済合一説」の関係について渋沢は、「三島中洲先生が拙宅をお訪ね下された時に、これをご覧に入れると、先生もかつて義利合一論を起草になったことがあるというので、小山氏の画を見られてから、特に余のために論語算盤説の一文をご起草になり、ご自身に〈ママ〉拙宅までお持ちになって、余にお贈り下された。余は中洲先生のこのご好意を、非常にありがたく感じてご寄贈の一文は装潢（そうこう）して、珍蔵しているが、先生のお説は、余が平生胸中に懐く経済道徳説を、経書によって確乎たる根拠のあるものにして下されたもので、余の論語算盤は、これによって一層光彩を添えたような気がするのである」と述べている。[3]

これらの言葉をもって判断するかぎり、渋沢は自説が中洲の義利合一論から派生したものではなく、渋沢独自の思想と認識していると理解される。「義利合一」と「道徳経済合一」は従来同義として用いられており、その区別も明確ではなかったが、経済世界において秩序と規律を重んじる考え方に対して、主として中洲は「義利合一」と呼び、渋沢は「道徳経済合一」を唱えている。

渋沢は慇懃な言い回しながら、道徳経済合一説の創設者が中洲であるとは決して認めていない。「義利合一」とは言辞的には異なるものの、同内容の「道徳経済合一」の考え方は、あくまでも渋沢自身がその企業家としての活動を通して論語に胚胎する義と利の同一性を導き出したものと自負していた。それどころか、むしろ中洲の義利合一説は渋沢の所説を理論的にバックアップするものであるとさえ考えていた。

義利合一説の主唱者が中洲と渋沢のいずれかという点は明らかではないが、その先後関係を明らかにする意義はあまり認められない。むしろ、中洲の義利合一説と渋沢の道徳経済合一説が同工異曲の思想であるとすれば、その「異曲」を明らかにして両者の相違をきわ立たせることが、思想内容のより深い理解につながると考えられる。

1－2　陽明学との関わり

前節の通り、中洲は、義利合一説の淵源を陽明学の「知行合一」、「理気合一」の考え方に求めている。それが明確に表れているのが中洲の以下の説明である。

「此説の出る根原は、私が平生尊奉する陽明學の理氣合一、知行合一の工夫を實行することと御承知願ひたい。一つ道德と經濟の根元から御話を申し上げませぬと基が立ちませぬ、基は何處から出たといふと、是は皆様御承知の通りに孔子の言葉に誠者天之道也誠之者人之道也といふことがあります、是を道德經濟の根元と申すのは、天は誠一つのものでありますが、その誠といふは平たく言って見れは、嘘を付かぬと云ふ事で、何を嘘を付かぬかと尋ねて見ると、天といふものは唯萬物を生養し化育することを仕事にして居る、それに誠がありて嘘のない、その萬物を生育するのが是が即ち天自然の經濟である、所が萬物を生養化育するにはチャンと一定の條理が定まつて居ります、陰陽が互に代り四時が循環し日月が迭に出て風雨霜露交々至ると申す様に年々變りませぬ、萬古一轍である、その通りにチャンと一定の條理が立て居りますから、萬物を生養するに眞に誠て、一時一刻息むことも無ければ、一點の虚僞も無い、此嘘の無い處が即ち天の道德、これを天の道と云ふのであります、然るに其道は、萬物を生養する道で二つではない、唯一定の條理があるより道德と云ひ、萬物を生育する方より經濟と云ひ、二つに分析して見るまでゝ、天に二つはない、一天で道德經濟が合一して居ります、是れが人間の道德經濟の根元になるのです。(4)」

中洲の説明を解釈すると、道徳、経済ともにその根源は「天」であるということになる。その天は嘘をつかない誠一つのもので、万物を生育する天自然の「経済」と、その条理を形成する「道徳」を一つのものとして含んでいる。したがって、一天で道徳経済が合一しており、これが人間世界での道徳経済の根源ということになる。

中洲はさらに、「天の経済」と「人の経済」の関係について、「萬物は皆天の生養したもので天の一部分である、その中で人間は萬物中の霊なる者で、生理を自然と能く知つて居るから、銘々自ら衣食住を營み、自ら生養を以て天の性情を全うして參る、その衣食住を營むのが即ち人の經濟で、天の經濟を受けた人が自然に皆經濟をやつて行きます、それでマア根元は天というのであります」と説明している(5)。

天は万物の創造主であり、人間はその被造物の頂上にあるため、天の摂理を理解して自ら衣食住を営む。つまり、天の摂理の一環として天の経済があり、その摂理を理解した人間が、天の経済を手本として人の経済を営むことになる。この考えは、「天の経済」と「人の経済」が対等に比較される二元論ではなく、「天の経済」の反映として「人の経済」を捉える考え方である。

天の摂理の一環である経済は、人の経済に投影されるが、それを営む人間は、地上に放たれた天の被造物であるがゆえに不完全であり、天の摂理を十分に反映した経済運営を行うには、天の摂理のエッセンスである道徳を、経済と一体化して捉える必要があるということになる。

このように、中洲が唱える義利合一説の根底には、「天」という概念が不可欠であり、天において道徳と経済が当初から合一していたと考えれば、天の摂理を反映した「人の経済」に対して、道徳が不可分に結びつくという論理が説得性をもつ。

この理解に基づいて、「義」を道徳、「利」を経済に対置させると、義利ともに天にあり、その投影が人間世界の義利であるということになる。義利ともに天を淵源とし、天にある間はごく自然に両者が合一しているが、天を離れて人間世界に降りてきた途端に、人間の不完全さゆえに両者が離反するという事態が生じる。

これを天にあると同様の状態に保つためには、意識的に両者を合一させる努力を行うことが必要となる。つまり、義をもって利を得ること、すなわち、道徳をもって経済を営むことが必要となる。このように理解すると、中洲の義利一元論は「天」の概念に根本的に依拠する考え方であることが確認できる。

中洲はその著書『中洲講話』において、「夫れ人間の義利は即ち天上の理集なり、先づ理氣より説出さん、天井の蒼々たるは、萬物を生育するの一元気あるのみ、此の一元氣を太極とも云ふ、漢書に、太極元氣函三爲一とあり、又注疏に太極謂天地未分之前元氣而爲一等にて古説知る可し、宗儒一理を以て太極を説くは後世の謬説なり、聖人此の一元氣中に就きて自然の條理を見出し、元亨利貞と云ふ、即ち王陽明が所謂理者気中之條理なり、而して此の理と氣とは、唯一物に付、指し處にて、名を異にするのみ、決して二物には非ず、即ち陽明が所謂理氣合一なるものなり、宗儒は、太極の一理よりして天地萬物を生するとて、理氣を先後に分けて説けども余は取らず」としている(6)。

宗儒、つまり朱子学が真理や道理等の形而上的な本体である「理」と、現実に発生する事象や物事である形而下的な「気」を別のものとしたのに対して、中洲は陽明学の考え方に則り、理気が唯一不可分のものであるとした。

「人間の義利は即ち天上の理集なり」という中洲の言葉は、義利が天にあって真理を集めたものであり、その真理が現実の事象と不可分なものであるとすれば、「義」（道徳）と「利」（経済）が不可分であることは言うまでもないという考えを表している。そして、中洲はこの考えを自然の摂理、つまり、元亨利貞にかなうものであるとした。

さらに中洲は、「宗儒は、……理氣を先後に分けて説けども余は取らず」として、「義あってしかる後に利あり」、「利あってしかる後に義あり」のいずれも正しくなく、義と利の間には先後関係はないとしている。

中洲は陽明学の基本概念である、「知行合一」をもとに、「義」（知）と「利」（行）を不可分なものと説き、「理気合一」をもとに天上の摂理から説き起こして、「義」（理）と「利」（気）が同じく不可分であると主張した。

1－3　「利」に対する三島中洲の考え方

中洲は『易経』の文言伝にある「利者義之和也」という記述について解説している。中洲は、「義を行ふ結果は必ず利益を得るものだといふのです、義は道徳、利は經濟、どうしても道徳と經濟が離れぬといふことは分かりませう」と述べて、易経の文言伝に義利合一論の根拠を見出している。また中洲は、易経の繋辞伝、大学、三蔵、周礼、礼記等における経済に関する記述を引用して、義利合一論を説いている(7)。

中洲は易経の繫辞伝、大学、三蔵、周礼、礼記等の経典のなかから大学を取り上げて、「大學の初には彼の誠意正心とか致知格物とか申して道徳上の深遠高尚な工夫が述べてありますけれ共、之を實際の家國天下に施して行くといふ時には、衣食住に依らぬければ、食はず飲まず、衣ずといふのぢや格知誠正も出來ない、それから末に生財有大道と言うたものである、それを學者は兎角初の方の格知誠正とか何といふ空理ばかりを言つて、折角結構な理財の話があるのに、それは格別氣を附けて讀まない、大きな間違いであります」と述べて理財の重要性を強調している(8)。

このように中洲は漢学者らしく、陽明学の所説に依拠するにとどまらず、広く漢籍を猟歩して義利合一説の根拠を確認する作業を怠らなかった。また、中洲は朱子学を批判して、「利は本と元享利貞の利で善道なれども、其道を得ざれば、利己という私利に陥り易い弊害が尤も多ひ……それで孔子が利を重んじたこと此の如し、之は朱子などが利は悪いものだから、そこで罕に言はれたと解くのは見當が違ひます、悪ひものなれば罕れ所では無い、丸で云はれぬ筈じや、利は即ち衣食住の經濟、人即ち一日も無くではならぬ大切のもの故に、仁命の大切な道徳と並べてあるのじや、それを悪むものと見るのは、ホンの學者の見識であります、經濟しらずである」と述べている(9)。

中洲は、「私利」と「公利」の相違について、「全體利には公利と私利とあります、我も利し人も利するのは公利で、自分ばかり利して人を利せぬ、人の物を取つても自分の物にしやうといふことになると私利になる、説き様に依つて大變違つて來る、是は孟子が梁の惠王の利己主義を全く斥けてさうして仁義の公利を勸めたのであります、仁義は即ち公利ぢや、それはどうしてさうなるかといふと、……我が人に利益を附けてやると、人の方から我を仁德ある者と言つて呉れるといふことぢや、さうすると仁と利とは引繰返して言ふ時には、名が違つて來る斗りで一物である、自分ばかり利すると利となり、人を利すると仁になる、だから公利は即ち仁義だ、利と仁とは唯公けといふ文字が附く附かぬの差丈けであります」と述べている(10)。

中洲は、「公利は即ち仁義だ」とし、公利の定義に「国」の概念を重ね合わせてはいない。つまり、商売相手や競争相手との関係において極度に強欲にならず、フェアなやり取りのなかで商売仲間と共存を図る姿勢を、公利を重視する考え方としている。したがって、「国臣」を自認し、商売関係者だけではなく、国全体を視野において公利を規定した渋沢の考え方とは異なっている。

中洲の考え方の特徴は、「利」と「仁義」を関連させ、公利を重んじる者は仁義に篤い者であり、したがって、公利を重視する者は仁徳ある者として尊重されるというものである。本来「利」は「義」と対応していた。つまり、義利は合一であるがゆえに、利を追求するにあたっては義に依らなければならないというのが本来の考え方である。しかし、「利」を「仁義」との関わりで理解すると、その意味合いはかなり変わってくる。

義によって利を追求する者は、道徳を心掛けている者であるがゆえに尊敬もされようが、しかしそれは付加的なものであり、むしろ義に従うことは義務である。中洲がいうところの「我が人に利益を附けてやる」ことを仁義によって行うことは、義に従って利を追求することとは異なる。それは、市場原理とは別次元で商売相手に情けをかけることを意味する。利と仁義を関連させると、経済活動そのものに社会福祉的発想を取り込んだ「仁徳的経済活動」ともいうべき次元の話になる。

経済活動は市場原理に則って実践すべきであり、冷徹な競争原理のなかでの市場参加者の淘汰は不可避であると考えていた渋沢の厳しさは、中洲にはなかったといえる。渋沢の考え方は、経済活動を支配する市場原理は厳然として存在し、公平でルールに則った競争、つまり、「道徳に則った経済活動」を行った結果が、市場原理のしからしむるところのものであるとすれば、市場参加者はその結果に甘んじて従うべきであるというものである。

この点が、渋沢と中洲が同じく義利合一説を主張しながらも、その主張内容が相違していた部分と考えられる。渋沢から見ると中洲の主張する義利合一説は、自説と「同工異曲」のものであり、その「異曲」の一つが経済活動における仁義についての両者の認識の違いであったと考えられる。

第2節　三島中洲の国家観

中洲の義利合一説を検討するにあたって、その国家観を理解しておくことは不可欠である。法律家である中洲は、国家学や憲法学の観点からも独自の国家観を有していたと考えられる。しかし、本章で展開される中洲の国家観の対象は、経済社会の枠組みとしての国家制度であり、そこでは君を頂点とする国家において、天の概念から導き出される仁の道徳と衣食住がともに語られる。

中洲は国家を語るにあたって、有形の現象の深奥にある仁や道徳等の形而上的なものと、衣食住等に代表される形而下的なものを並列に論じる。

2－1　国家と義

中洲に従って、「人の経済」を「天の経済」との関わりで捉えた場合、一家の経済、一国の経済というように経済の規模が増大するにつれて、人の集まりからなる経済社会という概念が生じてくる。この場合、一家の長である「父母」、国家制度の頂点にある「君」の、人の経済における位置づけを明確にする必要が生じる。

中洲は、「人となった以上は、天に繼いで段々と子を生んで行く、その人が一人前の衣食住を自ら營む端緒を啓く者は父母で、又その人々の衣食住を保護し世話する者は是れ人君、一國の君であります、それで君臣たる者は皆忠勤を致し君上の衣食住を裕かにしてあげませふといふので、年貢を出したり、役義を務め何かして君恩を報する、タマサカ君の御有ちなさつてる御國の衣食住を害する所の敵國外患があると云ふと、生命も擲つて君の御恩に報ずる、又子孫なる者は、自分の衣食住の端緒を啓いて呉れた親先祖に對する孝行といふことを以て、父祖の衣食住を安穏に出來得る様に、孝養を致す所から、忠義だの孝行だのといふ道徳が生じて參る」として、経済の概念から忠孝の考え方を導き出している(11)。

また中洲は、「天」の概念から「仁の道徳」という考え方を導き出している。つまり、「天から見ました時に、モゥ人種は假令色が黄からうが白からうが黒からうが、それに拘らず、全世界の人間は是れ一つの親の生んだ兄弟である、孔子が四海之内皆兄弟也と申される、それは甚だ狭い話、四海どころでは無い、全世界地球上の人間は天の生んだ兄弟同胞である、兄弟同胞であつた時には、互に和親愛をし相補助をして、さうして皆衣食住を營まぬければならぬ、それを指して仁の道徳といふ」との考え方を示して、仁愛を重視しなければならない根拠を示している[(12)]。

さらに中洲は、仁の道徳から説き起こし、「それでその博く相親愛し相補助して衣食住を營む間には、互に交際が始まり、貸借もせねばならぬ、交易もせぬければならぬ、相救ひもせぬければならぬ、色々な事が混雑して參ります、其間に自利は固よりで、自分を利せぬければ自分の衣食住が出來ない、又他の者を世話して利益さする樣に利他もせねばならぬ、此通り自利他利即ち自愛他愛し、互に相妨げ相損はぬ樣に致すに於ては、自ら之を處置する丁度宜しい道が一々細かな處まで有るに相違ない、其宜しき道を指して之を義といふ、して見まするると仁義だの忠孝だのといふことも別なことでは無い、皆經濟中の道德だ、衣食住を治める間の道德、チョッとも道德と經濟と離れるものぢあ無い」として、「自利他利」、「自愛他愛」の重要性を強調している[(13)]。

中洲は、完全無欠な「天の経済」との対比において、「人の経済」がより忠実に天の経済を投影したものとなるために必要なものとして、「忠孝」、「仁愛」をあげている。

中洲は、経済システムとしての国家である「人の経済」を機能させるための条件として、立憲君主制下における「君」としての天皇の存在を前提に、「民」である一般国民の「忠」と、当時の家族制度を前提とした「孝」の重要性を説いた。さらに、「仁愛」の意味を自利他利すなわち自愛他愛としている。

中洲の解釈によると、「義」は自己愛のように人間の本性としてごく自然に注がれる愛情だけでなく、他者愛を抱くための精神的な規律である。たとえ情愛が自然に醸成されるような環境下になかったとしても、本来愛すべき相手に注がれる愛情を正しく有するための規律が「義」である。つまり、愛情をもって接すべき相手との経常的なやり取りは、すべて経済に関係しており、それに不可避的にともなうのが義であるというのが中洲の理解と考えられる。そして、この義に基づいて国家が運営されることが、中洲の理想とする国家観であった。

中洲の国家観は、明治期の政治体制と家族制度を前提としたものであるため、現代にそのまま適用できるものではない。しかし、「人の経済」がまさに人によって構成されているかぎり、経済システムとしての国家の枠組みに魂を入れるとすれば、少なくとも「自利他利」の精神は現代においても不可欠である。

2－2　国家と衣食住

中洲は、子供に対して平等に接する親を天に例えたうえで、子供が利己的に振る舞うことを、天から見た個々人が利己的に振る舞うことと重ね合わせて戒めている。そして、天の誠を修めることが人の道であるとしている。

また中洲は、「……人君たる人が天下を治める經濟を一つ論じて見たいと思ふ、……之を約めて正味を申せば、矢張り衣食住に落る、先づ文德を以て天下萬民に衣食住を授けるが一番君の政事である、それから武備を以て兵隊を養ふたりするのは何だと思へば、矢張り萬民の衣食住の保護をするので、外患、敵國から我國人民の衣食住を妨げる、それの守りをして防ぐ、衣食住の爲の兵隊であります、色々學校を設けて諸生を敎へるといふのも色々物資の學問を以て衣食住を拵へる基を作る、又その衣食住の中に必ず道德といふ條理が有る、それに負かぬ様に道德を敎へる、又法律といふものが設けてある、是も亦衣食住をする中にも不道德な者が有つて人の衣食住を妨げたり佼したりするから、それを法律で糺すといふやうなことで、色々の役所が建つて皆役人がやつて居りますけれ共、之を約めて言ふと人民の衣食住の世話に出ない、それが人君の政治であります」と衣食住を中心とした国家観を語っている。(14)

中洲は、国家の本質は国民が衣食住を全うできることであり、トップに立つ人はそれを平穏に保てるがゆえにトップたり得ると考えていた。つまり、中洲にとって国家の本質は衣食住であり、それを担うのが経済である。そして、その経済を、規律づけをもってコントロールするのが道徳であるというのが中洲の論理である。

この点について中洲は、「さうして見ますると結局衣食住の外には政事も無ければ經濟も無いと言つても宜い、さうして其道徳といふものは、どんな處に行はれるかといふと、矢張り經濟の中に行はれる、經濟といふもの無くして、道徳というふものは何処に施しますか、別に施し行ふ處は無い譯だ、さう云ふ方から言ふと、モウ經濟の外に道徳は無いと言つても宜い、又それを引繰り返して道徳をスッカリ無くして唯經濟經濟で衣食住のみをやらせるとサアそれから僥倖する者も出來る、冒険というふことも出來る、詐僞をする者も出來る、盗賊をするといふ事も出來る、皆銘々利己主義で勝手ばかりの經濟をやる、マア一時はそれて支へることも出來、僥倖も當ることでありますが、迚も是は永久するものぢや無い、そんな經濟では本當の經濟ぢや無い、して見ると道徳の外には經濟は無いと言つて宜しうございます、そこで道徳經濟といふものは、どうしても合一にして離れるに離れられぬものだ」と述べて、衣食住の重要性を説くとともに、義利合一説の論拠を明確に示している。[15]

中洲は衣食住を重視する根拠を陽明学の主張だけでなく、中国古代史や『書経』、『詩経』等の原典に求めて自説を展開している。中洲の義利合一論の一根拠である衣食住の重要性に関する主張は、陽明学だけでなく、儒学や漢籍の浩瀚な知識に支えられていた。中洲は義利合一説の典拠を中国古代史上の史実や経書に広く求めるとともに、自身が信奉する陽明学の簡明な基本理念を、一般大衆を啓蒙するための論理として用いた。

第3節　義利合一説の考察

本章では、渋沢の所説や中洲に関する研究者の見解等を参考に、中洲の義利合一説を特徴づける諸概念について考察を加える。

検討の切り口としては、義利合一説の根幹をなす義利一元論、国家と個人の関係に加え、義利に対する原義的な視角、の3つを取り上げる。原義的な視角を加えたのは、論語をはじめとする漢籍が表意文字である漢字で成り立っているとすれば、「義」と「利」には各々の文字が有する原義があり、それが義利合一を考察するうえでの切り口になると考えたからである。

3－1　義利一元論

本節では前述の中洲の義利一元論を渋沢の所説と比較することによって検討を加える。天においてはごく自然に合一であった義と利が、人間世界に降り立った途端に離反するという中洲の理解は、まさに完全無欠な天に比して人間の愚かさを認識したうえでの、経済社会の現実的な捉え方である。

渋沢と同時代に生きた中洲は、明治期の法制度とその運用に深く関わる立場にあって、義と現実世界の狭間に身を置いていた。その意味では、三島中洲、渋沢栄一ともに時代の子であり、かつ現実世界における実践者の立場から義利一元論を提唱した。

渋沢の考え方に従うと、そもそも現世においてすでに「義」と「利」は合一していたということになる。義利が合一していた時代について渋沢は、「さて古人が富貴なれば道徳より離れ遠ざかるように思うに至った原因は何れにあるや。余が考うる所では、仁義道徳を教うる人とこれを行う人とが同一人である時代は、決して右様の考えを持つ人はなかったのである。堯、舜、禹、湯、文、武の頃は、政教が分業にならず、教える人はこれ行う人で自ら教えて自らその教旨を実行しておった。ゆえに行い得ざる所を教えたる所に反して行うようなことはなかったのである。すなわち仁と富とあい和合し、義と利にあい一致して互に離れ遠ざかるような場合生ぜざりき」と述べている。(16)

渋沢によると、政教が一致していた中国古代の統治体制は、為政者の言行不一致つまり知行が合一しない状況を許さない仕組みとなっており、義利は必然的に合一していた。しかし、政教が分離して為政者の言行不一致が明らかにならない統治体制下において、徐々に義利が合一しなくなったというのである。この渋沢の考え方の背後には、義利合一の淵源を知行合一に求めるという認識がある。その点において、陽明学的な中洲の考え方の影響が明らかに存在する。

義利一元論に関する中洲と渋沢の「異曲」は、中洲が「人の経済」における義利合一を説明するにあたって「天」の概念を採用したのに対して、渋沢は中国古代の賢王である堯、舜、禹、湯、文、武の事績を理想とし、それを現実社会との比較材料としたことである。この点に、中洲と渋沢の「天」に対する認識の相違が認められる。

3－2　国家と法律

溝口貞彦は、中洲の「天にありては理、人間にありては義」、「法律はもと義からいづ。故に義は不文の法、法は成文の義というて可なり」という言葉を引用して、「『義』とは義理ないし正義であり、それは自然を律する法律として現れる。……『義』とは、つまり『法律』に他ならない」として、中洲の義と法律との関係についての認識を明らかにしている[(17)]。

中洲にとっては法律が国家そのものであり、法律に関わる仕事をしていること自体が、国家事業であった。それに対して、渋沢は株式会社組織をもって利益を追求する企業を設立して世に送り出し、自らもその経営にあたることを国家事業として実践した。

中洲は国家と個人の「利」を区別した。個人の場合は、利己的あるいは道に外れた方法によって得る利益を「小利」(私利)、正当な方法で得た利益を「真利」とした。一方、国家の場合は、個人に存在した小利と真利の区別が存在しない。国家の利益は真利、小利の区別なく追求されるべきであるが、個人の利益は真利のみが追求されるべきであるというのが、中洲、渋沢に共通する理解である[(18)]。

中洲の場合は、「法律＝義＝国家」という認識に基づいて法律に関わる仕事に従事していた。したがって、中洲の義利合一説の実践は、法律を介して国家事業に従事するという図式のなかで行われ、そこで真利と小利の矛盾や軋轢に悩んだ。

これに対して渋沢には、「義＝法律」という図式は存在せず、「義＝国家＝経済」がその基本認識であった。つまり、中洲と渋沢の合致点は、「義＝国家」の部分でこれが両者の認識の共通点、いわば集合論でいうところの積集合を形成するものであった。

渋沢は私企業を設立し経営することを通して国家事業を行っていたため、

そこには自ずから、「真利」と「小利」を弁別し、設立、経営のプロセスを通して事業に従事する後続者を啓蒙し続ける必要があった。中洲と渋沢は義利合一論の基底で固く結びついてはいたものの、その実践においては、公にあって司法に携わる者と、野にあって企業家として活動する者の違いが存在した。

渋沢にとって中洲は、論語を中心とする儒学教義の蘊奥を究めた理論家であり、儒学知識の不足を輔弼してくれる存在であった。一方、中洲にとって渋沢は、日本の資本主義勃興期から企業家として実践を積み上げげた存在で、義利合一論を経済界で体現してくれる存在であった。

中洲は、儒学者山田方谷の門下として備中松山藩の財政再建に関わった実践者としての経験を有することから、渋沢の企業者としての活動に対しても理解を有していたと考えられる。このように、ともに義利合一論に礎を置き、それぞれの分野で実践躬行する中洲と渋沢は、互いの不足部分を補い合いかつ尊重し合う相互補完の関係にあった。

3－3　義利の原義的検討

諸橋轍次は「義」、「利」の文字の成り立ちから、そもそも両者は同根であると説いている。諸橋は、「義といふ語は實は仁に配せられるに先立って、先づ利と連稱せられたのである。文字の説明に従へば、利は禾刀に従ひ、義は羊我に従從ふ。即ち利は刀を以て禾（穀物）を刈取るの意であり、義は古の家畜の代表たる羊を、我が物にする意味である。即ち利と義とは根本に於て極めて相通ずる所がある」と述べている[(19)]。

また諸橋は、この2つの文字が原義を離れて相反する意味を有するに到った経緯について、「然るに其の後自然の間に利は形而下として、物質的方面に用ひられる慣例となり、義は形而上として、精神的の意に解せられる事が多くなって來た。この用例の變遷が生じて來ると、此の二つの概念は相背馳する概念となり、自然其の間に公私の心の區別によるものと解せられるに至った」と述べている[(20)]。

「義」に関して白川静は、「我は鋸の象形。羊に鋸を加えて截（き）り、犠牲とする意。その牲体に犠牲として神などに供えるのに欠陥がなく、神意にかなうものとして『義しい』の意が生まれる」として、義が形而上の意味に近づく過程を説明している(21)。また白川は、「利」について、「利は刀を以て禾穀を刈るので鋭利の意があり、収穫を得るので利得の意がある」として、利が形而下の意味に近づく過程を説明している(22)。

義利合一説の根底に、義と利が原義において同根の意義を有していたことについての認識の有無は重要である。義と利の合一を説明するにあたって中洲は、万物の創造主である天という概念に基づいて、「天の経済」の反映として「人の経済」における義の必要性を論じた(23)。義と利の原義より、それらが同根であることに基づけば、義利合一論の思想的淵源はさらに説得的に記述し得たはずである。

「天」という概念をもち出すまでもなく、形而上、形而下を示す意味に分化し、経済と道徳に対比される義と利は、そもそもは同根であるがゆえに合一されるべきであり、したがって、経済は道徳と一体として運営され進化すべきものであると説明すれば、原義に則った整合的な説明になる。

しかし、「義」と「利」の原義を知悉していたにもかかわらず、中洲は字義解釈による自己完結的な説明に終始することはなかった。

なぜなら、原義解釈に拘泥すると、天の概念が含まれないまま説明が完結し、そこに「天」の概念を組み込むことが困難になるからである。義利合一説の中核に天の概念を据え、創造主たる天の存在を大前提としたところに、中洲の論語理解における宗教的特質の一端が潜んでいると考えられる。

中洲が設立し、その後渋沢が第三代舎長を務めた二松学舎の理念として、「高論卑行」、「義利合一論」の2つがある。高論卑行について中洲は、「学問は実に宇宙間のこと人間の智慧の及ばぬ所まで研究して高論をせねばなりませぬ、是は即ち博学の訳でありますが、唯高論したばかりではいかぬ、是を人間界に落して卑しく行はんければ何にもなりませぬ」と述べて、「知行合一」の思想を説明している(24)。

渋沢が中洲の理念を理解して舎長を務めた二松学舎の2大理念のうち、「高論卑行」は「知行合一」に淵源を有し、「義利合一論」は「理気合一論」に淵源を有すると考えられる。中洲、渋沢ともに、義利合一説の論拠を陽明学の「知行合一」と「理気合一論」に置いている。中洲と渋沢はそれぞれ法律家、企業家と世間との関わり方は異なっていたものの、義利合一に関する根本思想では互いに深く繋がっていた。

小　括

本稿の目的は、三島中洲が提唱した「義利合一説」の特質を、その成立経緯や国家観を踏まえて明らかにすることであった。渋沢との比較によって析出された同工異曲の内容がすべてを明らかにしたとはいえないが、考察の結果浮かび上がってきた中洲の義利合一説の特質は、大きく「天の概念」、「利に対する考え方」、「渋沢への思想的影響」の3点に集約される。

中洲は、「人の経済」を「天の経済」が投影されたものと捉えた。そして、天の被造物である不完全な人間が経済を営むがゆえに離反する、義と利を一体化すべきことを説いた。

儒教信奉のスタンスに垣間見える宗教性を判断するモノサシを、「人間の手が及ばず眼に見えない存在をどの程度認めるか」という点に限定した場合、中洲は明白に「天」という絶対的な存在を認めていた。一方、渋沢にとって天に相当するのは、理想的な生活を営んでいた古代人や祖先であった。

中洲が宗教的熱情に裏づけられた精神的喜悦をもって儒教を信奉したかどうかは定かではない。しかし、大審院判事や東京帝国大学教授を歴任し、法的事実に則した現実的な論証を重視する立場にあった人物が真摯に天の存在を信じ、それを義利合一説の最重要の論拠としていたという事実を看過することはできない。

中洲は、山田方谷の下で備中松山藩の財政再建に携わった経験を有するが、それはあくまでも藩経済を舞台にしたものであり、日本に近代資本主義が導入される以前のことであった。それは、領民と対等な立場で資本の論理を働かせて経済改革を行うのではなく、支配者の立場から行う財政改革であった。そこでは当然ながら、藩からの指示や命令が絶対的な権限を有した。そのような状況下においては、藩主の深謀遠慮が領民の負荷への配慮となり、それが「お触れ」の内容に反映される。

藩主と領民という二項対立構造において、支配者がその指示内容にさじ加減を加えるとすれば、それは領主サイドからの仁義に基づいた配慮にほかならない。中洲が、利に対する考え方に仁義を取り入れ、「公利を重んじる者は仁義に篤い者である」としたのは、彼の出自や藩運営での経験に由来すると考えるのが合理的であろう。

利と仁義を結びつけた中洲の理解は、企業家にとって資本の論理がすべてである近代資本主義においては、遺憾ながら通用しなかったであろう。しかし、法律家として司法に従事した中洲は、国家に組み込まれた法体系を「人の経済」を理想に近づけるための仕組みと理解した。そして、その法体系に則って厳正な司法判断を下すことが中洲にとっての義利合一の実践であった。

中洲が山田方谷の下で体系的に儒学を学んだのに対して、渋沢の身近にあった先達は義兄の尾高惇忠であった。尾高は儒学を含め幅広い漢籍の教養を有する人物ではあったが、山田方谷のように学者として儒学を究めた人物ではなかった。

渋沢は陽明学以外に、荻生徂徠から亀井南溟、昭陽親子に連なる徂徠学、藤田東湖や会沢正志斎を中心とした水戸学の2学統からも影響を受けていた。渋沢が討幕の志士として高崎城を乗っ取り、横浜焼き討ちを画策したのは、青年期に接した水戸学の影響が大きかったと思われる。つまり、20歳代後半までの渋沢は思想的漂流者ともいえる状態にあった。

渋沢の『論語講義』には徂徠学の影響も多分にみられる。しかし、渋沢も中洲と同じく、義利合一の思想的淵源を、「理気合一」と「知行合一」に求めていたという事実を考慮すると、陽明学を通した中洲から渋沢への思想的影響は明らかに存在したと考えられる。

本稿の考察を通して、中洲が提唱した義利合一論の特質の一端に触れることはできたと考える。筆者の次の課題は義利合一説の精神が日本資本主義のなかでどのように生かされてきたのかを探ることである。その場合、義利合一説のもう一人の主唱者である渋沢栄一の思想と事績を考察することが必要となる。

【注記】

（１）三島毅「道徳経済合一説」『中洲講話』（文雅堂書店、明治42年）328頁。
（２）三島、前掲書、328頁。
（３）渋沢栄一「里仁第四第５章講義」『論語講義（二）』（講談社学術文庫、1977年）23頁。
（４）三島、前掲書、328－329頁。
（６）三島、前掲書、2頁。
（７）三島、前掲書、340頁。
（８）三島、前掲書、344頁。
（９）三島、前掲書、349頁。
（10）三島、前掲書、350頁。
（11）三島、前掲書、330頁。
（12）三島、前掲書、330頁。
（13）三島、前掲書、331頁
（14）三島、前掲書、333頁。
（15）三島、前掲書、333頁。
（16）渋沢栄一「里仁第四第５章講義」『論語講義（二）』（講談社学術文庫、1977年）20頁。
（17）溝口貞彦「中洲の「義利合一論」について」『陽明学 13』（二松学舎大学、2001年３月）148頁。
（18）溝口、前掲書、「中洲の「義利合一論」について」147－148頁。
（19）諸橋轍次『儒教講話』（目黒書店、昭和16年）215－216頁。
（20）諸橋、前掲書、216頁。
（21）白川静『新訂 字統[普及版]』（平凡社、2007年）169頁。
（22）白川静『字通』（平凡社、1996年）903頁。
（23）三島、前掲書、330頁。
（24）横須賀司久「山田方谷の門人について」『二松学舎大学論集 第34号』（二松学舎大学、平成３年３月）110－111頁。

第11章
義利合一説の特質に関する一考察
－渋沢栄一と三島中洲の所説の相互比較－

はじめに

本稿の目的は、渋沢栄一によって提唱された義利合一説の特質を、同説をほぼ同時期に提唱した三島中洲の所説と比較することによって明らかにすることである。

渋沢の『論語講義』各章の講義冒頭には、「物徂徠曰く」、「亀井南溟曰く」と並んで「三島中洲先生曰く」という断り書きが頻繁に見られることから、渋沢は中洲から少なからず思想的影響を受けていると考えられる。渋沢と中洲の義利合一説を比較するにあたっては、両者の出自、経歴、漢籍の知識等の異同をあらかじめ認識しておくことが必要である。

両者の相違点として留意すべきは、中洲が儒教思想家としての基礎を山田方谷から学んでいるのに対して、渋沢の思想的基盤の初期形成期において身近にあった先達は、義兄の尾高惇忠であったという点である。尾高は教養の深い人物ではあったが、山田方谷のような儒者ではなかった。渋沢と中洲を論語理解について比較検討するにあたっては、このような両者の幼少期からの論語への関わりの深度を考慮する必要がある。

中洲と渋沢は義利合一説の基底で強く結びついてはいたものの、その実践においては、法律行政に従事する者と企業者の違いが存在した。渋沢にとって中洲は、論語を中心とする儒教教義の蘊奥を究めた理論家であり、理論面から渋沢を輔弼してくれる存在であった。一方、中洲にとって渋沢は、日本の資本主義勃興期から企業家として実践を積み上げ、義利合一論を体現してくれる存在であった。このような両者間の相違によって義利合一説の理解も微妙な点において異なっていると考えるのが自然である。

中洲は、備中松山藩の財政再建に山田方谷の下で関わった実践者としての経験を有することから、渋沢の企業者としての活動に対しても十分な理解をもっていたと考えられる。このように、ともに義利合一説に礎を置き、それぞれの分野で実践する中洲と渋沢は、互いに欠けている部分を補い合いながら、尊重し合う相互補完関係にあった。

このような両者の関係性は、それぞれが実業界、法曹界において、いわば頂点をきわめた成功者同士で、かつ論語の精神を修得した人格者同士の関係であることから、存命中に義利合一説に対する理解の相違を互いに指摘したり、同説の提唱者としての優先権を主張し合うことはなかった。

本稿では、渋沢の主著である『論語講義』と、中洲の主著である『中洲講話』と『論語講義』に基づいて検討を行う[1]。義利合一説に関連する先行研究のうち本稿で参考にしたのは、松川健二の理気論に関する論文と、溝口貞彦義利合一説に関する両論文である[2]。

第1節　義利に関する三島中洲の考え方

1－1　中洲の理気合一論

中洲は、「夫れ人間の義利は即ち天上の理氣なり、先づ理氣より説出さん」と述べ、義利は天上の理気によって説明できるという立場をとる。中洲は続けて、「天の蒼々たるは、萬物を生育するの一元氣あるのみ、此の一元氣を太極とも云ふ」と述べる[3]。中洲は、義利を説明する根源である理気が存在する天には、太極とも呼ばれる一元気があり、それは万物を生成する源であると説明する。

そうであるとすれば、天上にあって万物を生成する一元気がいかなるものであるのかを明らかにすることは、義利を説明するための第一歩ということになる。つまり、一元気と理気の関係についての説明が学統によって異なれば、必然的に義利についての認識にも違いが生じることとなる。

中洲は、「宋儒一理を以て太極を説くは、後世の謬説なり」として、宋儒が理と気の両面から一元気を説明するのではなく、形而上の理のみで説明することは間違いであると指摘する[(4)]。そのうえで中洲は、「聖人此の一元気中に就きて、自然の條理を見出し元亨利貞と云ふ、即ち王陽明が所謂理者氣中之條理なり、而して此の理と氣とは、唯一物に付、指し處にて、名を異にするのみ、決して二物には非ず、即ち陽明が所謂理氣合一なるものなり」と述べている[(5)]。

中洲は、聖人たる孔子が一元気のなかに、自然の條理である元亨利貞を見出したとする。つまり、孔子が「万物の根源が成長し、開花して実を結ぶ」という自然の条理である元亨利貞を、天の一元気中に見出したとすれば、この条理は到底「理」のみで説明しうるものではない。したがって、聖人たる孔子と宋儒の間に根本的な考えの違いがあると中洲は述べる。

また中洲は、「而して此の理と氣とは、唯一物に付、指し處にて、名を異にするのみ、決して二物には非ず、即ち陽明が所謂理氣合一なるものなり」とする。つまり、天上の一元気の根源である元亨利貞は、理気一体で説明されるべきものであり、ここに「理気合一」の考え方が成立する[(6)]。

1－2　「理気合一」から「義利合一」へ

中洲は天上にある一元気の根源である元亨利貞から理気合一論を展開した。これを受けて、「人間の義利は即ち天上の理氣なり」として、理気と義利の関係を述べた中洲の論理を明らかにすることが必要となる。中洲はまず利についての考え方を説明する。

中洲は天上の一元気をもって人間の生きる活力を説明する。中洲は、「……人は此の一元生々の氣を受け、先祖より子孫に傳へて、生々する者なれば滿身活潑唯生を歓するのみ、既に生を欲すれば衣食居の利を求めて、此生を遂けんとするは、必然の勢なり」と述べる[(7)]。マズローの欲求５段階説にあてはめて考えれば、そこで述べられる生存欲求は、中洲によれば天上の一元気が地上においてほとばしり出た結果生じるもので、いわば「必然の勢」ということになる。

「物は気であり、則は道理である」という中洲の考え方に基づいて、地上にある人間が形ある物、つまり気であるとすれば、天上の一元気は人間の生きる原動力となって、われわれの生命を維持していることになる。人間が生命を維持するためには、衣食居の利を求める。つまり、生命維持に必要な利を求めることは、天上の一元気を根源とする地上の命あるものにとって当たり前のことである。つまり、利は人間にとって不可欠なものであるということになる。

中洲はこれを、「自愛の人情は己れ一身に向ての仁に非ずや」と述べて、自らの生命を維持するための自愛の心は仁であるとして、論語中最重要な徳目である仁をもって利の正当性を説明する。しかし、中洲は続けて、「唯自愛に過きて、人を損害するに至りてこそ、悪とはなるなり、然るに此の欲生求利の自愛心は、己れ獨りならず、天下人々より萬物に至るまで皆之あり、然れば萬物の心も我心も同一なり」と述べる。(8)

つまり、自愛心は仁をもって説明されるほどに崇高なものではあるが、自分だけではなく天下の人々や万物すべてが有するものであるので、行き過ぎは慎むべきであるというのが中洲の主張である。

自愛心に支えられる地上の利は、理気をもって説明される天上の一元気によって、その重要性が根拠づけられるとともに二面性も指摘された。求利の自愛心は天下の一元気が地上においてほとばしり出る仁に基づくものである一方、適切に他者との折り合いをつけるべきものであるとすれば、それはいかなる規矩準縄によってなされるべきかということが問題となる。これが求利の自愛心が抱える二面性である。そして、その規矩準縄が義である。

中洲は利について、「匹夫匹婦の一身を治むるより、聖人の天下を治むるに至るまで、唯此の一利を目的とせざるはなし、故に人間世界は、此の一利あるのみ、利欲世界と云ふて可なり」として、人間世界は利欲の支配するところであることを明確に認めている。(9)

そのうえで中洲は、「然るに其利中に自然に備はりたる條理の仁義に由らされば、真正の利を得て、此生を遂ぐる能はず、猶ほ天下の一元氣も、元亨利貞の條理に由らざれは、萬物を生育する能はざるが如し、故に天の元亨利貞は元氣中の條理にて、理氣合一して相離れず、人の仁義は利欲中の條理にて、義利合一相離れず、天人同一理と謂ふ可し」と述べる。(10)

中洲はまた、「……利の爲めの義にて、義の爲の利に非ず、天に於て、一元氣の爲めに、元亨利貞の條理あり、元亨利貞の爲めに、元氣あるに非ざると同一理なり、若し宋儒の説の如く理ありて後に氣ありとせば、義を學びて後に、始めて衣食居を求めざる可からず、然るときは、義を學び得ざる内に、身は既に凍餓せん、是れ言ふ可くして、行ふ可からざるの説なり」と述べる。[11]

つまり、天上の一元気中の元亨利貞は理気を合一させ、地上における人の仁義は利欲中の条理として義利を合一させると中洲は説明する。このように中洲は、義利合一を理気合一によって説明するにあたって、天上と地上を対置させる。そして中洲は、それぞれの世界を動かすエネルギーを「一元気と利欲」、そのエネルギーを律する規範を「元亨利貞と仁義」、それぞれの世界のエネルギーと規範の関係を説明する切り口を「理気と義利」として、天上と地上を説明する概念を対比的に設定した。

そのうえで中洲は、天上に流れるエネルギーである一元気が、地上にほとばしり出て利欲という原動力に転化し、人間社会を動かしていると理解する。これが上述の、「人間世界は、此の一利あるのみ、利欲世界と云ふて可なり」という中洲の言葉の背景にある考え方である。

1－3　義と利

中洲は理気合一と義利合一の関係について述べた後、義と利の関係について自説を展開する。中洲は義利の関係について、「猶ほ利は義の結果と云ふか如し、故に義は必ず利を得べきものなり、利を得さるの義は、眞義に非す又義に由らさるの利は、私利浮利にて眞利に非るなり、其一は繫辭傳日、精義入神以致用利用安身以崇徳と言ふは、心にて義を精ふすること神妙に入れは、外に發して衣食居の實用を致す、衣食居の實用か便利になり、一身を保安すれば、益々心の徳義か崇くなると云ふことにて内外義利合一を説きたるなり、陽明か知行合一を説きて、知者行之始行者知之終と云ひたると同口氣なり、故に余は義利合一を説きて、義は利の始、利は義の終と云はんとす」と述べる。[12]

利は利欲の結果得たものであるとしても、そこには利とともに働かせるべき義があることから、利は義の結果といえる。換言すると、義を働かせずに得た利は私利浮利にすぎず真利ではなく、利をともなわない義は実体のない義であり真義ではないというのが義利の関係についての中洲の基本認識である。

中洲は、王陽明が知行合一の重要性を示すために、「知は行の始、行は知の終」と説いたことに倣って、義利合一を「義は利の始、利は義の終」と説明する。中洲の本意は義と利は密接不可分であることを強調することにある。

1－4　義利の先後関係

中洲は義利が密接不可分であることを述べた後、両者の先後関係について自説を述べる。中洲は、「眞義眞利の合一に歸すること、益々明確なり、然れども之を行ふに至ては、先後の次序、輕重の權衡を知らされは、又之を合一にすること能はず、義利先後の次序を云へば、利を先にし、義を後にせざる可からず」と述べる[13]。つまり、利が先で義が後というのが中洲の考える義利の関係においてあるべき先後関係である。

その一方で、中洲は当時の日本の現状に徴して義利の関係についての認識を、「然し元來の自然より云へば、義利合一にて、先後ある可き筈なし、試に滿天下の人を見よ、其衣食居の利を求むるに、九分九釐までは、己が勉強と節儉との力に由れば、義に由り利を求めて居るなり、掠奪竊盗詐僞等にて、不義の利を得たるものは、一釐にも當らず」と述べる[14]。

この中洲の認識は、中洲講話が出版された明治42（1909）年当時の社会情勢を勘案することが必要ではあるが、性善説、性悪説の二分法で判断すると、中洲は明らかに前者の立場にあると考えられる。

中洲は義が必要となる場面を想定する。中洲は、「唯窮すれば濫れ、或は外物に奪はれて、大欲心を發し、或は人の見ざる處に於て忽にし、或は大節に臨て守る能はず、又自ら義と思ひて、非義を行ふことも多し、故に聖人率性の道に本づき、修治品節して、禮を作り、法を制し、以て人を敎へ、由義の眞利を得せしむ、是れ所謂聖人裁制輔相の功なり、然れども是に至りては、幾分の人爲になるもの故に、道義を學び、又敎ゆるは、自然の利を得たる後に於てせざる可からず、其證據は、聖人も飮まず食はずに、道義は修めがたし」と述べる。[15]

渋沢は（1）人が窮した場合、（2）異常に欲が膨らんだ場合、（3）人が見ていないところで悪い考えが浮かんだ場合、（4）事情があって義を守れない場合、（5）義を行ったつもりで非義を行う場合等、５つの場合をあげてそれらに対処すべき方法として、身を修めて節を正すこと、礼を重んじること、法を制定することにより、「義によって真利を得るべきこと」を教育すべきと述べる。つまり、中洲は道徳倫理の重要性を強調する。

天と人間世界において、「理は気中の条理」、「義は利中の条理」という命題が成立し、かつ形而上の無形物から有形物が生じることはないというのが中洲の基本的認識であった。この考え方を前提とすれば、理気および義利それぞれの先後関係を取り立てて議論するまでもなく、「気先理後」、「利先義後」が中洲の考え方であると理解される。

これは、中洲は上述のごとく、「義利先後の次序を云へば、利を先にし、義を後にせざる可からず」と述べていることからも明らかである。中洲は同時に、「然し元來の自然より云へば、義利合一にて、先後ある可き筈なし」とも述べており、「元來の自然」つまり、人間の理性が正常に働く状態においては義利の先後関係を議論することに意義を認めていない。[16]

この先後関係については、明確な前提に基づいて厳密な検討がなされてきたのかという点について、筆者は懐疑的である。理気および義利に関する先後関係における場合分けについては、以下のようなケースが考えられる。先後関係には存在の先後関係、徳目としての重要性、現実への適用順序等、さまざまな含意があると考えられる。

中洲の理気と義利の関係についての考え方は、天上の理気と地上の義利を対置させ、「一元気と利欲」、「元亨利貞と仁義」、「理気と義利」をそれぞれ天上と地上を説明する概念として対比的に設定するものであった。天上と地上が不可分に結びついているとすれば、対比的に存在する概念は天上と地上において連動的に作用すると考えられる。

たとえば、天上のエネルギーである一元気は、地上において人間を突き動かす利欲と連動し、両世界において対比的に作用する。このように考えると、天上における理気の先後関係は、地上における義利の先後関係に反映される

図表11－1　理気と義利における先後関係の場合分け

	理　気	義　利
存在の先後関係	理と気ではどちらが先に存在していたのか。	義と利ではどちらが先に存在していたのか。
徳目としての重要性	理と気ではどちらが徳目として重要か。	義と利ではどちらが徳目として重要か。
現実への適用順序	理と気ではどちらが優先して重んじられるべきか。	義と利ではどちらが優先して重んじられるべきか。

【出典】三島毅『中洲講話』（東京文華堂蔵版、明治42年）をもとに筆者作成。

と理解するのが合理的である。

存在の先後関係

存在の先後関係は、単純にどちらが先にあったかという問いである。中洲の基本的な考え方は、形而上の無形の存在である理から、有形の存在である気が生じることはないというものである。これは天上の理によってすべてを説明しようとする宋儒とは根本的に異なる考えである。

理気を存在の先後関係から見た場合の中洲の考え方は、気先理後であり、これと連動する義利の先後関係は、利先義後ということになる。この考え方を義利合一説にあてはめて理解すると、義は利中の条理であり両者は合一であるが、存在の先後関係からすると利は義に先立って存在していたということになる。

徳目としての重要性

理気および義利の先後関係を問われた場合に最も混乱に陥りやすいのは、先後関係を徳目の重要性の順序と捉えた場合である。この切り口から理気の先後関係を考えると、物を意味する気は形而上の理に対して劣後する。宋儒は天上における理気を考えた場合、人間の欲望渦巻く地上とは異なり、神聖な天上を支配する根本原則が物を意味する気であろうはずがないと考えたであろう。

中洲の理解はこれとは異なっていた。中洲にとって徳目とは、地上における人と人との接際において守られるべき規範であり、天上にある真理天則を指すのではない。中洲にとって天上に存在するのは徳目ではなく、エネルギーたる一元気であり、そのエネルギーが作用する対象は有形の気である。したがって、理気の先後関係を徳目の重要性という観点から問いかけられたとしても、中洲の利先義後の考えが覆ることはない。

現実への適用順序

現実への適用順序は、地上の人間関係において義利のどちらを優先させるかという切り口であり、天上の理気との直接的な関係性はない。この先後関係を中洲の考え方に基づいて答えを導き出すと、利を優先すべしということになる。しかし、中洲は現実社会における求利の二面性を認めている。この二面性とは求利の自愛心は仁に基づくものである一方、他者との折り合いをつけるべき事態に直面した場合は義をもって求利をコントロールすべきということである。

この二面性の後者、つまり義に基づいて他者との折り合いをつけるべき事態とは、「唯自愛に過きて、人を損害するに至りてこそ、悪とはなるなり」という場合である(17)。中洲の認識に従えば、「生々する者なれば満身活潑唯生を歓するのみ、既に生を欲すれば衣食居の利を求めて、此生を遂けんとするは、必然の勢なり」であり、これが通常状態であるがゆえに、現実への適用順序から見た義利の先後関係は義より利が優位となる(18)。

これに対して、天上において唯一理の存在のみを認める宋儒は、地上との対比において必然的に義を優先する。宋儒にとっての先後関係は義先利後となる。

理気と義利における先後関係のまとめ

上述のごとく、理気との対比関係を勘案した義利の先後関係の場合分けにおいて、中洲の考え方に基づけば、いかなる場合においても、「利先義後」が成立することが確認できた。このように、中洲の主唱する「理気合一」、「義利合一」の基底には、「気先理後」、「利先義後」の考え方が横たわっていることが明らかである。

このような基本理念に支えられた中洲の義利合一説と、渋沢の主張する義利合一説を比較し、いかなる点において異同が認められるのかを考察することによって、渋沢の義利合一説の特質を明らかにすることが必要となる。次節においてこれを試みる。渋沢の義利合一説を検討するにあたっては、中洲のみならず、朱熹、物徂徠、亀井南溟等、各学統の注釈も参考にする。

第2節　義利に関する渋沢栄一の考え方

2－1　義利合一についての考え方

義利一元論については、渋沢と中洲を対比的に分析した、溝口貞彦の「中洲の『義利合一論』について」を参考に考察する。(19) 義と利を二元的に捉えて義利二元論を主張する朱子学に対して、中洲は「元亨利貞」をもとに、義と利を調和的に捉える「一元論」を主張した。しかし、教義の解釈上からは一元論、二元論それぞれに根拠があり、過去の論争をみても、いずれが是でいずれが否かという結論には達しないであろうというのが溝口の見解である。

溝口は、中洲の「義利合一論」を古典解釈の問題としてではなく、歴史的・社会的変化を反映して提起されたもの、つまり歴史解釈の問題として取り上げることが妥当としている。溝口はこの点に関して、「利」と「義」とを対立する形で捉える朱子学的功利蔑視の流れに抗する異端の論として登場したと分析する。中洲の義利合一論は、「義」に集約せられる現実世界（俗世間）との連続性と一元化を説くものであり、それは長く見失われ、軽視されていた「利」の復権と再認識を呼びかけた点に特色があったとしている。(20)

渋沢と同時代に生きた中洲は漢学者ではあるが、明治期の法制度とその運用に深く関わる立場にあって、義と現実世界の連続性の渦中に身を置いていたことも確かである。その意味では、三島中洲、渋沢栄一ともに時代の子であり、かつ現実世界に身を置く実践者であった。溝口は「利」の考察において、中洲、渋沢がともにあらたまって定義することのなかった「利」を以下

のように説明している。(21)

「利」とはすなわち「算盤」であった。もっとも中洲も栄一も、「算盤」でもって卑俗な打算を意味したのではない。では「算盤」が何をいみするかについては、栄一も明確な定義を下していないため、いくぶん多義的に使用されているきらいがある。「算盤」の語は、「利」（ないし「利潤」）をいみし、また、「収入」を意味し、さらに利を生み出す「事業」ないし「実業」をいみし、さらには、事業を行うのに必要な近代的「合理精神」をさし、もっと広い意味では「経済」、さらには「現実世界」ないし「俗世間」をして使われている。しかし、その主要な使われ方から、本質的な意味を探るならば、それは近代的な実業（ないし事業）をさしているといえる。栄一の……「算盤」は「実業」といい換えられている。「実業」とは、資本主義的な企業ないし事業または産業をさしている。そこで、「利」とは「算盤」を意味し、またそれは「算盤」に象徴される近代的な実業（およびそれに内在する合理的精神）をさすものと考えられる。

渋沢と中洲を比較する場合には、企業家と法曹家という立場の違いを前提として考察を加えることが、より正確な議論を展開するうえで重要と考える。

企業家、法曹家として国家レベルの仕事に携わっていた渋沢と中洲は、法律行政、実業それぞれの領域で利を追求した。溝口が主張するように、利を利潤や収入を指すにとどまらず、「事業を行うのに必要な近代的合理精神」を指すのだとすれば、その近代的合理精神を広い意味で反映させた法律行政を行うことも利を追求することに含まれる。

このように考えると、中洲、渋沢ともに国家を視野に置いて義利合一説を信奉し、それぞれの領域で利を追求するという関係にあった。

2－2　利先義後

季子第十六第12章は、富貴より徳を修めることの大切さを、富裕な景公と、貧しい伯夷、叔齊との比較によって述べた章である。本章は、【齊景公有。馬千駟。死之曰。民無德而稱焉。伯夷叔齊餓于首陽之下。民到于今稱之其斯之謂與】（斉の景公、馬千駟あり。死するの日、民、徳として称することなし。伯夷、叔斉、首陽の下に餓えたり。民、今に到るまでこれを称す。それこれをこれいうか）というものである[22]。本章の注釈には渋沢の利先義後の考え方が示されている。

渋沢は、「それ、人の名を後世に貽すは、蓋し富にあらずして、義にあり。斉の景公は大国の君にして、馬だけでも四千匹を蓄うほどの富豪なり。これに反し伯夷・叔斉は裸一貫にして、首陽山の下に餓死せし程の貧人なり。しかも身死するのち、人民、誰も景公の名を得て称する者なし。これにひきかえ夷斉の名は、今に至るまで人口に膾炙して、その高義を知らざる者なし」として、本章の章意を明確に解説している[23]。

渋沢は、富貴を正当な手段によって得ることは孔子の教えに反するものではないという考えに基づいて本章を理解する。「富んで驕ることなきは易し」の通り、富を得て驕ることのないだけではなく、その富を義によって用いることがなければ、いくら富貴の人物であっても後世に名を残すことはできないことを意味する。そして、それは、富貴を得ずとも義を通す人間よりも劣るというのが本章の章意である。

渋沢はこの点に関して、「すなわち名の称せらるるは、富貴を以てするにあらずして、人に異なるの節あるを以てのみ。徳義の貴しとなることそれかくのごとし」としている。「人に異なるの節」とはすなわち、人に優れて仁を発揮することであり、言い換えれば大仁を施すことと理解される[24]。

渋沢の「人に異なるの節」とは、一種のノブレスオブリージュともいうべき富貴の者の責務にも近い貢献のことを指していると考えられる。景公はただ単に富貴の者であったにとどまり、このノブレスオブリージュを一切発揮することがなかった。このため義ある貧人よりも後世において人の言の端にのぼることはなかった。

渋沢は景公に相当する日本史上の人物として足利尊氏をあげ、伯夷、叔齊に相当する者として楠公父子、新田義貞兄弟、高山彦九郎、橋本左内、頼三樹三郎、梅田源二郎らをあげた。尊氏とそれ以外の人物の違いは、天皇家を中心とする国家に対する忠誠の有無と、己の義を通したか否かである。

一般的にノブレスオブリージュとは、「貴族に自発的な無私の行動を促す明文化されない社会の心理」と理解されるので、渋沢の言う「人に異なるの節」は、ノブレスオブリージュの「自発的な無私の行動」に相当する。

しかし、君国のために身を殺して仁をなすという「人に異なるの節」は、わが身を犠牲にするという点において無私の行動よりもさらに高みを目指すものであり、渋沢によれば、それは貴人でなくとも高山彦九郎らの一介の書生でも勤皇の志士としてなすことが可能な高義の行為である。

貴族でもなく促されもしないにもかかわらず、自発的に行われる「身を殺して仁をなす行動」は、ノブレスオブリージュの一環としてなされる無私の行動よりもさらに尊い行動であり、渋沢が深く尊重し自らが理想とする行動であった。富貴を正当な手段で得た後、その富を義によって用いることは、まさに利先義後の精神に基づいて行動することなくしては成し得ないことであった。

2－3　義先利後

雍也第六第９章は、顔淵の賢を賞美する章である。本章は、【子曰。賢哉回也。一簞食。一瓢飲。在陋巷。人不堪其憂。回也不改其樂。賢哉回也】(子曰く、賢なるかな回や。一簞の食、一瓢の飲。陋巷にあり、人はその憂えに堪えず。回やその楽しみを改めず。賢なるかな回や）というものである[25]。本章の注釈からは、渋沢が義先利後の矛盾について感じた内容が記されている。

渋沢は、「かの回はその家貧窶にして、食うものはただ一竹器の飯のみ。飲むものはただ一ひさごの漿のみにして、狭隘なる陋巷の横丁に住めり。常人ならば、かくのごとき窮乏に堪うる能わざるべきに、回は少しもこれを憂苦せざるのみならず、その楽しみを改めず。これを天命を信ずるの篤きにあらざれば能わざる所なり。ゆえに初めに賢なるかな回やと称し、後にまた賢なるかな回やと仰せられて、深く耽美せられたるなり」と本章を要約している[26]。

渋沢は本章の章意が一般に誤解されやすいことを憂慮している。孔子が顔淵を称賛するあまり清貧の生き方を理想とし、その理想から外れる生き方を否定するという考えに人々が陥ることを渋沢は憂慮する。顔淵に逆行する生き方は決して貨殖を積んで富貴なる生活をすることではなく、貧窮に堕した場合に節操を外れ、志を曲げることによって胸中の真楽を変えることである。

渋沢はこの点を、「ゆえに人に貧窮を勧めず、ただ顔回が富の誘惑に打ち勝って簡易生活に満足し、毫も志を曲げず、断乎として威武にも屈せず富貴にも淫せざる大丈夫の見を抱き、道を楽しむのを賞められたまでである」と述べている。[27]

渋沢はなぜこのような誤解が生じるのかについて説明している。富貴を得るとは処世の秘訣として権勢におもねり、金力につくことと理解されているため、「富貴＝権勢におもねり、金力についた結果得られたもの」という図式が一般の人には刷り込まれている。それゆえ、「清貧＝権勢におもねることなく、金力に無関心な正しい道に叶った生き方を理想とすべし」という考えが定着したというのが渋沢の説明である。

自らの分を知り、全うな働きで得た富貴であれば、それは何ら恥ずることではなく、自らの必要を上回る富貴があればそれは社会に還元すればよいというのが渋沢の理解である。分不相応な富貴と権勢を得たとしても、それは決して正しく身につくものではないと渋沢は述べ、その実例として東京市の養育院の入居者の性格が利己主義的であることをあげている。

東京市養育院は渋沢が尽力して設立した貧救院であり、入居者の実態について渋沢は大いに関心を抱いた。しかし、渋沢がその窮状を見かねて救おうとした人々は、矜持もなくただ利己主義的な人々であった。貧救事業を通して渋沢は、我利のみを追い求めた人間の末路を見ることとなった。皮肉にも渋沢は、自身が発意した慈善事業を通して救おうとした人々のマイナス面を目の当たりにすることによって、自らの義利合一説の正しさを認識することとなった。

渋沢が顔淵を評価するのは、顔淵が「自らの命を知ること」、「天分に安んずること」を正しく認識したことについてである。顔淵には渋沢のような貨殖の才はなかった。もし、顔淵に貨殖の才があり、孔子の教えを正しく理解していたとすれば、顔淵はその才をいかんなく発揮して貨殖を得て、さらにはその余禄を一般に還元していたに違いない。

顔淵は貨殖に才がありながらそれをあえて発揮しなかったわけではない。

その点に関する誤解が上述の「富貴＝権勢におもねり、金力についた結果得られたもの」という大いなる誤解につながるのである。この点が顔淵を過度に賛美した弊害であり、その才を万能としたことが不幸な誤解が生じる契機になったと考えられる。

顔淵の資質に対する誤解や顔淵をめぐるエピソードの曲解は、貨殖の才のない者や、貨殖の才があっても発揮することができない封建時代の武家階級にとって自らの正統性を根拠づける都合の良い理屈となった。一方、徳川期から明治期にかけて貨殖の才を発揮し得る時代に生を受けた渋沢は、論語の解釈をめぐるこの点の誤解、つまり誤った論語の理解に基づいて、「義先利後」の考え方が広まることに心を痛めていた。そして、そのことが義利合一説を提唱する動機の一つとなった。

2－4　利に対する考え方

里仁第四第12章は渋沢の「利」に対する考え方が明確に示されている章である。本章は【子曰。放於利而行。多怨】（子曰く、利に放りて行えば、怨み多し）というものである。[28] 亀井南溟、昭陽親子が本章をして治者を主として治国の要諦を述べたものであるとするのに対して、渋沢は中洲の説である「汎く徒利の害を説く」という解釈に賛同している。[29]

この「汎く」という意味は、一個人を指すのではなく自己の利益を図る者すべて、すなわち、治者から一個人に至る全ての人間について述べるという意味と解釈される。つまり、国家の長たる治者が徒利に走った場合、国家自体が怨みをかうことになる。

渋沢は「利は誠に乱の始めなり。夫子罕に利をいう者は、常にその源を防ぐなり。ゆえに『利に放りて行えば怨み多し』と。天子より庶人に至るまで、利を好むの弊何を以て異ならんや」という司馬遷の言葉を引用して自説を補強している。[30]

我利を追うことを戒めるにあたっての困難さは、「利は人の性情なり」という司馬遷の言葉に象徴されるように、人間が利を好む性向は、我欲のために利を自分に集中させたいという人間の本能からくるものであるという点にある。利を独占されることによって自らの利を確保できなかった者は、本能を充たされなかったことによる深い怨みを抱くことになるため、災禍は著しく大きくなる。

いかにしてかつ何を目的として働くことが良いのかという問いかけに対する渋沢の回答は、「利を謀るは当然のことなれども、自己のみに偏せず、公利を害せぬように心掛け、道理に照らし義に従うて事を行えば他より怨まるるはずなし」というものである[(31)]。

換言すると、渋沢はゼロサムゲームの勝者、すなわち全部の利益を独占する者は何も持たざる者から怨まれるという意味のことを述べている。公利は文字通りに解釈すると公の利益であるが、ゼロサムゲームのパイ自体を公利と捉えれば、これを増やしかつ義に照らして正当な利益と判断されるパイの一部のみを得ることにより、残りを他の人に残すようにすべしというのがその真意と理解される。

ゼロサムゲームとならないようにパイ自体を増やすこと、つまり、皆の取り分がより大きくなるよう国家、企業、個人を富ませることが必要であり、その過程における努力と工夫を義に照らして行うことを渋沢は主張している。

渋沢は国家や個人を富ませるにあたって、金融機能の重要性を否定しない。しかし、人の住む世界を富ませるにあたっては、生活や職業活動に利便性を与える使用価値を有する道具や機械、何らかの仕組みを生み出すことが重要であり、それは金融のみでは達成しえないと渋沢は考えていた。

渋沢は里仁第四第５章において三井の例をあげて、「我が邦の三井家は藤原道長（御堂関白）の後裔で、……その頃三井家はすでに相応の財産を持っておったものらしい。しかしてこの時代の富豪はもっぱら大名に金を貸して利息を取るが商売で、これにより利益を得ておったが、（三井）宗寿はかく富豪が金貸しばかりして世を渡るのはよろしくないと考え、実業をせねば真の社会奉仕でないという処に眼をつけて、呉服屋を開業したそうである。宗寿の商売のやり方がいかにも世人の便利を計ることを専一とするにあったので、大いに繁盛したものだということである」と述べている[(32)]。

渋沢は銀行家として大いなる矜持をもっていた。その一方、銀行家の本来業務に加えて500社余りの会社設立に参画した。つまり、渋沢は銀行家という立場に軸足を置きながらも、金融面以外からも社会全体のパイを増やすということに企業家として身を捧げた。

第3節　利に対する渋沢栄一の理解

3－1　利を得るプロセス

述而第七第10章の前段は、顔淵が行うも蔵(かく)るるも時を失わぬことをほめ、後段は子路を戒めて道理に合した勇に進むようにしたことを述べたものである。(33)

本章は【子謂顔淵曰。用之則行。舎之則藏。惟我與爾有是夫。子路曰。子行三軍則誰與。子曰。暴虎馮河。死而無悔者。吾不與也。必也臨事而懼。好謀而成者也】(子、顔淵に謂(い)って曰く、これを用(もち)いれば則(すなわ)ち行い。これを舎(す)つれば則(すなわ)ち蔵(かく)る。ただ我(われ)と爾(なんじ)とこれあるか。子路(しろ)曰く、子、三軍(ぐん)を行(や)らば則(すなわ)ち誰(たれ)と与(とも)にせん。子曰く、暴虎馮河(ぼうこひょうが)、死して悔(く)いなき者(もの)は、吾(われ)は与(く)みせざるなり。必ずや事(こと)に臨みて懼(おそ)れ、謀(はかりごと)を好(この)みて成(な)さんものなり）というものである。(34)

渋沢が論語本章の注釈で例にあげた浅野総一郎は子路と同様、暴虎馮河(ぼうこひょうが)の徒で、小勇しか持たない人物であるように世間では考えられているが、その実、必ずしもそうではないと渋沢は述べる。浅野に関して渋沢は、事業家としての能力を認めながら、利を求める基本的姿勢について自身との違いを明らかにしている。

浅野は事業家としての能力が高いことと、我利一点張りではないという点を評価してのことか、渋沢は利益追求の姿勢が自分と異なるにもかかわらず浅野を非難してはいない。むしろ、浅野が強欲にして危険な人物であると世間から誤解されていることについて同情的である。

浅野の人物評価を通して、渋沢は「利他」と「自富」の関係について自説を展開する。渋沢は浅野が世間から誤解を受ける原因を、「蓋し氏は何事にも他を益するというよりも、自分を富まそうとの観念が先に立つからである」としている。(35)

さらに渋沢は、「自分を富まそうとすることも、他人を益そうとすることも、結局実際に臨めば同じになってしまい、利他は自富となり、自富は利他にもなるのだが、自富を先きにするのと利他を先きにするのとでは、同じ事を営んで同じく自ら富むにしても、それまでになる筋道の違った所のあるものだ。その筋道の差(ちが)いによって、あるいは強慾危険な人物であるかのごとくに世間から想われ、あるいはかく思われずに済んだりするのである」と述べて浅野を分析している[(36)]。

浅野は企業者としての能力を発揮し、自富を積んではいるが、結果として利他も果たしている。浅野は自富と利他を両立させている人物であるにもかかわらず世間から強欲な人物として危険視されるのは、自富を利他に優先させる姿勢が事業展開の過程でいかにも強欲に見えるからであると渋沢は分析する。

渋沢は利他を自富に優先させる企業家としての自身のスタンスを自分でも稀有なものと認識し、むしろ浅野のスタンスを企業家の王道と考えていたのかもしれない。なぜなら、企業を維持発展させるためには利潤を得てそれを再投資することが必須であり、利他を念頭にそれを優先することは、よほど経営に余裕がある経営者か、この原則を理解しない脳天気な経営者かのどちらかだからである。

功成り名を遂げ巨富を築き上げた有名経営者でも、社会福祉に注力するのは企業家としての目標を達成した後であり、企業発展の過程で利他を自富に優先させることはまれであろう。

浅野への同情論を展開する渋沢のスタンスには、自身を一段高みに置いて、ワンステージ下の一般の企業家のパフォーマンスが世間から批判されている現実を心配しているかのような趣がある。渋沢が利他を優先しつつ企業家として成功をおさめ得たのは、類まれな企業家、経営者としての能力が備わっていたからであろう。その点、渋沢は、自身に肩を並べるほどの才能をもつ浅野に対して、ある意味敬意を表しつつ、すでに一家を成した浅野に青臭い規範論をぶつけることを躊躇していたと考えられる。

浅野を暴虎馮河の徒と評価した世間には見えておらず、渋沢に見えていたものは何かを解明するためには、浅野の事績と渋沢との関係を詳細に検討することが不可欠となる。しかし視点を変えて、暴虎馮河の徒という評価がなされなかった渋沢と浅野の違いは何かという観点から考察すると、前者が財閥形成を試みなかったのに対して、後者がセメント産業に深く関わり、国家のニーズを自社の商売に結びつけることにより、浅野財閥を形成したことに帰着するのではないかと考えられる。

利を得るプロセスにおいて、浅野は富を一身に集め財閥という形で巨万の富を築き上げた後に、余剰利益を社会に還元したのに対して、渋沢は財閥形成という目的をもって貨殖の才を発揮しなかった。また、富の社会還元に際しても、自らの財産をそれに充当するにとどまらず、企業者から財を集めてそれを社会に還元するという労を担った。

このように、渋沢は財を得るプロセスと社会還元に対する考え方が企業者一般とかけ離れていた。このため、浅野と渋沢を比較した場合、社会による受け容れられ方が大きく異なったと考えられる。

3－2　利を得る能力

憲問第十四第11章は、貧富を処するにあたっての心構えを説いた章である。本章は、【子曰。貧而無怨難。富而無驕易】（子曰く、貧(ひん)にして怨(うら)みなきは難(かた)く、富(と)んで驕(おご)ることなきは易(やす)し）というものである。[37] 本章の注釈において渋沢は、利を得る能力の違いから生じる富者と貧者の対立および利欲の動機について述べる。

渋沢は、「貧は逆境なり。これ、貧に優る苦しみはなしという諺ある所以」と述べた後、この苦しみゆえに富める者と富まざる者との対立構造で社会を捉える社会学説が生じると理解する。たとえば、「資本家と労働者」、「地主と小作人」等がその対立構造の中心であり、共産主義、無政府主義はこの苦しみから生じる学説であると渋沢は理解する。[38]

渋沢は、貧困に陥った場合の人間の性情は自分の怠惰や悲運を思うのではなく、その原因を社会の矛盾に求めるのが一般的であると述べる。そして、国家に対するそれらの不満が、国家の安寧を崩す原因になると説く。渋沢は共産主義、無政府主義には一貫して反対している。この人間の性情による他責の考え方、つまり、自分以外の他者に不条理の原因を求める考え方から無政府主義、共産主義が生まれるという認識が、渋沢をしてこれらの社会思想を嫌悪させるのではないかと思われる。

3－3　利欲の動機

次に渋沢は人の順境、つまり富を得た状態について語る。渋沢は司馬遷が著した貨殖伝を引き合いにして、「利は人の性情なりと道破せしは、千古の卓見といわざるべからず」と述べている。そして渋沢は、利は人の性情なりと理解する理由として、あらゆる職業者がその使命を全うする動機となっているのが、衣食住を安定させるための富を得ることだからであるとする。

マズローの欲求5段階説に接する機会をもたなかったであろう渋沢は、第1段階の生理的欲求を超えて、第2段階の安全欲求、つまり安心、安全な暮らしを確保する欲求までの認識は有していても、自らの晩年の行動が社会的欲求、尊厳欲求、自己実現欲求を満足させるものであるという明確な自覚はおそらくなかったであろう。

銀行家、企業家としての成功により、社会的欲求と尊厳欲求を満足させた渋沢が、より高次の価値観に裏づけられた自己実現欲求を満たそうと考えたとすれば、それは信奉する論語の精神に則って大仁を果たすことである。そして、渋沢がその大仁を発揮するための博愛の精神に基づいて社会奉仕活動を行っていたとすれば、渋沢の活動は自己実現欲求に基づくものであり、本人が意識しているか否かにかかわらず、マズローの欲求5段階説で整合的に説明できるように思われる。

渋沢は、生理的欲求と安全欲求を満たし終えた後、さらに手元にある富をどのように用いるのかという点に関して、無意識ながらも、「正しい社会的欲求、尊厳欲求、自己実現欲求の満たし方」を述べている。つまり、驕奢に流れず、正しい富の使い方を実践すべしと説いている。生理的欲求と安全欲求は、動物としての生理的な欲求を満足し身体の安全を確保する欲求、つまり純粋に本能的、身体的な欲求である。社会的欲求、尊厳欲求、自己実現欲求と順次欲求の段階が高位になるにつれて、欲求は精神的欲求へと変化する。

精神性が高くなればなるほど、満たすべき精神の発露、根源が問われる。つまり、いかなる点に精神的価値を置くのかということが問題となる。渋沢によれば、身体的欲求を満たした後に有り余る富を手元に残し、その一方で高次の精神性を欠く人間は、富の使い方に迷った挙句、驕奢に流れ不経済な浪費を行うということになる。そして、その典型が渋沢の論語注釈に事例として掲げられた紀伊国屋文左衛門や光村利藻である。

それでもまだ渋沢は、「富に処りてよく義利を弁じ、検束自ら持すること、なお子貢や我が邦の徳川家康公の如くするは、常人もこれをなし易しとなす」として、「富んで驕ることなきは易し」という孔子の言葉を跡づけている[39]。

「貧にして怨みなきの難き」とは「貧すれば鈍す」という言葉の通り、貧しさが嵩じて思考能力が劣ることになれば、自身の貧困の原因すらも正しく認識することが困難となり、幼児的発想からその原因を他者に求めることとなる。その一方、富んで一定の生活水準と沈思黙考する余裕ができれば、わが身を振り返ることも可能となる。そのような恵まれた環境のなかで自らを戒め驕り高ぶることを自制するのは比較的容易であるという理屈は、渋沢にもごく自然に受け入れられたと考えられる。

3－4　利と信

顔淵第十二第７章は子貢の問いを通して孔子の政治思想を明らかにする章である。本章は【子貢問政。子曰。足食。足兵。使民信之矣。子貢曰。必不得已而去。於斯三者何先。曰。去兵。子貢曰。必不得已而去。於斯二者何先。曰。去食。自古皆有死。民無信不立】（子貢政を問う。子曰く、食を足らし、兵を足らし、民をしてこれを信ぜしむと。子貢曰く、必ず已むことを得ずして去らば、この三つのものにおいて何をか先にせんと。曰く、兵を去らんと。子貢曰く、必ず已むことを得ずして去らばこの二つのものにおいて何をか先にせんと。曰く、食を去らん。古えよりみな死あり。民信なければ立たず）というものである[40]。

子貢は孔子の弟子のなかでは口才があり、貨殖の才にも恵まれた優秀な人物である。したがって、その質問も政治の本質をえぐったものである。

物徂徠は、子貢がこの質問を投じた背景として、「是れ子貢邊邑の宰と爲りて政を問ふ」としており、子貢が辺境の地にある小邑の政治を任されるにあたって、孔子にアドバイスを求めに来たときの問答であるとしている[41]。渋沢も物徂徠の意見を受けて、「しからばこの時辺邑の宰となりたるか。およそ諸人政を問い孝を問うに、孔子みなその急にする所を以てこれに答う」として、物徂徠の意見を容れている。[42]

このような背景の下で、子貢は、「食」、「兵」、「信」のいずれが政において最重要かを問うた。孔子の答えは、邑が窮地に陥った時、最初に棄てるべきは兵であり、その次に食、最後まで守るべきものとして信をあげた。渋沢も孔子の説を受け入れている。

渋沢の主張する道徳経済合一説は義をもって利を得ることをむしろ孔子の教えに沿うものとしている。また、手に入れた貨殖を分に応じて費消することを禁じてはおらず、むしろ好ましいこととしている。基本的に義あって信が生ずるとすれば、義を守ること、つまり食のもととなる貨殖を得るための利の前提が信のもととなる義である。

つまり、義あって信を生じ、かつ信による関係に基づいて利が生まれ、さらに利あって食を賄うとすれば、信が食に優先することは必然である。これを定式化すると、「義⇒信⇒利⇒食」となる。

渋沢が講義であげた「身を捨ててこそ浮かぶ瀬もあれ」ということわざがある一方、「衣食足りて礼節を知る」ということわざもある。しかし、本章ではこのような相矛盾することわざ同士の優先劣後を議論するのではなく、「食」、「兵」、「信」の間の優先劣後を子貢がこれから赴かんとする辺境の小邑での政治を前提として議論すべきである。

子貢がこれから赴く小邑において確立すべき民との間の信とは何かを考える場合、その答えは仁政をもって「民を安んずるの徳」を発揮し、民から信頼を得ることである。そして、民を安んずるの徳を発揮するうえで子貢がもたなければならないのは、博愛であり民を愛することである。そしてこの民からの信が物徂徠のいうごとく、「民の之れを信ずとは、民其の民の父母爲(た)るを信じて疑はざるを言ふ」の通り、子が親を信じるがごとき深い信であるとすれば、その信を守ることがすなわち最優先事項となる。[43]

3－5　利先義後との矛盾

顔淵第十二第７章の趣意を、利を媒介として論理的に展開すると「義⇒信⇒利⇒食」となり、「利先義後」の考え方と一見矛盾する。これが、義利合一説において渋沢と中洲の共通認識である利先義後を理解するうえで最も晦渋な点と考えられる。したがって、この点について本章で提起した「求利の自愛心が抱える二面性」と「義利の先後関係の場合分け」という２つの側面から検討を加える。

求利の自愛心が抱える二面性とは、(1) 求利の自愛心は天下の一元気が地上においてほとばしり出る仁に基づくものである、(2) しかし、それはほとばしり出るまま野放図にしておくべきではなく、義によって適切に規制されなければならないというものであった。

翻って本章において、子貢が孔子に政のあり方を問うた小邑は、「食」、「兵」、「信」のいずれを優先すべきかが問題にされるほどの状況下にあった。つまり、求利の自愛心をほとばしり出るままにする状況にはなかったと考えられる。もしそうであるとすれば、求利の自愛心が抱える二面性の後者、つまり子貢が治める小邑は義によって適切に規制されなければならない状況にあったと考えられる。表現を変えると、その小邑は利先義後を自然体で実践できる状況にはなかったということになる。

このように考えると、本章が対象とする状況設定を前提とすれば、「求利の自愛心が抱える二面性」に照らして必然的に、「義⇒信⇒利⇒食」となり、利先義後の本旨とは矛盾しないという結論になる。

本章の趣意を、小邑が置かれた状況を前提に、義利の先後関係の場合分けのフレームにあてはめて考察する。義利の先後関係の場合分けは、(1) 存在の先後関係、(2) 徳目としての重要性、(3) 現実への適用順序の３つであった。

存在の先後関係は、そもそもの考え方として気先理後と整合的に利先義後が成立するというものであるので、本章の状況設定以前の特殊な条件下での議論と同列にすることはできない。したがって、「義⇒信⇒利⇒食」と利先義後は矛盾しない。

徳目としての重要性について、利はそもそも徳目かという点を考えた場合、利は天上の一元気が地上においてほとばしり出た利欲によって得られるものであるので、一般的に認知されている徳目とは異なる。この利欲を人間という生命体を維持するための欲得と捉えるか、あるいは天上の一元気を根源にもつ神聖なエネルギーと捉えるかによって、利先義後の理解も大きく異なる。

天上には地上にあるような生命体が存在しない。つまり、利欲を発揮すべき対象が存在しない神聖な場所であるがゆえに、利欲をコントロールする必要性がないのに対して、地上における利欲は義という徳によってコントロールされるべき対象である。一般的な感覚に従えば、小邑の政という状況下において、「コントロールするもの>コントロールされるもの」という図式は納得性がある。しかし、それは気先理後から説き起こされる利先義後の思想とは関係のない次元での結論である。

現実への適用順序という側面から考えると、前述のごとく、中洲によって「生々する者なれば満身活潑唯生を歓するのみ、既に生を欲すれば衣食居の利を求めて、此生を遂けんとするは、必然の勢なり」と表現される通常状態では、明らかに義利の先後関係は義より利が優位となる。[(44)]

しかし、本章が前提する小邑の状態を勘案すると、それは明らかに通常状態とは異なる。つまりこれも、「義⇒信⇒利⇒食」と利先義後は矛盾しないということになる。本章の趣旨が利先義後の精神と矛盾すると思われる諸点についての解釈は以上の通りである。

小　括

本稿の目的は、渋沢栄一によって提唱された義利合一説の特質を、三島中洲の同説と比較することによって明らかにすることであった。両者を比較するポイントは、(1) 理気合一と義利合一の関係性についての認識、(2) 気先理後と利先義後についての認識の 2 つである。

理気と義利の関係は中洲の理気論で示される。中洲は理気論で天上と地上と対比的に設定し、天上の理気の関係が地上の義利の関係に反映されるとしたうえで、元亨利貞と利欲という概念を用いて自説を展開する。理気論をめぐる中洲と渋沢の相違は、事前に認識した両者の儒学への関わりの相違が反映される。中洲は山田方谷の薫陶を受けた論語を中心とする儒教教義の蘊奥を究めた理論家であったのに対して、渋沢は尾高惇忠という教養人に影響を受けたものの、いわゆる儒者としての教育を受けたわけではなかった。

中洲は天上という不可視なものを、自説を理論展開するうえで不可欠なものとして認識し、地上にある可視的なものと対比する。中洲が観念的な存在を前提として自説を展開し、理気論を整合的な理論体系として打ち出したのに対して、渋沢は理気論に触れることは少ない。渋沢が重視するのはあくまでも可視的な現世であり、そこでの人と人との接際を重視し、それを基盤に義利合一説を展開する。

中洲は義利合一説の淵源を理気論に求めたのに対して、渋沢は理気論を否定することはなかったものの、その淵源は自身の経験に基づく論語各章の解釈に置いていた。義利合一説という完成形は同じであっても、制作過程の当初段階において制作方針が、中洲と渋沢の間で異なる作品が義利合一説ということになる。

この「異曲」が義利合一説の制作方針であったとすれば、「同工」はいかなる部分であるかというのが次の検討ポイントとなる。それが「気先理後と利先義後についての認識」という2番目のポイントである。義利合一説においては、(1) 義利はまったく合一で先後関係は存在しない、(2) 義先利後、(3) 利先義後という3つの立場が存在する。この点について中洲と渋沢の考え方を比較する。

中洲の義利の先後関係に対する考え方は利先義後である。義利合一説の名の通り、真義真利は合一に帰するものの、義利合一説を実行に移す段階においては、義利の次序や軽重を知り、両者の権衡を心得たうえで事をなさなければならないというのが中洲の考え方である。

中洲が展開する論理は明解である。天上の理気が合一であれば、それと対比的に存在する義利は真義真利のレベルで最終的に合一すべきである。しかし、実践活動において直面するさまざまな部面において、義利のいずれを先にするかという点に関しては、義よりも利、つまり天上の一元気からほとばしり出た利欲を優先すべきと中洲は考えていた。天上の一元気は人間の生きる原動力であり、人間が生命を維持するために衣食居の利を求めることは、天上の一元気を根源とする地上の命あるものにとって当然のことと中洲は理解していた。

中洲の義利合一説は、「義と利は合一すべし」という教条主義的なドグマとして提示されるのではない。むしろ、理気合一という観念論的な発想を義利合一という地上における現実的な事情に適用するにあたって、利先義後を打ち出すというある意味柔軟な思想である。中洲の発想のこのような柔軟さは、法曹家として法律行政に携わってきたという実績に加えて、備中松山藩の財政再建に関わった経験が影響していると考えられる。

一方、渋沢の義利の先後関係に対する考え方も中洲と同じく利先義後である。渋沢には、正当な手段で利を得てそれを富貴として身につけることは孔子の教えに反するものではないという、論語を基盤とした確固たる信念がある。また渋沢は、その富を義によって用いることがなければならないと考える。

渋沢は、義によって得るべきは利であり、利を用いるにも義によらなければならないと考える。一方、利を得てそれを用いるにあたり、拠って立つべきは規矩準縄たる義であるが、その義に拠らしむべき主役は何かというとそれは利である。つまり利を得て用いるという行為がなければ義はその目的を失うこととなる。利がなければ富貴がなく、富貴がなければそれを義によって正しく用いることもできない。

渋沢は実務家として現実的に論語を解釈して義利合一説を提唱するとともに、義と利の先後関係は利先義後たるべしとの結論に達した。

渋沢には富貴とは縁がなかった顔淵に対する独特の思いがあった。朱子学が徳川幕府の御用学問となり清貧が貴いとされた背景には、清貧と富貴に対する誤解があり、その誤解の原因の一端に顔淵に対する評価の偏りがあった。その誤解とは、「富貴＝権勢におもねり、金力についた結果得られたもの」という図式によって「清貧＝権勢におもねることなく、金力に無関心な正しい道に叶った生き方を理想とすべし」という考えが定着したというものである。そして、その誤解は顔淵の能力と人徳に対して正しい評価がなされていなかったことに原因があると考えられる。

顔淵は貨殖の才がありながら、陋巷にあって一簞の食、一瓢の飲に甘んじたのではない。孔子が「賢なるかな回や」と顔淵を褒めたのは、顔淵が自らの才と分を知り、与えられた環境において「楽しみを改めず。これを天命を信ずるの篤きにあった」からであり、孔子が理想とする徳行を実践したからである。渋沢は論語解釈を通したこのような考えに基づいて義利合一説を提唱し、利先義後を支持した。

以上のように、ほぼ同時期に義利合一説を提唱した三島中洲と渋沢栄一の所説を比較することにより、渋沢が提唱する義利合一説の特質の一端が明らかとなった。両者の義利合一説はまさに同工異曲である。義利は合一すべきという点にとどまらず、利先義後という義利の先後関係についても両者はまさに「同工」であった。

しかし、中洲の義利合一説の理論的基盤である理気論については、渋沢は必ずしも同じレベルで中洲と認識を共有しているわけではなかった。中洲は理気論を厳密に構築し、さらにそれを現実に適用するにあたって整合的に組み立てるために利先義後を重視する立場を鮮明にした。つまり、中洲にとって「義利合一説」が定理（Theorem）であるとすれば、「利先義後」は補題（Lemma）あるいは補助定理（Helping theorem）に相当する。

中洲は理気論によって理気合一から義利合一という定理を導き出し、この定理に現実妥当性をもたせるべく、利先義後という補題を提示した。

これに対して渋沢は、人との接際に基盤を置く実務経験に根差して論語各章の内容を検証し、宋儒を批判する立場から義利合一説という独自の思想を構築した。渋沢の義利合一説は、銀行家、企業家としての経験から紡ぎ出した見識に基づいて論語を解釈し、その結果生まれた成果物であった。

つまり、中洲の義利合一説は、論理的考察を通した演繹法で構築された思想であり、渋沢の義利合一説は、数多の経験に基づく独自の論語解釈から生まれた帰納法による思想である。そして中洲、渋沢の義利合一説はともに論語解釈の王道たる朱子学に対するアンチテーゼとして出現した。本稿の結論の正否を検証すべく、今後さらに義利合一説を検討する。

【注記】

（1）渋沢栄一『論語講義（1～7）』（講談社学術文庫、1977年）。三島毅『中洲講話』（東京文華堂蔵版、明治42年）。三島毅『論語講義』（明治出版社、大正6年）。

（２）松川健二「三島中洲の理気論」『陽明学』第16号（二松学舎大学陽明学研究所、平成16年３月)。松川健二「義と利 －中洲義利合一論の性格解明のために－」『陽明学』第15号（二松学舎大学陽明学研究所、平成15年３月)。溝口貞彦「中洲の「義利合一論」について」『陽明学』 第13号（二松学舎大学陽明学研究所、平成13年３月)。
（３）三島毅『中洲講話』(東京文華堂蔵版、明治42年) ２頁。
（４）三島、前掲書、２頁。
（５）三島、前掲書、２頁。
（６）三島、前掲書、２頁。
（７）三島、前掲書、２頁。
（８）三島、前掲書、３頁。
（９）三島、前掲書、４頁。
（10）三島、前掲書、５頁。
（11）三島、前掲書、９－10頁。
（12）三島、前掲書、５頁。
（13）三島、前掲書、８頁。
（14）三島、前掲書、８頁。
（15）三島、前掲書、８－９頁。
（16）三島、前掲書、８頁。
（17）三島、前掲書、３頁。
（18）三島、前掲書、２頁。
（19）溝口貞彦「中洲の『義利合一論』について」『陽明学 13』(二松学舎大学、2001年３月)。
（20）溝口、前掲論文、144－145頁。
（21）溝口、前掲論文、147頁。
（22）渋沢栄一「季子第十六第12章」『論語講義（六)』(講談社学術文庫、1977年）192頁。
（23）渋沢、前掲書（六)、「季子第十六第12章」193頁。
（24）渋沢、前掲書（六)、「季子第十六第12章」193頁。
（25）渋沢栄一「雍也第六第９章」『論語講義（二)』(講談社学術文庫、1977年) 163頁。
（26）渋沢、前掲書（二)、「雍也第六第９章」164頁。
（27）渋沢、前掲書（二)、「雍也第六第９章」164頁。
（28）渋沢、前掲書（二)、「里仁第四第12章」41頁。

(29) 渋沢、前掲書（二)、「里仁第四第12章」41－43頁。
(30) 渋沢、前掲書（二)、「里仁第四第12章」42頁。
(31) 渋沢、前掲書（二)、「里仁第四第12章」43頁。
(32) 渋沢、前掲書（二)、「里仁第四第 5 章」18頁。
(33) 宇野哲人『論語新釈』(講談社、1980年）187頁。
(34) 渋沢栄一「述而第七第10章」『論語講義（三)』(講談社学術文庫、1977年）35－40頁。
(35) 渋沢、前掲書（三)、「述而第七第10章」39頁。
(36) 渋沢、前掲書（三)、「述而第七第10章」39頁。
(37) 渋沢栄一「憲問第十四第11章」『論語講義（六)』(講談社学術文庫、1977年）23－25頁。
(38) 渋沢、前掲書（六)、「憲問第十四第11章」24頁。
(39) 渋沢、前掲書（六)、「憲問第十四第11章」25頁。
(40) 渋沢栄一「顔淵第十二第 7 章」『論語講義（五)』(講談社学術文庫、1977年）47－52頁。
(41) 荻生徂徠著、小川環樹訳注『論語徴 2 』(平凡社、2011年）135頁。
(42) 渋沢、前掲書（五)、「顔淵第十二第 7 章」48頁。
(43) 荻生徂徠著、小川環樹訳注『論語徴 2 』(平凡社、2011年）135頁。
(44) 三島、前掲書、 2 頁。

第Ⅳ編

渋沢思想の諸側面

第12章

渋沢栄一の礼の認識

－礼と和および礼楽の多角的考察－

はじめに

本稿の目的は、礼と和の関係、礼楽、礼の実意等を多角的に考察し、渋沢の礼の認識を探ることである。礼については、「渋沢と仁の思想」をはじめとする本書各章でふれることがあった。しかし、徳目としての礼の重要性に鑑み、あらためて本章で礼を多角的に考察することとした。礼に対する考察の切り口は、(1) 礼と和、(2) 仁と礼楽、(3) 礼と実意、(4) 礼の伝承と実践の 4 つである。

礼と和については、人間社会における両者のあるべき関係性を渋沢がどのように認識していたのかを探る。礼は徳目であるが和は論語において徳目とされてはいない。和は徳目ではないが、人と人とが互いに気脈を通じて和らぎ合うことは人間生活を円滑にするためには重要なことである。

しかし、和して互いを高め合う関係から、和らぎ合うことのみを求めて互いを高め合う関係性を逸脱した時点で、和は暗転して無節操に暴走し始める危険を含んでいる。本稿では、渋沢が、和がもつ二面性をどのように解釈し、かつ礼と和の関係性をどのように認識していたのかを考察する。

仁と礼楽の関係について、渋沢は仁を礼楽の基と認識する。仁から発して礼楽につながる中間に敬と和が存在し、「仁⇒敬⇒礼」、「仁⇒和⇒楽」という関係性が成立すると渋沢は認識する。このような定式化に基づいて渋沢の仁と礼楽についての認識を考察する。

礼と実意については、礼が形式的なものではなく、その基底に実意が存在しなければ礼が成立しないことを渋沢は認識していた。吉礼、凶礼、非礼、臣下の礼等を通して渋沢の認識を考察する。また、礼の伝承と実践についての渋沢の認識に関しては、古礼の伝承、恭慎勇直と礼の関係、礼の体系化、礼と武術の関係等を通して考察する。

第1節　礼と和

礼と和はともに必須でありながら、和はそれを発揮する頃合いを誤るとその調和の効果が減殺され、人間生活に裨益するところが少なくなるという複雑な関係にある。

学而第一第12章は、和は礼を行ううえで大切ではあるが、弊害もあることを述べた章である。本章は、【有子曰。禮之用和爲貴。先王之道斯爲美。小大由之。有所不所。知和而和。不以禮節之。亦不可行也】（有子曰く、礼はこれ和を用て貴しとなす。先王の道はこれを美となす。小大これによる。行われざる所あり。和を知りて和し、礼を以てこれを節せざれば、また行わるべからざるなり）というものである[1]。

渋沢による本章の解釈を明らかにするため、学統ごとに礼と和の解釈を図表12－1によって一覧し、渋沢の解釈と比較検討する。

渋沢は礼と和の定義を中洲に拠っている。礼について渋沢は、「人間の履み行う所の儀則なり。ゆえに礼は履なりと注す。尊卑長幼の序、冠婚葬祭起居動作の則、皆礼なり」と定義する。また、「およそ礼は尊卑長幼の分限より、人間庶般の法則儀式を定めたるものにて厳正に規定しあれば、その応用の際に人情の融合を旨とする和を加味するを貴しとなす。寛厳よろしきを得るこれなり」と述べる。和について渋沢は、「我と人との接際における情意互に疎通して角立たず、順便に物事を行わるるをいう」と述べる[2]。渋沢は、礼を「人間が遵守すべき儀則」とし、和を「接際において情意を互に疎通させること」と理解する。

朱熹は礼の淵源を「天理」とし、物徂徠は礼の策定者を「先王」として、それぞれ淵源や策定者にまで言及するが、渋沢や中洲は礼を人間が遵守すべき則と述べるのみで、その淵源や策定者については言及しない。また、和に

図表12－1　「礼」と「和」に対する諸見解

注釈者	礼	和
宇野哲人	貴賤長幼等の秩序を定めて、その性質が厳格なもの。	上節の和：無心の和であり礼中の和。 下節の和：有心の和であり和礼以外の和。
朱熹	天理の秩序に基づいた人事の規範。	従容として迫らずという意味。
伊藤仁斎	本章では定義なし。	和とは反抗がないこと。和とは美徳で、礼において大切にされているもの。
荻生徂徠	先王が制作した道。	和とは和順。事情の和順であることをいう。
三島中洲	人の履み行ふ所の儀則。	我も人も順便にて、情意相流通するの謂ひ。

【出典】
(1) 宇野哲人『論語新釈』(講談社、1980年) 28－29頁。
(2) 朱熹著、土田健次郎訳注『論語集注１』(平凡社、2014年) 104－109頁。
(3) 伊藤仁斎著、貝塚茂樹編集「論語古義」『日本の名著13』(中央公論社、昭和47年) 55－56頁。
(4) 荻生徂徠著、小川環樹訳注『論語徴１』(平凡社、2011年) 46頁。
(5) 三島毅『論語講義』(明治出版社、大正６年) 16頁。

ついて朱熹は、「従容として迫らず」として人の態度とし、仁斎は徳目の一つと認識する。また物徂徠は和を「事情が和順であること」として物事が順調に和らぐことと認識する。和の意義について、渋沢と中洲は人の接際における情意の疎通であると認識する。

１－１　礼と和の認識

前節で考察した通り、渋沢は礼の根源や策定者に拘泥しない。つまり、朱熹や物徂徠が天理や先王を引き合いにすることで、礼を絶対不可変の天則に比すべきものと認識するのに対して、渋沢は礼を尊重すべきとしながらも、あくまでも人間を中心に置いて解釈し、合理的な礼の内容変化であればそれを容認するという立場をとる。

渋沢は、「さて孔夫子は政治上にも一身上にも、大いに礼を尊重した。その周礼を尚(たっと)びしことは明白の事実なり。……しかれども孔子は決して周礼をそのまま襲踏しようとしたのではない。王政に回復すると同時に、孔子の意を以て時世に適応するように折衷(せっちゅう)して礼を大成し、これを政治及び教化の大本(たいほん)としようとせられたのである」と述べる。(3)

渋沢の解釈による孔子の礼の理解は、「礼の基本を尊重しつつ時世が求めるところにしたがって合理的にその内容を調整することが許される規範」というものである。和に対する渋沢の理解も人間が中核にあり、人の接際における情意の疎通であると渋沢は理解した。

つまり、渋沢にとって礼は「人間界の規範」であり、和は「情意の疎通」である。つまり礼と和は、「規範」と「コミュニケーション」ということになる。ただし、前者は遵守すべきことが必須であり、後者は単なる情報交換ではなく、情意の疎通がともなったものであるべきというのが渋沢の理解である。

1－2　礼と和の目的

では、礼を遵守し、和によって情意を疎通することによって目指すものは何かというのが次の疑問となる。渋沢は、「古えの聖王が天下を治めたる道も、この礼と和とを併用するを以て善美となせり」と述べる。(4)渋沢にとって礼と和の目的の一つは、「天下を治めること」である。渋沢が認識したであろう「目的」、「礼」、「和」三者の関係について管見を述べる。

過度の簡便化の誹りを免れ得ないかもしれないが、目的を「目的変数」、礼と和をそれぞれ「説明変数」と置き換えて相互の関係性を考察する。目的を「X」、礼を「α」、和を「β」と置いてXの最大化を実現すること、つまり、天下を治めるにあたって最も望ましい政を実現するための三者の関係性は、概ね次の関数式で表示することができる。

max：X

X＝F（α, β）

subject to（β≦一定限度）

この関数式で示されるα(礼) とβ(和) の関係性を渋沢の言葉で表現すると、「礼と和とは偏廃すべからず、必ずあい兼用すべしというなり」ということになる(5)。説明変数であるα(礼) とβ(和) は「必ずあい兼用すべし」であり、対等に機能して目的変数であるX（天下を治めること）を規定するという関係にある。

また渋沢は、「もし小事も大事もことごとく厳正なる体のみによりてこれを処しなば、これを公にしては、国家の政事も官民の意思融合せずして、あい睽離するに終らんのみ。これを私にしては、吾人日常交際の上に、必ず彼我の情意疏通せずして、不快を感じ交誼を傷るに至らんのみ、ゆえに和の一味を加えて用うべし。しかしながら和の欠くべからざるを知りて、これを用うるに当り一にも和、二にも和というように和に偏すれば、礼自ら廃れて万事不紀律とならん」と述べる(6)。つまり、説明変数のうちβは一定限度内、つまり和に偏しないようにおさめておかなければ関数式は正常に機能しないということになる。

1－3　礼に対する渋沢の認識

渋沢は中洲と同じく礼を、「人間の履み行う所の儀則」であると定義する。しかし、中洲が礼を「殊に厳格に角立つ者なれば」としたのに対して、渋沢は礼がもつ堅苦しさについては語っていない。周礼は孔子によってより現実に適用しやすいものとして生まれ変わったという渋沢の解釈は中洲にはみられない。

渋沢は、周礼を理想としかつ模範とすべしとしながらも、それを時代に則したものとして再構成した孔子を、「礼の改革者」あるいは「礼を再解釈する者」と捉えていた。若干乱暴なたとえを用いると、オーソドクシーたる周礼に対して、それを尊重しつつもプロテスタント的な視点から礼の改革を試みたのが孔子であると渋沢は解釈していた。

礼は現実社会で生活する人と人との接際に関わるものであるとともに、彼岸と此岸の関係、つまり現世の人が先祖へ対峙する際にも適用されるべき規範である。しかし、「礼」と「和」の関係を述べるにあたって、渋沢による礼の解釈は現実に生活する人と人との接際に重点が置かれている。なぜなら、上記で引用した通り、渋沢は和を、「我と人との接際における情意互に疎通して角立たず、順便に物事の行わるるをいう」と定義しており、もっぱら現実社会の人を中心に置いて礼を解釈しているからである。

その成り立ちや深奥を理解しないまま礼を形式的に適用すると、それはがんじがらめの規則を強いられることとなり、空疎な儀式になってしまう。したがって、現実社会における適度な情意の疎通があって、はじめて礼が受け入れられる。

しかし、渋沢が礼と和を平等に対置したかといえばそうではない。礼が「人間の履み行う所の儀則」であるがゆえに、必ず守るべき大原則であるのに対して、和はそれ自体が独立して尊重されるべき徳目ではない。つまり、和は説明変数として礼とともに機能するものの、その機能レベルには一定の制限が課せられる。それが、「subject to（$\beta \leqq$ 一定限度)」として示される関数式の意味である。

一方、「親しき仲にも礼儀あり」ということわざにもある通り、礼はいかに親和的な関係性においても欠いてはならない基本的な規範であると渋沢は認識していた。

第2節　仁と礼楽

八佾第三第3章は、仁と礼楽の関係について述べた章である。本章は【子曰。人而不仁。如禮何。人而不仁。如樂何】（子曰く、人にして仁ならざれば、礼を如何にせんや。人にして仁ならざれば、楽を如何にせんや）というものである。[7]

渋沢の解釈は概ね中洲に拠っている。渋沢は字解で、「仁は博愛の徳にて、衆善の総名なり。君に対しては忠となり、親に対しては孝となる。これ仁の露見せるなり」と述べて、仁の定義を明らかにしている。[8]

渋沢は礼について、「礼　－　仁の人の動作に発するものにて、敬を主とす」と述べ、楽については、「楽　－　仁の音声に発するものにて、和を主とす」

とする。さらに、「仁は本にして礼楽は末なり。ゆえにその人にして不仁なれば、その本すでに失う。礼を行うといえども、これ虚栄たるに過ぎず、楽を奏すといえども、これ虚栄たるに過ぎず」と述べている[9]。渋沢は「仁⇒敬⇒礼」、「仁⇒和⇒楽」という関係性を本章の字解で述べているのである。

渋沢は孔子の考え方にしたがって、礼楽ともにその基は仁であり、不仁の人が形式的に礼楽を整えてもそれは空虚でかつ実効性を伴わないものになると主張する。そして、礼楽ともに実効性のあるものとするためには、礼については敬、楽については和を整えることが必要と渋沢は解釈する。

2－1　敬と礼

渋沢が礼の主体と解釈した敬について、孔子の少年時代のエピソードを通して礼と敬の関係を述べた八佾第三第15章に基づいて考察する。

本章は、【子入大廟毎事問。或曰。孰謂鄹人子知禮乎。入大廊毎事問。子聞之曰。是禮也】（子、大廊に入り事毎に問う。或る人曰く、孰か鄹人の子礼を知ると謂うか。大廊に入りて事毎に問うと。子これを聞きて曰く、これ礼なり）というものである[10]。

渋沢は本章の章意について、「そもそも礼は敬を以て主となす。ことに祭において事を敬するは、神に対して謹慎を表する所以なり。学んで知り得たることも、これを実行するに当り一々先輩に諮問したる上でなければ、手を下さずとせらるるは万一の失誤ありてはならずと用意するなり。これ敬の至りというべし」と述べている[11]。

本章には巧みに章意を強調するための伏線が敷かれている。つまり、「孰か鄹人の子礼を知ると謂うか」と述べる「或る人」の言葉のなかには、孔子に対する蔑称である「鄹人」（魯の鄹邑の大夫をしていた孔子の父叔梁紇の子）という表現がある。

孔子の父の社会的地位を孔子に対する蔑称に用いるという失敬な扱いにもかかわらず孔子は祭りの準備を最大の敬意をもって執り行うのみならず、失敬な相手に対して、「これ礼なり」と簡単に答え、理屈をもって相手をやり込めることを回避している。孔子は敬を欠く相手に対して礼をもって接することによって、礼は敬をもって主となすという章意を身をもって実践した。

中洲は、「或人は禮を事爲器物等の形の上に於て言ひ、孔子は神に對する敬謹の意に就て言ふ、蓋し禮は敬を以て主と爲す、故に書籍上に學びたる事を以て、矜（ほこ）りて眞に知ると爲さず、敬謹して實務を執るは、眞に禮の意を得たる者なり」と述べて独自の解釈を加えた。(12)

章中の「或人」は、礼を書物等で形式的に身につけるものであると考えていた。「或人」は、孔子が書物等ですでに礼を身につけていると思っていたにもかかわらず、逐一先輩の指示を仰いでいるのを見てあてが外れたと思い、孔子に対して侮蔑の感情を抱いた。しかし、「或人」の理解は誤りで、礼は書物等で形式的に身につくものではなく、先達に対して腰を低くし、逐一教えを乞うことによって敬謹して実務を執る人が真に礼の本質を知る者であった。これが中洲による本章の理解である。

礼の真の意味を理解せず、したがって礼は敬を以て主となすという真理を身につけていないがゆえに孔子に対して失敬な態度をとってしまった「或人」と、礼の真の意味を理解し、礼は敬を以て主となすという真理を身につけているがゆえに、「或人」に対して敬意をもって接した孔子を対比し、礼と敬の関係を説こうとしたのが本章の構成であると中洲は解釈した。

ともに論語を深く理解する実践家であった、渋沢と中洲が重点を置いた礼と敬の関係についての理解は、まさに知行合一を重視する者であればこそのものである。「知」と同様に「行」を尊重するがゆえに、身につけた知識を実践に移すにあたってはことのほか慎重であるべきで、謙譲の気持ちをもって実践することが何よりも重要であるというのが渋沢、中洲両者に共通する考えである。

渋沢は本章の講義の最後を、「生物識（なまものしり）が吾れは顔に事を振舞うと同年の比にあらず。かく真面目の心掛けを以て鄭重に事を行う処に、聖人たる所以存するなり」という言葉でまとめて、いい加減な知識をもって実践することを厳に戒め、実践にあたっては、「真面目の心掛けを以て鄭重に事を行うべし」としている。(13) 渋沢の言葉には、神に対する礼を行うにあたっては敬謹をもって行うべしというにとどまらず、知行合一を重視して実践するにあたっては、ことのほか慎重にすべきとの警句が含まれている。

2－2　和と楽

楽の主体である和は礼と並んで重要ではあるが、それに偏しないよう一定限度にとどめておくことが必要であると渋沢は理解する。和は徳目ではなくかつ制限を伴うものであるとすれば、どの程度の和を楽の主体と認識すべきかが不明確である。したがって、和と楽の関係性を探るにあたっては、楽についての渋沢の認識からアプローチすることが合理的と考えられる。

まず、孔子が魯の楽官の長に語った内容をもとに渋沢の楽の認識を探る。八佾第三第23章は、孔子が魯の大師（楽官の長）に対し楽を説明する形をとってその重要性を述べた章である。

本章は、【子語魯大師樂曰。樂其可知也。始作翕如也。從之純如也。皦如也。繹如也。以成】（子、魯の大師に語って曰く、楽はそれ知るべきなり、始め作るに翕如たり。これを従って純如たり、皦如たり、繹如たり、以て成る）というものである。[14]

中国では礼と並んで楽が尊重されており、孔子は特に楽を重んじた。当時の魯で力が入れられていなかった楽についての基本的な知識を、孔子が楽官の長に語って聞かせたことについて渋沢は本章の注釈で述べている。中国で楽が重視されるほどまでには、日本では楽の重要性は高くなかったので、渋沢といえども歴史的な事実を客観的に述べることしかできなかった。

しかし、渋沢は楽が人の心に与える影響が大きいことを認めており、そのプラス面とマイナス面を認識していた。渋沢が章意を理解したうえで日本での教訓として述べているのは、鄭声（淫らな俗曲）には馴染むことなくそれから遠ざかるべきことであり、音楽を専門に教育する学校では人の性情を高尚ならしめる音楽を選別して教えるべきであるということである。

しかし、音楽のマイナス面は音楽学校のように音楽を専攻する学生に限ってあらわれるものではなく、巷間で口の端にのって歌われる俗謡にこそ社会の裏面があらわれることが多い。それは、鄭声のように淫靡な俗曲もあろうし、何かになぞらえて皮肉たっぷりに歌われる権力批判の曲もあると思われる。

政治権力の座にある者には、心地の良い節回しにのって人の心にメッセージを届ける音楽は、その歌詞いかんで人の性情を高尚ならしめるか、下品ならしめるか、あるいは反権力に追い立てるか等、さまざまな力をもち得ることをむしろ警戒するであろう。

楽曲について楽を考察すると、楽には、「性情を高尚ならしめる面」と「性情を淫靡ならしめる面」の二面性が存在するとともに、楽曲が権力批判に用いられるリスクも存在する。和が楽の主体であり、その楽が二面性を有するとすれば、この二面性は明らかに和の特質に由来すると考えるのが合理的である。

和の特質を考慮すべきこととは、「和に偏しないよう一定限度におさめて」和を働かせることであり、この一定限度内で和を働かせて楽曲を味わうかぎり、それは楽曲本来の性情を高尚ならしめる面が発揮される。しかし、この一定限度を超えて野放図に和を働かせると、性情を淫靡ならしめる面や権力批判に楽曲が誤用され、それが大いなるマイナス面として顕在化することになると渋沢は理解した。

次に、詩の朗誦をめぐる孔子の姿勢を通して渋沢の楽の認識を探る。述而第七第31章は、詩を朗誦するにあたっての孔子の態度について述べた章である。本章は、【子與人歌而善。必使反之。而後和之】（子、人と歌いて善（よ）ければ、必ずこれを反（はん）さしめて、しかして後（のち）これを和（わ）す）というものである。[15]

渋沢は本章の注釈をほぼ中洲に倣っている。渋沢は孔子の人柄にふれ、孔子は決して窮屈一点張りの人ではなく歌を愛する、ある意味風流な心の持ち主であるとともに、その歌を楽しむにあたっても、音節を善（よ）く調（ととの）える者があれば、その人に礼をつくすと述べている。孔子は、その者に反復重歌させて自らもそれに和すという謙遜な態度をとっていた。

孔子には歌を愛でるという柔軟で自然な性向があった。孔子は、独りで詩を朗誦して楽しむのではなく、歌を愛する仲間と楽しみ、歌の節回しに一頭地を抜く達者な者があれば、その者の美をとり、歌を繰り返させ自らもこれに和すという楽しみ方をしたと渋沢は解釈した。

渋沢は本章で取り上げられた孔子のエピソードをもとに、孔子が人の長所を見極めて、「得手に帆をあげさせる」式の誉め方をしていたことを述べた。渋沢は一芸に秀でた者に対しては率直にその才能を称賛するとともに、それに習う謙虚さが大切であることを強調したかったのではないかと推察される。

孔子の時代には詩経をはじめとする詩の経典が重視されていたことを勘案すると、歌の節回しもさることながら、まずは詩の内容があり、その内容の素晴らしさを際立たせるための音節の調え方の妙味が孔子の評価対象だったのではないかと考えられる。

渋沢が本章の注釈で取り上げたエピソードは、義太夫、長唄、常磐津などの日本の伝統芸能と帝国劇場の創設に関する諸事情である。渋沢にとって、芸事を理解して自らも楽しむとことは、自分が真面目一点張りのでくの坊ではないということの証でもあった。この点、渋沢が「頑固窮屈の人でない」と評した孔子の人柄と渋沢自身をラップさせようとする意図が感じられ、むしろ微笑ましい印象すら受ける。

孔子は格調高い詩を優雅な音曲に載せて朗誦するという文化的な嗜みを、複数の仲間と平等な立場で純粋に楽しんでいた。孔子の嗜み方は、複数の人間が詩を朗誦することによって師弟関係や身分を離れて「和」し、互いに「楽」しみを分かち合うという、まさに理想的な和と楽の関係性を実践することを意味していた。そこには、和が一定限度を逸脱するという懸念は微塵も存在しなかった。

渋沢は孔子のこのような和と楽の関係性を論語中の章意に見出し、自らも義太夫、長唄、常磐津などの日本の伝統芸能に親しんで同好の士と気脈を通じ合った。そして、その段階にとどまることなく、適正な和と楽の関係性を日本にも広く普及させるべく、帝国劇場の創立に関わった。渋沢のこのような行動の基底には孔子が身をもって示した理想的な和と楽の関係についての確固たる認識が存在した。

2－3　楽の再興

子罕第九第14章は、孔子が魯に戻り、廃っていた楽を再興したことを述べた章である。本章は、【子曰。吾自衛反於魯。然後樂正。雅頌各得其所】（子曰く、吾、衛より魯に反り、然るのち楽正しく、雅頌おのおのその所を得たり）というものである。[16]

南溟は、「語正癈樂在還自衛時也」（この章は廃楽を正すは衛より還りし時にあるを語るなり）と述べている。[17] さらに南溟は、太宰春台の説明を論語語由で紹介している。それは、「太宰純曰。孔子五十知天命。因欲修先王之道。以傳来世至是六十八矣。正樂刪詩其功己成故自陳其功如是」（太宰純曰く、孔子五十にして天命を知る。よって先王の道を修めて、以て来世に伝えんと欲す。ここに至って六十八、楽を正し詩を刪（つく）る。その功すでに成る。ゆえに自らその功を陳（のぶ）ることかくのごとし）というものである。(18)

渋沢は南溟の解釈をいれて、孔子は女楽（じょがく）に明け暮れる魯の君に愛想を尽かし、衛、宋、陳、蔡、楚等を巡ったが、仕えるべき君に出会うことができず、68歳を機に衛に戻り、楽を正して詩を創ることのなったと理解した。つまり、本章は孔子の人生の節を示す重要な章であり、孔子の晩年における人生の転換点に相当すると渋沢は理解した。

その転換点は、50歳にして天命を知った孔子が、先王の道を諸国に伝えるべく、仕えるべき君を探し、果ては志敗れて魯に戻ったときである。通常であれば68歳は隠居を考える齢であろう。しかし、それからの孔子は、詩経、書経、易経、礼記を調べ、春秋をつくったほどの活躍を示した。

渋沢は魯に戻ってからの孔子の活躍を見て讃嘆するとともに、諸国行脚の時期を、「大抱負が失敗に帰し」、「数十年の努力も徒労に属した」とかなり率直に表現している。(19)

渋沢が孔子を面と向かって批判することは決してない。しかし、数十年におよぶ諸国行脚の時期と、魯に帰ってからの孔子の活躍を対比したうえで、なぜ孔子は自分の生国で辛抱強く、地に足をつけて先王の道を伝えなかったのであろうかという渋沢の素朴な疑問が、本章の解説には表れているように思える。

第3節　礼と実意

八佾第三第4章は、魯の国の人である林放が孔子に礼の本を問うたのに対して、孔子が答えた内容で構成される章である。渋沢は本章の大意を、「この章は礼は実意を貴び、形式の虚偽を重んぜざるをいう」と説明している。(20)本章全般に関する渋沢の解釈は中洲の論語講義の内容に沿っている。

本章は、【林放問禮之本。子曰。大哉問。禮與其奢也寧儉。喪與其易也寧威】（林放、礼の本を問う。子曰く、大なるかな問や。礼はその奢らんよりは寧ろ倹せよ。喪はその易めんよりは寧ろ威めよ）というもので、礼の本質を問うた林放の質問に対して孔子は「大なるかな問や」として称賛している。[21]

渋沢は本章の表現のポイントを、「……與…寧」という構文に求めている。つまり、「…よりは、寧ろ…」という表現であり、「奢らんよりは寧ろ倹せよ」と、「易めんよりは寧ろ威めよ」というのが本章の中核的な意味である。別言すると、「奢易」も「倹威」も共に礼の本質ではないが、実意のない「奢易」よりは寧ろ、実意の存する「倹威」の方を良しとするという考え方を礼の解釈に用いんとするものである。

礼に関していえば、奢侈であるよりは寧ろ質朴を良しとし、喪に際しては体裁をととのえるよりも寧ろ哀痛の至情が余りある方を良しとするという考え方である。

渋沢は、「実意とは何か」を説明することを通して、「礼」と「敬哀」の関係について自身の考えを明らかにする。渋沢は、「実意とはすなわち中心の誠である」と説明する。中心の誠は、吉礼の場合は敬を主として示され、凶礼の場合は哀を主として示されると説く。[22]

渋沢の解釈は、「礼の本質は実意をもってすることである。礼には吉礼と凶礼があり、吉礼に際して実意をもってするとは敬を主とすることであり、凶礼に際して実意をもってするとは哀を主とすることである」と要約される。吉礼に際し、敬を主とするにあたって、飲食器具装飾を完備したうえでさらに敬意をもって誠を示すことができればそれに越したことはない。しかし、それがかなわない場合は、「奢らんよりは寧ろ倹せよ」という本章の主意が生きてくる。

凶礼に際し、哀を主とするにあたって、体裁を整えたうえでさらに哀切の情をもって誠を示すことができればそれに越したことはない。しかし、それがかなわない場合は、「易めんよりは寧ろ威めよ」という本章の主意が生きてくる。

では、なぜ孔子は礼の本質に関する林放の問いに対して、「実意をもってする」という答えを示さず、次善の策としての「倹威」を示したのかという疑問が生じる。この疑問に対して渋沢は、孔子が生きた時代の背景をあげている。孔子が生きた時代は周末の綱紀が頽廃した時期であり、かつ繁文縟礼が横行していたため、「倹威」を強調したのであるというのが渋沢の説明である。

渋沢は周末と現代日本の間に相通ずるものがあることから、外形や装飾に心を奪われる青年に対して、質実剛健の気風の重要性を誠心に説いた。

3－1　礼と敬哀

渋沢は学而第一第9章の【終慎遠追】（終りを慎み遠きを追う）という解釈において、中洲論語講義、論語徴、論語集注の解釈を踏襲している。この部分の解釈においては、仁斎が「葬祭のことに特化すべきではなく、目前の効果を追わず慎重に未来の結果を得ていくことと、世俗の安易さに溺れず古を慕って忘れないこと」と解釈したのに対して、物徂徠は論語徴でこれを厳しく批判している[23]。

渋沢は物徂徠の解釈に立脚し、むしろ当時の風潮として葬祭が行き過ぎた華美、軽佻浮薄に流れ虚礼にはしっていることを戒めている。つまり、祖先に対する礼とは、衷心から哀傷懐旧し、自然な姿で祖先に礼を尽くすことで醇風美徳が生まれることを、「前途多望な青年諸君よ、世に出で身を立てんと欲せば、よろしく敦厚持重の紳士たらざるべからず」という言葉で表現して勧めている[24]。

先進第十一第7章では、凶礼に際して実意をもってするにあたっての孔子の言説と渋沢の理解内容を探る。本章は、肉親に対する愛情の赴くままに節を忘れ、財を分不相応に用いることを戒めた章である。

本章は、【顔淵死。顔路請子之車以爲之椁。子曰。才不才。亦各言其子也。鯉也死。有棺而無椁。吾不徒行以爲之椁。以吾從大夫之後。不可徒行也】（顔淵死す。顔路（がんろ）、子（し）の車以てこれが椁（かく）を為（つく）らんと請（こ）う。子曰く、才も不才も、またおのおの言うはその子（こ）なり。鯉（り）や死す。棺（かん）あって椁（かく）なし。吾徒行（われとこう）し以てこれが椁（かく）を為（つく）らず。吾が大夫（たいふ）の後（しり）えに従（したが）うを以て、徒行（とこう）すべからざればなり）というものである[25]。

顔淵の死は孔子に限りない喪失感を与えたが、孔子は顔淵の死に先立って自分の息子である伯魚（鯉）をなくしている。孔子は最愛のわが子と愛弟子を連続してなくしているのである。渋沢は、孔子を襲ったこの悲劇に際して、孔子が情に溺れずかつ節を曲げずに分相応の葬礼をもって伯魚、顔淵の死に対峙したというエピソードから教訓を導き出している。

本章の教訓は、葬礼にあたって分をわきまえるべきことを述べているが、その分には富貴のみならず社会的なステータスも含まれている。つまり、自家の財力に相応しい葬礼を執り行うことのみをもって分をわきまえるとするのではなく、孔子に与えられた大夫というステータスに相応しい家格を守ることも、分をわきまえることであるという教訓を示している。

顔淵の父である顔路は、不躾にも孔子が魯君から賜った車を譲ってくれと懇願し、その売却代金をもって顔淵の椁（外棺）を用意しようとした。しかし、大夫に名を連ねた孔子からは、車を用いず徒歩で出仕したのでは礼にかなわないと車を譲ることを拒絶された。

孔子は大夫という家格、つまり社会的なステータスを守ることも分をわきまえることと理解していたのである。本章は、財政的に分をわきまえることのみを示したのではなく、家格を守ることの重要性についても述べている。

渋沢の慧眼をもってすれば、本章の章意から社会的ステータスの重要性も教訓として認識されないはずはない。しかし、渋沢は、本章からは専ら富貴に関わる部分を教訓として抽出し、吉礼、凶礼ともに富貴の分をわきまえないと礼を失することを強調する。これは、渋沢が論語講義を定期的に開催した当時の社会がすでに物質文明に毒されていると考え、人々の姿勢を是正することが急務と認識したからと考えられる。

渋沢は接際という言葉を使って教訓を述べる。吉礼、凶礼ともに形式をともなう接際であり、そこで分不相応に贅をこらすことは礼にかなうものではなく、むしろ、質素であっても分相応にして礼にかなう接際があるのだということを渋沢は述べている。渋沢の本章理解は、物質文明に毒されはじめた当時の社会に対する危機感を雄弁に物語っている。

3－2　服喪者などへの礼

子罕第九第 9 章は、服喪者や貴人、盲者に対する礼を通して、孔子が人に接する際の誠敬を記した章である。本章は、【子見齊衰者冕衣裳者與瞽者。見之雖少必作。過之必趨】（子。斉衰者と冕衣裳者と瞽者とを見るとき、これを見れば少なしと雖も必ず作ち、これを過ぐれば必ず趨る）というものである。[26]

渋沢は中洲の注釈を採用し、本章の趣意を、孔子が人に接する誠敬を記したものと解釈した。渋沢は礼法が重んじられた時代に言及するとともに、孔子と顔淵のやりとりをもとに、「己に克ちて礼を復むを仁となす、一日己に克ちて礼を復めば天下仁を帰す」という孔子の言葉を引用する。つまり、服喪者、貴人、盲者に対する孔子の姿勢は礼法に則ったものであるという解釈を示している。

渋沢は盲者に対して孔子が礼を尽くす理由を、肢体不自由者に対する憐憫の情によるのではなく、盲者が往々にして楽をよくすることであるとし、物徂徠の解釈を採用している。[27]このことから、渋沢は孔子が礼を尽くす対象者を、近親者の死を悼む情愛を抱く服喪者、徳が高くその地位が高い貴者、楽をよくする者と理解している。

渋沢は礼の真髄を、礼を尽くす人の心底に誠があること、つまり、単なる儀礼ではない誠意がこもった接際が重要であると述べる。そのうえで、「一心すでに誠なれば、行住座臥随所に融合解脱す。すなわち一身にしては無事長久、国家にしては、泰平安穏ならん」としている。[28]

渋沢が例として引用する資本家と労働者の対立は、渋沢によれば互いの誠が足りないがゆえに生じることであるということになる。少しでも人件費を減らしたい資本家と、できるだけ多く給料を得たい労働者は、資本の論理と労働者の論理をたたかわせる構図にあり、企業業績が困難な時ほど互いの主張が対立する。

渋沢のいう誠とは、資本家と労働者の話し合いという接際において、資本家は誠をもって労働者の立場を理解するとともに、誠をもって本分を果たし、労働者も同じく誠をもって資本家の立場を理解して本分を果たせば、先鋭的な対立は避けられるという意味と解釈される。

企業家である渋沢は、決して精神論のみで資本と労働の対立を語っているのではなく、誠をもって互いを理解するとともに、誠をもって互いの本分を果たすことが重要と考えていた。渋沢のいうように、礼の真髄が心底に誠があることであるとすれば、資本家と労働者の接際にも自ずと礼があらわれ、互いを尊重する気持ちによって、難局を冷静に乗り越えられることになるであろう。これが、「一誠は天地を継ぎ、社会を安んじ、人類を和楽せしむるに足るなり」という渋沢の言葉が意味することと理解される[29]。

3－3　礼と非礼

礼が実意をともなったものとすれば、非礼は実意がともなわないものである。本節では礼と非礼を対比的に考察する。八佾第三第10章、第11章について渋沢は、太宰春台の説にしたがって両章をひとかたまりとして理解する。多くの注釈書が両章を分けて解釈しているところを渋沢が両章をまとめて解釈する理由は、いずれも孔子が魯の非礼を嘆いている点において共通しているからである。

八佾第三第10章は、【子曰。禘自既灌而往者。吾不欲觀之矣】（子曰く、禘すでに灌してより往は、吾これを観ることを欲せず）というものである。また、八佾第三第11章は、【或問禘之説。子曰。不知其説者之於天下也。其如示所斯乎。指其掌】（或るひと禘の説を問う。子曰く、知らざるなり。その説を知る者の天下におけるや、それこれをここに示すがごときかと。その掌を指す）というものである[30]。

魯公は周の王室に大功あったことを理由に、特別に魯に天子の礼をもって周公を祭ることを許したが、周公の廟を建てて文王を周の始祖として廟に配して祭ることは礼に反していた[31]。つまり、天下に王たる人がつかさどるべき大祭である「禘」という祭りを、魯公が主催して執り行うことがすでに大きく礼を逸していると孔子は判断したのである。

渋沢は第10章、第11章ともに禘祭について語り、その非礼であることを述べている章であることに注目し、本章の記述内容をさらに裏読みしたうえで、禘祭の初めの儀式で酒を地に注いで降神式を行う「灌」の前後にかかわらず、孔子は禘祭を観ることを欲しなかったとする佐藤一斎の説を採用している。

渋沢は、重要な祭りであればあるほど、それを主催する者の資格が問題となり、その資格がないままに祭りを主催することは著しく礼に反することを、両章に共通する孔子の嘆きと怒りを通して理解している。渋沢は、「そもそも締の祭は先祖を祭り、その先祖のよりて出でし所の帝を推してこれを祭るものにて、子孫が遠きを追い、報本反始の大孝を申ぶる所以なり。その仁孝誠敬の至情こもらざれば、この祭の本意に叶わず」として、魯公が締祭を主催することの非礼を説明する。(32)

渋沢が春台の説にしたがい、魯公と締祭の関係を両章一体として述べた背景には、締祭に含まれるプロセスを個別に議論するのではなく、締祭をその資格に欠ける魯公が主催することの非礼を統括的に強調したかったからではないかと思われる。

つまり渋沢は、孔子が重視する祭政一致の本質を理解するがゆえに、第10章と第11章を分けることによる過度の訓詁学的解釈を避け、むしろ両章を併せて解釈することによって祭政一致の本質を強調しようとしたのではないかと推察される。

3－4　臣下の礼と醜聞

雍也第六第26章は、衛の霊公夫人であり淫乱の噂が高い南子に、孔子が面談したことを子路が心よく思わなかったことについて述べた章である。

本章は、【子見南子。子路不説。夫子矢之曰。子所否者。天厭之。天厭之】(子南子を見る。子路説ばず。夫子これに矢って曰く、予が否なる所の者は、天これを厭たん。天これを厭たん）というものである。(33)

孔子が南子に面会せざるを得なかった事情についてはさまざまな説があるが、渋沢は本章の解釈を中洲にしたがい、中洲は論語集注にしたがっているので、渋沢は朱熹の解釈をいれていることになる。

孔子は当初南子からの面会の要請を、南子の好ましからざる淫乱の噂を知ってか一旦謝絶している。しかし、当時衛に仕えていた孔子は、臣下がその国の君の夫人に会うことが礼であることも同時に心得ていたので、最終的にはこの要請にしたがって面会に応じた。

孔子の行動をもって、いかに孔子が礼を重んじる人物であったかという点を強調したのが本章の内容である。渋沢に言わせると、「子路輩」にその背景が理解できようはずもなかったのである。したがって、もし孔子自身が道に外れることをしていたならば、天がそれを罰するであろうと2回も繰り返して子路に説いて聞かせた。

昔も今もスキャンダルに類することは存在し、孔子もいわばそれに巻き込まれかねない状況にあったことが本章の記述から明らかである。南子は淫乱で不品行であったと同時に傾国の美女でもあったことから、孔子が南子と面会したという事実は誇張されて当時の人々の口の端に上ったと推察される。

子路の心配はおそらくこれら市井の人々の感情を慮って、孔子の聖人たる評判を貶めないよう配慮した結果と思われる。孔子は礼に則ってなすべきことをなし、そのうえで心配する子路を慰撫するように自身にやましいことがないことを繰り返し話して聞かせたというのが本章に対する渋沢の解釈である。渋沢自身は女性関係にはそれほど誇れるものがないと感じていたためか、本章に対する積極的な注釈は控えている。

第4節　礼の伝承と実践

4－1　古礼の伝承

八佾第三第9章は、【子曰。夏禮吾能言之。杞不足徵也、殷禮吾能言之。宋不足徵也。文獻不足故也。足則吾能徵之矣】（子曰く、夏の礼は吾能くこれを言う。杞、徴するに足らざるなり。殷の礼は吾能くこれを言う。宋、徴するに足らざるなり。文献足らざるが故なり。足らば則ち吾能くこれを徴せん）というものである。[(34)]

渋沢は、「文献足らざるがために古礼の衰廃せるを嘆息されたるなりというを通説とす」として通説を紹介している。禹の建てた王朝である夏と、湯王の建てた王朝である殷の古礼が、それぞれの王朝を引き継いだ杞や宋に書物や賢人が欠けていたために廃れてしまったことを孔子が嘆いているとの解釈を紹介している。[(35)]

渋沢は南溟の解釈を自身の解釈に近いとしている。南溟は、「夏殷之禮夫子非不能言焉黙宋杞文獻無足以徵其言者故不得述而傳諸後世言非憲章文武之比也」と述べている[36]。渋沢はこれを、「本章は夏殷の礼を伝述せざる所以を語るなり」と南溟説を要約し、その骨子を、「夏殷の礼は夫子のいうこと能わざるにあらず。しかれども宋・杞の文献以てその言を徴するにたるものなし。ゆえに述べてこれを後世に伝うることを得ず」としている[37]。

通説は、夏殷の礼は杞宋が引き継いだであろうと思われるが、書物や賢人が両国に不足していたため、誰もその内容を窺い知ることができず、したがって、これを後世に伝えることができないことを孔子が嘆じているとしている。そこでは孔子が夏殷の礼を知らないことが含意されている。

しかし、南溟説は孔子が夏殷の礼を知らないわけではないが、それを後世に伝えるに足る証跡としての書物や賢人の言葉が後続国家である杞宋に不足しているため、民衆を納得させるレベルでそれを引き継ぐことができないことを孔子が嘆じたという解釈である。

通説、南溟説ともに、孔子が夏殷の古礼を後世に伝えられなかったことを嘆じていることを述べている点に変わりはないが、通説は孔子が夏殷の古礼を知らなかったことを前提にしているのに対して、南溟説は孔子が古礼を概ね知っているにもかかわらず、証跡がないために自信をもって古礼を後世に伝えられなかったことを嘆いているという点で大きく異なっている。

渋沢は、孔子が非礼を嫌い、礼の厳密な実践を重視することを知悉していた。したがって、孔子が夏殷の古礼を知っていたと渋沢が信じていたことは容易に推察される。つまり、孔子の礼に対する厳格な姿勢と知識量の豊富さを渋沢が知悉していたという事実を前提とすれば、渋沢が通説よりは南溟説にしたがうことはむしろ当然と思われる。

4－2　礼と恭慎勇直

泰伯第八第2章は2つのパーツから構成されていることから、これを2つの章に分ける考え方もある。渋沢は各部分に対して個別に注釈を付している。前半のパートは、礼の節を重視したものであり、礼による中庸がなければ、美徳が一転価値のないものどころか悪徳ともいえる状態になってしまうことを述べている。

本章は、【子曰。恭而無禮則勞。愼而無禮則葸。勇而無禮則亂。直而無禮

則絞】（子曰く、恭しくして礼なければ則ち労す。慎しんで礼なければ則ち葸す。勇にして礼なければ則ち乱す。直にして礼なければ則ち絞す）というものである。(38)

渋沢は本章について、物徂徠と中洲の解釈を採用している。物徂徠は、「恭慎勇直は、これ人の徳性なり。礼は、徳性を養う所以なり。もしその性に任せ、礼を以てこれを養わざれば、必ず労葸乱絞の疾あるなり」としている。つまり、一般に徳性といわれる本来人間に備わった心の動きにしたがって行動するにしても、その徳性を善徳とするためには礼をもって徳性を養い、度を節しなければならないとするのが物徂徠の見解である。(39)

中洲は物徂徠と同様の見解を有しているが、さらに、「恭慎勇直の四者は皆美徳なれども、勞葸は己を病ましめ、亂絞は人を犯すの悪徳なり」としてさらに分析を加えている。(40)

労を苦しみ疲れるという意味にとり、葸を恐れることと解釈すると、恭しくしすぎると苦しみ疲れてしまい、事に望んで慎ましくしすぎると、恐れるだけにとどまってしまうという解釈がなされる。ここから、「勞葸は己を病ましめる」という解釈がなされたものと思われる。

また、乱を上を犯すという意味にとり、絞を厳しすぎて不人情になることと解釈すると、事を行うにあたって勇あるのは良いが、それが行き過ぎると上を犯すこととなり、率直であることは良いことであるが、それが行き過ぎると厳し過ぎて不人情となるという解釈がなされる。ここから、「亂絞は人を犯すの悪徳なり」という解釈がなされたものと思われる。(41)

渋沢は、これら物徂徠や中洲の解釈を基盤にして、さらに実社会において、礼による中庸を発揮することの難しさを説く。渋沢は、「しかれども礼を履んで。物の中庸を守り、恭慎勇直の美徳を全うするということは、口に言うは易すけれども、身に行うは難いものである。わずかに一歩を進み過ぐれば、美徳変じて悪徳となる、這般の例は、世間に幾何もあることなり」と述べている。(42)

渋沢の言葉には実際家としての実感がこもって余りあるものが感じられる。恭慎勇直を発揮するにあたって手心の加え方は、渋沢がその長い人生経験のなかで大いに悩んできたものの、それでも難事中の至難事であると慨嘆するほどに困難なものであると理解される。

渋沢の事績を考慮すると、恭慎勇直において渋沢が特に困難と感じたのは、勇と直であった。渋沢は尊皇攘夷思想に共鳴して高崎城乗っ取りを計画し、天下に自分の意志を明らかにすることによって国を変えようとした。その勇気と率直さは、まさにその時代の秩序を、有無を言わさず変えようとする「乱」に相当する。また、その志操堅固の度合いが尋常ではないことから、厳し過ぎて不人情となり、命をも惜しまぬ行動は自分のみならず他人にも降りかかるということに考えがめぐらなかったことは、まさに「絞」に相当する。

自らの思いが強すぎてそれに対して剛直に固執すればするほど周りが見えなくなることが、「亂」、「絞」という言葉で表され、内省的になり過ぎて自らの殻にとじこもることによって周りとの関係性の認識が欠落することが、「勞」、「葸」という言葉で表されている。

この点を勘案すると、渋沢が毎日就寝前に自分の行動を振り返り論語の教えとの整合性を確認することを日課としていたのは、まさに渋沢の内省的な一面であった。

4－3　礼の体系化

雍也第六第25章は、博く文を学んでそれを一つに取りまとめ、礼をもってこれを身に行うことの重要性を述べた章である。一見本章は知行合一の重要性を述べた章とも受け取れるが、渋沢は講義中で「知行合一」という言葉を使って説明してはいない。本章のポイントは、(1) 博く学んだことを一つに取りまとめること、(2) 取りまとめたことを、礼をもって身に行うことの2点である。

本章は、【子曰。君子博學於文。約之以禮。亦可以弗畔矣夫】(子曰く、君子博く文を学び、これを約するに礼を以てせば、また以て畔(そむ)かざるべきか)と短文である。渋沢は字解で主語である君子を、「学者を指す。必ずしも有位または有徳の称となさず」として学者を意味すると捉えている。他の注釈書もこれと同様である。[43]

上記の理解を前提とすれば、本章の章意は、「学者は多くの文献を猟歩するだけでなく、得た知識を、礼をもって体系化すべきである。そうすれば先王の道にそむくことはない」ということになる。しかし、本章には「行うべし」という記述はないが、渋沢は「礼をもって身に行う」と解釈し、実態的には「知を行うに礼を以てすべし」、つまり、知行合一を礼をもって全うすることを述べたものとして本章を理解している。そうなると、渋沢は礼をどのように理解していたのかがポイントとなる。

学而第一第12章の講義を通して、渋沢は、「礼は現実社会で生活する人と人との接際に関わるものであるとともに、彼岸と此岸の関係、つまり現世の人が先祖へ対峙する際にも適用されるべき規範である」との考えを有していたと理解される。(44)

渋沢は本章を、「学者は詩書六芸を広く学び、それを現世における接際の規範であり現世の人が先祖へ対峙する際の規範であるところの礼をもって取りまとめることが大事で、それを行えば先王の道にそむくことはない」と理解していた。

渋沢は本章の講義ではふれていないが、物徂徠は本章で取り上げられる文を、「『文』とは、詩・書・禮・樂なり」としている。(45)これを禮について文字通りに解釈すると、文を学ぶことはすなわち礼を学ぶことであり、学んだ礼を実行するにあたってはさらに礼をもってすべしということになり表現が重複する。

しかし、学ぶ対象をたとえば、「理学」に置き換えると、「文を学ぶことはすなわち理学を学ぶことであり、学んだ理学を実践に応用するにあたってはさらに理学的発想をもってすべし」となり、文意は必ずしも矛盾しない。

詩・書・樂も同様である。たとえば、詩であれば「文を学ぶことはすなわち詩を学ぶことであり、学んだ詩をもとに実際に詩を作るにあたってはさらに詩的発想をもってすべし」となり違和感はない。詩、書、樂ともに、「詠われた詩とその結果もたらされた詩集」、「書かれた書とその結果としての書額」、「奏でられた樂とそれに用いられた楽器」というように有体物として具現化できるものである。

しかし禮については、「礼に従ってなされた接際と、その結果育まれた良好な関係」というように、生み出されるものは具現化できない無体物である。禮のこのような特徴が文を構成する一要素としての禮を特別なものにしていると思われる。

渋沢は、学問を身につけながら、現世における接際の規範である礼を失した行動をとったがために失敗した先人の例を示して本章の趣旨を説明している。一つは江藤新平であり、他方は武田信玄である。

江藤は経世学に秀でた人物であったが、接際を無視して他人の意見をいれず、最後は佐賀の乱の責任をとらされて梟首の刑に処されることとなった。また、信玄は不倶戴天の敵である謙信が礼を尽くして、戦場での信玄との接際に努めたにもかかわらず、無礼な仕打ちをもってこれに応えたことを渋沢は指摘している。

渋沢は本章の学者を実業家に置き換えて現代人に警告する。渋沢は、「一会社一商店を統率する重要の位置にある者が、礼を忘れ礼を乱すようでは、とても部下を統率してゆけるものではない。部下の不埒なことをするのは、その根源に遡ってみれば、上に立つ者に礼を無(な)みする風のあるのが原因となっておる。上礼を重んじ、下また礼を重んじ、始めて統一ある事業が進行せらるるもので、その道に畔(そむ)かざるに庶幾(ちか)からんか」と述べている[46]。

礼は形の見えない無体物であるがゆえに忘れられがちである。しかし、礼は学ぶべき「文」のなかでも際立って重要であるがゆえに、礼をないがしろにした行動は蔑視されるべきものとして史実にまで残ってしまう。そして、そのような事態を回避し、礼に基づいた組織をつくり上げる一義的な責務は人の上に立つ人、つまり事業者であれば部下を擁する経営トップであると渋沢は主張する。

4－4　礼と武術

八佾第三第16章は、孔子が武術の射をめぐる古道の衰えについて述べた章である。本章は、【子曰。射不主皮。爲力不同科。古之道也】（子曰く、射は皮を主とせずと。力の科(しな)を同じうせざるためなり。古えの道なり）というものである[47]。

中国の古道としての射には、武術としての側面に重きをおき、的を射抜くことを重視する立場と、礼を重視する立場があると渋沢は解説する。渋沢は、「射は本来武術なれば、的に中りて的の皮を貫くを貴しとす。しかれども古えこれを礼射に用いたり。今本章にいう所は礼射なり。しかして大射の礼はその人の徳を観るを主とす。ゆえにその人の内志正しく外体の直きを貴ぶ。その的に中るを要すれども、必ずしも皮を貫くを要せず。このゆえに礼に『射不主皮』（射は皮を主とせず）の語あるなり」と述べて、本章の章意を要約している。[48]

渋沢は、孔子が本来武術であった射が古道として、「内志正しく外体の直きを貴ぶ」こと、つまり、精神性を高めそれを射の作法にまで高められたにもかかわらず、その精神を忘れ去っていることを本章で嘆じていることを重視し、それが章意であるとしている。渋沢のこの点に関する理解はほぼ中洲の理解に準じている。しかし、渋沢は日本の事例を紹介することによって、中国で重んじられていた礼としての射の側面が、日本では必ずしもそれと同じではないことを述べている。

渋沢は、「我が邦には礼射のことなし。射術は武芸の随一にて、武士は必ずや弓箭の練習をなせり」として、鎮西八郎為朝、那須与一宗高、流鏑馬、犬追物を例にあげる。[49]そしてそのうえで、「しかして孰れもその目的とするものは的を射通すを以て上乗とす。邦人尚武の気風盛んにして文弱に陥らざりし所以のもの、蓋しここに存す」として、日本において射は専ら文弱に流れることを避け、尚武の気質を高揚させることを目的とするものであるとの理解を示している。[50]

渋沢が日本の弓道にみられる礼とその精神性をあまり重視していないのは意外である。しかし、渋沢が武術としての剣道には造詣が深かったものの、弓道にはさほど深く関わってはいなかったことを考えると、弓道に対する渋沢の理解は、ある意味当然であるとも考えられる。

小　括

本稿の目的は、礼と和の関係、礼楽、礼の実意等を多角的に考察し、渋沢の礼の認識を探ることであった。礼と和の関係については、渋沢が両者をそれぞれどのように理解したのかを諸学統との比較において明確にし、そのうえで渋沢の理解内容を関数式に置き換えて考察した。

渋沢が理解する礼とは、「その基本を尊重しつつ時世が求めるところにしたがって合理的に内容調整することが許される規範」、つまり人間の履み行う所の儀則であった。渋沢にとって礼は、他学統が主張するような絶対不可侵な剛体ではなく、天から与えられたものでありながら、人間を中心に合理的な範囲で運用解釈が許される柔構造を内に秘めた規範であった。

渋沢が理解する和とは、人と人が和らぎ合うことである。しかし、そこには情意の疎通をともなうコミュニケーションが不可欠であり、かつそれは中庸を得たものであるべきである。そして、学而第一第12章で語られる礼と和の目的の一つが「天下を治めたる道」である。天下を治めるための最適な道を得るためには、人間の履み行う所の儀則である礼を厳守し、かつ程よく中庸を得て人と人が和らぎ合うことと渋沢は理解した。

仁と礼楽について渋沢は、礼楽ともにその基は仁であると理解する。さらに渋沢は、礼と楽を実効性あるものとするのが敬と和であるとする。渋沢は礼とそれを実効性あるものとする敬の関係を、祭において事を敬する孔子の姿勢に基づいて理解する。

孔子は礼をもって祭にたずさわるにあたり、書物等で形式的に身につけた礼に基づいてするのではなく、敬をもって年長者に確認し、必要であれば教えを乞うことによって慎重に進めた。つまり、書物に拠って従うべき礼の内容を知ってはいても、現実に祭に携わるにあたっては、過去にそれに関わった者でなければ委細がわからないことがある。

渋沢はこの孔子の行動を見て、祭において礼を実質あるものとして履み行うためには、敬をもって先人の知恵に徴し、仔細を怠りなく進めることが、礼と敬とをもって祭に関わることであると理解した。知行合一を重視する渋沢は、不十分な知識をもって実践することを厳に戒めていた。渋沢は、祭に際し、神に対する礼を行うにあたっては敬をもってするにとどまらず、知行合一を重視して実践すべしと考えていた。

和と楽の関係について、渋沢は楽が人の心に与える影響が大きいことを認めており、そのプラス面とマイナス面を認識していた。これは、和の特質と整合的である。和は一方に偏しないよう一定限度におさめて働かせることが重要であり、楽もそれと同様に一定限度を逸脱すると、性情を淫靡ならしめる面や権力批判に楽曲が誤用され、それが大いなるマイナス面として顕在化することになると渋沢は理解した。

渋沢の礼と実意についての解釈は、礼の本質は実意をもってするということである。礼には吉礼と凶礼があり、吉礼に際して実意をもってするとは敬を主とすることであり、凶礼に際して実意をもってするとは哀を主とすることであると渋沢は理解する。

礼の伝承と実践についての渋沢の認識は、古礼の伝承、礼と恭慎勇直、礼の体系化、礼と武術の4つの観点から考察した。とりわけ礼と恭慎勇直の関係については、美徳である恭慎勇直を実生活において実践するにあたって心得るべき事柄について渋沢は述べる。

恭しくしすぎると苦しみ疲れてしまい、事に臨んで慎ましくしすぎると、恐れるだけにとどまってしまう。また、事を行うにあたって勇あるのは良いが、それが行き過ぎると上を犯すこととなり、率直であることは良いことであるが、それが行き過ぎると厳し過ぎて不人情となるというのが渋沢の理解である。

つまり、礼を履みかつ中庸を守って恭慎勇直の美徳を全うすることは、人生の機微において必ずしも容易ではなく、実践家の渋沢にとってはそれがむしろ身につまされる形で心に響いたと思われる。なぜなら血気盛んであった青年渋沢にとっては、中庸を保って勇と直を実践することは困難だったからである。

尊皇攘夷思想に共鳴して高崎城乗っ取りを計画した青年渋沢にとって、天下に自分の意志を明らかにすることによって国を変えようとした勇気と率直さは、その時代の秩序を有無を言わさず変えようとする「乱」に相当し、その志操堅固の度合いが尋常ではないことから、厳し過ぎて不人情となり、命をも惜しまぬ行動は自分のみならず他人にも降りかかるということに考えがめぐらなかったことは、まさに「絞」に相当した。

このようないきさつから、渋沢はその後の人生において、毎日就寝前に自分の行動を振り返り、論語の教えとの整合性を確認することを日課として欠かさなかったのである。

【注記】

（1）渋沢栄一「学而第一第12章」『論語講義（一）』（講談社学術文庫、1977年）56－58頁。
（2）渋沢、前掲書（一）、「学而第一第12章」57頁。
（3）渋沢、前掲書（一）、「学而第一第12章」58頁。
（4）渋沢、前掲書（一）、「学而第一第12章」57頁。
（5）渋沢、前掲書（一）、「学而第一第12章」57頁。
（6）渋沢、前掲書（一）、「学而第一第12章」58頁。
（7）渋沢、前掲書（一）、「八佾第三第３章」147－148頁。
（8）渋沢、前掲書（一）、「八佾第三第３章」147－148頁。
（9）渋沢、前掲書（一）、「八佾第三第３章」147頁。
（10）渋沢、前掲書（一）、「八佾第三第15章」179頁。
（11）渋沢、前掲書（一）、「八佾第三第15章」180頁。
（12）三島毅『論語講義』（明治出版社、大正６年）59頁。
（13）渋沢、前掲書（一）、「八佾第三第15章」180頁。
（14）渋沢、前掲書（一）、「八佾第三第23章」198頁。
（15）渋沢栄一「述而第七第31章」『論語講義（三）』（講談社学術文庫、1977年）113頁。
（16）渋沢栄一「子罕第九第14章」『論語講義（四）』（講談社学術文庫、1977年）45－47頁。
（17）亀井南冥（魯）著、亀井昱校　『論語語由　五、六』（華井聚文堂、1880年）14/50頁。
（18）亀井南冥（魯）、前掲書、14/50頁。
（19）渋沢栄一「子罕第九第14章」『論語講義（四）』（講談社学術文庫、1977年）47頁。
（20）渋沢、前掲書（一）、「八佾第三第４章」148頁。
（21）渋沢、前掲書（一）、「八佾第三第４章」148頁。
（22）渋沢、前掲書（一）、「八佾第三第４章」149頁。
（23）朱熹著、土田健次郎訳注『論語集注１』（平凡社、2014年）95－96頁。
（24）渋沢、前掲書（一）、51－52頁。
（25）渋沢、前掲書（四）、142頁。
（26）渋沢、前掲書（四）、「子罕第九第９章」26－28頁。
（27）荻生徂徠著、小川環樹訳注『論語徴Ⅱ』（平凡社、2011年）22－23頁。
（28）渋沢、前掲書（四）、「子罕第九第９章」28頁。

(29) 渋沢、前掲書（四)、「子罕第九第 9 章」28頁。
(30) 渋沢、前掲書（一)、「八佾第三第10、11章」168－170頁。
(31) 渋沢、前掲書（一)、「八佾第三第10、11章」168頁。
(32) 渋沢、前掲書（一)、「八佾第三第10、11章」169－170頁。
(33) 渋沢栄一「雍也第六第26章」『論語講義（二)』（講談社学術文庫、1977年）203頁。
(34) 渋沢、前掲書（一)、「八佾第三第 9 章」167頁。
(35) 渋沢、前掲書（一)、「八佾第三第 9 章」167頁。
(36) 亀井南溟他『論語語由』（朝暘源長舗撰、文化丙寅冬10月）巻之三八佾第三 8 /36頁。
(37) 渋沢、前掲書（一)、「八佾第三第 9 章」167頁。
(38) 渋沢栄一「泰伯第八第 2 章」『論語講義（三)』（講談社学術文庫、1977年）145頁。
(39) 荻生徂徠著、小川環樹訳注『論語徴Ⅰ』（平凡社、2011年）309頁。
(40) 三島、前掲書、162頁。
(41) 宇野哲人『論語新釈』（講談社、1980年）218頁。
(42) 渋沢栄一「泰伯第八第 2 章」『論語講義（三)』（講談社学術文庫、1977年）146頁。
(43) 渋沢、前掲書（二)、（雍也第六第25章）200頁。
(44) 渋沢、前掲書（一)、「学而第一第12章」56－58頁。
(45) 荻生徂徠、前掲書Ⅰ、245頁。
(46) 荻生徂徠、前掲書Ⅰ、246頁。
(47) 渋沢、前掲書（一)、「八佾第三第16章」180頁。
(48) 渋沢、前掲書（一)、「八佾第三第16章」181頁。
(49) 渋沢、前掲書（一)、「八佾第三第16章」181頁。
(50) 渋沢、前掲書（一)、「八佾第三第16章」181頁。

第13章

渋沢栄一の天命の認識

―天および天命に対する多面的アプローチ―

はじめに

本稿の目的は、渋沢の天および天命に対する認識を明らかにすることである。渋沢は、努力によって切り拓くことが可能な運命とは異なり、人の力では左右することができない宿命を、天が与えた命、つまり「天命」として受け入れた。渋沢は必然的に命を発する天の存在も受け入れることとなり、天および天命に対するその認識は定まったと考えられる。

天および天命という概念はきわめて茫漠としており、捉えどころがない。しかし、この天および天命は論語や論語注釈書にしばしば登場し、「人倫の基となる天倫」、「人事に対する天命」、「天における理気に対する地における義利」等のように、道徳倫理を語る場合に考慮すべき重要概念である。

この重要概念である天および天命に対する渋沢の認識を探ることは、渋沢思想の深奥に接近するためには不可欠と考えられる。したがって、本稿では以下の順序で天および天命に対する渋沢の認識内容にアプローチする。

(1) 君子が畏敬する天命とは何か。それを渋沢はどのように認識していたのか。

(2) 天命が人間界に影響を与える範疇はいかなるものか。渋沢はそれをどのように考えていたのか。

(3) 天と鬼神の関係はいかなるものか。渋沢は鬼神をどのように認識していたのか。

(4) 神仏への祈りと天命の関係はいかなるものか。渋沢はそれをどのように捉えていたのか。

(5)　天命を信じるとはいかなることか。渋沢は天命に対していかなる信を置いていたのか。

(6)　天命と富の関係はいかなるものか。渋沢はそれをどのように捉えて実践していたのか。

これらの大上段の問いに対して一意的な解答が得られるわけではない。しかし、多くの論語注釈者がこれらの問いに真摯に取り組み、独自の議論を展開している。本稿では主要学統を代表する複数の注釈者の見解を幅広く取り上げ、それらの見解と渋沢の認識を比較検討することにより、客観的に渋沢の認識内容を考察する。

本稿ではさらに、天命によって与えられる人の地位についての渋沢の認識を考察する。日本の君である神武天皇から連綿と続く二代目以降の歴代天皇は、いわば守成の君である。渋沢が生きた時代の明治天皇、大正天皇、昭和天皇は皇統の継嗣の決まりごとにしたがって天皇の地位に就くべき定めにあった。そして、その地位は皇統に属する者以外が望んでも得ることのできない天命によって与えられるものである。本稿では、天命との関わりから渋沢による皇室崇拝にはいかなる思想的な背景があるのかを探る。

第1節　天命に対する認識

渋沢の天命に対する認識内容を探るにあたっては、論語中の「君子たる者が畏敬する天命とは何か」という問いかけに対する孔子の答えを諸学統がどのように理解し、それらとの比較において渋沢の見解がどのような特徴を有するのかを考察する。

季子第十六第8章は、君子が畏敬するものを示し、君子と小人の心の差異を述べた章である。本章は、【孔子曰。君子有三畏。畏天命。畏大人。畏聖人之言。小人不知天命。而不畏也。狎大人。侮聖人之言】（孔子曰く、君子に三つの畏れあり。天命を畏れ、大人を畏れ、聖人の言を畏る。小人は天命を知らずして畏れざるなり。大人に狎れ、聖人の言を侮る）というものである。[1]

1－1　諸学統の認識

君子が畏敬する「天命」、「大人」、「聖人の言」については各学統で解釈が異なるため、それぞれの要旨を一覧にまとめたうえで渋沢の解釈と比較検討する。

朱熹と宇野は天命を正理として非人格化している。中洲は天を気であるとしていることから、これも天を非人格化して解釈する。また、物徂徠は天と人を並べて論ずること自体が不敬であるとし、これも天を非人格化する。これに対して、仁斎は「天命は天が人にさだめ与えるもの」と解釈して天を擬人化する。

1－2　天に対する渋沢の認識

渋沢は天命について、「一に曰く、天命を畏敬す。天は高きにおりて卑きに聴き、善に福し淫に禍す。しかして形のみるべきなくして、神妙測られず、ゆえに君子はみざる所に戒慎して、天命を畏敬する」とする。[2] 渋沢の解釈は中洲に近いが、天が気であるとは述べていない。渋沢は字解において何晏と皇侃の解釈を採用する。何晏については、「順吉逆凶、天の命なり」という注釈を引用する。皇侃については、「天命は、善を作せば百祥を降し、不善を作せば百殃を降すをいう。従えば吉、逆らえば凶、これ天の命。ゆえに君子これを畏れ、あえてこれに逆らわざるなり」という注釈を引用する。[3]

渋沢の論語注釈の講義部分と字解部分を総合すると、渋沢は「天命は霊妙にして形がなく認識できないが、善と不善に鋭敏かつ正確に反応し、それを人間の禍福に反映させる力を有するもの」と理解している。換言すると、「信賞必罰を天界から人間界に向けて及ぼす圧倒的な力を有するがゆえに畏敬すべきもの」が天命であるというのが渋沢の理解と考えられる。

渋沢は中洲、何晏、皇侃の３名の注釈を引用するが、それらを総合すると、皇侃の「善を作せば百祥を降し」を引用し、自身も「天は高きにおりて卑き

図表13－1　「天命」、「大人」、「聖人の言」に対する諸見解

注釈者	天　命	大　人	聖人の言
宇野哲人	天が人に与えた正しい道理（仁義礼智のごとし）。	徳と位とを兼ねて天命を全うした人。	聖人の言は天命を教える。
朱熹	天が賦与する正理。	志が高邁で徳と位が高い人。畏怖すべき天命。	聖言は畏怖すべき天命。
伊藤仁斎	天が人にさだめ与えるもの。吉凶や禍福。	徳が高くて人望があつく、その時代の模範とされる人。	書物に記載されているもの。典・謨・訓・誥など。
荻生徂徠	天命に従うか逆らうかが大事。天は敬すべきものである。後世の学者は天命と人事、つまり天人を並べるが、古人はこれを並べない。	位と徳を兼ねる者。位が高い者で、特に徳を中心にいう。当代の存在。	聖人は開国の君であり、過去の存在。聖人は天を尊ぶの至りであり、天を知ると言わない。
三島中洲	天は気。理はその中にある。天道は善に福し、淫に禍するのでこれを畏敬する。	上位にあって民を治め、尊厳であるのでこれを畏敬する。	古聖人の言はみな道を載せて、後人の遵奉すべきものであるのでこれを畏敬する。

【出典】
（1）宇野哲人『論語新釈』（講談社、1980年）511－512頁。
（2）朱熹著、土田健次郎訳注『論語集注４』（平凡社、2014年）247－250頁。
（3）伊藤仁斎著、貝塚茂樹編集「論語古義」『日本の名著13』（中央公論社、昭和47年）375－376頁。
（4）荻生徂徠著、小川環樹訳注『論語徴１』（平凡社、2011年）262－266頁。
（5）三島毅『論語講義』（明治出版社、大正６年）369－370頁。

に聴き」と述べる等、「降す」、「聴く」等、天の働きを人間の動作に擬して天を論じている。これは、仁斎が天の働きを「さだめ与える」として擬人化したのと同様である。

渋沢の天に対する思いは複雑である。渋沢は天にある神を「もと人なり」とする一方、人から転じて天にある神の人格人性を否定する。また、「ただし天災は格別である」として、人為の禍患を左右する力をも凌駕する何もの

かが天にあると認識する(4)。それにもかかわらず渋沢は天を擬人化して表現するのである。

しかし、この混乱した思いは、むしろ渋沢の天に対する認識を端的に表していると考えられる。なぜなら、物徂徠が表現する聖人と同じく、天は人を知ることはできても、人が天を知ることはできないというのが、まさに渋沢の天に対する思いの複雑さそのものと考えられるからである。

1－3　天の擬人化

渋沢と同時代にあって天を擬人化して論じた人物は西郷隆盛である。西郷は『西郷南洲遺訓』のなかで、「道は天地自然の物にして、人は之を行ふものなれば、天を敬するを目的とす。天は人も我も同一に愛し給ふゆゑ、我を愛する心を以て人を愛する也」と述べる(5)。西郷は「天は人も我も同一に愛し給ふ」として天を擬人化する。そして、天に愛された人間は天を敬することを目的とすべしと述べる。

渋沢を含めた他の注釈者が、「降す」、「聴く」、「さだめ与える」として人間の動作をもって擬人化したのに対して、西郷は「愛する」という心の働きをもって天を擬人化した。そして西郷は、天に愛された人間は天を「敬する」という同じく心の働きをもって応えるべしとしたのである。

西郷が論じる天と人の関わり方は、一方が愛情を注ぎ、それに対して他方は尊敬をもって応えるという、親子関係と相似形で理解することが可能である。

西郷の「敬天愛人」という言葉は、「天は人を平等に愛するがゆえに、人も天に倣って同輩を愛し、天を敬しなければならない」という意味であり、これは広く人間社会にあてはまると同時に、「親は子を平等に愛するがゆえに、子も親に倣って兄弟同士愛し合い、親を敬しなければならない」という具合に、一家内のこととしてもあてはまる名言である。

管見によると、敬天愛人が含意するのは、最も身近な一家のなかで、親を敬い兄弟同士が和らぎ合うなかで育まれた人は孝行の人であり、孝行の家からはやがて忠臣が育って君に仕えるとともに、天を敬して道を誤ることがないということである。このように、一家という最小単位の人の集まりから、天と人との関係に至るまで、マトリョーシカのように相似形のものが幾層にも重なり合う世界観において、西郷にとって天と人に関する真実とは、つまるところ「敬」と「愛」という2つのキーワードで説明できるということになる。

翻って渋沢は、天と人との関係を西郷ほど擬人化して認識してはいない。しかし、西郷が天を敬すことを目的とし、「敬すべきもの」とするにとどめたのに対して、渋沢は天にある神や霊妙なる何ものかについて論及するなど、天の実体を理解しようとする姿勢においてより分析的である。

しかし、政界、経済界における巨人である西郷と渋沢は、一方は天を敬し、他方は天命を畏敬するという点において、いずれも天あるいは天命に対して強い敬意をもっていた点において合致している。

1－4　「大人」と「聖人の言」に対する渋沢の認識

天命に次いで君子が畏敬すべきものは大人(たいじん)である。中洲を除く他の注釈者が大人を指して、徳と位を併せもった人と認識する。物徂徠も同様に解釈するが、聖人との関わりにおいて、大人は当代の人、聖人は開国の君であり過去の人として両者を区別する。

渋沢は中洲に倣い、「大人は上位にありて民を治め、尊厳なり、ゆえに大人を畏敬す」と解釈する[6]。つまり、渋沢は大人を位の高い人であるという点は認めるが、必ずしも徳が高いわけではなく、民を治めて尊厳があるがゆえに畏敬されると理解する。

渋沢が、大人が民をつつがなく治めているがゆえに、徳があると判断するのか、尊厳を備えた人物は自ずと徳を備えていると解釈するのか不明であるが、少なくとも人物を表現するにあたって、渋沢は徳という重要単語を安易には用いない。

聖人の言に対する注釈者の見解はさまざまである。渋沢は、「古聖人の言は、みな道を載せて、後人の亀鑑とす、ゆえにこれを畏敬す」と述べる[7]。これも大人と同じく中洲の解釈を採用している。

聖人を古聖人と表現するのは、物徂徠が聖人を「開国の君であり、過去の存在である」と解釈したことと整合的である。古聖人の言が堯舜禹に始まる古代の賢帝の事績に裏づけられた言辞であるとすれば、聖人の言の解釈に関するかぎり、中洲、渋沢ともに物徂徠の古学の影響を受けていると思われる。

第2節　天命の範疇

本章では、天から与えられた命が人間界に対して及ぼす範疇はいかなるものであるのかを考察する。堯日第二十第3章は論語の最終章であり、人が知るべき肝要なことである「命」、「礼」、「言」について述べた章である。本章は、【子曰。不知命。無以爲君子也。不知禮。無以立也。不知言。無以知人也】（子曰く、命を知らざれば、以て君子となることなきなり。礼を知らざれば、以て立つことなきなり。言を知らざれば、以て人を知ることなきなり）というものである。[8] ここでは天命に焦点を絞って考察する。

2－1　天命の範疇についての諸学統の見解

本章で孔子が述べる「命」は天命と解釈されるが、その内容解釈は諸学統ごとに異なる。仁斎は、「天には、必ず禍か福かを与えるという理があり、人には、自分から禍福を招きよせる道がある（禍福というものは、人間の行為に対応して、必ず天が与える命である）。だから、天命の性格をよく理解していれば、楽しんで、むやみと心配することはなく、命を畏れて怠ることはない。これは、君子である基本である」と述べる。[9] 仁斎は天命を「天が理に従って人間に与える禍福である」と解釈する。

物徂徠は、「『命』なる者は道の本なり。天命を受けて天子と爲り公卿と爲り大夫士と爲る。ゆゑにその學その政は、天賦にあらざるは莫し」と述べる。[10] 命は道の本であり、天が命を人間に与えると各人がそれぞれ天子や大夫士などの地位に就くと述べる。つまり、「人は天から与えられた道にしたがって人間界における使命や地位が与えられ、学問や政治に携わることは、天から人に与えられる生まれ持ったもの」と物徂徠は解釈する。

中洲は、「人世の事、富貴・貧賤・窮通・得喪、皆天命にあり、人力の如何ともする能はざる者あることを知らざれば、義利に迷ひ趨避に惑うて、道を失ふことあり」と述べる[11]。中洲は、天命は「人の世に起こるすべてのことを司るものであり、人の力をはるかに超えたもの」と理解する。そして、天命を知ることが大切であり、知らなければ義利についての正しい判断ができなくなり道を失うと述べる。

2－2　天命と学問に関する渋沢の解釈

渋沢は天命の解釈を中洲に拠るとともに、物徂徠の解釈を批判する。渋沢は、天子や公卿のみについて、「その學その政は、天賦にあらざるは莫し」と述べている点を衝いて、「徂徠は学問を以て士大夫以上のことと限定し、農・工・商を圏外に排す。これその一家言にして、学問は士・農・工・商の如何を問わず、すなわち職業の何たるを別たず、人たる者の修めざるべからざる道とす。ことに生民の多数を占むる、農・工・商を教育の域外に放置せんとするは、僻見たるを免れず。生民の士たり農たり工たり商たるもまた天命なり。その命に安じてあえて非望を起こさざるを善しとす」と述べる[12]。

物徂徠が学問を修めることを、士大夫以上に生まれた者達の天命であるとするのに対して、渋沢は士・農・工・商の別にそれぞれの人が生まれたことは天命と認めるものの、学問は士大夫以上が修めるべく定められた天命ではないとする。その理由として渋沢は、農・工・商が生民の多数を占めるからであり、学問を限られた少数者の独占物とすることはまさに偏見であるからと述べる。

物徂徠と渋沢の見解に大きな隔たりがあるのは、それぞれが生きた時代の相違にも関係すると思われる。ただし、その主たる理由は、(1) 渋沢が農民として生まれたにもかかわらず、論語をはじめとする漢籍に幼少の頃から接し、その結果として渋沢の現在があると認識したこと、(2) 渋沢の念頭にある公益を考えた場合、国民の大多数が無知蒙昧であっては、それが亡国の原因となると恐れたことの2点と考えられる。

2－3　天命と人事に関する渋沢の認識

渋沢は天命と人事の関係について、「しかれどもここに天命に安んずるというは、人事を尽くして天命を俟つの謂なり。始めより努力もせず、尽くすべきことも尽くさず、何もかも天命に打任せて安閑呆然としておれというにあらざること勿論なり。天命常においてせず。勉むるに福し、怠るに禍す。人誰か努めざらんや。いわんや前途のながき、青年少女諸君においておや。学問にあれ実業にあれ、勉強努力すれば、必ずその応報あるものなり。ただ人事を尽くしたる以上の成敗は、これを天命に任せて煩悶せぬがよいというのである」と述べる。[13]

他の注釈者が天命のみを語るのに対して、渋沢は天命と人事を対比的に語る。渋沢の姿勢は物徂徠の天命に対する認識と比較するとその特徴が明らかになる。

物徂徠は季子第十六第 8 章の注釈において、「大氐後世の學者は、人事を盡くすと天命を知るとを以て並べ言ふ。みな小人の歸なる哉。何となれば則ち。古への人事に務むる者は、天を敬するに本づく。ゆゑに古への人いまだ天人並べ言ふ者あらず。天を敬するがゆゑなり。思・孟辨を好み、天人を以て並べ言ひし自り、而して後敬天の義荒めり、學者それ諸れを察せよ」と述べる。[14]

このように、物徂徠からすると天命と人事を並べて語ることさえ天を敬することに反するばかりか、それをしたがゆえに正しい敬天のあり方が乱れてしまったということになる。物徂徠の考え方によれば、天命と人事は切断されているがゆえに、両者を相互比較することはできず、ただ一方的に天命の定めたままに人事は整斉と進んでいくのみである。したがって、人事の裁量範囲は著しく狭く、学問ですら天命によって定められた階層、つまり士大夫以上の専有物であると物徂徠は主張する。

これに対して、渋沢は天命と人事を対比的に論じることが敬天の考え方を貶めることにはならないと考える。天命が定めた人事の裁量範囲は物徂徠が考えるよりはるかに大きく、その範囲内で人事を尽くすことはむしろ地上にあってそれぞれが天命を与えられて生活する人間の務めであるとさえ考える。

そのような発想からは、天命によって定められた、「人世の事、富貴・貧賤・窮通・得喪」によるいわば枷の中において、各々が学問に勉め努力を怠らないことは、むしろ人間の使命であると渋沢は認識する。

第3節　天と鬼神

孔子は鬼神に対して特別な思いを抱いているように思われる。孔子の鬼神に対する思いを受けて渋沢が鬼神をどのように解釈しているのかを各学統の解釈との比較において考察する。述而第七第20章は、孔子が弟子に語らなかった4つの事柄を記した章である。

本章は、【子不語怪力亂神】（子、怪・力・乱・神を語らず）というものである。(15) 本章の章意解釈に関しては、渋沢を含む多くの注釈者が謝良佐の解釈を参考にしている。渋沢は、「謝良佐（しゃりょうさ）曰く、『聖人常を語りて怪を語らず。徳を語りて力を語らず。治を語りて乱を語らず。人を語りて神を語らず』と。この説よく本章の趣旨を発揮するというべし」と述べる。(16)

渋沢は、人は怪力乱神のように普通でない極端なことに興味を抱きがちであるが、これらを絶えず語り続けると、その人の思想は穏健さを欠き極端な行動にはしりがちになると述べる。つまり渋沢は、怪力乱神を語りすぎると、言行ともに中庸を失う恐れがあるということを本章から教訓として引き出す。

3－1　鬼神に対する諸学統の理解

渋沢は述而第七第20章の注釈に多くの紙幅を割いているが、怪力乱神のうち乱と神、とりわけ鬼神について自説を多く展開する。各注釈者による本章の解釈を鬼神の理解に焦点を絞って図表13－2にまとめ、渋沢の理解内容と比較検討する。

図表13－2の通り、物徂徠を除く注釈者は章意解釈を基本的に謝良佐に拠っているが、鬼神の解釈はさまざまである。朱熹は、究極の理によって鬼神を明らかにすることができるが、鬼神は「天地の造化の痕跡」であるがゆえに、その理解は容易ではないとする。

係る観点から、朱熹は鬼神と怪異、勇力、悖乱を区別する。換言すると、朱熹は理に絶対的な信頼を置いているがゆえに、それを極めれば天地の造化の痕跡である鬼神すらもその実態を明らかにすることができるが、それは著しく困難なことであるので、軽々に鬼神を語るべきでないと解釈した。

図表13－２　鬼神についての注釈者見解

注釈者	鬼神についての解釈
宇野哲人	(1) 謝良佐の見解に基づいて注釈している。神に絞った解釈は示されていない。
朱熹	(1) 本章の章意解釈は基本的に謝良佐の見解に基づく。 (2) 怪異、勇力、悖乱（はいらん）といったことは、通常の理ではないので聖人は語らない。 (3) これらと異なり、鬼神は天地の造化の痕跡であり、理を究極まで理解しているのでなければ明らかにすることは困難である。したがって、軽々に人に語るものではない。
伊藤仁斎	(1) 本章の章意解釈は基本的に謝良佐の見解に基づく。 (2) 神は神異つまり神秘的なことである。 (3) 孔子は、人間の道を修めととのえず、鬼神になれ近づくことを戒められた。 (4) 後世の礼書などで鬼神妖異のことを言っているのは牽強付会である。
荻生徂徠	(1) 本章の章意解釈について謝良佐の見解の引用はない。 (2)「語」は単に語るのではなく、弟子に教誨し身につけさせること。 (3) 怪力乱神のうち鬼神の道は微妙なので、弟子に対する教誨としなかった。 (4) 鬼神は「天神」、「人鬼」であり、朱熹が言うような「天地の造化の痕跡」ではない。また、理を極めることによって鬼神を明らかにできるものではない。
三島中洲	(1) 本章の章意解釈は基本的に謝良佐の見解に基づく。 (2) 鬼神は幽渺（ゆうびょう）（奥深く遥か）であるので測ることは避けるべきである。 (3) 孔子が「神を祭るには神在すが如くす」と言うのは、絶えて神を語らないのではなく、多く語らないという意味である。

【出典】

(1) 宇野哲人『論語新釈』（講談社、1980年）198頁。
(2) 朱熹著、土田健次郎訳注『論語集注２』（平凡社、2014年）274－275頁。
(3) 伊藤仁斎著、貝塚茂樹編集「論語古義」『日本の名著13』（中央公論社、昭和47年）174－175頁。
(4) 荻生徂徠著、小川環樹訳注『論語徴１』（平凡社、2011年）280－282頁。
(5) 三島毅『論語講義』（明治出版社、大正６年）149頁。

朱熹が鬼神を「天地の造化の痕跡」と表現したのに対して、仁斎は「神異」（神秘的なこと）とした。つまり、朱熹が鬼神をいわゆる造物主として、明らかに人間の力が及ばない存在と認識したのに対して、仁斎は単に神秘的なものとして認識するのみで、人間をはじめとする地上の物との関わりにおいて、「造物主 v.s 被造物」という関係性を認識してはいない。

物徂徠は、章中の「語」を「弟子に対する教誨」と理解する。物徂徠は、怪力乱神を語らないというのは、怪力乱神を「弟子に対して教え諭すべき対象から除く」という意味に解釈した。物徂徠は鬼神を「天神」、「人鬼」と解釈し、鬼神の道は微妙であるとして怪・力・乱と区別する。

天神を「天の神」、人鬼を「祖先の魂」と解釈すれば、それらは祭祀の対象であり、かつ宗教的色彩の濃いものとなるので、物徂徠には珍しく鬼神の道を「微妙」という抽象的な表現を用いたものと考えられる。つまり、論語は宗教ではなく、あくまでも現実世界において則るべき道徳倫理を記述したものであるので、微妙な宗教の香りを漂わせた鬼神を語ることは、弟子を誤った方向に教誨することになると孔子が恐れたとしても不思議ではない。

中洲は鬼神を「幽渺」なものと理解した。中洲の理解にも仁斎と同じく、鬼神と地上の物との間に「造物主 v.s 被造物」という関係性の認識は見られない。中洲は孔子の「神を祭るには神在すが如くす」という言葉を受けて、孔子は鬼神を一切語らないのではなく、多くを語らないのだと解釈した。鬼神に対して造物主という認識がないのであれば、中洲はそこに宗教的な香りを多くは感じなかったのであろう。中洲にとっては、孔子が鬼神を語ることが、すなわち論語をして宗教書に変質させるという認識はなかったと考えられる。

3－2　渋沢による鬼神の理解

渋沢の鬼神に対する理解は中洲に多く拠っている。渋沢は八佾第三第12章に基づいた中洲の言葉を引用して、「三島中洲先生曰く『孔子神を祭るには神在（いま）すがごとくすといえば、絶対に神を語らざるにあらず。ゆえに不語は常に語らざるのみ。辞（ことば）にかかわること勿（なか）れ』と」と述べる[17]。つまり、渋沢にも中洲と同じく鬼神に対して地上の物の造物主であるという認識はなかった。

渋沢は八佾第三第12章の注釈において、「さらに一言せんに、神はもと人なり。耶蘇教のいわゆる造物主にあらず、ゆえに神に事うるには人に接する道を以てすべし。人に接するには信を主とす。信の実体は人に対して誠を尽くし、言行一致して表裏なきにあり。神に事うるにもこの心を推して敬虔の意を表するより外に道あるべからず。しかして神を敬するはすなわち己の祖先や社会の先達を尊崇する所以にして、大和民族の一大家族的の一致結合も、郷土における淳風美俗も、実に敬神の旨より生ぜざるはなし」と述べる。[18]

この言葉に渋沢の鬼神に対する認識のエッセンスが示されている。渋沢が理解する鬼神は朱熹が主張するように、「天地の造化の痕跡」でもなければ、理を究極まで突き詰めることによって理解する対象でもない。また、仁斎が主張するように、単に「神異」でもない。さらに、物徂徠が主張するように「微妙」なものでもないのである。渋沢にとって鬼神は「もと人なり」であって、地上の人と接するがごとく、誠意と信義と礼儀をもって接すべき対象である。

渋沢はまた、「……あるいは『神は人によって貴し』ともいえり。その意みな人も至誠感通して神の冥護降るというに帰す」と述べる。[19] 神との接際において、人と同じく誠意と信義と礼儀をもってすれば神の加護が人に下ると渋沢は理解していた。渋沢にとって神は一方的にお願い事をする相手ではなく、祭祀をはじめとする神との接際に関わる行事を誠意をもって遂行し、日々の尊崇の心を忘れずにいれば、地上の人がそうであるように、天上の神も人の誠意に対してしかるべく応えるというのが渋沢の理解である。

3－3　鬼神に仕えること

先進第十一第11章は、学問は順を追ってすべきことを述べた章である。本章は、【季路問事鬼神。子曰。未能事人。焉能事鬼。曰。敢問死。曰。未知生。焉知死】（季路鬼神に事えんことを問う。子曰く、未だ人に事うること能わず。焉んぞ能く鬼に事えん。曰く、敢て死を問う。曰く、未だ生を知らず。焉んぞ死を知らん）というものである。[20]

孔子は、弟子の子路が鬼神に仕えるにはどのようにしたら良いかと問うたのに対して、まず人に仕えることを学べと諭し、死について問うたのに対して、生きることを学べと諭した。孔子がこのように答えた理由を、渋沢の注釈に基づいて考察する。孔子の答えには以下の背景があると考えられる。

(1)　孔子は述而第七第20章において、【子不語怪力亂神】(子、怪・力・乱・神を語らず) として基本的に鬼神に関して多くを語らない。[21]

(2)　子路の性格は勇猛で政に長けていたが、反面、血気にはやり熟慮に欠ける面があった。

(3)　雍也第六第20章において、樊遅が孔子に知を問うたのに対して孔子は、【敬鬼神而遠之。可謂知矣】(鬼神を敬して而してこれを遠ざく、知と謂うべし) と述べている。

上記 (3) に対して渋沢は、「福を求め禍を避くることを鬼神に祈らず、これを尊敬して祭り、あえて狎れ近づくことなき人は、これ知者というべし」と注釈する。[22]

孔子は鬼神については多くを語らないというスタンスをもちながら、同じ弟子である樊遅には鬼神への対応方法を伝授している。つまり孔子は、子路と樊遅の徳性や人格の違いを認識したうえで指導内容を違えたのであり、孔子が子路に鬼神に仕えることを教授しなかったのは、子路の性格上の短所と大きく関わっていると考えられる。

孔子が子路に語った内容を、「天にある鬼神に仕えること v.s 地にあって人に仕えること」という対応関係としてまとめ、渋沢の注釈から鬼神と人の対応関係について考察すると、孔子は前者よりもまずは後者に力点を置くべきと子路に指導した。孔子のこの指導内容が、果たしていかなる趣旨で行われたと渋沢が理解したのかを探る必要がある。具体的には、「鬼神に仕えること」と「人に仕えること」の関係性を渋沢が、(1) 優先劣後関係、(2) 並立関係のいずれによって認識していたのかという問題設定となる。

3－4　人に仕えること

本章の趣意を講義参加者に説明するにあたり、渋沢は「一国のこと将た世界のことを論ずるもよい。社会政策や将た社会事業に奔走するもよい。孰れも決して悪いとはいわぬが、まずは一身一家を修斉することが先決問題でなければならぬ」と述べる[23]。この注釈で渋沢は、「人に仕えること」を「一身一家を修斉すること」に例え、「鬼神に仕えること」を「一国、世界を論じ、社会事業等に奔走すること」に置き換えて述べたものと考えられる。

渋沢は鬼神に仕えることを、青年が気宇壮大な夢を抱きそれを実践しようと意気込んでいる様子に例えている。渋沢は、青年の心意気や良しとしながらも、まずは一身一家、足元を固め、力をつけてからにせよと教えているのである。

この注釈を見るかぎり、渋沢にとって鬼神に仕えることは決して人に仕えることに劣後するものではなく、むしろ究極的に重要なものであった。なぜなら、そもそも渋沢が論語講義を行うのは、論語に基づく道徳倫理を身につけ、格物致知を学んだ人材を世界に雄飛させることが目的であったと考えられるからである。

一身一家、足元を固めて力をつけることとは、自らの実力を蓄えることであり、その段階を踏んで後、大望に挑むことを渋沢は青年達に慫慂している。「人に仕えること」もこれと同様である。人間社会における人の集まりで円滑な接際に心がけ、自らの力量に応じた貢献を果たすことによって、社会に溶け込み共存することが叶わない人物にとって、「鬼神に仕えること」は不可能であるというのが渋沢の理解である。

しかし、そうであるからといって、「鬼神に仕えること」が「人に仕えること」に劣後すると渋沢が考えたわけではない。むしろ、人に仕えることが十分に行われてこそ、良く鬼神に仕えることができるという優先劣後関係が両者間に成立していると考えるのが妥当であろう。なぜなら、孔子は信頼を置く弟子である樊遅に対しては、鬼神に仕えるには礼をもってすることと明確に答えているからである。

第4節　天と祈り

人の祈りが天に向けてのメッセージあるいは情報の発信と考えれば、渋沢は孔子が天にある何ものに対して祈りを発したと解釈したのかがポイントとなる。そして、渋沢自身は祈りをどのように理解していたのかを探ることを本章の狙いとする。述而第七第34章は、孔子が祈りをしないことを示した章である。

本章は、【子疾病。子路請禱。子曰。有諸。子路對曰。有之。誄曰。禱爾于上下神祇。子曰。丘之禱。久矣】（子の疾病なり。子路禱らんことを請う。子曰く。これありや。子路対えて曰く、これあり。誄に曰く、爾を上下の神祇に禱ると。子曰く、丘の禱ること久し）というものである[24]。

本章は、孔子の祈りに対する考え方についての理解を通して、渋沢の「天」、「天授」、「天恵」等、天に関する認識や神仏に対する思いが表れている章である。

弟子の子路が孔子に対して、「爾を上下の神祇に禱る」と語ったのに対して、孔子は「丘の禱ること久し」と答えた。つまり、師である孔子の病が快癒するよう天地それぞれの神祇に祈るという申し出に対して、「自分は祈ること久しい」と答えた孔子の真意を渋沢がどのように解釈するかがポイントとなる。

4－1　孔子の祈りの姿勢

渋沢は、「孔子はさらに曰く『病気が危篤になったからとて、いまさら神祇に禱るにも及ばぬことである。丘は常平生から素行を慎しみ、神明に悖らぬようにしているから、丘の禱ることは久しいもので昨日や今日に始まったことではない』と、かく婉曲にいうて、祈禱の無益なることを子路に自覚せしむるなり」と述べる[25]。

孔子の祈りがいかなるものであるかという点について渋沢は、「余は孔夫子の『丘の禱ること久し』と仰せられた句を、天地に俯仰するも自ら省みて疚しくないという意味に解釈し、また人格人性を備えた神仏は宇宙に存在せぬものと確信しておる」と述べる[26]。

渋沢は孔子の「丘の禱ること久し」という言葉の解釈を通して、渋沢自身の天や神仏に対する基本的な認識を述べている。この渋沢の言葉をそのままの形で解釈すると、「神仏は人格人性をもって宇宙に存在しているわけではないが、その神仏に対して自分は天地に恥じることのない振る舞いをしている」という意味になる。

渋沢は「神はもと人なり」と明言している[27]。その渋沢が天地に俯仰して疚しからざる振る舞いをする相手を人格人性を備えていない神仏であるというのは、人から転じた神仏の人格人性を否定したうえでそれらを尊崇するという、一見大きく矛盾する考え方のように思える。この点について管見を述べる。

4－2　天と神仏に対する渋沢の認識

渋沢は、「……人間お互同志においてさえ、恭敬を尽くさねばならぬというのが、これ人の道である」と述べ、さらに神仏に対しては、「現に余が住んでいる王子町にも、七社神社とか王子権現とかいう鎮守神があるので、余はこれを崇敬している」と述べる[28]。人との接際は「恭敬」をもってし、神仏に接する場合は「崇敬」の心をもってするという渋沢の姿勢からすると、神となった「もと人」が人格人性を有しないものであると考えるのは不自然に思える。

死後に信仰の対象となり、神社に祀られる人物の生前の言動は、人に優れたものを有していたと考えられる。そのような人物が天に昇り神になった途端に人格人性を有しないものに変化するというのは、人格人性を喪失したのではなく、それらを超越した何ものかに展化したと渋沢は理解したのだと考えられる。

なぜなら、人格人性を保ったまま天にあったとしたならば、地上にあって人生の危機や困難に瀕した人々がまるで人に頼みごとをするように祈禱することが自然な振る舞いとなってしまうからである。神仏の信仰を鼓舞するうえでは自らと同じ形や心をもった一段高い目に見えない人格が天にあると考えた方が合理的であるが、孔子や渋沢が語る一朝事あってからの祈禱を無意味なものと考える立場からは、神仏を非人格化することが合理的である。

つまり、困りごとの解決を願うだけの似非信仰の典型が「困ったときの神頼み」であり、それを容易にするのが神仏の人格化であるとすれば、宗教信仰とは異なり、人の道として崇敬の念をもって日頃から神仏と接することを重視する孔子や渋沢の基本姿勢からは、神仏の人格化は不必要なばかりかむしろ非人格化が不可避ということになる。神仏の非人格化は孔子の語るところではないが、少なくとも祈禱に対してとるべき姿勢について、渋沢は孔子の教えの真髄をほぼ完璧に理解していたと考えられる。

　では、天授や天恵について渋沢はどのように理解していたのであろうか。渋沢は、「余は三十歳前にすでに死すべかりしであったにかかわらず、意外に長命して種々の変遷に遭い、種々の経験も積んだが、これは余が神仏に祈願したからというわけではない。全く天の恵みであって天寿に外ならず……」と述べ、さらに「しかれども余は未(いま)だかつて利福を神仏に祈ったことは断じて一度もない。余は何事も天授であると思って、天道に合し人道を履(ふ)んで過(あやま)らぬようにとのみ心懸けておるのである」と述べる[29]。

　渋沢は利益、幸福、長寿を神仏に祈ったことはなく、それらはすべて天授であると信じている。天には人格人性をもたない「もと人である神」が存在すると渋沢は認識している。天授や天恵が非人格化された神によってもたらされるのか、あるいは、造物主に相当する何ものかによってもたらされるのかに関わらず、少なくとも渋沢は天とその内にあって人間の力を超越した何ものかが存在し、それらが地上の人間に天授を与えていると考える。

　渋沢は合理主義者ではあるが、五感や思考力をはじめとする自らの認識能力の及ぶ範囲の存在しか認めないという偏狭な合理主義者ではない。渋沢は、自己の認識能力を超える何ものかの存在を、地上で発生する諸現象から合理的に推定し、日本に存在する過去の因襲や素朴な神仏尊重の精神風土を肯定しつつ、自身の論理で天と神仏の存在を認識するという意味での合理主義者であった。

4－3　皇室に対する渋沢の認識

　渋沢は、「いわんや我が邦においては帝の御位(みくらい)は、いともかしこし『竹の園生(そのう)の末葉(すえば)まで、人間の種(たね)ならぬぞやんごとなき』、これを普通の人間に超越したものとして、崇敬(すうけい)せねばならぬ。随って伊勢の大廟(たいびょう)に対しては固(もと)よりのこと、その他の神社も聖王賢臣忠勇達識の人を祀(まつ)り、仏宇(ぶつう)もまた名僧知識を安措(あんそ)し、人間以上の何ものかがその中に在(い)ます所なれば、これを崇敬するは人道である」と述べる[30]。

この記述を見るかぎり渋沢は神と仏を区別していない。つまり、聖王賢臣忠勇達識の人および名僧知識は分け隔てなく尊崇の対象となるというのが渋沢の考え方である。では、渋沢はなぜ天皇を「普通の人間に超越したものとして、崇敬せねばならぬ」と考えたのであろうか。この点に関して管見を述べる。

日本という国が営々と存続していることを考えると、天皇家はいわば日本の創成の主であると渋沢は考えた。創成の主があって日本が存在するのであれば、本章でいうところの「上下(じょうげ)の神祇(しんぎ)」における、「上である天に在す神」と「下である地に在す祇」の後者、つまり地祇に相当するのが日本の創成の主である天皇家であると渋沢は考えていた。

国土の神である「国つ神」は天孫降臨に起源を発し、現代に至るまで皇統を繋いできたわけであるから、渋沢にとってそれは当然のことながら普通の人間を超越するものであり、かつ崇敬の対象となるのが道理である。そして、神仏を区別しない渋沢にとって最も尊崇すべき社(やしろ)は、国つ神を祀る伊勢の大廟である。

国つ神の創成の地で創成主に仕えた「聖王賢臣忠勇達識の人」、さらには創成の地で信仰を広め民衆を導いた仏教の「名僧知識」は、ともに日本の地にあって神社仏閣に祀られ、良い意味で神仏は差別なく崇敬の対象となるべきというのが渋沢の認識である。

日本の創成の主である天皇家は、渋沢にとって君以上の存在と考えられる。天における神である天神に対応する、地祇たる国つ神である皇室は、国の成り立ちの中途で勢いを得て国を率いる立場に辿りついた君ではなく、創成以来、連綿と国の頂上に位置し続ける日本の開祖である。

天孫降臨を尊重する渋沢の考えに立てば、地祇たる天皇家は、その特別な成り立ちから天の神と何らかの関係性を有するものであり、その関係性が代々天皇家に伝わる伝統儀式によって保ち続けられてきたと考えるのが自然であろう。渋沢の皇室に対する強い尊崇の心と、その心の拠り所を理解するには、このような論理をもってすることが合理的と考えられる。

第5節　天命を信じること

述而第七第22章は、孔子が自らの信ずるところの固いことを表した章である。本章は、【子曰。天生徳於予。桓魋其如予何】（子曰く、天徳を予に生ず。桓魋それ予を如何せん）というものである[31]。渋沢は本章の趣意が孔子によって発せられた状況については、南溟と中洲の解釈に拠っている。

5－1　天命についての渋沢の経験

渋沢は、「蓋し孔夫子がかかる難に遭われて泰然自若たりしは、天命に安んじられたるに相違なしといえども、この語を発せられたる意は、従者を狼狽せしめざるためにこの語を発せられたりと見る方が、一層その場合に適切なるがごとし」と述べる[32]。

つまり、桓魋が孔子を圧殺しようと企んでいる状況において、従者を安堵させるために孔子は「天徳を予に生ず」と語り、天が自らに与える徳のゆえに桓魋の企みが奏功するわけがないとしたというのが、本章の状況に対する理解である。

渋沢は、本章の主題である「天徳を予に生ず」という状態が、いかなる場合に実現するのかという点について歴史上の人物と自身の経験から考えをめぐらせる。渋沢は、桓魋が孔子を殺そうとしている状況について、渋沢自身が幾度となく遭遇した経験をもとに論考する。

渋沢が暴漢に襲われた事例として挙げたうちの一つは、東京市水道鉄管事件である。渋沢は、東京市の水道敷設に際して水道管を外国製にしようと計画したが、自社製品の納入を目論む国内企業は、渋沢が賄賂をとって外国企業から水道管を納入することを決定したという虚偽情報を流し、それでも思うに任せないため暴漢を雇って渋沢を襲撃させたという事件である。

渋沢は、「桓魋それ予を如何せん」と同様、「暴漢それ予を如何せん」の境地で事件のいきさつを述べる[33]。渋沢が「天徳を予に生ず」という心境に至った背景は以下の通りである。

(1)　渋沢が東京市の水道管に外国製品を用いると決断したのは賄賂を受け取ったからではない。
(2)　当時の東京市水道管敷設は急を要するもので、耐久性をはじめとする水道管の品質に関して、国内製品には十分な信頼がなかった。
(3)　工業技術後進国であった当時の日本は、外国製品を導入するとともにその製造ノウハウを含めた技術移転を受けることにより、国内製造技術を高度化してきており、水道管もその方法で敷設することが、日本の工業技術の発展のみならず、製品品質の確保のうえからも合理的と渋沢は考えた。
(4)　急を要する状況下において、一定の品質を確保した水道管を製造する国内企業を育成する時間はなかった。

以上のように、自国の技術水準と工事期限の切迫性、将来を展望した日本の工業技術の向上等、どの点を取り上げても、渋沢の決断には正当性と合理性が認められる。渋沢は自らに恥じない決断をした結果、天が自分に徳を生じさせたという確信をもって、「暴漢それ予を如何せん」の境地を語っているのである。

したがって、渋沢は暴漢の襲撃を免れたのは決して偶然ではなく、天の力が何らかの形で自らに達しているのだと理解した。「天が徳を生じさせる」という意味を、人の力が及ばないものから徳が与えられ、それによって生き永らえることができることと渋沢が判断したとすれば、渋沢は人智を超越した圧倒的な存在を認め、それを天と称したと考えるのが合理的である。

合理主義者である渋沢が、人智を超えた何ものかの存在を措定して、この存在が地上の人間の言動を評価していると考えたことは明白である。渋沢はまた、「孔夫子は常に謙遜されるる人であるが、一たび何事にか当って感憤せらるれば、意気軒昂（けんこう）天を衝（つ）くの概があったように察せられる」と述べる。(34)

渋沢の理解にしたがえば、本章で孔子が弟子に語った「天徳（てんとく）を予（われ）に生（しょう）ず」という言葉は決して強がりではなく、自信に裏打ちされた意気軒昂な精神状態で語られたものということになる。

5－2　天命と天災

八佾第三第12章の渋沢の注釈から、渋沢が「神はもと人なり」と考えていたことが明らかとなった(35)。また上述の通り、渋沢が人智を超えた何者かの存在を措定しており、それが徳を人に生ずる天であるとすれば、天の働きの一部が渋沢の考える神によって差配されていたと考えることに不合理性は認められない。

さらに論考を進め、天が徳を人に生ずるにあたって必要なことが、「正当性」と「合理性」と「意気軒昂」であること、つまり自信に満ち溢れていることであるとすれば、「正しく合理的なことを心に抱いて、それを確固たる自信に基づいて行い、さらに普段から至誠をもって神との接際を心がけていれば、少なくとも人為の禍患は退けられる」と渋沢は考えていたことになる。

渋沢が少なくとも人為の禍患は退けられると考えていたとすれば、それは裏を返せば人為の禍患しか退けることはできないということになる。それは渋沢が、「されど人為の禍患(かかん)は、よし一時避難のことはありとするも、そこには必ず天の佑けがありて結局難を免るるものである」と述べる一方、「ただし天災は格別である。安政二年十月江戸の大地震に小石川の水戸の上(かみ)屋敷で、忠臣の藤田東湖及び戸田忠太夫の両人が圧死せられ、昨年九月一日の関東大震災で宮様が箱根の隧道(トンネル)を汽車でご進行中隧道(トンネル)の天上が落ちて生埋めとなり……」と述べているからである(36)。

渋沢が、「ただし天災は格別である」と述べたのは、渋沢の定義する神には力の限界があり、天にはそれ以外にもっと強力な人智を超えた存在があることを認めていたことになる。

渋沢は、「孔夫子が『天、徳を予に生ず。桓魋それ予を如何せんや』の自信を得らるるまでになられた径路は、余よくこれを知る。蓋し種々の経験を積み、三十にして立ち、四十にして惑(まど)わず、五十にして天命を知るという境界に到れば、よし邪悪の徒が自分を無理に殺そうとしても、滅多なことで殺されるものでないくらいの信念を持つは当然である」と述べる(37)。

もし、「五十にして天命を知る」の天命の意味するところが、もと人であった神を含め、天災をも司る天のすべてからの命であるとすれば、天命を知るためには超人的な能力が必要となる。その超人的な能力を備えた者は、もはや人間とは認められない。したがって、渋沢が理解する五十にして知る「天命」とは、人為の禍患を超える天の所業すべてを知ることではなく、「天と地の関係性を覚知し、人為の禍患を回避するための身の処し方を知ること」と考えるのが妥当である。

5－3　天命と孔子の矜持

子罕第九第5章は、孔子が天命を自覚して患難に臨んで心を動かさなかったことを記した章である。本章は、【子畏於匡。曰。文王既沒。文不在茲乎。天之將喪斯交也。後死者不得與於斯文也。天之未喪斯分也。匡人其如予何】（子、匡に畏る。曰く、文王既に没すれども、文茲に在らざらんや。天の将にこの文を喪さんとするや。後死の者この文に与ることを得ず。天の未だこの文を喪さざるや、匡人それ予を如何せんと）というものである。[38]

本章は、孔子が自らの信ずるところの固いことを表した述而第七第22章の趣旨と重なる。しかし、孔子が患難に臨んで動じない理由として、本章では孔子が自らを文王が示した文、すなわち道を引き継ぐ者を任じている点が大きく異なる。渋沢は文王の文を「道」と解しており、後死者の意を南溟の解釈をいれて「後人」と解している。[39]

孔子の矜持は、周の文王から五百年以上を経た春秋時代に生を受けた自分を、文王の道を引き継ぐ後人と位置づけているところである。渋沢はこの点に関して、「古来この章を読む者、みな疑うて以為らく『夫子自ら賛す。平生の語気に類せず』と、蓋しその語いかにも平生の謙遜に似ず大言壮語のごとく見ゆるを以てなり。しかれどもその真意は決して大言壮語でなく、夫子が平生抱懐の一大自信力の発露と見るべきである。当時王者の道漸く衰頽して春秋の世となり、諸侯常に攻伐をこととしておるに、孔子は義道徳を説き、功利万能の世に向かって盛んに先王仁義の道を宣伝せられ、我は文王の文を身に体しておると自信し、天はこの文（道）を亡ぼすものでないと断じ、死生に超越しておられたのは、蓋し偉大なる人格の発露である」と述べる。[40]

5－4　天命に対する渋沢の諦観

孔子には珍しく自信にみなぎる言辞を発していたのに対して、渋沢の天命に対する思いには一種の諦観があった。渋沢は、「かかる際において、孔子ほどの自負心はなかったけれども、余は一種の諦めの心は持っておった。この諦め心すなわち観念を以て、生死の間に処して、あえて狼狽することがなかった」と述べる。(41)

孔子が命を狙われたのと同様、渋沢は企業者としての使命を全うする途上において、幾度となく命を狙われ、その都度難を逃れてきた。その点においては、述而第七第22章における桓魋や、子罕第九第5章における匡人の事例と同じ経験を積んできている。ただし、孔子と渋沢の相違は、孔子の生きた春秋時代にはすでに周はなく、君として文王の後を継ぐ人物も存在しなかった。文王の文を継ぐという意味は、現存しない国の君が遺した道徳的遺産を引き継ぐことである。

しかし、渋沢が生を受けた日本において周の文王に相当する人物は、皇統を引き継ぐ天皇である。つまり、渋沢にとっては文王の道徳的遺産を引き継ぐように、天皇家の道徳的遺産を引き継ぐことは不可能である。

一方、もし渋沢にとっての文、つまり道徳的遺産が皇統から引き継ぐものではなく、論語に記された道徳規範であったとするとどうであろうか。渋沢が歴史上の高名な漢学者や論語に範をとった有徳の士を差し置いて、自分が論語の正当な継承者であると豪語できたかといえば、それもきわめて困難と思われる。係る事情において渋沢は、事に臨み天命に安んずる境地を一種の諦観として獲得した。

渋沢は自らが危機に瀕したことを振り返り、「すなわち危難の際において、もしこの身に危害を蒙むることがあるときは、それは我が身の徳の足らないのであって、死するもまた已むを得ない。これ天なるかな命なるかなである。もし余に悪い処がないならば、霊妙なる天佑によって救われるであろうと信じておった」述べる。(42)この言葉に渋沢の本音が表れている。

孔子にとって、先人たる文王の道徳的遺産を継ぐのは自分であるという「自負」にあたるものが、渋沢にとっては、天に恥じない言動をしてきた結果、全てを天に委ねざるを得ないという「諦観」であった。その一方で、渋沢は天佑、つまり天の佑けが自分を救ってくれるであろうという希望も抱いていた。渋沢は自らの生死も天命のままであるという諦めの境地に至りながらも、その一方で天の佑けを信じていた。そしてその天佑は霊妙なるものであった。ここに孔子とはまた異なる人間渋沢の魅力が感じられる。

つまり、道徳の興廃は自らの生死にかかっているので、天は自分を滅ぼすわけがないという大上段で自信に満ち溢れた孔子の気概は、残念ながら渋沢にはなかった。これには国の成り立ちや時代背景等の要因も大きく関係している。

一方、渋沢には自らが信じる論語に記された道徳規範を遵守したという自負に基づいた諦観があった。その諦観はすべてを天に任せ尽くす悟りきった世捨て人のそれではなく、心の片隅に天佑をかすかに期待する人間味溢れる諦観であった。

第6節　天命と富

述而第七第11章は、富を得るのは天命によるものであり、自分にとってそれが天命でなければ自らが好む道を進むという孔子の言葉を通して、富を求めることについての孔子の考えを示した章である。

本章は【子曰。富而可求也。雖執鞭之士。吾亦爲之。如不可求。從吾所好】(子曰く、富にして求むべくんば、執鞭の士と雖も、吾またこれをなさん。もし求むべからずんば、吾が好む所に従わん）というものである。[43]

渋沢は南溟の、「章旨天命に安んじて伝述に従事するの意を語る」という表現を明解なものとし、これに賛同している。蘇東坡は、「孔子は富を求める意志はないから、求められるとか求められないとか考えるはずがない」としている。これは、孔子を超絶した人間とみる傾向のある注釈者が、孔子がその生涯を通して必ずしも富に恵まれてはいなかったことを正当化しようとするコメントとも受け取れるが、孔子を人間と見る渋沢は孔子の蓄財の才の有無に拘泥しない。[44]

渋沢の本章の理解は、「しかれども、孔子が富と貴とを賤しみたるにあらざることは申すまでもなきことなり。求むべき正当の富貴ならば、これを得んがためにいかなる労苦をなすもあえて厭わぬけれども、富貴を求むるがために道を枉(ま)げ自尊を傷つくるがごときは、とうてい忍ぶ能わざる所なるがゆえに、それよりはむしろ吾が好む所の古人の道に循(したが)って歩み、富貴を眼中に置かぬという気慨を示されたのである。富貴の賤しむべきにあらず、これを求むる精神と手段とに往往賤しむべきものあるを慨嘆(なげ)かれたのが、この章の趣意である」というもので、渋沢の富貴に対する考え方が端的に示されている[(45)]。

渋沢の理解によると、孔子は富貴を賤しんではいない。したがって、孔子が自ら富貴を得ることに意味を見出せばそれをするであろうが、それより大事な人生の使命、つまり天命に従って古人の正しい道を示すことに重きを置いていたため、富貴には興味を示さなかったということになる。

孔子にとっては、富貴を得るために人間が露わにする、道を曲げて自尊を傷つける行為が見るに堪えないものであり、そのことに孔子は心を痛めていたと渋沢は解釈する。

6－1　富と道を得るための天命

渋沢は「富と天命の関係」について、「道と天命の関係」との対比から自説を展開する。渋沢は、「しかれども富貴はもと天命によるものにて、我より求めても必ずしも得らるるものにあらず。されば身を賎役に辱(はずか)しめて、必ずしも得られざることを求めんよりは、吾が好む所の古人の道を求めてこれに従わんとなり、道は自ら求むれば必ず得らるるものにて、富貴の天命によるがごときものにあらず。これ暗に挙世滔々として富貴を欲求するを戒しめられたるなり」と述べる[(46)]。

渋沢は、道を求めることと富を求めることには根本的な相違があるとする。道を求めるにあたっては、本人が真剣にそれを望んで邁進すれば天命は必要ないが、富を得るためには、それを目指して努力するだけではなく、富を得るための天命が必要だというのである。

そうであるとすれば、富を得るための天命とは何かという疑問が生じる。管見によると、富との関わりにおける天命には2つの意味が考えられる。渋沢が認識する富を得るために必要な天命が先天的なものであるとすれば、天命を得た人物は富を得るべき何らかの決定的な定めをもってこの世に生まれてきたということになる。つまり、本章でいうところの執鞭のような賤職であったとしても、それが富を得るために必要な職業であったとすれば、その家に生まれることが天命だということになる。

もう一つの天命の解釈は、富を得るための天命をその人物の能力や器量と理解する立場である。古今を問わず、人間が生きていくためには衣食住に関わる生活必需品を自らつくり出すか、それを得るための稼得を確保する必要がある。しかし、通常は生活に必要なだけの富をかろうじて稼得し、節約して将来に備えた貯えをするのがせいぜいである。

富を得るというのは、この通常の人間以上の富を蓄積することであり、そのためには、富を得ることにおいて勝者となるための現世的な諸条件を身に備えていることが必要となる。たとえば、商機を捉えるに敏であることや顧客の心情を先取りする洞察眼にとどまらず、ニーズが見込まれる商品サービスの開発や人使いの巧みさ等が必要となる。

後者の意味で天命を理解するのであれば、それは生まれや血筋と関わりのない、その人物が富を得るために必要な能力、器量をもって生まれたか否かという事実関係が天命ということになる。渋沢は後者の意味で富の天命を理解していた。

6－2　孔子の富の天命

では孔子にこの天命が備わっていたか否かというのが次の疑問となる。孔子は、「富を求めるのであれば賤職にも就くであろうが、自分はそれを望まない。したがって、自分の望むところに従う」という趣旨を述べた。つまり、孔子は富を得ようと試みたことがなく、はじめから道を求めることを選んだので、果たして富を得る天命を備えていたか否かは不明である。しかし、孔子は富を求めることを否定しているわけではない。

一方、渋沢は企業者の道を選び、大いに貨殖の才を発揮して富を得る仕組みである企業を簇立させた。渋沢自身が望みさえすれば渋沢財閥を形成することすら容易であったにもかかわらず、それをせず七十歳を機に大半の企業役員を退任し社会事業に邁進した。

渋沢は孔子が論語で否定はしなかった富を得るための努力を行い、天命により身に備わっていた貨殖の才を発揮して富を得る仕組みである500社余りの企業の設立に関わった。さらに、そこから過度の富を蓄積することなく実業界から身を引いた。

つまり、渋沢は貨殖の才を発揮しながらその果実である富を私益とせず公益に転化させた。渋沢は義によって利を得、義によって利を用いるという義利合一説の精神を実践したのである。

さらに言葉を換えて表現すると、孔子は論語という道徳に関わる一大定理を提唱した。そのなかには富を得ることを正当とする義と利の関係がうたわれていたが、その正しさを孔子自身が実践を通して証明することはなかった。一方渋沢は、実践を通して義に基づいて富を得ることの正当性を証明し、それを義利合一説として提唱した。つまり、論語を「定理」とすれば、そこに明記されている義と利のあるべき関係を実践によって裏づけ、それを義利合一説という「補助定理」あるいは「系」として明らかにしたのが渋沢であるということになる。

6－3　富を得ることに関する謬見

述而第七第11章の解釈について、朱熹は蘇氏の見解を引用して、「蘇氏曰、聖人未嘗有意於求富也。豈問其可不可哉。為此語者、特以明其決不可求爾」(蘇氏曰わく、聖人未だ嘗て富を求むるに意有らざるなり。豈に其の可不可を問わんや。此の語を為すは、特に以て其の決して求む可からざるを明らかにするのみ)と述べる[(47)]。つまり、朱熹は孔子が富を求めてはならないことを明らかにしたのがこの章の趣旨であると解釈したのである。

この朱熹の謬見は、徳川幕府によって朱子学が御用学問として採用されることにより、富を得るための生産活動や商業活動に従事する農工商を賎しむ教育が施され、それが風俗習慣となって日本に定着したと渋沢は分析する[(48)]。

渋沢は富を得ることを否定する朱熹の考え方を否定し、自ら実証して義利合一説を主張した。そして、首尾一貫して富を得ることを目的として才能を発揮し、その目的を果たした人物に敬意を払う。渋沢は、「現今の大倉・森村・安田・浅野諸氏のごときは、余と根源の精神を異にし、始めから富を求めた人々である。しかしてその求めた富を得られたのである。これを求むる者が仁を得たのと同じく、初一念の目的を達し得たもので孰(いず)れもみな一大成功者として尊ぶべき偉人である」と述べる。(49)

公益を重視する渋沢が私益を追求する大倉達を本当に尊んでいたのかという点に関しては、率直なところ疑問が残る。なぜなら、渋沢が重視するのは、「義によって利を得、義によって利を用いる」精神であり、大倉達は私益を求めるのみで、「義によって利を用いる」精神を必ずしも渋沢と同じスタンスで実践していないからである。

徳川幕府が正式学問として採用した朱子学が富を得ることを賤視した理由が、私益のみを求める商人たちの姿勢にあるとすれば、朱子学にも一部の理があると思われる。そして、商人からのご用金をさほどの罪の意識もなく踏み倒すことを可能にしたのも、私益のみを追求する商人は賤視されてしかるべしという基本認識が武士にあったからと考えられる。

このような古今の商人たちの行動パターンを前提にすると、当初の疑問は渋沢が自分と根本精神の異なる大倉達を純粋に尊敬に値する人物と考えていたのか、それとも自身の主張する義利合一説と平仄をとるために、富を求める企業者達を肯定したのかという問題設定になる。

渋沢が挙げた大倉・森村・安田・浅野は渋沢と親交があったか、互いによく知る相手である。大倉に関しては大倉集古館を開設して広く美術品を公衆の縦覧に供したこと、森村に関しては、宗旨は異なるがキリスト者としての森村の姿勢に一目を置いていたこと等、いずれの企業者も渋沢とは異なる形で何らかの社会還元を行っていることを渋沢は認知していた。つまり、渋沢とは異なる方法で大倉達なりに「義によって利を用いる」ことを実践していたと渋沢は認識していた。

反語的に言えば、利を義によって用いることをしない企業者は没落せざるを得ず、大倉達が営々とそれぞれの財閥を維持していることをもってすれば、渋沢からみると彼等は正しく利を用いているということになるであろう。その意味において、渋沢は大倉達を純粋に尊重していた。

小　括

本稿の目的は、渋沢の天および天命に対する認識を明らかにすることであった。天および天命という茫漠たる概念にアプローチするにあたり本稿では、「畏敬」、「範疇」、「鬼神」、「祈り」、「信」、「富」という6つのキーワードをもとに、各節で渋沢の認識を考察した。

君子が覚知する天命について渋沢は、信賞必罰を天界から人間界に向けて及ぼす圧倒的な力を有するがゆえに畏敬すべきものが天命であると認識していた。渋沢の天の認識において特徴的であるのは天を擬人化することである。しかし、渋沢と同時代にあって天をより擬人化して認識したのは西郷隆盛であった。西郷と渋沢は天を擬人化して認識し、一家から一国まで、さらには天と地を含む世界観において人の動作、感情をもとに天と人との関係を認識していた。

しかし、渋沢の天の認識において留意すべきは、渋沢が「擬人化」と「人格化」を区別していたという点である。渋沢は天と人との関係を擬人化し描画的に頭の中で整理してはいたが、天そのものが人格人性を有するものであるとは認識していなかった。

親と子、君と臣、天と人という対応関係において、天と人との関係性を描くうえでは天を擬人化し、感情を有するものとして描くことが方便としてはわかりやすいが、天そのものは人格人性をはるかに凌駕するものであり、人間の認識能力をもってしては認識し得ないものと渋沢は考えていた。この点に渋沢の天の認識の特徴が存する。

本稿では、天命の範疇を天命が人間界に与えるデフォルトと解釈する。つまり、コンピュータでいえばあらかじめ設定されている標準状態、さらに換言すると「天命が人間界に与える有無を言わせぬ定め」が天の範疇である。渋沢が認識する天命の範疇は徂徠の注釈内容との対比によって明らかとなる。

物徂徠と渋沢の所説が対立する論点は、時代や身分制度等の要因によって左右される。物徂徠は、士と農工商を身分制度に基づいて明確に分けて認識し、天命によって定められた身分ごとにその役割があり、学問は士以上の身分に固有な天命であると認識する。

渋沢は物徂徠の所説に強く反発する。渋沢は幕末から明治にかけて、農民、幕臣、官僚、企業者と輾転身分を変えた。そして農民であった時分から論語をはじめとする漢籍に親しみ、そこから多くを学び取るだけでなく、その真髄を自らの思想の中核に位置づけ、さらにはそれを実践したのである。

渋沢にとって身分や学問はともに天命の範疇に属するものではなく、自ら切り拓き努力して身につけるものであった。そして、それは経験というよりはむしろ渋沢がその生き様において実証したことに基づくものであった。

しかし、物徂徠も渋沢も時代の子である。物徂徠が生を受けた享保年間において、身分を変え、士分以下の階層に属する者が漢籍に親しむことはあり得なかったであろう。その観点からすると、物徂徠にとって身分や学問は明らかに天の範疇に属するものであった。

物徂徠と渋沢は、天命と人事の関係性についての考え方においても大きく異なっている。物徂徠は、「人事を尽くして天命を待つ」という考え方にすら、天命を貶める要素が含まれていると認識する。これに対して、自らの努力によって身分を変え、学問を身につけた渋沢は、当然にして物徂徠より人事の裁量範囲を広く認識する。渋沢にとって、人事を尽くして天命を待つことは、一向に天命を貶めることにはならなかった。

渋沢の鬼神についての認識は、「鬼神はもと人なり」である。鬼神に対しては地上の人と接するがごとく、誠意と信義と礼儀をもって接すべき対象であると渋沢は認識した。渋沢は、鬼神に仕えることが人に仕えることに劣後するとは考えていなかった。むしろ、人に仕えることが十分に行われてこそ、良く鬼神に仕えることができるという優先劣後関係が両者間に成立していると考えていた。

渋沢は天に対する祈りを、天にある神仏に対する祈りとして理解する。渋沢は、天と人との関係について擬人化して解釈するが、天および天にある神仏の人格人性は否定する。そして、この姿勢にこそ渋沢の宗教観が表れている。

神仏をはじめとして、天にある何ものかが人格人性を保ったまま存在すると認識すれば、地上の人々がまるで人に頼みごとをするように祈ることが自然な振る舞いとなる。渋沢にとってこの姿勢こそが似非信仰の典型であり、神仏を貶める行為であった。渋沢にとって天にある鬼神が人格人性をもたない超然たる存在であることこそが、渋沢の宗教観と整合的であった。

渋沢の皇室に対する思いは、天神と地祇の関係から推察することができる。地祇に相当する国つ神は、天孫降臨に起源を発し、皇統を繋いで現代の皇室に至っている。国つ神の創成の地である日本で創成主に仕えた「聖王賢臣忠勇達識の人」や「名僧知識」は天にある神仏であるが、渋沢にとってはいずれも「もと人なり」である。したがって、渋沢にとって神と仏を分けて認識する理由は存在しない。日本の地にあって神社仏閣に祀られる神仏は差別なく崇敬の対象となるべきというのが渋沢の認識と考えられる。

天命を信じることについて渋沢は、正当性と合理性をもって行動し、そのことに自信をもって意気軒昂であれば、天徳が渋沢自身に生じ人為の禍患は退けられると信じていた。渋沢を狙って幾度も試みられた襲撃は、渋沢の信念を裏づけるかのように、ことごとく失敗に終わっている。

渋沢にとって避け得ないものが天災であった。渋沢が天災についての考え方から推察すると、渋沢の定義する神には力の限界があり、天にはそれ以外にもっと強力な人智を超えた存在があることを渋沢が認めていたことを意味する。このような背景から、渋沢は事に臨み天命に安んずる境地を一種の諦観として獲得した。

その諦観は渋沢が信じる論語に記された道徳規範を遵守したという自負に基づいた諦観であった。それとともに渋沢は天佑、つまり天の佑けが自分を救ってくれるであろうという希望も抱いていた。その天佑は実に霊妙なるものであった。渋沢の天命に対する諦観は、すべてを天に任せ尽くす悟りきった世捨て人のそれではなく、心の片隅に天佑をかすかに期待する人間味溢れる諦観であった。

筆者は、富との関係における天命について、渋沢は独自に解釈していたと考える。渋沢は、富を得るための天命をその人物に備わった能力や器量と理解したと考えられる。つまり、富との関係における天命は、その人物が富を得るために必要な能力、器量をもって生まれたか否かという事実関係であると渋沢は理解した。

なぜなら、渋沢自身が自らに備わった天命に従って貨殖の才を発揮し、富を得る仕組みである企業を簇立させた事実があるからである。しかし、渋沢は七十歳を機に大半の企業役員を退任し社会事業に邁進した。つまり渋沢は、貨殖の才を発揮しながらその果実である富を私益とせず公益に転化させ、「義によって利を得、義によって利を用いる」という義利合一説を身をもって実践した。

渋沢は孔子が富の天命を身に備えていたか否かについては拘泥しないが、孔子が富を得ることを否定しなかったことについては確固たる信念をもって主張し続けた。孔子は論語という道徳に関わる一大定理を提唱した。そして論語中には富を得ることを正当とする義と利の関係がうたわれていた。

孔子自身は義利の関係を、商業活動を通して証明することはなかったが、渋沢は実践を通して義に基づいて富を得ることの正当性を証明した。そして、それを義利合一説として提唱した。

二千年数百年を隔てた論語の作者である孔子とその信奉者である渋沢の間には、一大「定理」である論語の作者がうたった義と利のあるべき姿を、その信奉者が多年を隔てながらも実践によって裏づけ、その結果をもとに義利合一説という「補助定理」として明らかにしたという関係性が存在するのである。

【注記】

（1）渋沢栄一「季子第十六第８章」『論語講義（六）』（講談社学術文庫、1977年）186－188頁。
（2）渋沢、前掲書（六）、「季子第十六第８章」187－188頁。
（3）渋沢、前掲書（六）、「季子第十六第８章」187頁。
（4）渋沢栄一「述而第七第22章」『論語講義（三）』（講談社学術文庫、1977年）82頁。
（5）山田済斎編『西郷南洲遺訓』（岩波書店、2006年）13頁。
（6）渋沢、前掲書（六）、「季子第十六第８章」188頁。
（7）渋沢、前掲書（六）、「季子第十六第８章」188頁。
（8）渋沢栄一「堯日第二十第３章」『論語講義（七）』（講談社学術文庫、1977年）141－147頁。
（9）伊藤仁斎著、貝塚茂樹編集「論語古義」『日本の名著13』（中央公論社、昭和47年）442頁。
(10) 荻生徂徠著、小川環樹訳注『論語徴Ⅱ』（平凡社、2011年）359頁。
(11) 三島毅『論語講義』（明治出版社、大正 6 年）435頁。
(12) 渋沢栄一「堯日第二十第 3 章」『論語講義（七）』（講談社学術文庫、1977年）142頁。
(13) 渋沢、前掲書（七)、「堯日第二十第 3 章」142頁。
(14) 渋沢、前掲書（七)、「季子第十六第 8 章」266頁。
(15) 渋沢栄一「述而第七第20章」『論語講義（三）』（講談社学術文庫、1977年）70－79頁。
(16) 渋沢、前掲書（三)、「述而第七第20章」71頁。
(17) 渋沢、前掲書（三)、「述而第七第20章」71頁。
(18) 渋沢栄一「八佾第三第12章」『論語講義（一）』（講談社学術文庫、1977年）172頁。
(19) 渋沢、前掲書（一)、「八佾第三第12章」171頁。
(20) 渋沢栄一「先進第十一第11章」『論語講義（四）』（講談社学術文庫、1977年）150－152頁。
(21) 渋沢栄一「雍也第六第20章」『論語講義（二）』（講談社学術文庫、1977年）191－192頁。
(22) 渋沢、前掲書（二)、「雍也第六第20章」191－192頁。
(23) 渋沢栄一「先進第十一第11章」『論語講義（四）』（講談社学術文庫、1977年）151－152頁。
(24) 渋沢栄一「述而第七第34章」『論語講義（三）』（講談社学術文庫、1977年）117－125頁。
(25) 渋沢、前掲書（三)、「述而第七第34章」118頁。
(26) 渋沢、前掲書（三)、「述而第七第34章」119頁。
(27) 渋沢、前掲書（一)、「八佾第三第12章」172頁。
(28) 渋沢、前掲書（三)、「述而第七第34章」120頁。
(29) 渋沢、前掲書（三)、「述而第七第34章」120－121頁。
(30) 渋沢、前掲書（三)、「述而第七第34章」120頁。
(31) 渋沢、前掲書（三)、「述而第七第22章」80－87頁。
(32) 渋沢栄、前掲書（三)、述而第七第22章」81頁。
(33) 渋沢、前掲書（三)、「述而第七第22章」82－84頁。
(34) 渋沢、前掲書（三)、「述而第七第22章」84頁。
(35) 渋沢栄一「八佾第三第12章」『論語講義（一）』（講談社学術文庫、1977年）

172頁。
(36) 渋沢、前掲書（三)、「述而第七第22章」87頁。
(37) 渋沢、前掲書（三)、「述而第七第22章」82頁。
(38) 渋沢、前掲書（四)、「子罕第九第５章」15－18頁。
(39) 渋沢、前掲書（四)、「子罕第九第５章」15－16頁。
(40) 渋沢、前掲書（四)、「子罕第九第５章」16－17頁。
(41) 渋沢、前掲書（四)、「子罕第九第５章」17頁。
(42) 渋沢、前掲書（四)、「子罕第九第５章」17頁。
(43) 渋沢栄一「述而第七第11章」『論語講義（三)』（講談社学術文庫、1977年）40－46頁。
(44) 宇野哲人『論語新釈』（講談社、1980年）189頁。
(45) 渋沢、前掲書（三)、「述而第七第11章」42頁。
(46) 渋沢、前掲書（三)、「述而第七第11章」41－42頁。
(47) 朱熹著、土田健次郎訳注『論語集注２』（平凡社、2014年）247頁。
(48) 渋沢、前掲書（三)、「述而第七第11章」46頁。
(49) 渋沢、前掲書（三)、「述而第七第11章」43頁。

第14章

渋沢栄一の信の認識

－経済活動における信用と実践－

はじめに

本稿の目的は、渋沢栄一の「信」に対する理解内容を確認し、経済活動に対する渋沢の考え方に信を重視する思想がどのように組み込まれているのかを考察することである。本稿では経済活動のさまざまな部面において発揮されるべき信を、信義、信頼、信用等のキーワードに基づいて探る。

経済活動や企業活動において求められる信頼関係は、契約や商談を誠実に履行するにとどまらず、製品品質やサービスのクオリティが顧客の期待を上回ること等、多くの要素によって築かれる。つまり、経済活動における信用は言行を一致させることと、経済活動において誠意をもって実践を積み重ねることによって築かれる。

係る基本認識に基づいて、本稿では論語各章の注釈に表れる渋沢の信に対する理解内容を整理し、信頼関係に基づいて成立する経済活動、企業活動に関わる渋沢の言葉に、信に対する渋沢の思いがどのように込められているのかを考察する。

政治家の言動、近隣居住者同士や家族同士において、言行一致や誠実な実践を欠いた場合は信頼関係の崩壊につながり、政治不信、近隣のいさかい、家族の不和等、望ましい状況が生じることはない。

これに対して経済活動の場合は、商品やサービスの対価として金銭授受をともなう取引が基盤となっており、信頼関係の崩壊は金銭の損失に直結する。金銭の損失をともなうトラブルは商業活動の停滞につながり、さらには経済活動全体の停滞に結びつくリスクがある。国臣としての気概をもって企業家活動を展開してきた渋沢にとって、信に悖る行動をとることは個別の商業活動にとどまらず、一国経済全体にも及ぶ問題につながるという意識があった。

係る観点から、本稿では信に関わる渋沢の理解を、「言行一致」と「誠実な実践」の観点から考察する。経済活動における渋沢の信の考え方については、財政、人材活用、投資と消費等の視角から考察し、企業活動における信の考え方については、商売のあり方、競争、事業継続と再建等の視角から考察する。

論語注釈において渋沢が論じる信についての考え方を、従来の論語解釈との関係から検証するにあたって指標となる主たる学統は、(1) 王陽明から山田方谷、三島中洲に連なる陽明学、(2) 荻生徂徠から亀井南溟、亀井昭陽に連なる徂徠学、(3) 朱熹に起源を発する朱子学、(4) 藤田東湖や会沢正志斎を中心とした水戸学の4学統と通釈書[1]である。本稿では論語各章の主題に応じて各学統の見解を引用する。

第1節　信用と実践

1－1　信の根源

為政第二第22章は、人と人とを結びつける「信」と、牛馬と車を結びつける「轅」を対置し、信の重要性を述べた章である。渋沢は字解で信の意を「誠実にして欺かざるなり」と述べ、注釈で信という徳目の根源について言及する。

本章は、【子曰。人而無信。不知其可也。大車無輗。小車無軏。其何以行之哉】(子曰く、人にして信なきは、その可なるを知らざるなり。大車輗なく、小車軏なければ、それ何を以てかこれを行らんや) というものである[2]。

渋沢は、「本章は人の世に処し人に接するには信なかるべからざるをいう。蓋し信は道徳の神髄なり。ゆえに孔子は「民無信不立」(信なければ立たず)(顔淵篇) と教え、その他信の字について説かれた所が論語中にも十五ヶ所あり。それ牛馬には輗というものがあり、馬車には軏というものがあって、牛馬に連結する具となり、よく牛馬を御して用をなさしむ。もし輗（げい）や軏（げつ）の二つがなかったならば、いかほど立派な牛馬があっても、車を行（や）ること能わず、無用の長物となり終わらんのみ」と述べている[3]。

渋沢は、孟子の五倫の順序（父子親あり、君臣義あり、夫婦別あり、長幼序あり、朋友信あり）のように信が道徳、倫理の徳目の最後に位置し、「孝弟忠信」、「文行忠信」、「仁義礼智信」のいずれも信が最後に位置する点では同様であることを示すとともに、信の重要性を人類学的かつ社会学的な独特の論理で説明する。

渋沢は、人類進歩の経路からすると、互いに愛し、親しんで情義を生じるのは、父子、夫婦、兄弟の順であり、次に統治者とその配下の間に君臣の関係が生じるとする。さらに社会的組織の進歩に及んで、朋友が生じ社会秩序を維持する上で、互いに偽らず、欺かず、道徳的連鎖を鞏固にするために信の必要が生じたとする。

つまり、信が他の徳目の最後に位置するのは社会の発展形態の最終局面でそれが表れたがためであり、そのことを理由に、信は他の徳目より下位に位置づけられてしかるべきという理屈は成り立たないというのが渋沢の見解である。

渋沢は、「信の効用は、社会の進歩と共に、いよいよますますその価値を増加し、その応用の範囲を拡張し、一人より一町村へ、一町村より一地方へ、一地方より一国へ、一国より全世界へ及ぼして拡充せざるべからざるものなるがゆえに、信の威力は、国家的、否世界的になったものと称すべきである」と述べる[4]。このように渋沢は、「信の効用」、「信の価値」、「信の威力」という概念を打ち出す。徳目を効用、価値、威力という概念をもって語るのは、徳目をモノとして議論するかのようであまり一般的ではないが、むしろそれこそが実際家としての渋沢の本領といえる。

信は、社会の発展経路の最終部面で表れた徳目であるがゆえにその適用範囲は広い。つまり、信を身につけ実際にそれを履み行うことは社会発展の初期に表れた徳目よりも、発展の度合いが進んだ程度に応じて適用範囲が広くなるというのが渋沢の考え方である。

そうであるとすれば、信に先立って確立されたとするその他の徳目はどのように位置づけられるのであろうか。この点について渋沢は、「会社の経営も、商業の取引も、行政の運用も、裁判の効能も、外交の働きも、ことごとく信用の二字に係らざるをはなし。忠といい孝というも、この信の力によりて光彩を放たざるはなし。ゆえに古人は信は万事の本と説き、一言よく万事に敵〈ママ〉すといえり」と述べて、信と忠孝の関係を明確化している(5)。渋沢は「信は万事の本」と説き、信は徳目中の後順位であるどころかむしろ根本に位置する重要なものであるという認識を示している。

渋沢は自身と類似の理屈で信を最重要の徳目の一つとして位置づけた穂積陳重の所説を紹介している。穂積は自分の息子に信の字を含む信之助と命名したいきさつを述べて、信はもともと母子間の親しみに端を発したもので、それが親子間の親となり、さらには同族間の親となり、それが社会一般に拡大するにつれて親が信に発展したとしている。

渋沢も穂積も表現や事例は微妙に異なるものの、「徳目進化論」ともいうべき説を主張し、信が徳目の進化経路の最先端にあるという点で互いに一致している。つまり、徳目は社会発展の度合いに伴って必要となる規範として位置づけられるため、社会形態の進化に伴ってそれに適合すべき規範もまた進化せざるを得ないということになる。

社会における人と人との関わりが広がるほど、気心の知れない者同士が守るべき規範は、その規律の度合いが高まる。なぜなら、親愛の情が深ければ深いほど、相手をおもんばかる情が自然に働くが、親愛の情が少ない者同士では互いに相手をおもんばかる情が相対的に低くなるため、規範の重要性と規範への遵奉性がより多く求められることとなるからである。経済活動がその典型であり、そこで求められる規範が信である。金銭と損得が関わる活動では信への遵奉性の要求度も当然にして高まる。

次に渋沢は信と義の関係を述べる。渋沢は、「いかに信は大切なりとて、義に叶わざる事柄についてはこれを守るべからず。例えば人と共に悪事をなすべく約束したるは、すでに義に叶わぬから、その約束を履んではならぬ。もしこれを固守すれば、あたかも情婦と密会の約束を破らじとて、橋下に待ちて溺死せる尾生の愚に陥るべし」と述べて、信がその効用、価値、威力を発揮するのは義に叶う事柄についてのみであることを明確に示している。

1－1－1　為政者の信

子張第十九第10章は、子夏が述べた言葉として、為政者である君子と人民の関係における信の重要性を述べ、かつ為政者の側からの働きかけによって信頼関係を構築すべきことを述べた章である。渋沢は本章の注釈で過去と現代に通じる為政者と民の関係における信の重要性について述べる。

本章は、【子夏曰。君子信而後勞其民。未信。則以爲厲己也。信而後諫。未信則爲謗己也】（子夏曰く、君子は信ぜられえてしかるのちその民を労す。未だ信ぜられざれば、則ち以て己を厲すとなすなり。信ぜられてしかるのち諫む。未だ信ぜられざれば、則ち己を謗るとなすなり）というものである。[6]

渋沢は、孔子の言葉をもとに、重要であるのは「信用」に加えて「情意の疎通」であると解釈する。つまり、現代的に表現すると、「信頼」と「コミュニケーション」である。そして、信用を得るためにはまず為政者の側から信用を得るべく人民に誠意を見せ、そのうえで人民を慰撫しかつ情意の疎通を図るべしとしている。

渋沢は、「人、元来感情的のものなれば、情意の疎通投合が第一なり。情意の疎通投合せし間柄なれば、少々無理なことでも互に笑って我慢し合うて往くけれども、もし平生情意の疎通を欠いておれば、何事にも反感を抱き、たとい好いことでも反対するが人情の常なり」として、日頃からのコミュニケーションの重要性を強調している。[7]

渋沢がこのように明確な考え方を出した背景には、農民出身である渋沢が為政者、人民の両サイドに身を置いた経験があることに加えて、維新前に郷里の血洗島村での代官の振る舞いに痛く憤慨を禁じ得なかった強烈な想い出があるからと考えられる。

1－1－2　現代政治家と信

渋沢は封建時代との比較において、現代ではさらに為政者の信用が重要であることを強調する。なぜなら、力が支配していた世界で人民に労役を課すのとは異なり、現代では人民の信を失えばいかなる為政者といえども失脚するからである。しかし、現代の人民の意思表示は選挙であるが、封建時代の意思表示は強訴、一揆等であった。人民の権利行使の手段であると同時にガス抜き機能を有する選挙制度がなかった時代は、社会的混乱のマイナス影響を考えると為政者の信はより重要であったといえる。

渋沢は信を得られず、かつ情意の疎通が十分でなかったために起った失敗事例として、佐々成政が肥後に封じられたが、人民の反発を受けて封を奪われた事例をあげた。それとは反対に、人民の信を得た事例として、北条氏の旧封である関八州に封ぜられた家康が人民の信を得て幕府の基礎づくりを行い得た事例をあげた。

次に渋沢は、本章では述べられていない、人民の側から為政者の信を得るべきことについて言及する。しかしながら、社会システムの変化によって渋沢の論理は若干その論拠が曖昧になる。渋沢は、「次に上に事(つか)うる道をいわんに、人民たる者は、恒に誠意を以て君に忠勤せざるべからず。かくすれば君は必ず我を信用すべし。君臣の間水魚のごとくして、始めて諫言も嘉納せらるるなり」と述べている(8)。

この言葉を見てもわかる通り、「為政者と人民の関係」が「君臣の関係」に変わっている。つまり、誠意をもって君に忠勤すべきは施政の権限を有する君に対する臣であって、民主主義体制下において為政者の首をすげ替える権利を有する人民ではない。もちろん、渋沢はこの点についても承知であって、その時代における君臣関係とは大日本帝国憲法下での天皇と臣民の関係であると答えるであろう。しかし、本章の文脈からすると渋沢はあくまでも選挙で人民から指名される為政者と人民の関係を前提に論理を展開している。

しかし、この論理の混乱とも見られる状況は、渋沢が引用する事例を見ればその真意が明らかとなる。つまり、渋沢が君臣関係と述べるのは権限者とその側近、あるいは為政者と為政者を取り巻く臣下である。君臣関係がうまく機能した事例として、渋沢は徳川家光に辻斬りをやめるように諫言して容れられた大久保彦左衛門をあげた。反対にうまく機能しなかった事例としては頼三樹三郎ら勤王の志士の斬刑を取りやめるよう井伊直弼に進言して斥けられた板倉寺社奉行勝静をあげた。

渋沢があげた大久保と板倉の違いは、平生からの上位者との信頼関係はもちろんのこと、権限者との水魚の交わり、つまり、肝胆相照らすレベルの親密度のあるなしであった。

子夏の言葉を解説した渋沢の講義は、信を重んじる毅然たる渋沢のイメージから、情意の疎通を重んじる「情の人」としての渋沢の一面を明らかにする。渋沢が「情意の疎通」と表現する君臣のつながりは、コミュニケーションという言葉で表現される人と人とのつながりとは明らかにレベルの異なる深い関係である。

つまり、「意思の疎通」ならぬ「情意の疎通」は、思考内容の授受にとどまらず、価値観を共有する者同士のつながりを指している。そして、それは物理的な接触密度の濃淡だけでは語れないものであろう。渋沢を折伏して大蔵省に勤務させ、渋沢が上司として接した大隈重信との間に情意の疎通が成立していたかといえば、渋沢の大隈批判を見る限り決してそうではない。

しかし、接触密度が大隈ほどは濃くはない西郷南洲とは、渋沢の西郷に対する人物評価を見る限り、情意の疎通が成立していたと思われる。渋沢にとっての価値観の共有とは、論語理解の近似性である。しかし、訓詁学的な論語理解が同じでなくても、その人物の実践躬行の様が論語の精神に沿っていれば、渋沢にとってそれば価値観の共有となるであろう。西郷はその後者の典型と考えられる。

渋沢は講義の最後に商売と信用の関係を論ずる。渋沢があげる「手形の信用」、「手紙の信用」、「貨幣の信用」は制度の信用であり、手形交換機能、郵便機能、貨幣発行機能を担う制度が信用を支えている。しかし、その制度を支えるのは人間である。つまり、手形を振り出すのは企業の責任者であり、郵便を間違いなく配達するのは郵便夫である。また、貨幣価値を安定的に保ち貨幣制度を健全ならしめるのは金融政策の責任者である。渋沢は信用を語る場合にも、常にその裏で支える人間に眼を注いでいる。

1－2　信用と言行一致

衛霊公第十五第５章は、子張の問いに孔子が答える形で、言と行それぞれの心掛けを述べた章である。渋沢はこの章の講義にあたってまず「言」と「行」の定義を明確化し、信と言行の関係を述べる。

本章は、【子張問行。子曰。言忠信。行篤敬。雖蠻貊之邦行矣。言不忠信

行不篤敬。雖州里行矣哉。立則見其參於前也。在輿則見其倚於衡也。其然後行。子張書諸紳】（子張、行われんことを問う。子曰く、言忠信、行い篤敬ならば、蛮貊の邦と雖も行われん。言忠信ならず、行い篤敬ならずんば、州里と雖も行われんや。立てば則ちその前に参るを見るなり、輿に在っては則ちその衡に倚るを見るなり。それ然るのち行われん。子張これを紳に書す）というものである。(9)

渋沢は中洲の注釈を引用して、「行は事の行われて阻礙なきをいう。達とあい似たり」とする。渋沢は物事が問題なく実行に移され、極みに達することを「行」と理解する。(10)

「言忠信」について渋沢は字解で、「己を尽くすを忠という。言について説けば、心と言はあい違わざるは、これ忠なり。言を食まず、いうことは必ず履み行うを信という」と説く。つまり、真心から発した言は「忠」を満たし、その言を履み行うことによって「信」が生じるという理解である。言と行に関して言えば、真心から出た言葉を必ず実行することが忠信である。また、忠が単独で用いられた場合は信を兼ね、信が単独で用いられた場合は忠を兼ねるとされる。(11)渋沢の説明は、「真心から出た言葉は必ず実行されねばならず、実行された言葉は真心から出たものでなければならない」というものである。

「行篤敬」について渋沢は字解で注釈を述べていないが、物徂徠と同じく、篤は丁寧懇到、敬は文字通り敬意をもってするの意と解釈すれば、「行篤敬」とは、まさに「事の行われて阻礙なきを期するため敬意をもって丁寧懇到に物事を進めること」と渋沢は解釈していたと思われる。

孔子より48歳年少の子張は、本章の問いを発したときすでに吏となり、国あるいは州里を治める立場にあったと渋沢は考える。「そもそも威儀才芸を貴び、言行を忽がせにする病」があった子張が、その自らの病に気がつかないまま、吏としての責任を全うするにあたって多くの障害に直面していたとすれば、孔子の教えは子張にとってはまさに応病与薬の効を奏したと思われる。(12)

渋沢は仏法用語を用いてさらに丁寧に孔子の考え方を説明する。つまり、立てば忠信篤敬が我に対するを見、車に乗れば忠信篤敬が衡に倚っているのを見、絶えずこれを念うようになれば、渋沢は「何事も理事無碍、事事無碍に行わるべし」と述べる。[13]

渋沢が、忠信篤敬が自然な形で身につくことを華厳経の最高の境地を示す言葉で表現するのは、これがまさに人々の信頼をもとに国を治める奥義であるとの認識を渋沢が有することを意味する。「理事無碍」、「事事無碍」を、現実世界と実相的世界を合わせた法界全体に存在する物事を何の差し障りもなく、またいかなる原理にも惑わされることもなくあるがままに捉えることができる状態であると理解すれば、まさに忠信篤敬を常に胸に刻むことこそが理事無碍、事事無碍の境地であり、人々の信頼をもとに国を治める奥義ということになる。

1－2－1　言語と実行の関係

陽貨第十七第19章は、言語よりも実行を重んじるべきことを述べた章である。通釈は、「この章は学者の躬行の所から道理を体認すべきことを示したのである」として言語と実践の関係についてはあまり深く解釈していない。[14]

しかし本章は、【子曰。予欲無言。子貢曰。子如不言則小子何述焉。子曰天何言哉。四時行焉。百物生焉。天何言哉】（子曰く、予、言うなからんと欲す。子貢曰く、子もし言わざれば、則ち小子何をか述べん。子曰く、天何をか言うや。四時行われ、百物生ず。天何をか言うや）、すなわち、孔子が「予、言うなからんと欲す」として、言葉をもって教えることをやめると宣言しているのである。[15]

孔子はこれまで自分が学んだことを言葉で説明し、その結果として顔淵一人がそのレベルに近づきつつある現実を目の当たりにして、いわゆる暗黙知を弟子に体得させるにあたって、言葉をもってすることをやめると宣言したと解釈される。顔淵は一般的に「一を聞いて十を知る」タイプであろうが、その十はおそらく量的なものではなく、形式知を伝える手段としての言語をもって説明したものを、そのさらに裏に隠された、言葉では言い表すことのできない真実を悟ることを指すのではないかと考えられる。顔淵の能力は単に頭脳の優秀さからくるのではなく、孔子の教えを身をもって実践躬行するところから発揮されるものであった。

渋沢が理解する本章の章意は、実践躬行の大切さを顔淵と他の弟子との比較において強調し、子貢をはじめとする他の弟子の発奮を促したものであろうと考えられる。なぜなら渋沢は、「顔淵寡黙（為政篇第九章・先進篇第三章）」を講義で引用しており、この両章ともに、顔淵が他の弟子とは違って、実践をもって孔子の教えを身につけることについて述べているからである。

孔子が実践を言語に優先する趣旨を述べた理由について、注釈者間ではさまざまな解釈がなされている。朱熹は、「学者多く言語を以て聖人を観て、其の天理流行の実の、言を待たずして著わるる者有るを察せず。是を以て徒に其の言を得て、其の言う所以を得ず。故に夫子此を発して以て之を警む」と述べる[16]。つまり、天理が万物に行きわたっている実質的内容は、言葉を超えたさらなる深奥にあり、これを弟子たちは言語の範囲でしか理解できないために孔子は言うなからんと欲すと述べたと注釈する。

しかし、朱熹のこの説明には言語と実践の関係が述べられておらず、言語を超えた真理はむしろ思弁的に理解する努力を行うべしと主張している。物徂徠は、「朱子は高妙に見ること有るなり」として、朱熹は孔子の言葉を高遠霊妙に解釈しようとしていると批判する[17]。

さらに物徂徠は、仁斎が「學者専ら言語を貴びて、實徳を貴ぶことを知らず。ゆゑに夫子此れを發して以て之れを警む」述べたことに対して、「仁齊は平實に見ること有るなり」とした。つまり、仁斎は平實、つまり「平生の実践」が重要であり、そこに実徳があると述べているが、それは誤りであり、礼楽の実践こそが重要であるとする。

中洲は、「孔子の天何言哉云々と曰はれしは、たゞ多言は實行に若かざるの意のみ」と述べ、もっともシンプルに解釈している[18]。本章の章意に対する、朱熹、仁斎、物徂徠、中洲それぞれの解釈で強調されたポイントを要約すると以下の通りとなる。

(1)　朱　　熹：言語の限界に対する認識と、それを打開するための思索の重要性。
(2)　伊藤仁斎：実徳が存する平生の実践の重要性。
(3)　荻生徂徠：先王の教でありかつ言葉で説明できない礼楽の重要性。

(4)　三島中洲：多言は実行に及ばないことを知る重要性。

渋沢は、朱熹、仁斎、物徂徠のいずれの解釈論にも拘泥することなく、中洲に近い解釈を行っている。多言によってかえって皆を厭きさせた事例として、島田三郎、高梨哲四郎をあげ、黙して実行した事例として江戸城進撃をとどまった西郷南洲をあげて説明した。

渋沢の言語と実行の関係についての認識は2つのカテゴリーによって整理する必要がある。それらは、(1) 孔子の教えを真に理解するための言語と実行の関係性、(2)「知行合一」、「言行一致」というテーゼに対する認識である。渋沢は孔子の教えを理解するという観点からは、上述の通り顔淵と同様の心構えをもって実践躬行のなかから真理をつかもうと努力した。その一方、論語のテーゼである「知行合一」、「言行一致」について渋沢は、言語と実行を一致させることをシンプルに守ろうとして行動した。

渋沢は論語が教える知行合一を純粋に守ろうと行動するなかで、行動を通して学んだことがごく自然に身についたことから、朱熹、仁斎、物徂徠のような漢学者が疑問にもつところの実践から学ぶ暗黙知についての認識がほとんどなかったと考えられる。

つまり、渋沢にとっては実務を通して学ぶことの方がむしろ当然であり、自らが身につけて知識が言葉からであったのか行動からであったのかの区別がおそらくはなかったであろうと思われるからである。

中洲の言語と実行の関係についての解釈が渋沢と同様であったのは、中洲が漢学者でありながら明治初期の法律に関する行政実務を実践し、そのなかから自身の見解を醸成してきたいきさつが深く関わっているように思われる。渋沢が中洲を尊敬し、先生という敬称をもって中洲の名を引用するのは、中洲の秀でた漢籍の知識に感じ入っただけではなく、知行合一に関する考え方においてまさに肝胆相照らす思いからの親密感と尊敬の念が存在したからである。

1－2－2　妄語と信用

八佾第三第21章は、哀公に対する宰我の失言を孔子が咎めたことを述べた章である。中洲は本章の章意を、「宰我の附會妄對を咎む」と述べており、渋沢も概ね中洲の説に基づいて本章を理解している。[19]

本章の冒頭にある、【哀公問社於宰我】（哀公社を宰我に問う）の「社」は注釈者によっては「主」であると主張する説もあるが、本章の主題である宰我が附會妄對によって失言した内容は、【周人以栗。曰。使民戦栗】（周人は栗を以てす。曰く、民をして戦栗せしむと）の部分にあることはほぼ注釈者間の共通した認識である。

つまり、宰我は土地の神の社に栗の木を植えるのは、そこで刑罰が執行されたからであるという不確実な情報を哀公に伝えたことが、問題となっているという認識は注釈者間で共通している。[20]

渋沢は、「牽強附会の言説をなす者世に少なからず。これその人に誠意実意の欠乏より来たるもののごとし」としたうえで、「言忠信ならざれば世間の信用は得られず、世間より信用せられねば官界と民間とを問わず立身出世はできぬものなり」として、牽強附会なる妄語を連発する輩が最も信を失し、その結果として社会での居場所がなくなることを明言している。[21]

渋沢が最重要とした徳目の一つである信は、得られがたくかつ失いやすいが、それを失うにあたって最も陥りやすい陥穽が、いわゆる口から出まかせの妄語であり、妄語を真実らしく取り繕う牽強附会の論法であると渋沢は強調する。

1－3　信用の基盤としての実践

1－3－1　実践から生まれる信用

顔淵第十二第12章は、ひとかたまりであるという説と、2つの部分から成り立っているという説の両説がある。渋沢は、【子路無宿諾】（子路、諾を宿（とどむ）ることなし）という一文は前段の文を実にするために孔子一門によって記されたものであるという立場をとる。[22]

「諾を宿ることなし」については、朱家、通釈と物徂徠、南溟で解釈が分かれるが、渋沢は物徂徠に近い解釈を行っている。朱家は、「宿は、留むるなり。猶お怨を宿むるの宿のごとし。言を践むに急にして、其の諾を留めざるなり」として、子路は承諾した内容を実践することに急であるという解釈を行っている。[23]

これに対して物徂徠は、「諾に爽はざらんと欲するなり」としてあらかじめ諾することがないことと解釈している。さらに、物徂徠は朱熹を批判して、「朱註に『宿は、留なり』と。迫急の甚だしき、是れおのづから宋儒の見耳。此れ『唯だ恐らくは聞くこと有らんことを』（公冶長篇）といふに因りて此の解を生ず」として、朱家の誤りを指摘するのみならず、誤りの原因までも指摘している。[24]

渋沢は各注釈を吟味した後、南溟の説を字解で引用し、「亀井南溟曰く無宿諾はなお二諾なきをいうがごとし」と述べて朱家の解釈には距離を置いている。このような解釈スタンスに基づいた渋沢の説明は、「一旦承諾したることは、決して変改することなし。その一諾千金の重みありしことは……」というもので、子路の美点はいわゆる「武士に二言なし」と同じ意と解釈している。[25]

渋沢は子路を東男と重ね合わせて、関東男児の武勇が美点であるのは、「一諾邁往、口に二弁なく、一旦引き受けたることは水火をも辞せず、これを仕遂ぐるを以て男児の本分としたるがためである」と説明している。[26]

このように、渋沢は武人である子路の美点と、関東男児の武勇の美点を同根として、この両者が信を置かれるのは、口にしたことをすぐに実行することではなく、一旦口にしたことを変改しないこと、つまり、自分の言葉に責任をもつことであるとしている。その口にした内容が何らかの行動を伴わざるを得ない場合は、当然その行動を実行するのみであり、何らの行動を伴わない場合はその限りではないだけのことである。

自らも関東男児である渋沢が重視する知行合一、言行一致の奥意を探り当てるうえで、子路の美点である「無宿諾」を渋沢がどのように解釈しているのかを厳密に理解することはきわめて重要である。

渋沢は、「然諾を重んずること」、つまり一旦口にしたことを変改しないことは信用を得る唯一の手段であるとしている。これは明治への移行期には武勇を誇る関東男児の専売特許であったが、渋沢が論語を講義する大正期においては、職業、身分、性別、古今、東西を問わず、社会に対して何らかの関わりをもち、個人生活で他人との関わりを有するすべての人にとって、信用を得るための手段であると説いている。

約束を守り、自分が口にしたことには責任をもち、さらには口にしたことが何らかの行動を伴うものである場合は、その行動を実行することが信用の基盤であると渋沢は結論づける。

渋沢は顔淵第十二第１章で、「孔子の教は学問と実行とが、伴随するを貴ぶ。これを称して知行合一という。あるいは言行一致ともいえるであろう」と述べている[(27)]。渋沢はここで、「知行合一」と「言行一致」を並列してはいるが、それぞれの奥意は以下のようなことと理解される。

顔淵第十二第12章に対する朱註の「言を践むに急にして、其の諾を留めざるなり」という表現において、「言」を「学問」に、「諾」を「学問を理解したこと」に置き換えれば、それはまさに渋沢が理解する知行合一の趣旨と同一になる。しかし、同章の「言」は学問とは異なり、「諾」は学問を理解したこととは異なる。

論語から学ぶ行動指針は、実行を伴ってはじめてその意義が生かされる。したがって、行動指針の内容を「知」れば、それを「行」わないかぎり指針の意味がなくなる。「知」ることと「行」うことが「合一」となってはじめて行動指針たる論語の意味が生じる。行動指針たる論語は長年吟味されその解釈レベルも彫琢されて明確な行動指針として確立されているがゆえに、それを理解することは同時に行動することに結びつかなければならないという意味で知行合一が求められる。

しかし、それを社会生活、日常生活でのすべての言動にそのまま応用し、さまざまな言葉が交錯するなかでそれらすべてを言行一致に結びつけたとすれば、それこそ息の詰まる殺伐とした人間関係になってしまう。人間生活における言葉のキャッチボールは、深刻な内容から他愛ない会話までさまざまである。しかし、その会話の内容が一旦真剣な約束事となった場合は、その約束事を取り交わした「言」葉は、必ず実「行」されなければならず、「言」と「行」の両者は「一致」することが必要となる。

つまり、行動指針たる論語はその内容を理解し次第、実行すべきであり、日常生活における言葉のやりとりは、その内容が一方、あるいは双方の行動を伴うべきである場合にのみ言行一致が求められる。そして、少なくとも戯言や冗談以外は自らの口を出た言葉について変改することは許されないというのが渋沢の理解である。

1－3－2　実践と意志

子罕第九第18章は、ものごとを実行するにあたり、鉄の意志をもって貫徹すべきことを述べた章である。渋沢は実行すべきものは鉄の意志をもってやり通すべきことを本章の趣意にしたがって強調する。

本章は、【子曰。譬如爲山未成一簣。止。吾止也。譬如平地。雖覆一簣。進。吾往也】（子曰く、譬えば山を為るがごとし。未だ一簣を成さずして、止むは、吾が止むなり。譬えば地を平らぐるがごとし。一簣を覆すと雖も、進むは、吾が往くなり）というものである。[28]

本章はそもそも、孔子が『書経』周書の旅獒篇の「細行を矜たざれば、終に大徳 累はす。山を爲ること九仞、功一簣に虧く」という文を解釈したものであるとされる。しかし、周書の旅獒篇は早い時期に滅失し、現存するのは魏・晉の時代に作られた僞古文であるという物徂徠の説もあって注釈書は特に詳細には本章に注釈を加えていない。[29] 渋沢は中洲の注釈に基づいて本章を解釈する。

渋沢が講義で、「勉強して学をなし徳を修め、そのまさに成らんとするに至りて倦き怠る者あり」と述べる通り、孔子は本章を専ら学者に向けたメッセージとして発した。[30]

しかし、君子聖賢の道を辿り、その到達点に至る学者がどの程度いたのかという点と、君子聖賢の域に達しなければ、それまでの努力は全く無に帰するのかという点に疑問が残る。孔子の弟子中でも顔淵は孔子が認めた優秀な弟子であり、君子聖賢の道を確実に歩む存在であったとすれば、果たしてそれ以外の弟子はすべて、「功一簣に虧く」の状態であったのかという点が問題になる。

誰もが認める君子聖賢であれば議論の余地はないであろうが、君子聖賢たるに相応しい人物であることを客観的な基準をもって認定する制度がない限り、本章の趣旨は君子聖賢の道を歩み続けること自体に意義を認め、継続的な努力を注ぎ続けることであると理解せざるを得ない。渋沢は克己、志操堅固であることと継続する努力を重んじるべきであることを本章の講義で強調した。

渋沢は、君子聖賢の道を究めるといういささか漠然とした目的を、渋沢の時代に沿った形でアレンジして講義する。渋沢は、「目的または方針は、中道にして挫折変改することなく、あくまでもこれを貫徹するように努力するのが真正の道である」と述べて、それが不言実行、有言実行のいずれかにかかわらず、人間生活一般において立てた大小の目標を貫徹することを推奨する。[31]

渋沢は孔子の言葉をさらに拡大解釈気味に解説する。渋沢は、「もっとも一旦樹てた目的を中途で変更しても、それが善い方向に替ったのであれば「一簣を成さずして止む」のではなく、いわゆる進歩であるから、この章の後段の「一簣を覆すといえども、進むは、吾が往くなり」という方に見るべきものである」と述べて、翩翩極まりない日常生活において、前向きな目的変更は差支えがないという見解を述べている。[32]

本章の主題が、君子聖賢の道を鉄の意志をもって貫徹すべきことであるとすれば、その目的が変更されることはあり得ない。もしそれがあるとすれば、学を志す人がその志を棄てたときである。この高遠な主題を日常生活での目的や方針に置き換えて、一般人の規律づけに応用し、さらに前向きな目的変更は容認されてしかるべしと説いた渋沢の論理はまさに実践家ならではのものである。

渋沢は本章の締めで、「余は早くからこの章句の教訓を身に奉行するつもりで、自分の考えたことは是非成し遂げたいと思って勉めておる。果して成功するか否やは分らぬけれども、青年時代から八十五歳の今日までこの方針の下に努力しております」と述べている。渋沢自らが述べる青年時代が何歳からを指しているのかは明らかでない。少なくとも大蔵省勤務時代以降の渋沢はその言葉通りに奉行してきたと考えられる。

渋沢が翩翩極まりない政治情勢のなかで時代に翻弄された結果、討幕を目指す尊皇攘夷の志士から一転、一橋家さらには幕臣、朝臣へと転身し、最後には野に下ったわが身を振り返って、前向きな目的変更を是とする結論に至ったのは決して自己弁護ではないと考える。その証左として、節目ごとの転身を指して渋沢を変節漢と正面から揶揄する論説をいまだ眼にすることがない。

第２節　経済活動と信用

2－1　財政に対する考え方

学而第一第５章は、政治の要諦を５項目にまとめて説いたものである。本章は、【子曰。道千乘之國。敬事而信。節用而愛人。使民以時】（子曰く、千乗の国を道むるに、事を敬して信じ、用を節して人を愛し、民を使うに時を以てす）というものである。[33]

渋沢は大蔵省勤務時代に経験した予算管理をめぐるエピソードによって「節用の秘訣」を語る。その内容は渋沢が大蔵大丞を辞任するきっかけともなった、大久保利通との確執であった。[34]

援護射撃もないなかで大蔵卿に反対意見を述べることは、通常よほどの信念と覚悟がなければできないことである。しかも、30歳代でそれを実行したということは、大蔵省を辞しても自立して生活を営むことができるという自信も一方でもち合わせていなければならない。確執が生じて間もなく大蔵大輔である井上馨に辞表を提出したということは、渋沢にはこの時点で「信念」と「自信」の両方が併存していたと理解される。

渋沢がこれほどまでに予算管理制度の重要性について確固たる信念を抱き得たのは、「官の費用は必要にして、已むことを得ざるものに限定し少しも無駄や奢侈をせず」[35]という、公金を扱うに際しての道徳的な規律、つまり、国民との信頼関係を重視することが論語を学ぶことによってすでに涵養されていたことに加えて、徳川昭武のパリ万博訪問に随行した際、実質的な総務と会計の責任者を任され、収支の帳尻を合わせたばかりか剰余金を残したという実績に基づく自信が大いに寄与しているものと考えられる。

渋沢は、20歳代で時の権力者であった徳川幕府の一大行事に関わる大金の管理を任され、いずるを制して剰余金すら捻出した。渋沢の行動の基盤には、予算管理の技術だけではなく、信義に基づいて誠実な管理を行い、それが信頼獲得につながったと理解するのが合理的である。

渋沢は請われて大蔵省に勤務することとなり、明治政府のもとで国家の予算管理実務を任されたが、そこでもいずるを制する均衡予算主義を貫いた。渋沢の意識の基底には一貫して国民から徴収した財源を一銭たりとも無駄にしないという、信義を重んじて国民の信託に応える信念があり、それがやがて身の丈以上の予算支出を求める大久保利通との確執を招き、大蔵省を辞職することとなった。

渋沢の信義を貫く信念は、時の権力者との衝突すらも辞さない強固なものであり、渋沢は大蔵省を退職した後も銀行家、企業家としての活動を通してその信念をもち続けた。

2－1－1　納税をめぐる為政者と民の信頼関係

顔淵第十二第９章は、魯の哀公と有若の増税の可否をめぐる会話を通して、君は民を本とすべきことを説いたものである。

本章は、【哀公問於有若曰。年饑用不足。如之何。有若對曰。盍徹乎。曰。二。吾猶不足。如之何其徹也。對曰。百姓足君孰與不足。百姓不足。君孰與足】（哀公、有若に問うて曰く、年饑えて用足らず、これを如何せんやと。有若対えて曰く、盍ぞ徹せざるやと。曰く、二も、吾、なお足らず。これを如何ぞそれ徹せんやと。対えて曰く、百姓足らば、君孰れと与にか足らざらん。百姓足らざれば、君孰れと与にか足らん）というものである。[36]

渋沢は魯の当時の財政状況がわからないことを理由に、事実に基づいた断定的な解釈が困難であるとしながらも、大蔵省に籍をおき財政に関わってきた経験からか、多くのコメントを付している。

渋沢は哀公の真意を、「哀公の問意は、今年は斉国との戦もあり、加うるに凶年に際し、租税は納らず国用足らず、これをいかにしたらばよかろうかというにあり、その深意は増税せんとするにあることを知るべし」としている。有若は「何ぞご先祖の周公が定め置かれたる十分の一の税法に従わざる」と述べており、むしろ実質的な減税を勧めた。[37]

本章は有若が記述したものとの解釈があり、もしそれが正しいとすれば有若自身が詳細を省いて、哀公に対する自らの提言を誇張して表現した可能性がなしとはしない。魯の当時の財政窮乏の主たる原因が「凶作」と「斉との戦いに備えた戦費増大」であったとすれば、凶作は天候不順等による不可避な原因によって発生するもので、それを理由にただですら実入りの少ない人民からの血税を増やすことは結果として圧政を敷くことになる。また戦費増大を原因とするのであれば、隣国との和平交渉失敗のつけを人民に押しつけることになる。

係る観点からすれば、むしろ魯国の財政支出の無駄を省き、国の支出を絞ることによって窮状にあえぐ人民に対して減税を施すべきであり、外交折衝によって斉国との和平交渉を行い、戦費を減少させるべきであるという結論になる。

本章をわかりにくくしているのは、有若が減税を提言するにあたって、先王である周公が始めた十分の一税法に戻るべきであるという教条主義的な提言をしたことである。十分の一税を採用すれば、現在の十分の二から税は半分になるので結果的に減税することとなり、政府は自らの努力によって財政支出を削減せざるを得なくなるであろう。しかし、その間の経済論理は省略されている。

渋沢は維新前には農民として税を徴収される側にあったが、転じて慶喜の下で幕府役人として短いながら権力者サイドに身を置いた。維新後まもなく大蔵省にあって明治政府の役人として税を徴収する立場にあった渋沢は、下野した後は新政府に税を納付する企業家の立場であり続けた。つまり、渋沢は新旧両体制において徴税および納税の両サイドに身を置いた経験を有するため、哀公と人民の両者の立場を理解して本章を講ずることが可能であった。

渋沢は哀公に対する有若の説明が簡明であるとして、「有若はすかさず機に乗じて説いて曰く『国君は国を以て家となす。君民は一体也。百姓が富めば、すなわち君富めるなり。百姓が窮乏すれば、君独り富むわけには往かぬ』と。政治の原道、善政の方則を説き尽くして簡明なり」と述べている[(38)]。

つまり、為政者と人民を対立構造のなかでとらえるのではなく、両者は一体であり人民の利益は君の利益であるとする有若の説明に渋沢は納得した。しかし、両者は一体であるとはいえ君と人民という2つの立場がある限り、税率は両者間の富の取り分を決める現実的で生々しい議論の対象であり、理想論で解決しうる問題ではない。

有若の議論の前提は、君と民は一体であるがゆえに、民が創出した付加価値を君の一人占めにせず、民にもしかるべく分配すべきというものであり、民への分配によって産業を拡大し、しかるべき後に増大したパイから合理的な税率で国家収入を確保しようとする考えがうかがえる。つまり、生産部門に再投資することによって拡大再生産を狙い、それによって財源を確保しようとする意図がうかがえるのである。

渋沢はこれを、「政治の原道、善政の方則を説き尽くして簡明なり」として政治の問題として表現しているが、財政に深く関わった渋沢にとって、善政を敷くにはそれを裏づける健全な財政運営が必須であることはまさに自明であった。

これら一連の渋沢の思考経路を辿ると、自らが納税者サイドにあった若い頃の経験が渋沢の基本的な考え方を形成するうえで大きく寄与していると考えられる。渋沢が現在の埼玉県深谷市にある血洗島村で藍に関わる家業に専念していた17歳の頃、領主であった安部摂津守の岡部村陣屋に近隣の庄屋数名とともに呼び出され、代官から渋沢家分として御用金五百両を申しつけられた。

年貢以外に御用金を申しつけられた若き渋沢にとって、その無理筋な要求と代官の傲岸な態度は、いかにしても納得できるものではなかった。そしてこの憤懣やるかたない経験は、後年渋沢の追憶のなかで大きな位置を占め、自ら繰り返し語ることとなった。

渋沢の予算管理と納税管理についての基本的な姿勢と、家業の経験や青年時代の代官とのエピソード等を総合的に考察すると、渋沢の財政政策のスタンスには、為政者と国民の信頼関係が不可欠という基本理念があると考えられる。渋沢にとって国民から徴収される血税は、国家全体からみれば本来失った血液以上の見返りを生み出すものでなければならず、ましてや血税以上の支出を伴うものであってはならなかったのである。

渋沢が青年時代に領主に納めた五百両は年貢では賄えない不足分であり、現代にあてはめれば国民からの借金である赤字国債で補填されるべきものであった。しかもこの五百両は返済の見込みがない御用金である。このような理不尽は為政者と領民の信頼関係を崩壊させるだけでなく、財政の仕組みそのものを破壊するものと渋沢が懸念したとしても不思議ではない。このように、渋沢には財政運営に関して、為政者と民の信頼関係に基盤を置く考え方が存在していた。

2－2　人材登用

2－2－1　人材登用と信義

雍也第六第12章は賢者が人を取る道を述べた章である。本章は、【子游爲武城宰。子曰。女得人焉爾乎。曰。有澹臺滅明者。行不由徑。非公事未嘗至於偃之室也】（子游、武城の宰となる。子曰く、女人を得たるか。曰く、澹台滅明なる者あり。行くに径に由らず、公事にあらざれば、未だ嘗て偃の室に至らざるなり）というものである。[39]

渋沢は本章の注釈で古河市兵衛を、「人を取る、また見るべきところがあった」人物として、人材登用におけるその慧眼を評価するとともに古河自身の人間性に多く言及している。[40]

渋沢が評価した古河の長所は信義を重んじる点である。明治７年当時、小野組にあって米穀部と鉱山部を差配していた古河は、小野組の突然の破綻に際して、融資を受けていた第一国立銀行に対して自身が担当していた米穀部と鉱山部から抵当を差し出すとともに私財を投入することによって焦げつきを回避させた。

この古河の行動は渋沢をいたく感激させ、鉱山開発を中心とする事業家としての古河と銀行家としての渋沢の関係はその後も長く続くこととなった。

渋沢は雍也第六第12章で古河市兵衛を人材登用におけるその慧眼を評価しているが、本章の登場人物については、政を行うにあたって人材を得ることが大事であることを子游が武城の邑宰となったエピソードをもとに述べている。

本章について注釈がない物徂徠の論語徴をはじめ、他の注釈書の記述が一様に簡潔であるのに対して、渋沢は事例を多く掲げて詳細に講義を行っている。

渋沢は本章の要旨を、「子游対えて曰く『澹台滅明（たんだいめつめい）』という人ありければ、これを登庸したり。この人は路を行くに遠きを厭わずして必ず正路を取り、決して捷径によらず、また職務上の公用でなければ、長官たる偃（えん）の室に来たりしこともなし。かくのごとき人物なれば賢者と認めて挙用したり」と子游が澹台滅明という賢才を登用した経緯を説明している(41)。

渋沢は、その道がたとえ迂遠であろうとも正路をたどって事を処し、かつ上司におもねることのない人物を賢才として説明している。つまり渋沢は、不器用で回りくどいが決して手を抜かず、ごますり等の余計なことに気を遣わない人物を賢才としているのである。そして孔子も子游のこのような人材登用のあり方を是としている。

孔子が子游の人材登用を是としたのは、(1) 弟子である子游の性格、(2) 子游が邑宰となった武城の土地柄、(3) 時代背景などを勘案したうえで、不器用ながらも正直一途な澹台滅明を評価したからと考えられる。そして、おそらくは渋沢も一般論として澹台滅明のような人材を重視する姿勢を有していたのではないかと考えられる。渋沢が最も心血を注いだ第一国立銀行の頭取後任者として指名した、佐々木勇之助の地味な人柄や堅実な業務遂行の様子などを勘案すると、渋沢にとっての佐々木は、まさに子游にとっての澹台滅明に相当すると考えられる。

渋沢は人材登用の事例として、豊臣秀吉、徳川家康、伊達兵部宗勝、前田吉徳、岩崎弥太郎、古河市兵衛など豊富に取り上げる。

渋沢が伊達兵部宗勝、前田吉徳の例をもって戒めるのは、特殊な技能を有する人材に惚れ込んで、その人物に全幅の信頼を寄せることである。伊達が原田宗助の機智に惚れ込み、前田が大槻伝蔵の聡明さに惚れ込んで失敗した事例がそれである。つまり、人事考課において陥りやすいミスである「ハロー効果」、つまり、１つ美点があるとその人のすべてがすばらしく見えてしまう状況に伊達、前田ともに陥ったということであり、渋沢はその失敗原因の本質を捉えていた。

渋沢は人材登用の基本を為政篇に基づいて再説する。渋沢は、「ゆえに人を用いるには為政篇にある孔子教訓の通り『その以てする所を視、その由る所を観、その安んずる所を察し』、視観察の三つを併せて十分に詮衡するがよい。さもなければ安全とはいえない」と述べている。[42] 人材の「必要性」、「必然性」、「確実性」を十分検討すること、つまり、(1) 何に人材を用いるのか、(2) なぜその人物に特定して登用するのか、(3) その人物で間違いないかの3点を十分検討することが重要であるとしている。

本章の注釈に示された渋沢の真意を解き明かすには若干の注意を要する。渋沢はまず本章の章意である人を取ること、つまり人材登用の重要性に照らして古河市兵衛を取り上げ、人を見る目の確かさと古河自身の信義の篤さについて言及する。つまり、人材登用能力の確かさと信義の篤さが古河一身に体現されているため、本章の注釈を見る限り、「人材登用能力が確かな人物＋信義に篤い人物」というのが渋沢の真意であるように思える。

しかし、本章で不器用ながらも正直一途で信義に篤い人物として取り上げられているのは澹台滅明であり、澹台滅明を魯の武城の宰とに任命したのは別の人物である。雍也第六第12章において、澹台滅明は信義に篤くかつ人事登用の才に恵まれた人物として描かれてはいないのである。つまり、渋沢は雍也第六第12章の章意解釈において古河市兵衛という人物を例として取り上げることにより、一種の拡大解釈を行ったことになる。

渋沢が古河を信義に篤い人物として評価したのは、小野組の危機において第一国立銀行からの借入金を返済すべく古河が私財を投げ打ったことであり、自らに多大な痛みを伴う形で企業間の約束を守ろうとした信義の篤さを実践によって示したことによる。

渋沢の見立て通り、古河はその後、財を成し長く第一国立銀行との親密な関係が継続している。渋沢と古河は互いに人間として尊敬し合いながら、信頼関係をもとに取引を継続するという理想的な関係にあった。そして、その渋沢の見立てとは、信義に篤いだけではなく人材登用の才を古河に見出したことであった。

渋沢は本章を無意識ながらも拡大解釈することによって、理想の企業人の一典型として古河を取り上げ、信義に篤くかつ人材登用の才に恵まれるという、人格と実務能力の2つを兼ね備えることを自身の理想として主張した。

2－2－2　用財と報酬

雍也第六第3章は、2つのエピソードをもとに聖人用財の道を説いた章である。1つ目のエピソードは、孔子から財務を任されていた冉求が、子思の留守中その母に与えるべき食糧を、子思の家庭事情を十分勘案せず過剰に与えてしまったことをもって用財の適正性を確保することの重要さを説いたものである。2つ目のエピソードは、当時魯の司寇であった孔子から采邑の宰を任された子思が、その任に見合って与えられるべき俸給を辞退したことをもって、働きに応じた俸給を理由なく断ることの不合理を戒めたものである。

渋沢は本章の章意を中洲の言葉を引用し、「本章は孔子財を用うるに度あり。濫ならず吝ならざるをいう」としている[43]。

出張経費規程や給与規程に従えば自動的に経費額や俸給額が決定する現代の慣習に照らした場合、本章で取り上げるいずれのエピソードも現実味はない。しかし、孔子が強調したかったのは、(1) 正確に現状を判断して適正な額を費用として支払うこと、(2) 働きに見合う報酬は支払われるべきであり、その受け取りを理由なく断らないことの2点である。

必要以上の経費を濫費し、また理由なく報酬の受け取りを遠慮することは、経済メカニズムを根本から狂わせるものであり、これは回避すべきであるというのが孔子の教えである。孔子は子思に対して報酬の受け取りを遠慮したことのみについて諭しているのではない。自分の働きに見合う報酬を得てもなお、それを過剰と考えるのであれば、なぜそれを自らの意思で困窮する人々に分け与えないのかという点をも含めて説諭しているのである。

渋沢はこれを、「冉求は濫与に失して継富となり、子華の辞退は過廉に失して周急の道を忘れんとす。ゆえに孔子その病に応じてそれぞれ教を施されたり」とまとめている[44]。

本章を見ると、孔子は決して清貧を良しとしていたわけではなく、分に応じた報酬と理にかなった出費を行うべしというごくあたりまえのことを励行すべきことを説き、かつもてる者は自主的に社会福祉に貢献すべきであるという現代にも通ずる教えを述べているのである。渋沢が本章で事例をもって強調しなかったのは、むしろ孔子の教えが当然すぎ、事例をもって再説するには及ばないと考えたからではないかと思われる。

本章の注釈において、渋沢は直接的に信義の問題に言及しているわけではない。人材であれ、物材であれ必要な財を用いた場合は、それに見合う報酬や出費を正しく支払うべきと述べているに過ぎない。渋沢は用財に対する報酬や出費の適正性を確保すべきことを述べているのである。現実的には、提供した役務に対して少しでも過大に報酬を求め、それが満たされない場合に労使間で問題が生じるケースが大半である。

日本の戦後において労使間の対立が極端に先鋭化することなく、基本的には労使協調路線が踏襲されてきた背景には、労働制度や経済状況が大いに関係しているが、基本的には渋沢が重視した両者間の信義が相応に保たれてきたことがプラスに影響していると考えられる。

2－3　投資と消費

2－3－1　冗費と倹約

述而第七第35章は奢と倹を比較し、相対的に倹が奢よりも害が少ないことを述べた章である。贅沢と倹約を比較してどちらがましかという議論を行うのはいささか奇異な感じがしないでもないが、この解釈にも諸説がある。以下に要点を列挙する。

(1)　朱　熹：「晁氏曰わく、已むを得ずして時の弊を救うなり」(これは時勢の弊害を救おうとしてやむをえず言われたものである)。[45]

(2)　仁　斎：「孔子は常に倹を人に勧め、奢の害を戒めたのである」。[46]

(3)　物徂徠：「孔安國曰く、「倶(とも)に之を失す。奢(おご)るは倹に如(し)かず、奢るときは上(かみ)を僭(せん)す、倹なるときは禮に及ばず。固は陋なり」と(古註)。けだし上を安んじ民を治むるに、禮より善は莫(な)し。ゆゑに僭上(せんじょう)の失は、固陋より甚だし」(奢ることは礼を破るが、倹によって固陋となることは礼に及ばないに止まる。したがって、奢ることの弊害は固陋であることの弊害より甚だしい)。[47]

(4)　中　洲：「過ぐるの害は及ばざるの害よりも大なるを言ふ」、「奢なれば則ち華美にして身分を過ぐ、故に不遜と爲り、其の害甚大なり、倹は省約簡素にして、固陋となり文采乏しきも、其の害小なり」[48]。

朱熹は華美に流れ豪奢な生活の弊害があふれていた時勢を憂いて、倹は奢よりも弊害が少ないと孔子は説いたものと解釈した。これに対して仁斎は、孔子は元々倹約を勧めていたのであり、奢より倹を弊害少なしとするのは当然であるとした。

物徂徠は、国を治めるうえで何よりも礼が大切であり、その点からすると奢は礼を破るが、倹によって固陋となった者は礼に至らないに過ぎないので、これを対比すると倹は奢よりも害が少ないと説いた。

中洲は華美となって身分を過ぎるよりも、倹は小さくまとまって教養も乏しくなるが、相対的に倹のほうがましであると説いた。通釈は物徂徠と仁斎をともに是とする。

渋沢も通釈同様、物徂徠と仁斎の所説に基盤をおいて自説を展開する。渋沢は、孔子がすべてのことにおいて極端を嫌う性格を有することを前提に解釈する。孔子は中庸を重んじるが、渋沢は実生活においてこの中庸を守ることの難しさを強調する。渋沢が難しさを感じるのは、「倹約とは何か」、「吝嗇とは何か」、「この両者はどのように異なるのか」という点であり、さらにそれは「豪奢とは何か」、「適正な支出とは何か」、「この両者はどのように異なるのか」という問いに発展する。

渋沢は岩崎弥太郎と大倉喜八郎を例にあげる。この両者はともに一代で財を成した人物であり、他人からは豪奢に見える支出も、あるいは極端な倹約と見える行為もすべて自分が築いた財産の処分に関わるものである。渋沢は、自分は財を成すことに興味はないと喝破してはいるものの、一般的な基準からするとはるかに巨額にのぼる財産は渋沢自身が苦労して築き上げたものである。

渋沢がいうところの「底抜けの驕奢」を行った結果、破綻するか否かの基準はその財産を汗油で稼いだか否かである。汗油をもって築き上げた財産はその財産家にとっては苦労の結晶であり、それを無駄に消費することは考えられないというのが渋沢の理解である。その点からすれば、渋沢は岩崎や大倉の経費支出の基準について一定の推測ができるように思われる。

しかし、渋沢の経費支出基準は、岩崎や大倉とは異なっていた。なぜなら、岩崎や大倉の支出基準は自己の財産を有益な事業に投資して資産を増やすための戦略的支出であるのに対して、渋沢は自己の財産をそのように投資しようとは毫も思っていないからである。渋沢は、「余は及ばずながら、衣食住のためにはでき得る限り倹約し、余りがあれば公益のために費すように心掛けておる」として、財産を自らを太らせるための再投資資金とは位置づけていない。[(49)]

渋沢が起こす事業は基本的に合本法によって世間から集めた資金によるもので、その資金を運用して事業を拡大して付加価値を増やす渋沢の行為は、あくまでもエージェントたる経営者の行為であり、プリンシパルたる資本家としてのものではない。資本家は合本法に基づいて資金を拠出する人々であり、渋沢自身は資金が足りない場合のみ自らが資金の拠出者となった。

つまり、プリンシパルたる資本家との信頼関係に基づいて預かった資金を、エージェントである経営者は誠実に運用し、配当として還元することが、渋沢が理解する合本法の基本である。資本の大きさによって財閥の規模が決まるとすれば、財閥形成に興味を示さなかった渋沢は自己の財産を増やすことに拘泥せず、資本家からの信頼に支えられてもっぱら経営者としての活動に力を傾注した企業家であったといえる。

一方、岩崎や大倉の資金の拠出はプリンシパルとしてのものであり、彼らは同時にその運用に携わるエージェントでもあった。自らの資金を拠出して事業を起こすことによって彼らが目的とするのは富の増大である。渋沢が理解できない一見贅沢な支出は、岩崎、大倉にとっては事業を増大させ自身の財を増やすという目的のための戦略資金であった。

渋沢は訓言集のなかで、「株主もしくは合資組織の会社はあたかも一つの共和国の政府のようなものである。株主は国民で、選ばれて事に当たる重役は、大統領または国務大臣が、政治をとるようなものである。ゆえにその職に在る間は、その会社をわが物と思って全能をもってこれに当らねばならない。またその一面においては、全然他人から預かった物と思わねばならない。さればその職に在る間は、継続的に心身の力をつくしてその事に当たり、退

職の時は、敝履を脱ぐような洒落の覚悟を必要とするのである」と述懐している。(50)

株主から経営を任された経営者である間は株主の立場、つまり会社を「わが物と思って」経営に従事すべきであり、その役割を解かれた場合は執着することなく、まるで「敝履を脱ぐような洒落の覚悟」でその地位から離れるべきであるというのが渋沢の本意である。オーナー経営者たる地位に固執せず、また、たとえ雇われ経営者であったとしても、経営者としてのミッションを企業所有者の立場で完遂し、そのミッションが終了した時点で恬淡として経営者の地位を離れられるか否か、それが渋沢と岩崎達との根本的な違いであった。

2－3－2　倹約と投資

里仁第四第23章は、【子曰。以約失之者鮮矣】（子曰く、約を以てこれを失する者は鮮（すくな）し）という短いもので、注釈書のコメントも一様に短い。しかし、渋沢は本章を事例によって詳細に述べる。これは、放漫と行き過ぎた節約を戒めるにあたって、本章の趣旨を、倹約一筋が望ましいのだと読者が誤解することのないよう気遣ってのことと理解される。

渋沢は本章の章意を、「おおよそ事をなすにはその大小にかかわらず、検束あるを貴ぶ。すなわち万事に着手するに当り、心を引き締めて控え目にするを要す。かくすれば過失する所あること少なし。必ず物に成功すべしとなり。すなわち本章は約の功を説いて今人の放漫を戒められたるなり。一家でも一団体でも一国でも、その経営すべき事業は検束がなくてはとても成功するものにあらず」としている。渋沢は仁斎の説をいれて約の意味を放漫に対する「検束」という言葉で理解している。(51)通釈では、約を「心をひきしめることで放肆に対していう」としている。(52)

このように見ると、本章で用いられる約は節約という具体的な行為ではなく、むしろ消費、投資行為における放縦の戒めとしての一種の「精神的な縛り」であり、渋沢もそのように理解していたと考えられる。

渋沢が事例としてあげたのは、工業倶楽部での加藤友三郎内閣総理大臣の招待会の料理である。料理が過度に豪勢にならずむしろ質素であることを総理がほめたのに対して、渋沢はこれを「頂門の一針」であるとし、身を引き締めて倹約を心掛けるべきことを述べ、さらに表面的な倹約に終わることを戒める答辞を述べた。

渋沢は節約が時の権力者が居並ぶ宴席での表面的なパフォーマンスに終わることなく、普段の生活や企業活動においても倹約の精神を忘れるべきでないことを強調したのである。つまり、放漫を戒める検束の精神を深く理解して身につけておかなければ、倹約といってもそれは形ばかりのものになってしまうということを渋沢は警告したのである。

さらに、渋沢の講義には後に日本を困難に陥れるバブルを戒める発言も含まれている。渋沢は、「あるいは一箇の煙草盆の火入を数万円を以てこれを購い（あがな）、あるいは一双の屏風に数万円を投じて、悦んでいる人もある。もし真にこれを愛する心からすることなればなお恕すべき点もありますが、単にその価格の高貴なるのみを以て豪奢を誇る人もあるようである。かようなことは大いに慎まねばならぬと思う」と述べて、真に物の価値を評価して消費するのではなく価格のみに眼をやり、一種のマネーゲームとして消費することを厳に戒めている。バブルあるいはバブルに近いマインドで消費する人が存在することは、古今共通の人間の性によるものであり、その性を戒めるのがまさに本章の章意であると理解したがゆえに、渋沢は検束を精神の問題として捉えた。

しかし、これからが渋沢の本領である。渋沢は、倹約は結構であるがそれが行き過ぎて行動が消極的になることを戒める。渋沢は、「近く例をとれば、我が国は農をもって大本とす、ゆえに開墾その他農業の助成保護に関しては、経費を惜しんではならぬ。工業にしても欧米に比較すれば、進歩の程度がすこぶる遅れて、何事もその模倣であり追随であって、一も彼に優ったところがない。さらに理化学的方面について見るも、我が国は進歩が痛く遅れており、一として独創的にして誇るに足るべき物がない。近時理化学研究所が設けられたけれども、その設備規模、彼の九牛の一毛にすぎない」と述べている。(53)

渋沢が金をつぎ込むべきところとして事例にあげたのは、産業と技術の振興である。当時の主要産業であった農業には、得手に帆をかける形で開墾、保護助成を行う一方、技術的に劣る不得手な工業、理化学に対してはそれを克服するために金をかけるべきと渋沢は主張する。

渋沢は富を効率的に増やし国力を増強する目的をもって富を効率配分すべきと説いているのであり、効率配分すべき富を確保するためには、放漫な消費は控えるべきであると主張するのである。しかし、渋沢が考える富の効率配分の目的である産業振興は、あくまでも生産から生じる付加価値を増やすことであり、付加価値を増やすことがすなわち国力増強につながるというリニアーな波及効果を述べているにすぎない。つまり、産業振興による雇用増加と有効需要の創出というケインズ的な経済効果はまだ渋沢の発言には見られない。

しかし、渋沢はケインズ的な経済用語を使わないまでも、おそらくその頭の中には漠然とではあっても、富の効率配分から生じる、「何らかのすこぶる好ましいこと」の一つとして、雇用増加、有効需要、投資の乗数効果等の概念の萌芽があったのではないかと考えられる。そうでなければ、欧米との比較において「九牛の一毛」にすぎない理化学分野の設備を増やすために投資することは「焼け石に水」として躊躇するのが通常だろうからである。

渋沢は、富を生むための有効な投資を躊躇なく行うべしとする自説の裏づけとして、漠然としてではあっても、雇用増加、有効需要、投資の乗数効果等を、何らかのすこぶる好ましいこととして認識していた。

渋沢は冗費よりは明らかに倹約が望ましいと考えていたが、行き過ぎた倹約はむしろ害となり、最も望ましいのは適正な投資であると考えていた。渋沢の脳裏には、「冗費＜倹約＜適切な投資」という不等号が単純な図式として成立していた。

渋沢は、「九牛の一毛」にすぎない理化学研究所への初期投資に強い意欲を示した。このことは、「冗費を抑えると同時に行き過ぎた倹約も避けること」、つまり、消費性向を適切に一定レベルに保ち投資を増やせば、それが乗数効果をともなって国民所得を引き上げるという投資乗数理論の本質を渋沢は自分の言葉で理解していたことを示している。

このように投資と消費をめぐる渋沢の注釈を辿ると、信義、信頼、信用という概念もさることながら、むしろ、マクロ経済理論が渋沢自身の言葉で理解され行動に移されるという、経済合理性を重視する渋沢の一面が見られる。

第３節　企業活動と信用

３－１　正しい商売

述而第七第25章は、孔子が自分の生きる時代に聖人はおろか君子、善人、恒ある人すら見つけられないことに慨嘆していることを述べた章である。

渋沢は本章で恒ある人について多くを語る。恒ある人について渋沢は、「何事を云為(うんい)するにも、すべて筋道の立ったことばかりを言いもし、行いもする人を指して恒ある人という。いやしくも筋道の立たぬことならば、それがいかほど自己の利益になることでも、断じて口にも言わず、身にも行わぬというのが、恒の心ある人と称せられるべきである。人は一方の極端に走れば、筋道の立たぬことでも平気でこれを口外しあるいは実行するようになる。これを称して恒心ある人というべからず。されば常に両極端を持し、一方の極端に走ってしまわぬように心掛ける人でなければ、決して恒ある心情で世の中を渡ってゆけるものではない」と述べている(54)。

つまり渋沢は、「恒ある人」とは、ものの道理をわきまえてそれから心をそらすことなく、ご都合主義に陥らず、かつ極端にはしらない人と理解している。恒心を忘れしばしば自分の都合で変節しているような人は、まず人から信頼されることはないがゆえに、渋沢は「世の中を渡ってゆけるものではない」と述べている。

また、恒ある人は佞臣や周囲の甘言や讒言に惑わされることはない。渋沢は魯の定公や楚の昭公が、讒言をいれて孔子を排除した事例をあげて、両公ともに恒の心ある人君とはいえないと述べる。渋沢は人物評価の難しさをしばしば述べるが、その難しさはブレない心で相手の言葉や態度を観察し、その内容がものの道理や自分の信条に合致しているか否かで判断することにある。

渋沢はこの点、自身の信条にそぐわないものについてはいかなる甘言あるいは讒言であろうと排除することはできたであろう。しかし、より対処が困難であるのは虚言である。渋沢が晩年アポなしで自宅に押し寄せた相談者のなかには口舌の徒がおり、その話の内容が表面的にはものの道理に適っているものであった場合、具体的には述べていないが渋沢とても、その口車に乗ってしまったことがあったのではないかと考えられる。なぜなら、渋沢の性格からして、何百、何千という相談をさばくなかで、もし何らの失敗も犯さなかったとすれば、渋沢はその事実を明らかにするだろうからである。

渋沢は商売にも恒ある心が必要であると説く。渋沢にとって「恒ある心」に基づいた商売とは、「筋道の立つ商売」である。その筋道とは、正しい商売のやり方で稼ぎ、かつ稼いだ財を正しく散ずることである。そしてその「正しいこと」とは、付加価値が生まれる有用な商売を行い、それによって稼得した付加価値を社会、配下等のステークホルダーに適正に分配することである。さらに、自身に配分された付加価値は、お大尽が金子をばら撒くような散財ではなく、身の丈に合った消費を行うことである。

株主の監視機能が厳格に働く現代であれば、「正しい商売」か否かはその監視機能によって第三者がチェックする。渋沢の生きた時代では経営者が株主を兼ねることが多い状況において、恒ある心で商売を行う重要性を述べた渋沢の論理は、ステークホルダー重視の現代経営にも通じるものがある。

渋沢は当時の商人に「恒ある心」が欠けている原因を分析して、「畢竟商人に恒の心のないのは文事の素養が足らないからである」と述べて、文事の素養がない場合はそのなすところが野卑に流れやすく、品が悪くなると述べている。[55]

渋沢のいう文事とは論語の教えであって商売のテクニックではない。「野卑に流れやすく、品が悪くなる」のは筋道の立つ商売をしないからであるというのが渋沢の理解である。封建時代において最下層に位置する商人が十分な論語教育を受けられない歴史を経て、いまさら筋道の立つ商売をしろといっても無理からぬところであることを渋沢は認識していたのであろう。それだけに、日本を代表する富豪である三井、三菱が家訓をもち、商道を正しく歩んでいたことを渋沢は大いに喜ばしく感じていた。

3－2　健全な競争

八佾第三第７章は、弓を射る礼について君子の礼儀が正しいことを表した章である。本章は、【子曰。君子無所爭。必也射乎。揖讓而升下。而飲其爭也君子】（子曰く、君子は争う所なし。必ずや射か。揖譲してしかして升り下り、而して飲ましむ。その争いや君子）というものである。[56]

弓を射るには礼儀をもって行い、礼儀に則って弓の腕前を競わなければならないとすれば、君子同士の弓の競技は互いが礼に則っていることが前提で行われる。つまり、競技におけるフェアプレーは双方のフェアネスが前提となって成立する。渋沢が主張する健全な競争とは、互いがフェアに戦っているという信頼関係をもとに成り立つものである。

本章の注釈には、渋沢の競争に関する考え方が最も明確に表れている。渋沢は個人レベルの争いに関わる考え方を２つに分類整理する。つまり、争いを絶対に排斥する立場と、正理正道の争いはすべきとする立場である。渋沢は、この２つの立場のいずれにも属さず、「争いは絶対に排斥すべきものでなきのみならず、処世上はなはだ必要のものであると信ず」という立場を表明している。[57]八佾第三第７章の解説で渋沢は、多くのスペースを割いて自分がこのような立場をとる根拠を説明している。

渋沢は孟子の、「敵国外患なきものは国恒に亡ぶ」という言葉を引用して、国は産業、学術、技術、外交等の各方面において、常に他国と切磋琢磨することにより発展するのであり、個人も同様であると説く。特に青年に対する教育はスパルタであるべきで、「後進を厳正に責めつけて、寸歩も仮借せず怒鳴りつくるていの先進」が望ましく、その先進の典型例として、かつての自分の上司であった井上馨をあげている。

厳格な上司に鍛えられることと、「処世上はなはだ必要の争い」を同列で議論することには論理の飛躍があると思われるが、この点に関して渋沢は、「後進青年を寸歩も容赦せず怒鳴り散らして輔導する先輩を頭上に戴くことは、国家でいえば敵国外患あるに等しく、後進を裨益する所多からん。これまた一種の争いである」と説明している。

渋沢にとっての「争い」とは、同レベル、同種の国や人との間でのことではなく、自らの立ち位置を上下左右全ての関係当事者の中核に置く発想の表れと考えられる。

また渋沢は、「蓋し人には老いたると若きとの別なく、平生恪守する処の主張がなければならぬ。さもなければ人の一生も、全く無意味なものになってしまう」と述べて、思想信条は常に一貫していることの重要性を説いている。渋沢にとって「恪守する処の主張」はいうまでもなく論語を中心とする儒教の教えに則った主張である。

渋沢は『論語と算盤』のなかで、「すべて物を励むには競うということが必要であって、競うから励みが生ずるのである。……この競争には、善意と悪意の二種類がある……毎日人よりは朝早く起き、良い工夫をなし、知恵と勉強とをもって他人に打ち克つということは、これすなわち善競争である。しかしながら他人が事を企てて世間の評判が善いから、これを真似て掠めてやろうとの考えで、側の方からこれを侵すというのであったら、それは悪競争である。……もし競争の性質が善でなかった場合は、おのれ自身には事によりて、利益ある場合もあろうけれども、多くは人を妨げるのみならず、おのれ自身にも損失を受くる」と述べている[(58)]。

渋沢は「争い」を「競争」より広い意味で用いている。後者は同等レベルの複数当事者間の争いであり、前者はそれに加えて、上下関係において一定の緊張の下に置かれる状態も含めて争いという言葉を用いている。上下関係より生じる緊張状態は、むしろ人間関係論的な観点から議論すべきポイントである。したがって、経済学で議論される自由競争とそれが成立する条件との比較は、渋沢が「競争」という言葉で表現した、同等レベルの複数当事者間の争いを前提とすることが妥当と考える。

このように考えると、渋沢にとっての「健全な競争」は、互いのフェアネスが前提となり、それが信頼によって担保されることによって成立する競争と考えるのが妥当である。

3－3　事業継続と事業再建

3－3－1　事業継続に対する渋沢の考え方

渋沢は、最後の一人となっても大日本人造肥料会社を再建しようとした経緯について、「しかれども余はあくまでもこの事業を成功させねばやまぬという決心があった」と述べている[59]。渋沢が「決心」と表現するところの同社を存続させようとする動機と背景は、下記の4点に要約される。

(1)　土地が狭隘な日本において農業を効果的に発展させるためには耕作方法、特に肥料の改良が不可欠であり、その役割を担うのが大日本人造肥料会社であること。

(2)　今後の工業の中心は機械工業から理化学工業に移りつつあること。そして、大日本人造肥料会社で用いる硫酸等はまさに今後の発展が期待される理化学工業の産物であること。

(3)　大日本人造肥料会社は高峰譲吉の知見に基づいて設立された会社であったが、渋沢は高峰の学説の正当性と人物を見抜きかつ確信をもってその設立、再建を図ったこと。

(4)　渋沢は同社の再建過程で原材料である硫酸の生産を内製化する等、究極まで合理化を追求したこと。

渋沢は産業構造の行く末を予想して理化学工業を基幹産業の中核をなすものとし、その産業分野に属する同社を将来性のある企業と見込んだ。そのうえで同社の製品である人造肥料は日本農業の将来に多大な効率性をもたらすと予想した。さらに、同社の製品の信頼性は確固たる科学的知見に根差していると信じ、合理化を中心とする経営の刷新を図った。

つまり、渋沢は同社が、農業と理化学工業を産業横断的に近代化させる確固たる技術に裏づけられた企業であることを確信し、その事業に経営の合理化をもって取り組んだのである。

渋沢がいかなる根拠に基づいて、工業の中心が機械工業から理化学工業に移るという説を信じたのか、また、大学を卒業したばかりの高峰譲吉が提唱する人造肥料の効能をいかなる理屈で納得したのか明確ではない。しかし、結果として渋沢の見立ては正確であった。

今後の産業構造の変化に対する渋沢の知見は、長年にわたって数々の企業の設立に携わってきた経歴から生み出されたものである。また、高峰の学説に信頼を置いたのは、おそらく学説の内容を理解したからというよりは、むしろ高峰の人間性を見抜いたうえでのことと考えられる。

このように、一見超人的とも思える渋沢の執念と実行力は、地に足のついた経験とそれを経て培われた知見に裏づけられたものである。そして、これが渋沢の内部で純粋な信念に近いものに昇華され、その信念を知行合一の精神に基づいて実行するというのが渋沢の信条であった。

3－3－2　事業再建に対する渋沢の考え方

雍也第六第13章は魯の大夫である孟之反の謙遜の姿勢を称賛し、それを慫慂する意図をもって書かれた章である。本章は、【子曰。孟之反不伐。本而殿。將入門。策其馬曰。非敢後也。馬不進也】（子曰く、孟之反伐らず、奔りて殿す。将に門に入らんとす。その馬に策うちて曰く、敢て後れたるにあらず、馬進まざるなり）というものである[60]。

孟之反は魯の哀公十一年の負け戦でしんがりを務め全軍を護衛して帰還したが、それを自分の手柄とせず、馬の足が遅いためと謙遜した。渋沢はこの孟之反の姿勢を真の武人として評価するとともに、武人がしんがりを務める姿勢を企業者が経営困難に陥った企業の再生を最後まで責任をもって行う姿勢と重ねあわせた。

渋沢は、「殿の理法は兵事のみならず。尋常の事業界においてもまた益勘定よりも、損勘定を精細に取り賄って、あと始末をちゃんと附け得るような人でなければ、真の名事業家とはいえず、またかかる人でなければ、決して事業に成功するものでない。余は平生この意見を以て事業に当り、及ばずながら事業界においては、奔りて殿する底の心懸けをもって今日に至ったつもりである」と述べている[61]。

武力での戦いに負け戦がつきものであるとすれば、事業にも失敗はつきものである。負け戦と事業の失敗や困難を並置する発想はいかにも渋沢らしいが、いずれも将来の捲土重来を期して苦しい時期に最も大変な役割を果たすことが真の武人であり、真の事業家であるというのが渋沢の言わんとしていることである。

負け戦で最も苦しい役割が、嵩にかかって攻めてくる敵を背に味方を守りながら敗走することであり、事業の失敗で最も苦しいのは、利害関係者からの批判や苦情を浴びながら、事業立て直しのための地道な作業を遂行することである。孟之反はこの苦しいしんがりを務めながら、それを自らの意志で行ったことすら隠して平然と馬の足のせいにしたことが尊崇の対象となった。

渋沢は本章では、国立銀行の兌換制度改正と大日本人造肥料会社の再建の両事案をとり上げて説明しているが、これらいずれの事案においても渋沢が自らの功績を周りにふれまわった形跡はみられない。特に、国立銀行の兌換制度改正の時期、渋沢はすでに野にあって一銀行の頭取でしかなかったが、その働きはまさに銀行業界のみならず政界、官界をも動かすことによって成し遂げられたものであった。

これこそまさに官と民とのはざまで自在に力量を発揮する、「官と民の間に横たわる越え難き懸隔に差しかけられた存在」としての渋沢の面目躍如たるものであり、捉えようによっては渋沢が自己喧伝しても一向に違和感のない偉大な功績である。しかし、渋沢は本章の講義においてすら、「余のこの改正意見を容れて、銀行条例の改正を断行した人は大隈大蔵卿である」として、功績を大隈重信に譲っている[(62)]。

渋沢は事業継続と再建という、すぐれて実利的な事柄について綿密な現状認識と将来予測を行った。そのうえで、それを実行する人物の人間性を慧眼によって見抜き、信頼をおいて着実にサポートした。つまり、渋沢が人に信頼を置いて行動する基底には、自身の分析力と予測力への信頼があった。

小　括

本稿の目的は、渋沢栄一の「信」に対する理解内容を確認し、経済活動に対する渋沢の考え方に信を重視する思想がどのように組み込まれているのかを考察することであった。

渋沢の信に対する基本的な考え方は、「信は社会の発展形態の最終局面で表れた徳目であるが、その重要性は他の徳目にもまして高い」というものであった。社会的組織の進歩にともなって秩序維持の重要性が増すにつれ、社会構成員には互いに偽らず、欺かずに信頼の輪を広げていくことが求められる。渋沢は社会的発展の度合いに応じて重要性を増す徳目が信であると考えた。

さらに渋沢は、社会的発展が時系列的にかつ地域的な広がりをもって進むことから、信の重要性は限られた一地域から世界規模へと広がりを見せ、最終的には国際信義に行き着くと考えた。つまり、信は時代的変遷や地域的な広がりとともに、重要性を増していくというのが渋沢の理解であった。

信という徳目を、信義、信頼、信用などの概念に展開し、人と人との接際の局面に応じてそれらを使い分けることによって、信はより現実に則して議論することができると渋沢は考えた。さらに渋沢は、時を追い地域的な広がりをもって重要性を増す信は、複雑化する社会において抽象的な徳目として扱われるレベルから進化し、「信の効用」、「信の価値」、「信の威力」というより具体化された形で語られるべきと考えた。

渋沢は信を、信用に基づく経済取引の「効用」、信頼に支えられた商品の「価値」、信義を貫く政治的主張の「威力」というように展開させる。たとえば、信用を基盤として成立する与信業務から得られる受信という「効用」、信頼に支えられたブランド「価値」、信義を貫くことによって選挙民から与えられる政治権力という「威力」等のように、効用、価値、威力等によって信のバリエーションが広がれば、現実社会における事象を多様に議論することが可能となる。

渋沢は「信は万事の本」とする自らの思想を、日常生活や経済活動のすべてにおいて実現するためには、「言行一致」と「誠実な実践」の2つを確守することが不可欠であり、これら2つを確守することによって、現実生活の各部面で「信義」、「信頼」、「信用」などが形成されると考えた。さらに、信義、信頼、信用等に展開された信が、実体をともなって具体化されるのが「信の効用」、「信の価値」、「信の威力」などであると渋沢は考えた。

「信」という徳目が「信用」という概念に展開され、それが「信の効用」という態様で具体化される事例として融資取引を取り上げる。融資取引で構築されるべき「信」は、貸し手である銀行と借り手である企業との「信用」によって形成され、信用が形成されてはじめて与信取引が成立し、経済的利益を享受できる「信の効用」が実現する。

この取引では、融資を約束した銀行が約束通り融資を実行し、返済を約束した企業は約束通り返済するという言行一致を各々が確守し、言行一致させるための誠実な実践がなされている。これが渋沢の考え方に基づいた信による経済取引の模範例である。

渋沢の論語注釈をこのように整理すると、経済活動、企業活動に関わる言葉に、信に対する渋沢の思いがどのように込められているかをより正確に判断することが可能となる。このような基本認識に基づいて、経済活動と企業活動に関する渋沢の論語注釈を分析すると、信の思想が顕著にうかがわれるものと、さほどではないものに分類することができる。

本稿では渋沢の信の思想が示される局面をマクロ面、ミクロ面の両視角から見るべく、経済活動と企業活動に分けて検討し、信を重視する思想が組み込まれている分野について言及した。経済活動と企業活動において渋沢の信に対する考え方が顕著に表れていたのは、財政に対する考え方、健全な競争、事業再建の３分野においてであった。

渋沢は財政への関わりにおいて、徳川時代の旧体制下では納税サイドにあり、明治時代以降は大蔵官僚として徴税サイドに身を置き予算管理実務に携わるとともに、大蔵省退職後は企業家として納税サイドにも身を置いていた。このような経歴から渋沢は、為政者と人民を対立構造としてとらえるのではなく、両者は一体であるべきで民の利益は君の利益であるとする考えを抱き、予算管理と徴税管理については為政者と民の信頼関係に基盤を置くことが重要と考えていた。

徴税業務は民が生み出した付加価値を、官と民が分け合うものであり、官の取り分で構成される財政資金が民のために適正に支出されているという信頼関係なくしては成り立たない。新旧体制において徴税と納税を経験し、新体制において均衡財政の信念を貫き辞職すらも辞さなかった渋沢には、官と民の信頼関係の重要性に対する確固たる信念があった。健全な財政運営にあたっては、官と民の両者間に「信頼関係」が成立することが何よりも重要と渋沢は考えていた。

健全な競争について渋沢は、「競争」と「争い」について独自に理解し自説を展開する。渋沢によると、競争は同等レベルの複数当事者間の争いである。これに対して争いは、同等レベルとの争いに加えて、上下関係において一定の緊張の下に置かれる状態を指す。

渋沢は、厳格な上司に鍛えられることは処世上はなはだ必要の争いであるとし、上下関係にある者同士の緊張感は若年者に規律を与え、良い意味で競争に打ち勝つ強さを醸成すると考えた。この緊張感をもって鍛えられることは、競争に負けない実力を蓄えるうえで必要とされる。このように渋沢は競争と争いを区別し、無意味な争いは断じて避けるべきとしながらも、教育的意図に根差し、一種の緊張状態を現出する争いは、競争社会における実力を醸成するものとしてむしろ慫慂している。

渋沢は競争をさらに、「善競争」と「悪競争」に分類する。前者は「知恵と勉強とをもって他人に打ち克つことを目的とする競争」であり、後者は「他人が事を企てて世間の評判が善いから、これを真似て掠めてやろうとの考えで、側の方からこれを侵す類の競争」である。

渋沢は、類似概念である競争と争いを区別し、競争を善競争と悪競争に分けて認識した。そのうえで、経済活動において意義ある競争は善競争であり、善競争において勝ち抜く力は意義ある争いによって醸成されると考えた。そして、力をつけた者同士が、善競争を前提とした健全な競争の場でしのぎをけずるうえで前提となるのがフェアネスであり、それが信頼によって担保されることが重要と渋沢は考えた。

経済活動において健全な競争を展開し、その競争を経済活動の活性化や経済の成長に生かすためには、競争とフェアネスの意味を正しく理解し、競争者が互いに相手のフェアネスに信頼を置いて競争に臨むことが必須であると渋沢は理解していた。

渋沢は困難に陥った企業の事業再建の精神を、武人がしんがりを務める姿勢と重ね合わせて理解した。しんがりを務める武人が討ち死にする確率が高いのと同様、事業再建に取り組む企業家が失敗によって経済的損失を蒙り、名誉を毀損するリスクは高い。

渋沢が論語注釈で例にあげた大日本人造肥料会社を例にすると、渋沢が高いリスクを冒してでも同社の事業再建に取り組む理由には、綿密な現状認識と将来予測、および事業主の人間性を見抜いたうえでの信頼感があった。渋沢が事業再建をサポートする背景には、事業に責任を有する人物に対する信頼と、その信頼を確固たるものとする渋沢自身の分析力と予測力への信頼があった。

【注記】

（1）宇野哲人『論語新釈』（講談社、1980年）。
（2）渋沢栄一「為政第二第22章」『論語講義（一）』（講談社学術文庫、1977年）123－127頁。
（3）渋沢、前掲書（一）、「為政第二第22章」124頁。
（4）渋沢、前掲書（一）、「為政第二第22章」125頁。
（5）渋沢、前掲書（一）、「為政第二第22章」125頁。
（6）渋沢栄一「子張第十九第10章」『論語講義（七）』（講談社学術文庫、1977年）96－99頁。
（7）渋沢、前掲書（七）、「子張第十九第10章」97頁。
（8）渋沢、前掲書（七）、「子張第十九第10章」98頁。
（9）渋沢栄一「衛霊公第十五第５章」『論語講義（六）』（講談社学術文庫、1977年）116－118頁。
（10）渋沢、前掲書（六）、「衛霊公第十五第５章」117頁。
（11）渋沢、前掲書（六）、「衛霊公第十五第５章」117頁。
（12）渋沢、前掲書（六）、「衛霊公第十五第５章」117頁。
（13）渋沢、前掲書（六）、「衛霊公第十五第５章」118頁。
（14）宇野哲人『論語新釈』（講談社、1980年）546頁。
（15）渋沢、前掲書（七）、「陽貨第十七第19章」40頁。
（16）朱熹著、土田健次郎訳注『論語集注４』（平凡社、2014年）325－326頁。
（17）荻生徂徠著、小川環樹訳注『論語徴Ⅱ』（平凡社、2011年）299頁。
（18）三島毅『論語講義』（明治出版社、大正６年）392頁。
（19）三島、前掲書、63頁。
（20）渋沢、前掲書（一）、「八佾第三第21章」190－191頁。
（21）渋沢、前掲書（一）、「八佾第三第21章」191頁。
（22）渋沢栄一「顔淵第十二第12章」『論語講義（五）』（講談社学術文庫、1977年）72頁。
（23）朱熹著、土田健次郎訳注『論語集注３』（平凡社、2014年）357頁。
（24）荻生徂徠、前掲書Ⅱ、142頁。

（25）渋沢栄一「顔淵第十二第12章」『論語講義（五）』（講談社学術文庫、1977年）72頁。
（26）渋沢、前掲書（五）、「顔淵第十二第12章」72頁。
（27）渋沢、前掲書（五）、「顔淵第十二第１章」19頁。
（28）渋沢栄一「子罕第九第18章」『論語講義（四）』（講談社学術文庫、1977年）53－56頁。
（29）荻生徂徠、前掲書Ⅱ、37頁。
（30）渋沢、前掲書（四）、「子罕第九第18章」54頁。
（31）渋沢、前掲書（四）、「子罕第九第18章」55頁。
（32）渋沢、前掲書（四）、「子罕第九第18章」55頁。
（33）渋沢、前掲書（一）、「学而第一第５章講義」37－42頁。
（34）渋沢、前掲書（一）、「学而第一第５章講義」39頁。
（35）渋沢、前掲書（一）、「学而第一第５章講義」38頁。
（36）渋沢栄一「顔淵第十二第９章」『論語講義（五）』（講談社学術文庫、1977年）56－63頁。
（37）渋沢、前掲書（五）、「顔淵第十二第９章」58頁。
（38）渋沢、前掲書（五）、「顔淵第十二第９章」58頁。
（39）渋沢栄一「雍也第六第12章」『論語講義（二）』（講談社学術文庫、1977年）170－175頁。
（40）渋沢、前掲書（二）、「雍也第六第12章」174頁。
（41）渋沢、前掲書（二）、「雍也第六第12章」170－171頁。
（42）渋沢、前掲書（二）、「雍也第六第12章」171－172頁。
（43）渋沢、前掲書（二）、「雍也第六第３章」152頁。
（44）渋沢、前掲書（二）、「雍也第六第３章」153頁。
（45）朱熹著、土田健次郎訳注『論語集注２』（平凡社、2014年）317頁。
（46）朱熹、前掲書2、318頁。
（47）荻生徂徠著、小川環樹訳注『論語徴Ⅰ』（平凡社、2011年）302頁。
（48）三島、前掲書、159頁。
（49）渋沢栄一「述而第七第35章」『論語講義（三）』（講談社学術文庫、1977年）130頁。
（50）渋沢栄一『渋沢栄一訓言集』（国書刊行会、昭和61年）76頁。
（51）渋沢栄一「里仁第四第23章」『論語講義（二）』（講談社学術文庫、1977年）65頁。
（52）宇野哲人『論語新釈』（講談社、1980年）110頁。

(53) 渋沢、前掲書（二）、「里仁第四第23章」67頁。
(54) 渋沢栄一「述而第七第25章」『論語講義（三）』（講談社学術文庫、1977年）96頁。
(55) 渋沢、前掲書（三）、「述而第七第25章」97頁。
(56) 渋沢、前掲書（一）、「八佾第三第７章講義」154－161頁。
(57) 渋沢、前掲書（一）、「八佾第三第７章講義」156頁。
(58) 渋沢栄一『論語と算盤』（国書刊行会、昭和60年）181－182頁。
(59) 渋沢、前掲書（二）、「雍也第六第13章」182頁。
(60) 渋沢、前掲書（二）、「雍也第六第13章」175－184頁。
(61) 渋沢、前掲書（二）、「雍也第六第13章」177頁。
(62) 渋沢、前掲書（二）、「雍也第六第13章」180頁。

第15章

渋沢栄一と学びの姿勢

―徳の学びと格物致知―

はじめに

本稿の目的は、渋沢の思想と事績を支えた学びの姿勢を多角的に考察することである。渋沢は生涯を通して論語を中心とする漢籍の学びを怠ることはなかった。また、大蔵官吏、企業者としての活動を通して実務に関係する知識の修得とその実践を怠ることもなかった。

その一方で、欧米先進国からもたらされる科学的知識の目新しさに眼を奪われ、道徳倫理に関する学びを疎かにする若者の姿勢を忸怩たる思いで見つめていたことも事実である。渋沢が論語講義で説く学びのあるべき姿は、80余年にわたる人生経験を通して得た教訓に基づくものであった。そして、その語り口は当時の若者の学びの姿勢の問題点とその行く末を見越したうえで、いわば警鐘を鳴らすかのように切迫した赴きを湛えている。

渋沢の視線は少なくとも数十年先に向けられていた。渋沢は、国を支える人的資源の精神構造の基盤を形成する、道徳倫理の学びとそれを制度化すべき教育のあり方について深く憂慮していた。渋沢によって開催された論語講義は、まさにこの危機感に根差した具体的行動であった。本稿では以下の順序で渋沢の学びの姿勢に接近する。

(1) 渋沢が考える学びの目的とはいかなるものか。

(2) 渋沢は徳の学びと格物致知のあるべき均衡をどのように捉えていたのか。

(3) 渋沢にとって、学と知行合一はいかなる関係にあったのか。

(4)　渋沢が考える学問と教育の関係はいかなるものか。
(5)　渋沢の言辞から捉えられる学びの諸側面とはいかなるものか。

つまり、渋沢が考える「学び」について、「学びの目的」、「学びの種類」、「学びと行動」、「学びと教育」、「学びの諸側面」とはいかなるものかを考察することにより、渋沢の学びに対する基本姿勢を探るのが本稿の目的である。

このような整理を行っても、必ずしも渋沢の「学の思想」が体系的に捉えられるわけではない。なぜなら、渋沢の論語講義中に発せられる言説は、時として論語各章の章意と離れ、奔放に自らの信条を説いてやまないことが往々にしてあるからである。

しかし、それが渋沢の学びに対する思いの強さを示すものであるとすれば、その言説の内容が渋沢の学びの姿勢を最も明確に示すと考えられる。係る認識に基づいて以下で考察を進める。

第1節　学びの目的

本節では渋沢が学びの目的をどのように理解していたのかを、古学から実学に至る学びの目的の変遷に沿って検討する。古の学者は学によって徳を修得し、身につけた徳に基づいて善言を発することによって人々に益を与えることを目的とする。しかし、実学の目的に関する渋沢の解釈は、啓蒙思想家であり教育者である福沢諭吉と大きく異なっている。

古学から実学への歴史的変遷に沿った検討とは、実態的に古代と近現代の2時点間比較である。古代から中世までの経済社会の構造は、近代的生産システムによって支えられる以前の段階にとどまっていたため、高度な理論や技術の裏づけとなる実学は不必要であった。しかし、近現代の経済社会構造が成立するに至って実学は不可欠なものとなった。係る事情から、古学から実学への変遷を検討するには2時点間比較がより効果的ということになる。

学の目的を語るにあたっては、学を修める困難さの対価に関する議論がついてまわる。学と利禄について言及した論語の数章に基づいて、渋沢は独自の解釈を示す。

1－1　古学の目的

憲問第十四第25章は、【子曰。古之學者爲己。今之學者爲人】（子曰く、古えの学者は己がためにし、今の学者は人のためにす）という比較的短文であるため、各学統ともにあまり多く注釈を加えてはいない。本章に関しては一人渋沢のみが事例を用いて詳細に注釈を加えている[(1)]。

「古えの学者は己がためにし」という前段部分の解釈は、注釈者によって捉え方が異なる。物徂徠は孔安國の言葉を引用し、「己が爲にすとは、履みて之れを行ふ」ことであると述べるとともに、「君子は詩書禮樂を學びて徳を己れに成す」とする[(2)]。物徂徠は、古の学者は詩書禮樂を学んでそれを実行することによって、自らの徳を高める学びをしていたと解釈する。

朱熹は、「己の為にするとは、之を己に得んことを欲するなり」とし、程子の言葉を引用して「程子曰わく、古えの学者は己の為にし、其の終には物を成すに至る」と述べる。朱熹は古の学者は、自分にとって何物かを得るために学び、その成果を具体化すると解釈する[(3)]。

中洲は、「古の學を爲す者は、道を明かにし徳に進み、其の心之れを己に得んことを要す」と述べている。中洲は、古の学者は道を明らかにすることによって徳を身につけると解釈する。

渋沢は、孔安國と荀子の解釈をとり上げた後、「蓋し古えの学をなす者は、道を明らかにし德に進み、一善言を得て、務めて以てその身に附す」とし、さらに「古えの学者は己に益あり、兼ねて人に益あり」と述べる。渋沢の解釈は中洲に近いが、その特徴は、(1) 古の学者は学ぶことによって一善言を得ること、(2) 古の学者の学びは自分に益があるのみならず人にも益があることの２点である[(4)]。

善言とは憲問第十四第５章にもある通り、徳ある者が発する言葉である。「一善言を得てその身に附す」ということは善言を発する本体、つまり徳ある者になることであって、それは古えの学をなす者が目指す到達点である。そして、古の学者がその境地に達すれば、その者の吐く言葉は、その心にしっかりと根づいた和順から発するものであり、表面的な巧言ではないので、当然にして人にも益があるということになる。

渋沢は徳を身につけるだけではなく、徳に基づいて発せられる一善言が自分以外のものに資することが重要と理解した。このように渋沢は学問の公益性を重視した。

1－2　実学の目的

学而第一第7章の章意は、人道の外に学問は存在しないというものであり、渋沢は実学と結びつけた注釈を付している。本章は、【子夏曰。賢賢易色。事父母能竭其力。事君能致其身。與朋友交。言而有信。雖曰未學。吾必謂之學矣】(子夏曰く、賢を賢として色に易え、父母に事えて能くその力を竭し、君に事えて能くその身を致し、朋友と交わり、言いて信あらば、未だ学ばずと曰うと雖も、吾は必ずこれを学びたりと謂わん）というものである。(5)

物徂徠は論語徴における本章の講義で専ら宋儒の考え方を糾弾することに重点を置いている。(6)中洲は学問の目的を、(1) 賢師を尊び好むこと、(2) 父母に孝行すること、(3) 君に身を捧げること、(4) 朋友と誠実に接することの4項目に整理し、それを実践することであるという説明を行っている。

渋沢は学而第一第6章、第7章の注釈において実学に関する自説を展開している。つまり、実学を「徳性が感化されること」と定義する渋沢は、さらに「感化された徳性をもって実行に移すこと」が重要であるという議論を展開する。そして、この段で現実と遊離した経学を展開した宋儒を論難する。

しかし、渋沢が強調する論点は宋儒の糾弾ではない。つまり、実学の意味するところが感化された徳性をもって実行に移すことであるとすれば、実学がその本領を発揮すべき局面は、中洲が整理した君父師友との接際においてであり、その局面において誠実さを示すことが重要であると渋沢は説く。

これを人間社会に置き換えれば、政治、経済、社会等の局面において人と人との接際を伴わないものはなく、経済面に焦点を当てて考えると、人間生活の一部を構成する経済生活で生じる接際において、徳性を発揮することがすなわち実学の真面目であるということになる。そして、これを渋沢流に表現すると、実学は「人間生活上の経済観と、人道修飾上の道徳観と不二論を強調する所以のもの豈他あらんや」ということになる。(7)

渋沢にとって実学は、人道修飾上の道徳観に関わる「義」と、人間生活上の経済観と関わる「利」が不可分であるという考え方の下に成り立つ概念である。渋沢の主張する義利合一説の淵源は、「義」と「利」の字解から説明される部分と、実学そのものの解釈から説き起こされる部分があることが理解される。

渋沢は本章において、論語講義の聴講生である青年達に、「青年諸君よ、父兄に対しては孝順の行いをなし、天皇陛下に対し奉りては忠義を心掛けてその人の職業職業について、一身の利益のみならず、一国の公利公益を傷らざるよう忠実に働き、師匠に対しては己が道徳及び知識の父母たること思い、これを尊敬して恩を忘れず、友人や世人に交わるには信義を旨とし、あえて言行あい反せざるように行うて見給え、必ず友人や世人の信用を一身に集め、往くとして可ならざる所なく、家を興し名を揚げ、国家に大功を致すこととなるべし」というメッセージを送り、実学の中核をなす孝悌忠信の重要性を平易な言葉で説いた[8]。

学而第一第6章は、人の子弟たる者の学を論じて文と行との軽重を示したものである。本章は、【子曰。弟子入則孝。出則弟。謹而信。汎愛衆而親仁。行有餘力。則以學文】（子曰く、弟子入る則ち孝し、出づる則ち弟し、謹しみて信じ、汎く衆を愛して仁に親しむ。行うて余力ある、則ち以て文を学ぶ）というものである[9]。

本章の講義では、渋沢にとっての「実学」の定義が明確にされた。渋沢にとって実学とは、単に実務に直接的に役に立つ学問という意味ではない。渋沢は、「……仁徳を備えたる君子人に近親して、以て己の徳性を涵養すべし、かくのごときなればこれ人道を実際上に学得せるなり。これを実学という」と述べて、日常生活において尊敬できる人物と接することにより徳性が感化されることを実学と呼び、その機会を自ら求めていくことが肝要であるとしている[10]。

渋沢にとって実学とは、日常生活において尊敬できる人物と接することにより徳性が感化されることであり、その機会を自ら求めていくことであった。

渋沢の実学の定義は、儒学を「腐儒の腐説」として排撃し、実学を日常生活で役立つ実用的な知識を得ることであるとした福沢諭吉の所説とは著しく異なっている。しかし、渋沢は福沢が考えるところの実学を軽視したわけではなく、むしろ福沢が実学の典型として認識した簿記や、実務上有益な実務に関する諸学を尊重した。しかも、福沢が教育者、啓蒙者としての立場から実学の重要性を強調したのに対して、渋沢は福沢が主張するところの実学を企業者として実践した。

渋沢が実学について、それを修めることによって「人の人たる道に適う」ことが可能になると認識し、精神性を重視したのに対して、福沢は儒学に含まれる精神性の価値を認めず、「実務＝実業に資する学問」という図式で理解していた。

さらに渋沢は、学而第一第６章の【行有餘力。則以學文】の解釈として、「人生の修飾たる礼儀作法、文雅の嗜みもまたこの文の内にあり。古今東西を問わずこれらの嗜みなき人は、野卑にて御座には出だし難し」と述べて、詩書、礼楽射御書数の六芸を学ぶことの重要性についても強調している[(11)]。このように、福沢との対比において渋沢の学問に対する姿勢をみると、その中核には常に儒学があり、福沢の近代的合理主義思想とは本質的に相容れないものであった。

１－３　学と利禄

泰伯第八第12章は、長い年月にわたって学問をしていながら、その心が学問に専らで、仕えて禄を求めようと考えない人は、誠に得難いものであるということを述べた章である。本章は、【子曰、三年學、不至於穀、不易得也】（子曰はく、三年学びて穀(こく)に至(いた)らざるは得易(えやす)からざるなり）というものである[(12)]。

本章の解釈については、朱熹が「至、疑当作志」（至は、疑うらくは当に志に作るべし）として「至」を「志」とする注釈を付している[(13)]。物徂徠は、「朱子は『至』は志ざすとするはみな非なり」として、朱熹の解釈を誤りと指摘する[(14)]。

渋沢は、「至はなお及ぶのごとし。必ずしも志の字に改めずとも意義通ずるなり」としてこれらいずれの注釈にも与していない[(15)]。渋沢は、技術的、技能的知識とそれを証明する資格をともなう職業に就くための学問を、禄のための学問とする。渋沢は、これら専門知識を修得するための学問が日本の近代化に必要であると認めながらも、それに一辺倒になることに著しい危機感を抱いている。

本章の注釈で渋沢が主張しようとしているのは、「人としての道を修むるための学問」を等閑に付し、資格証明をともなう技術的知識のみを修得することは、知識を正しく用いる途を知らない人間をつくり出すことにつながるということである。[16]つまり、修得した学問の使い途を見失った人や、学問を修得する真の目的を知ろうとせずに技術的知識のみを修得した人は、結局世俗の利慾名誉にまみれてしまうというのが渋沢の危機感である。

そもそも、利慾名誉、つまり富貴を求める心は人間の本性として備わっていること渋沢は認め、それらを取得することを否定してはいない。しかし、それは富貴に対する正しい考え方に基づき、正しい方法で取得する場合に限られる。つまり、義と利が合一する場合にのみそれが認められるのである。

渋沢にとって、人としての道を修めるための学問をしないことは、この義をないがしろにすることであり、利を専ら求めることに他ならないということになる。そして、利慾名誉のみを追求する人が増えると権利のみを主張して義務を忘れ、世の中の秩序が乱れるという事態に陥るというのが渋沢の持論である。

利が正しく得られたと判断されるのは、自利、利他を適切に案分し、かつ、案分するにあたって他を思いやる精神が発揮された場合である。つまり、冷静に利益の源泉を見究め、利全体への自分の貢献と他人の貢献を判断し、さらに他人の利に思いを及ぼす「人としての道」を発揮することが必要である。この点において義利合一説の考え方と本章における渋沢の主張は不可分である。

このような個別の対応がなおざりにされ、偏頗な学問を修得した多くの人が自利のみを追求するような社会が、渋沢の最も憂慮する、「ただ権利のみを主張して義務を忘れ、世の中の秩序というものはいつとなしに乱れて、ついに収拾すべからざる状態となり、果ては自他共に亡びて往(ゆ)かねばならぬという破目(はめ)に陥るであろう」という事態を招くことになる。渋沢は本章の注釈を通して懸命に日本の将来に警鐘を鳴らしている。

為政第二第18章は、孔子の弟子である子張が官吏となるにあたって禄を優先して求めたのに対して、修養により実力を蓄え、かつ言動に慎重かつ謙虚さがあれば、禄は自ずと伴うと孔子が説いたことを述べた章である。

本章は、【子張學干祿子曰。多聞闕疑。愼言其餘。則寡尤。多見闕殆愼行其餘。則寡悔。言寡尤。行寡悔。祿在其中矣】（子張禄を干めんことを学ぶ。子曰く、多く聞きて疑わしきを闕き、慎しんでその余を言う。則ち尤め寡し。多く見て殆うきを闕き、慎んでその余を行う。則ち悔寡し。言うて尤め寡く、行い悔寡ければ、禄はその中に在り）というものである。[17]

本章の解釈に関しては、朱子学と徂徠学の間で違いが見られる。朱熹は、程子の言葉を引用し、「天爵（道徳的行為）を修めれば、人爵（地位）はやってくる。君子は、言行を慎むということが俸禄を得る道なのである。子張は俸禄を求めることを学んでいた。それゆえ彼にこのことを告げて、その心を安定させて利禄のために動揺させないようにしたのである」と述べた。[18]

物徂徠は朱熹が道徳的行為という概念を持ち出したことを受けて、「宗儒の學は、人情に遠し。ゆゑに曰く。『其の心を定めて利禄に動かさざるを爲さず』と。果して其の説の是ならん乎」と批判し、さらに「而うして妄りに己れが意を以て諸を理に求むるは、宗儒の病ひ也」と断定した。[19]物徂徠は、朱熹が道義尊重の立場から俸禄に対する関心自体を否定するのに反論し、経済的な関心を人間に必須の問題として俸禄制度を必要なものと認める。

土田健次郎による物徂徠の注釈の解釈は、「子張は君子として俸禄を得る道があるかを聞いたのである。孔子はそれに対し、君子の言行をよく見聞し、君子の言行に疑い危ぶむところがあれば留保して理解が熟するのを待つ慎重さが必要であることを言い、それを自分の言行に活かすことが君子の俸禄を求める道であることを示した」というものである。[20]つまり、子張は自身の状態を前提として、小手先で禄を得る手段を聞いたのではなく、君子としてあるべき姿を学ぼうとしたのだという解釈である。

中洲は、「斯く學問して見聞を廣くし、之を選擇して言行を愼み、言語にて他より罪を得ることを寡く、實行に悔恨すること寡くすることを得ば、是れ巳に修徳の君子と謂ふべし」と述べている。[21]中洲は本章の章意を、浮薄な言動を慎むことによって信頼を勝ち得ることのできる人物、つまり修徳の士になるべきことを勧奨したものと理解した。中洲は、「修徳の士」、つまり、君子が備えるべき資質としての言動のあり方を説いている。

このように、朱熹は利禄を求める人間の傾向性に否定的なスタンスで道徳的行為の必要性を説き、物徂徠は、人間の傾向性を認めたうえで君子たるべき姿を述べた。また中洲は、修徳の士という表現を用いて君子たるべきことを説く。しかし、いずれの注釈も、子張の問いである利禄を得るために従うべき言動について述べるにとどまっている。つまり、現実社会においてとるべき言動を理解し、その理解に基づいていかに身を処すべきかという点についての言及はない。

1－4　学と利禄に関する渋沢の解釈

為政第二第18章に対する渋沢の注釈の特徴は、利禄を求める人間の性向を認めたうえで、利禄を得るプロセスに言及し、かつ、そのプロセスにおいて陥りやすいポイントにまで言及している点である。

渋沢の本章解釈の特徴は、【祿在其中矣】（祿(ろく)はその中に在(あ)り）という本章の締め言葉に至るまでのプロセスをどのように捉えるかという点に表れる。エリートが学問を修め官吏となることが自然なことと受け止められていた、孔子が生きた時代においては、官吏になることが安定した禄を得る手段とみなされていた。

つまり、本章の章意は「多く聞きて疑(うたが)わしきを闕(か)き」、かつ「多く見て殆(あや)うきを闕(か)く」ことによって官吏の途に就き、それが必然的に禄を得ることにつながるという考え方であり、多くの注釈書もこのように解釈している。[22]

渋沢は本章の章意を理解しながらも、そこから導き出した教訓は、仕官前後を通じて継続すべき努力によって、実力を涵養し、社会に付加価値をもたらし続けることが重要だということである。

渋沢は、「かくのごとく言うて咎(とが)め少く、行うて後悔少ければ、世上の評判よろしくなりて、君相(くんしょう)にも知られ、我より求めずとも、必ず彼より我を登庸すべし」と述べる。さらに渋沢は、「今日といえども仕官の途は学問して見聞を広くし、これを選択して言行を慎しみ、言語において他より罪を得ること寡く、行為において後日悔恨すること寡くなることを得ば、これすでに君子たり紳士たるなり。自ら求めずとも相当の地位に登用せらるべし。これただ官吏のみならず、民間の諸職業についてもまた同じ理なり」と述べている。(23)

渋沢が本章から導き出した教訓は、孔子の教えを守ること、つまり、「学問して見聞を広く」することによって、人々はまずは実力を蓄え、それを認めた世間が当該人物を社会に有益と認め、そこで仕官の途がひらける。そこでさらに実績を残すことによって、それに見合った地位と禄が得られるというものである。つまり、渋沢は謙虚であるのみならず、学問を修めて実力を養うことが大前提として存在することを強調しているのである。

さらに、謙虚であるべきことに関して渋沢は、当時の風潮について憂慮している。渋沢は、「しかるに現代においては『かくのごとき言行を慎むくらいの消極的修養を積んだのでは、到底生存競争の烈しき社会に立って成功はおぼつかない。積極的に自己を世人に認識させねばならぬ』と激語して、しきりに自家広告をなす人あり。何ぞ図らんこの輩は人に嫌われて社会に疎まるべし」と述べている。(24)

「多く聞き」、「多く見て」と記載されているように、本章の趣旨は、渋沢が理解した通り、見聞を広めること、つまり実力を涵養することが重要なことであると強調されている。しかし、「慎(つつ)しんでその余(よ)を言(い)う」とともに「慎(つつ)んでその余(よ)を行(おこな)う」という部分が強調され、謙虚であるべきことを「消極的修養」と呼んで、渋沢は章意が誤解される傾向があると考えた。

係る観点から、消極的修養に飽き足らない当時の人々が、実力の涵養を忘れて「自家広告」にうつつを抜かすことに渋沢は危機感を抱いたのである。このように、渋沢は本章の真意を理解したうえで、誤解を招きやすいポイントにまで配慮して注釈を付した。

渋沢は、小早川隆景が急ぎの書状を、心を落ち着けて書くように指示した故事に基づいて、「急がば廻れ」という教訓を述べた。そして、「畢竟人間は世に処するは実力を充実するより外に道はなきものなり。青年諸君、特に堅実なる力を養い給え。必ずその力を沽(か)う人あらん」と述べている。(25)

渋沢がこのような教訓を、自信をもって述べることができたのは、その人生経験に基づいてのことであると考えられる。二十代半ばの渋沢は熱情にかられて、十分現実を見据えることなく無謀な討幕行動に走ったこともあった。しかし、幸いなことに命を落としたり、厳罰に処せられることなくその熱情は良い意味で空回りした。

二十代後半以降の渋沢は、その実務能力や潔癖な人柄が見込まれ、自ら望んだわけでもないのに民部公子（徳川昭武）の随行員として渡仏した。また渋沢の大蔵省への出仕も同様に渋沢の意に反して、その能力を見込んだ大隈重信によって半ば強制的に行われた。

渋沢の実務能力や潔癖さは年少期から携わった藍に関わる商売の経験や、孔子が論語をはじめとする漢籍の教養に支えられていた。これらの経験は、後に渋沢が「日本資本主義の父」と呼ばれる実績を残すうえで基盤となる重要なものであった。このように、渋沢は本章で語られる教訓のすべてを経験しており、それゆえ注釈に加えられる処世訓は重みを有する。

第2節　徳の学びと格物致知

渋沢にとっての学びは、「徳の学び」と「格物致知」に分類される。渋沢はこの2つの学びに序列を付して、いずれが重要であるかという議論はしない。また、両者が互いに補い合う相補関係にあると認識するわけでもない。つまり、両者の関係は渋沢にとって序列関係、相補関係のいずれでもない。

「徳の学び」と「格物致知」の関係性についての渋沢の認識をあらかじめ規定すると、徳の学びは「下部構造」、格物致知は「上部構造」を形成し、両者で学びの体系を形づくるという関係になるであろう。つまり、両者はそれぞれ独立してその必要性が認められるが、徳を学ぶことが格物致知の知識を深めるわけではなく、格物致知の知識を深めた者が自動的に徳を身につけるわけでもない。

学びを家屋に例えると、徳の学びと格物致知は、それぞれが重要な材料として寄木造の家屋を形づくっており、前者は家屋の基礎部分、後者は上物を構成し、両者が合わさって一つの建物が成り立っているという関係である。筆者は渋沢の学びの成り立ちに関わる基本認識をこのように措定し本節での渋沢の学びの解釈を考察する。

2－1　学びの均衡

先進第十一第6章は、孔子の言葉を通して顔淵が学を好むこと篤く、さらにそれを実行しようとした姿勢を称賛し、推奨している章である。

本章は、【季康子問。弟子孰爲好學。孔子對曰。有顔囘者。好學。不幸短命死矣。今也則亡】（季康子問う。弟子孰れが学を好むことをなすやと。孔子対えて曰く、顔回なる者あり、学を好む。不幸短命にして死せり。今や則ち亡し）というものである。[26] 孔子の時代でも顔淵のような篤学家は稀であり、学を好み学んだことを実行する知行合一の士は孔子の弟子中でも一人顔淵のみであった。

渋沢が例としてあげるのは、医学博士、法学博士、農学士、文士、弁護士等、「士」の称号をその肩書きにもつ、いわゆる格物致知を修得した人物が犯す、道に外れた行為の数々である。渋沢はこれらの士が犯した強姦、贋金造り、詐欺、姦通等の犯罪を見て嘆息することしきりであった。

渋沢にとっての学は、論語を中心とする徳を修める学と、理論的、技術的な知識を修得する格物致知の2つから成り立っている。渋沢にとって真の学問を修めることは、これら2つの学を高いレベルで修めることであった。

士の称号を有するいわゆる格物致知を修めた人物は、当然にして徳を備えているべきと渋沢は考えた。渋沢が言うように、文化が普及しかつ発達した現代では、格物致知による理論や技術を修める必要性が増し、その社会的な需要に応えうる人物ほど重宝される。社会から重宝されるということは、それらの人々の社会的地位は上がり、必然的に社会に対する影響力も増大する。

渋沢が陽貨第十七第23章で引用した吉田松陰の言葉である、「士道莫大於義。義因勇行。勇因義長」（士道は義より大なるはなし。義は勇によりて行われ、勇は義により長ず）の通り、渋沢は士たる者は義を最も重要な徳目とし、併せて勇も備えていなければならないと考えていたのである。[27]

各専門分野において社会的地位の高い人物は、孔子およびそれ以前の時代における重要な地位にある臣下に相当し、それゆえに十分な徳を身に備えて社会での役割を果たすべきというのが渋沢の考えである。格物致知における士の称号を肩書きとして有する者は、「士」たる者に相応しい道徳的資質を備えていなければならないと渋沢は考えた。

係る実情から、先進第十一第6章を講義する渋沢の心には、章意には遙かに及ばない道徳レベルの実態を目の当たりにして、一種の虚無感が支配していたと思われる。渋沢は講義の最後で、「……実に言語道断の行いをなす者あり、これ徳行に欠くる所ありて、余りに利己主義、物質欲に偏するがためなり、これでは学問は死学問になってしまう。余はここにおいて青年少女諸君に対して、真の学問をすることをおすすめする」と述べている。[28]

渋沢は青少年に対して、「真の学問」、つまり格物致知に偏重せず徳を修めることを重視し、両者の均衡を保つことを強く勧め、次代に希望をつないでいる。

2－2　徳の学びと求道

泰伯第八第13章は、篤く聖人の道を信じて学び、真正の道を明らかにして堅く道を守って道に外れないようにすべきであることを述べている。また、世の中が治まっている時は君子が道を行うべきであるのに、用いられないで貧賤の地位にいるのは恥辱であること、一方、世の中が乱れている時は君子の退き隠れるべき時であるのに、節操なく禄位を貪るのは恥辱であること述べた章である。

本章は、【子曰。篤信好學守死善道。危邦不入。亂邦不居。天下有道則見。無道則隠。邦有道。貧且賤焉。恥也。邦無道。富且貴焉。恥也】（子曰く、信を篤くし学を好み、死を守り道を善くす。危邦には入らず、乱邦には居らず。天下道あれば則ち見われ、道なければ則ち隠る。邦道あって、貧しくかつ賤しきは恥なり。邦道なくして、富みかつ貴きは恥なり）というものである。[29]

本章については、注釈者の間で解釈が分かれる部分がある。朱熹は、【篤信好學守死善道】（信を篤くし学を好み、死を守り道を善くす）の解釈として、「命がけで守る気持ちが生ずるのは、篤く信じる心を持つことの効果であり、道を正しく踏み行うようになるのは、学を好むことの成果である」としている。[30] 朱熹は学問の効用を「道を正しく踏み行うようになること」と述べている。

この句の後半に関して物徂徠は、「『守死善道』とは、死を善と道とに守るなり。先王の道にあらずといへども、亦た善なる者あり、ゆゑに『善と道』と曰ふ。邢疏（「節を守つて死に至るまで、善道を離れざるなり」といふ）は、道の善なる者と謂ふが如く然り。道あに善ならざること有らんや。朱註に、『其の道を善くする』を以て之を解す。是れ『莊子』が「庖丁（ほうてい）、刀を善くす」（養生篇）の善の如し。六經（りくけい）に未だ之れ有らず。ゆゑにみな從ふべからず。本（も）と言ふ篤く信じて學を好めば、則ち能く死と善と道とに守ると、而（しか）るに孔子は之を引き、唯だ下句を取れり」と述べている。[31]

物徂徠は、「守死善道」とは「死んでも善と道を守る」ということであり、朱熹の解釈のように「道を善くす」という意味ではないと主張する。[32]

中洲はこの点に関して、「君子の道に於ける、此に非ざれば人と爲る能はず、此の外に遵ひ由るべき道なしと篤く之れを信じ、信じて之れを學ぶことを好み、世に處し事を行ふに、常に斯の道に遵ひ由りて違ふことなく如何なり障礙に遇ひ、如何なる因緣に際會するも、死力を以て堅く之れを守り、少しも道を毀損することなし」と解釈する。[33]

中洲は、この道に遵じるしかないと思い定めた道を好んで学び、処世もその道の教える通りにすれば、いかなる障害にも全力で立ち向かい道を外れることがないと解釈する。渋沢は、「三島中洲先生曰く、『この章は君子は学を好み道を守る。ゆえに去就（きょしゅう）出処の際、その身とその道と両（ふた）つながら全きをいう』と。章意蓋しその通りなり」として、中洲の解釈に同意している。[34]

2－3　求道についての渋沢の見解

渋沢の解釈は朱熹、物徂徠のいずれとも異なる。朱熹が「守死善道」を「道を善くす」と解釈し、物徂徠が「死んでも善と道を守る」と解釈したのに対して、中洲と渋沢は「道を害せざるなり」と解釈した。君子の道、つまり道徳倫理に適う道を思い定め、それを好んで学ぶことによってその深奥を究めたならば、処世上のいかなる困難に遭遇しても道を外れることがないというのが両者の解釈である。

朱熹、物徂徠が、「善と道を守る」、あるいは「道を善くす」という、いわば目的を強調するのに対して、中洲と渋沢は、道を害さないために最も重要なこと、すなわち、「好んで道を学ぶ」という手段の重要性に重点をおいて解釈する。

渋沢は学問の重要性をさらにわかりやすい言葉で注釈する。渋沢は、君子は進むべき道を強い確信をもって定め、信念にしたがって進むべきであるとする。その際、確信を抱くためには「道を学ぶことを好むこと」が大切であり、学を好まずして漫然とその確信を是と断じ、善と断じては盲信となるという。つまり、正しい批判力を養うためには、道を学ぶことが必要と述べる。そのようにして正しかるべき道を確信すれば、国家の危急に際しても生命をなげうって尽くすことができるというのである。

渋沢は、本章の【篤信好學守死善道】（信を篤くし学を好み、死を守り道を善くす）については以上のように解釈した。また、【危邦不入。亂邦不居。天下有道則見。無道則隱】（危邦には入らず、乱邦には居らず。天下道あれば則ち見われ、道なければ則ち隠る）に関して渋沢は中洲の解釈に準じた。

中洲は、危邦を「亂の始め、即ち將に亂れんとする邦」、亂邦を「危の極、即ち刑法制度の紊亂したる邦」とそれぞれ解釈しており、渋沢も同様に解釈している[35]。危邦、乱邦のいずれも、邦と君臣の義がなければ敢えて渦中の栗を拾ったり、その邦にとどまったりすることは無益であるのみならず、犬死になってしまうので、関わりをもつべきではないという解釈である。

渋沢は、本章の【邦有道。貧且賤焉。恥也。邦無道。富且貴焉。恥也】（邦道あって、貧しくかつ賤しきは恥なり。邦道なくして、富みかつ貴きは恥なり）についても中洲の解釈を受け入れている。つまり、世の中が治まっているのに用いられないで貧賤の地位にいるのは恥辱であり、世の中が乱れて君子の退き隠れるべきときに、節操なく禄位を貪るのは恥辱であるという解釈である。

渋沢は邦の状況に合わせて、その時々に自分が必要な存在になるべきであり、それが可能になるよう学を好んで修め実力を蓄えておくべきであると主張する。そして相応の力を身につけたうえで、去就の義を潔くし、出所進退を明らかにすることが重要であると説く。そのような潔い行動を可能にする基は好んで学を修めることである。

渋沢は、好んで学を修めた人を、道義を身につけ、物の道理をわきまえた人と理解する。そのためには、下部構造としての「道義」と、上部構造としての「物の道理」をともに修得することが必要である。

本章の道とは道義に相当し、孔子の時代における物の道理とは、政治、法、古言の知識を深く知ることであった。朱熹にならって、客観的な事物に則してその道理を究めることを格物致知と理解すると、物の道理は格物致知に相当する。その一方、王陽明にならって、天分として与えられた良知により天理を悟ること、つまり、自己の意思が発現した日常の万事の善悪を正すことを格物致知と理解すると、道を学ぶことが格物致知に相当する。格物致知の定義いかんにかかわらず、渋沢にとって学を修めるとは道義と物の道理の両方を修めることを意味した。

2－4　格物致知の二面性

子罕第九第19章は、【子曰。語之而不惰者。其回也與】（子曰く、これに語(つ)げて惰(おこた)らざる者は、それ回か）という通り、孔子が顔淵をほめることによって、顔淵の域に達しない弟子を叱咤激励する意図をもって書かれたと解釈される。

孔子が語る本来の章意は、孔子が教える道徳の道を日常の諸事象において実践すべしということである。つまり、学びかつ理解した身の処し方を実生活で生かせということである。顔淵以外の弟子は、孔子の教えの意を理解するものの、それを実行することがないため、この訓言が発せられたと渋沢は解釈する。渋沢は現代人について道徳に関わる学を修めること自体が少なくなっていると嘆く一方、その理解力の高さについては評価している。

本章の講義での渋沢のメッセージは、「現代の青年諸君男子も女子も、冀(ねがわ)くは上滑りの学問のみに満足せず、是非に道徳の学問をも修めてこれを実行せられよ」というものである。[(36)]

この場合の上滑りの学問とは格物致知、つまり理論的、技術的な実際知識を指している。文化的水準が向上した社会で生活するためには文化的生活を維持・向上させるための理論的、技術的知識が必須となるが、その知識を駆使するにあたっての道徳的基盤を身につけない限り、格物致知を得るための学問は「上滑りの学問」ということになる。

近代文明が発達したなかで求められる理論的、技術的知識は相応に高度であり、その高度さゆえに両刃の剣の危うさがある。つまり、その知識を誤って使用すれば、両刃の反対側の刃が自らに向かってくるという危うさが潜在していることを渋沢は主張した。

渋沢の存命中には存在しなかった核に関する理論物理学的な知識と、それを原子爆弾に応用する技術的知識はまさにこの典型である。核に関する学問は平和利用、兵器のどちらにも応用できる両刃の剣である。この核に関する理論物理学の知識を、渋沢が言うところの「上滑りの学問」としてしか身につけず、「道徳の学問」を修めることを怠ると、核爆弾を実際に使用することとなる。また、実際に使用しないまでも高度な破壊力をもった武器を有することを政治力学に用いる。

このように、渋沢の憂慮は時代を超えてあてはまる。渋沢の、「是非に道徳の学問をも修めてこれを実行せられよ。かくてこそ紳士とも淑女とも称せられ、本人の人格の高くなるは勿論、一国の価値も一層高尚になるべけれ」という言葉の通り、「道徳の学問」を修めた人が多くなればなるほど、多数決で一国の行方が決せられる民主主義の時代においては、国の行く末を誤ることがなくなり、国の品格も向上する[37]。

2－5　新知識に対する渋沢の理解

為政第二第11章は、「師道は故新兼ね修むることを要するをいう」と要約した渋沢の言葉通り、人の師たるには古きに学んでかつ新たな知識を備え、さらにはそれを実際に応用することが必要である。本章は【子曰。溫故而知新。可以爲師矣】(子曰く、故きを温ねて、而して新しきを知る。以て師となるべしか）というものである[38]。

渋沢論語講義と中洲論語講義の除く他の注釈書はいずれも、「知新」を新たな知識を修めることと解釈するにとどまっているが、渋沢はこれを、「そもそも学者先生の政教風俗を載する処の詩書を学習して、古えの磁石を研究するのみならず、これによりて新理義を発明して新知識を備え、これを実用に応用するに至れば、これ新旧兼ね修むるものにして、この人にして初めて人の師となりて子弟を教育する任に勝うべし」と述べて新知識を取り入れるだけでは人の師となることはできないとしている[39]。この渋沢の見解は、ほぼ文章表現に至るまで中洲の見解を踏襲したものとなっている。

朱熹、仁斎、物徂徠、通釈ともに新知識の応用を人の師たる条件とはしていない。渋沢と中洲は新知識の応用を士たる条件としている。注釈者の間で新知識の応用に関する見解がわかれたのは、注釈者が生きた時代背景が大きく関係していると思われる。

渋沢と中洲はともに明治維新をはさむ動乱の時代に生きた同時代人である。この時代に生きた人々は、海外からもたらされる新理義、新知識の洪水のなかで過ごし、それらの新たな知識や技術を用いて国家を建設せざるを得ない状況下にあった。つまり、新国家建設の先導者になろうとすれば、新知識に造詣が深いか、あるいは造詣の深い人物を有効に適所に配置するだけの見識を有していることが不可欠であった。

情報があふれかえることのない静態的な時代における新理義や新知識は、過去の時代から積み上げてきた故事に、わずかに加えることのできる経書の新解釈や新説がその主たるものであった。したがって、「故」を詩書に限定すると、静態的な時代に生きた注釈者たちの新知識の範囲はきわめて狭められることになる。

物徂徠は「凡そ先世の傳ふるところの者は、皆これを故と謂ふ」と述べている[40]。徳川時代にあって、新理義や新知識の洪水の渦中にはなかった物徂徠にとって、知新とは忘れ去られていた先王の徳義や政治制度を思い起こし、現代に新たな知識として蘇らせることであった。技術的進歩が緩やかであった時代に身を置いた朱熹や物徂徠、仁斎にとっては、新技術・新制度が旧技術・旧制度を創造的に破壊する現場を目の当たりにすることはなかった。

自らが発明、開発した技術ではなくとも、渋沢や中洲は、汽車が牛車や籠を創造的に破壊し、生活の利便性が一挙に改善する現場に居合わせた。そして、それを可能にするのが新理義であり新知識の応用であった。渋沢や中洲の時代に生きた人々にとって、知新は新知識に限定されることはなく、新理義つまり新たな理論も含まれる。その考えによれば、知新には明らかに格物致知、つまり西欧の知識や技術が含意されている。

渋沢は、新理義、新知識を西欧からの格物致知を含むものと解釈し、かつそれを用いて実践することを勧めるのが本章の趣意であると理解した。そして、それを自然科学や工学、理学の分野に限定することなく、西欧の社会制度に関する新知識を日本にとり入れ、それをもって国家建設に役立てることも新理義、新知識の応用と考えた。

渋沢は大蔵省在籍時代の自身の心構えを、「余は主として種々の改正案を提出したものであるが、その趣旨とする所は、一に孔夫子論語中の本章にある温故知新の義を体し、明治新政の運転を円滑ならしめ、いわゆる『為師』（師と為る）の意(こころ)にて整然たる制度を立てんとするにあったのである」と述べている[(41)]。

渋沢は大蔵省改正掛にあって、度量衡、駅伝法、幣制、鉄道等の改正に関わったが、これらのうち最も困難を感じたのは租税の物納を金納に変える試みであったと回顧している。渋沢はその苦労の内容を講義した後、「いかに故例を打ち崩さずに新しきに進むということが困難のものであるかを知り得られるだろうと思う」と述べている[(42)]。

渋沢が「故例を打ち崩さずに」と表現する具体的内容は講義からは不明であるが、税制そのものでないことは明らかである。なぜなら、税制そのものを打ち壊すことはありえないからである。そうであるとすれば、「故例を打ち崩さずに」とは、「日本固有の税制度の利点をそのまま新税制においても生かすこと」と考えるのが妥当である。

詩書中の記事に、連綿として続いてきた制度・習慣に変更を加えるにあたって注意すべき事項が書かれているものがあったとすれば、その記載内容に悖ることのないように税制を変革することを「故例を打ち崩さずに」と表現したと考えることも可能である。

いずれの解釈を採用するにしても、渋沢は変革者ではあるが破壊者ではなく、変革を実行するにあたっては旧制度との連続性を重視し、故例に悖らぬよう細心の注意をはらっていた。

第３節　学と知行合一

３－１　学びて思うこと

渋沢は子張第十九第６章と第７章を類似の章とした。渋沢によると、両章で述べられているのが知行合一の重要性である。子張第十九第６章を理解するポイントは、【子夏曰。博學而篤志。切問而近思。仁在其中矣】（子夏曰く、博く学びて篤く志し。切に問いて近く思う。仁その中にあり）の「志し」をどのように解釈するかによって異なる。従来の注釈書もこの点については議論がわかれる。

一つの解釈は、「志し」を文字通り「志し」と読んで読み方そのままに理解するものであり、他の解釈は、「志し」と読み、「識す」と訓じて「記す」の意味と解釈するものである。[43]

前者は志をそのまま自然に解釈する。後者の解釈は、志があって後に学にいそしむものであるから、学にいそしんで後に志すのは順序が逆ではないかという考えに基づいている。前者は朱家が支持する説であり、後者は孔子の十一代後の子孫である孔安國が支持している。

渋沢は本文では「篤く志し」と前者の訓を支持するが、注釈では孔安國の説を採用して、「広く学んで厚くこれを心に識し」と記述している。さらに、「蓋し学と問とは、これ知。志と思はこれ行いなり。知行並びに進めば仁徳自らその中にあり」と述べている。[44]

渋沢は、「学んで問うこと」はすなわち知ることであり、「識すこと」と「思うこと」は、すなわち行うことであると解釈した。学んでかつ問うことは知ることであるという理屈はわかりやすいが、「識すこと」つまり心に刻むこ」と「思うこと」が、行うことであるという理屈については理解が容易ではない。この点について管見を述べる。

渋沢は、問いを繰り返すことによって学んだ知識とは、実践で用いるためのストックであると考えた。そして、蓄えた知識を実践で生かすための行動を起動させる初期動作の一環として、「識すこと」と「思うこと」を位置づけたのではないかと考えられる。

渋沢は、「篤く識(しる)し、近く思う」ことは実践行動を起こすための問題意識を切実に抱く初期動作であり、これはまさに「行」の一環にほかならないと考えた。渋沢は少なくとも、「篤く識(しる)し、近く思う」ことを「行」を力(つと)めるための必須条件と考えたのである。渋沢は、「思学あい長ずるの間、仁徳自然に成る」、「知行並びに進めば仁徳自ずからその中にあり」と述べている。つまり、「学びて思う」ことによって知行を合一させれば、仁徳が自然に身につくと考えたのである。[45]

孔子は本章では必ずしも知行合一を強調しているわけではないので、「博く学びて篤く志(こころ)し。切に問いて近く思」えば、心に存するものが自然に円熟して仁に近づくという程度の意味合いで仁を取り上げている。しかし、知行合一を大上段で打ち出す渋沢の解釈にしたがうと、知行合一は仁を身につけるための必要条件ということになる。

渋沢は、論語の学而第一第１章の【時習之】の解釈として、「人の道を学ぶはすなわち日々の実生活に適用するがためなり。しからばすなわち学は行うに半ばにして、学ぶ所を実際に行施するに間断あるべからず。時々刻々習熟して始めて知行合一の本位に叶うべし」と述べて、知行合一をこの章の中心テーマと認識している。[46]

渋沢は「習」の字解を示していないが、中洲論語講義で示された「習」の字解を中洲と共有していたとすれば、渋沢もまた習の意味を「學ぶ所を復習して、遂に熟得するに至るの義に用ふ」と理解していたと思われる。つまり、「学は行うに半ばにして、学ぶ所を実際に行施するに間断なきこと」が習の意味であり、この「行施するに間断なきこと」は、まさに日常生活での知の繰り返しである。渋沢にとっては、理にかなった正しいことを学び、それを日常の実践で繰り返すことが「習」の意味であると理解される。

渋沢にとって知行合一の「行」は、「学んだことを日々の繰り返しによって習熟すること」であり、漠然とした行為一般ではなかった。つまり、「習うこと」とは日々の生活のなかで学んだことを実践することであり、その実践にあたっては、学ぶことによって得ようとする「あるべき姿」に向けて自分を磨いていくことであると渋沢は解釈していた。

学而第一第１章の注釈に関しては、中洲論語講義、論語徴のいずれも「知行合一」を中心的なテーマとして真正面からは取り上げてはいない。一方、「学」を「知」、「行」を「習」とそれぞれ対比させ、「習」の内容を職務上および処世上での「知」の繰り返しであるとした渋沢の論語解釈には他の注釈とは異なる際立った独自性が見られる。

３－２　学と仕官

子張第十九第13章は、学ぶことと仕えることが相互に重要性を有することを述べた章である。本章は、【子夏曰。仕而優則學。學而優則仕】（子夏曰く、仕えて優なれば則ち学び、学んで優なれば則ち仕う）というものである。(47)

本章は、学ぶことと仕えることがともに重要であることを述べているが、注釈者によって両者の関係性についての解釈が異なる。朱熹は、「優」を余力があることと解釈し、出仕と学問は理が同じで事業が異なるものであるとする。出仕して学べば、出仕に裨益すること多く、学んで出仕すれば学問を実地に検証できるとする。(48)

朱熹は学ぶことと仕えることを同根であると解釈し、その相乗効果を強調したのに対して、物徂徠は、「朱註之れを盡せり」としてこれに同調している。(49)また通釈も朱熹の解釈に同意している。

中洲は、学を知とし、出仕を行と置いて、本章は知行合一の重要性を説いたものであると解釈した。さらに、「知行は並進すべく、先後ある者に非ず」として学と出仕を同等のレベルで重視した。(50)

渋沢は、「仕学あい資（たす）くるの意を語るなり」という南溟の注釈を引用し、学と出仕が相補関係にあると認識する。(51)その一方、学と出仕はともに重要であるとしながらも、「学んで後の出仕」と「出仕して後の学び」を比較し、後者がはるかに重要であるとしている。

渋沢は、官庁に就職している当時の官僚の実態を見て、出仕した後、彼等が学をおろそかにして怠惰な生活を送っている状況に心を痛めていた。係る事情から学と出仕が相補関係にあるべきであるにもかかわらず、それらが出仕後を境に分離している状況を憂いていたのである。本章に対する渋沢の解釈は当時の官僚の現状を大きく反映したものと考えられる。

同じく学と仕官について述べたものに公冶長第五第 5 章がある。その内容は、漆雕開（子若）が孔子の仕官の勧めを断っていまだ学足らずとした姿勢が、小成に安んじない姿勢として孔子が喜んだというエピソードを述べたものである。本章は、【子使漆雕開仕。對曰。吾斯之未能信。子說】（子、漆雕開をして仕えしむ。対えて曰く、吾これをこれ未だ信ずること能わずと。子説ぶ）というものである。[52]

孔子は弟子の学の進み具合を正確に把握し、子若の学問に立ち向かう姿勢を評価した。しかし、弟子の資質は把握できてもその志については正確なところを把握できなかった。

物徂徠は子若の仕官に向かう姿勢について厳しい見方をしている。物徂徠は、「けだし吾が學の以て政に従ふべき、吾れみづから之を信じ、而うして後に以て仕ふべし。開は未だみづから信ぜず、ゆゑに云ふこと爾り」と述べている。つまり、政治は自分の学問が確かであることに自信をもって後に携わるものであるが、子若の場合はその自信がなかったのだと分析する。[53]

孔子が自分の愛弟子の心掛けや良しとして悦に入っているのに対して、後世の注釈家は冷徹な眼をもって、子若の志と学に対する自信の程度を分析しているというのが本章をめぐる解釈の特徴である。

渋沢はこの点についてさらに厳しい見方をしている。渋沢は、「仕うるは学ぶの半ばなり。独り書を読むことのみが学者の能事にはあらず。後来講誦に耽りて時務に通ぜざる迂腐の学者出でしは嘆ずるに余りあり。漆雕開のごときは必ず迂腐の徒にあらざりしならん。ただ講誦志を養い仕進を楽しまざる人かと思わる」と述べて子若を暗に批判している。[54]

渋沢は、「孔子が認めたほどの資質を持っているのであれば、学びの一環としての仕進を受けて学をさらに深めるべきである。子若は学ぶのみで世事に疎く役に立たない学者ではないであろうが、仕進して実践することを好まない人物であることは確かのようだ」として、実践を重んじる自らの信条とは異なる道を行く人物として子若を捉えている。

渋沢は孔子が褒めた弟子を真正面から批判することはしないが、少なくとも自身の物差しを当てて判断した結果として、子若をあまり評価していないことは確かと思われる。

物徂徠が、「子若は自信がなかった」として分析を終わらせたのに対して、渋沢は、そもそも仕官して政の現場に参画するにあたって、はじめから自信に満ち溢れているわけがないと考える。学んだことを仕官の現場で実行すること、つまり、「篤く識（しる）し、近く思うことは実践行動を起こすための問題意識を切実に抱く初期動作」であるという考えは、まさにこのことであり、渋沢の言葉を借りて子若を批判すれば、「篤く識（しる）し、近く思う」という初期動作自体が不十分であったということになるであろう。それは次節に示す冉求の場合も同様である。

3－3　知行合一の困難さ

雍也第六第10章は孔門十哲の一人である冉求が、孔子に対して学んだことを実行することに自信がないとの弱音を吐いたのに対して、孔子がこれを戒めたというエピソードを内容としている。冉求は己の力を最初から限定して考えるいわばマイナス思考の面をもった人物であったと考えられる。まだ試みていないうちから諦める冉求の姿勢を、孔子は戒めかつ励ました。

冉求の消極性は渋沢が最も問題とする姿勢でもあるため、渋沢が孔子の意を体して解説する講義もその内容はかなり辛辣なものとなっている。渋沢は、「冉求は……ある時とても自分のごとき下根のものには力が足らずして、実行し難き旨を孔夫子に申上げた。孔子は言下にこれを斥けて曰く「俛焉（べんえん）として孳々（しし）あい励み、中道にして斃れてしかしてのちにやむならば格別、未だその実行に勤めもせぬうちから、早くすでに自分の力が弱くてとても駄目であると観念するがごときは、これ自暴自棄なり。士に貴ぶ所の弘毅の意気何（いず）くにか存する。以て己が任となし、死してしかしてのちの精神毫も見えず。自ら地を画（かぎ）りて止まり、それより前へ進もうと努力せざるは何ぞや」と仰せられ、以て冉求の退くを誡められたるなり」として孔子が冉求を激しく戒める様子を描いている。[55]

この、「死してしかしてのちの精神毫も見えず」という下りには、「撃ちてしやまん」の日本的精神も垣間見え、若干の誇張なきにもあらずではあるが、渋沢が孔子の立場で冉求を誡めた場合の率直な気持ちが表れている。本章の講義では、渋沢の言行一致に対する考え方が、渋沢自身の言葉で最も端的に言い表されているので、渋沢の講義の中核部分を引用する。

渋沢は、「近来道をただ口舌（くぜつ）の上で説くに止め、これを実際に躬行する者が至って稀れになって来た。はなはだしきは道と行いとは全く別物であるかのごとくに心得、道は口で説いておればそれでよい。決して実行し得るものでない。道によって世に処せんとしては、とても世渡りができぬと思い、これを神棚の端に高く片付けてしまって、道は道として崇める振りをして見せ、これを実行しなくってもよいと考えておる。されど道は実行によって始めて価値の生ずるもので、これを神棚の隅に押し付けていたのでは、道は無価値の閑家具となってしまう。元来道は一般的のもので、古今に通じて誤らず、中外に施して悖らぬのが、これ道の道たる所以である。豈に実行し得べからざるものならんや」と述べている[(56)]。

渋沢は上記の内容を近来の傾向として述べてはいるが、孔子の生きた時代でも、冉求、漆雕開（子若）をはじめとする孔子の弟子の多くが言行一致を困難な課題として悩み苦しんだ様子が論語の記述にも端的に表れている。

渋沢が「近来」という言葉で強調したいのは、古今を問わず言行一致の難しさには変わりはないが、日本の現状を見た場合、冉求や子若のように言行一致が困難であることと自分の至らなさに悩む姿勢すら見られず、道は口で説いておればそれで良しとする輩が増加していることに危機感を感じているのである。

渋沢は、自分の言葉を実践せず責任をもたないのみならず、それを深刻なことと受け止めない近代の日本人の姿勢に対して危機感を抱いていた。

第4節　学問と教育

4－1　教育における適性

先進第十一第21章は、教育は個別の資質を見て行うことが必要であるということを、子路と冉有という孔子の2人の弟子を例に説いた章である。本章は、【子路問。聞斯行諸。子曰。有父兄在如之何其聞斯行之。冉有問。聞斯行諸。子曰。聞斯行之。公西華曰。由也問聞斯行諸、子曰。有父兄在。求也問聞斯行諸。子曰。聞斯行之。赤也惑。敢問。子曰。求也退。故進之。由也兼人。故退之】（子路問う。聞けばここにこれを行わんかと。子曰く、父兄在すことあり。これを如何ぞ、それを聞けばここにこれを行わんかと。子曰く、聞けばここにこれを行えと。公西華曰く、由や問う、聞けばここにこれを行わんかと。子曰く、父兄在すことありと、求や問う、聞けばここにこれを行わんかと。子曰く、聞けばここにこれを行えと。赤や惑いぬ。敢て問うと。子曰く、求や退く。故にこれを進む。由や人を兼ぬ。故にこれを退くと）というものである。[57]

渋沢は本章の章意に沿って、教育のあるべき姿を、「教育の真意は全くかくあるべきものである。その才能の寸尺に従うてこれに適当なる教育をするのが最も理想的教育である」と述べている。[58]

しかし、本章の注釈において渋沢が主張したかったことは、当時の日本の教育が抱える他の問題についてであった。渋沢の真意は、「現代の教育において最も遺憾とする所は、物質的科学に偏重して精神的道徳学に偏軽なるにあるのである」という言葉に集約される。[59]

渋沢の、「精神的道徳学」と「物質的科学」という分類に従えば、本章で孔子が述べている事例は前者の精神的道徳学に関してであり、子路と冉有という孔門の弟子の個別の性向に合わせた精神的指導の重要性を強調したものである。それに対して、渋沢が個人の才能に合わせて教育すべしと説く注釈は後者の物質的科学に関してである。

つまり、孔子が弟子の性向を問題としているのに対して、渋沢は性向に加えて物質的科学を構成する各分野の知識を修得するに際しての才能の向き不向きを問題としている。

渋沢は、「例えば数学には長じておるけれども歴史や地理には趣味を持たず、あるいは哲学や宗教には熱心であるけれども、科学はまるで駄目であるという人がある。ゆえにその人の性質と才能によって、学者として立つがよい人もあり、実業向きの人もあり、技術家として世に出るが適当の人もあり、理想的見地よりすれば、かくのごとくおのおのの天性を異にし、才能を異にするから、これを教育するには、各人の特徴を知悉して各別に教育を施し、……」と述べている。[60]

孔子の生きた時代は物質的科学の発達度合いから見て、向き不向きが論じられるほど科学分野が細分化されておらず、かつ孔子の教育対象者はその弟子に限られていた。それに対して、渋沢が生きた時代は、欧米からの物質的科学の移入が激しくその分野も多岐にわたり、かつ教育の対象も広く若年層にわたっていた。そのため、物質的科学を修得するための才能の適否が大きく問題とされた。

孔子の生きた時代において学ぶべきことは、精神的道徳学にほぼ限定されていたのに対して、渋沢の生きた時代の若者は、精神的道徳学のみならず物質的科学が学ぶべきものとして加わった。このため、渋沢の頭の中では、学ぶべき内容が二重構造として構成されていた。

つまり、時代を生き抜くためのテクニカルな学問が物質的科学であり、それが上部構造を形成し、道徳倫理とそれに基づいた人間としての立ち居振る舞いや、接際の基本を学ぶのが下部構造としての精神的道徳学であった。

渋沢にとって、物質的科学において見究めるべきは才能の向き不向きであった。一方、性向による向き不向きを云々することなくすべての教育対象者に一様に身につけるべきは精神的道徳学であった。渋沢は、人格の基底を形成する精神的道徳学が等閑に付され、物質的科学のみが重視されるのを問題視した。渋沢は、最も重要な人格形成上の基盤を無視して、目新しいテクニカルな分野のみに若者達が没頭する様子を憂いていたのである。

日本が物資的科学を移入する相手である欧米諸国では、物質的科学と精神的道徳学がバランス良く教育されているという事実も渋沢の不安を掻き立てる要因となった。渋沢は、「欧米諸国には普通教育の科目に神学科があって、宗教その他正義人道に関する精神的方面の教育が重んぜられておるが、我が邦においては人道を履み正義を行うて往くという、精神教育はほとんど皆無といってよい程である」と述べている。[61]

つまり、欧米先進国は独自の精神文化に裏づけられた「洋魂洋才」を実践しているにもかかわらず、本来、「和魂洋才」を実践すべき日本が「洋才」のみに没頭して「和魂」を閑却していることに渋沢は切実な危機感を抱いていた。

4－2　渋沢の教育スタンス

子罕第九第23章には、教誨をめぐる議論を通して、渋沢の教育思想の一端が表れている。孔子は、人を教誨するにあたって「正言」と「婉辞（えんじ）」があることを明らかにする。正言は古聖賢の法語、つまり先王の言葉であり、婉辞は正言を補完するためのたとえ話である。(62)

この正言と婉辞を一般的なレベルで解釈すると、思想、法律その他体系的な知識を身につける場合の聖典と注釈書、法典と判例集の関係に相当する。具体的にはコラーンにはハディースがあり、論語には家語、仏典には曼荼羅が存在するという関係である。

正言、婉辞のいずれかあるいは両方を用いて教誨した場合、教誨される側がその意を理解するだけでなく、理解したことをもとに自らを振り返り、実践することが重要である。渋沢が、相手の性格、時、場合を考慮して正言、婉辞を使い分け、誘導的意見をもって教誨した経験をもとに、導き出した結論はシンプルである。渋沢は教誨される側の人物を２種類に分類する。それは、(1) よく自らを省みて行いを改め義に徙（うつ）る人、(2) その場限りで聞き流しにする人の２タイプである。

渋沢は２番目のタイプについてどのように工夫して教誨の実をあげようかと検討することはしない。渋沢が人を導き諭す立場に身を置いた場合のスタンスは、「自分は相手のためを考えて精一杯受け入れやすい教誨を行う。しかし、それをどのように生かすのかは聞き手の資質によって決まる」というものである。つまり、渋沢は怠惰ゆえに落ちこぼれた者に対してさらに手を差しのべる教育者のスタンスをもってはいない。

渋沢は好事例として、父である細川幽斎の教誨を真摯に受け入れて徳川の信任を受け、肥後五十四万石に転封となった細川忠興をとりあげる。渋沢も教誨すべきと考える人物に遭遇した場合は、婉辞を巧みに使い、その人に相応しい方法で教誨した。そして、教誨を自らの教訓として生かし実践できない人物には将来がないと言い切った。

4－3　言と教育

陽貨第十七第19章は、躬行から道理を体認すべきことを述べた章である。本章は、【子曰。予欲無言。子貢曰。子如不言則小子何述焉。子曰天何言哉。四時行焉。百物生焉。天何言哉】（子曰く、予、言うなからんと欲す。子貢曰く、子もし言わざれば、則ち小子何をか述べん。子曰く、天何をか言うや。四時行われ、百物生ず。天何をか言うや）というものである。[63]

孔子が「予、言うなからんと欲す」として言語を用いて弟子を教えることをやめると述べたことについての解釈は、各学統間で異なっている。朱熹は、「学者多以言語観聖人、而不察其天理流行之実、有不待言而著者」（学者多く言語を以て聖人を観て、其の天理流行の実の、言を待たずして著わるる者有るを察せず）というものである。[64]

朱熹は、学ぶ者の多くは、天理が万物にあまねく行きわたっていることを、言語によって聖人のように理解できると考えているが、それは誤りであると述べているのである。つまり、学ぶべきは天理流行であり、それを知るには言語はツールとして不十分で限界があるというのが朱熹の言わんとしていることである。

仁斎は、欧陽子の「自分自身に体得できるよう修養する者は、すべてを自分のものとすることができる。考えを事業として実施するには、できることと、できないこととがある。言論によって表現しようとする者もやはり、それのできるものと、できないものとがある」という言葉を引用する。仁斎は事業や日常の表現など、求めるべき道が日常の実践のなかにあるため、言語は不十分であると述べる。つまり、道を求めるには言語より日常の実践が重要であるというのが仁斎の見解である。[65]

仁斎は「言挙げ」という言葉を用いて、それと対比的に「実行」の重要性を説く。仁斎は、「そもそも、実質があって、言挙げしない者は、心配のたねとする必要はない。それは、言挙げはしないけれども、必ず実行するからである。もし言挙げばかりして、実質がないときには、そのたくみな文や華麗な言葉が、全世界の論文の最高に達していたとしても、益のないものだ」と述べる。[66]

言挙げを、神の意志に背いて述べる言葉であると解釈すると、作為・不作為にかかわらず仁斎にとっては日常生活で言葉を多く発すること自体が、言挙げの禁を犯すリスクを増大させていることになる。仁斎は、「日常の実践 v.s 言語」の関係において、両者間には「日常の実践 > 言語」の関係が成り立つのみならず、言語を誤って用いることにより、「言語⇒言挙げ⇒神の意志に背くこと」という関係が成立すると考えていた。

物徂徠は、「夫れ禮樂は事のみ。言語あること莫し。亦その先王を尊ぶこと天の如し。ゆゑに天を引きて以てその言ふことを待たずして之れを黙議すべきことを明らかにするなり。夫れ禮樂の教へは、黙して之れを識るに至りて、その義は窮盡する有ること莫きなり」と述べる[67]。

物徂徠は、天にも比せられる先王の礼楽は事実であり言語ではないと述べる。したがって、礼楽は言葉を通してではなく、黙してこれを知ることが必要であるというのが物徂徠の解釈である。

このように、孔子が言語によることなく得ようとするものについて、朱熹は「天理流行」、仁斎は「日常の実践を通した道」、物徂徠は「先王の礼楽」であると考えていた。

4－4　言についての渋沢の解釈

渋沢は陽貨第十七第19章において、孔子が「天何をか言うや。四時行われ、百物生ず」と述べたことを受けて、「しかれども孔子固より己の徳を天に比したるにあらず。衆の与に見る所を挙げて、以て実効の言語にあらざるを証明するのみ。なんぞこれを諱んや。かつそれ子のいうなからんと欲すというは、子、九夷に居らんと欲す。桴に乗りて海に浮ばんというと同じ意味にて、真に海に浮び、真に九夷に居らざるがごとく、真に言うなからんと欲するにあらず。ただ子貢の多言に対して発するのみ」と述べる[68]。

渋沢は、孔子が自ら言を発することをやめる理由を、天が言を発することなくその恵みを人々に与えていることに譬えたことについて注釈を加える。孔子は自らの徳を天に比するような傲慢な考えでこの譬え話をしたのではなく、一般民衆が理解しやすい話として述べたのだと渋沢は説明する。

そのうえで、孔子が言を慎むと述べた真意は、自ら蛮族の住む九夷に身を置き、一人、船で海に浮かぶことにたとえて誇張して述べただけであり、実際にそれを行うわけではない。つまり、言を慎むと言っても全く話をしないわけではなく、多言の失がある子貢に対する戒めの意味で述べたに過ぎないと渋沢は解釈する。

渋沢は、顔淵と閔子騫の例をあげる。顔淵については、「顔淵寡黙(かもく)、しかして群弟子これとともに衡(こう)を争わず」とし、閔子騫については「閔子騫(びんしけん)いわず、しかして人その父母昆弟(こんてい)の言を間(かん)せず」と述べる[69]。渋沢は孔門十哲である顔淵と閔子騫を君子とし、とかく君子は言に訥にして行いに敏であるのを良しとする。以下で、渋沢が本章に付した注釈の真意について管見を述べる。

渋沢が例としてあげた顔淵と閔子騫は寡黙ではあったが、寡黙であるがゆえに君子として尊敬されているのではない。言にもましてその行いが優れており、その行いを通して君子たる徳性を身につけた結果、寡黙な佇まいを醸し出しているのがこの２人であるというのが渋沢の理解と考えられる。

そうであるとすれば、この両名は実践を通して他の弟子が及ばない君子として身につけるべき真理を獲得したと考えられる。その真理の正体が、朱熹のいう「天理流行」か、仁斎が主張する「日常の実践を通した道」か、さらには物徂徠が述べる「先王の礼楽」であるのかという点について、渋沢は本章の注釈で多くを語っていない。しかし、渋沢にとってそれらに相当するのは、君子たる者が身につけるべき真理ということになるであろう。ここではこれを「君子の要件」とする。

言語を通して知ることのできる諸徳目の内容を「形式知」であるとすれば、君子の要件は知識の豊富さで獲得できるものではない「暗黙知」に相当すると考えられる。このように考えると、言葉で獲得することのできない暗黙知は、行動によるか、あるいは自身が沈思黙考することによって獲得するしか方法がないということになる。

形式知の本来の意味は、文章などによって説明・表現できる明示的知識と理解し、暗黙知を言葉にすることのできない知識であると理解すると、業務レベルで語られる知識に関する知見に基づいて君子の要件を語ることに違和感がないわけではない。しかし、業務上の知識であれ君子の要件であれ、言語によって伝えることができる知識は明示的知識である形式知であり、行動や沈思黙考によってしか獲得できない知識は、言葉にできない暗黙知に対応する。

閔子騫は、継母と腹違いの兄弟から受けた酷い仕打ちに対して仁愛をもって返した。つまり、自らを律し行動を通して君子の要件を獲得すべく努力した。顔淵は陋屋に住み粗末な食事をとりながら沈思黙考するとともに、学んだことを実行して君子たる要件を模索した。

渋沢は、形式知を得るためのツールである言語を全否定することはなかった。そして、渋沢は知行合一を重視した。顔淵や閔子騫の姿勢は、言語によって明示的知識を得てそれを実践によって自分のものとするという意味において、まさに知行合一を地で行くものであった。

諸学統の注釈者が、言語を用いずに天理流行や先王の礼楽等を求めることを専一に述べるのに対して、渋沢は知行合一を重視し、言語を通して獲得する明示的知識の重要性を孔子が全く放棄したわけではないことを、自身の注釈で明らかにした。

知行合一を形式知と暗黙知の相乗効果を狙ったものと解釈すると、その相乗効果は、形式知を行動や実践によって内面化し暗黙知として昇華させるプロセスと、暗黙知を表出化して形式知として言語や文章に留めるプロセスから構成される。このように、渋沢は知行合一を念頭に形式知と暗黙知についてのバランス感覚を、ある意味本能的に身につけていたと考えられる。

4－5　教育制度

衛霊公第十五第38章は、教育を施すにあたっては、差別なく行うべきことを述べた章である。本章は、【子曰。有教無類】(子曰く、教うるにあたって類なし）というものである。(70)

本章の「類」、つまり、教育を施す対象者の識別についての解釈は、多くの注釈者の間で意見がわかれる。渋沢は5人の注釈者の識別基準を列挙する。その内訳は、繆播が「知愚」、皇侃が「貴賎」、朱熹が「気習の殊」、仁斎が「世類の美徳」であり、安井息軒が4人の注釈者のすべてを兼ねると註解する。渋沢が本章の注釈でふれていない物徂徠は馬融の「種類」を支持し、中洲は「善悪の類」とする。

渋沢が類をどのように解釈するかによって、教育すべき対象をどのように分類して認識していたのかが明らかとなる。渋沢が珍しく中洲の注釈にふれなかったのは、中洲の注釈に自分の考えとの相違を感じたからと考えられる。

中洲は章意を解釈して、「善悪の類を選ぶべからざるを言ふ」と述べる一方、「人生は相近きも、習ひの善惡によりて相遠ざかる、即ち善に染めば善類と爲り、惡に染めば惡類と爲るなり」と述べる[71]。中洲の考え方は、教育を受けるまでのプロセスにおいて接した人や環境によって、善類、悪類の差が生じたとしても、それをもって教育に差別をしてはならないというものである。

繆播の「知愚」、皇侃の「貴賎」ともに本人の努力とは無関係であり、朱熹の「気習の殊」も、先天的な気の状態を指す。仁斎は人間の本性は善であるとしながらも、そのなかには美悪の差があるとして、「世類の美徳」は本人の努力とは関わりのない部分であると述べる。

渋沢は、人の知愚、貴賎、生まれもった気性等は本人の努力に関わりがないという点を「類」の解釈に取り入れた。しかし、渋沢にとって問題の核心はその点にはなかった。

渋沢は、「我が邦今日教育の仕方は、全く教うるあって類なきなり。すなわち貧富の別も、賢悪の別も、貴賤の別も、習俗の別も、都鄙（とひ）の別もなく、一切の差別を撤却（てっきゃく）して、平等に国民教育として、すべての男児女児に普（あまね）くこれを施せり。そもそも応神天皇の十六年に、論語十巻朝鮮より伝来し、文教ようやく開くといえども、徳川幕府の終りまで、教育は貴族もしくは上流人士の独占に帰し、農工商の三民は教育を受けざりき。階級政治の悪弊恐れざるべけんや」と述べる[72]。

渋沢は類をどのように解釈するかに関わりなく、あらゆる差別を排して教育制度を確立した明治政府を評価するとともに、教育を階級の上位者に限定してきた徳川時代を振り返ってその悪弊を論難する。徳育が不足しているという点に関して、当時の教育の現状に強い懸念を抱く渋沢ではあるが、維新後の日本の教育制度については士農工商等の出自を含めたすべての先天的条件によって差別されることがない点を高く評価していた。

第5節　学の諸側面

5－1　学と詩書礼楽

陽貨第十七第8章は、人は学ばなければ美徳も弊を生じるということを述べた章である。本章は、【子曰。由也。女聞六言六蔽矣乎。對曰。未也。居吾語女。好仁不好學。其蔽也愚。好知不好學。其蔽也蕩。好信不好學。其蔽也賊。好直不好學。其蔽也絞。好勇不好學。其蔽也亂。好剛不好學。其蔽也狂】（子曰く、由や、女六言の六蔽を聞くやと。対えて曰く、未だしと。居れ、吾、女に語げん。仁を好んで学を好まざれば、その蔽や愚。知を好んで学を好まざれば、その蔽や蕩。信を好んで学を好まざれば、その蔽や賊、直を好んで学を好まざれば、その蔽や絞。勇を好んで学を好まざれば、その蔽や乱。剛を好んで学を好まざれば、その蔽や狂）というものである。[73]

本章の解釈にあたって、渋沢は基本的に物徂徠の説に拠っている。物徂徠は、「けだし古への學は、詩書禮樂以て先王の道を學ぶことを謂ふ。而して「詩書は義の府、禮樂は徳の則」なれば（左傳、僖公二十七年）、則ちその徳を成すゆゑんの者は、専ら禮樂に在り」と述べて、学は古の詩書礼楽を身につけることであると説く。[74]

渋沢は物徂徠の注釈の趣旨をほぼ全面的に引用し、君子は義の府である詩書と徳の則である礼楽を学ぶことによって六者の蔽（愚、蕩、賊、絞、乱、狂）を免れるべきであると結論づける。

渋沢は学の意味を物徂徠の解釈に基づいて理解することによって、君子がなすべき道を示したが、詩書礼楽を身につけることを学としたため、それを現代に引き直し具体的になすべきこととして示すことに困難を感じたのであろう、現代人に対する提言は、「徳を修めること」という比較的抽象的なものにとどまっている。

5－2　学と詩

泰伯第八第8章は、詩、礼、楽が学問を身につけるうえで重要であることを説いた章であり、渋沢は冒頭で南溟が語った内容と、南溟が引用した物徂徠の言葉をもって章意を要約している。本章は、【子曰。興於詩。立於禮。成於樂】（子曰く、詩に興り、礼に立ち、楽に成る）というものである。[75]

本章では詩、書、礼、楽、易、春秋からなる六経から詩、礼、楽の3つが取り上げられている。この3つのうち礼と楽は第12章で論じたので、本稿では詩を取り上げ、学との関係について考察する。渋沢は本章の解説で物徂徠、南溟、中洲を引用しているが、その立論は基本的に物徂徠に拠っている。

朱熹は「その善を好み悪(あく)を悪(にく)むの心を起す」と注釈する。[76]朱熹の注釈を字義通りに捉えれば、「詩は善に傾くか悪に傾くかまだ定かではない人の心に善を起す」という趣旨に解釈できる。それに対して物徂徠は、「『興』は『仁に興(おこ)る』『孝・弟に興る』の興の如し、みな鼓舞するところ有りて衆に振興するを謂ふなり」と注釈する。[77]物徂徠の注釈は、「人の心に潜在する仁、孝、悌を詩によって鼓舞する」という趣旨に解釈できる。

朱熹のように「興す」を「起す」と解釈した場合、詩が善を好み悪を憎む心をゼロから涵養するという意味に解釈される。一方、物徂徠のように、それを「鼓舞する」、「振興する」という意味に解釈すれば、学ぶ者の心に元々潜んでいた、「善を好み悪を憎む心」を詩が鼓舞するという意味に解釈できる。

この差は一見小さいようではあるが、人の心に元から潜んでいる善悪に対する認識について、朱熹と物徂徠とでは大きな違いがある。つまり、「善を好み悪を憎む心」が人の心に元から潜んでいるという認識は性善説の考え方と同様である。渋沢の思想を貫く性善説の考え方に立脚すれば、本章の解釈において渋沢が物徂徠を支持することは当然といえる。

渋沢にとって詩を学ぶことは、人間の心底にある善意志を鼓舞することであり、混沌とした人間の心に詩が新たなる善意志をインプラントすることではなかった。

5－3　学と書

泰伯第八第8章では、詩書礼楽のうち「書」が取り上げられていない。このことについて渋沢は、中洲の言をもって説明されていると述べる。渋沢は中洲の、「按ずるに、此の章は聖人の心を謂ふに非ずして、施政の實効を謂ふのみ、聖人は固より人々の其の理を知らんことを欲すれども、其の實効は之れに由らしむるに過ぎざるのみ[78]」という言葉を受けて、「また按ずるに、この章に書をいわざるは、書に記載する古先聖王が行うところの政令は、諸生の平生に執り行うべきものにあらざるを以てなり[79]」と言い換えて理解する。

本章で孔子がいうところの「書」は、聖王の高邁な政令を著したものであり、聖王の下にある者が実生活でその内容に容喙すべきではない。したがって、まずは詩によりその意をもって義を学び、礼によって心を制し、楽をもって性を養ったうえで、さらに聖王の政令に関与すべき立場にある者が、書を学ぶべしというのが渋沢の理解である。

書を聖王の高邁な政令を著したものと解釈した場合、学問の最終目的は書であるということになる。では最終目的である書をなぜ本章で取り上げないのかという疑問が生じる。しかし、周の制度を前提とすれば、渋沢が講義の末尾で述べているように、詩礼楽の三者を修めれば、その行いは常に正しく、道徳が完成されたものと判断できる。

したがって、その過程を経て後に聖王の政令に関与し、書に関わる官職につくことが合理的であるという解釈が成立する。渋沢にとって、詩、礼、楽は学の基本問題であり、書はその応用問題と位置づけられる。

5－4　学の成果

述而第七第27章は徳がどの程度身についているのか、孔子が自分自身を振り返って述べている章である。

本章は、【子曰。蓋有不知而作之者。我無是也。多聞擇其善者而從之。多見而識之。知之次也】（子曰く、蓋し知らずしてこれを作す者あらん。我はこれなきなり。多く聞きてその善き者を択びてこれに従う。多く見てこれを識す。知の次なり）というものである[80]。渋沢は本章をもとに、徳が身につく程度を以下のように要約している[81]。

(1)　上智：道徳三昧に入ってしまえば、語黙動静座作進退ことごとくこれ道これ徳、あえて多く聞き多く見て、以て取捨選択をなすまでもなく、無意識の間に慮り(おもんぱかり)、無意識の間に行うたる所が、そのまま善徳で、そのまま道義に叶うことになるから、徳行も遊戯三昧となる。

(2)　学知：なるべく多く聞きて、その中より取捨し善なるものを取りて稽考に資し、またなるべく多く見て、その中より撰択し善なるものを取りて行施に資する。

(3)　下愚：是非善悪を分別せず、何事でも智慮を運(めぐ)らさず、行き当たりバッタリ心に浮かんだままを直ちに行動する。

孔子は自身を何事でも智慮をめぐらさず、行き当たりバッタリ心に浮かんだままを直ちに行動するほどの下愚ではないが、無意識のまま善を行う上智でもない。つまり、自分は学知であると述べている。渋沢の上智、学知、下愚という分類をもとに判断すると、若干の謙遜も含めて孔子が自分をどのように認識していたのかが理解できる。

上智の域に達した場合、その人物は仏教でいうところのまさに菩薩であり、孔子といえども生身の人間であるかぎり、自分自身でその心境に達したと言い切ることは困難であったと思われる。渋沢は孔子の言葉を解釈し、「我はまさに務めて学び、見聞を博くして知識を天下に求め、その善なるものを択んで行う学知者であると仰せられたのがこの章句である」と述べている。(82)

真の学知者であるためには、(1) 見聞を広くすること、(2) 善なるものを選ぶ力を備えかつ実行することの2点が必要となる。渋沢は、いくら見聞を広めても、そのなかから善なるものを選択して行動に生かすことができなければならず、善なるものを選択する能力があるにもかかわらず見聞を広めることがなければ、学知者とはいえないということを事例によって述べている。

渋沢は「断見外道」という仏教用語を用いて、学知者になり得なかった例を副島種臣と江藤新平をとり上げて説明する。断見外道とは他人の意見に一切耳を貸さないという意味である。

副島、江藤ともに学問と見識を備えた人物であることを渋沢は認めているので、両名ともに下愚ではない。つまり、両名ともに善なるものを選択する能力を持っていると渋沢は認識している。しかし、両名ともに自身の考え方や知識に囚われ、それが最善であるという先入観が心を支配したため、見聞を広めること、つまり他人の意見に謙虚に耳を傾けることをしなかった。その結果、副島は晩節を全うできず、江藤に至っては梟首の刑に処せられたと渋沢は分析する。

5－5　学知者

副島や江藤とは反対に、渋沢は人の意見に耳を傾けた人物として松方正義を例にあげる。渋沢は松方を言葉を尽くして称賛する。その理由は、松方が学知者たる2要件を備え、かつ総理大臣、大蔵大臣として日本に多大な貢献をしたからである。

渋沢によると、松方は人の意見を多く聞くことによって見聞を広めることに、ことのほか熱心であった。しかし、あまりに人の意見を多く聞きすぎるために他人からは、松方が人の意見に流され、かついずれの意見にも理を認めるため、最後に聞いた意見を無定見に採用しているように見えた。これをもって、松方には「後入斎」という綽名がつけられたが、渋沢は松方の見識の高さを大いに評価していた。

大蔵省で財政実務に携わった渋沢であるからこそ、財政家としての松方の能力を正当に評価できたのであろう。増税や予算の緊縮等、時によっては国民から大いなる不満が湧き起こる施策を財政当局は執行しなければならず、松方は大蔵大臣としてそれらの不満を一身に浴びなければならなかった。よほどの見識と信念がなければ国民が受け入れがたい政策を実行し続けることは困難であることを、渋沢自身が最もよく理解していた。

松方デフレと称される財政政策は、松方の長期的に将来を見通す能力と深謀遠慮から紡ぎ出した苦心の一策であり、国民に窮乏を強いる不人気な政策を貫き通す信念に支えられていた。もし、松方が他人の意見に振り回されて右顧左眄するだけの人物であったとすれば、決してなし得なかった幣制の一大改革を、渋沢は「国家に対する偉大の勲功」として最大限の賛辞を送っている。

つまり、上智は至高の概念として存在するが、それに達することは至難である。もしその心境に達することができたならば、それは聖人の域をも超越した生き仏であろう。現実的に目指すべきは学知者であり、幅広く知見を集積し、それを自分の責任の下で不屈の精神をもって実行し遂げる人物である。渋沢が言うように松方正義がその典型例であるとすれば、優れた学知者こそが国家に対する偉大の勲功を残し得る理想の人物像ということになる。

小　括

本稿の目的は、渋沢の思想と事績を支えた学びの姿勢を多角的に考察することであった。学びの目的に関する渋沢の見解は、(1) 古学の目的、(2) 実学の目的、(3) 学と利禄の 3 つの観点から分析を行った。

古学の目的に関して渋沢は、「古学は徳を身につけ、その徳から発する善言をもって自分以外の者に資すること」と理解した。古学を修めることは他人に資するという公益性を有するものであるが、その公益に資するための手段は行動ではなく、あくまでも善言という言葉であった。

実学に関する渋沢の認識は、福沢諭吉の実学に対する認識との比較によって明らかになる。福沢は儒学に含まれる精神性の価値を認めず、「実務＝実業に資する学問」という図式で理解していた。これに対して渋沢は、政治、経済、社会等の接際において徳性を発揮することがすなわち実学の真面目であり、「人間生活上の経済観」と「人道修飾上の道徳観」が不可分に結びついたものが実学であるとする。

つまり、実務の現場で役に立つ技術や知識に限定することなく、それらを発揮するにあたっては常に人との接際を念頭に置き、徳性を発揮して、当初の目的を達成するための学問が実学であるというのが渋沢の見解である。渋沢から見ると、福沢が主張する実学は人が介在しない無機質な現場で発揮される技術的知識にすぎない。

学問の目的を議論する場合は、常に学問を身につけるための努力への対価が議論される。渋沢は学問を身につけた者がしかるべく対価を得ることを否定しているわけではない。むしろ、それが適正な対価であればそれを得ることは当然であるという立場をとる。

利が正しく得られたと判断されるのは、自利、利他を適切に案分し、かつ、案分するにあたって他を思いやる精神が発揮された場合である。偏頗な学問を修得した多くの人が自利のみを追求するような社会が、渋沢の最も憂慮することであり、このような事態に陥らないためにも徳の学びは重要であると渋沢は認識する。

渋沢が懸念するのは、精神的道徳学を蔑ろにして物質的科学のみを修得した若者が、実力の涵養を忘れて「自家広告」にうつつを抜かすことであった。実力を涵養してきた若かりし頃の渋沢は、人生の節目で常に他者から認められ、重要な役割を与えられてきた。その経験から、実力が伴わない若者がハッタリをかまして自分を大きく見せようとしている姿は、渋沢にとってはまさに見るに堪えないものであった。

渋沢は徳の学びと格物致知は均衡させるべしと主張する。渋沢は、「士」の称号をその肩書きにもつ格物致知を修得した人物が破廉恥な罪を犯す現実を目の当たりにして、徳の学びの重要性を痛感する。渋沢にとって真の学問を修めることとは、徳を修める学と、理論的、技術的な知識を修得する格物致知の2つを高いレベルで修め均衡を保つことであった。

さらに、渋沢にとって道を求めて学ぶことである求道とは、「道義」と「物の道理」の2つの道、つまり、精神的道徳学と物質的科学の両方を修めることを意味した。言い換えるとそれは、徳の学びと格物致知をともに高いレベルで均衡をとって修得すべしということにほかならない。そして、渋沢が青壮年期を過ごした明治期に流入した、理論的知識や技術的知識である新理義と新知識は渋沢の認識によると、格物致知の範疇に含まれていた。

渋沢にとって学びは知行合一と切り離せないものであった。渋沢は、「学んで問うことは知ること」であり、「識(しる)すことと思うことは行うこと」であるという独特の解釈を行った。つまり、渋沢にとって知行合一の「行」は、物事を実行することという意味があるのはもちろん、その初期動作である「識(しる)すことと思うこと」も行の範疇に含まれる。

つまり、「識(しる)すことと思うこと」は学ぶことの一部であると同時に、行うことの一部でもあるという関係が成立する。「学ぶこと」と「行うこと」という2つの集合をそれぞれAとBとすると、AとBが重なる部分である積集合が「識（しる）すことと思うこと」であるというのが渋沢の解釈である。このように、「識と思」に対して独自の解釈を行うことによって、渋沢は学と行が一部で重なり合い、不可分に結びついていることを論証した。

渋沢は学と仕官の関係性についての見解を示すことによって、知行合一の重要性を強調する。渋沢は出仕や仕官を躊躇する孔子の弟子を扱った論語の章意解釈において、「知ること＝学ぶこと」、「行うこと＝仕官、出仕」とおいて、学んだことが仕官して実務に携わることによって生かされ、より確実なものとなり、実務によって学びの不足が明らかになり学びの内容が一層高度化するという相乗効果の効用を主張する。

そしてその相乗効果は「行」による「知」の繰り返しである「習」によって最大化される。渋沢は仕官に踏み切れないのは自信のなさの表れと断定する。

渋沢の論考に則して考えれば、この自信のなさは、「行」の初期動作である「識（しる）すことと思うこと」が不十分だからであり、それらが同時に学びの一部分である限り、学びの不足が自信のなさの原因でもあるということになる。しかし、渋沢が推奨するのは自信のなさを乗り越えて「行」に踏み切ることであり、その精神的障壁を打ち破ってこそ大いなる進歩が得られるということである。

渋沢は、学問と教育の関係について、教育は徳の学びと格物致知が均衡すべきことを説いて止まない。それは渋沢が格物致知の偏重教育に大いなる危機感を抱いているからにほかならない。日本の教育の現状に対する渋沢の危機感は、国内事情のみから発するものではない。

高度な技術的知識を有する先進欧米諸国では「洋魂洋才」が確立しており、洋魂は宗教的裏づけをもってしかるべく西洋人の精神に根づいていると渋沢は理解する。一方、宗教的裏づけをもって和魂を涵養する宗教的、社会的制度をもたない日本においては、教育制度に和魂を育てる仕組みを取り入れることが不可欠となる。

この制度的取り組みの遅れと、日本人に危機感が共有されていないことに、渋沢は切実な危機感を抱き、いわばやむに已まれぬ気持ちで論語講義を継続し、次代を担う若者に道徳教育を施したのである。しかし、渋沢はあくまでも企業者であり教育者ではなかった。渾身の努力をもって教誨したことを怠惰ゆえに聞き流し、落ちこぼれる者に対して渋沢は、さらに手を差しのべるスタンスをもち合わせてはいなかった。

渋沢は教育の手段としての「言」を重視した。渋沢は徳の学びにおいても、言語を通して知ることのできる、いわゆる形式知としての諸徳目の学びを重視した。その一方、言語によらない、暗黙知による徳の学びや格物致知は行動によるか沈思黙考することによって獲得すべしと考える。その意味からも、知行合一の「行」はまさに行動によってしか得られない暗黙知を自らのものとする重要な事柄である。

学の諸側面に関しては、詩書礼楽から学知者に至る5項目に関して渋沢の認識を考察した。渋沢は、学の成果の達成度合いに応じて、「上智」、「学知」、「下愚」という3分類のうち、孔子が自らをして該当すると認知した学知者に注目する。真の学知者であるためには、(1) 見聞を広くすること、(2) 善なるものを選ぶ力を備えかつ実行することの2要件を満たすことが必要となるが、これを満足した人物として渋沢は松方正義をあげる。

松方は渋沢と同年代で大蔵省に出仕した薩摩出身者であることから、渋沢がその人格や見識を詳細に知り得る人物であった。つまり、渋沢は若年期から老年期に至る長きにわたって松方を知る立場にあって、その人格を学知者と認めたのであるから、その評価はこのうえなく正確と考えられる。

その評価を前提とした、渋沢と同時代に生きた松方の人格的特徴は、まさに学知者の定義である「なるべく多く聞きて、その中より取捨し善なるものを取りて稽考に資し、またなるべく多く見て、その中より撰択し善なるものを取りて行施に資する」という資質に該当するものであった。

松方は人の意見をよく聞いた。そして、そのうえで熟考して結論を出し、いかなる反対があろうともそれを決行し、最終的な責任を取った。大隈によって放漫となった財政を引き締めるための、松方財政によるデフレ政策は、日本全体が不況感に覆われるだけでなく、都市と地方の格差を著しく増大させる、誰にも人気のない財政政策であった。しかし、松方はその政策を「善なるものを取りて行施に資する」ものと信じて実行した。

このように不人気な政策の実行者は、不満分子に暗殺されても不思議ではなかった。しかし、松方は信念をもって「善なるもの」を実行した。そして、松方の人間性を若年期から知る渋沢は、松方による善なるものの実行がその人間性の深奥に発するものと理解し、松方を学知者として認めたのである。

【注記】

（１）渋沢栄一「憲問第十四第25章」『論語講義（六）』（講談社学術文庫、1977年）58－72頁。
（２）荻生徂徠著、小川環樹訳注『論語徴Ⅱ』（平凡社、2011年）201－202頁。
（３）朱熹著、土田健次郎訳注『論語集注４』（平凡社、2014年）74－75頁。
（４）渋沢、前掲書（六)、「憲問第十四第25章」59頁。
（５）渋沢栄一「学而第一第７章」『論語講義（一)』（講談社学術文庫、1977年）45－47頁。
（６）荻生徂徠著、小川環樹訳注『論語徴Ⅰ』（平凡社、2011年）35頁。
（７）渋沢、前掲書（一)、「学而第一第７章」47頁。
（８）渋沢、前掲書（一)、「学而第一第７章」48頁。
（９）渋沢、前掲書（一)、「学而第一第６章講義」42－44頁。
（10）渋沢、前掲書（一)、「学而第一第６章講義」43頁。
（11）渋沢、前掲書（一)、「学而第一第６章講義」43頁。
（12）渋沢栄一「泰伯第八第12章」『論語講義（三)』（講談社学術文庫、1977年）184－185頁。
（13）朱熹著、土田健次郎訳注『論語集注２』（平凡社、2014年）363頁。
（15）渋沢、前掲書（三)、「泰伯第八第12章」184頁。
（16）渋沢、前掲書（三)、「泰伯第八第12章」184頁。
（17）渋沢、前掲書（一)、「為政第二第18章」114－116頁。
（18）朱熹著、土田健次郎訳注『論語集注１』（平凡社、2014年）185頁。
（19）荻生徂徠、前掲書1、79頁。
（20）朱熹、前掲書1、188頁。
（21）三島毅『論語講義』（明治出版社、大正６年）38頁。
（22）渋沢、前掲書（一)、「為政第二第18章」114頁。
（23）渋沢、前掲書（一)、「為政第二第18章」115－116頁。
（24）渋沢、前掲書（一)、「為政第二第18章」116頁。
（25）渋沢、前掲書（一)、「為政第二第18章」116頁。
（26）渋沢栄一「先進第十一第６章」『論語講義（四)』（講談社学術文庫、1977

年）140－141頁。
(27) 渋沢栄一「陽貨第十七第23章」『論語講義（七）』（講談社学術文庫、1977年）48頁。
(28) 渋沢、前掲書（四）、「先進第十一第６章」141頁。
(29) 渋沢、前掲書（三）、「泰伯第八第13章」185－190頁。
(30) 朱熹著、土田健次郎訳注『論語集注２』（平凡社、2014年）365頁。
(31) 荻生徂徠、前掲書Ⅰ、324－325頁。
(32) 朱熹、前掲書２、370頁（土田健次郎の訳注）。
(33) 三島毅『論語講義』（明治出版社、大正６年）170－171頁。
(34) 渋沢栄一「泰伯第八第13章」『論語講義（三）』（講談社学術文庫、1977年）186頁。
(35) 三島、前掲書、170頁。
(36) 渋沢、前掲書（四）、「子罕第九第19章」57頁。
(37) 渋沢、前掲書（四）、「子罕第九第19章」57頁。
(38) 渋沢、前掲書（一）、「為政第二第11章」100－103頁。
(39) 渋沢、前掲書（一）、「為政第二第11章」100－101頁。
(40) 荻生徂徠、前掲書Ⅰ、71頁。
(41) 渋沢、前掲書（一）、「為政第二第11章」102頁。
(42) 渋沢、前掲書（一）、「為政第二第11章」103頁。
(43) 渋沢栄一「子張第十九第６章」『論語講義（七）』（講談社学術文庫、1977年）93頁。
(44) 渋沢、前掲書（七）、「子張第十九第６章」93頁。
(45) 渋沢、前掲書（七）、「子張第十九第６章」93頁。
(46) 渋沢、前掲書（一）、「学而第一第１章」26頁。
(47) 渋沢、前掲書（七）、「子張第十九第13章」103－104頁。
(48) 朱熹、前掲書４、428－308頁（土田健次郎の訳注）。
(49) 荻生徂徠、前掲書Ⅱ、339頁。
(50) 三島、前掲書、420－421頁。
(51) 渋沢、前掲書（七）、「子張第十九第13章」104頁。
(51) 渋沢、前掲書（七）、「子張第十九第13章」104頁。
(52) 渋沢栄一「公冶長第五第５章」『論語講義（二）』（講談社学術文庫、1977年）82－83頁。
(53) 荻生徂徠、前掲書Ⅰ、180頁。
(54) 渋沢栄一「公冶長第五第５章」『論語講義（二）』（講談社学術文庫、1977

年）83頁。
(55) 渋沢、前掲書（二)、「雍也第六第10章」166－167頁。
(56) 渋沢、前掲書（二)、「雍也第六第10章」167頁。
(57) 渋沢、前掲書（四)、「先進第十一第21章」185－189頁。
(58) 渋沢、前掲書（四)、「先進第十一第21章」187頁。
(59) 渋沢、前掲書（四)、「先進第十一第21章」188頁。
(60) 渋沢、前掲書（四)、「先進第十一第21章」187－188頁。
(61) 渋沢、前掲書（四)、「先進第十一第21章」188頁。
(62) 渋沢、前掲書（四)、「子罕第九第23章」66頁。
(63) 渋沢、前掲書（七)、「陽貨第十七第19章」39－41頁。
(64) 朱熹著、土田健次郎訳注『論語集注 4』（平凡社、2014年）326頁。
(65) 伊藤仁斎著、貝塚茂樹編集「論語古義」『日本の名著13』（中央公論社、昭和47年）398頁。
(66) 伊藤仁斎、前掲書、398頁。
(67) 荻生徂徠、前掲書Ⅱ、301頁。
(68) 渋沢、前掲書（七)、「陽貨第十七第19章」40頁。
(69) 渋沢、前掲書（七)、「陽貨第十七第19章」40頁。
(70) 渋沢栄一「衛霊公第十五第38章」『論語講義（六)』（講談社学術文庫、1977年）159－160頁。
(71) 三島、前掲書、357頁。
(72) 渋沢、前掲書（六)、「衛霊公第十五第38章」160頁。
(73) 渋沢、前掲書（七)、「陽貨第十七第 8 章」22－25頁。
(74) 荻生徂徠、前掲書Ⅱ、287頁。
(75) 渋沢、前掲書（三)、「泰伯第八第 8 章」173－177頁。
(76) 朱熹、前掲書 2 、349頁。
(77) 荻生徂徠、前掲書Ⅰ、318頁。
(78) 三島、前掲書、168頁。
(79) 渋沢、前掲書（三)、「泰伯第八第 8 章」176頁
(80) 渋沢、前掲書（三)、「述而第七第27章」100－105頁。
(81) 渋沢、前掲書（三)、「述而第七第27章」101頁。
(82) 渋沢、前掲書（三)、「述而第七第27章」102頁。

終　章
まとめと展望

はじめに

終章では、全15章にわたって考察した内容を編ごとにまとめて整理する。各章の結論はそれぞれ章末の小括に記述したので、終章第1節から第4節では全15章を通覧し、別角度から新たな知見を見出すべく考察を加える。第1節の「渋沢思想と仁の思想」では章立てにこだわらず、仁についての考察を多角的にまとめる。第2節から第4節は章立てごとにまとめる。

第5節の本書のまとめと展望では、渋沢思想を「人間観」、「国家観」、「天命観」という3つの切り口から整理する。加えて、渋沢の行動原則を「協働の精神」、「応能主義」、「義務感」という3つに要約して考察する。

渋沢の「人間観」、「国家観」、「天命観」は、本書の考察対象である「道徳観」と「経済観」の基盤を構成するものであるという考えに基づいて考察を加える。一方、「協働の精神」、「応能主義」、「義務感」は、論語注釈で述べられる渋沢の経験やエピソード等を通して看取された行動原則である。これらは、渋沢の道徳観を構成する主たる要素であるというよりは、むしろ道徳観からの派生原則と位置づけて考察する。

第1節　「渋沢栄一と仁の思想」のまとめ

本書を構成する各章の末尾には小括を配して考察結果をまとめた。本節では、第1章から第4章で考察した「渋沢栄一と仁の思想」を振り返り、その結果をまとめる。

渋沢栄一の仁の思想を他の徳目に先がけて考察した理由は、(1) 仁が論語における最も中核的な概念であること、(2) 渋沢が論語をいかに解釈して行動に反映させたのかを探るうえで、この中核的な概念である仁がどのように理解されたのかを分析することが不可欠と考えられることの2点である。

難解かつ重要な概念であるがゆえに、渋沢が仁をどのように自分の言葉で語っているのかを分析することは、渋沢の思想的淵源を探り、かつその淵源と義利合一説がいかなる関わりを有するのかを理解するうえで重要と考えられる。本節では、複数の論語注釈書との比較に基づいて考察した、渋沢の仁に対する基本的な理解内容を明らかにすべく分析を行った。

1－1　仁の定義

渋沢の仁の基本認識は、樊遅の3つの問いに対する孔子の答えを記した子路第十三第19章、顔淵第十二第22章、雍也第六第20章の3章、および子罕第九第28章に対する渋沢の注釈からうかがい知ることができる。

渋沢は字義的、概念的に分析して仁を理解するというよりは、仁という徳を備えた人物、すなわち「仁者」たる者がいかなるパーソナリティをもった人物であるのかを分析することによって仁を理解しようとする。渋沢はあくまでも、「人」および「人と人の接際」、つまり、政治から日常の所作に至るあらゆる部面での対人関係を念頭に置いた、「人としての立ち居振る舞い」において実践すべき徳目として仁を理解する。

仁者であるか否かは、(1) この立ち居振る舞いをいかに深くかつ自然に身につけているか、(2) 万民のための政治を全うすべき天命が与えられているか、という2点によって判断されるというのが渋沢の考え方である。つまり、渋沢にとって仁者とは、「人間愛を持ち、勤勉、謙譲、恭敬忠信の徳目を有し、かつ、それらの道徳的資質を生かして自らの天命である万民のための政治を全うする人物」である。渋沢にとって仁とは、仁者たる者に深く備わっている徳目である。

渋沢はこの茫漠たる仁の概念を、手の届かない理想型として先天的に存在するものと捉えるのではなく、後天的な努力によって身につけることのできる徳と考える。なぜなら、渋沢が仁者たる必要条件と理解する、(1) 人を愛すること、(2) 労苦を厭わず仕事をなし、得るを後にすること、(3) 平生から恭敬忠信に基づき心を尽くし行うことの 3 点は、先天的に与えられたものではなく、仁者たらんとして後天的に努力することによって得られるものだからである。

ただし、渋沢が仁者たる者の十分条件として理解した、「自らの天命である万民のための政治を全うする人物」に含まれる「天命」は先天的に与えられるものである。つまり、渋沢にとって仁者とは、後天的に身につけることのできる必要条件としての徳目と、先天的に身に備わっている天命という十分条件の 2 つが整ってはじめて成立する人格である。

徳目と天命が備わった人物が仁者であり、かつ仁者には必ず徳目と天命が備わっているとすれば、2 つの命題は同時に成り立つ。したがって、「徳目を身につけることと天命を有していることは仁者であるための必要十分条件である」というのが、表現を変えた渋沢の仁者についての理解と考えられる。

1－2　仁と他の徳目

1－2－1　仁と恕

渋沢が仁あるいは仁者を語るときには、常に人との接際が念頭にあった。接際において重要であるのは、敬意をもって接することと、相手を慮ることである。前者が敬であり、後者が恕である。渋沢は後者の恕について多くを語る。

渋沢は、「己の欲せざる所は、人に施すこと勿れ」と、「人のこれを我に加うるを欲せざるや、我もまたこれを人に加うるなからんことを欲す」という 2 つの警句を意味合いの異なるものと解釈した。前者はあくまで主体が自分にあって「恕」の道であるのに対して、後者は主体が他人にある「仁」の道であるという解釈である。

つまり、恕と仁は他人を慮ることにおいては同じであるが、前者は自らが感じた禁止事項を他人に施すことを自制するということで、あくまでも自己の内部で完結する「自己完結型」の慮りである。これに対して、後者は他人の禁止事項を自らに置き換えてその真意を悟り、その理解に基づいて自らが他人に対する禁止事項を回避することを述べた「自他融合型」の慮りである。仁を発揮するには、他人の思いに自分を重ね合わせる心の幅と柔軟性が必要であると渋沢は理解していた。

1－2－2　仁と義

仁と義の関係について渋沢は、「蓋し義は仁の本体で、義が動いて人の行事となったものがこれすなわち仁である。義に勇みさえすれば、人は必ず仁を行い得るものである」と認識する[(1)]。つまり、仁と義は個々別々の徳目ではなく、義は仁の中核をなし両者は一体のものであるというのが渋沢の認識である。

仁の中核をなす義は、勇とも密接な関係を有する。渋沢は、「義を見てなさざるは勇なきなり」という孔子の言葉を援用し、「不義を見てなすのもまた勇なきなりである」として、不義と認識したものは、いかなる人から圧力を受けてもこれを絶対になしてはならないと戒めている。

渋沢は「勇」について、「本章の勇というは知仁勇三徳の勇にて、猪流の勇や蛮的の勇にあらず」とする。つまり、「孟子のいわゆる浩然の気と同じく、その根柢が深く道義に胚胎し、人生の行路に問題の起った時、迷わず躊躇せず、即時に断案を下して邁進するの謂なり」としている[(2)]。勇とは蛮勇ではなく、理性と熟慮に裏づけられた毅然たる決断力であるというのが渋沢の義の理解である。

渋沢は人間愛をもち、勤勉、謙譲、恭敬忠信の徳目を有する仁者をして具体的行動に駆り立てるのが、「義」つまり正しいことであると考える。しかし、それを見究める力をもっていたとしても、「勇」つまり理性と熟慮に裏づけられた毅然たる決断力がなければ、「義が動いて人の行事とならない」と考えた。つまり渋沢は、仁は徳性を備えているという「資質」であり、義はその資質を発揮するにあたって正しいことを見究める「判断力」であり、さらに勇はその判断力に基づいて資質を発揮する際の「決断力」であると認識していた。

1－3　仁と言行一致

渋沢は仁者が備えるべきこととして言行一致を強調する。顔淵第十二第3章で語られる孔子の仁に関する言葉は、軽躁にして言を慎まぬ病をもつ司馬牛に対して言行一致の重要性を説くものであった。

言行一致が仁に適うための基本的条件であることは明らかであるが、渋沢の考え方の特徴は、いかなる観点から仁に適うべき言行一致が励行されなければならないかという点を重視することである。渋沢は、責任ある立場の人間であればあるほど、行動を起こすに際して明確な指針としての言葉が重要になると考える。

その言の重さゆえに軽々な言葉は多くの人を惑わす恐れがある。ましてや言と行が一致しなければ、その言は空疎になるだけでなく社会に対して甚大なマイナス影響を及ぼす。したがって、言に見合う行が必要不可欠であることはもちろん、言の重さを考えた場合には、むしろ控え目な言が適切なのではないかと渋沢は考えた。

渋沢は不言実行よりむしろ有言実行を是とした。実行が重要であることは言うに及ばず、言も同じく重要であると渋沢は考えた。渋沢は「言そのものの質」、「言と実行の関係」の両面から言の重要性を認識した。なぜなら、言葉が人間に与える影響は著しく大きいと認識していたからである。

内容をともなわない浮薄な言葉が飛び交う当時の状況を渋沢は憂慮していた。浮薄であるだけでなく虚偽の言葉は、それが巧みに修飾され心を捉えるレトリックで覆われていたとすれば、その言葉の魔力に惑わされて、虚偽を見抜けず不幸に陥る人が生まれる可能性がある。これが言そのものの質に関わる渋沢の憂慮である。

言と実行の関係についての渋沢の問題認識は、発言者の社会的地位と言行一致の重要度の比例関係を重視する点にある。言行一致は、日常生活から国政に至るまで、あらゆるレベルにおいて重要であることは言を待たない。しかし、帰りがけに約束した買い物を忘れることと、国政の重大事案を公約に反して実行しないのとでは、社会全体に与える影響の違いは歴然としている。

渋沢は、社会的地位が高い人物であればあるほど発せられる言葉は重く、多くの人に影響を与えるがゆえに、言行一致は重要と考える。仁者の基本的条件は言行一致である。似非仁者つまり不仁者が権力を掌握して言行不一致を連発したとき、国政がどのよう状態になるかを想像すれば、渋沢の憂慮がより明確に理解できる。

1－4　仁者と有徳の士

渋沢が理解する仁者の特質をより深いレベルで把握するためには、聖人、君子、成人、志士等からなる、いわゆる「有徳の士」が備える道徳的資質を仁者の資質と比較することが効果的と考えられる。

仁者と聖人の相違について渋沢は、「仁は徳をもっていうのに対して、聖は功をもっていう」という中洲の理解に同調しつつ、仁者の要件を、徳を身につけていることにとどまらず、それらの道徳的資質を生かして自らの天命である万民のための政治を全うする人物と理解した。

聖人を、「天下を平治した事功のある者」とし、仁者を、「自らの天命である万民のための政治を全うする人物」とすれば、聖人と仁者はそれぞれ、天下を平治し、万民のための政治を全うするという点において同じく功ある者である。聖人が天下を平治するにあたって徳治が不可欠であるとすれば、聖人も仁者と同じく徳をもっていう人物である。

このように論考を進めると、渋沢にとって仁者と聖人は表現上の微妙な相違はあるにせよ、その本質は同じである。実践を重視する渋沢にとって、仁者は聖人であると同時に聖人は仁者であり、実践することが必須であるという点において、渋沢にとって「仁者たるべき者」と「聖人たるべき者」は実質的に無差別であった。

君子についての渋沢の理解を探るにあたっては、君子儒の定義から解明する。渋沢の定義による君子儒、つまり君子たる者の道徳をもって立つ儒者は、「経世済民を天職とし、道徳をもって人を治める儒者」であり、経世済民の定義は経済分野にとどまらず、広く政治・統治・行政全般にわたって民を済（すく）う儒者と解釈される。君子たる者の資質をもった儒者を君子儒というのであれば、君子自体は、経世済民を天職とし、道徳をもって人を治める者ということになる。

道徳をもって人を治め、それを天職する者は実質的に仁者、聖人と同義である。つまり、徳を備えかつ万民のための良き政治を行う者という点において渋沢は概ね、「仁者＝聖人＝君子」と理解していた。

渋沢は、成人を人格的に「全き人」と解釈した。渋沢は、成人は智、不欲、勇気、才芸等全てを兼ね備えた人物でなくても良いが、固有に備えている天性の長所については、礼をもってそれを節し、楽をもって和らげることによって成人となすとした。渋沢が考える人格的に全き人とは、「天から与えられた才を自らの分とわきまえ、礼楽をもってそれらを慈しみ育てる人」である。

仁者、聖人、君子も成人と同じく何らかの天与の才を与えられた者たちであり、成人の括りのなかで認識される仁者、聖人、君子の三者は、礼楽をもってそれらを慈しみ育てるという点に関しては成人と何ら変わりはない。

渋沢にとってほぼ同義である仁者、聖人、君子の三者は、成人のなかにあって際立った道徳的資質をもち、礼楽をもってそれらを慈しみ育てることにより、天命である万民のための政を治める者である。したがって、カテゴリーの大小を不等号で表すとすれば、「成人＞仁者、聖人、君子」という定式化が妥当と考えられる。

志士は仁を志す人であり、仁の深甚さを知ったうえでそれを求め、あるいはそれを得た人と渋沢は理解する。その一方、「志士＝仁の深甚さを知りそれを求め、あるいはそれを得た人」という理解から、「志士仁人＝武士道に基づき義を貫く人」というように渋沢の理解内容は微妙に変化している。

渋沢の脳裏には自身が若かった頃のことを含めて、幕末の志士のイメージが強く残っているのであろう、「理性に基づいた志士の理解」と、志士に対する憧れとノスタルジーに影響されたいわゆる、「感性に基づいた志士の理解」が渋沢の意識には混在していた。

1－5　人物評価から探る仁の理解

仁者に対する渋沢の認識を人物評価を通して探るにあたり、最も明確にその考え方が表れるのは孔子に対する評価と考えられる。なぜなら、孔子は渋沢の精神的支柱である論語の講述者であり、渋沢が神格化しても不自然ではない人物だからである。

渋沢が自身の仁者の概念を確立するにあたってアイデアを提供した人物、つまり孔子に対し、そのアイデアをもとに偏りなく人物評価することは、まさに「正直な心」をもってしなければ成し得ないことである。つまり、渋沢の仁者の認識に照らした孔子の評価に率直さと合理性が認められれば、それこそがまさに渋沢の仁者の理解と考えられる。

1－5－1　孔子の評価

孔子は述而第七第33章において、自身を聖人、仁者であると褒める人がいることに対して、それに当たらないと謙遜し、弟子を諭すとともにその道をたゆまず教えているだけであると述べた。渋沢は、南溟の「子華を喩すなり」という注釈を通して、孔子が公西華を諭す形式をもって述べたかった、(1)真実に耳を傾けるべきこと、(2) 聖人、仁者たらんとする日頃の努力を惜しまず、かつ人々を啓蒙すること、という2つの教訓を本章に見出した[3]。渋沢は孔子が自ら仁者たらんと努力する姿勢を是とした。つまり、渋沢は孔子を仁者を目指して邁進している者と認識していた。

渋沢は、中洲が一種の詭弁を用いて孔子を聖人と位置づけようとするのに対して一線を画した。中洲は、孔子を聖人と認める立場をとろうとして矛盾を感じ、それを解決するために先王を「正称」としての聖人とし、孔子を「望めば天下を平治し得ること歴然たる者」である「変称」としての聖人と理解した。

しかし、渋沢は、孔子を変称としての聖人とする中洲の論理に無理筋な面を認めたであろうし、実務家として確実な実績を重んじる立場から、天下を平治した事功のない孔子を聖人と認めることは困難と感じた。つまり渋沢は節を曲げて孔子を強引に聖人とする考え方には与しなかった。

渋沢にとって仁者、聖人、君子の三者はいずれも道徳的資質をもち、天命である万民のための政を治める者であった。このような有徳の士と孔子のプロファイルを比較したとき、政に関する明確な事功をもたない孔子は、いかに論理をめぐらしても仁者、聖人、君子のいずれにも該当しないことは明らかであった。

このように渋沢は、自身と孔子との関わり合いにおいて、神格化しても何ら不思議のない相手に対して率直な人物評価を下した。渋沢は、孔子の言葉を自らの真実として理解し、その内容に妥協しなかった。つまり渋沢は、自身が理解した孔子の言葉にしたがって孔子自身を評価するにあたり、一切妥協しないことをもって、孔子に真の敬意をはらったといえる。

1－5－2　歴史上の人物の評価

渋沢は、仁に関する論語各章に対する注釈において、複数の人物評価を行っている。日本史上の人物に関しては室町、戦国時代以降その事績が明らかな人物が対象であり、海外の人物については中国、欧州等さまざまである。しかし、いずれの人物も思想家や哲学者ではなく、戦乱の時代にあってはその中核にあり、比較的平安な時代にあっては政治の中心にあった人物である。つまり、政治や権力闘争と関わりがあり、その事績が政治に関わる行動の結果として表れる人物が評価対象となっている。

渋沢が仁者として認めるとともに、皇室との関わりをいかに評価するかについて頭を悩ませたのは徳川家康であった。家康は楠木正成や新田義貞のように、一身を投げ打って皇統を守った仁者ではない。渋沢から見れば、法度をもって皇室を制御し、武力を背景にトップに君臨した非嫡流の権力者であった。

それでもなお渋沢が家康を仁者と評価したのは、家康が渋沢の仁者の定義にあてはまる人物であったからである。渋沢が理解する仁者の必要十分条件は徳目と天命であった。家康の残した言葉を精細に検討した渋沢は、家康が論語を深く読み込んだ痕跡と、その艱難辛苦の生涯から導き出した生きた訓言を見出した。

渋沢は家康を単に戦好きで権力志向の武将とは捉えていなかった。家康の行動は表面的には策謀にまみれた狡猾なものと映るが、その中心には論語の深い理解と波乱万丈の人生経験に裏づけられた深謀遠慮があったと渋沢は考えていた。渋沢は家康を何が究極的な是で何が非かを知悉したうえで行動する、仁者たる徳目を身につけた人物と評価していたのである。このように、家康が仁者として備えるべき必要十分条件のうち徳目について渋沢は合格点を与えていた。

渋沢が頭を悩めるのは、家康に天下を治める天命が備わっていたのか否かという点である。日本という国の成り立ちの基本は皇室にあると考える渋沢にとって、本来政治を行うべく天命を与えられているのは唯一天皇であった。その大原則にもかかわらず、戦国の世にあっては天皇家に代わって世の中を治めることが実質的な秩序維持に必要であったと渋沢は考えた。

そして戦国乱世を終焉させるべく、皇室を維持しながら、あえてその権威に縛りをかけ、皇室に代わって政治を行うことが日本のためには正しいことであると渋沢は理解した。このように、自らが信じる仁者の定義との齟齬に戸惑いながらも渋沢は家康を仁者と認知した。

1－6　仁の思想と義利合一説

渋沢栄一によって提唱された「義利合一説」は、別名「道徳経済合一説」とも呼ばれ、ほぼ同時期に三島中洲によって提唱された。本書では、論語注釈において渋沢が論じる仁についての考え方を、従来の論語解釈との関係から検証するにあたって三島中洲が信奉する陽明学を指標の一つとして用いた。

仁愛を考察するなかで明らかとなった中洲にとっての義とは、「自利他利＝自愛他愛」を図ることのできる「宜しき道」のことであった。

中洲にとっての仁愛とは、「共存を図るための宜しき道」である義に基づいて相手を慮ることであり、共存するための現実的、物質的な糧を得るために不可欠なものが「利」であった。共存という目的のために義をもって利を適切に分かち合うこと、つまり義と利は密接不可分であるという点に中洲の義利合一説の淵源があり、その根底には共存すべき相手を慮るという仁愛の考え方が存在していた。仁愛の認識から派生した「義と利」の関係について、渋沢と中洲は義利合一という認識で一致していた。

渋沢が主張する義利についてのポイントは、「利は義の和なり」と「利は元亨利貞の利なり」という２つである。これは、利は義を積み重ねていけば自ずと得られるものであり、その場合の利は決して不義の利ではないということを示している。私欲に基づき不義によって得られた利益は、直接・間接に人を悲しませ不幸に追いやって得たものであるので、それを人間生活や国の営みに費やしてはならないというのが渋沢の考え方である。

また、渋沢は出自の判別が困難な利を御するには、利を得る当事者である個々人の心構えこそが重要であると考え、得られた利の獲得プロセスを問題にした。そのプロセスに不備があれば得られた利得は結果として身につかず利得としての役割を全うすることができないというのが渋沢の考え方である。

手抜きや不備などの不義が製品品質に端的に表れる場合、つまり因果関係が目に見える場合とは異なり競争相手を陰に陽に排斥したり、不当に出し抜いたりするような不義によって得られた利得は、そのプロセスとの因果関係が不可視である。

利得の出自が判別不可能な場合、つまり経済論理によって必ずしも不義への報いがなされることが明白ではない場合でも渋沢の考えを受け入れ、義利の因果関係を信じるか否かが問題となる。渋沢は可視、不可視とかかわりなく真正の利益を得てそれを国家社会に尽くす誠意をもって利益を獲得することが重要であり、それこそがまさに義利合一説の考え方であるとする。

1－7　仁の諸相

渋沢の仁の思想をさまざまな角度から考察するなかで、渋沢の考え方が最も端的に述べられているのが、人々が生活する土地の美俗と仁の関わりについてである。渋沢は、都会とは異なり純朴で仁に厚い人々が住む村に身を置けば、それに感化されて自ずと仁厚な人になっていくと考える。

渋沢は、「地の霊（たま）」ともいうべき、いわく説明しがたいものの存在を感じていた。地の霊（たま）、人の霊（たま）、時の霊（たま）なるものがあるとすれば、本来霊的な存在である人間と、霊的存在としての土地が互いに霊を通して正の方向で結びついたときに、仁厚なる村が出現する。

渋沢の考え方を解釈すると、人の内面にある仁徳という場所に人が本来もっている心を住まわせることによって、人の心は安住の地を得て精神的に豊かに過ごすことができるということになる。さらに、人の内面には仁徳だけではなく、悪徳という場所もある。本来無垢な人の心を仁徳に住まわせるか悪徳に住まわせるかは、その人次第である。しかし、仁徳に住まわせている人は、人格高潔にして心が広く体軀も立派である。

渋沢は、「人々が住む場所としての土地」、「人の内面にあって人の心が棲む場所として仁徳」という形で、土地と仁徳を対置させ、かつ人と心を対置させることによって「仁」と「仁厚の美俗を有する土地」との関係を理解する。渋沢は、良き「地の霊」をもった土地に純真無垢な人という有機体が住み、人の内面にあって良き「人の霊」である仁徳という場所に純真無垢な心という霊体を棲まわせることによって、その土地や人々にはごく自然に諸々の良いことがやってくると解釈した。

渋沢は智ある人はその心を仁徳に置き、心を火宅、つまり現世の享楽に置く人は智者ではないと述べる。渋沢にとって智とは仁徳の大切さを知る能力であり、その能力を有する人が智者である。そして、渋沢にとって愚者とは、仁徳の大切さに気づかず心の赴くままに享楽に耽る人である。

渋沢は、良き「地の霊」をもった土地に純真無垢な人という有機体が住んだとしても、それだけでは仁厚の風習を継続発展させることはできないと考える。その土地に住む先覚者がなすべきことは、醇風美俗を保つだけでなく、世界の新知識を入れてその土地の職業に応用することであると渋沢は述べる。

人の仁徳は、仁厚高き村に身を置くことによって涵養される。しかし、その村が仁厚高くあり続けるためには、村人の生活を支えるための機能が円滑に働くことが必須であり、それを担うのが村人の従事する職業の生産性である。つまり、経済力の基盤が確立され、それが日々進化しているのでなければ、醇風美俗を保ち続けることはできない。

村人に心を向ければ、その家族に心が行き、そうすれば必然的に家族が住まう村全体に心が及ぶ。このような個から集団への心の移り行きのなかで、国を思う心が大きく育つと渋沢は述べる。そして、村や国を思う心の中には常に現実を見据えた経済的発想がなければならないというのが渋沢の考え方である。

第2節　「渋沢栄一の国臣意識」のまとめ

2－1　渋沢栄一の君の認識

本編の目的は渋沢の国臣意識の成り立ちを、渋沢の「君」、「臣」および「君臣関係」に対する認識を通して明らかにすることであった。

渋沢の君の認識を探ることによって、渋沢が君たる者にとって重要と考えていたいくつかのことが明らかとなった。君が自らの使命として治国を全うするにあたって考慮すべきは、徳礼と政刑であり、前者を後者に優先すべきと渋沢は理解した。重視すべき徳礼のうち、渋沢が重要と考えたのは礼譲であった。

君たる者が治国の要諦である民を安んずることを実践するうえで重視すべき一国の構造は、一家、一村、一郡等から成り立つ階層構造である。人の集まりから成る一国の構造と相似形の各階層のうち、重視すべきは、団欒によって家族同士が和合する一家である。

渋沢は一家の団欒を支える徳目を親に対する子の「孝」であるとし、一国の安定を支えるのは君に対する臣の「忠」であると理解した。さらに、孝や忠によって一家の団欒や一国の安寧が支えられているなかで、国全体を統治する君たる者が自国の民に対して抱くべき重要な徳目の一つが、「礼譲」であると渋沢は理解したのである。

君は礼譲をもって民と接するとともに、国際関係においても、相手国に対して礼譲をもって国益を主張する姿勢が重要と渋沢は考えた。

渋沢は、君たる者の使命と、備えるべき徳性をこのように認識したうえで、明治天皇を理想の君と考えた。渋沢と同時代にあった明治天皇が名君としての資質を開眼するとともに、それを世に明らかにすることとなったのは、日本が封建時代から近代国家に生まれ変わる時期と明治天皇の治世が重なっていたことが大きな要因として存在する。

このような時代背景において、渋沢は君たる者の理想を明治天皇の言動に見出した。「言」とは御製であり、「動」とは明治天皇の裁可をもって新たに制定された政治体制と、五箇条の御誓文に代表される施政上の基本方針である。元来、堅固な尊皇思想を抱いていた渋沢は、理想の君に仕える理想の臣たらんとして自らがなすべきことを探り、国臣としての企業者の道にそれを見出した。

渋沢が明治天皇を君の理想を体現した人物と認識した理由は、資質や能力等の基本条件を満たしていたことに加えて、上述のごとく日本の政治体制のあり方が大きく変容する過渡期において、明治天皇の名君としての資質が顕現化したことである。また、臣下である元勲達の能力を最大限に引き出し、日本を近代国家に生まれ変わらせた功績はつまるところ国家元首たる明治天皇にあると渋沢は考えた。

渋沢は施政の実績からだけでなく、明治天皇の資質や徳性を、御製に表われる天皇の真情から読み取った。しかし、明治天皇を理想の君主とする渋沢の認識は、決して個人崇拝の域にとどまることはなかった。渋沢は、明治天皇の施政の結果として成立した近代国家の体制を、明治憲法下で天皇を国家元首とする立憲君主制として受け入れ、天皇を含めた国家全体を君たる者として認識した。

渋沢は明治近代国家を、その作者である天皇とともに仕えるべき相手として認識し、自らを「国の臣」つまり「国臣」として位置づけるに至ったのである。

2－2　渋沢栄一の臣の認識

臣たる者の使命やそれを実践するに必要な徳性についての渋沢の理解をまとめる。臣が備えるべき重要な徳目は「忠」であるが、渋沢が考える真の忠は、見返りを求めず能動的に君に仕えることであり、戦国武将のように戦功への報償を求め、下克上を当然のごとく行うことは渋沢にとっては真の忠義ではない。そして、渋沢は至徳としての忠義の典型を和気清麻呂、武内宿禰、新田義貞、楠木正成等に見出した。

渋沢は臣たる者が備えるべき徳性について、忠にとどまらず、他の視角、つまり「士」たる者が備えるべき資格要件という切り口から自説を展開する。渋沢は、士たる者の最上位に属する者が備えるべき人格を、「義を重んじてそれに反することは行わず君命を完遂する徳と器量を備えた人格」と理解する。つまり、忠だけでなく義を重んじる忠義を備え、かつ君命を完遂する徳と器量を備えた人格を臣たる者が備えるべき資格要件と渋沢は考えた。

臣たる者の使命のうち渋沢が最も重視したのが君に対する諫言である。渋沢は前近代と近代国家を対置させたうえで、権限が君一人に集中する近代以前の政治形態においては、命を張った真の諫言が一国の命運を左右するが、近代国家においては、上下、長幼相まって合議を正しく導き議論を尽くすことが臣たる者の諫言に相当すると考える。そして、合議において重視すべきことが礼に則ることであり、一定の節度をもって上下間、長幼間のコミュニケーションを密にすることと渋沢は考える。

礼に基づき意見を出し合う合議を重んじる渋沢は、資本を出し合い一定のルールに基づいて利益を分ける合本、つまり合本法による企業経営を重視した。国政をはじめとする組織体の運営において合議により衆知を集め、民主的に物事を決めることを重視した渋沢は、資金を出し合い合理的に企業組織を経営することを重んじた。

合本法を重視して日本資本主義を育てた渋沢思想の底流には、人の知恵は合議により、資本は合本によって出し合う一種の「協働の精神」が存在していたと考えられる。

臣の心構えのなかで渋沢が最も強く注意を喚起するのが官僚化である。君の傘の下で相応の権限を有する臣下は、既得権限を保持し続けるための保守本能を作動させて現状肯定的となることにより、臣の役割である諫言を忘れる。渋沢は官にある「文弱」と野にある「武愚」を対比させ、形式に拘泥して現状維持を重視する文弱を官僚化の最たる弊害と考える。一方、若干野卑ではあっても形式には拘泥せず、実質を重んじて率直な意見を開陳する、武愚を体現する臣を相対的に望ましいと考える。

2－3　渋沢栄一の君臣関係の認識

君臣それぞれに対する渋沢の認識を探った後は、君と臣のあるべき関係、つまり君臣関係についての渋沢の認識を探ることが課題となる。

渋沢は君にとって重要な徳性として礼譲をあげ、臣にとっては忠が重要と考えた。翻って渋沢は君と臣、両者の関係において重視すべき徳性として礼を掲げる。君臣関係は明らかに君と臣という上下関係を基盤としているが、それはあくまでも、上下、対等さまざまな人間関係における人と人との接際の一分野に過ぎない。渋沢はいかなる関係性であっても、人間同士の接際において最重視されるべきは両者間の礼であると考える。

君臣関係において重視すべき礼が、どのようにして達成されるのかという点に関する渋沢の考えは、君臣関係から広がりを見せ君から民への礼について言及される。君の民に対する礼は、民の窮状に際してその回復を図るべく君自らが行動を起こすことで示されると渋沢は理解した。

臣から君に対する礼について、渋沢は忠信と礼の関係において理解する。忠信は礼の基であるというのがその基本的な考え方であり、忠信なかりせば君に対する臣の文飾や行為つまり文行は、礼を欠く空疎なものとなるというのが渋沢の理解である。つまり、「忠信⇒礼⇒文行」という因果関係において、臣の君に対する礼は果たされるというのが渋沢の考えである。

渋沢は臣がその役割を果たすにあたって不十分となるケースとして君の官僚化を指摘した。一方、君臣関係において臣がその分限を逸脱するケースについて、渋沢は「陪臣の専横」を「君による権限委譲」に対比させて自説を展開した。前者の事例として渋沢は、臣下の柳沢吉保をして政に容喙するに任せた徳川綱吉を小人に相当する将軍として取り上げ、君臣関係において臣下の専横を許したケースを示した。

後者の事例として渋沢は、大政奉還を敢行した徳川慶喜を朝廷に対して臣たる者として振る舞った君子たる臣下として評価した。つまり、臣下がその分限を逸脱して政が混乱する原因は君臣双方にあり、それは君臣のいずれかが小人としての器量しか有しない場合に発生する。また、君臣いずれかが君子たる器量を備えている場合は、陪臣の専横による政の乱れは生じることがないと渋沢は考える。

「陪臣の専横」に対比される「君による権限委譲」は、まさに明治天皇によってなされた維新後の政治体制における重臣たちへの権限委譲がその典型である。渋沢は維新後に成立した立憲君主制に基づく国政の運営を、君たる明治天皇によって適切に権限委譲された重臣たちがその役割を全うする理想型と認識し、その国家に仕える国臣として自らを位置づけた。

2－4　渋沢栄一の国臣意識の成り立ち

渋沢の国臣意識の淵源を探るためには、渋沢が生きた徳川時代から明治時代への過渡期に注目することが必要である。実態的な行政単位は全国に散らばる各藩であった徳川時代と比較して、維新後は大日本帝国憲法により天皇を元首とする立憲君主制が成立し、明確に日本という国の概念が成立した。

維新後の日本においては、五箇条の御誓文により「万機公論に決すべし」との天皇の意向で行政実務は明治天皇を君主として実質的に明治政府に委ねられることとなった。明治天皇が君主となり、天皇の意向で政治が明治政府に委任された近代国家としての日本を渋沢は君と認識し、自らを国の臣つまり国臣と位置づけた。

君たる者としての国の役割は政治、司法、行政というように広がりをもち、その守備範囲には経済や商業等も包含されることとなるため、渋沢にとっては野にあって一企業者としての役割を果たすことが、すなわち臣たる者としての使命となった。

このように企業者として自らを国臣と位置づけた渋沢は、国家全体を視野におき、企業者としての本分を誠実に実践するとともに、国益を優先する姿勢を貫いた。このような姿勢を貫いて企業者活動を展開すれば、自ずと義に反して利を追求する行動をとることはあり得なくなる。渋沢が提唱する義利合一説はこの点においても国臣意識と密接に関係している。

渋沢は維新後の日本を君と認識し、国臣たる企業者としての使命を全うすることを決意しそれを実践した。しかし、渋沢が君と認識する日本は、天皇が立憲君主として存在することを前提とした国家である。つまり、渋沢が自らを国臣として認識するには天皇が立憲君主として存在することが大前提となる。換言すると、連綿と皇統を受け継ぐ天皇が君主であることが、渋沢が自らを国臣と認識するための絶対条件であった。

このように考えると、渋沢が皇室に対してどのような思いを抱いていたのかが問題となる。君たる者の必要条件を天命、つまり皇統を受け継いでいることであるとすれば、名君たる者の十分条件は人格的資質、つまり君子たるべしということになる。これを言い換えれば、十分条件を満たしていなくても、必要条件たる血統を保っていれば、名君ならずとも君として存在し続けることは可能ということになる。

理想の君とはいかにあるべきか、つまり名君として民から尊崇される権威をもって国を安定的に保つためには、人格的資質を涵養することが必須であるというのが渋沢の結論である。

日本の成り立ちから現在にいたるまですべての天皇が名君であったかといえば、不敬ながら必ずしもそうではないというのが事実と考えられる。しかし、それが万世一系の天皇家として国の礎となり続けられたのは、天皇家の権威とそれにともなう権力を巧みに切り分けてきたからに他ならない。

日本における国の成り立ちそのものである天皇家は、君たる必要条件である皇統を男系によって保ち、いかなる佞臣や奸臣が天皇家と血縁関係を結ぼうとも、それらが天皇家に取って代わることはできない制度的な仕組みのなかで純潔性を確保してきた。つまり、天皇家の権威は万世一系の純潔性によって保ち続けられ、時代変遷にともなって政治権力が変移しようとも、天皇家の権威は変わらず存在し続けた。

そして、天皇家の権威を支えるもう一つの柱が十分条件である人格的資質である。しかし、この十分条件たる人格的資質は、天皇家に権威と権力が併存し、天皇が君として政に直接携わる場合に民に対して明らかとなる。つまり、民を第一とする政治姿勢に加えて政治的手腕が権力によって健全に機能しなければ、君の権力は批判され権威も地に墜ちることとなる。

しかし、武家政治七百年にわたり権威と権力が分離された状況においては、天皇家の権威は必要条件たる皇統によって保つことが可能であった。つまり、御簾の奥にある天皇の人格的資質と政治的手腕は実質的な権力を手にしない限り民には明らかになることはないのである。

係る時代変遷の末、封建時代の終焉とともに政治の表舞台に出現されたのが、人格的資質に支えられた権威と権力を兼ね備えた明治天皇であった。明治天皇の存在なしに語ることができない渋沢の国臣意識は、このような時代変遷と時代背景の下でこそ理解することが可能となるのである。

第３節　「義利合一説の基本理念」のまとめ

本書の目的は、渋沢思想の中核にある義利合一説の思想的基盤を明らかにすることであった。義利合一説に対して、「渋沢と仁の思想」、「渋沢の国臣意識」、「渋沢思想の諸側面」の３つの視角から分析するに先立って重要なことは、渋沢の義利合一説の底流にある基本思想の特質を明らかにすることである。

渋沢の義利合一説の特質を明らかにするためには、(1) 同思想を構成する「義」と「利」に対する渋沢の認識を個別に明らかにしたうえで両者の関係性を考察すること、(2) 義利合一説の他の主唱者の思想を考察し、その結果と渋沢の考え方を比較検討することの２つが必要となる。

本書ではこれら２つの視角から渋沢の義利合一説の特質を明らかにしようと試みた。第８章の「渋沢栄一の義の認識－義利合一説を構成する諸徳目－」では、渋沢の義の認識に焦点を絞って分析した。第９章の「渋沢栄一の利の認識－貨殖と富貴に対する考え方－」では、「利を得ること」を広く「貨殖を得ること」と置き換えて、貨殖に対する渋沢の考え方を分析した。

第10章の「三島中洲の義利合一説－成立経緯と国家観－」では、渋沢と同時期に義利合一説を主唱した三島中洲の義利合一説の特質を、その成立経緯や国家観を踏まえて検討した。さらに、第11章の「義利合一説の特質に関する一考察－渋沢栄一と三島中洲の所説の相互比較－」では、中洲の義利合一説の理論的根拠をベースにして、それと対比的に渋沢の所説を検討した。このように義利合一説に対する２つのアプローチを４つの章に分けて実施した。

３－１　義に対する渋沢の認識

義に対する渋沢の認識については、諸学統および渋沢の考え方を論理式にあてはめて整理するとともに、カント哲学における善意志や道徳的法則の第一定式の考え方との比較において、渋沢の義の認識を考察した。善と義の関係について渋沢は、実質含意あるいは両者がともに成り立つときに真であるとする論理積でその関係性を捉えていた。性善説に立脚する渋沢の考え方によると、義、善ともに人間の内面に存在するということになる。一方、カント哲学では善を絶対的内的価値を有するものとして、渋沢と同じく人間の内面に存在するとしている。

渋沢は、義や善と同じく人間の内面にある自然な情動としての七情を否定はしないものの、しばしば人間を惑わし、義に反する行為を密かに教唆する七情は適切に統御されるべきものと考える。つまり、七情による情動の無軌道な働きを強制的に「制御」するのではなく、人間の内面にある義によって自然かつ自動的に七情が「統御」されるようなマインドセットに到達することが、孔子が言うところの「心の欲する所に従うて矩を踰えず」の境地であると渋沢は理解する。

カントは道徳的法則の第一定式で定言的命法を用い、「君の行為の格率が君の意思によってあたかも普遍的法則となるかのように行為せよ」と述べた。定言的命法を用いて表現したことを勘案すれば、カントは第一定式が簡単に達成できるものとは考えていないことは明らかである。

この点を前提とし、かつカントの用語法に従って「普遍的法則」を「義」に対応するものと考えれば、カントが言うところの「君の行為の格率」は、困難を乗り越えて七情を統御し、普遍的法則と整合的となるべきものと考えることができる。しかし、困難を乗り越えるための方法論はカントによって示されてはいない。

渋沢にとっては、この方法論が「人間の内面にある義によって自然かつ自動的に七情が統御されるようなマインドセットに到達すること」であり、そのための道徳教育を充実させることであった。

渋沢の義と七情の関係についての基本的認識を義利合一説にあてはめて考察すると、喜・怒・哀・楽・愛・悪・慾から成る七情から、利の情意的原動力である「慾」がクローズアップされる。「義と利」の関係は、「義と慾」の関係に読み替えることができる。

義と慾は人間の内面で互いに葛藤を繰り替えしつつ、両者ともに人間の内面に存在することから、互いに折り合いをつけることは必ずしも不可能ではない。つまり、義が示す規矩準縄の範囲内で自然に慾を発動する境地に達することは、七情と義の関係と同じく、「義によって自然かつ自動的に慾が統御される」マインドセットに自らを高めることに等しいということになる。

このように、渋沢は性善説に立脚することによって、義と利がともに人間の内面に存在するという考え方に論理的な根拠を見出し、さらにその論理的根拠が義利合一説の現実性と妥当性を担保していることを本能的に察知していたと考えられる。

渋沢はカント哲学との比較において、自らが主唱する義利合一説の論理的根拠を立証することはなかったが、おそらくは、暗黙のうちにかつ本能的に自説の正当性を覚知し、信念をもって義利合一説を主唱していたと考えられる。

3－2　利に対する渋沢の認識

渋沢の利に対する認識を探るにあたっては、利という抽象的な概念をもって考察するのではなく、利益追求活動としての貨殖を利に置き換えて考察することが合理的である。利を貨殖に置き換えて考察する具体的意義は、「貨殖の才」、「貨殖の手段としての投資や倹約」、「貨殖の結果としての富貴」という具合に利を多面的に検討することが可能となる点である。

貨殖の才は学才とは別種の才能であるが、その才能を正当かつ適切に用いることは、まさに論語の本旨に沿うものであった。幕末から明治期に至る激動の時代に青年期までを過ごした渋沢は、農民出身であるがゆえに早くから付加価値を生み出す生産活動を行っていた。しかし、武家が支配していた徳川時代において、付加価値を生み出す階級が尊重される論語解釈が幕府によって採用される道理はなかった。

貨殖の才を発揮して得た財産の使い道について、渋沢は投資を勧め投機を戒めるとともに、浪費と行き過ぎた倹約を戒めた。渋沢のコンプライアンスに関するリテラシーは、現代のレベルに匹敵するほど高度なものであった。なぜなら、渋沢の論跡にはすでにバブル期に日本人が犯した失敗を戒める言葉がみられるからである。

そして、そこには貨殖の才は経済的付加価値を生む場面において正当に発揮し、それによって得た利益は行き過ぎた浪費や倹約をすることなく、効果的に使用すべしとする渋沢の理念が示されている。つまり、義によって利を得、義によって利を用いるべしという渋沢の思想が明確に示されている。

貨殖の結果としての富に対して、渋沢はさほど大きな関心を抱くことはなかった。もし渋沢が富の蓄積を目的に貨殖の才を発揮したのであれば、三井、三菱、住友等と同様、渋沢財閥を形成していたに違いないからである。しかし、渋沢はそれをせず自らの富を用いるだけでなく、広く資金を募ることによって社会事業に専念した。

私益より国益を重視した渋沢にとって、70歳を機に大半の会社役員を辞した後において国益に資する行動とは、社会的弱者を援助することによって、国民全体の効用レベルを引き上げることであった。

社会全体の満足量をパレート最適を目指して最大化し、かつそれを国民間で公平に分配することが、財政学が求めるところの財政当局の役割であるとすれば、渋沢は、野にあって企業者として国益の最大化を目指して活動し、その活動が一段落した後は、国民間での国益の均霑を目標として社会事業に邁進した。

このように渋沢は、富貴において富者たることにはさほど関心を示さなかったが、貴者たることには強い思いを抱いていた。そして貴者の模範例を、富に興味を示さず国事に邁進し続けた伊藤博文に見出した。貨殖の積み重ねの結果としての富貴に対する渋沢の考え方は、「富者たらずとも貴者たれ」という言葉に要約される。

3－3　三島中洲の義利合一説

中洲の義利合一説の特質は、天と地との対比において義と利の関係性を論じる点である。そして、その骨子は中洲の理気合一論で展開される。中洲が主張する理気合一論には、「理」（形而上のもの）、「気」（形ある物）、「大極」（万物を生成する一元気）の3要素が存在する。そして、この一元気である大極のなかにある自然の条理が「元亨利貞」である。中洲の理気合一論は、「理」、「気」、「大極」、「元亨利貞」の4つが、天においてどのように関わり合い、それがいかにして地上の人間世界に反映されるのかを説いた理論である。

中洲は、天上と地上の対応関係において、「理」と「義」、「気」と「利」はそれぞれ一対一で対応するものであるとし、天上の理気と地上の義利を対比的に認識した。そのうえで、天上における理気の関係が地上の義利の関係に反映されるとした。

さらに中洲は、天上で万物を生成する一元気たる大極が地上にあふれ出て、それが地上の人間が生きる活力となっていると説明する。中洲はそれを「必然の勢」として重視する。天から見た場合、地上において形のあるものが「気」であるとすれば、形ある人間も同じく「気」である。そうであるとするならば、必然の勢である天上の一元気は、人間の生きる原動力となって、われわれの生命を維持していることになる。つまり、気は人間にとってきわめて重要なものということになる。

そして、地上にあって生命を得た人間は、その生命を長らえるために衣食居の「利」を求めることになる。つまり、生命維持に必要な利を求めることは、天上の一元気を根源とする地上の命あるものにとって当たり前のことである。換言すると、「利は人間にとって不可欠なものである」ということになる。

人間がその生命を維持することは自然の摂理に適ったものであり、それを支える自愛の心は人間にとって不可欠なものであると中洲は説明する。人間にとって「利」とそれを支える自愛の心はまさに「仁」であり、これは天上の一元気たる大極の働きに根差したきわめて自然な行為であり、かつ心の働きであるというのが中洲の理解である。

自愛の心は仁に発するものであるから、それを働かせて際限なく利を求めても良いのかというと、中洲はこれを否定する。なぜなら、自愛の心は自分一人のものではなく、人間を含めた地上の万物が有するものであるがゆえに、他者にも心を向けて適切に統御されなければならないからである。つまり、仁に根差した自愛心は自分一人のものではなく、地上にあるすべてのものであるがゆえに、適切に統御されなければならないのである。

そして、他者との折り合いをつけるべくき「利」を求める自愛心はいかなる規矩準縄に拠るのかというと、それが「義」であるということになる。このように、仁に根差した利を求める自愛心は、義という規矩準縄によって他者との折り合いをつけるべきであるという二面性を有するが、これは利が先立って存在してこその二面性である。ここに、義利は密接不可分であることは明らかになったが、その先後関係は如何という問題が発生する。中洲は義利の先後関係を論じることなしにその合一を論じることはできないと考える。

この点に関しては、これまでの論跡から明らかなように、天上にあっては「気先理後」、地上にあっては「利先義後」が中洲の考え方である。天と人間世界において、「理は気中の条理」、「義は利中の条理」という命題が成立し、かつ形而上の無形物から有形物が生じることはないというのが中洲の基本認識だからである。

3－4　渋沢栄一と三島中洲の義利合一説の相違

渋沢は天という概念をもち出すことなく、義には「善」という徳目、利には「慾」という人間の性情を追加考慮することによって、義と利の関係を導き出した。つまり、義は善と実質含意あるいは論理積の関係で強く結びつき、慾は利を求める人間の情動であるという因果関係によって、それぞれ「義と善」、「利と慾」は結びつくと渋沢は考えた。

性善説に立脚する渋沢は善と不可分の義も人間の内面にあると考え、慾という性情はいうまでもなく人間の内面にあると考えた。規矩準縄を示す義と、利の原動力である慾はともに人間の内面に存在するがゆえに、義と利は合一すべしとする義利合一説には合理性が認められるという論理を、渋沢は固有の表現をもって主張したのである。

それに対して中洲は、天上と地上という世界観ならぬ宇宙観に基づいて理気合一論を主張し、大極、元亨利貞という天上の支配原則にまで遡って地上における義と利に関する自説を展開した。中洲は慾を自己愛とし、自己愛は万物を生成する一元気たる大極の働きに根差したものであるがゆえに、仁に基づいた人間の性情であると主張する。

さらに中洲は、形のない形而上の概念である「理」より、形ある物である「気」が優位にあるのと同じく、仁に基づく「利」は有形物ではない「義」に優先するという義利の先後関係を論じる。ただし、自己愛は自分一人が抱くものではなく、地上に存在する命あるすべての存在が抱くものであるため、自ずと地上の存在者の間では自己愛の発揮の程度を互いに折り合いをつけるべきということになる。そして中洲は、それを示すのが規矩準縄たる「義」

であるとして、義の重要性を主張する。

以上より、渋沢は人間の内面に注視する、いわばミクロ的なアプローチに基づくのに対して、中洲は天上と地上を対比させる宇宙観に基づいてマクロ的なアプローチにより義利合一説を主張する。渋沢と中洲それぞれが主張する義利合一説の同工異曲に関しては、「完成形としての義利合一説は『同工』であり表面から相違を見分けることはできないが、『異曲』については、渋沢のミクロ的アプローチに対して中洲のマクロ的アプローチというように、同説の構築過程には両者間で明らかな相違が存在する」という結論に達する。

第4節　「渋沢思想の諸側面」のまとめ

本編の目的は序章で述べた通り、第Ⅰ編から第Ⅲ編で主題とした内容の補完と、渋沢の思想と事績を支えてきた学びの姿勢を探ることであった。渋沢思想の諸側面の考察が、義利合一説の思想的基盤を明らかにするという本書の目的から乖離することがないようにするためには、本書の分析視角に沿って体系的に章立てを構成することが必要となる。

その意味では、義利合一説とそれを支える思想的基盤である、渋沢の仁の思想と国臣意識の考察内容を補完し、さらに渋沢の思想と事績を支える基盤である渋沢の学びの姿勢を考察することが不可欠であった。以下で各章の分析結果をまとめる。

4－1　渋沢栄一の礼の認識

渋沢の礼の認識については、礼と和の関係、礼楽、礼の実意等から多角的に考察した。第12章では、礼と和が相互にかつ適切に関係することによって目指すものを、「天下を治めること」として関数関係に基づいて考察を進めた。つまり、「天下を治めること」を目的変数とし、礼と和を説明変数として、関数式が成立する条件を「礼と和の関係が適切に成立すること」と置いて考察を進めた。

礼と和を適切な形で両立させることは、日常生活や組織における人と人の接際においても重要なことと考えられる。目的変数が「天下を治める」という壮大なものから、日常生活の円滑さを求めるものに至るまで多岐にわたったとしても、礼と和が人間同士の接際に関わるものであるかぎり、説明変数である礼と和の関係性が適切であるべきことには何ら変わりがないと考えられる。

渋沢は礼と和のあるべき関係を、「人間の履み行う所の儀則である礼を厳守し、かつ程よく中庸を得て人と人が和らぎ合うこと」と理解した。つまり、儀則である礼を厳守しつつ節度を逸脱しない範囲で和らぎ合うことが、日常生活から大きくは天下を治めることに至るまで、その基である人と人の接際を円滑化することに資するというのが渋沢の理解である。

渋沢が、和のあるべき状態を「節度を逸脱しない範囲で和らぎ合うこと」と理解する背景には、和と楽の関係が存在する。渋沢は楽が人の心に与える影響が大きいことを認めていたが、楽にはプラス面とマイナス面があることも認識していた。

楽は人間生活を潤沢にするが、和と同様に一定限度を逸脱すると、性情を淫靡ならしめる面や権力批判に楽曲が誤用され、それが大いなるマイナス面として顕在化することになると渋沢は理解した。楽を通して人は和らぎ合うが、それが一定限度を逸脱すると礼を失し、ひいては人の接際やそれを基盤とする政治や組織の運営に支障をきたすことになるというのが渋沢の理解である。

礼と実意の関係について渋沢は、礼を実質あるものとして履み行うためには、敬をもって先人の知恵に徴し、仔細を怠りなく進めることと理解した。つまり、礼は形式ではなく、礼を尽くすべき相手に敬意をもってすることが何よりも重要であり、それは現実の人間生活における冠婚葬祭のみならず、祭に際して神に対する礼を行うにあたってもしかりである。

和楽だけでなく他の徳目、つまり、礼を履みかつ中庸を守って恭慎勇直の美徳を全うすることが重要であることについて、渋沢は身に染みて理解していた。それは、渋沢は若かりし頃の自らの行動を振り返って内心忸怩たるものを抱えていたからである。

尊皇攘夷思想に共鳴して高崎城乗っ取りを計画した青年渋沢にとって、天下に自分の意志を明らかにすることによって国を変えようとした勇気と率直さは、まさに、礼を履みかつ中庸を守って恭慎勇直の美徳を全うすることに反していた。このような失敗を経て、渋沢は実感をもって礼の大切さを論語講義で強調する。

4－2　渋沢栄一の天命の認識

渋沢の天命の認識については、「畏敬」、「範疇」、「鬼神」、「祈り」、「信」、「富」という6つのキーワードをもとに考察した。渋沢の天の認識において特徴的であるのは天を擬人化することである。しかし、渋沢の天の認識において留意すべきは、渋沢が「擬人化」と「人格化」を区別していたという点である。

渋沢は天と人との関係を擬人化し描画的に頭のなかで整理してはいたが、天そのものが人格人性を有するものであるとは認識していなかった。渋沢は天を理解するうえで、一種の方便として天を擬人化したが、天そのものは人格人性をはるかに凌駕するものであり、人間の認識能力をもってしては認識し得ないものと考えていた。この点に渋沢の天の認識の特徴が存する。

天命の範疇に関する渋沢の認識は明確であった。渋沢にとって身分や学問はともに天命の範疇に属するものではなく、自ら切り拓き努力して身につけるものであった。そして、それは経験というよりはむしろ渋沢がその生き様において実証したことに基づくものであった。

自らの努力によって身分を変え、学問を身につけた渋沢にとって、人事を尽くして天命を待つことは、一向に天命を貶めることにはならなかった。渋沢にとってそれは天命を人事と同等レベルで認識することにはならなかった。

つまり、渋沢は天命を、人格人性をはるかに超える天からの命であると認識する一方、人間の努力、つまり人事を尽くすことにより天命のいくぶんかは切り拓くことができると認識していたのである。

このような発想は、身分や学問が天の裁量範疇に属すると考えていた物徂徠にとっては天を冒瀆するものであった。しかし、経済社会の近代化以前に生きた物徂徠とは異なり、西欧の知恵や技術が日本に移入される現実に直面した渋沢にとっては、人智によって考え出された知恵によって、それまで不可能であったさまざまなことが可能になることは、とりもなおさず社会の利便性に向けて人事を尽くした結果であった。

つまり、人事を尽くすことによる効用を、生活の利便性として直接肌で感じることのできる環境に身を置くのとそうでないのとでは、「天の裁量範囲」対「人事を尽くすこと」の両者間比率についての認識が異なるのは当然と考えられる。渋沢も時代の子であるかぎり、与えられた時代環境下での認識が先人と異なることは自然の成り行きであった。

渋沢は人智をはるかに超越した天にある鬼神について、「鬼神はもと人なり」と認識し、鬼神に対しては地上の人と接するがごとく、誠意と信義と礼儀をもって接すべきと考えていた。渋沢は天に対する祈りを、天にある神仏に対する祈りとして理解する。しかし渋沢は、天および天にある神仏の人格人性は否定する。そして、この姿勢にこそ渋沢の宗教観が表れている。

神仏をはじめとして、天にある何ものかが人格人性を保ったまま存在すると認識すれば、地上の人々がまるで人に頼みごとをするように祈ることが自然な振る舞いとなる。渋沢にとってこの姿勢が似非信仰の典型であり、神仏を貶める行為であった。渋沢にとって天にある鬼神が人格人性をもたない超然たる存在であることこそが、渋沢の宗教観と整合的だったのである。

渋沢の皇室に対する思いは、天神と地祇の関係から推察することができる。地祇に相当する国つ神は、天孫降臨に起源を発し、皇統を繋いで現代の皇室に至っている。国つ神の創成の地である日本で創成主に仕えた「聖王賢臣忠勇達識の人」や「名僧知識」は、天にある神仏であるが、渋沢にとってはいずれも「もと人なり」である。

したがって、渋沢にとって神と仏を分けて認識する理由は存在しない。日本の地にあって神社仏閣に祀られる神仏は差別なく崇敬の対象となるべきというのが渋沢の認識と考えられる。

渋沢にとっては、日本に神仏が並存することを、神仏習合や本地垂迹説をもって理屈づける必要は存在しない。渋沢にとって神仏はともに「もと人」なのであるから、起源が同一のものをあえて同一であるという理屈をもって説明する必要は存在しないのである。ただし、渋沢にとって皇室は日本の成り立ちと深く結びつく特殊な存在であり、外形的に人として存在してはいても、天皇は日本の創成以来連綿と継嗣されてきた国つ神の子孫であり、「聖王賢臣忠勇達識の人」や「名僧知識」とは根本的に異なっていた。

渋沢は天と天命の存在を認め、神仏に対して尊敬の念をもって接していたが、宗教的発想をもって接することはなかった。人格人性を超越する者の存在を認めることは、その存在に人智を超えた能力を認めることであるので、通常はその超越的な能力の余慶に与ろうとする。つまり、人間の弱さに由来する神頼みである。

渋沢はこのようなスタンスで天や神仏と接することを嫌う一方、「天佑」つまり天の佑けに対してかすかな期待を寄せる。渋沢が認識する天佑は霊妙なるものであった。そして、渋沢は事に臨み天命に安んずる境地を一種の諦観として獲得した。渋沢の天命に対する諦観は、すべてを天に任せ尽くす悟りきった世捨て人のそれではなく、心の片隅に天佑をかすかに期待する人間味溢れる諦観であった。

渋沢は、富との関係における天命をその人物が富を得るために必要な能力、器量をもって生まれたか否かという事実関係であると理解した。渋沢は孔子が富の天命を身に備えていたか否かについては拘泥しないが、孔子が富を得ることを否定しなかったことについては、確固たる信念をもって主張し続けた。孔子は論語という道徳に関わる一大定理を提唱した。そして論語中には富を得ることを正当とする義と利の関係がうたわれていた。

孔子自身は義利の関係を、商業活動を通して証明することはなかったが、渋沢は実践を通して義に基づいて富を得ることの正当性を証明した。そして、それを義利合一説として提唱した。孔子とその信奉者である渋沢の間には、一大「定理」である論語の作者がうたった義と利のあるべき姿を、その信奉者が多年を隔てながらも実践によって裏づけ、その結果をもとに義利合一説という「補助定理」として明らかにしたという関係性が存在するのである。

4－3　渋沢栄一の信の認識

渋沢の信の認識については、「信」に対する理解内容を確認し、経済活動に対する渋沢の考え方に信を重視する思想がどのように組み込まれているのかを考察した。渋沢の信に対する基本的な考え方は、「信は社会の発展形態の最終局面で表れた徳目であるが、その重要性は他の徳目にもまして高い」というものであった。

信という徳目を、信義、信頼、信用などの概念に展開し、人と人との接際の局面に応じてそれらを使い分けることによって、信はより現実に則して議論することが可能となり、最終的に信の重要性は国際信義において論じられるべきと渋沢は考えた。つまり、信は時代的変遷や地域的な広がりとともに、重要性を増していくというのが渋沢の理解であった。

さらに渋沢は、時を追い地域的な広がりをもって重要性を増す信は、複雑化する社会において抽象的な徳目として扱われるレベルから進化し、「信の効用」、「信の価値」、「信の威力」というより具体化された形で語られるべきと考えたのである。

渋沢は「信は万事の本」とする自らの思想を、日常生活や経済活動のすべてにおいて実現するためには、「言行一致」と「誠実な実践」の2つを確守することが不可欠であり、これら2つを確守することによって、現実生活の各部面で「信義」、「信頼」、「信用」などが形成されると考えた。さらに、信義、信頼、信用等に展開された信が、実体をともなって具体化されるのが「信の効用」、「信の価値」、「信の威力」などであると渋沢は考えた。

渋沢が信に対する考え方を顕著にしたのは、「財政に対する考え方」、「健全な競争」、「事業再建」の3分野においてであった。財政に対する考え方について、渋沢は幕末から明治期以降にわたり徴税、納税両サイドに身を置いた経験から、為政者と人民を対立構造としてとらえるのではなく両者は一体であるべきで、予算管理と徴税管理は為政者と民の信頼関係に基盤を置くことが重要と考えていた。

健全な競争について渋沢は、「競争」と「争い」について独自に理解した。渋沢によると、競争は同等レベルの複数当事者間の争いである。これに対して争いは、同等レベルとの争いに加えて、上下関係において一定の緊張の下に置かれる状態を指すものであった。

渋沢は、類似概念である競争と争いを区別し、競争を善競争と悪競争に分けて認識した。そのうえで、経済活動において意義ある競争は善競争であり、善競争において勝ち抜く力は意義ある争いによって醸成されると考えた。そして、力をつけた者同士が、善競争を前提とした健全な競争の場でしのぎをけずるうえで前提となるのがフェアネスであり、それが信頼によって担保されることが重要と渋沢は考えた。

つまり、フェアな競争は当事者間の信頼関係によって成立し、そのような善競争を続けていけば、競争者はともに実力を涵養することが可能となり、それが社会の発展に寄与するというのが渋沢の考え方である。

渋沢は事業再建の精神を戦場から敗走する軍のしんがりを務めることに対比させて理解した。渋沢が企業者として、高いリスクを冒してでも事業再建に取り組む理由には、綿密な現状認識と将来予測、および事業主の人間性を見抜いたうえでの信頼感があった。渋沢が事業再建をサポートする背景には、事業に責任を有する人物に対する信頼と、その信頼を確固たるものとする渋沢自身の分析力と予測力への信頼があったのである。

渋沢は徳目としての「信」をことのほか重要視した。なぜなら、義と利を合一させる義利合一説を財務行政や企業活動等において実践するためには、義しいことが正論として認められるという当事者間の信頼関係がなければ義を貫くことができないからである。

義を貫くための土壌である当事者間の信頼関係が成立していることが前提となって、適正な利を得ることが可能となり、かつ、それを当事者の貢献度にしたがって公正に分配する義利合一説が実効性を有するのである。

4－4　渋沢栄一と学びの姿勢

渋沢と学びの姿勢については、渋沢の思想と事績を支えた学びの姿勢を多角的に考察した。渋沢は学びの目的について、「実学の目的」と「学びと利禄」の観点から見解を述べる。福沢諭吉は儒学に含まれる精神性の価値を認めず、「実務＝実業に資する学問」という図式で理解した。実学は実務の現場で具体的に役立つ学問であり、それが実学の目的であると福沢は認識していた。

それに対して渋沢は、政治、経済、社会等の接際において徳性を発揮することがすなわち実学の真面目であり、「人間生活上の経済観と人道修飾上の道徳観」が不可分に結びついたものを実学とする。福沢と渋沢の実学の目的に関する見解は、「腐儒の腐説として儒学を実学の定義から排除する福沢の説」に対して、「儒学の精神こそが人と人との接際を基盤とする実学の根本であるとする渋沢の説」という形で鋭く対立する。

渋沢にとって実学とは、理論や技術に関する知識のみを意味する無機質なものではなかった。渋沢は常に人を中心に置いて人間社会の発展に不可欠な要素を広く認識し、徳性を発揮して新技術を実務に適用することが実学の目的であると理解した。

儒学に一切価値を認めない福沢と、儒学を中心において学びを理解する渋沢との間には、いかにしても実学についての見解に一致点を見出すことはできないが、両者の対比によって渋沢の実学に対する理解が明確となる。

学と利禄の関係について、渋沢は学問を身につけた者がしかるべく対価を得ることを否定しているわけではない。渋沢は、適正な対価であればそれを得ることは当然であるという立場をとる。しかし、利が正しく得られたと判断されるのは、自利、利他を適切に案分し、かつ、案分するにあたって他を思いやる精神が発揮された場合である。

偏頗な学問を修得した多くの人が自利のみを追求するような社会の出現が、渋沢の最も憂慮するところであり、このような事態に陥らないためにも徳の学びは重要であると渋沢は認識する。

渋沢は徳の学びと格物致知は均衡させるべしと主張する。渋沢にとって真の学問を修めることとは、徳を修める学と、理論的、技術的な知識を修得する格物致知の2つを高いレベルで修め均衡を保つことであった。また、渋沢にとって道を求めて学ぶことである求道とは、「道義」と「物の道理」の2つの道、つまり、精神的道徳学と物質的科学の両方を修めることを意味した。言い換えるとそれは、徳の学びと格物致知をともに高いレベルで均衡をとって修得すべしということにほかならない。

さらに、渋沢にとって学びは知行合一と切り離せないものであった。渋沢にとって知行合一の「行」は、物事を実行することという意味があり、かつその初期動作である「識(しる)すことと思うこと」も行の範疇に含まれた。「識と思」に対して独自の解釈を行うことにより、渋沢は学と行が一部で重なり合い、不可分に結びついていることを論証した。

渋沢は学と仕官の関係性について、仕官を躊躇するのは自信がないからであり、その原因は「行」の初期動作である「識すことと思うこと」が不十分だからであると分析する。つまり、学びの不足が自信のなさの原因でもあるということになる。

しかし、渋沢が推奨するのは自信のなさを乗り越えて「行」に踏み切ることであり、その精神的障壁を打ち破ってこそ大いなる進歩が得られると渋沢は主張する。

渋沢は、学問と教育の関係について、教育は徳の学びと格物致知が均衡すべきことを説く。それは渋沢が格物致知の偏重教育に大いなる危機感を抱いているからにほかならなかった。欧米先進諸国が宗教的裏づけをもって「洋魂洋才」を実現し、徳の学びと格物致知を教育制度として両立させているのに対して、日本は「和魂洋才」の和魂に対する制度的手当てが遅れていることを渋沢は大いに憂慮していた。

そして、渋沢はこの危機感が多くの日本人と共有できていないことにさらなる危機感を抱き、やむにやまれぬ気持ちで論語講義を実施し、次代を担う若者に道徳教育を施した。

渋沢は教育の手段としての「言」を重視し、言語を通して知ることのできる、いわゆる形式知としての諸徳目の学びを不可欠とする。その一方、言語によらない、暗黙知による徳の学びや格物致知は行動によるか沈思黙考することによって獲得すべしと考える。その意味からも、知行合一の「行」はまさに行動によってしか得られない暗黙知を自らのものとする重要な事柄であった。

渋沢は、(1) 見聞を広くすること、(2) 善なるものを選ぶ力を備えかつ実行することの2要件を満たす学知者を、現実的に目指すべき目標と考えた。そしてこの学知者の典型例を松方正義の生き方に見出した。松方は学知者の基本要件を満たしていたうえに、国民に人気のないデフレ政策を信念をもって断行した。つまり、松方は信念をもって「善なるもの」を実行したのである。

このように、学びの目的から学知者に至るまで、論語注釈に表れる渋沢の学びの姿勢を考察すると、渋沢が認識する学びには、徳の学びが欠かすことのできないものとして存在する。加えて、学んだことを実行に移す知行合一により、知と行の相乗効果を生かすことを最重視していた。これらはともに、本書の分析視角として序章で設定した、「思想と実践の累積的因果関係」を文字通り実行する渋沢の行動である。

先進欧米諸国からの新知識の奔流に多くの日本人が幻惑され、格物致知のみを追い求めるなかで、一人渋沢は学びの本質を見つめ当時の世相に警鐘を鳴らし続けた。

第5節　本書のまとめと展望

5－1　本書のまとめ

章単位で導き出した結論については前節までで詳細に論じているので、本節では各編の考察結果を踏まえて、序章で示した筆者の問題認識のうち渋沢思想に関わる内容について異なる切り口から述べる。さらに、本書で導き出し得なかった知見や不十分な点については、今後の展望で振り返り、将来に向けた研究の方向性を示す。

筆者の問題認識は、(1)「日本資本主義の父」と称される渋沢栄一が、なぜあれほどまでに膨大な業績を残しながら恬淡として長寿をまっとうし、多くの企業家の尊崇の的となり続けているのかを解明すること、(2) その解明プロセスで得た知見を、現代の企業経営と健全な資本主義社会の発展に生かす道筋を探ることの2点であった。

この大上段の問題認識を解明するための切り口として、渋沢の業績を「思想」と「事績」に分類し、渋沢思想の特質を解明することを第一の目的とした。そして、渋沢思想の特質を解明する切り口を、「義利合一説の思想的基盤を探ること」とし、それを本書の目的とした。

渋沢思想の特質を解明するにあたり、「義利合一説」という中核概念を検討対象とすることで、「義」と「利」つまり、「道徳」と「経済」は不可分であるという前提で思想を解明することが不可避となった。ただし、「経済」と関係するのは渋沢の事績であるため、渋沢思想に対する分析視角として念頭に置くべき内容を以下の 3 項目とした。

(1)　渋沢思想と実践の間には累積的因果関係が存在すること。
(2)　渋沢を官と民の間に横たわる深淵に差しかけられた存在として認識すること。
(3)　渋沢に対する三島中洲の思想的影響。

企業者としての実践活動を通して練り上げられた渋沢思想を考察するためには、本来、思想の形成過程と事績を時系列的に比較することが必要である。しかし、序章でも述べた通り、思想は精神の深奥に潜んでいるものであるがゆえに、時系列的にその内容推移を追うことは困難である。したがって、思想については完成型が述べられている『論語講義』に基づくとともに、事績に関しては同書で渋沢が引用する自らの経験や事績に関する言辞をもってそれに代えることとした。

渋沢思想の基底にあって、義利合一説を支えているのは、論語中の最も重要な徳目である「仁」の思想であると考え、それを「第Ⅰ編 渋沢栄一と仁の思想」の主題とした。

また、「官と民の間に横たわる深淵に差しかけられた存在」としての渋沢の立場は、大蔵官吏から企業者に転じたその経歴から明らかである。近代日本の制度的基盤の構築に大蔵官吏として携わった渋沢は公僕に徹し、国臣としての自負をもって行政に参画していた。

渋沢が野に下り企業者として国臣意識をもち続けられた理由が、民としての此岸に軸足を置きながら、彼岸にある公僕としての自覚を失わずにいられたことであるとするならば、それはまさに渋沢が、「官と民の間に横たわる深淵に差しかけられた存在」として自身を認識していたからではないかと筆者は考えた。そして、それを「第Ⅱ編 渋沢栄一の国臣意識」を検討するうえでの基本認識とした。

三島中洲の思想的影響を分析視角としたのは、中洲が渋沢と同時代にあって、ほぼ同時期に義利合一説を主唱したという事実だけでなく、渋沢が論語各章の解釈において中洲の見解を多く取り入れていることから、論語解釈全般にわたって、渋沢が中洲から受けた思想的影響が大きいと判断されるからである。

中洲の思想的影響は、論語各章の解釈に際して渋沢がどのように中洲の見解を取り入れたのかを考察するとともに、両者の中核的な思想である義利合一説の同工異曲を明らかにすべく、「第Ⅲ編 義利合一説の基本理念」で両者の思想的根拠を比較検討した。

「第Ⅳ編 渋沢思想の諸側面」では、第Ⅰ編から第Ⅲ編を補う「礼」、「天命」、「信」を主題とする3つの章に、渋沢の学びの姿勢を解明する章を加えた4章立てで、渋沢思想を多角的に考察した。

筆者は上記3項目の分析視角を念頭に、第Ⅰ編から第Ⅳ編で取り上げた主題に対して考察を加えた。本節では、各編を構成する章ごとの考察結果との重複を極力避け、本書全体を通して筆者が認識した内容をまとめる。本書のまとめを書くにあたり、渋沢の「思い」をもとに設定した切り口は以下の通りである。

(1) 人への思い（人間観）
(2) 国の成り立ちと皇室への思い（国家観）
(3) 人智が及ばないものへの思い（天命観）
(4) 重んじるべき徳に対する思い（道徳観）
(5) 経済活動に対する思い（経済観）

上記の順序で切り口を設定したのは、人と人との接際を重視する渋沢の人への思いを明らかにすることが重要と考えたからである。人によって構成される国の成り立ちと、その頂点にある皇室への思いが解明されて、はじめて渋沢思想が育まれた舞台である国家と、その舞台で活躍する役者としての人間に対する渋沢の基本認識が明らかとなる。

さらに、国家という舞台で活躍する人間に課せられた限界、つまり、人智が及ばないものに対する渋沢の思いを明らにすることにより、国家という「舞台装置」と、人間という「役者の資質と限界」が浮かび上がってくる。そして、これらを解明する切り口が、渋沢の「人間観」、「国家観」、「天命観」

である。

このように、渋沢思想の基底を形成する３つの思いが明らかにされたうえで、役者である人間が従うべき所作としての道徳倫理、つまり、人としていかに振る舞うべきか、そして、その立ち居振る舞いにおいていかなる徳目を重視するべきかという「道徳観」を探ることが可能となる。さらには、その道徳観に根差した「経済観」たる「義利合一説」に言及することが可能となると考えられる。

これら一連の論考を進めることが、すなわち、本書の目的である「義利合一説の思想的基盤」を解明するプロセスに相当する。以下で渋沢思想の下部構造を支える「人間観」、「国家観」、「天命観」について考察を加えるとともに、本書を構成する15の章を通して考察した渋沢思想にみられる行動原則について、「協働の精神」、「応能主義」、「義務感」の３つの切り口から考察を加える。

渋沢栄一の人間観

渋沢の人への思いを一言で表現すると、それは「性善説」である。渋沢が性善説に基づいた人間観を有していることは、その言説から明らかであるが、渋沢が拠って立つ性善説の根拠をより明確にするため、本書ではカント哲学との比較を行った。

この論考を進めるにあたって前提となったのは善と義の同義性、つまり、渋沢が両者を論理式における実質含意あるいは論理積の関係性で認識しているということであった。そして、この善と義の同義性が、「人の内面にある善および義」、同じく「人の内なる利を求める心」という考えに発展し、人の内面における義と利の関係性から説き起こす、渋沢の義利合一説の理論的根拠に到達する。

カントは自然法則と道徳法則を対比させたうえで、道徳法則が自らの内にあることを発見した。カントは、「善意志は、意欲そのものによってのみ、換言すればそれ自体として、善なのである。善意志はただそれだけとしてみても、意志が或る一つの傾向を、それどころか場合によっては一切の傾向を挙げて満足させるために成就する一切のものよりも比較を絶して高く評価さ

るべきものである」と述べて善意志が人間の内面にあることを論証した。(4)

渋沢が人生経験と論語解釈から導き出した「性善説」は、認識論においてコペルニクス的転回をもたらした、カントという大哲学者が思弁的に導き出した、「善意志は人間の内面にある」とする結論と合致するものであった。

カントの善意志に相当する、渋沢の「人の性としての善」が人の内面にあるとすれば、善と同義性を有する「義」も同じく人の内面に存すると考えられる。そして、利を求める心が人の内にある七情の一角である「慾」に発するとすれば、義、慾ともに人の内にあることとなる。つまり、義利合一説は、ともに人の内にある義と慾の関係性において論じることが可能となる。

義を「規矩準縄」、慾を「七情の一角」とすれば、両者の関係は人体内部で格闘する中性脂肪と善玉菌の関係にたとえることができるであろう。慾に相当する中性脂肪が暴走すると人体を生活習慣病へと陥れる。しかし、義に相当する善玉菌は規矩準縄に照らして、中性脂肪を正常値に落ち着かせる働きをする。

渋沢の人間観の中核にある「性善説」は、義と利が居所を異にして互いに背馳するものと捉えるのではなく、ともに人の内面にあってその役目柄、両者はそれぞれ「統御するもの」と「統御されるもの」の関係にあるという理論的根拠を提供する。義利合一説は、性善説を基盤とすることによって単に現実性をもつだけでなく、人間の内面構造に根拠を置き、経験を超えて成立する普遍妥当性を有するものとして認識することが可能となる。

渋沢栄一の国家観

渋沢の国家観を語るうえで考慮すべき渋沢の基本認識は、以下の通りである。

(1) 日本は開祖である天皇を頂点として成り立っており、皇室に対する尊崇の心をもって国民が精神的に結束すべきである。

(2) 日本の開祖である天皇には、本来、君として日本の政に携わる使命がある。武家政治七百年を経て明治維新により皇室直属の民となった日本国民は、天皇の意を体した国家を形成すべきである。

(3)　天皇を頂点とする日本の諸組織は重層構造を形成し、それぞれが人の集まりからなるという点において、同質性、相似性を有する。しかし、それぞれの集まりにおける人と人との関係性において、主として準ずるべき徳目は一家における「孝」から組織における「忠」、さらには君が基づくべき「礼譲」まで必ずしも画一的ではない。

渋沢の国家観は尊皇思想に基づくものである。大所高所から天下国家を論じる者の多くに共通するのは、「木を見て森を見ず」の反対、つまり「森を見て木を見ず」になりがちであるという通弊である。その論じるところは気宇壮大であるが、国家を構成する大小の諸組織に対する見識が希薄になりがちであるというところに考慮すべき点がある。

渋沢の国家観にはこの通弊がみられない。渋沢は天皇を頂点において国家を論じる一方、国家を構成する諸単位に眼を向ける。渋沢の国家観はある意味複雑である。それは、国家から一家まで、いずれも人の集まりであるということについては同質性を認めながら、人と人との関係性を規定する徳目については、集まりごとに重視すべき徳目に傾斜をかけて認識するという点が複雑さの理由である。

渋沢の国家観に基づく国家を人体になぞらえてイメージ化すると、人体を形づくる臓器や部位が国内に存在する各種組織体に相当する。人体を形成する細胞組織を国民とすれば、各細胞が機能するにあたって従うべき規則性は臓器ごとや部位ごとに異なる。

細胞たる国民は自らが所属する臓器や部位の機能を覚知し、各々の分に応じて使命を果たすことが求められる。心臓にあって心筋を動かす使命を帯びた細胞が従うべきルールは、腎臓にあって老廃物を濾過する役割を担う細胞が従うべきルールとは異なるのである。

一家を心臓に対比させると、一家にあって孝に基づくことが、心臓において心筋を正常に動かすためのルールに従うことに相当する。また、組織を腎臓に対比させると、組織にあって忠に基づくことが、腎臓の濾過機能を果たすためのルールに従うことに相当することになる。つまり、国家、人体ともに、それぞれを構成する最小単位である国民や細胞が、自身の所属する組織や臓器の目的を覚知し、各自が分に応じて使命を果たすことが、国家や人体を全体最適に導くことになるというのが、渋沢の国家観に基づく「国家」における「組織」、「国民」の役割に関する考え方である。

渋沢といえども時代の子である。上記のように理解した渋沢の国家観を前提として、渋沢が生きた時代の経済、社会の変遷にともない、国家の枠組みにおいて重点を置くべき対象について、渋沢の認識がどのように収斂してきたのかについて検討を加えることが必要である。

社会インフラが整備され経済が活性化された国家を、栄養が行き届いて体軀が大きくなった人体にたとえると、栄養が人体の一部の臓器に偏在することなく健全で均整のとれた体軀が成長するのと同じく、富の蓄積が国内で適切に平準化され、均整のとれた近代国家として国力が増大することが渋沢の理想である。

この理想が実現されない場合、つまり、肝臓にのみ栄養の蓄積が偏ると脂肪肝となり人体の健康が害される。これと同じく、国家の一部に富が偏在し、特定の組織や人が富を独占すると、その国家は脂肪肝に侵された人体と同じ状態に陥ることは歴然である。

渋沢は時代横断的に、つまり、いかなる時代においても理想とすべき国家の枠組みを独自の国家観として確立させた。しかし、国家を取り巻く外的状況が変化し、国家のあるべき仕組みは不変ながらも、国家の体質に変化を及ぼす外的刺激、つまり人体における富栄養化が生じた場合には、栄養を均霑させる努力が必要になる。

日本が立憲君主制を基盤とする近代国家として生まれ変わり、国内における経済が占める役割が著しく増大した状況下において、渋沢の国家観である天皇を頂点とした国の成り立ちと、一家、組織、国民の関係性を確守し、国家の発展を図るために渋沢が最も重視したものは何かを解明することが重要となる。

つまり、静態的な環境下で教条主義的な国家観を論じるのではなく、動態的な時代変化を背景として、渋沢が自身の国家観をめぐって重視した価値は何かを探ることが、渋沢の国家観の本質を探るうえで重要となる。この問題認識に基づき以下を考察する。

（1）　維新後の立憲君主体制下において渋沢が重視した君臣関係とは何か。
（2）　明治近代国家において渋沢が重視した考え方は何か。

維新後、明治天皇は「万機公論に決すべし」として、政に関する君の権限の一部を正式に民に委譲した。前近代においては君一身に属していた政に関わる権限が、立憲君主制下においては、「万機にわたり」民の公論の結果に付託された。つまり、「政＝君」の関係が、「政＝（君）≧立憲君主制国家」という関係に変質したのである。

また、経済面においては欧米先進国からの先進技術や知識の流入により、工業化の兆しが顕著となるとともに、企業が簇立し資本主義経済下における経済活動の重要性が高まりつつあった。つまり、政治、経済の両面において国家をめぐる内的および外的な環境が著しく変化しつつあったのが、維新後の日本の状況であった。

尊皇思想に基づき政を主催する天皇を君とし、自身を臣と自認していた渋沢にとって、「政＝（君）≧立憲君主制国家」というように国の形が変容を遂げた時点で、渋沢にとって君と仰ぐべきものが、「天皇」から「天皇を頂点とする政を委譲された国家」というように変化せざるを得なくなった。つまり、国を「君」、自らを「臣」とすれば、国の臣である渋沢は自身を「国臣」と位置づけること、つまり「国臣意識」を有することが必然的な流れとなった。

君としての国には多くの機能が存在する。立法、司法、行政だけでなく国にはその財政基盤を支える経済活動を担う企業が存在する。国の多くの機能のうち、維新後その重要性を著しく増してきたのが経済を支える企業活動であり、その中核を担うのが企業者である。

封建体制下では士農工商の最下位で賤しまれていた商人が、維新後は企業者となり存在価値を増してきたのである。渋沢はこの流れのなかで自らを国臣としての企業者と位置づけ、国益を視野においた企業活動に専念した。

では、国益を視野におき国臣としての企業者を自認する渋沢にとって重視すべき行動規範は何であろうか。それは言うまでもなく、義に基づいて利を得て、義によって利を用いる「義利合一説」である。

上記で設定した2つのポイントについては、(1) 渋沢が重視した君臣関係は、自らを国臣とする国臣意識をもち、君たる国に仕えるという関係を重視したこと、(2) 渋沢が重視した考え方は、義に基づいて利を得て、義によって利を用いる「義利合一説」であるということになる。

では、内外環境変化に対応した渋沢は、その国家観を変節させたといえるであろうか。答えは否である。渋沢は維新後も日本の開祖である皇室に対する尊崇の心をもって国民が精神的に結束すべしと訴え続けた。渋沢が自らを「国臣」と位置づけたのは、自らが「君」と奉ずる対象を天皇から国家に鞍替えしたからではない。天皇を頂点とする国家を君と仰いだのである。

さらに、渋沢は各種組織や一家から成る国の重層構造を否定したわけではなく、それぞれの集まりにおける人と人との関係性において、主として準ずるべき徳目に関する考え方を変化させたわけでもない。渋沢は周辺状況の動態的変化に臨機に対応する一方、その国家観は一分たりとも揺らぎを見せることはなかったのである。

渋沢栄一の天命観

人智が及ばないものへの思いを語る場合は、神への帰依を前提とした宗教観という言葉で表現することが一般的と思われる。しかし、渋沢は宗教的教義に付随する奇跡や儀式を尊重する心、および超越者へ帰依する心を有してはいない。渋沢は天および天命の存在は認めるものの、それを宗教的心情でとらえることをしない。したがって、渋沢の人智を超越するものへの思いは「天命観」という言葉で表現するのが妥当と考えられる。

渋沢の天命観の特質を考えるにあたっては、本書における基本的な問題認識に立ち返ることが必要となる。当初の問題認識は、(1)「日本資本主義の父」と称される渋沢栄一が、なぜあれほどまでに膨大な業績を残しながら恬淡として長寿をまっとうし、多くの企業家の尊崇の的となり続けているのかを解明すること、(2) その解明プロセスで得た知見を、現代の企業経営と健全な資本主義社会の発展に生かす道筋を探ることの2点であった。

この一番目の問題認識の後段、つまり、「なぜ渋沢が多くの企業家の尊崇の的となり続けているのか」という問題認識に対する解答は、渋沢の「思想」と「事績」の両面からの研究が一定レベルまで達して後に得られるものと考えられる。しかし、現時点で言えることは、(1) 渋沢への尊崇は時代をまたがり、国を超えていること、(2) 渋沢の尊崇者の多くは企業者であり、彼らは宗教的熱情をもって尊崇しているわけではないこと、(3) 時代と地域を超える尊崇の基底には渋沢への敬愛の情が存在すると考えられることの3点である。

つまり、宗教的熱情によることなく、時代と地域を超えて長くその思想と事績に対する尊崇の心をもって人を引きつける根源をシンプルに推察すると、それは渋沢の人間的な魅力にあると考えられる。しかも、その魅力が宗教的熱情や一時的な熱狂に浮かされたものでなく、かつ渋沢との直接的な接触によって触発されたものでもないとすれば、それは渋沢思想の基底に流れる基本的な精神に引きつけられたものであるとしか考えられない。

では、渋沢思想の基底にあって人を敬愛の心をもって尊崇させる要因は何かといえば、それは第一に渋沢が言行一致の人であったということと、思想の根底に流れるある種の謙譲の精神であろうと思われる。そして、渋沢が語る論語に基づいた教説の隅々に謙譲の精神が胚胎していることを陰に陽に感知させるからと考えられる。

渋沢の教説が訓詁学的に論語の趣旨を正確に表現するだけのものであったならば、決して渋沢の尊崇者はこれほどまでには多数に及ばなかったであろう。渋沢の膨大かつ浩瀚な論語注釈は、時に論語各章の趣意から発展して渋沢固有の思想を表現することがある。しかし、そこでは自らの実績について常に謙辞をもって語られる。

この渋沢の「言説」は、論理一辺倒ではなく、自らの事績や歴史的事実に基づく道徳倫理が謙辞をもって語られる「教説」として後世に伝えられているのである。そして、謙辞をもって語られる、このいわく言い難い渋沢の教説の魅力のさらに背後には、人智が及ばないものへの渋沢の謙虚な姿勢があると考えられる。

人智の及ばない天に対して謙虚になるということは、天との関わりからすれば、教説を述べる側もそれを聞く側も対等な関係にあるということになる。「敬天愛人」を掲げた西郷隆盛は、天に愛される人間は天を敬しかつ人同士も愛し合うべしと説いた。西郷、渋沢ともに天の存在を前提として謙虚に天を敬することを説き、それからを波及させて人同士の接際のあり方に言及した。そして、西郷、渋沢ともに多くの人から敬愛されかつ尊崇された。

このように、人智の及ばない天命という概念に関する渋沢の考え方については、いささか不本意ながら情緒的解釈をもって考察を加えることが不可避となった。しかし、管見によれば、渋沢思想の中核たる道徳観と経済観を下部構造として支えるのは、その人間観、国家観と並んでこの天命観が不可欠の要素であると思われる。

渋沢思想にみられる行動原則

渋沢は自らを国臣と位置づけ、企業者でありながら、自分の利益よりも常に国益を優先して行動した。ではなぜ一国の君でもなければ政治家でもない渋沢が国益をすべてに優先する行動をとりえたのかを考察することが必要となる。それは、渋沢が国臣意識を有していたからであるという理由だけでは説明しきれないものがあるように思える。

管見によると、渋沢の脳裏には論語の諸徳目の理解に加えて、暗黙のうちにも常に3つの行動原則があり、それが渋沢思想の中核を形づくっているのではないかと考える。この3つを短い言葉で表現すると「協働の精神」、「応能主義」、「義務感」となる。渋沢の諸徳目に対する理解に基づく考察とは別に、渋沢思想からうかがわれる渋沢の行動原則を3つに整理してその内容を考察する。

[協働の精神]

渋沢の「協働の精神」と称すべきものは、専横を嫌い合議によって組織を運営すべしとして意見を広く集める姿勢と、資本を出し合い協働して組織を運営し、その利益を適正に分配する渋沢の姿勢に明確に表れている。つまり、「合議」と「合本」は、知恵と資本を出し合い、協働で一つの目的に向かって組織を運営し、その成果を参加者で分配するという考え方に基づいたものである。

渋沢の合議を重んじる姿勢は、「八百万の神が天の安の河原に、神集いに集い、神謀りに謀り給いし祖訓の適用なり」とする日本の始祖の合議体制に対する渋沢の理解に発するものである[5]。また、渋沢が臣の役割として重視する前近代社会における君への諫言が、近代社会における合議に対応するがゆえに、合議は軽視すべからざるものであるという渋沢の基本的な考え方に基づいている。

このように協働して資本を出し合い、協働して知恵を出しかつ言行一致で各人が職務を全うすることにより、組織としての実績をあげ、さらに提供した資本額と労役に応じて利益を分配するという考え方は、財閥による独占主義に対する「協働の精神」に基づいた近代経営の手法であるといえる。

[応能主義]

渋沢が主張する応能主義の論旨は明解である。渋沢が善意の競争を奨励する。つまり、ルールを遵守し、競争相手の足を引っ張ることなく適正に競争することは、互いの能力を上げることとなり、それが経済全体の発展につながる。そのような適正な競争を経て得た利益は、まさにその企業者の能力を発揮した結果得られるものであり、企業者はその恩恵に浴してしかるべきというのが渋沢の考え方である。

渋沢が考える富の平等分配とは、各自が適正に能力を発揮できる社会システムにおいて、発揮した能力に応じて得た富が分配されることであり、決して社会全体の富が構成員の頭数で均等割りされるものではない。各人がその能力の発揮度合いに応じて富が得られるとなれば、それが動機づけとなり競争意識が生まれる。

渋沢は、共産主義を自由な競争が否定され富が均等割りされる社会システムとして極度に嫌悪した。なぜなら、渋沢にとって共産主義体制下での富の分配は悪平等によるものであり、渋沢が信奉する応能主義による富の分配とは真っ向対立するものだったからである。

ただし、渋沢が信奉する原則が応能主義だけであったとすれば、渋沢は自身の商才のままに利益を増やし続け、他を圧倒する渋沢財閥をつくり、その総帥に収まっていたであろう。しかし、現実に渋沢がそれをしなかったのは、「協働の精神」に加えて「義務感」という原則があったからである。

[義務感]

渋沢の行動原則の3番目にあげられるのが、「義務感」つまり一種の「noblesse oblige」（ノブレス・オブリージュ）である。渋沢は決して自分を高貴なる者とは考えていなかったが、少なくとも企業者として成功した者という自覚はあった。したがって、ノブレスを「高貴なる者」でなく「成功者」と読み替えれば、成功者としての義務感が渋沢をして自利ではなく他利に眼を向けさせ、さらに国臣意識と相まって他利を謀る相手を国と認識すること、つまり国益を謀ることに向けるという渋沢の行動が説得性をもって理解できる。

渋沢が経営に携わった企業の利益や渋沢個人の富が、渋沢という商才に長けた人物がその才能を正当に発揮して得た成果物であるとすれば、それらすべてを自らのものとして何ら問題はないはずである。つまり、渋沢が創立や再建に関係した約500社は、いわゆる渋沢コンツェルンを設立してその傘下に組み込まれても良かったはずである。

しかし、渋沢はそれをせず富の独占から距離を置いたうえで、企業経営から引退した後は広く資金を募り、時には自ら出資して社会事業に専念した。

では、能力を発揮し正当に富を築いた者がいる一方、能力をもちながらそれを発揮せず、また不当に発揮することによって罰を受け幸福から遠のいている人々がいるとすれば、富める成功者が義務感から後者の人々に富を分配することが果たして適切かどうかという疑問が生じる。

しかし、渋沢にとって一国の安寧は、富める成功者のみならず、成功から見放された人々を含めたすべての民を安んずることによって得られるものであった。渋沢をしてそのような発想に至らしめたのは、義務感の背後に民への仁愛が存在していたからと考えられる。

[行動の三原則と義利合一説]

渋沢思想の特質を「協働の精神」、「応能主義」、「義務感」の三原則に沿って整理したうえで、これらの特質と義利合一説との関係を考察する。

「合議」と「合本」によって行動するという、いわゆる渋沢流の「協働の精神」にとって不可欠なことは、協働によって得た収益を協働参加者間で働きや能力に応じて平等に分配すること、つまり応能主義に基づいて分配されることである。それに加えて重要なことは、協働によって得た利益の余剰分をどのように社会に還元するかということであった。

競争がある限り勝者と敗者が必ず存在する。敗者となった結果、社会から排斥された者や、自己の内なる戦いに敗れて社会的な支援が必要となった者達も同じ日本国民である。そのように考えると、社会的敗者は直接、間接を問わず勝者によって現在の境遇に押しやられたと言えなくもない。

もしそうであるとすれば、社会的勝者は社会的敗者に対して、noblesse oblige（ノブレス・オブリージュ）の精神に基づいて手を差し伸べるべきということになる。しかし、義務感という点に焦点を絞れば、それはノブレス・オブリージュという思いに駆られた自発的な義務感に基づくものである。

社会的弱者の救済義務は国家にあり、それは国家たるものに必然的に伴う義務であるとすれば、必然的に伴う義務ではない渋沢の自発的な義務感を支えるものは何かということになる。それが第一編で取り上げた仁の思想から派生した「仁愛」と考えらえる。

管見によると、渋沢の思想をその行動原理から切り分けた三原則は、協働の精神によって組織が営まれ、応能原則によって組織構成員が処遇され、さらには義務感によって国民の安寧が図られる社会が渋沢の理想であったということになる。

では、この三原則との関わりにおいて義利合一説をどのように位置づけて理解するべきかが問題となる。上述のごとく、三原則が「協働の精神⇒応能原則⇒義務感」というように段階的に機能するとすれば、利は義に悖ることなく得られるべきであるとする義利合一説は、三原則すべての基底を支える原則といえる。

協働の精神により組織構成員が各々の役割を果たして収益をあげるうえで、不可避に伴う競争を勝ち抜くにあたり、その収益は義に悖るものであってはならない。また、応能原則によって適正に収益を分配するにあたってもそれは義に悖るものであってはならないのは当然である。さらに、義務感に基づいて社会的弱者に還元される利は義に基づいて得られたものであるべきことは言を待たない。このように考えると、渋沢の主唱する義利合一説が、渋沢の3つの行動原則の底流を形成していることは明らかである。

5－2　今後の展望

本書の目的である、義利合一説の思想的基盤を探る試みは、同説の基底をあたかも通奏低音のように流れて止まない渋沢思想の根源を発見する作業によってなされる。そして、その作業は渋沢思想を体系的に整理するために必要なプロセスでもある。

渋沢の諸著作に散りばめられた言葉の全体を、思想ではなく教説とする考え方には異論もあると思われる。しかし、著しい曲解の過ちを犯さないかぎり、渋沢の真意を捉える試みをもって、独自に教説の分類整理を試みることは、後進であるわれわれにとってむしろ義務であるともいえる。

筆者は僭越ながらこの考え方に基づいて本書を執筆した。全15章にわたる考察結果を終章にまとめ終えて振り返ると、多くの反省点が浮かび上がってくる。それらを要約すると以下の通りとなる。

(1)　渋沢思想を義利合一説を中心に体系化するという大上段の目論見にもかかわらず、分析対象とした『論語講義』の500章すべての注釈を分析し尽くしたわけではない。したがって、筆者の手がまだ及んでいない渋沢の論語注釈に渋沢思想の真髄が隠れている可能性がある。

(2)　本書で対象とした渋沢の著作は『論語講義』であり、他の著作は参考に引用した程度であった。しかし、渋沢の訓言や随想などには、むしろ簡明な表現で渋沢思想が表現されている可能性がある。今後はより広く著作を精査する必要がある。

(3)　渋沢の論語注釈を理解するにあたって参考にした注釈書は、主に三島中洲の『論語講義』、荻生徂徠の『論語徴』、朱熹の『論語集注』、伊藤仁斎の『論語古義』、亀井南溟の『論語語由』、宇野哲人の『論語新釈』等であった。これらの注釈書のうち、通釈書として参考にした宇野の著作以外は、渋沢が注釈を付すにあたって頻繁に参考にする文献であった。しかし、これらの文献以外にも渋沢が参考とした注釈書も存在した。筆者は漢籍の素養が不十分であるがゆえに、書き下し文や現代語訳の存在しない文献に関しては、十分参考に用いることができなかった。

以上の反省点に基づき、今後はさらに渋沢思想の研究を深く掘り下げたいと考える。それと並行して本書の分析視角である、「渋沢思想と実践の累積的因果関係」および「官と民の間に横たわる深淵に差しかけられた存在としての渋沢栄一」という2つの切り口から、企業者としての渋沢の事績を分析する。渋沢研究は、その思想に加えて事績を分析し、全体像を把握することによってはじめて真の成果が得られると筆者は考える。渋沢の浩瀚な思想と膨大な事績を対象に引き続き研究を継続する。

【注記】

（1）渋沢栄一「為政第二第24章」『論語講義（一）』（講談社学術文庫、1977年）134頁。
（2）渋沢、前掲書（一）、「為政第二第24章」143頁。
（3）渋沢栄一「述而第七第33章」『論語講義（三）』（講談社学術文庫、1977年）116－117頁。
（4）イマニュエル・カント著、篠田英雄訳『道徳形而上学原論』（岩波書店、昭和35年）18頁。
（5）渋沢栄一「衛霊公第十五第10章」『論語講義（六）』（講談社学術文庫、1977年）128頁。

おわりに

渋沢思想を渋沢の脳にたとえると、その前頭前野の意識領域に相当する部分は「義利合一説」に相当し、その他の大部分を占める無意識領域が、義利合一説とは一見直接的な関わりのない諸徳目に対する渋沢の認識に相当すると考えられる。筆者はこの2つの領域を対象に分析を進めてきた。

この無意識領域に分け入って、諸徳目に対する渋沢の理解内容を詳らかにする作業は、筆者にとってまさに至難の業であった。しかも、本書を書き終えた現時点ですら、その作業が十分になされ得たか否かが実のところ定かではない。このように渋沢思想は、未だその全貌が解明されていない人間の脳に比肩しうるほどに奥深いものと筆者には感じられる。

渋沢の思想と事績からなる母集団を全体とすれば、思想はその一部分でしかない。本書は思想のさらに限られた部分について標本調査を行ったにすぎない。しかも思想という漠然としたテーマであるがゆえに、採取した標本が思想全体を説明するうえで有意であるか否かを数値で示すことができない。

この複雑な渋沢の脳を分析するには、MRIのように脳を細かく輪切りにするだけでは十分でない。そこで筆者は、渋沢の思想が最も包括的かつ詳細に記述されている『論語講義』を脳に見立てたうえで、「義利合一説」に対する分析をオーソドックスな水平の切り込みとし、「仁の思想」、「国臣意識」、「渋沢思想の諸側面」の3項目については縦、横、斜めから切り込みを入れた。そして筆者は、水平の切り込み面と、縦、横、斜めからの3つの切り込み面からなる計4面で囲まれた脳味噌中の四面体のなかに、義利合一説を中核とする渋沢思想のエッセンスが含まれていると考えた。

この四面体はどの角度から4つの切り込みを入れるのかによって、いかようにも形を変えることができる。また切り込み面の数も研究者によって自由に定めることができる。筆者はこの4つの切り込みを分析視角とするスキームに基づき、渋沢栄一の片言隻語を分類整理して考察を加えた。

その結果、筆者が辿り着いた結論が終章に記述された内容である。一方、筆者は、渋沢の心の深奥に分け入ろうとするあまり、管見が独断的になりすぎたことを反省している。この点について研究者の率直な批判を仰ぎたいと考えている。

筆者は論語500章中の124章に対する渋沢の注釈に対して、いわば範囲を限定したローラー作戦を行い、4つの章に切り分けて分析を加えた。したがって、残りの376章には、義利合一説の基盤を構成する重要な内容が含まれているかもしれない。また、筆者が検討を加えた124章に対して別角度から分析すれば新たな発見があるかもしれない。

渋沢の思想と事績の累積的因果関係を措定しながら、あえて両者を分けて思想を分析したのは、渋沢思想の特質を裏づけるために必要な事績を採用し、事績を裏づける思想を都合よくあてはめることを、筆者が恣意的もしくは無意識的に行う可能性があると考えたからである。

まずは思想を単独で考察してその結果をまとめ、それをもとに事績を説明するという段階を踏めば、このような過ちを犯す可能性は低くなる。そのうえで事績を分析すれば、渋沢の思想と事績をめぐる論考が広がると考えられる。

思想と事績が整合的に説明できる場合は、渋沢の知行合一、言行一致の確認作業を行ったことになり、検証作業としての意義が生じる。それに対して、思想と事績が整合的に説明できない場合は、渋沢について研究すべき領域がさらに広がることとなる。

思想と事績の不整合の原因としては少なくとも、(1)筆者の思想研究の不備、(2)渋沢の言行不一致、(3)渋沢の事績に対する認識相違の3つが考えられる。そして、この検証は筆者でなくとも他の研究者によってなされることが期待できる。このような意味において、本書が渋沢研究に一石を投じることとなれば筆者としては望外の喜びである。

筆者は浩瀚な思想と膨大な事績を遺した渋沢栄一に崇敬の念を抱き、出身大学の創立者である福沢諭吉に感謝し、漢籍の蘊奥を究めた白川静博士に憧憬の念を抱いてきた。自分が憧れる学者の業績に与り、学問の基礎を与えてくれた教育者に感謝し、崇敬する企業者の思想と事績を研究テーマとすることができるのは、研究者として何よりも幸福なことと思う。今後も引き続き研究を継続していく。

論語引用章一覧

	論語章	本書
1	学而第一第7章	第2章
2	学而第一第12章	第2章
3	為政第二第3章	第1章
4	為政第二第5章	第1章
5	為政第二第22章	第1章
6	為政第二第24章	第1章
7	為政第二第24章	第1章
8	為政第二第24章	第1章
9	八佾第一第3章	第13章
10	八佾第三第12章	第13章
11	八佾第三第12章	第13章
12	八佾第三第18章	第13章
13	里仁第四第1章	第14章
14	里仁第四第1章	第14章
15	里仁第四第1章	第14章
16	里仁第四第4章	第14章
17	里仁第四第4章	第14章
18	里仁第四第5章講義	第14章
19	里仁第四第5章講義	第15章
20	里仁第四第7章	第15章
21	里仁第四第13章	第14章
22	里仁第四第15章	第14章
23	里仁第四 第16章	第14章
24	里仁第四第23章	第14章
25	公冶長第五第5章	第4章
26	公冶長第五第5章	第4章
27	公冶長第五第10章	第4章
28	公冶長第五第11章	第4章
29	雍也第六第1章	第15章
30	雍也第六第9章	終　章
31	雍也第六第12章	第15章
32	雍也第六第20章	第15章
33	雍也第六第20章	第15章
34	雍也第六第20章	第15章
35	雍也第六第23章	第15章
36	雍也第六第26章	第15章
37	雍也第六第28章	第15章
38	述而第七第3章	第9章
39	述而第七第6章	第9章
40	述而第七第6章	第10章
41	述而第七第6章	第10章
42	述而第七第10章	第7章
43	述而第七第11章	第7章
44	述而第七第11章	第7章
45	述而第七第11章	第7章
46	述而第七第15章	第8章
47	述而第七第15章	第8章
48	述而第七第15章	第8章
49	述而第七第20章	第8章
50	述而第七第22章	第8章
51	述而第七第25章	第8章
52	述而第七第31章	第8章
53	述而第七第33章	第8章
54	述而第七第34章	第9章
55	述而第七第35章	第9章
56	泰伯第八第2章	第13章
57	泰伯第八第2章	第13章
58	泰伯第八第3章	第13章
59	泰伯第八第6章	第13章
60	泰伯第八第9章	第13章
61	泰伯第八第12章	第12章
62	泰伯第八第13章	第13章
63	子罕第九第1章	第5章

用語索引

【さ行】

【た行】

【な行】

【は行】

【ま行】

【や行】

【ら行】

【わ行】

人名索引

【た行】

著者略歴

大江 清一（おおえ・せいいち）

1952年 東京都生まれ

1975年 慶応義塾大学経済学部卒業

第一勧業銀行（現みずほフィナンシャルグループ）

いすゞ自動車㈱、神奈川大学経済学部非常勤講師を経て現在、埼玉学園大学経済経営学部特任准教授

博士（経済学）（埼玉大学）

専攻：経営倫理、金融史

主な業績

著書：『銀行検査の史的展開』（時潮社、2011年）。

『バブルと金融危機の論点』（共著、日本経済評論社、2010年）。

論文：「義利合一説の特質に関する一考察 －渋沢栄一と三島中洲の所説の相互比較－」『埼玉学園大学紀要』経済経営学部編第18号（埼玉学園大学経済経営学部、2018年12月）など。

義利合一説の思想的基盤

2019年 4 月 6 日　第 1 刷　定価＝12,000円＋税

著　者　大 江 清 一

発行人　相 良 景 行

発行所　㈲ 時 潮 社

〒174-0063　東京都板橋区前野町 4 -62-15

電 話　(03) 5915 - 9046

FAX　(03) 5970 - 4030

郵便振替　00190 - 7 - 741179　時潮社

URL http://www.jichosha.jp

E-mail kikaku@jichosha.jp

印刷・相良整版印刷　**製本**・仲佐製本

乱丁本・落丁本はお取り替えします。

ISBN978-4-7888-0733-4

時潮社の本

銀行検査の史的展開

大江清一 著

Ａ５判・上製函入・824頁・定価12000円（税別）

わが国金融制度の黎明期における「お雇い外国人」による銀行検査制度の紹介／導入から戦後の金融市場の本格展開、グローバル世界における金融制度の展開なども踏まえた銀行検査制度の明治、大正、昭和期までの通史と今後の展望を本格的に論じ、その骨格に迫る。

福沢諭吉の原風景

――父と母・儒学と中津

谷口典子 著

Ａ５判・上製・228頁・定価2800円（税別）

諭吉は1835年大坂の中津藩蔵屋敷で生まれたが、１歳半の時父が急死し、母子６人で中津（大分県）へ帰郷する。亡き父を慕い、19歳まで学び続けた儒学。「汝を愛し、汝を憎んだ」ふるさと中津には、諭吉のアンビバレンツな発想の原点があった。諭吉の原風景に迫る。

もうひとつの神の見えざる手

――極右勢力台頭の政治経済学――

相沢幸悦 著

四六判・並製・224頁・定価2800円

トランプ米大統領の誕生、移民大量流入に伴うヨーロッパの混迷等、これまでの西洋近代の大原則が大転換を迎えている。その根源であった「自由・平等・友愛」、近代民主主義や多様性の容認・尊重はどこへ向かうのかを問う。

アフリカの日本企業

――日本的経営生産システムの移転可能性――

公文溥・糸久正人 編著

Ａ５判・上製・388頁・定価3500円（税別）

アフリカへの日本的経営生産システムの移転可能性を、現地調査にもとづいて分析する。日本企業のみならず、欧米企業や現地企業も日本的経営生産システムを受容することが明らかになった。日本多国籍企業研究グループによる地球を一周する海外工場調査のアフリカ版。